Jagd
international

Meinen Eltern,
meiner Frau Rita
und meinem Sohn Alexander
gewidmet

Autor und Verlag danken für die fachliche Durchsicht der Manuskripte:

Dr. Paul Bühler, Institut für Zoologie der Universität Hohenheim (Jagdwild);
Johann Hausberger, Zollamtsrat, Hauptzollamt München-Mitte (Zoll-Einmaleins);
Dr. Udo Moll, Diplom-Geograph (Jagdländer);
Wolfgang Schenk, Tierpräparator, offizieller Vermesser für Rowland-Ward und S. C. J. (Trophäenbehandlung und -bewertung);
Dr. Arnd Wünschmann, Geschäftsführer WWF Deutschland (Washingtoner Artenschutzübereinkommen).

ISBN 3-7718-0533-3

Lektorat, Redaktion und Bildrecherche:
Dr. Udo Moll, 7636 Ringsheim
Grafische Gestaltung:
Heinz H. Schwan, 7410 Reutlingen,
in Zusammenarbeit mit Ulrich Vossnacke,
Deutsche Lufthansa AG, Köln
Kartenskizzen: Bernd Matthes,
7000 Stuttgart 40
Tierzeichnungen: Fritz Wendler, 8153 Weyarn
Survivalzeichnungen: Klaus Maßem,
7257 Ditzingen
Kartographie: Kümmerly + Frey
Geographischer Verlag, Bern
Druck: J. Fink, 7302 Ostfildern 4 (Kemnat)
Printed in West-Germany

Egon J. Lechner

Jagd
international

Edition Lufthansa

Fink-Kümmerly+Frey

Inhalt

1

Jagdwild der Erde

Alphabetisch geordnete Beschreibungen der 142 wichtigsten Wildtiere der Erde, von der Addaxantilope bis zur Zibetkatze. Jede Tierbeschreibung enthält die auf den Waidmann zugeschnittenen Abschnitte „Ansprechen", „Lebensraum und Verbreitungsgebiet", „Verhalten", „Jagd" und „Rekordtrophäe". Hinzu kommen die wissenschaftlichen sowie die englischen und französischen Namen der Tiere, ihre Einordnung in die zoologische Systematik, Vorschläge zur richtigen Kaliberwahl für die Jagd sowie die Stellung jedes Tieres im Washingtoner Artenschutzübereinkommen.

2

Jagdländer der Erde

Die 54 bedeutendsten Jagdländer der Welt, kontinentweise und alphabetisch geordnet, von Alaska bis Zentralafrika. Jede Landesbeschreibung enthält die für den Jagdreisenden wichtigen Abschnitte „Wildtiere", „Allgemeines", „Landschaft", „Klima", „Jagd", „Visum", „Impfung", „Waffeneinfuhr", „Devisenbestimmungen", „Sehenswürdigkeiten und Nationalparks" sowie die Anschrift der Deutschen Botschaft.
Am Kopf eines jeden Länderartikels stehen Kurzinformationen über die Hauptstadt, die Bevölkerung, die Staatsfläche, die Landessprachen und die Landeswährung.

3

Jagdpraxis im Ausland

Eine Zusammenfassung wichtiger Ratschläge aus der Praxis für den Auslandsjäger. Es sind Anregungen und Entscheidungshilfen bei der Planung, Vorbereitung und Durchführung einer Jagdreise, und zwar zu den Aspekten „Waffen und Munition", „Kleidung, Ausrüstung, Gesundheit", „Gute Erinnerungsfotos", „Überleben in der Wildnis", „Behandeln und Vermessen von Trophäen", „Versicherungsschutz", „Zollbestimmungen" und „Washingtoner Artenschutzübereinkommen".

4

Jagderlebnisse in aller Welt

Dieses Kapitel enthält aktuelle Erlebnisberichte aus dem Jagdalltag des Autors. Sie liefern nicht nur wissenswerte Informationen und wichtige Anregungen für jeden Waidmann, sondern sie sind gleichzeitig als Unterhaltungslektüre gedacht, mit der der Jäger die Zeit vertreiben kann, wenn ihn schlechtes Wetter an Zelt oder Hütte fesselt. Außerdem erhalten zu Hause gebliebene Grünröcke hier einen Anreiz, wieder einmal mit der Büchse auf große Fahrt zu gehen.

5

Jagdreise-Wörterbuch

Erschwerte oder gar fehlende Kommunikation auf einer Jagdreise kann den Auslandsjäger in mißliche Situationen bringen. Eine wichtige Hilfestellung sollen die rund 600 Wörter aus dem Jagd- und Reisealltag in deutscher, englischer und französischer Sprache leisten.

6

Anhang

Dieses Kapitel enthält die wichtigste ergänzende Fachliteratur für diejenigen Auslandsjäger, die in das eine oder andere Sachgebiet tiefer einsteigen wollen. Außerdem leistet das ausführliche Stichwortregister wichtige Dienste als Wegweiser durch dieses Buch. Am Schluß finden Sie eine informative Welt-Klimatabelle sowie Tabellen der internationalen Maße und Gewichte und eine Zeitzonenkarte.

Liebe Jagdfreunde

„Jagd International" liegt nun in neuer, überarbeiteter Auflage vor.

Schon kurz nach dem Erscheinen der ersten Auflage galt dieses Buch als Standardwerk für die weltweite Jagd. Und das ist es bis heute geblieben.

Diese Sonderstellung verdankt „Jagd International vor allem der großen Zahl von Fakten, die es über die jagdbaren Tiere und die Jagdländer der Erde liefert. Sie wurden in akribischer Arbeit zusammengetragen und jetzt auf den neuesten Stand gebracht.

„Jagd International" fühlt sich aber auch in seiner aktuellen Ausgabe dem zukunftsorientierten Natur-, Tier- und Landschaftsschutz verpflichtet. Es stellt dar, welche Rolle die moderne waidmännische Jagd als ein unverzichtbares Glied in der Kette weltweiten Naturschutzes spielt. Das Buch soll helfen, viele der zahlreichen Vorurteile auszuräumen, die dem heutigen Waidmann zu Unrecht, wie wir meinen, entgegengebracht werden.

Natürlich wurde in der neuen Ausgabe auch das internationale „Flair" erhalten. Denn die Jagd und ihre Aufgaben kann heute nur noch im internationalen Zusammenwirken richtig gesehen werden.

Wir meinen, die gründliche Überarbeitung hat sich gelohnt, denn sie garantiert, daß „Jagd International" welterhin ein aktuelles und zuverlässiges Standardwerk bleibt.

Dr. Egon J. Lechner

Vorwort

Seit Jahrhunderten richtet sich das Augenmerk gar nicht weniger Jäger auf die Jagd in fernen Jagdgefilden. Das mag damit zusammenhängen, daß einmal die Sublimierung der Jagdkultur im eigenen Land den persönlichen Erlebnisspielraum verkleinert oder daß der Wunsch, exotisches Wild zu bejagen, im Vordergrund steht.

Erst die moderne, kontinentüberspannende Touristik hat auch dem Jäger viele Möglichkeiten erschlossen, auf seltenstes Wild, in abgelegensten Gegenden, und doch in überschaubarem finanziellem Rahmen zu jagen. Hinzu kommt für das europäische Ausland noch die Tatsache, daß es doch eine Anzahl Jäger gibt, die, aus welchen Gründen auch immer, in der heimischen Wildbahn nicht die Gelegenheit haben, zu jagen und die sich ihren Wunsch im Ausland erfüllen. Da geht es dann gar nicht so sehr um exotisches Wild, sondern einfach um die Möglichkeit, noch auf Wildtiere zu jagen, die ob ihrer besonderen Stärke, in der noch vorhandenen Anzahl oder auch vom unberührten Lebensraum her gesehen eine reizvolle Jagd versprechen. Es gibt auch eine nicht geringe Anzahl Jäger, die sich nur auf Auslandsjagd spezialisiert haben, die zufrieden sind, wenn sie ein- oder zweimal im Jahr zu einem ausgefüllten Jagderlebnis kommen. Nicht zuletzt sei auch darauf hingewiesen, daß Jagdtourismus für viele Länder echte Entwicklungshilfe bedeutet, die obendrein wirksamen Artenschutz für viele exotische Wildarten darstellt.

Das vorliegende Buch von Dr. Egon J. Lechner füllt mit Sicherheit eine große Informationslücke für den Jäger, der sich der Auslandsjagd verschrieben hat. Das Buch baut praktisch nach allen Revieren der Welt Brücken, die dem Jäger die Sicherheit geben, das richtige für sein Können und für seine Wünsche zu realisieren. Besonders beeindruckt mich an dem vorliegenden Werk die Systematik der Aufbereitung des ungeheuer vielseitigen Stoffes. Ausreichend ausführlich, dabei aber auf klare, eindeutige Aussagen bedacht, gibt der Verfasser alles das aus eigenen Erfahrungen weiter, was der interessierte Jäger nachvollziehen kann. Es dürfte nichts fehlen, was für die Grundinformation notwendig und wissenswert ist. Daß dieses Buch auch noch mit vielen eindrucksvollen farbigen Bildern ausgestattet ist, macht es auch für den noch nicht praktizierenden Auslandsjäger zu einem interessanten Sachbuch, aus dem er sich möglicherweise den ,,Appetit holt" für eine spätere jagdliche Umsetzung.

Ich freue mich sehr, daß es dieses Buch gibt, vor allem von einem Jäger geschrieben, dem das Waidwerk und die Waidgerechtigkeit keine leere Phrase sind. Mein Wunsch ist es, daß der Auslandsjäger in diesem Sinne durch anständiges, waidgerechtes Jagen das Waidwerk in einer Weise repräsentiert, die dem Grundgedanken des Buches entspricht: Nicht nur die errungene Trophäe zählt, sondern in erster Linie das Jagderlebnis!

Waidmannsheil!

Dr. Gerhard Frank, MdL

Präsident des Deutschen
Jagdschutz-Verbandes e.V.

Vorwort

Jagen ist die älteste uns bekannte Beschäftigung des Menschen. Die Jagd hat in allen menschlichen Gesellschaften – ungeachtet ihres kulturellen Entwicklungsstandes – eine lange, tiefverwurzelte Tradition. In dem Maße, wie sich die Lebensweisen des Menschen verfeinerten, entwickelte sich das Verständnis für die Wildtiere und die Jagdausübung, und man begann, das Wild zu achten und der Arterhaltung besonderes Augenmerk zu schenken.

Der echte Waidmann hat über die Jahrhunderte hinweg auf subtile Weise zur Erhaltung der Artenvielfalt beigetragen. Heute ist er sich voll und ganz seiner Verantwortung bewußt, nicht nur hinsichtlich seines Privilegs, sondern auch hinsichtlich dessen, was die Erhaltung der Wildtiere und den Schutz ihrer Lebensräume betrifft, in denen er zu jagen beabsichtigt.

In Afrika, wo ich lebe, haben sich jene Jäger die größten Verdienste erworben, auf deren Betreiben die ersten Wildreservate sowie Wild- und Naturschutzvereinigungen eingerichtet und gegründet wurden. Nur damit, das war ihre tiefe Überzeugung, habe das Wild, das sie liebten, eine echte Überlebenschance in der Zukunft. Ohne diese Begeisterung, die sie aktiv in die Tat umsetzten, wäre sicherlich vieles in diesem Bereich wesentlich schlechter und bedrückender.

Unsere Aufgabe ist es, heute und in der Zukunft auch bei der Jugend Freude und Interesse an der Jagd zu wecken und zu erhalten. Ohne diese innere Beziehung zum Waidwerk sind die freilebenden Wildtiere und ihre Lebensräume in aller Welt verurteilt, harten wirtschaftlichen Interessen zum Opfer zu fallen.

Dieses Buch soll helfen, allen Naturfreunden, gleich welchen Alters, aufzuzeigen, was die Natur dem echten Jäger auch heute noch zu bieten hat. Es soll auch einen ernsthaften Beitrag liefern, um Mißverständnisse zwischen Naturschützern und der weltweiten Jägerschaft auszuräumen, die weitgehend auf Informationslücken auf der einen wie auf der anderen Seite beruhen.

Machen wir vom Angebot der Natur stets fairen und wohlüberlegten Gebrauch. Geben wir der Natur mehr zurück als wir ihr nehmen! Das ist der Auftrag an den Jäger von heute.

Don Lindsay
President
International Prof. Hunters' Association

Einführung

,,Waidgerecht ist etwas, das man nicht sieht, wenn es da ist; man sieht es erst, wenn es fehlt!" (Eugen Wyler)

Jagd international

Die Veröffentlichungen über ferne Jagdländer und deren Wildtiere sind so umfangreich wie die Jagdmöglichkeiten selbst. Bücher, Reiseberichte in Fachzeitschriften und Prospekte von Jagdtouristikunternehmen informieren nahezu über jedes Jagdland und jedes jagdbare Wild der Erde. Diese in der Regel gewiß sehr gute Spezialliteratur vermag jedoch nur wenig für den zunächst unentbehrlichen internationalen Gesamtüberblick zu leisten.

Diese Lücke versucht das vorliegende Buch zu schließen. Es bietet als erste Veröffentlichung eine systematische Gesamtschau über Grundlagen, Organisation und Praxis einer Auslandsjagdreise sowie eine zweckdienliche Darstellung der nahen und fernen Jagdländer und des heute bei uns und weltweit noch jagdbaren Wildes. Außerdem werden auch solche Safariländer und Wildtiere vorgestellt, die inzwischen ganz oder teilweise geschlossen bzw. für die Bejagung gesperrt sind, die jedoch aus jagdhistorischen Gründen für den globetrottenden Jäger von Interesse sein können. Beide, Wildtiere und Länder, jeweils mit packendem Bildmaterial weltbekannter Fotografen illustriert, sind alphabetisch von A bis Z und unter jagdlichen Gesichtspunkten beschrieben. Auf wissenschaftliche Sprache wird weitgehend verzichtet, soweit dies möglich ist. Ausgehend von der Zielsetzung, daß ein Buch über die Auslandsjagd praxisnah, informativ und übersichtlich sein muß, ist es Ratgeber, aktuelle Bestandsaufnahme und unentbehrliches Nachschlagewerk für jeden Jäger, unabhängig davon, ob er schon im Ausland jagte oder dies erstmals plant.

Jagd und Wild heute

Der Autor des vorliegenden Werkes blickt auf jahrzehntelange Beobachtungen und Jagderfahrungen in aller Welt zurück. Die Texte sind deshalb für den modernen Jäger geschrieben und versuchen, Gründe und Fakten neuzeitlicher Jagdausübung als wichtige – sicherlich nicht einzige – Voraussetzung zum Schutz und Erhalt der Wildtiere dieser Erde zu verdeutlichen. Damit werden im internationalen Wildschutz neue Freunde gewonnen: Förderer aus Jägerkreisen, denen diese komplexen Zusammenhänge längst aus der Alltagspraxis im heimatlichen Revier bekannt sind, überzeugt, ,,daß man im Bereich der Natur nur sieht, was man weiß. . ., daß man nur schützt, was man in Zuneigung kennt" (Horst Stern). Im Mittelpunkt steht die Erkenntnis, daß ohne gesetzlich geregelte und ohne gezielte Abschöpfung der die ökologischen Gemeinschaften nachhaltig belastenden Überpopulationen, d. h. ohne sinnvolle Wildbewirtschaftung, die freilebende Tierwelt und deren Lebensräume – auch in den letzten Wildnisgebieten der Erde – auf die Dauer nicht erhalten und ihr Schutz nicht finanziert werden können. Viele böse und gute Beispiele belegen dies.

Wie schwierig, notwendig und oft auch unpopulär es ist, die Erfordernisse modernen Wildschutzes mit den Zwängen nach Erhalt gesunder Lebensräume in Einklang zu bringen, Positionen zu ändern und ausgewogene sinnvolle Lösungen zu finden, zeigen einige aktuelle Meldungen des Jahres 1983. ,,6000 Elefanten lassen die Behörden von Simbabwe in den nächsten Monaten abschießen, weil sich die Dickhäuter zu schnell vermehren. In Simbabwe leben derzeit 55000 Elefanten", meldet beispielsweise dpa. Inzwischen mußte die Abschußquote sogar auf 12000 erhöht werden.

Die US-Wildschutzbehörde und die Eskimo-Walroß-Kommission kamen nach dreijährigen Studien zu dem Ergebnis, daß die auf 300000 Kopf angewachsene Population des pazifischen Walrosses im Beringmeer – der höchste Bestand seit der Jahrhundertwende – ihren Lebensraum in einem bedenklichen Maße bereits übernutzt. ,,Es werden immer kleinere Muscheln aufgenommen, das Nahrungsspektrum auf bisher ungenutzte Weichtierarten erweitert, während die Zahl der Kälber zurückgeht," schreibt Wild und Hund.

Eine ideologiefreie Administration wird Entwicklungen dieser Art – da Reduzierung einfacher ist als Bestandshebung – sicher und schnell in den Griff bekommen. Sicherlich nicht in einem unverantwortlichen ,,Laissezfaire", sondern mit streng lizenzierten und kontrollierbaren Bejagungsrichtlinien.

Die kenianische Regierung plant gegenwärtig – auch zur Eindämmung zerstörerischer Wilddieberei – die Wiederzulassung der Freizeitjagd bei gleichzeitiger Gründung eines Berufsjägerverbandes, ,,da sich Elefanten und Löwen in manchen Gegenden so vermehrt haben, daß sie eine Gefahr für die Natur geworden sind" (Münchner Merkur). Man nutzt dabei weltweit die Erfahrung, daß lizenzierte Berufsjäger langfristig optimalen Wildschutz schon deshalb besser als staatliche Wildhüter gewährleisten, weil sie in ihrer Jagdkonzession ihre Existenzgrundlage verteidigen und hinsichtlich Ausrüstung, Transportmittel und Bewaffnung Wildererorganisationen zumindest ebenbürtig sind. Während früher die Großwildjäger auf ihren Safaris immer auch ein wachsames Auge auf die Wilderer hatten, stehen die Wildhüter seit dem Jagdverbot allein auf weiter Flur. So paradox es klingt: „Gerade im Kampf gegen das wilde Abknallen der Tiere durch solche Gangs könnte die Wiedereinführung der Großwildjagd – in begrenztem Maß und unter strengen Auflagen – hilfreich sein," stellte die Süddeutsche Zeitung erst kürzlich fest.

Die Meinung des ehemaligen Präsidenten des World Wildlife Fund (WWF), Prinz Philipp, Herzog von Edinburgh: „Es ist doch so: Solange man auf vernünftige Weise auf die Jagd geht, ist der Jäger die einzige Person, der an der Erhaltung des Wildes wirklich gelegen ist", gilt weltweit, vor allem für die meisten Wildnisländer.

Ohne den seiner ethischen Verantwortung bewußten Jäger, Jagdveranstalter und Jagdführer gäbe es weder heute noch in der Zukunft Wildbestand und Artenvielfalt, deren wir uns in vielen Teilen der Erde noch erfreuen können. Nachweislich, mit meist steigender Tendenz übrigens. Dazu Joachim Graf Schönburg: „Ich wage die Behauptung, daß jede für Jagdreisen ins Ausland ausgegebene Mark mehr für den Biotop- und Artenschutz dort bewirkt, als jede (in noch so guter Absicht) für diesen Zweck anderweitig ausgegebene" (Die Pirsch). Der Jagdtourismus, das „Geschäft mit dem Wild", ist in vielen Ländern der Dritten Welt ein ökonomisch hochbedeutsamer Zweig der Volkswirtschaft geworden, er bringt Touristen und Devisen, schafft Arbeitsplätze,

versorgt die heimische Bevölkerung mit Fleisch und stärkt international die Erkenntnis, daß der Erhalt eines gesunden Wildbestandes und der Schutz seines Lebensraumes eine echte Entwicklungshilfe darstellen. Und der bekannte Wildbiologe Heribert Kalchreuter meint: „Man darf sich keinen Illusionen hingeben. In Entwicklungsländern wird sich das Wild nur halten können, wenn es wirtschaftlich mit anderen Formen der Landnutzung konkurrieren kann."

„Fair Chase" – weltweit
Der waidgerechte Jäger ebenso, wie der seriöse Jagdveranstalter, lehnen es heute grundsätzlich ab, auf Wild zu jagen, dessen Ausrottung befürchtet werden muß. Beide wissen, „. . . daß unsere in sehr langen Zeiträumen entstandenen Naturwunder, einmal zerstört, mit keinem Geld der Welt von uns Menschen neu geschaffen werden können" (Heinz Sielmann). Hier ist darauf hinzuweisen, daß die in jedem Land der Erde geltenden Jagdgesetze mit ihren strengen, nach den Prinzipien „Selektion" und „Quotierung" ausgestalteten Bejagungs- und Abschußrichtlinien, Wildbestände und Tierarten heute grundsätzlich und kompromißlos vor Bestandsgefährdung durch Überbejagung schützen.

Die Jagdausübung mit Flugzeug, vom Geländewagen und mit technischen Hilfsmitteln, welche sogar die Nacht zum Tage machen, ist inzwischen weltweit geächtet. „Fair Chase" (waidgerechte Jagd) nannte bereits 1883 Boone and Crockett seine erste Veröffentlichung. Seitdem hat sich vieles verändert und verbessert. Waidgerechte Jagd steht heute im Einklang mit dem ethischen Grundwertekatalog moderner Tier-, Natur- und Umweltschutzes.

Oberstes Gebot jeder Jagdausübung ist die Pflicht zur wirksamsten, schmerzlosesten und sofortigen Tötung des Wildtieres. Erst damit wird Jagd zum Waidwerk, der Jäger zum Waidmann. Da sich der Jäger bei der Erlegung des Wildes stets – bewußt oder unbewußt – in einem Dilemma befindet, ist der sofort tödliche Schuß für ihn eine erste seelische Entlastung in diesem Konflikt. Hier geht es um die Jägerehre! Außerdem jagt der Gastjäger ausnahmslos nur in Begleitung einheimischer, amtlich bestätigter Jagdführer und nicht nach Gutdünken, Lust und Laune. Hinzu kommt, daß er nur nach dem alten, einzelgängerischen, oft unleidigen, schlauen – wenn möglich sicherlich „kapitalen" – männlichen Wildtier trachtet und weibliches Wild sowie den Nachwuchs grundsätzlich schont. Der Gastjäger hat mit dem artenbedrohenden, gewissenlosen Treiben meist international organisierter Wildererbanden und deren illegalen Geschäften mit exotischen Trophäen nicht das geringste zu tun. Jaguarmäntel und Elfenbeinschnitzereien, Krokodiltaschen und Robbenfelle entstammen nicht der legal betriebenen Auslandsjagd Einzelner. Trophäen von Jagdreisen sind dem Waidmann immer unverkäufliche Erinnerungsstücke.

Eine Gefährdung irgendeiner Wildart durch legale Jagdausübung ist heute ausgeschlossen. Der Auslandsjäger hat sich im Rahmen der Gesetze des Gastlandes zu bewegen, und dieses setzt keine Wildart der Bedrohung durch Bejagung aus. Das vorliegende Buch fühlt sich diesen ethischen Maßstäben und rechtlichen Normen verpflichtet. Auf ihrer Grundlage will es den Jäger, der zum ersten Mal den Sprung in ein anderes Jagdland wagt, ebenso umfassend unterrichten, wie jenen revierlosen Grünrock, der nur durch eine Jagd im Ausland noch eine Jagdmöglichkeit erhält. „Man braucht kein Prophet zu sein um zu erkennen, daß sich dieser Tatbestand in der Zukunft immer stärker manifestieren wird. „Die Alternativen liegen in der Auslandsjagd", meint die Zeitschrift „Jäger".

Das Haupthindernis für die Auslandsjagd und den Erhalt der Wildtiere in aller Welt ist die rapide und ungehemmte Landnutzung und Umweltzerstörung durch den Menschen und die schrittweise Vernichtung der natürlichen Lebensgrundlagen in unserer auf Fortschritt und Wachstum programmierten Zeit. Hier steht der moderne Jäger – früher wie heute ein wichtiger (sicherlich nicht der einzige) Anwalt der freilebenden Wildtiere – weltweit Schulter an Schulter mit allen kooperationsbereiten Landschafts-, Natur- und Wildschützern und den großen nationalen und internationalen Schutzorganisationen, wie WWF, SCI, IUCN, GAME COIN oder CIC, deren Ziele und Programme er uneingeschränkt bejaht und unterstützt.

Nec Timor – Nec Timeritas

„Weder Furcht noch Tollkühnheit." So bringen die Mitglieder der um 1920 entstandenen Organisation der afrikanischen White-Hunters ihre Philosophie treffend auf einen Nenner. Erfolgreiche Jagd auf unbekanntes, oft wehrhaftes Wild in fremden Ländern verlangt neben dem aus vergangener Erfahrung unbewußt entwickelten Jagdinstinkt die umfassende Vorbereitung des Jägers. Dazu der Naturforscher und Großwildjäger Paul Niedieck bereits 1901: „Feste Theorien lassen sich über das Wesen

der Tiere und die beste Art, sie zu jagen, nicht aufstellen: denn besondere Umstände, die sich der Beobachtung des Menschen entziehen, lassen Tiere derselben Art unter anscheinend denselben Bedingungen grundverschieden handeln." Ein Flugticket, eine gepflegte Waffe und Tips „guter Freunde" sind heute meist nicht mehr ausreichend. Wer in entlegensten Teilen dieser Erde jagt, in Gegenden, die der Alltagstourist nie betreten wird, ist häufig und trotz aller Planung und Beratung im entscheidenden Augenblick auf sich selbst und – auch das nicht immer – auf seinen Jagdführer gestellt. Für den Wildnis- und Bergjäger, der in der Regel überall schnell eine tiefe, innere Beziehung zum Gastrevier und den dort lebenden Menschen und Wildtieren entwickelt, liegt hierin die eigentlich große, immer wieder neue und faszinierende Herausforderung, vielleicht eine der letzten in dieser sich überstürzenden Zeit.

Gesundes Selbstvertrauen, ein Gefühl der Sicherheit und nötigenfalls auch der Gelassenheit – kalkuliertes Risiko! –, persönlicher Einsatz bis zum Mut zu scheinbarer Feigheit – statt Selbstüberschätzung und gefährlicher Besserwisserei – setzen immer Wissen und Information voraus. Dies bestimmt, in Verbindung mit Kondition, persönlicher Erfahrung, Geduld und einem Quentchen Glück, das eigentliche Erlebnis und den Erfolg einer Jagd. Auch dann noch, wenn nach hartem Einsatz und großem Aufwand die begehrte Trophäe nicht erbeutet werden konnte.

Gerade dies, das Jagen in heutiger Zeit mit all seinen Entbehrungen und Freuden, soll eine Auswahl persönlicher Erlebnisberichte aus der Feder eines „Alltagsjägers" verdeutlichen: Jagdschilderungen aus vielen Teilen der Erde, bei denen die Pirsch, das Wild und das Erlebnis, Jägerglück und Enttäuschungen im

Mittelpunkt stehen, während die Punktezahl einer Trophäe immer nur eine untergeordnete Rolle spielt.

Autor, Verlag und Lektor dieses Buches, Herr Dr. Udo Moll, dem an dieser Stelle ganz besonders für sein Bemühen um inhaltliche und gestalterische Qualität zu danken ist, wissen um das gegenwärtig teilweise gespannte Verhältnis zwischen Jägerschaft und Teilen der Öffentlichkeit. Das ist nicht neu. Daran wird sich vermutlich auch nichts grundlegend ändern, zu gegensätzlich und vielschichtig sind die Standpunkte und Motive dieses historisch-psychologischen Konflikts. Schon vor über hundert Jahren befand der russische Dichter und Jäger Iwan Turgenjew: „Die Jagd mit der Flinte und mit Hunden ist an und für sich schön; aber nehmen wir an, Sie sind nicht als Jäger geboren; Sie lieben aber doch die Natur und die Freiheit: Folglich müssen Sie uns Jäger beneiden." Und damit bleibt auch in Zukunft entscheidend, wie wir Jäger selbst unser Tun bewerten, wie wir selbst, und jeder für sich alleine, vor uns bestehen können.

„Gesetze hin, Bräuche her - was ein System wert ist, entscheidet allein die Qualität des Mannes, der es vertritt. Wenn jeder Jäger sich darüber klar ist, daß er vorab Bürger und Vertreter seines Landes ist, dann kann eigentlich alles nur gutgehen", stellte Walther Niedl einmal fest, und Harald Lange meint: „Wie ein Jäger handelt, wenn er weiß, daß niemand davon erfahren wird, das verrät seinen Charakter."

Dem ist nichts hinzuzufügen. Waidmannsheil in aller Welt!

Dr. Egon J. Lechner

1
Jagdwild
der
Erde

Erläuterungen

„Achte des Waidmanns heilig Gebot: Was man nicht kennt, schießt man nicht tot!"

(alter Jägerspruch)

Die wichtigste Voraussetzung für eine waidgerechte und erfolgreiche Jagd ist, das Wild richtig ansprechen zu können. Schon Friedrich von Schiller wußte: „Das Tier hat auch Vernunft, das wissen wir, die wir Gemsen jagen. Die stellen klug, wo sie zur Weide gehen, 'ne Vorhut aus, die spitzt das Ohr und warnt mit heller Pfeife, wenn der Jäger naht." Damit der Auslandsjäger nicht aus ähnlichem Grund zum Überlisteten oder gar Gejagten wird, findet er in diesem Kapitel für die Pirsch auf ihm zunächst meist unbekanntes Wild in fremder Umgebung mit großer Sorgfalt verfaßte Kurzbeschreibungen des wichtigsten Jagdwildes der Gegenwart von A bis Z, in systematischer Zuordnung gegliedert nach Ansprechmerkmalen, Lebensraum und Verbreitungsgebiet, Verhaltensweise sowie Bejagungsart. Die Auswahl der Wildtiere – allein in Afrika gibt es etwa 70 Antilopen- und Gazellenarten, so daß eine Beschränkung auf die wichtigsten Jagdtiere unumgänglich war – wurde nach den Gesichtspunkten „bejagbar" und/oder „jagdhistorisch interessant" jeweils unter Beachtung gegenwärtiger Schutzgesetze und Bejagungsrichtlinien vorgenommen.

1 Alphabetische Reihenfolge
Sie erleichtert in Verbindung mit dem wissenschaftlichen Namen des Wildes (W) das schnelle Auffinden der Einzelbeschreibungen. Der Name jedes Wildes ist bereits hier in Englisch (E) und Französisch (F) übersetzt und findet sich im Jagdreise-Wörterbuch nicht mehr. Weitere Bezeichnungen für ein Wildtier befinden sich im Stichwortregister.

2 Abkürzungen Kal. Gr. 1 bis Kal. Gr. 7
am Ende der Tierbeschreibungen bezeichnen das empfohlene Schrot- oder Kugelkaliber für das jeweilige Wild. Eine Übersichtstabelle findet sich als Vorschlag auf Seite 327.

3 Waidmannssprache
Dieses Jagdbuch verwendet, wo immer es möglich und sinnvoll erscheint, die Waidmannssprache und nennt z. B. den Magen „Pansen" oder „Waidsack".

4 Rekordtrophäe
Für rund 100 Wildtiere ist die jeweilige Rekordtrophäe angegeben und mit den nachstehenden Abkürzungen beschrieben. Die Angaben sind historisch wertvoll und können als Maßstab für die Beurteilung der eigenen Trophäen dienen.

● Standardwerke, die zugrunde gelegt wurden: Safari Club International Record Book of Trophy Animals, 1986 u. 1987 Africa Field Edition (SCI – RBoTA).

● Messung: 1 inch = 2,54 cm; 1 Fuß = 30,48 cm.

● Abkürzungen: A – Auslage, D – Erlegungsdatum, E – Erleger, Egt – Eigentümer, EZl – Endenzahl links, EZr – Endenzahl rechts, EZtot – Endenzahl total, G – Geschlecht, Gm – Geschlecht männlich, Gu – Geschlecht unbekannt, Gw – Geschlecht weiblich, GZl – Gewicht der Zähne links, GZr – Gewicht der Zähne rechts, Hll – Hornlänge links, Hlr – Hornlänge rechts, L – ungeteilte Länge der Zähne, Enden etc., l – links, LAl – Länge Augsprosse links, LAr – Länge Augsprosse rechts, Ll – Länge der Zähne links, Lr – Länge der Zähne rechts, O – Erlegungsort, Pkt – Punktzahl, r – rechts, Rg – Rang, Schb – Schädelbreite, Schbl – Schaufelbreite links, Schbr – Schaufelbreite rechts, Schl – Schädellänge, Schll – Schaufellänge links, Schlr – Schaufellänge rechts, Stll – Stangenlänge links, Stlr – Stangenlänge rechts, U – Umfang, U2 – Umfang 2. Viertel, U3 – Umfang 3. Viertel, Ub – Umfang Basis, Ul – Umfang Basis links, Ur – Umfang Basis rechts, Wal – Weite Augsprosse links, War – Weite Augsprosse rechts.

5 Washingtoner Artenschutzübereinkommen
Der Hinweis WA A I, A II oder A III am Ende der Tierbeschreibungen zeigt die Stellung der einzelnen Arten im Washingtoner Artenschutzübereinkommen (WA).
A I = absoluter Schutz, A II = Schutz mit Ausnahmegenehmigung und A III = besonderer landesspezifischer Schutz. „Entfällt" bedeutet, daß dieses Wild nicht dem WA unterliegt, was nicht heißt, daß es nicht durch besondere Landesgesetze dennoch geschützt sein kann. Über das Washingtoner Artenschutzübereinkommen erfahren Sie mehr im Kapitel „Jagdpraxis im Ausland". Die Beschreibung auch der durch das WA geschützten Tiere ist jagdhistorisch bedeutsam und soll deren besonderen Schutz unterstreichen.

6 Die beschriebenen Wildtiere
Addaxantilope; Alpensteinbock; Ameisenbär; Argali; Auerhahn; Axishirsch; Banting; Bezoarziege; Birkwild; Bison; Blaubock; Blauschaf; Bleßbock; Bongo; Braunbär; Breitmaulnashorn; Buschbock; Buschschwein; Chinesisches Wasserreh; Dachs; Dallschaf; Damwild; Dickhornschaf; Dikdik; Duckerantilope; Eisbär; Eisfuchs; Elch; Elefant; Elenantilope; Fasan; Feldhase; Flußpferd; Fuchs; Gabelantilope; Gams; Gaur; Gepard; Gerenuk; Giraffe; Gnu; Goral; Graugans; Grizzlybär; Großtrappe; Haselhuhn; Honigdachs; Hyäne; Iberischer Steinbock; Impala; Jaguar; Kaffernbüffel; Känguruh; Kaninchen; Karakal; Karibu; Klippspringer; Kojote; Kolkrabe; Kragenbär; Krokodil; Kudu, Großer; Kudu, Kleiner; Kuhantilope; Leierantilope; Leopard; Lippenbär; Litschiantilope; Löwe; Luchs; Mähnenspringer; Maralhirsch; Marco-Polo-Schaf; Marderhund; Markhor; Maultierhirsch; Moorantilope; Moorschneehuhn; Moschusochse; Moschustier; Mufflon; Murmeltier; Nabelschwein; Nubischer Steinbock; Nyala; Oribi; Oryx; Ozelot; Pampashirsch; Panda, Kleiner; Puma; Rappenantilope; Rebhuhn; Rehantilope; Rehwild; Riedbock; Roan; Rothirsch; Rotluchs; Rusahirsch; Saigaantilope; Schakal; Schneehase; Schneehuhn; Schneeleopard; Schneeziege; Schnepfe; Schwarzbär; Schwarzwild; Seehund; Serau; Sikahirsch; Sitatunga; Spitzmaulnashorn; Springbock; Stachelschwein; Steinantilope; Steinschaf; Stockente; Strauß; Tahr; Takin; Tapir; Tiger; Tur; Urial; Vielfraß; Waldhuhn; Waldschwein; Walroß; Wapiti; Warzenschwein; Waschbär; Wasserbock; Wasserbüffel; Weißwedelhirsch; Wildhund; Wildkatze; Wisent; Wolf; Zebra; Zibetkatze.

Addaxantilope

W	**Addax nasomaculatus**
E	**Addax**
F	**Addax**

Familie	Hornträger – Bovidae
Unterordnung	Wiederkäuer – Ruminantia
Ordnung	Paarhufer – Artiodactyla
Klasse	Säugetiere – Mammalia

Ansprechen

Das grauweißfarbene Antilopenwild vermittelt den Eindruck eines Rentieres mit Kudugehörn. Beide Geschlechter tragen ein in flachen Schrauben gewundenes Gehörn, das bei den Böcken deutlich stärker ist und über 1 m lang werden kann. Alte Böcke kennzeichnet zudem ein kräftigbrauner, dichthaariger Stirnschopf. Das bis zu 170 cm lange und bis zu 115 cm hohe Tier wiegt 60–120 kg. Auffallend ist die weiße Querbinde auf dem Nasenrücken. Äserbereich und Innenseiten der Lauscher sind rein weiß. Der dünne runde Wedel endet in deutlicher Quaste.

Lebensraum und Verbreitungsgebiet

Wüsten und Halbwüsten der Sahara sind der Lebensraum der Addaxantilope, die heute von der zunehmenden Besiedlung durch Nomaden in ihrem Bestand bedroht ist.

Verhalten

Die Addaxantilopen wandern in größeren Herden und sind morgens, abends und nachts aktiv. Tagsüber ruhen sie zum Schutz gegen die Hitze und den Wind in Gruben, die sie sich mit den Vorderschalen schlagen. Die Brunft der Addax ist asaisonal. Die Tragzeit beträgt 10–12 Monate. Nach dem Setzakt ist die führende Geiß wieder paarungsbereit.

Jagd

In vorgeschichtlicher Zeit kamen die Addax, die man auch Mendesantilopen nennt, in unglaublich großen Beständen vor. Von den Ägyptern wurden halbdomestizierte Herden als Opfertiere gehalten. Heute ist das Wild durch Wilddieberei gefährdet. Pirsch- und Ansitzjagd an den festen Wechseln sind üblich und waidgerecht.

Kal. Gr. 3
WA A I

Rekordtrophäe

(nach SCI – RBoTA 1987)
Pkt: 86⅛; Hlr: 35⅜; Hll: 37⅝; Ur: 6⅛;
Ul: 6⅝; O: Chad; E: Carlo Caldesi; D: 1963

Die gedrehte Stirnwehr der streng geschützten Addax hat Seltenheitswert

Alpensteinbock

W Capra ibex ibex
E Alpine ibex
F Bouquetin des alpes

Familie	Hornträger – Bovidae
Unterordnung	Wiederkäuer – Ruminantia
Ordnung	Paarhufer – Artiodactyla
Klasse	Säugetiere – Mammalia

Ansprechen

Ebenso wie die Bezoarziege (siehe dort) wurde der Alpensteinbock fast bis zur völligen Ausrottung verfolgt. Heute nimmt das Wild, das sich dem Jäger mit seinen bis zu 1 m langen Hornsäbeln als imponierender Trophäenträger zeigt, durch Schonung wieder leicht zu. Das Gehörn des männlichen Tieres bringt bis zu 15 kg auf die Waage; bei Geißen ist es wesentlich kürzer und leichter. Der bis zu 160 cm lange und bis zu 90 cm hohe starke Bock wiegt bis zu 100 kg. Seiner graufarbigen Decke verdankt der Alpensteinbock den Namen Fahlwild, obwohl sie mit Braun durchsetzt ist und manchmal sogar rein braune Exemplare vorkommen. Der Bock trägt einen Bart.

Lebensraum und Verbreitungsgebiet

In den Hochlagen der Alpen, stets oberhalb der Waldgrenze, äsen die Steinböcke Almgras und Wildkräuter, im Winter trockene Gräser, Flechten und Moose. Dieses Wild findet sich in Restbeständen noch in Österreich und Jugoslawien, hauptsächlich aber in Italien und in der Schweiz, wo heute gelegentlich kleine Stückzahlen freigegeben oder verlost werden.

Verhalten

Vom Frühjahr bis zum Herbst bilden die Böcke eigene „Herrengesellschaften", in denen dauernd Rangordnungskämpfe stattfinden. Geißen, Kitze und Jungwild bilden eigene Rudel. Im Winter zieht sich das Steinwild dann gemeinsam in etwas tiefere Lagen zurück. Während der Brunft von Anfang bis Ende November gibt es unter den Böcken harte Auseinandersetzungen. Die Kitze werden Anfang Mai bis Anfang Juni gesetzt, meistens als

Zwillinge. Innerhalb der Geißenrudel bilden sich etwa 30 Tage nach Ende der Setzzeit eine Art „Jugendbünde", in denen durch Kampf- und Springspiele die späteren Rangordnungskämpfe vorbereitet werden. Mit vier bis acht Jahren werden die Böcke geschlechtsreif. Die

Lebenserwartung beträgt etwa 20 Jahre. In den deutlich sichtbaren Zuwachsringen des Gehörns kann man beim Bock das Lebensalter ablesen.

Jagd

Bergsteigerische Erfahrung und gute körperliche Verfassung sind unabdingbare Voraussetzungen für eine erfolgreiche Pirsch auf das Steinwild. Es äugt und windet ausgezeichnet. Seine Einstände werden umstiegen, das Wild wird überklettert und – da es nach unten sichert – von oben angegangen. In aller Regel sind weite Schüsse notwendig.

Kal. Gr. 2 u. 6
WA entfällt

Im Zweikampf wird die Rangordnung in den „Herrengesellschaften" festgelegt

Das hochalpine Reich des Steinbocks

Rekordtrophäe

(nach RBoTA, 1986)
Pkt: 93⅜; Hlr: 36⅞; Hll: 36⅞; Ur: 10⅜; Ul: 10⅜; O: Italien; E: Carlo Caldesi; D: 1959

Ameisenbär, Großer

W Myrmecophaga tridactyla
E Anteater
F Tamanoir

Familie	Ameisenbären – Myrmecophagidae
Unterordnung	Zahnarme – Xenarthra
Ordnung	Zahnarme – Edentata
Klasse	Säugetiere – Mammalia

Ansprechen

Eine strohig harte Decke in eisengrauer Grundtönung mit am Kopf dunkleren und an den Pranken helleren Tönungen kennzeichnet dieses schäferhundgroße Wild. Sein exotisches Aussehen wird besonders durch den langen, schmalen, röhrenförmigen Fang bestimmt, der sich rüsselartig spitz nach vorn verlängert und ohne Zähne ist. Ein Drittel des etwa 2 m langen Wildtieres, dessen Rumpf sehr schmal ist, mißt die buschige Rute.

Lebensraum und Verbreitungsgebiet

Ameisenbären sind Bodenbewohner der Busch- und Parklandschaften Südamerikas, von Costa Rica bis zum Gran Chaco. Wie ihr Name sagt, ernähren sie sich fast ausschließlich von Ameisen und Termiten, deren knochenharte Bauwerke mit den nagelbewehrten starken Pranken aufgebrochen werden. Die Beute bleibt an der klebrigen Zunge hängen. Manchmal werden bis zu 30 000 Stück dieser Insekten bei einer Mahlzeit verzehrt.

Verhalten

Nomadisierend auf der Suche nach Termitenbauten, kennt dieses Wildtier keine festen Lager oder Einstände. Frühjahr und Herbst sind die Paarungszeiten. Die bei der Geburt etwa 1700 g schweren Jungen werden von der führenden Bärin lange Zeit auf dem Rücken getragen. Ameisenbären äußern sich durch ein lautes Trillern. Sie erwehren sich ihrer Feinde, indem sie diese zu umarmen versuchen.

Jagd

Die sehr nützlichen Bären sind furchtlos und können daher relativ leicht angepirscht werden. Angeschossene Ameisenbären sollte man nicht unterschätzen, denn ihre Angriffe können schwere Verletzungen hervorrufen. Die Pirsch in der Morgen- und Abenddämmerung ist die übliche Jagdart.

Kal. Gr. 1 u. 2
WA A II

Ameisenbären fürchten nicht einmal den Jaguar

Argali

W Ovis ammon ammon
E Sibirian argali
F Moufflon de Sibérie

Familie	Hornträger – Bovidae
Unterordnung	Wiederkäuer – Ruminantia
Ordnung	Paarhufer – Artiodactyla
Klasse	Säugetiere – Mammalia

Ansprechen

Ein gewaltiges Schneckengehörn, das sich in weitem Bogen nach außen rückwärts dreht und dabei einen vollen Kreis und mehr beschreibt, kennzeichnet dieses fast hirschgroße Wildschaf. Starke Böcke können bis zu 250 kg wiegen, und ihr Horn wird (entlang der Windungen gemessen) bis zu 190 cm lang. Der Kopfschmuck der Geißen mißt zwischen 10 und 30 cm. Nacken und obere Körperteile zeigen eine tiefschokoladenbraune Färbung mit eingesprenkelten weißen Haaren. Die Nasenpartie ist weiß, Stirn und Wangen zeigen sich braungrau. Die volle Winterdecke des Argalis prangt in einem fast reinen Weiß bis Crème. Am Träger findet man keine oder nur schwach entwickelte Haarbehänge.

Lebensraum und Verbreitungsgebiet

Dieses mit dem Marco-Polo-Schaf – siehe dort – größte Wildschaf der Erde ist im Hohen und Mittleren Altaigebirge (in schwächerer Form in der Wüste Gobi) der Mongolei, Chinas und der UdSSR zu Hause. Das Mongolargali (Ovis ammon darwini) finden wir in der Mongolei, während in Afghanistan, China, UdSSR und Pakistan das Marco-Polo-Argali (Ovis ammon poli) seine Fährten zieht. In der UdSSR bevölkern noch das Sairargali (Ovis ammon sariensis), das Thien-Shan-Argali (Ovis ammon karelini), das Kashgarianargali (Ovis ammon humei) und das Bukharanargali (Ovis ammon nigrimontana) die Gebirgsregionen. In der Volksrepublik China leben das Littledale's Argali (Ovis ammon littledalei) und das Thien-Shan-Argali (Ovis ammon karelini). In Tibet, Nepal und Ladakh haben die Tibetargalis (Ovis ammon hodgesoni) ihre Einstände. Das Altai-

Wildschaf bevorzugt im Sommer die höchsten Hanglagen im Bereich der Schneegrenze, während es im Winter bis in die Täler zieht. In der Äsung wenig wählerisch, werden neben Gräsern, jungen Trieben und allerlei Wildkräutern selbst hochgiftige Pflanzen wie Wolfsmilch und Tollkirsche abgeäst.

Verhalten

Wie alle Wildschafe können die Argalis hervorragend klettern. Sie flüchten bei Gefahr in die hohen und höchsten Regionen und entziehen sich so ihren Feinden, insbesondere dem Leopard und dem Wolf. Die Geißen bilden mit dem Jungwild ganzjährig Herden, denen sich im Herbst die starken Böcke zugesellen, die im Sommer in „Herrengesellschaften" umherziehen. Die Schneckengröße bestimmt den Status ihres Trägers im Rudel. Brunftkämpfe werden mit großer Kraft und Wildheit ausgetragen. Nicht selten verhakeln sich die Schneckengehörne untrennbar ineinander, so daß die beiden Kämpen elend zugrundegehen müssen. Nach einer Tragzeit von vier bis fünf Monaten werden ein bis zwei Lämmer gesetzt, die nach zweieinhalb Jahren geschlechtsreif sind.

Der Jäger gelangt per Pferd oder Allrad in die Schafregionen. Von dort beginnt der weite, oft schwierige Aufstieg in das Jagdgebiet

Jagd

Schafjäger wissen um die Eigenart ihres Wildes, im Falle der Gefahr stets nach oben zu flüchten und nach unten zu sichern. Das macht sich der Waidmann zunutze, indem er trachtet, Wildschafrudel zu überklettern, um die Tiere von oben ansprechen zu können. Das Wild äugt und vernimmt unglaublich gut, wobei das Hauptaugenmerk wegen angreifenden Raubwilds ständig den unter ihm liegenden Regionen gilt. Der Schafjäger muß gute Kondition haben, bergerfahren und an Höhen bis zu 3500 m und mehr angepaßt sein.

Kal. Gr. 3 u. 6
WA A II
WA A I Tibetargali

Rekordtrophäe

(nach RBoTA, 1986)
UI: 21⅛; O: N. Altai Mongolia; E: C. J. McElroy; D: 1970

Auerwild

W Tetrao urogallus
E Capercaillie
F Grand tétras

Unterfamilie	Rauhfußhühner – Tetraoninae
Familie	Fasanenartige – Phasianidae
Ordnung	Hühnervögel – Galliformes
Klasse	Vögel – Aves

Ansprechen

Der „Große Hahn" ist von der Schnabelspitze bis zum Ende des Stoßes etwa 85 cm lang und eines der begehrtesten Wildtiere des europäischen Jägers. Dieser mächtige Vertreter der Rauhfußhühner, mit befiederten Ständern, ist an Kopf, Hals und Bürzel dunkelgrau, an Rücken und Flügeldecken dunkelbraun. Die Brust schillert grünlich und der Bauch ist eher schwarz gefärbt. Die Hennen sind mit 60–62 cm Gesamtlänge zierlicher und geringer. Ihr Federkleid ist oben dunkel- und hellbraun gesperbert, die Brust ist rostrot, und die Unterseite zeigt sich grau-, rost- oder rahmfarben gefleckt. Beim Hahn fallen die scharlachroten Rosen oder Flammen über den Sehern sowie der deutliche Kehlbart auf. Der weiße Fleck am Flügelbug ist ein weiteres markantes Merkmal zum Ansprechen. Unter „Rackelwild" versteht man Kreuzungen zwischen Auer- und Birkwild (siehe dort), welches selbst fortpflanzungsfähig ist.

Lebensraum und Verbreitungsgebiet

Das Auerwild ist in den Nadelwäldern Eurasiens beheimatet.In der Bundesrepublik kommt es nur noch in den Alpen sowie im Spessart, im Bayerischen Wald, im Schwarzwald und in der Eifel vor. Versuchsweise wird es jetzt im Harz ausgewildert. Norwegen, Schottland und Finnland pflegen ihre Bestände ebenso vorsichtig wie die CSSR, die UdSSR, Bulgarien, Jugoslawien und Schweden. Diese Rauhfußhühner lieben stille, zusammenhängende, große Misch- und Nadelwälder. Im Kaukasus und im Altai kommen Unterarten vor. Im Frühjahr und Sommer werden vorwiegend Knospen und Wildkräuter geäst sowie Preisel- und Brombeeren. Im Winter dienen die Nadeln von Kiefern, Wacholder und Fichten als Nahrung. Jungtiere benötigen in den ersten Lebenswochen tierisches Eiweiß, wie Spinnen, Raupen, Bodeninsekten und andere Kerbtiere. An Sommer- und Wintereinstände stellt das Auerwild besondere Ansprüche, ebenso an seine Balzplätze.

Verhalten

Das sehr standorttreue Wildhuhn tritt Mitte April in die Balz. Die Hähne beginnen jedoch schon weit früher an den bekannten Balzplätzen zu rufen. Tänzerisch auf einem Ast oder am Boden umhertretend, beginnt der Hahn mit einem klappernden „Telac-telac", das in immer rascher werdender Folge ausgestoßen wird und mit einem Ton endet, der dem Öffnen einer verkorkten Weinflasche ähnelt. Anschließend folgt das Schleifen; es erinnert an die Geräusche, die beim Schleifen einer Sense entstehen. Der Hauptschlag klingt wie der Knall eines Sektkorkens, wenn er explosionsartig aus der Flasche schießt. Die Hennen suchen sich einen Nistplatz, wohin sie ihre 5–12 Eier legen. Nach 26 Tagen schlüpfen die

Ein stattlicher Urhahn bei der Bodenbalz. Seinem wachsamen Auge entgeht nichts. Eine Bewegung, ein Geräusch, und sofort zieht sich das Wild zurück

Küken, die bis zum Flüggewerden von der Henne geführt werden. Die Lebenserwartung des Auerwildes beträgt sechs bis sieben Jahre.

Jagd

Die meiste Freude bietet dem Waidmann die Jagd auf den balzenden Hahn. Lange vor Tau und Tag pirscht er sich an den Balzplatz heran, um dann den balzenden Hahn während des „Gesanges" anzuspringen. Verschweigt der Hahn, erstarrt der Jäger sofort in seinen Bewegungen, denn der sichernde Auerhahn vernimmt und äugt ausgezeichnet, insbesondere bei der Bodenbalz. Eine Bewegung, ein Geräusch, und sofort reitet das mißtrauische Wild ab. In Österreich, Schottland, Bulgarien, Polen, Jugoslawien, der UdSSR und Finnland ist heute noch stark lizenzierte Jagd möglich.

Kal. Gr. 1 u. 7 (4 mm Schrot)
WA entfällt

Axishirsch

W Axis axis axis
E Axis deer, Chital
F Axis-chital

Familie	Hirsche – Cervidae
Unterordnung	Wiederkäuer – Ruminantia
Ordnung	Paarhufer – Artiodactyla
Klasse	Säugetiere – Mammalia

Ansprechen

„Fleckenhirsch" nennen die Zoologen diese asiatische Hirschart wegen ihrer markanten Zeichnung. Das bis zu 95 cm hohe, 75–100 kg schwere Wild mit einem bis zu 30 cm langen Wedel besitzt ein leierförmig geschwungenes Geweih, welches breit ausgelegt ist und bis acht Sprossen zählt.

Lebensraum und Verbreitungsgebiet

Einstand des Axishirsches sind grasbestandene Waldlichtungen mit schattigen Gewässern. Seine Heimat ist Indien und Südostasien. Er wurde in Neuseeland, Australien, Brasilien, Argentinien und Hawaii eingebürgert.

Verhalten

Der Axishirsch lebt gesellig in größeren Herden, Ansammlungen von 100 und mehr Stücken sind bekannt. Seine Brunft ist asaisonal. Der Brunfthirsch stößt laute rauhe Töne aus und rauft heftig mit seinen Nebenbuhlern.

Jagd

Die Pirsch ist von hohem Reiz wegen der ganzjährigen Brunft. Geschossen wird meist auf kurze Distanz.

Kal. Gr. 2
WA entfällt

Rekordtrophäe

(nach RBoTA, 1986)
Pkt: 144⅛; Stlr:36⅝; Stll: 37⅜; Ur: 7⅞;
Ul: 7⅛; EZ total: 8; O: India; E: Matt Zonailo;
D: Februar 1969

Ein „Weltbürger" unter den Hirschen

Banting

W Bos javanicus
E Banting
F Banteng

Familie	Hornträger – Bovidae
Unterordnung	Wiederkäuer – Ruminantia
Ordnung	Paarhufer – Artiodactyla
Klasse	Säugetiere – Mammalia

Ansprechen

Über niedrig-geradem, langgestrecktem Rückkenkamm ein Büffelhaupt mit eher bescheidenem, nach oben und hinten gerundetem Gehörn; so stellt sich der wehrhafte Banting dem Waidmann dar. Die Bullen sind mit einer glatthaarig braunen bis schwarzen Decke versehen; Kühe und Kälber sind glatthaarig rotbraun bis rot. Beide Geschlechter besitzen weißlich gefärbte „Stiefel" sowie einen auffällig weißen Spiegel auf der Rückseite der Hinterkeulen. Bei einer durchschnittlichen Körperhöhe von 130 bis 170 cm wiegen Bantings zwischen 500 und 900 kg. Alte Bullen sind an der verhornten glatten Haut zwischen spitzen und glatten Hörnern zu erkennen.

Lebensraum und Verbreitungsgebiet

Bantings bewohnen die unberührten Waldgebiete Südostasiens und der Sundainseln von der Küste bis in die Gebirgsregionen von 2000 m Höhe. Sie leben in unterholzreichen Sumpfgebieten, im Bambusdschungel, lichtem Hochwald oder im Busch- und Grasland. Bambusschößlinge, Gräser, Blätter und Blüten bilden die Hauptäsung.

Verhalten

Als Kulturflüchter bekannt, leben die Bantings in Herden, die meist aus 20 bis 30 Kühen sowie 2–3 Jungbullen bestehen. Frühmorgens und spätnachmittags sind ihre Hauptäsungszeiten. Alte Einzelgängerbullen stoßen zur Herde erst während der Brunft, die im Dezember bis Januar harte Kämpfe auslöst. Nach neun Monaten werden die lebhaft gelbbraun bis rot gezeichneten Kälber mit einem deutlichen Aalstrich auf dem Rücken

gesetzt. Sie werden neun Monate gesäugt, und nach zwei bis drei Jahren sind sie erst geschlechtsreif.

Jagd

Die Jagd ist heute noch im Norden von Australien möglich, wo man das Bantingwild eingebürgert hat. Man orientiert sich bei der Jagd an Fährten und Losung im Bereich der bekannten Äsungsplätze. Auf der Pirsch wird auf kurze Distanz geschossen. Ein alter Bantingbulle ist ein nicht zu unterschätzender Gegner (siehe Büffelschußbild, S. 325).

Kuh und Kalb des wehrhaften Banting. Typisches Erkennungsmerkmal sind die weiß gefärbten „Stiefel". Bei der Jagd ist größte Vorsicht geboten, vor allem im dichten Busch und bei angeschweißtem Wild

Kal. Gr. 3–5
WA entfällt

Rekordtrophäe

(nach RBoTA, 1986)
Pkt: 88⅝; Hlr: 28; Hll: 28⅜; Ur: 15⅝;
Ul: 16⅜; O: Vietnam; E: Georg Parker;
D: April 1958

Bezoarziege

W Capra aegagrus
E Bezoar goat
F Chèvre a bezoard

Familie	Hornträger – Bovidae
Unterordnung	Wiederkäuer – Ruminantia
Ordnung	Paarhufer – Artiodactyla
Klasse	Säugetiere – Mammalia

Ansprechen

Die mit den Steinböcken verwandte „Gegengiftziege" – wie der Name Bezoar wörtlich aus dem Persischen übersetzt heißt – ist Stammvater aller Hausziegenrassen. Bei einer Körperlänge von 120 bis 160 cm und einer Körperhöhe zwischen 70 und 100 cm werden Gewichte zwischen 40 und 70 kg erreicht. Die gewaltigen Stirnwaffen der Böcke erreichen Längen zwischen 80 und 135 cm, Rekorde liegen bei 150 cm. Auf einer schmalen Basis aufgebaut, verlaufen die Hörner im Unterteil säbelartig-gebogen nach hinten und sind zum Ende hin schärfer gekrümmt. Die Hornsäbel sind seitlich zusammengedrückt und verlaufen nicht durchgehend rund. Die an der Vorderkante befindlichen scharfkantigen (höchstens zwölf) Höcker dienen allerdings nicht der Altersbestimmung. Diese wird anhand der Altersringe auf der Rückseite des Horns vorgenommen. Die Decke ist im Sommer silbrig-rehbraun mit schwarzem Aalstrich und einer dunklen Querbinde über den Blättern und verändert sich im Winter in eine schmutzig-graue Färbung. Die Böcke tragen einen dichten langen Bart, die Geißen sind bartlos; ihre geraden Hörner werden höchstens 30 cm lang.

Lebensraum und Verbreitungsgebiet

Das Bezoarwild liebt steile Felsen und Hänge oberhalb der Baumgrenze ebenso, wie wald- und buschreiche Höhenregionen. Selbst in Halbwüsten ist die Bezoarziege zu Hause. Die weiblichen Tiere leben mit den Kitzen gesellig in kleinen Gruppen oder in Verbänden bis zu 30 Köpfen, von denen sich die Böcke zu „Herrengesellschaften" absondern. Während der sich vorwiegend im Winter, von November bis Dezember, abspielenden Brunft hakeln die Böcke sich entweder mit den Hornsäbeln oder sie stoßen mit großer Wucht frontal aufeinander. Während der heißen Tageszeit ruht das Bezoarwild im Schatten von Felsvorsprüngen, Buschwerk oder Bäumen. Flechten, Gräser, Blätter, junge Triebe und Kräuter bilden die Äsung. Bezoarziegen sind von Kreta über Kleinasien bis zum Kaukasus und nach Persien hinein vertreten. Starke Bestände leben heute im Süden der Türkei (ca. 6000 Exemplare), insbesondere im Termessosreservat des Taurusgebirges. Ein Restbestand hat sich im Lafka-Ori-Gebirge im Westen Kretas erhalten.

Jagd

Heute gelangt der Jäger zu Pferd oder mit dem Allrad in die Jagdgebiete. Dort pirscht er, wie beim Steinbock, das Wild am besten durch Überklettern an. Wind und Wetter sind bei dieser möglichst lautlosen Jagd zu beachten. Das Wild, insbesondere das am Ende meist ziehende stärkere, äugt und vernimmt sehr gut und sichert meist nach unten. Bergerfahrung, gute Ausrüstung und Anpassung an entsprechende Höhenlagen sind wichtig für eine erfolgreiche Jagd.

Kal. Gr. 2 u. 6
WA entfällt

Rekordtrophäe

(nach RBoTA, 1986)
Pkt: 128⅛; Hlr: 57; Hll: 54⅝; Ur: 8⅜;
Ul: 8⅜; O: Bistoon Range, Iran;
E: Rashid Jamsheed; D: 1978

Mit seinen Hornsäbeln und seinem langen Bart – ein würdevoller Herr der Bergwelt

Birkwild

W	Lyrurus tetrix
E	Black grouse
F	Tétra lyre

Unterfamilie	Rauhfußhühner-Tetraoninae
Familie	Fasanenartige-Phasianidae
Ordnung	Hühnervögel-Galliformes
Klasse	Vögel-Aves

Ansprechen

„Der kleine Ritter", wie ihn der Waidmann gerne nennt, wird durchschnittlich 53 cm groß und 1250–1750 g (im Herbst) schwer. Die unscheinbar rotbraun gefleckt und gesperberte Henne ist deutlich geringer. Der „kleine Hahn" trägt ein blauschwarzes glänzendes Federkleid mit leierförmigem Stoß (die „Krummen") und auffallend weißer Unterstoßdecke. Weiß ist die Binde an den Schwingen. Über den Sehern befinden sich stark ausgebildete und gut zu erkennende rote Rosen.
Zwischen den beiden Rauhfuß-Hühnerarten Auerwild und Birkwild kommt als Kreuzung das sogenannte „Rackelwild" vor, welches selbst fortpflanzungsfähig ist.

Lebensraum und Verbreitungsgebiet

Moore und Heideflächen sowie trockenes Birkenbiotop und Hochalmen sind die wesentlichen Einstände des Birkwildes. Als Folge der Intensivierung der Landwirtschaft wurden dem Birkhuhn fast überall die Lebensgrundlagen genommen. Es zog sich immer mehr in unzugänglichere Gegenden, vor allem in unberührte Gebirgsreviere zurück. Die Äsung dieses scheuen Wildhuhnes besteht aus Sämereien, Waldbeeren, Knospen, Nadeln und jungem Blattwuchs.
Das Birkwild ist über Nordasien und Europa verbreitet, teilweise in besonderen Unterarten. In Skandinavien und im europäischen Teil der UdSSR, bis in die dauergefrorenen Tundren und die Ukraine, findet man den Kleinen Hahn. Der Spielhahn bewohnt den Alpenraum, den Kaukasus, die Karpaten, Polen und Ungarn ebenso wie Nordirland und die schottischen Highlands.

Verhalten

Besonders auffällig ist das Balzverhalten des „Spielhahns". Dank eines Verstärkers, seinem Kehlsack, ist sein Kollern weit zu hören. Es klingt wie „gulle-gulle-gulle" oder „gogogogagagag". „Tschub-tschwii" ist sein kämpferischer Zischlaut. Die Hähne finden sich bei Morgengrauen an ihren Balzplätzen in sausendem Flug zur Boden- und Baumbalz ein. Zunächst wird mit langem Stingel argwöhnisch gesichert, dann sträubt der kleine Ritter sein Kleingefieder, um sich größer zu machen, der Stoß wird aufgefächert, die Schwingen gelüftet. Jetzt tritt er geziert hin und her, vollführt die tollsten Luftsprünge und beginnt sein Balzlied. Auf den Balzplätzen herrscht eine strenge Rangordnung, die dem Haupthahn sein angestammtes Revier sichert, während den schwächeren Hähnen die minderen Plätze zugewiesen werden. Schwache und junge Hähne besetzen die Randplätze der Balzregion und verschweigen meist. Von März bis Mai ist die Balz des Birkhahns, je nach Höhenlage etwas zeitlich verschoben. Die Henne legt acht bis zwölf Eier, die vier Wochen lang bebrütet werden. Die Jungvögel sind zunächst auf Insektennahrung programmiert, wie dies vom

Der Kehlsack des Spielhahns wirkt wie ein Verstärker. Sein Kollern ist weithin hörbar

Auerwild (siehe dort) und ebenfalls vom Rebhuhn (siehe dort) bekannt ist.

Jagd

Speziell in den Alpen gilt der Spielhahnstoß als begehrte Jagdtrophäe. Beliebt ist die Jagd auf den balzenden Hahn aus dem Schirm heraus. Lange vor Tagesbeginn erwartet der Jäger die balzenden Hähne, die man durch Nachahmung der Balzlaute heranlocken kann. Erfahrene Birkhahnjäger werfen einen federgeschmückten Hut in die Luft, den der balzenden Hahn für einen Rivalen hält und der ihn deshalb anlockt. In Skandinavien und Schottland wird Birkwild heute noch vor dem Hunde bei Treibjagden erbeutet. In der BRD ist das Auer-, Birk- und Haselwild ganzjährig geschützt.

Kal. Gr. 1 u. 7 (3,5 mm Schrot)
WA entfällt

Bison

W Bison bison
E Buffalo, Bison
F Buffle, Bison Américain

Familie	Hornträger – Bovidae
Unterordnung	Wiederkäuer – Ruminantia
Ordnung	Paarhufer – Artiodactyla
Klasse	Säugetiere – Mammalia

Ansprechen

Das mächtigste Wild des nordamerikanischen Kontinents, auch „Indianerbüffel" genannt, wiegt bei einer Körperhöhe bis zu 190 cm etwa 1 t. Kühe sind wesentlich geringer und zierlicher. Der Vorderkörper erscheint proportional überhöht, so daß der Bison kopflastig wirkt. Der schwere ramsnasige Schädel und die dichte, fast schwarze, im Vorderteil zottig behaarte Decke unterstreicht dies. Es kommen braune, graue, fast weiße und sogar gefleckte Bisons vor. Im Sommer verliert dieses Wild den dichten Haarfilz des Winters am Hinterkörper. Der Präriebison (Bison bison bison) und der Waldbison (Bison bison athabascae) sind zwei Unterarten. Der Waldbison besitzt längere Läufe, ein breiteres Trittsiegel, eine dichter und dunkler behaarte Decke sowie erheblich mächtigeren Kopfschmuck.

Lebensraum und Verbreitungsgebiet

Bisons durchzogen ehemals in riesigen Herden die Prärielandschaften des „Wilden Westens", während der Waldbison offenes Busch- und Waldland liebt. Die äsende Herde wird von ausgestellten „Wachtposten" gesichert. Als reiner Pflanzenfresser auf Gras- und Kräuteräsung angewiesen, nehmen Bisons im Sommer große Mengen des Präriegrases auf und begnügen sich im Winter mit Flechten, Moosen und verdorrtem Gras. Der Waldbison lebt vorwiegend von Blättern, Baumrinde und Zweigen. Das verdorrte Gras wird mittels Pendelbewegungen des mächtigen Hauptes vom Schnee befreit. Die Verbreitungsgebiete des Bisons sind durch Besiedlung und intensive Landwirtschaft erheblich eingeschränkt worden, so daß die verbliebenen Restbestände unter strengem Schutz stehen und sich vorwiegend auf ausgedehnte Wildfarmen und -reservate in den Weststaaten der USA und Kanadas konzentrieren.

Verhalten

Erfahrene Kühe übernehmen abwechselnd die Führung der Herde während der Äsungszeiten am frühen Morgen und späten Abend. Flüchtige Büffel erreichen Geschwindigkeiten bis zu 50 km/h. Von Mai bis September stehen die Büffel in der Brunft. Die Bullen tragen oft harte, tödlich verlaufende Kämpfe miteinander aus. Das kehlig grollende Brüllen der Bullen ist während dieser Zeit meilenweit zu hören. Nach neun Monaten setzen die Kühe je ein rotbraun gefärbtes Kalb. Ein ganzes Jahr lang werden die Kälber gesäugt. Erst im Alter von zwei bis drei Jahren tritt die Geschlechtsreife ein. Die Lebenserwartung des Bisons beträgt 25 Jahre.

Jagd

Den Indianern war der Bison ein göttlich verehrtes Jagdwild. Er versorgte sie mit allem, was zum Leben notwendig war: die Decke als Kleidung, das Fleisch zur Nahrung und den Dung als Brennmaterial. Lebten einst in den Prärien und Wäldern Nordamerikas noch 60 Millionen Bisons, so haben sich heute die Restbestände in etwa wieder auf 80 000 (!) Stück erholt. Gezielte jagdliche Bewirtschaftung verhindert die Ausbreitung von Tuberkulose, Milzbrand und Rinderpest. Die Jagd ist nicht ungefährlich. Ein vom Bison als Angreifer erkannter Feind wird mit großem Vernichtungswillen angenommen. Dies gilt vor allem bei der Nachsuche auf ein angeschweißtes Stück. Die Pirsch auf den Präriebison in großen konzessionierten Wildfarmen mit einheimischen Jagdführern ist heute die einzig erlaubte Bejagung.

Kal. Gr. 4 u. 5
WA   A I Waldbison,
sonst entfällt

Rekordtrophäe
(nach RBoTA, 1986)
Pkt: 77⅞; Hlr: 21⅜; Hll: 22⅛; Ur: 17⅜;
Ul: 17⅛; O: Custer State Pk., SD;
E: Gerald P. Begnaud Jr.; D: 1981

Die Prärie erbebt unter den Hufen der davonstürmenden „Indianerbüffel"

Blaubock

W Boselaphus tragocamelus
E Nilgai, Blue Bull
F Le Nilgaut

Unterfamilie	Waldböcke – Tragelaphinae
Familie	Hornträger – Bovidae
Unterordnung	Wiederkäuer – Ruminantia
Ordnung	Paarhufer – Artiodactyla
Klasse	Säugetiere – Mammalia

Ansprechen

Hochläufig mit überhöhtem Widerrist und abschüssigem Rücken, langem Haupt und kurzem massivem Träger, erscheint die bis zu 150 cm große Nilgauantilope, wie der Blaubock auch heißt, als ein Wild, bei dem alle Masse vorn zu liegen scheint. Tatsächlich ist der Vorderkörper deutlich massiger als der Hinterkörper. Die ziemlich stämmigen, an der Spitze nur leicht nach vorn gebogenen Hörner erheben sich kaum über die Lauscher. Die Geißen tragen kein Gehörn. Das indische Wort „nil" (= blau) deutet auf die auffallend blau gefärbte Decke hin. Ein starker Bock kann über 200 kg schwer werden.

Lebensraum und Verbreitungsgebiet

Die Nilgauantilopen bewohnen Wälder und Dschungel und meiden trockene Landschaften. Ihre Äsung besteht aus Gräsern, Kräutern und Zweigen. Verbreitet ist die Nilgauantilope in Nordindien und in Nepal.

Verhalten

Die Nilgauantilopen leben gesellig in kleinen Rudeln. Sie bevorzugen feste Wechsel, Losungs- und Ruheplätze in ihren Revieren. Wasser schöpfen sie nur alle 2–3 Tage. Gelegentlich waschen sie sich regelrecht, indem sie das Haupt ins Wasser tauchen und damit erreichbare Körperstellen benetzen. Die Brunft beginnt Ende März. Rivalisierende Bullen kämpfen dann auf zwei verschiedene Arten miteinander: Entweder lassen sie sich auf die Knie nieder und bedrängen sich mit den

Bis zu 1 Tonne wiegen diese Ungetüme

Hohe Läufe, überhöhter Widerrist, abschüssiger Rücken und ein langes Haupt sind typische Merkmale dieses in Indien und Nepal lebenden Dschungelbewohners

Gehörnen, oder sie schlingen stehend ihren Hals um den des Gegners.

Jagd

Die frühen Morgenstunden und der späte Nachmittag eignen sich am besten für die Pirsch. Geduldiger Ansitz an stark besuchten Losungsplätzen oder Wechseln verspricht Erfolg. Die Schußdistanz ist meist kurz. In die Enge getriebene Nilgauantilopen greifen ähnlich wie Bongos (siehe dort) an. Der Waidmann muß beachten, daß im Biotop der Nilgauantilopen der Tiger als Mitjäger auftreten kann!

Kal. Gr. 2 u. 3
WA entfällt

Rekordtrophäe
(nach RBoTA, 1986)
Pkt: 33⅛; Hlr: 8⅜; Hll: 8; Ur: 8⅜; Ul: 8⅜; O: Rupandehi District, Nepal; E: Robert W. Kubick; D: 1985

Blauschaf

W Pseudois nayaur
E Blue sheep, Bharal
F Bous bleu

Familie	Rinderartige – Bovidae
Unterordnung	Wiederkäuer – Ruminantia
Klasse	Säugetiere – Mammalia

Ansprechen

Dieses Trugschaf – nicht Schaf, nicht Ziege – kommt in den drei Unterarten Himalaja-Blauschaf (Pseudois nayaur nayaur), China-Blauschaf (Pseudois nayaur szechuanensis) und Zwergblauschaf (Pseudois nayaur schaeferi) vor. Das erste Winterkleid eines Blauschafes ist von bläulicher Färbung – daher auch der Name dieses Wildes. Die sonst fahlfarbene Decke verfärbt sich zum Unterbauch hin weiß. Während die Widder über 80 cm lange Schnecken verfügen, die an der Basis dicht nebeneinander stehen und sich dann kreis- bis S-förmig nach hinten schwingen, haben die Schafe nur ein steiles, 20 cm langes Gehörn. Die Tiere wiegen im Durchschnitt – je nach Geschlecht und Einstand – 40–80 kg, ihre Schulterhöhe beträgt 75–90 cm. Die als Trophäen sehr begehrten Schnecken sind dicht mit schmalen Wülsten besetzt.

Lebensraum und Verbreitungsgebiet

Das Blauschaf ist ein Wild der Hochgebirge. Dort bewohnt es die offenen Hochflächen und sucht seine Äsung, die aus Gräsern, Wildkräutern und Flechten besteht. In den Himalaja-staaten, wie Sikkim, Nepal und China, sowie in Teilen der UdSSR findet man Blauschafe bis hinauf in die für den europäischen Jäger „schwindelerregenden" Höhen von 5000 m.

Verhalten

Blauschafe leben in größeren Herden, während die Widder im Sommer selbständige „Junggesellengemeinschaften" bilden. Bei Gefahr flüchten sie nicht, sondern bleiben regungslos stehen. Die Brunft vollzieht sich im Oktober/November. Die Widder kämpfen nach Ziegenart: Sie erheben sich auf die Hinterläufe

Nur selten kommt dieser Bewohner des Hochgebirges in den Bereich der Baumgrenze herunter

und stoßen dann frontal mit den Stirnwaffen krachend gegeneinander. Nach 5–6 Monaten setzen die Schafe jeweils ein Lamm, das ein halbes Jahr lang gesäugt wird und dem führenden Schaf sofort nach dem Setzakt folgt. Die Blauschafe haben eine Lebenserwartung von 18–20 Jahren.

Jagd

Von hochgelegenen Jagdcamps aus durchsteigt man auf der Suche nach Blauschafen die weiten Hänge. Das erfordert bergsteigerisches Können sowie beste körperliche Verfassung. Wer hier als Waidmann nicht über eine erstklassige Kondition verfügt, wird mit Sicherheit ohne Erfolg zurückkehren! Blauschafe geben ihre Eigenart, sich auf ihre Tarnfarbe zu verlassen, sich still zu drücken oder am Platz zu verharren, in häufiger bejagten Gebieten auf. Weite Schüsse sind erforderlich. Die Jagd auf Blauschafe ist heute noch in Nepal möglich.

Kal. Gr. 6

Rekordtrophäe

(nach RBoTA, 1986)
Pkt: 140⅛; Hlr: 30; Hll: 30; Ur: 11⅞; Ul: 11⅞;
O: Nepal; E: Dr. George Engel; D: 1979

Bleßbock

W Damaliscus dorcas phillipsi
E Blesbok
F Blesbok

Familie	Hornträger – Bovidae
Unterordnung	Wiederkäuer – Ruminantia
Ordnung	Paarhufer – Artiodactyla
Klasse	Säugetiere – Mammalia

Ansprechen

Die beiden Unterarten dieses Wildes unterscheiden sich lediglich in der Färbung. Die Decke ist bei beiden graurotbraun mit weißen Bauchseiten, und die Außenschenkel sind bläulich schwarz. Beim verwandten Bontebok ist der Bereich oberhalb der Schwanzwurzel mit in den weißen Spiegel einbezogen, und die Läufe sind ganz weiß. Beim Bleßbock (D. d. phillipsi) ist nur die Innenseite der Schenkel und Läufe weiß. Beide Unterarten bringen es auf ein Gewicht bis zu 100 kg bei einer Körperhöhe bis 110 cm. Das Gehörn ist leierförmig nach außen und dann nach innen zurückgeschwungen. Es wird bei Böcken etwa 50 cm lang, bei Geißen kürzer.

Lebensraum und Verbreitungsgebiet

Dieses Wild liebt offene Grassteppen. Stark dezimiert, hat es sich heute auf Wildfarmen in Südafrika, Namibia und Simbabwe wieder erholt.

Verhalten

Diese schön gezeichneten Antilopen leben in Herden bis 30 Stück. Sie äsen morgens und nachmittags. Bei Gefahr schnellen die Bleßböcke mit allen vieren gleichzeitig in die Luft und springen in hohen Fluchten ab.
Die Brunft verläuft fließend von Dezember bis März. Nach sieben Monaten setzt die Geiß ein Kitz, manchmal zwei.

Jagd

Der Jäger muß sich unter Ausnützung jeglicher Deckung möglichst nahe an das Wild heranpirschen. Weite Schüsse sind nicht ungewöhnlich. Starke Böcke, die ein Revier im Besitz

Die Bestände des Bleßbocks haben sich in jüngster Zeit wieder erfreulich erholt

haben, kehren nach der Flucht dorthin zurück. Dieses Verhalten nützt der erfahrene Waidmann aus und sitzt an. Die Jagd ist limitiert.

Kal. Gr. 2 u. 3
WA A II Damaliscus dorcas dorcas, sonst entfällt

Rekordtrophäe
(nach SCI – RBoTA, 1987)

Pkt: 52$\frac{7}{8}$; Hlr: 19$\frac{2}{8}$; Hll: 18$\frac{6}{8}$; Ur: 7$\frac{3}{8}$; Ul: 7$\frac{4}{8}$; O: R. S. A., O. F. S.; E: Albert A. Cheramie; D: Juni 1985

Bongo

W	**Tragelaphus eurycerus**
E	**Bongo**
F	**Bongo**

Familie	Hornträger – Bovidae
Unterordnung	Wiederkäuer – Ruminantia
Ordnung	Paarhufer – Artiodactyla
Klasse	Säugetiere – Mammalia

Ansprechen

Diese stärkste aller Waldantilopen erreicht ein Gewicht bis 225 kg und eine Schulterhöhe von 130 cm. Anzusprechen ist sie an ihrem locker gedrehten alabasterfarbenen, beim Bullen sehr kräftigen Gehörn, das an der Basis dunkel ist. Unverkennbar ist das herrlich leuchtende Kastanienrot der Decke mit deutlichen weißen Querstreifen. Die großen breiten Lauscher und der deutlich gekrümmte Rücken unterscheiden sie von ähnlichen Arten. Der Äser ist schwarz, wogegen die weißen Zeichnungen zwischen den Lichtern und auf den Wangenseiten einen erkennbaren Kontrast bilden. Die kurze Mähne vom Träger bis zum Rücken zeigt schwarzweiße Färbung, während der Träger selbst mit einem weißen Halsband geschmückt ist. Die kurzen stämmigen Läufe weisen eine unverkennbare Schwarzweißzeichnung auf.

Lebensraum und Verbreitungsgebiet

Primär- und Sekundärwaldungen sind die bevorzugten Einstände der Bongos. Im südlichen Afrika ziehen die Tiere Gebirgs- und Vulkanwälder anderen Biotopen vor. Die Äsung der Bongos besteht vorwiegend aus Gras, Strauchwerk und Blättern sowie faulendem Baummark und Wurzeln, die sie mit dem Gehörn aus dem Boden herausheben. West-, Mittel- und Ostafrika ist das Verbreitungsgebiet dieser Waldantilopen, und zwar von Liberia über Zaïre, die Zentralafrikanische Republik bis zum Sudan, vom südlichen Äthiopien bis zum südlichen Kenia und Tansania.

Verhalten

Naschhaft wie die Rehe europäischer Biotope, ziehen die Bongos meilenweit, um zu einer Salzlecke zu gelangen. Aktiv ist dieses herrliche Wild morgens, nachmittags und nachts. Es zieht in kleinen Herden, doch leben die Bullen meist einzelgängerisch. Bongos besetzen kein Territorium, halten sich aber an ihren bestimmten Lebensraum. Die Brunft ist asaisonal, so daß man das ganze Jahr über führende Kühe sowie Kühe, die dick gehen, ansprechen kann. Meist setzt die Kuh nur ein Kalb.

Jagd

Die Pirsch auf dieses äußerst heimlich lebende Wild afrikanischer Wälder ist mühevoll. Trotz seiner auffallend roten Decke ist es im dichten Wald kaum zu erkennen. Der europäische Jäger verläßt sich daher auf das geschulte Auge des einheimischen Fährtensuchers. Zum Ansprechen bleibt meist wenig Zeit. Man schießt auf relativ kurze Distanz. Interessant sind die Einzelgänger, meist alte Bullen, die man an ihrer sehr dunklen Decke erkennt. Eine nicht ungefährliche Jagd, ist doch der Bongo sehr angriffslustig und hat selbst dem routinierten Jäger gegenüber im dichten Dschungel eine reelle Chance, ihn ernsthaft anzunehmen.

Kal. Gr. 4 u. 5
WA A III Ghana,
sonst entfällt

Rekordtrophäe

(nach Rowland Ward, 18. Ausgabe)
L: 94,62 cm; U: 29,53 cm; A: 14,61 cm;
O: Mbomou; D: März 1960; E: M. Azemard
(nach SCI – RBoTA, 1987)
Pkt: 94⅛; Hlr: 36⅛; Hll: 35⅖; Ur: 11⅖;
Ul: 11⅛; O: Sudan, Sue River; E: Jesus Yuren; D: 1984

Waldgeist nennen die Eingeborenen dieses scheue und sehr seltene Wild

Braunbär

W Ursus arctos
E Brown bear
F Ours brun

Familie	Großbären – Ursidae
Unterordnung	Landraubtiere – Fissipedia
Ordnung	Carnivora – Raubtiere
Klasse	Säugetiere – Mammalia

Ein Jungbär sammelt seine ersten Erfahrungen beim Lachsfang

Ansprechen

Der Braunbär ist fast überall in der Neuen und Alten Welt in verschiedenen Unterarten vertreten. Größe und Gewicht dieses Raubwildes nehmen vor allem von Süden nach Norden zu, Körperlängen bis zu 300 cm, Schulterhöhen bis 120 cm und Gewichte bis 800 kg sind möglich. Die meist zottige Decke zeigt eine braune bis schwarzbraune Färbung. Der Alpenbär hingegen ist ein Zwerg unter seinen Artgenossen und erreicht mit 70–80 kg Gewicht sowie einer Körperlänge von 170 cm kaum einen Bruchteil der Maße und Masse seiner asiatischen und amerikanischen Vettern. Das kräftige Gebiß weist den Bären als Allesfresser aus. An den Vorderpranken besitzt Meister Petz längere nicht einziehbare Krallen oder Nägel. Die Farbe der Decke variiert vom Rotgelb bis zum tiefen Schwarz.

Lebensraum und Verbreitungsgebiet

Weite Mischwälder, kraut- und beerenbewachsene Hanglagen und Matten sind bevorzugtes Wohngebiet der Bären. Der Mensch hat den Bären heute meist in unzugängliche Wald- und Gebirgsregionen verdrängt. Die größten Vertreter leben auf der Halbinsel Kamtschatka und in Alaska. Einige Vorkommen findet man noch in Europa (Italien, Jugoslawien, CSSR, Polen, Bulgarien), in Asien (vorwiegend in den Hochgebirgen des Himalajas), stärkere Bestände in Nordamerika (Staaten im Westen und in den Rocky Mountains, Alaska, Kanada).

Verhalten

Mit den Unterarten Alaskas und Kamtschatkas ist der Braunbär das größte Raubwild der Erde. Als typischer Einzelgänger ist er meist nur nachts aktiv, in ungestörten Revieren jedoch den ganzen Tag über. Er grast wie eine Kuh, pflückt Waldbeeren wie ein Mensch, liebt Kerbtiere, Schnecken und Maden. Gern gräbt er Kleinnager aus. Aas verschmäht er durchaus nicht, Honigwaben sind für ihn Leckerbissen. Gern und erfolgreich geht er an den Flüssen fischen. Ausnahmsweise schlägt er auch größeres Wild wie den Elch; manchmal wird er als „Schlagbär" den Haustieren gefährlich. Nachts verliert er seine fast sprichwörtliche Scheu vor dem Menschen und bricht in Camps oder Lager ein, wenn ihm der Wind schmackhafte Nahrung signalisiert. Den Winter verbringen die Bären in einer Art Halbschlaf, wozu sie sich in Höhlen zurückziehen, in denen die Bärin auch ihre 300–500 g schweren Jungen zur Welt bringt, meist zwei bis drei, selten nur eines oder vier. Eine festgelegte Brunftzeit gibt es beim Bärwild nicht. Zur Brunftzeit ziehen Bär und Bärin miteinander. Die Bärin verteidigt ihren Nachwuchs gegen jeden Feind, auch den Bären, mit Leidenschaft. Bei Gefahr schickt sie die Jungen auf einen Baum oder versteckt sie und greift unverzüglich den Feind an. Für den Menschen gibt es kaum einen gefährlicheren Gegner als eine führende Bärin, die ihre Jungen bedroht glaubt. Die Jungbären bleiben bei der Mutter bis zum zweiten Lebenswinter, dann löst sich der Familienverband auf.

Jagd

In Alaska und Kanada pirscht man nahrungssuchende Bären an. Am zurückgelassenen „Kill" bringt geduldiger Ansitz den gewünschten Erfolg. In Osteuropa ködert man den Bären mit Hafer oder Aas an und erwartet ihn am Luderplatz. Man versucht auch, den Bären aus dem Winterlager hochzumachen und ihn so vor die Büchse zu bringen. Einer führenden Bärin oder einem Jungen, dem man allein begegnet, sollte man durch schnellen vorsichtigen Rückzug tunlichst aus dem Wege gehen. Es ist selbstverständlich unwaidmännisch, auf führende Bärinnen Jagd zu machen. Angeschweißte Bären sind gefährliche Gegner. Man muß bei der Nachsuche große Vorsicht walten lassen sowie Kugel- und Schrotgewehr mit Posten mitführen. Im übrigen sind Bären streng limitiert, und in Alaska darf kein Gastjäger ohne einheimischen Jagdführer zur Jagd gehen und auch dann nur alle vier Jahre einen Braunbären erlegen. Ähnliches bestimmen die Jagdgesetze in Kanada.

Kal. Gr. 3 u. 4
WA A II
WA A I Italien

Rekordtrophäe

(nach RBoTA, 1986)
Pkt: 29⁴⁄₁₆; Schl: 17¹²⁄₁₆; Schb: 11⁸⁄₁₆;
O: Kodiak Island, Alaska; E: Michael F. Short;
D: 1983

Breitmaulnashorn

W **Ceratotherium simum**
E White rhinoceros
F Rhinocéros blanc

Unterfamilie	Doppelnashörner – Dicerotinae
Familie	Nashörner – Rhinocerotidae
Unterordnung	Nashornverwandte – Ceratomorpha
Ordnung	Unpaarhufer – Perissodactyla
Klasse	Säugetiere – Mammalia

Ansprechen

Der Waidmann soll sich nicht täuschen lassen durch den gängigen Namen „Weißes Nashorn", wie dieser Dickhäuter, der zu den „Big Five" gehört, im Englischen und Französischen heißt. Hellgrau, keineswegs weiß ist die Farbe der Schwarte dieses bis 5 t schweren, durchschnittlich 180–200 cm großen Hornträgers. Zwei Hörner, hintereinander aus dem vorderen Nasenrücken wachsend, kennzeichnen dieses urige Großwild. Das vordere Horn kann sehr stark und bis zu 160 cm lang werden. Die Kühe unterscheiden sich von den Bullen durch dünnere und kleinere Hörner.

Lebensraum und Verbreitungsgebiet

Grassteppen und Buschsavannen sind der Lebensraum des Breitmaulnashorns. Hier äst es, und zwar nur Gras in großen Mengen. Das nördliche Vorkommen erstreckt sich über Zentralafrika, den Sudan, Uganda und Zaire, das südliche über Südafrika bis Angola.
Der indische Vetter des Breitmaulnashorns, das Panzernashorn (Rhinoceros unicornis), war einst über den Norden des Subkontinents von Kaschmir bis Assam verbreitet. Heute finden wir das Panzernashorn nur noch in einigen Reservaten in Assam, Bengalen und Nepal. Ihren Namen verdanken sie ihrer massigen Schwarte, die wie Panzerplatten den Körper umgibt. Das Panzernashorn trägt nur ein Horn, manchmal nur eine vordere Aufstül-

Die Bärenmutter wittert Gefahr

pung der Nasenpartie. Die Jagd ist nicht erlaubt.

Verhalten

Nashörner leben gesellig und geben sich mit kleinen Territorien zufrieden. In ungestörten Revieren sind sie tagsüber aktiv und suhlen gern. Die in kleinen Gruppen äsenden Dickhäuter beanspruchen eigene Wasserstellen. Sie ziehen auf uralten Wechseln, die sie tief ausgetreten haben. Nashörner äugen schlecht, vernehmen und wittern aber ausgezeichnet. Erst im Alter von sieben bis zehn Jahren sind sie fortpflanzungsfähig. Hauptbrunftzeit ist von Juli bis September. Unter gleichstarken Bullen sind erbitterte Territorial- und Brunftkämpfe üblich. Sie enden oft tödlich. Nach einer Tragzeit von 18 Monaten setzt die Kuh ein Kalb. Nashornbullen töten manchmal die Jungtiere, wenn ihnen diese zu nahe kommen.

Ein imposanter Koloß, den man besser nicht reizt. Stärkstens bedroht.

Jagd

Der Hornwilderei wegen ist das Nashorn heute überall bedroht. Andererseits hat es Wieder- und Neueinbürgerungen gegeben (1982 mit 50 Exemplaren sogar in den USA). Die Jagd auf dieses Großwild ist nur in Südafrika (Namibia) auf Großwildfarmen möglich.

Kal. Gr. 5
WA A I

Rekordtrophäe

(nach SCI – RBoTA, 1987)
Hlh: 10⅞; Hlv: 40⅝; Uh: 29⅛; Uv: 30⅞;
O: R. S. A. Transval; E: Jack R. Ulrich II;
D: 1985

Buschbock

W Tragelaphus scriptus
E Bushbuck
F Guib harnaché

Familie	Hornträger – Bovidae
Unterordnung	Wiederkäuer – Ruminantia
Ordnung	Paarhufer – Artiodactyla
Klasse	Säugetiere – Mammalia

Ansprechen

Die vier bekanntesten Unterarten vom Buschbock, der auch als Schirrantilope bezeichnet wird, sollen hier aufgeführt werden: die Kamerun-Schirrantilope, deren Decke ein kräftiges Rot mit weißen Streifen und Punkten zeigt, die Limpopo-Schirrantilope mit mattbrauner, durch wenige gelbliche Streifen und Flecken gezeichneter Decke, die Massai-Schirrantilope, deren braungraue Decke mit wenigen weißen Fleckchen am Hinterleib gekennzeichnet ist, und die Nordäthiopien-Schirrantilope, deren Decke eine gelbe Färbung mit weißen Längsstreifen und wenigen Punkten aufweist.
Schirrantilopen gleichen im Gebäude den Rehen und erreichen Schulterhöhen bis 90 cm.
Die Buschböcke wirken hinten überbaut, da die Kreuzgegend höher ist als die Schulterpartie. Die lyraförmig gedrehten Hörner können über 50 cm lang werden. Die vier Unterarten besitzen alle ein weißes Kehlband.

Lebensraum und Verbreitungsgebiet

Buschböcke lieben Walddickichte und dichtes Buschwerk in Wassernähe. Trotzdem können sie lange ohne Wasser auskommen. Diese Fähigkeit spiegelt sich auch hinsichtlich der Verbreitungsgebiete der Buschböcke wider: Sie sind im dichten Regenwald ebenso wie in der Dornbuschsavanne zu Hause. Die Hauptäsung bilden Blätter und junge Triebe. Mit ihren Schalen schlagen die Buschböcke Wurzeln und Knollen aus dem Erdboden. Buschböcke sind nahezu über ganz Afrika verbreitet, vom Norden Äthiopiens bis südlich des Äquators.

Buschböcke haben im Gebäude eine gewisse Ähnlichkeit mit Rehen

Verhalten

Buschböcke leben als Einzelgänger, die führenden Geißen jedoch im Verband. Sie bevorzugen sehr kleine Territorien und sind frühmorgens und spätnachmittags aktiv.
Eine zeitlich begrenzte Brunft gibt es nicht. Nach einer Tragzeit von 7–9 Monaten setzen die Geißen ein oder zwei Kitze.

Jagd

Umsichtige Einzelpirsch verspricht die besten Erfolge. Angeschweißte Buschböcke nehmen den Waidmann oft heftig an und können ihm mit ihren spitzen Hörnern schwere Verletzungen zufügen. Es ist deshalb bei einer eventuell notwendig werdenden Nachsuche größte Vorsicht geboten.

Kal. Gr. 2
WA entfällt

Rekordtrophäe

(nach SCI – RBoTA, 1987)
Pkt: 38⅝; Hlr: 13⅝; Hll: 13⅞; Ur: 5⅛; Ul: 5⅝; O: Chad, Aouk River; E: Félix-Paul Devaux; D: 1974

Buschschwein

W Potamochoerus porcus
E Bushpig
F Potamochère

Familie	Altweltschweine – Suidae
Ordnung	Paarhufer – Artiodactyla
Klasse	Säugetiere – Mammalia

Ansprechen

Die leuchtendrote Schwarte, geschmückt mit einer langen weißlich gefärbten Rückenmähne, machen das afrikanische Buschschwein zu einem auffallenden Wild. Bei einer durchschnittlichen Größe von 55 bis 80 cm erreichen die Tiere ein Gewicht bis 80 kg. Den Keiler kennzeichnet starkes Gewaff sowie ein auffällig aufgetriebenes Nasenbein, welches plattenartig bis zu 1 cm über den Nasenrücken hinwegragt. Bemerkenswert sind die behaarten Tellerspitzen, die ihm den Namen „Pinselohrschwein" einbrachten. Die Waffen sind nicht sehr lang, die Behaarung dagegen ist lang und borstig. Das gilt gleichermaßen für das ähnliche, jedoch dunkler braun beschwartete Höhenwaldbuschschwein.

Lebensraum und Verbreitungsgebiet

Der Regenwald, dichtes Buschwerk und Bergwälder Südafrikas sind die Heimat der Buschschweine. In Erdnußfarmen hat sich dieses Wild als Allesfresser sehr unbeliebt gemacht, so daß es früher gnadenlos verfolgt wurde. B. Grzimek beschreibt anschaulich, mit welchen Methoden und Verfahren das Buschschwein in Südafrika von den Farmern ‚bestraft' wurde: „Die Jagd mit Hunden erwies sich im allgemeinen als nicht sehr erfolgreich, da sich die Schweine zur Wehr setzten und die Hunde nicht selten töteten. Gift riechen die Schweine meist rechtzeitig und meiden dann die Köder; Fallen waren zwar manchmal wirksam, doch fielen ihnen auch andere Tiere zum Opfer. So sind in Südafrika schon die sonderbarsten ‚Hausmittel' zur Bekämpfung der Buschschweine angepriesen worden: So stellt man z. B. eine Schale mit Kafferbier auf, wartet dann, bis die Schweine betrunken sind,

Chinesisches Wasserreh

Fast ausgerottet haben die afrikanischen Erdnußfarmer diesen Allesfresser

und erschlägt sie mit einem Hammer. Drei Farmer empfahlen, mit einem Hausschweinferkel auf einen Baum zu klettern und es zum Quieken zu bringen. Durch den Notschrei des Ferkels sollen dann die Buschschweine bis in Schußweite herangelockt werden."

Verhalten

Unter Leitung eines starken Keilers führen die Buschschweine ein geselliges Rottendasein. Die größte Tageshitze verbringen sie unter schattigen Bäumen; im übrigen sind sie vorwiegend nachtaktiv. Rauschzeit ist ganzjährig. Die Bachen frischen gewöhnlich 3–6 Frischlinge, die sie gegen Leoparden und Menschen energisch verteidigen.

Jagd

Buschschweine lassen sich ankirren. Der Ansitz an bevorzugten Fraßplätzen (reifende Früchte und Getreide) ist erfolgversprechend. Angeschweißte Keiler nehmen den nachsuchenden Jäger durchaus an.

Kal. Gr. 2
WA entfällt

Rekordtrophäe

(nach SCI – RBoTA, 1987)
Pkt: 22⅝; Lr: 8⅛; Ll: 8⅝; Ur: 2⅛; Ul: 2⅝;
O: Mozambique, Zambezi plain; E: David J. Hanlin; D: 1972

W	Hydropotes inermis
E	Chinese water deer
F	Hydropote

Unterfamilie	Wasserrehe – Hydropotinae
Familie	Hirsche – Cervidae
Klasse	Säugetiere – Mammalia

Ansprechen

Lange, spitze, säbelartige und an der Hinterkante scharfe obere Eckzähne, die bis zu 6 cm aus dem Äser ragen, kennzeichnen beide Geschlechter des gehörnlosen Wasserrehs. Der Rumpf ist nach hinten überhöht. Die Schulterhöhe beträgt 45–55 cm, das Gewicht liegt zwischen 12 und 15 kg. Im Sommerhaar zeigt sich die Decke rotbraun gefärbt; im Winter gewellt und dunkelbraun.

Lebensraum und Verbreitungsgebiet

Uferniederungen der Flüsse sowie Grassümpfe und wassernahe Dickungen bilden die Einstände des Wasserrehs. Verbreitet ist dieses Wild in je einer Unterart in China und Korea; in England wurde es mit vielversprechendem Erfolg lokal eingebürgert.

Verhalten

Bei vorwiegend nächtlicher Lebensweise führen die als Einzelgänger oder paarweise lebenden Wasserrehe ein sehr heimliches Dasein. Eine zeitlich begrenzte Brunftzeit gibt es nicht. Die Böcke tragen jedoch schwere Brunftkämpfe untereinander aus, bei denen sie ihre scharfen Eckzähne dem Gegner in den Hals zu schlagen versuchen. Nach sechs Monaten Tragzeit setzen die Geißen ein oder zwei Kitze.

Jagd

Das Wild ist schwierig zu bejagen. Seine Überlebenstechnik besteht darin, bis zum letzten Augenblick zu verharren und dann plötzlich und sehr schnell vor dem herannahenden Jäger abzuspringen. Auf der Pirsch ist es daher nicht leicht, ein Wasserreh vor den Lauf zu bekommen. Drückjagden sind üblich und für schnelle Schützen erfolgversprechend.

Kal. Gr. 1 u. 2
WA entfällt

China und Korea sind die Heimat dieses nachtaktiven Sumpfbewohners, der in England lokal eingebürgert wurde

Dachs

W Meles meles
E Badger
F Blaireau

Unterfamilie	Dachse – Melinae
Familie	Marder – Mustelidae
Unterordnung	Landraubtiere – Fissipedia
Ordnung	Raubtiere – Carnivora
Klasse	Säugetiere – Mammalia

Ansprechen

„Meister Grimbart" aus der Fabel zeigt sich dem Waidmann als ein etwa 30 cm schulterhohes und 70 cm langes, plump wirkendes Raubwild mit schwarzweiß gestreiftem Kopf, grauem Oberkleid und schwarzer Unterseite. Das Gewicht schwankt – je nach Fettansatz – zwischen 10 und 18 kg.

Lebensraum und Verbreitungsgebiet

Der Dachs bevorzugt Parklandschaften, vornehmlich gehölzreich und wassernah, mit Laub- und Mischwald bestockt. Er meidet reine Nadelholzwälder, findet sich aber noch in Höhen von 2000 m. Als Allesfresser hält er sich an Schnecken, Würmer, Engerlinge und Larven, die er ebenso fleißig wie Mäusenester ausgräbt. Dem Forstmann ist er ein erwünschter Revierbewohner. Obst nimmt er gern auf und verzehrt hin und wieder Gelege der Bodenbrüter. Verbreitet ist der Dachs über den ganzen europäischen Kontinent einschließlich der UdSSR, ausgenommen Sizilien, Korsika und Sardinien, Nordnorwegen und Nordschweden sowie Finnland.

Verhalten

Dachse sind Einzelgänger und nachtaktiv. Den Winter und den Tag über halten sich Dachse in kunstvoll gegrabenen Erdbauen auf, die sie gemeinsam mit dem Fuchs (Vulpes vulpes), nach Etagen getrennt, bewohnen. Ein weit verzweigtes Röhrensystem und viele Ausgänge machen den Bau zur sicheren Burg.
In der Ranzzeit vom Juli bis August leben Fähe und Rüde zusammen. Nach 8–9 Monaten setzt die Fähe 2–4 Welpen im gut gepolsterten

Wochenbett des Baus. Die Welpen kommen blind zur Welt, die ersten gemeinsamen Jagdausflüge werden nicht vor Mai unternommen. Bei der Partnerwahl verhalten sich die Dachse besonders eindrucksvoll: Der Dachs preßt sein Hinterteil fest auf den Boden und versetzt sich mit Hilfe der Vorderpranten in eine Drehbewegung. So entleert er ein Sekret aus dem Stinkloch, einer Drüse unter dem Pürzel. Außerdem setzen die Dachse ihre Losung in vorher ausgegrabene Mulden, die sie dann wieder mit Erde decken.

Jagd

Im Rahmen einer Tollwutbekämpfungsaktion, bei der man die Fuchsbaue begaste, erlitt der Dachsbestand erhebliche Verluste – zu spät wurde die Aktion für verfassungswidrig erklärt und eingestellt. Außerdem stellte man dem Meister Grimbart wegen des „Dachsfettes"

Vorsichtig durchpirscht Meister Grimbart sein Revier

nach, dem besondere Heilwirkung zugeschrieben wird. Man jagte den Dachs mit Bauhunden (Terriern und Teckeln) aus dem Bau und in Netze, die man an den Ausgängen angebracht hatte. Eine andere Methode war die, ihn aus dem Bau zu stechen oder mit Zangen herauszuziehen. Außer zufälligen Begegnungen im Morgen- oder Abendgrauen ist die heute waidgerechte Bejagung der Ansitz am Bau, wo man ihn mit der kleinen Kugel oder – nur noch wenig verwendet – mit grobem Schrot erlegt.

Kal. Gr. 1 u. 7 (4 mm Schrot)
WA entfällt
WA III Ghana und Botswana

Dallschaf

W Ovis dalli dalli
E Dallsheep
F Mouflon du Canada

Unterfamilie	Ziegenartige – Caprinae
Familie	Hornträger – Bovidae
Unterordnung	Wiederkäuer – Ruminantia
Ordnung	Paarhufer – Artiodactyla
Klasse	Säugetiere – Mammalia

Ansprechen

Die Decke dieses Wildschafes prangt in herrlichem Reinweiß. Seine an der Basis eng zusammenstehenden Schnecken drehen zunächst nach oben, seitwärts hinten und dann wieder kreisförmig nach außen. Sie enden beim ausgewachsenen Widder in Höhe der Lichter mit nach außen weisenden Spitzen. Die Schnecken werden oft über 1 m lang und erreichen an der Basis bis zu 30 cm Umfang. Die Geißen zeigen nur einen geringen Kopfschmuck aus steil aufragenden Hörnern bis zu 25 cm Länge. Die Schulterhöhe des ausgewachsenen Widders liegt bei 85 cm, und sein Gewicht überschreitet oft 80 kg. Dallschafe sind eine Unterart der Dickhornschafe (Bighorns) Sibiriens und Nordamerikas. Kreuzungen aus Dall- und Steinschaf nennt man wegen ihrer Färbung „Faninschafe".

Lebensraum und Verbreitungsgebiet

Die Hochgebirge mit ihren Schnee- und Gletscherrandzonen Alaskas, Kanadas und Sibiriens bilden die Heimat der Dallschafe. Mit ihrer weißen Decke sind sie der Umgebung gut angepaßt. Sie äsen Kräuter, Flechten, Moose und Gräser, die sie im Winter mit den Schalen vom Schnee freischlagen. Oft ziehen sie im Winter in die tieferen Lagen der Gebirge hinab – man trifft sie jedoch nur selten in schneefreien Gebieten an. In Alaska gibt es etwa 50 000 Dallschafe, von denen jährlich 850 Widder gestreckt werden.

Verhalten

Geißen und Kitzen dieser Wildschafe leben gesellig in Rudeln und kleinen Herden. Die

Widder bilden eigene „Junggesellengruppen" und stoßen erst zur Brunft, im Oktober bis November, zu den Geißenrudeln. Nach der Brunft trennen sich die Geschlechter und die Lämmer wieder, d. h., die führenden und gelten Geißen leben in Rudeln, getrennt von den Widdergruppen. Die Widder führen während der Brunft meist nur Ritualkämpfe durch. Die Geißen setzen nach einer Tragzeit von 6–8 Monaten gewöhnlich ein Lamm, selten zwei.

Jagd

Die lizenzierte Jagd auf den Dallwidder verlangt den ganzen Mann. Er muß bergsteigerisches Können und körperliche Fitness für diese teilweise auch winterliche Hochgebirgsjagd besitzen. In stark bejagten Gebieten nimmt die natürliche Vertrautheit des Dallwildes ab, und Geißen wie Widder ziehen sich in immer unwegsamere Regionen zurück,

Das begehrteste Wild des amerikanischen Jägers sind die stolzen Schneewidder in den Felsregionen im Norden des Kontinents

vergrämt flüchten sie oft viele Kilometer. Bei den einheimischen amerikanischen Jägern wird der Dallwidder wegen seiner Trophäe zum meistgejagten Wild. Als Mindeststärke der Trophäe wird ein ⅞-Kreis (curl) bzw. der Vollkreis (full curl) verlangt.

Kal. Gr. 3 u. 6
WA A ll

Rekordtrophäe

(nach RBoTA, 1986)
Pkt: 191⅜; Hlr: 45⅝; Hll: 47⅞; Ur: 14;
Ul: 14; O: Alaska, Wrangell mountains;
E: Sherwin N. Scott; D: 1984

Damwild

W Dama dama
E Fallow deer
F Daim

Unterfamilie	Echthirsche – Cervinae
Familie	Hirsche – Cervidae
Unterordnung	Wiederkäuer – Ruminantia
Ordnung	Paarhufer – Artiodactyla
Klasse	Säugetiere – Mammalia

Ansprechen

Mit einem Stangenschaufelgeweih – ähnlich dem des Elches, aber weit geringer und mit mehr Enden – ist dieser zu den Echthirschen gehörende Wald- und Parklandbewohner bewehrt.

Die für gewöhnlich in der Grundfarbe rotbraune Decke wird von weißen Flecken geziert. Neben einfarbig hellbraunen findet man ebenso reinweiß und tiefschwarze Decken. Die Bauchseite ist meist weißlich grau, ebenso der auffällig lange Wedel. Bei Durchschnittsgewichten bis 100 kg erreichen Damhirsche eine Schulterhöhe bis 110 cm. Das Kahlwild ist geringer und trägt keinen Kopfschmuck. Im Winterkleid ist das Damwild grau, und die Flecken sind dann mehr verwischt und kaum noch sichtbar.

Lebensraum und Verbreitungsgebiet

Mischwaldreiche Parklandschaften sind bevorzugte Einstände des Damwildes, vor allem, wenn Felder und Wiesen eingesprenkelt sind. In ihrer Äsung wenig anspruchsvoll, nehmen die Damhirsche alles auf, was Wald, Feld und Flur ihnen bieten. Schon zur Römerzeit in Gattern gehalten, brachten diese ihr Lieblingswild aus dem Vorderen Orient mit nach Europa. Hier fand es zunächst Verbreitung in Jagdgattern, lebt aber bereits seit der Zeitenwende in freier Wildbahn, wo es sich sehr gut eingebürgert hat. Nur noch in Persien findet man die Stammform des Damwildes, den Mesopotamischen Damhirsch (Dama dama mesopotamica). In der Bundesrepublik Deutschland, der DDR, in Polen, Frankreich und Großbritannien ist es in größeren zusammenhängenden Be-

ständen sowie in kleinen bis kleinsten Vorkommen verbreitet.

Verhalten

Dämmerungs- und tagaktiv sind die Damhirsche bestrebt, zu ihren Verfolgern immer Sichtkontakt zu halten. Sie flüchten in Abständen und bleiben dann wieder stehen um zu sichern. Die Sinne des Damwildes sind hervorragend ausgebildet. Im Gegensatz zum Rotwild suhlt Damwild nicht. Es bildet große Kahlwildrudel, die erst zur Setzzeit auseinanderfallen. Die Hirsche stehen in „Herrengesellschaften" beieinander. Ab Mitte Oktober beginnen die Schaufler an den traditionellen Brunftplätzen zu schreien. Mit den Vorderläufen schlagen sie Brunftbetten oder Brunftkuhlen. Die brunftigen Schaufler kämpfen miteinander und versuchen nicht nur frontal, den Rivalen zu besiegen, sondern schlagen die Schaufeln dem Gegner auch in die Flanken. Während des Kampfes verhaken sich die Schaufelgeweihe oftmals – und beide Kämpen gehen dann elendiglich zugrunde. Nach acht bis neun Monaten werden die Kitze gesetzt, meist eines, selten zwei. Damwild ist sehr bewegungsaktiv, aber dennoch standorttreu.

Jagd

Der Waidmann benutzt die Brunft zur Jagd. Ansitz an Äsungsflächen und festen Wechseln ist erfolgversprechend. Reizvoll ist das Pirschenfahren mit dem Pferdefuhrwerk. Während der Jäger sich in Wildnähe möglichst unauffällig vom Wagen gleiten läßt, fährt dieser ruhig weiter. Bei Drückjagden (z. B. Monterias in Spanien) darf man nur mit äußerster Ruhe und weitläufig die Jäger anstellen und das Wild möglichst wenig beunruhigen. Umsichtige Jagdführung und disziplinierte Jäger garantieren hierbei gutes Jagdglück.

Kal. Gr. 2 und 3
WA entfällt

Rekordtrophäe

(nach SCI – RBoTA, 1987)
Pkt: 219³⁄₈; Stlr: 28¹⁄₈; Stll: 25⁵⁄₈; Ur: 7; Ul: 7;
O: R. S. A. Welkom; E: Larry Crain; D: 1983

Wie ein ehernes Standbild: ein kapitaler Damhirsch im herbstlichen Wald. Seine Schaufeln sind eine begehrte Trophäe

Dickhornschaf

W Ovis canadensis
E Bighornsheep
F Mouflon du Canada

Unterfamilie	Ziegenartige – Caprinae
Familie	Hornträger – Bovidae
Unterordnung	Wiederkäuer – Ruminantia
Ordnung	Paarhufer – Artiodactyla
Klasse	Säugetiere – Mammalia

Ansprechen

Maße und Masse dieses großen nordamerikanischen und asiatischen Wildschafes, das auch Bighorn genannt wird, entsprechen den mächtigen Schnecken der Widder, die bei erwachsenen Tieren mit einem Gewicht bis 150 kg an der Basis einen Umfang bis 40 cm erreichen und bis 114 cm lang werden können. Die Schafe zeigen geringere Masse im Wildpret und schwache, unscheinbare, bis 25 cm lange Gehörne. Die Decke ist bräunlich gefärbt mit weißer Unterseite und ebensolchem Spiegel.

Lebensraum und Verbreitungsgebiet

Vom Gebirge bis in die Wüstenzonen bevölkern die Bighorns die Neue Welt und Teile Sibiriens. Gras, Flechten und Kräuter sowie die karge Wüstenflora bilden die Hauptäsung dieses Wildes, das die Amerikaner ihr Nationalwild nennen.
In Mittel- und Hochgebirgen Nordamerikas, bis hinab zu den Wüstenzonen Neumexikos, leben Bighorns in relativ großen Beständen. Im Süden der USA und in Mexiko zieht eine Unterart, das Wüstendickhorn (Ovis canadensis nelsoni), seine Fährten. Im übrigen siehe die Beschreibung von Dallschaf (Ovis canadensis dalli) und Steinschaf (Ovis canadensis stonei).

Verhalten

Amerikas Nationalwild führt ein geselliges Leben. Schafe und Lämmer bilden eigene Rudel, die Widder leben einzeln oder in kleinen „Herrenrudeln" und gesellen sich erst zur Brunft zu den Schaf- und Lämmerherden. Die Rangordnung wird bereits bei ritualisierten Kämpfen im „Herrenrudel" bestimmt; während der Brunft kämpfen nur noch die gleichstarken Rivalen gegeneinander. Starke Widder haben die Angewohnheit, die geringen jungen Widder der Herde zu bespringen, als seien es Geißen. Anfang Juni werden die Lämmer gesetzt. In Gebieten mit reichlicher Äsung kommt es häufig zu Zwillingsgeburten. Bighorns haben Sommer- und Wintereinstände. Beim ersten Schnee ziehen die Wildschafe in die tieferen Lagen, wo sie bei der Äsung immer wieder mit Haustieren konkurrieren müssen.

Jagd

Pferd oder/und Allrad bringen den Waidmann in die vom Bighorn bewohnten Einstände. Beste Kondition und bergsteigerisches Können sowie Höhenanpassung sind Voraussetzungen für die erfolgreiche Wildschafjagd. Bighorns besitzen sehr wache Sinne und flüchten bei geringfügigen Störungen stets bergwärts. Sie sichern jedoch nach unten, da ihre natürlichen Feinde, Puma, Bär und Wolf, von dort kommen. Das muß der Jäger beachten, wenn er in beschwerlicher Klettertour versucht, über die Schafe zu kommen.

Kal. Gr. 3 u. 6
WA A II

Rekordtrophäe

(nach RBoTA, 1986)
Pkt: 195⅝; Hlr: 42⅛; Hll: 41⅝; Ur: 15⅞;
Ul: 15⅛; O: British Columbia; E: Carl Hansen Jr.; D: 1970

Die sehr wachsamen Bighorns, wie dieses Wildschaf auch genannt wird, stärken sich im Herbst während des ganzen Tages für die bevorstehende harte Jahreszeit

Dikdik

W Madoqua
E Dikdik
F Dikdik

Unterfamilie	Böckchen – Neotraginae
Familie	Hornträger – Bovidae
Unterordnung	Wiederkäuer – Ruminantia
Ordnung	Paarhufer – Artiodactyla
Klasse	Säugetiere – Mammalia

Ansprechen

Das Dikdik, auch Windspielantilope genannt, ist wahrhaft eine winzige Antilope von – je nach Art – 30–40 cm Widerristhöhe, 2–3 kg Gewicht und etwa 8 cm langem Gehörn. Die Geißen sind stärker, aber hornlos.

Man unterscheidet fünf Arten: Eritrea-Dikdik (Madoqua saltiana): am Haupt rostrote Zeichnung mit Gelb und Schwarz gemischt, Rücken rotbraun, helle Flanken. Vorderträger und Stich rötlichgrau. Die Läufe sind rostrot, der Unterbauch ist weißgelb. Seine Heimat ist Äthiopien. Rotbauch-Dikdik (Madoqua philippsi): Das Haupt ist rostrot und mit Schwarzgelb untermischt gezeichnet. Stich und Läufe sind hellrostrot, der Unterbauch ist weiß. Beheimatet ist diese Art in Äthiopien und Somalia. Klein-Dikdik (Madoqua swaynei): Haupt und Läufe sind hellrostrot gefärbt und mit Gelb und Schwarz untermischt. Eisengrau sind die übrigen Körperpartien. Die Art bewohnt Somalia und Ogaden. Günther-Dikdik (Madoqua guentheri): Haupt rostrot, Stirnschopf schwarzweiß gezeichnet. Im übrigen eisengrau, Brust und Unterseiten weiß. Somalia, Äthiopien, Kenia, Uganda und der Sudan sind die Heimat dieser Dikdiks. Kirk-Dikdik (Madoqua kirki): Haupt hellrostrot, Stirnschopf schwarzweiß gezeichnet, eisen- bis rötlichgraue Decke, Unterseite weiß, Unterläufe hellrostrot. Diese Dikdiks ziehen ihre Fährten in Somalia, Tansania, Angola und Südwestafrika.

Lebensraum und Verbreitungsgebiet

Buschlandschaften und Dickungen sind der Lebensraum dieser kleinen Antilopen. Hier

finden sie Deckung und Äsung zugleich: vorwiegend Blätter und Triebe von Akazien, die sie abäsen, sowie Wurzeln und Knollen, die sie ausgraben.

Verhalten

Windspielantilopen stehen paarig auf winzigen Territorien und verhalten sich dämmerungsaktiv. Nach sechs Monaten Tragzeit werden die Kitze gesetzt. Wenn die Jungtiere 1 Jahr alt sind, werden sie von ihren Eltern aus deren Revier verjagt.

Jagd

Diese kleinen Antilopen sind nicht leicht auszumachen, denn ihr hervorragend farblich angepaßtes Erscheinungsbild schützt sie in den Dickungen. Sie sind auch schwer anzupirschen. Ihre Anwesenheit wird lediglich durch die Losung bestätigt, die sie immer am glei-

Dieses wachsame Wild ist mit hervorragendem Seh- und Hörvermögen ausgestattet. Seine Zickzackflucht ist einzigartig

chen Platz absetzen. Ihre Flucht vollzieht sich in schnellen Zickzacksprüngen. Geduldiger Ansitz führt zum Erfolg.

Kal. Gr. 1
WA entfällt

Rekordtrophäe

(nach SCI – RBoTA, 1987)
Pkt: 12⅞; Hlr: 3⅝; Hll: 3⅝; Ur: 2⅜; Ul: 2⅜; O: Tanzania, Longido; E: William W. Dodgsan V; D: 1982

Duckerantilopen

W Cephalophus und Sylvicapra
E Duiker
F Céphalophe

Unterfamilie	Ducker – Cephalophinae
Familie	Hornträger – Bovidae
Unterordnung	Wiederkäuer – Ruminantia
Ordnung	Paarhufer – Artiodactyla
Klasse	Säugetiere – Mammalia

Ansprechen

Die Duckerantilopen oder auch kurz Duiker, von denen es mehr als ein Dutzend Arten gibt, sind hasen- bis rehgroße Wald- und Steppenbewohner. Die durchschnittliche Schulterhöhe liegt zwischen 30 und 85 cm. Die Stirnwaffen sind meist sehr winzig und fast ganz von Haarbüscheln verdeckt.
Die Haltung dieser Tiere ist rundrückig mit tief geneigtem Kopf. Die Geißen sind hornlos und im Wildpret stärker als die Böcke. Einige Unterarten tragen eine farbenprächtige Decke, die für den europäischen Waidmann zur begehrten Trophäe wird.

Lebensraum und Verbreitungsgebiet

Der Kronenducker (Sylvicapra grimmia) lebt in aufgelockertem Waldgelände, Gehölzen, Buschgebieten oder Buschsteppen. Den dichten Wald meidet er. Sein Einstand ist die Äquatorzone und der gesamte Süden, Osten und der Westen Afrikas. Es ist der einzige Steppenducker. Die Schopfducker (Cephalophus) belebten mit 14 Arten (von denen einige schon fast ausgestorben sind) die dichten Regenwälder des afrikanischen Kontinents.
Den Gelbrückenducker (Cephalophus sylvicultor) findet man noch in Zaire (Distrikt Kivu) und in der Zentralafrikanischen Republik.

Verhalten

Eigentlich Pflanzenfresser, gehen diese Antilopen jedoch auch auf Jagd nach Kleinwild. Sie verachten Bodenbrüter ebensowenig wie Termiten. Ihre Grundäsung besteht aber aus Gräsern, Kräutern und jungen Trieben. Die

Ducker führen ein heimliches Leben, sind nachtaktiv und besiedeln nur kleine Territorien, um deren Besitz sie hartnäckig kämpfen. Über die eigentliche Brunft ist nichts bekannt. Man weiß, daß die Tiere in Paaren leben und nach einer Tragzeit von vier Monaten meist nur ein Kitz setzen. Bei einigen Arten durchstreifen die Böcke die Reviere und suchen sich die Geißen, wenn diese brunftig sind.

Jagd

Der im Baumschatten ruhende Ducker ist nicht leicht auszumachen. Bei ruhigem Ziehen

Um dieses Wild und sein Verhalten gibt es noch viele offene Fragen und Rätsel

wippen die Ducker mit ihrem an der Unterseite hellen Wedel.
Der Jäger muß auf dieses Zeichen sehr aufmerksam achten; denn dann gehen die Ducker hochflüchtig ab. Wer ruhig pirscht und vorsichtig ansitzt, wird bei diesem heimlichen Wild Jagdglück haben.

Kal. Gr. 1
WA A ll verschiedene Unterarten, sonst entfällt

Rekordtrophäe

(nach SCI – RBoTA, 1987)
Pkt: 22⅝; Hlr: 7⅜; Hll: 7⅛; Ur: 4; Ul: 4;
O: Sudan, Ringasi; E: Robin A. Hurt; D: 1978

Eisbär

W Ursus maritimus
E Polar bear
F Ours blanc

Familie	Großbären – Ursidae
Unterordnung	Landraubtiere – Fissipedia
Ordnung	Raubtiere – Carnivora
Klasse	Säugetiere – Mammalia

Ansprechen

Mit anderen Raubwildarten ist dieser riesige Bär nicht zu verwechseln. Er besitzt eine reinweiße bis hellcremefarbene dichtwollige Decke. Nur Windfang, Seher und die dicken, scharfen Krallen unterbrechen das Weiß dieses langgestreckt erscheinenden polaren Raubwildes mit dem schmalen Kopf und dem langen Träger.
500 kg und sogar mehr wiegt er im Durchschnitt; es sollen jedoch Exemplare vorgekommen sein, die fast das Doppelte an Gewicht erreicht haben. Die Körperlänge beträgt zwischen 180 und 240 cm, wobei der aufgerichtete Bär über 3 m erreichen kann. Die Gehöre sind klein und abgerundet, die Vorderpranken breiter als die Hinterpranken, beide sind behaart.

Lebensraum und Verbreitungsgebiet

Das arktische Eismeer mit seinen Treibeis- und Packeisfeldern und den zahlreichen hügeligen Inseln ist die Heimat dieses Bärwildes, das von Kamtschatka bis Grönland, Alaska und Spitzbergen die Dauerfrostzone der arktischen Landregionen bewohnt. Auf Robben spezialisiert, sitzt der Eisbär auf dem Eis an deren Atemlöchern geduldig an, verlegt ihnen den Weg zum Wasser oder überlistet sie beim Sonnenbaden. Auf Ren und Moschusochsen jagt er selten. Im Sommer tut er sich an Beeren gütlich und verschmäht selbst Aas nicht, was beispielsweise die Dutzende von Eisbären beweisen, die sich an den Kadavern gestrandeter Wale einfinden.
Markierte Bären beweisen im übrigen weite Wanderungen rund um den Nordpol. Die Mehrzahl der weißen Bären ist jedoch stand-

orttreu. Im ewigen Eis des Südpols ist der Eisbär nicht anzutreffen.

Verhalten

Während die Bärin mit ihren Jungen eine Familie bildet, sind die Bären ausgesprochen strikte Einzelgänger, die nur im April, während der Brunft, bei der Bärin stehen. Die Jungen werden in einer Schneehöhle während der Winterruhe geworfen, meist zwei, manchmal drei. Sie kommen taub und blind zur Welt und messen kaum 30 cm Länge. Im März/April wird das Winterlager verlassen. Nichtführende Bärinnen und die Bären verlassen das Winterlager auch öfter während der Ruhezeit zum Jagen. Der Eisbär ist ein außergewöhnlich neugieriges Wild und besitzt aufgrund seiner Größe und Stärke ein ausgeprägtes Maß an Selbstsicherheit. Jeden Gegenstand, der ihm auffällt, muß er ausgiebig bewinden; darauf sollten unbewaffnete Besucher der Arktis achten, wenn sie einem dieser weißen Gesellen begegnen.

Jagd

Eisbärfelle sind eine wertvolle Trophäe, weshalb man ihre Träger so ausgiebig bejagte, daß

Der König der Eiswüste in seiner drohenden und furchtlosen Angriffshaltung

man schon befürchten mußte, der weiße Bär würde aussterben. Durch internationale Abkommen wurde diese Entwicklung gestoppt. Eine geringe Zahl wird jetzt wieder freigegeben – insbesondere aus der sogenannten Eskimoquote, d. h. aus der Zahl der freigegebenen Eisbären, die den Ureinwohnern zu Nahrung und Kleidung dienen. Die Eskimo verkaufen einen Teil ihres Kontingents an Gastjäger. Der auf diese Weise zu erzielende Gewinn liegt

beträchtlich über demjenigen, den der Verkauf der Decke einbringt. Ohne Jagdführer darf man nicht auf Eisbären jagen. Die Jagdführer sind erfahrene Eskimo, die mit dem Jagdgast auf Hundeschlitten die eisigen Reviere durchstreifen. Beim Genuß von Bärenfleisch ist Vorsicht am Platze, da es trichinös verseucht sein kann. Neben der Decke bieten Schädel und Penisknochen des Eisbärs besondere Trophäen. Die Huskies, Polarhunde der Eskimo, stellen den Bären, der so häufig aus nächster Nähe erlegt wird. Ein waidwund ins Meer gelangter und verendeter Eisbär kann untergehen – die begehrte, wertvolle Trophäe ist verloren. Die Eisbärjagd ist eine der letzten jagdlichen Herausforderungen unserer Zeit.

Kal. Gr. 4
WA A II

Rekordtrophäe

(nach RBoTA, 1986)
Pkt: 29; Schl: $17^{8}/_{16}$; Schb: $11^{8}/_{16}$;
O: Alaska; E: Robert B. Kullman; D: 1966

Auf Nahrungssuche in der Packeiszone

Eisfuchs

W Alopex lagopus
E Arctic fox
F Rénard arctique

Familie	Hundeartige – Canidae
Unterordnung	Landraubtiere – Fissipedia
Ordnung	Raubtiere – Carnivora
Klasse	Säugetiere – Mammalia

Ansprechen

Lagopus – „Hasenfuß" – heißt der nordische Reineke (Polarfuchs), der im Winter bis auf die wenigen schwarzen Spitzen an der Lunte schneeweiß ist, wegen seiner in dieser Jahreszeit dichtbehaarten Branten. Das Winterkleid kann ebenso andersfarbig ausfallen, z. B. das des sogenannten „Blaufuchses". In einem Wurf können beide Farbschläge vorkommen. Die Sommerdecke ist unansehnlich graubraun. Er ist mit seinen 35 cm Schulterhöhe ein kleines Raubwild der arktischen Zonen, das hier sehr häufig vorkommt und dem wegen seines wertvollen Felles sehr stark nachgestellt wird.

Lebensraum und Verbreitungsgebiet

Eisfüchse sind an die arktische rauhe Umgebung sehr gut angepaßt. Sie bewohnen außerdem die Tundra und die Gebirge oberhalb der Baumgrenze, wo sie auf Lemminge und anderes Kleinwild jagen. Angeschwemmte Meerestiere am Strand und Eisbärrisse verschmähen sie keineswegs. Beheimatet sind Eisfüchse in Nordnorwegen und Island ebenso wie in Alaska und im Norden Sibiriens.In den Kältezonen der Antarktis kommt der Eisfuchs nicht vor.

Verhalten

Der Polarfuchs ist zwar ein Einzelgänger, bewohnt aber gemeinschaftlich mit anderen Artgenossen weitverzweigte Baue, die er meist selbst gegraben hat. In der zweiten Märzhälfte stehen die Eisfüchse in der Ranz. Nach sieben Wochen wölft die Fähe meist sehr starke Gehecke mit bis zu sieben Welpen. Nur ein kleiner Teil der Jungfüchse erreicht

allerdings das Reifealter. Die meisten fallen vorzeitig der rauhen arktischen Wildnis zum Opfer.

Jagd

Der wertvollen Felle wegen werden die Eisfüchse vorwiegend eine Beute der Trapper. Im natürlichen Licht vergilben die Felle schnell, und man setzt sie deswegen nur künstlichem Licht aus. Der Eisfuchs begegnet dem Jäger meist während einer Karibu- oder Eisbärjagd. Mit kleiner Kugel kann man ihn dann erlegen. Am besten eignet sich Schrot. Der Ansitz am Bau – sofern dies unter den arktischen Klimabedingungen überhaupt möglich ist – bietet ebenfalls reizvolle Jagderlebnisse und verspricht Waidmannsheil!

Kal. Gr. 1 u. 7 (4 mm Schrot)
WA entfällt

Bei den ersten Strahlen der Frühlingssonne genießt der Polarfuchs nach langem Winter die wohltuende Wärme

Elch

W Alces alces
E Elk (Eurasien); Moose (Nordamerika)
F Elan

Familie	Hirsche – Cervidae
Unterordnung	Wiederkäuer – Ruminantia
Ordnung	Paarhufer – Artiodactyla
Klasse	Säugetiere – Mammalia

Ansprechen

Obwohl er nicht den Eindruck macht, ist dieser Echthirsch sehr beweglich; hochläufig, mit weit spreizbaren Schalen ausgestattet und seinem Biotop sehr gut angepaßt. Gewichte – je nach Lebensraum – zwischen 150 (im früheren Ostpreußen) und 750 kg (in Alaska, Kanada und der UdSSR). Seine durchschnittliche Schulterhöhe beträgt 150–280 cm, die Körperlänge 200–280 cm. Der Elch kann vorzüglich springen und klettern, er durchrinnt auch gern Gewässer. Trotz seines Gewichtes hat er eine große Wattiefe und -fähigkeit. Im Petschorallytsch-Gebiet der UdSSR wurde er als Reittier domestiziert für Böden, die ein Pferd nicht mehr bewältigen kann. Der unauffällige Wedel ist kurz. Die tiefbraune bis fast schwarze Decke macht ihn ebenso unverkennbar wie der überhängende Muffel, der behaarte Kehlsack und sein mächtiges Schaufelgeweih. Stangenelche sind in Europa die Regel, in anderen Biotopen sind sie jedoch kaum vorhanden. Je dunkler die Decke, um so mehr fallen die weißen Stiefel an den Vor- und Hinterläufen auf.

Lebensraum und Verbreitungsgebiet

Der Elch liebt weite morastige und anmoorige Auwälder und Brüche sowie Wälder und Moore mit viel Weichholz wie Weiden, Aspen und Pappeln. Neben Strauch- und Laubäsung nimmt der Elch Wasserpflanzen, die er abweidet, indem er völlig eintaucht. Grasen kann er nicht, da sein Träger hierfür zu kurz ist und er sich auf die „Knie" niederlassen müßte. Das bevorzugte Einstandsgebiet des Elchs ist der Tundra- und Taigagürtel. Neben dem nordeuropäischen Elch (Alces alces alces) in Finnland, Schweden, Norwegen, der

Jagdwild der Erde

UdSSR und Polen haben wir im Alaskaelch (Alces alces gigas) den mächtigsten Vertreter dieser Wildart vor uns. Er bevölkert große Gebiete Alaskas und Kanadas. Der ostamerikanische Elch (Alces alces americanus) zieht seine Fährten im ostamerikanischen Waldgebiet bis hinauf zur Baffinbay. Den Yellowstoneelch (Alces alces shirasi) findet man noch im Nationalpark und den anliegenden Gebieten. Der Kaukasuselch (Alces alces caucasicus) soll ausgestorben sein.

Verhalten

In menschenfernen Einständen sind Elche tag- und nachtaktiv. Innerhalb ihrer Reviere unternehmen sie weite Wanderungen, die nicht nur durch Äsungssuche bedingt sind. Dabei überwinden sie Hunderte von Kilometern, wie Beringungen in der UdSSR und Alaska ergeben haben. Im Westen Europas tauchen immer wieder Jungelche auf, die auf den alten Wildwechseln hierher gelangen. Der Hirsch ist Einzelgänger, Kuh und Kalb stehen meist das ganze Jahr über zusammen. In einigen Biotopen stehen die Hirsche in „Herrengesellschaften" beieinander. Das sich jährlich neu bildende Schaufelgeweih wird ab November abgeworfen. Die Fegezeit reicht bis in den August hinein. Vom achten Kopf an trägt der Elch die stärksten Schaufeln. Die Lebenserwartung liegt bei 20–25 Jahren. Die von September bis Oktober stattfindende Brunft verläuft ruhiger als beim Rothirsch (Cervus elaphus) – siehe dort. Der Elch sammelt keinen Harem um sich, kämpft aber um die einzelngehenden brunftigen Kühe erbittert mit den Rivalen. Gelingt es den Kämpfern nicht, die ineinander verhakten Geweihe zu lösen, endet ein solcher Kampf für beide Rivalen tödlich. Elche haben eine starke Vermehrungsrate. Ihr Bestand nimmt z. B. in Europa ständig zu. Zählungen und ständig steigende Jahresstrecken beweisen diese Tendenz, vor allem in Skandinavien und der UdSSR.

Jagd

Die Indianer pflegten dem Elch an altbekannten Wechseln aufzulauern, eine kraftsparende und die Geduld trainierende Jagdart. Im europäischen Raum fährtet man den Elch mit dem Elchhund oder dem Grauhund aus oder läßt ihn zu den an den Wechseln ansitzenden Jägern drücken. Man veranstaltet oft Treibjagden. In Nordamerika, wo der Jäger als Gast eines lizenzierten Berufsjägers pirscht, jagt man zumeist – heute leider immer weniger – zu Pferde. Bootsfahrten entlang der heimatlichen See- und Flußufer versprechen ebenfalls Waidmannsheil. Das Elchwild versteht es, sich trotz seiner imponierenden Masse und Maße hervorragend zu drücken und heimlich zu verschwinden. Ist der Elch erst einmal im hochflüchtigen Troll mit 75 km/h, dann hat er sich dem Einfluß des Jägers entzogen. In vielbejagten Gebieten machen oft Kolkraben,

Das mächtige Elchgeweih ist bis Ende August verfegt

Brunftidylle in der sicheren Deckung des undurchdringlichen Timbers, wie die Nadelwaldzonen in den Gebirgsregionen des nördlichen Nordamerika genannt werden

die den Elchaufbruch kennen und schätzen lernten, auf die Anwesenheit der Elche aufmerksam. Für den europäischen Gastjäger ist ein Schaufelgeweih aus Alaska oder Kanada die begehrteste Traumtrophäe. Schon Cäsar übrigens fiel auf das Jägerlatein herein, das ihm die alten Germanen erzählt haben müssen. Auch er hatte geglaubt, daß der Elch wegen fehlender Kniegelenke sich niemals zum Schlafe niedertun könne. Er suche sich daher Schlafbäume aus, an die er sich mit der Schulter lehne. Kerbe man diese ausreichend ein, so stürze der Elch mit dem Baum, und man erbeute das Wild leicht, da es sich ja nicht wieder aufrichten könne. Die größte Gefahr droht der Elchpopulation in der heute streng lizenzierten Jagd vom Wolf, der die Kälber bei Überhandnehmen der Rudel stärkstens dezimiert.

Kal. Gr. 3 u. 4
WA entfällt

Rekordtrophäe

(nach RBoTA, 1986)
Pkt: 287⅝; Schlr: 51⅛; Schll: 50⅝; Ur: 13;
Ul: 13; Schbr: 23⅛; Schbl: 23⅝;
O: Yukon; E: Melvin R. Spohn; D: 1981

Elefant

W Loxodonta africana
E Elephant
F Eléphant

Familie	Elefanten – Elephantidae
Ordnung	Rüsseltiere – Proboscidea
Klasse	Säugetiere – Mammalia

Ansprechen

Der Elefant ist das größte Landsäugetier der Erde. Der afrikanische Elefant unterscheidet sich von seinem asiatischen Vetter besonders durch die riesigen, flügelartigen, quadratmetergroßen Ohren, die bei älteren Stücken umklappen. Bei einer Schulterhöhe bis 4 m wiegen ausgewachsene Elefantenbullen zwischen 3,5 und 6,5 t, die Kühe sind niedriger, nicht so massig und haben geringere Stoßzähne. Der längste bisher vermessene Stoßzahn war 3,4 m lang, der schwerste wog 121 kg. Die Stoßzähne haben sich aus den oberen Schneidezähnen entwickelt und dienen diesem Wild sowohl als Werkzeug wie als Waffe. Einer ebenso speziellen Entwicklung unterlag der Rüssel, der sowohl als ein hochentwickeltes Riech- und Greiforgan dient wie als Waffe. Neben dem Savannen- oder Steppenelefanten (Loxodonta africana oxyotis) ist der Rundohrelefant (Loxodonta africana cyclotis) zu nennen, der, wie sein Name sagt, kleinere und rund geformte Ohren besitzt, sowie der Zwergelefant (Loxodonta africana pumilio), der nur knapp 2 m Schulterhöhe mißt und etwas mehr als 1500 kg Gewicht bringt. Die Kühe sind bei allen Unterarten geringer an Maß und Masse und besitzen dünnere Stoßzähne.

Lebensraum und Verbreitungsgebiet

Elefanten fährten im Regen- und Bergwald, selbst in Höhen bis 3000 m, auch in Halbwüsten, vorwiegend jedoch in bewaldeten Savannen, vor allem in Wassernähe. In Teilen von Mauretanien sollen noch sehr kleine Elefanten vorkommen, ansonsten bewohnen

Der rammsnasige Jungschaufler fühlt sich auch im Wasser in seinem Element

diese Riesen nahezu das gesamte südliche Afrika. Nördlich des Äquators sind sie infolge der Vegetationsveränderung (trockene Wüstengebiete und Sahelzone) verschwunden.

Verhalten

Elefanten durchziehen ihre Reviere und vertrauten Weidegebiete in kleinen Herden bis zu 30 Stück, zu denen meist ein starker und zwei bis drei halbwüchsige Bullen unter Führung einer alten Elefantenkuh gehören. Etwas abseits fährtet gewöhnlich ein alter starker Bulle, den jüngere Bullen begleiten. Man nennt sie „Askaris". Während großer Trockenperioden bilden sich große Herden, in denen aber die Familienverbände erhalten bleiben.
Tag- und dämmerungsaktiv, weiden die Elefanten riesige Mengen Gras und Laub, Zweige, Triebe, Rinden, Wurzeln und Früchte. Ihr Bedarf beträgt täglich bis zu 250 kg Äsung, die mit einem Tagesbedarf von 120 l Wasser aufbereitet werden. Dennoch sind Elefanten schlechte Futterverwerter, da sie die Hälfte ihrer aufgenommenen Äsung unverdaut wieder abgeben, wie die großen Dunghaufen beweisen.
Die Bullen kämpfen miteinander um die

Elefantenkühe mit ihrem Nachwuchs beim mittäglichen Wasserbad

Rangordnung. Die Paarung ist das ganze Jahr über möglich, wenn sich die heißen Kühe dem Bullen anbieten. Der dann leicht erregbare Bulle neigt zu Angriffslust und Zerstörungswut. Man hat beobachtet, daß ältere Elefantenkühe den Bullen zu besänftigen suchen. Nach 24 Monaten Tragzeit wird der kleine Dickhäuter gesetzt, dessen Geburtsgewicht etwa 150 kg beträgt. Der Jungelefant genießt den Schutz der ganzen Herde, und die ersten Wochen seines Lebens verbringt er zwischen den Säulenbeinen der Mutter. Mit 15 Jahren ist der Elefant geschlechtsreif und mit 25 Jahren erwachsen. Seine Lebenserwartung beträgt 70 Jahre; dann hat er seine Zähne verloren und stirbt wegen Nahrungsmangels rasch. Der angeblich hundertjährige Elefant ist ebenso eine Fabel wie die legendären Elefantenfriedhöfe, wo den glücklichen Finder gewaltige Mengen Elfenbeins erwarten sollen.

Jagd

Moderne Waffen, Wilddieberei und organisierter Elfenbeinschmuggel haben teilweise zu

einer Gefährdung dieses Großwilds geführt. Die Jagd ist in allen afrikanischen Ländern streng limitiert. Immerhin soll es auf dem afrikanischen Kontinent noch 300 000 bis 500 000 Elefanten geben.

Gewöhnlich pirscht man die Herde bei gutem Wind vorsichtig an. Sichtdeckung ist weniger wichtig, da der Elefant schlecht sieht. Doch sollte der Waidmann darauf achten, daß er so schnell wie möglich dem Elefanten aus dem Wind kommt – sowohl beim Anpirschen wie bei einer möglichen Flucht vor dem heranstürmenden Riesen, denn das Witterungsvermögen des Elefanten ist hervorragend. Reizvoll – und nicht ungefährlich – ist es, im Regenwald vielversprechende große Elefantenfährten auszugehen. Erfahrene einheimische Fährtensucher führen. Der Europäer kann hier viel von den Einheimischen lernen, besonders über Fluchtdistanz, Scheinangriff und „full charge". Lebensrettend aber ist allein, daß der Elefantenjäger sich seiner schweren Büchse absolut sicher ist. Außerdem muß der Waidmann die Anatomie des Elefanten hinreichend kennen. Man schießt zwar meist aus nächster Entfernung, aber Sitz von Hirn und Herz, die beiden einzigen seriösen Ziele auf diesem scheunentorgroßen Wildkörper, sollte man aus jeder Richtung zweifelsfrei erkennen (siehe Schußbilder, S. 325). Ein angeschossener Elefant kann ein fürchterlicher Gegner sein, der seine Feinde mit dem Rüssel packt, zu Boden wirft, in die Luft schleudert, gegen Bäume schlägt oder mit den Stoßzähnen durchbohrt. Die Beinsäulen vollenden dann dieses Werk der totalen Vernichtung.

Kal. Gr. 5
WA A I asiatischer Elefant
WA A II übrige Elefanten

Rekordtrophäe
(nach SCI – RBoTA, 1987)
Pkt: 288; Gzr: 143; Gzl: 145;
O: Ethiopia, Akobo Valley; E: Roberto de Cesare; D: 1986

Ein Monument an Kraft, Ruhe und Gelassenheit ist dieser 5 Tonnen schwere Dickhäuter

Elenantilope

W	**Taurotragus oryx**
E	**Eland**
F	**L'Élan**

Unterfamilie	Waldböcke – Tragelaphinae
Familie	Hornträger – Bovidae
Unterordnung	Wiederkäuer – Ruminantia
Ordnung	Paarhufer – Artiodactyla
Klasse	Säugetiere – Mammalia

Ansprechen
Bis zu 1 t schwer wird diese große, auch Eland genannte Waldantilope, die in Maß und Masse dem Wildrind gleicht. Sie besitzt ein enormes Sprungvermögen und kann über einen 180 cm hohen Artgenossen mühelos hinwegsetzen. Die Kälber zeigen eine rötlich- bis kastanienbraun gefärbte Decke, die mit zunehmendem Alter mehr bläulichgrau wird. Die massige Wamme der Bullen ist dicht behaart, außerdem zeichnet er sich noch durch einen tiefbraunen bis schokoladenbraunen dichten Haarschopf aus. Beide Geschlechter besitzen in sich schraubenartig gedrehte Stirnwaffen, die bei Bullen bis zu 125 cm lang werden können. Die größte Unterart ist die Riesenelenantilope (Taurotragus oryx derbianus), auch Derbyelen genannt, deren Bestände teilweise gefährdet sind. Sie mißt bis zu 190 cm Schulterhöhe und bringt es auf eine Gesamtlänge bis zu 220 cm.

Lebensraum und Verbreitungsgebiet
Busch- und Waldregionen sind die Heimat der Elens, nur die Riesenelenantilope zieht dicht bewaldete Reviere vor. Blätter und Gras bilden die Hauptäsung dieses Wildes.
Die Riesenelenantilope findet man heute nur noch im Sudan. Die übrigen Elenantilopen leben von Südafrika bis zum Äquator.

Verhalten
Das Elenwild durchstreift seine Reviere in Herden von 10 bis 60 Tieren und mehr. Es gibt keine Regionalkämpfe um die Reviere. In Trockenzeiten unternehmen die Tiere weite Wanderungen.
Die Brunft ist asaisonal. Man findet Kälber der

Kaum glaublich, daß diese große Antilope Hindernisse von 2 Metern Höhe überspringt

verschiedensten Altersstufen bei den Herden, die von führenden Kühen heldenhaft gegen jeglichen Feind verteidigt werden.

Jagd
Unbejagtes Wild kann man relativ einfach anpirschen, da es gewohnt ist, sich seines Hauptfeindes, des Löwen, zu erwehren. Sonst flüchten Elenantilopen schnell und weit, sie äugen hervorragend, wittern und vernehmen ausgezeichnet. Nach Berichten sollen angeschweißte Elenantilopen nicht angreifen.

Kal. Gr. 3 u. 4
WA entfällt

Rekordtrophäe
(nach SCI – RBoTA, 1987)
Taurotragus oryx derbianus –
Riesenelenantilope
Pkt: 134⅞; Hlr: 51⅞; Hll: 52⅛; Ur: 15⅜;
Ul: 15⅛; O: C. A. R. Gata Mainda; E: Christian Didierjean; D: 1985

Fasan

W Phasianus colchicus
E Pheasant
F Faisan de chasse

Unterfamilie	Fasanen – Phasianinae
Familie	Fasanenartige – Phasianidae
Ordnung	Hühnervögel – Galliformes
Klasse	Vögel – Aves

Ansprechen

Die prächtigen Stoßfedern machen fast zwei Drittel der Körperlänge des buntschillernden Hühnervogels aus. Der Hahn wird bis zu 90 cm groß, die Henne ist geringer und besitzt lediglich ein zweifarbenes hell- bis dunkelbraunes Gefieder. Der Kopf des Hahnes schillert in glänzendem Grün, das übrige Federkleid ist je nach Unterart kupfern bis rostrot. Ein kleiner Federschopf ziert den Kopf, und über den Sehern sind die roten Rosen sichtbares Merkmal des Fasanenhahnes. Bei einigen Arten findet sich ein markanter Halsring, der von Einkreuzungen der Ringfasane stammt.

Lebensraum und Verbreitungsgebiet

Aus Asien, seiner ursprünglichen Heimat, wurde der Fasan bereits im 14. Jahrhundert nach Europa eingeführt. Er liebt die Kulturlandschaft mit ihren Feldern und Wiesen, bestanden mit lichten Busch- und Schilfpartien. Wasser muß nahe sein. Die Höhenlagen der Berglandschaften meidet der Fasan.
Man findet den Fasan heute über ganz Europa verbreitet, ausgenommen Norwegen und Schweden, Finnland, den Süden und Westen der Iberischen Halbinsel; Sardinien, den südlichen Teil Italiens einschließlich Siziliens sowie Griechenland und seine Inselwelt.

Verhalten

Die Hähne erobern ein Revier, das dann von 4 bis 6 Hennen besetzt wird. Die Balz beginnt Anfang April. In einem gut ausgepolsterten Nest bebrüten die Hennen ihr Gelege, das bis zu 14 Eiern enthalten kann. Bis das Gesperre erwachsen ist, genießt es den Schutz des Revierhahnes, den man häufig beobachten

kann, wie er von erhöhter Warte aus, z. B. einem Maulwurfshaufen, Wache hält.

Jagd

Der heute ohne Hegemaßnahmen nicht überlebensfähige Hühnervogel wird landesüblich

Ringfasan im Prachtkleid während der Balz. Neben ihm die unscheinbare Henne. Mit Nebenbuhlern kennen die Hähne kein Pardon

im Rahmen von Treibjagden bejagt. In Großbritannien hat man eine besondere Hochkultur der Fasanenjagd entwickelt. In den bestens ausgestatteten Fasanenrevieren, in denen man durch Anpflanzung von Bäumen und Sträuchern den Erfordernissen sportlicher Fasanenjägerei gerecht wurde, haben Wildspezialisten, „Keeper" genannt, eine hohe Kunst darin entwickelt, mit Hilfe von Treibern die Fasanen so an die Schützen heranzubringen, daß die Schützen ein Höchstmaß an Schießkunst zeigen können. Ähnliches gilt für eine Reihe osteuropäischer Staaten.

Kal. Gr. 7 (3–3,5 mm Schrot)
WA entfällt

Feldhase

W Lepus europaeus
E Brown hare
F Lièvre brun

Familie	Hasenartige – Leporidae
Ordnung	Hasentiere – Lagomorpha
Klasse	Säugetiere – Mammalia

Ansprechen

Die bekannteste Art ist der europäische Feldhase, dessen körperliche Stärke von West nach Ost zunimmt. Die Häsinnen sind stärker als die Rammler! Hasen erreichen eine Körperlänge bis 70 cm und ein Gewicht bis 7 kg. Die Löffel sind lang und an der Spitze deutlich schwarz gerandet. Ebenfalls schwarz gerandet ist die Oberseite der Blume. Die sommerlich braune Decke zeigt sich im Winter grau bis graubraun. Hasen hoppeln und schlagen bei schneller Flucht scharfe Haken.

Lebensraum und Verbreitungsgebiet

„Meister Lampe" der Fabel ist ein Kulturfolger, der von Haus aus als Steppenbewohner in der vom Menschen geschaffenen Kulturlandschaft fast ideale Lebensbedingungen fand. Die Intensivierung der Landwirtschaft, Überdüngung und Vergiftung haben den Lebensraum des Feldhasen immer unbewohnbarer gemacht, so daß die Hasenbestände allgemein, auch wegen seiner besonderen Seuchenanfälligkeit, überall stark zurückgehen.
Mit Ausnahme von Spanien, Portugal, Sardinien, Island, Skandinavien und den Hochgebirgszonen ist der Feldhase über ganz Europa und die UdSSR verbreitet. Der Besatz im Osten des Kontinents ist noch relativ ungefährdet.

Verhalten

Als Einzelgänger lebt der Feldhase in festen Revieren und bewahrt große Standorttreue. Hauptsächlich nachts aktiv und in der Morgen- und Abenddämmerung auf den Läufen, verfolgen während der Rammelzeit manchmal vier Rammler eine Häsin und liefern sich gegenseitig harte Box- und Prügelkämpfe. Die Häsin setzt die Jungen unter Büschen und im Gras nach 42 Tagen Tragzeit. An die Kinderstube werden wenig Ansprüche gestellt, nur trocken soll sie sein. Nach 3–4 Wochen verläßt die Häsin ihre sehend und hörend geborenen Junghasen, die sich dann die Äsung selbst suchen müssen. Die Häsin führt die Jungen niemals; sie kehrt lediglich zu den Saugzeiten zur Sasse zurück. Rammler und Häsinnen leben nach der Paarung und dem Setzen wieder einzelgängerisch. Dem Hasen ist das Kotfressen eigentümlich. In der Sasse liegend, führt er sich die im Blinddarm gebildete weiche Losung wieder zu.

Jagd

Die Gesellschaftsjagd ist die übliche Form der Hasenjagd. Treiber und Hunde stoßen lärmend das Wild aus der Sasse und treiben es den Schützen zu. Von großem Reiz ist noch das Brackieren, bei dem der Hase von kurzläufigen Hunden aus der Sasse gestoßen und sicht- und/oder spurlaut verfolgt wird. Als Meister im Hakenschlagen versucht sich der Hase jedoch, den Verfolgern zu entziehen, und kehrt in seine heimatliche Sasse zurück. Hier erwartet ihn der Jäger. Den Küchenhasen erlegen die

Ring frei zur ersten Runde

Jäger noch manchmal beim Abend- oder Morgenansitz mit der kleinen Kugel.
Allgemein bemühen sich die Jäger durch freiwillige Beschränkung der Bejagung um den Erhalt dieses Wildtieres, dessen Wildpret schon der altrömische Dichter Martial rühmte.

Kal. Gr. 1 u. 7 (3–4 mm Schrot)
WA entfällt

Meister Lampe auf der Flucht

Flußpferd

W	Hippopotamus amphibius
E	Hippopotamus
F	Hippopotame

Familie	Flußpferde – Hippopotamidae
Unterordnung	Nichtwiederkäuer – Nonruminantia
Ordnung	Paarhufer – Artiodactyla
Klasse	Säugetiere – Mammalia

Ansprechen

Fürwahr riesig erscheint dieser tonnenförmig gebaute Paarhufer, auch Hippo genannt, mit seiner kupferfarbenen Schwarte und dem gewaltigen Schädel, aus welchem bis über 1 m lange untere Schneidezähne herausragen können. Im Wasser liegend, sind die bis über 3 t schweren Kolosse nur an der klobigen Schädeloberseite zu erkennen, die mit den winzigen Lauschern und erhöhten Nasenöffnungen aus dem Wasser ragen. Bis zu 4,50 m werden große Bullen lang bei einer zur Länge unproportionalen Schulterhöhe von kaum 165 cm. Dieses urige Wild steht jedoch auf derart kurzen, säulenartig anmutenden Läufen, daß der Bauch fast den Boden streift. Ein Haarkleid besitzen Flußpferde nicht, nur an Äser und Bürzel befinden sich einige harte Borsten. Es gibt vier Unterarten, die nicht mit den Zwergflußpferd (Choeropsis liberiensis) verwechselt werden dürfen, das eine eigene Art darstellt, die dem Leben im Urwald angepaßt ist. Mit seiner geringen Masse und seinen kleinen Maßen ist es wirklich fast ein Zwerg. Es wiegt höchstens 270 kg bei 75 cm Schulterhöhe. Es ist hochläufig gebaut und gleicht im Gebäude einer starken Wildsau mit überhöhter Hinterpartie. Seine Hautfarbe ist schwärzlich bis schwärzlichbraun.

Lebensraum und Verbreitungsgebiet

Sümpfe, Flüsse, Seen und flache Teiche in Überschwemmungsgebieten sind die Heimat dieses großen dickhäutigen Tropenwildes. Dort äst es Wasser-, Sumpf- und Uferpflanzen

Winterliche Idylle am Waldesrand

Schlamm und Wasser gehören zum Lebensraum dieses Dickhäuters

und beweidet Hirse- und Maniokfelder. Mit Ausnahme von Namibia und Südafrika bewohnt das Flußpferd fast alle afrikanischen Länder südlich des Äquators. An der afrikanischen Westküste lebt das Zwergflußpferd in den Regenwäldern unter ganzjährigem strengem Schutz.

Verhalten

Flußpferde sind ein geselliges Wild, das meist in größeren Herden lebt und zu Unrecht als „Nilpferd" bezeichnet wird. Die Flußpferde kennen keine festen Brunftzeiten, wohl aber besetzen sie feste Reviere, die sich vom Ufer der Seen und Flüsse birnenförmig ins Land hineinziehen, oft einige Kilometer. Die Bullen markieren diese Territorien mit starken Losungsgaben, vor allem, wenn brunftige Kühe vorhanden sind. Der kurze, quirlartige Wedel wirkt hierbei wie ein Zerstäuber, um die Duftnote möglichst weit zu verbreiten. In der Brunft ist dieser Vorgang von mächtigen Flatulenzen und Rülpsern begleitet. Tagsüber halten sich die Flußpferde im Wasser auf, das sie abends

auf festen Wechseln verlassen, um die beliebten Weidegebiete aufzusuchen. Am frühen Morgen ziehen sie auf tiefen, breiten und durch markante, nicht allzu große Trittsiegel bestätigten Wechseln zum Wasser zurück. Paarung und Geburt finden im Wasser statt, desgleichen das Säugen der Kälber.

Jagd

Es gibt zwei Möglichkeiten, Flußpferde waidmännisch zu bejagen. Die erste ist die Jagd auf dem Wasser. Nach Bestätigen eines starken Bullen kann man vom Boot aus oder vom Ufer her den Schuß anbringen. Trägt man die Kugel vom Boot her an und trifft nicht mit dem ersten Schuß ins Hirn, dann hat man einen fürchterlichen Gegner vor sich. Der angeschweißte Bulle greift sofort an und stürzt das Boot um. Nach dem Schuß geht das tödlich getroffene Tier sofort unter, kommt aber nach wenigen Stunden infolge der Gasbildung in seinem Waidsack wieder an die Oberfläche. Bei stark fließenden Gewässern verbietet sich diese Praxis, da das Wild dann verlorengeht. Die zweite Möglichkeit besteht darin, Flußpferden an ihren morgendlichen Rückwechseln vorzupassen. Der Jäger muß vermeiden, zwischen Flußpferd und Ufer zu geraten, da das getroffene Wild mit letzter Kraft sein Heil in der Flucht ins Wasser sucht. Ein Nilpferdbulle ist schnell und in der Lage, einen Menschen mit einem Biß zu zweiteilen. Daher ist bei dieser Jagd der Hirnschuß erforderlich.

Kal. Gr. 5
WA A III Ghana
WA A II Zwergflußpferd,
sonst entfällt

Rekordtrophäe

(nach RBoTA, 1987)
Pkt: 88⅝; LZr: 35⅞; LZl: 34; Ur: 9⅝; Ul: 9⅝;
O: Zimbabwe, Dandl ; E: Dr. Michael Haindl;
D: 1986

Fuchs

Der vielseitige Jäger beobachtet angespannt seine Umgebung

W Vulpes vulpes
E Fox
F Rénard roux

Familie:	Hundeartige – Canidae
Unterordnung:	Landraubtiere – Fissipedia
Ordnung:	Raubtiere – Carnivora
Klasse:	Säugetiere – Mammalia

Ansprechen

Der Name „Rotfuchs" kennzeichnet den kleinen, hundeartigen Räuber am besten. Doch kommen entsprechend ihrer Färbung Kohl-, Brand- und Goldfüchse vor. Eine lange, buschige Lunte und ein pfiffiges Gesicht mit langen, spitzen Gehören vervollständigen „Meister Reinekes" Erscheinung. Der starke Rüde kann bis zu 10 kg wiegen und erlangt eine Gesamtkörperlänge bis zu 1 m.

Lebensraum und Verbreitungsgebiet

„Reineke" bevölkert in einigen Unterarten ganz Europa, Asien und Nordamerika. Er ist wohl der bekannteste Wildhund der Welt überhaupt. Als Held vieler Fabeln und Geschichten fast aller Völker wird er als klug, listig bis hinterlistig geschildert. Er gräbt sich seine Erdbaue selbst, nimmt aber gemeinsam mit seinem Vetter, dem Dachs (Meles meles) dort gern dessen Baue im oberen Stockwerk an.

Selbstgegrabene Bauwerke legt er vorwiegend im nicht zu festen Wald- und Heideboden an, ja selbst Moore, mindestens die Randzonen derselben, dienen ihm als Einstand. Rohre und Straßendurchlässe sind ein beliebter Ersatzbau. Seine Hauptnahrung besteht aus Wühlmäusen und anderem Kleingetier. Als vielseitiger Jäger nimmt er Regenwürmer ebenso an wie den Höckerschwan oder Gänse, Hühner, Enten und junges Wild. Er begnügt sich andererseits aber in Notzeiten mit Beeren, Obst und Fallwild.

Verhalten

Schlau und listig ist der Fuchs tatsächlich. Er stellt sich beispielsweise tot, um Vögel zu

Die Beute im Visier – lautlos und konzentriert – nähert sich der Listenreiche, um im richtigen Augenblick zuzupacken

Gabelbock/Pronghorn

überlisten. In dicht besiedelten und scharf bejagten Gebieten ist der Fuchs zum nächtlichen Raubwild geworden. Er soll Hauptüberträger der Tollwut sein und wurde in der Bundesrepublik Deutschland durch umstrittene Baubegasungsaktionen gefährdet.

Im Januar und Februar ist die Ranzzeit der Füchse. Die Fähe wölft nach 7 ½ Wochen 3–6 Junge, die blind und taub geboren werden.

Der Rüde versorgt Fähe und Welpen mit Fraß. Fleischnahrung wird von der Fähe vorverdaut und, im Bau den Welpen wieder erbrochen. Wittert die Fähe Gefahr, trägt sie die Welpen in einen Ersatzbau. Außerhalb der Setzzeit und Aufzucht der Welpen leben die Füchse als Einzelgänger.

Jagd

Der Waidmann stellt dem Fuchs mit Falle, Teckel und Terrier nach, paßt ihn an seinen Wechseln ab oder ködert ihn am Luderplatz an. Man erlegt ihn am besten zur Winterszeit, denn dann ist sein Pelz am wertvollsten.

Die dramatischste – und grausamste – Jagd ist die Hatz mit der Hundemeute, bis die Meute den roten Freibeuter greifen kann und ihn dann zerreißt.

In der Bundesrepublik Deutschland und einigen anderen Ländern Europas ist diese Art der Jagd nicht mehr erlaubt. Selbst in England, wo sie noch zum Herbstvergnügen der Jäger gehört, ist sie umstritten. Die Gegner der Fuchshatz nehmen immer mehr zu.

Die Begasungsaktion zur Eindämmung der Tollwut kann man nicht als Jagd bezeichnen, sondern höchstens als viehseuchenpolizeiliche Maßnahme. Im übrigen wurde diese Methode der Dezimierung des Fuchsbestandes durch das Bundesverfassungsgericht für verfassungswidrig erklärt.

Versuche mit Tollwutimpfung von Jungfüchsen zeitigten gebietsweise schon überraschende Erfolge.

Kal. Gr. 1 u. 7 (4 mm Schrot)
WA A II verschiedene Unterarten, sonst entfällt

W Antilocapra americana
E Pronghorn
F Chèvre americaine

Familie	Gabelhorntiere – Antilocapridae
Unterordnung	Wiederkäuer – Ruminantia
Ordnung	Paarhufer – Artiodactyla
Klasse	Säugetiere – Mammalia

Ansprechen

Wenn weit draußen in der Prärie ein Rudel etwa 1 m großer antilopenähnlicher Huftiere mit braunen Decken und heller Unterseite steht, die auf ihren Häuptern gegabelte Gehörne tragen, dann sind es die auch Pronghorns genannten Gabelböcke. Amerikas eigenartige Gabelhornträger haben eine Schulterhöhe bis 105 cm, eine Körperlänge von 100 bis 130 cm und sind bis zu 45 kg schwer. Auffällig ist ihr langbehaarter weißer Spiegel, dessen Haare als Signalfunktion bei Gefahr, z. B. beim Heranpirschen eines Wolfes stark aufgerichtet werden können. Kilometerweit ist dieses auffällige Signal zu erkennen. Eine weitere Besonderheit ist, daß die Gabelböcke ihre Gehörne alljährlich abwerfen und aus einem Knochenzapfen neu bilden, ähnlich einem Rehgehörn. Die hintere obere Spitze des Pronghorngehörns ist jedoch stark nach hinten abgebogen. Die Geißen sind mit schwächeren Stirnwaffen ausgestattet.

Lebensraum und Verbreitungsgebiet

Früher lebten die Pronghorns oder Gabelgemsen in den Prärien Nordamerikas. Heute beschränkt sich ihr Vorkommen auf die Reste der Graslandschaften der nördlichen USA und Kanadas. Neuen Erkenntnissen zufolge ist der Gabelbock ein besserer Landnutzer, als es die domestizierten Tiere sein können.

Verhalten

Die Böcke erkämpfen sich zur Brunftzeit kleine Harems, manchmal bis zu acht Geißen, die sie gegen Rivalen tatkräftig verteidigen. Die führenden Geißen verteidigen ihre Kitze, meist

Zwillingsgeburten, energisch gegen Adler und Kojoten, wozu sie die scharfen Schalen der Vorderläufe als kräftige Schlagwaffen benutzen. Mit seinen überdimensional großen Lichtern besitzt dieses Wild ein ausgezeichnetes Sehvermögen. Früher, als die Gabelböcke die

Die einzige Antilope Amerikas: Während der Brunft verlieren die Böcke alle Vorsicht

Prärien noch in Millionenstärke besetzten, waren sie recht vertraut, während sie heute bereits auf weite Distanzen flüchtig werden.

Jagd

Die übergroße Neugier der Gabelböcke machte früher die Jagd zu einer leichten Aufgabe. Man ließ sie dicht herankommen und schoß sie dann ab. Mit lizenzierten Abschüssen und Gebühren bis zu 100 Dollar pro Stück hat man erreicht, daß die Zahl der Pronghorns nach der Vernichtung der ehemals 40 Millionen Tiere heute wieder auf 400 000 angewachsen ist.

Kal. Gr. 2 u. 3
WA A I Kalifornien und Sonorauntearart
WA A II Mexikanische Unterart

Rekordtrophäe
(nach RBoTA, 1986)
Pkt: 94⅞; Hlr: 17⅞; Hll: 18⅝; Ur: 7; Ul: 6⅝; Lspr: 5; Lspl: 5⅛; O: Wagon Mound NM; E: John Person; D: 1977

Gams

W Rupicapra rupicapra
E Chamois
F Chamois

Unterfamilie	Ziegenartige – Caprinae
Familie	Hornträger – Bovidae
Unterordnung	Wiederkäuer – Ruminantia
Ordnung	Paarhufer – Artiodactyla
Klasse	Säugetiere – Mammalia

Ansprechen

Rötlichbraun im Sommer mit schwarzem Aalstrich und braunschwarz im Winter präsentiert das Gamswild seine Decke. Die Unterseite ist heller, der Kopf weißlichgelb gefärbt und mit breiten braunen Augenstreifen geziert. Beide Geschlechter tragen ein schwarzes Hakengehörn, die Kruken, die bei den Böcken rundlicher gebogen sind als bei den mehr steil und flach gebogenen dünneren Gehörnen der Geißen. Das Alter eines Tieres kann man an den Jahresringen der Schläuche bestimmen. Die Alpengams erreicht Schulterhöhen bis zu 85 cm und ein Gewicht bis 50 kg. Das Gamswild der Pyrenäen ist leichter und kleiner, das der Karpaten schwerer und stärker, das des Elbsandsteingebirges entspricht in Maßen und Masse etwa dem Alpengamswild.

Lebensraum und Verbreitungsgebiet

Als talentierte Kletterer steigen die Gemsen in Höhen bis 3000 m hinauf und springen dort von Klippe zu Klippe. Oftmals glaubt man, das Tier stürze jeden Moment zu Tal, wenn man die kleinen oder kleinsten Grate sieht, auf denen sich Gemsen noch halten können. Im Winter ziehen sie zu Tal, manchmal auch bei Schlechtwetter. Manche Bergbauern nutzen die Instinkte des Gamswildes und richten sich danach. Das vielfältige Spektrum der alpinen Flora dient den Gemsen als Hauptäsung. Man findet es von den Pyrenäen, über die Alpen bis zur Mitteltürkei.

Verhalten

Gamsgeißen und jüngere Böcke stehen in getrennten Rudeln. Alte Böcke sind Einzelgänger und dulden höchstens 2–3 „Halbstarke" als Begleitung. „Um Tadäi und Judi geht der Gams in d'Studi" stimmt nicht ganz, denn die Brunft dieses Gebirgswildes liegt zwischen dem 15. November und 5. Dezember. Die Feistböcke beginnen sich gegenseitig bereits mißtrauisch zu beäugen. Stärkere sprengen schon hin und wieder einmal die Schwächeren – nur als Test! –, und ihr Interesse für die Geißen erwacht mehr und mehr. Brunftdrüsen und -kugeln schwellen an. Kaum ein anderes Wild wird während der Brunft derart vom Trieb beherrscht wie der Gamsbock; die Geißen dagegen bleiben relativ kühl. Die Hochzeit liegt zwischen dem 20. November und dem 5. Dezember, beginnt aber schon vorher und dauert noch nach diesen Terminen an. Nach 6–7 Monaten setzen die Geißen Anfang Juli die ersten Kitze, meist eines. Dabei sondern sie sich von der Herde ab und ziehen sich meist ins Waldesdickicht zurück. Einige Stunden nach dem Setzakt folgen die Kitze auf ihren verhältnismäßig dicken, langen Läufchen ein wenig wackelig der Muttergeiß. In den ersten Lebenstagen läßt die Geiß ihr Kitz im Waldesdickicht und nimmt es erst später mit in die Felsen. Nach einigen Wochen vereinen sich

Das Gamswild zählt zu den gewandtesten Kletterern der Bergwelt. Im felsigen Gelände sind sie jedem Feind weit überlegen

die führenden Geißen mit ihren Kitzen und den Jährlingen wieder zum Rudel.

Jagd

Das Gamswild schenkt dem Waidmann neben Kruke und Decke den Gamsbart als begehrte Trophäe, der aus den langen Sattelhaaren des Rückens gerupft wird. Die Pirsch ist die üblichste Jagd auf Gemsen. Man braucht ein Spektiv zum Ansprechen und benötigt bergsteigerische Fähigkeiten sowie eine gute körperliche Konstitution. Weite Schüsse sind notwendig. Man muß die Abweichung der Treffpunktlage und die Winddrift beachten.

Kal. Gr. 2 u. 6
WA A I Abruzzengams,
sonst entfällt

Rekordtrophäe

(nach SCI – RBoTA, 1987)
Pkt: 29⅜; Hlr: 10⅝; Hll: 10⅝; Ur: 4; Ul: 4;
O: Italien; E: Carlo Caldesi; D: 1961

Gaur

W Bos gaurus
E Indian Bison
F Gaur

Unterfamilie	Rinder – Bovinae
Familie	Hornträger – Bovidae
Unterordnung	Wiederkäuer – Ruminantia
Ordnung	Paarhufer – Artiodactyla
Klasse	Säugetiere – Mammalia

Ansprechen

Dieses mächtigste aller Wildrinder erreicht
dank seines großen Buckels eine Schulterhöhe von 213 cm. Seine Decke ist dunkelbraun und seine Läufe sind weiß. Die glatten
Hörner erreichen eine Länge von 115 cm und
sind nach hinten oben einwärts gebogen. Von
Spitze zu Spitze werden Auslagen bis 120 cm
gemessen. Auffällig ist der wulstige Stirnkamm
zwischen den mächtigen Hörnern, der wie
aufgesetzt auf das lange Haupt wirkt. Der Gaur
besitzt einen verhältnismäßig langen Äser.
Bullen werden bis 1000 kg schwer, die Kühe
sind an Masse und Maß um ein Drittel geringer
und mit bescheideneren Stirnwaffen ausgestattet. Bei den Kühen ist die zweigeteilte
Wamme der Bullen weniger ausgeprägt. Vom
Gaur werden drei Unterarten beschrieben: der
Hinterindische Gaur (Bos gaurus readei), der
Malayische Gaur (Bos gaurus hubbacki) und
der Vorderindische Gaur (Bos gaurus gaurus).

Lebensraum und Verbreitungsgebiet

In Höhen bis 2000 m ziehen die Gaurs ihre
Fährten in schattigen Hügel- und Bergwäldern
mit dichtem Unterholz und eingesprenkelten
Lichtungen, auch in Bambusdickichten. Heute
kommt dieses Wildrind noch in den Gras- und
Berglandschaften Ostindiens, Südnepals, in
Bhutan, Bangladesch, insbesondere in südchinesischen Schutzgebieten vor. Als Kulturflüchter verringert sich sein Lebensraum
jedoch mehr und mehr durch Besiedelung und
ständig zunehmende landwirtschaftliche
Kulturen. Außerdem werden die Bestände
durch die Maul- und Klauenseuche dezimiert.

Verhalten

Erfahrene Kühe führen die kleinen Herden,
doch den Schutz übernimmt immer ein gewaltiger Altbulle, der sich selbst vor dem Tiger
nicht fürchtet und die Herde heldenhaft und
erfolgreich verteidigt. Manche Großkatze hat
mit dem Gaur schon unangenehme Bekanntschaft gemacht. Er rammt den Gegner nicht
nur mit den gesenkten Stirnwaffen, sondern
versucht ihn mit den gewaltigen Läufen und
scharfen Schalen zu schlagen.
Bambusschößlinge und Gras, Baum- und
Strauchschößlinge bilden die Äsung der Gaur.
Während der Brunft von November bis März
treten die Einzelgänger zu den Herden und
fechten schwere Brunftkämpfe aus. Der
Brunftschrei, der einem tiefen Orgelton ähnelt,
ist kilometerweit zu hören. Mit einem tremolie-
renden iii-Laut einsetzend, endet er mit einem
kraftvollen a-ooo-uuu. Nach neun Monaten
Tragzeit setzen die Kühe meist nur ein Kalb,
seltener zwei.

Jagd

Die Jagd auf dieses riesige Wildrind, soweit
überhaupt möglich, verlangt Mut. Im dichten
Dschungel pirschend, muß der Waidmann

*Das größte Wildrind der Erde ist ein agressiver
und nicht zu unterschätzender Gegner. Bei der
Jagd ist größte Umsicht geboten*

immer gegenwärtig sein, plötzlich dem wüten-
den Bullen gegenüberzustehen. Aus diesem
Grunde vermeiden es die einheimischen
Jäger, überhaupt mit dem Gaur in Berührung
zu kommen. Der Bulle ist auf Tigerabwehr
spezialisiert; daher behandelt er den anpir-
schenden Jäger als solchen und greift ihn
unverzüglich an. Meist greift der Bulle nicht
frontal an, sondern breitseits und teilt mit
seinem stirnwaffenbewehrten Haupt tödliche
Schläge aus.

Kal. Gr. 4 u. 5
WA Al

Rekordtrophäe

(nach RBoTA, 1986)
Pkt: 97⅛; Hlr: 29⅜; Hll: 30⅛; Ur: 19;
Ul: 18⅝; O: Renong Province, Thailand;
E: Capt. John H. Brandt; D: 1963

Gepard

W Acinonyx jubatus
E Cheetah
F Guépard

Unterfamilie	Geparden – Acinonychinae
Familie	Katzen – Felidae
Unterordnung	Landraubtiere – Fissipedia
Ordnung	Raubtiere – Carnivora
Klasse	Säugetiere – Mammalia

Ansprechen

Den Geparden kann man ohne weiteres als den „Windhund" unter den Großkatzen bezeichnen. Mit seiner extrem langläufigen und hochrückigen Gestalt unterscheidet er sich deutlich vom Leoparden, außerdem ist seine braune bis schwarze Fleckung der gelbbraunen bis hellgelben Decke nicht rosettenförmig abgesetzt wie beim Leoparden. Zum Bauch hin wird die Decke heller bis weiß. Die buschige Lunte ist schwarz geringelt und endet in einer weißen Spitze. Geparden erreichen Schulterhöhen bis 80 cm und werden bis 65 kg schwer. Die Gepardin ist leichter und kleiner, ihr fehlt die Nackenmähne. Entgegen fast allen übrigen Katzenartigen können Geparden ihre Krallen nicht einziehen. Auffallend ist ebenfalls der kurze und relativ kleine Kopf.

Lebensraum und Verbreitungsgebiet

Als Bewohner der offenen Steppenlandschaft jagt der Gepard Wildhühner, Hirsche, Gazellen und kleine bis mittelgroße Antilopen, die er durch Kehlbiß tötet, wenn er sie zu Stand gehetzt hat. Früher über ganz Afrika und Asien verbreitet, findet sich in Asien nur noch im Iran ein kleines Restreservat. Sichere Bestände gibt es in den Schutzgebieten Namibias sowie in Reservaten Ost- und Südafrikas. Geparden sind durch das Washingtoner Abkommen geschützt, durch Wilderei aber immer noch stark gefährdet.

Verhalten

Geparden sind die schnellsten Säugetiere der Erde und erreichen im Sprint bei Sprüngen bis 7 m 110 km/h. Nach der Jagd und dem Töten

Der schnellste Hetzjäger unter den Raubkatzen bewacht argwöhnisch seine Beute

einer Beute müssen sie oft minutenlang ausruhen, so sehr haben sie sich verausgabt. Der Mensch nützte diese Jagdart und zähmte Geparden zu sogenannten „Jagdleoparden", denen nach der Hatz die Beute leicht abgenommen werden konnte. In der freien Wildbahn führen die Geparden ein enges Familienleben. An der Aufzucht des Nachwuchses sind Gepard und Gepardin beteiligt. Der an versteckter Stelle abgelegte Nachwuchs wird an

den „Riß" herangeführt. Die Hälfte der Junggeparden kommen durch Löwen, Leoparden und Hyänen um. Dennoch sind die Bestände in Afrika wieder im Steigen.

Jagd

Der Gepard kehrt nie zu seinem „Riß" zurück, so daß der Jäger sich das Anludern sparen kann. Das Zusammentreffen mit dieser Raubkatze während der täglichen Jagd ist meist zufällig. Geparden sind ausgesprochen tagaktiv. Gelegentlich werden Abschüsse von „Schadgeparden" in Namibia freigegeben, die dort wertvolle Karakulschafe gerissen haben. Im übrigen ist die Jagd untersagt.

Kal. Gr. 2 u. 3
WA A I
Landesspezifische Sondergenehmigungen

Rekordtrophäe

(nach SCI – RBoTA, 1987)
Pkt: 15; Schl: 9; Schb: 6; O: Namibia, Etjo Nord; E: Jerald Ostrander Sr.; D: 1983

Wenn zwei Geparden gemeinsam jagen, gibt es kein Entkommen

Gerenuk

W Litocranius walleri
E Gerenuk
F Gazelle giraffe

Unterfamilie	Gazellenartige – Antilopinae
Familie	Hornträger – Bovidae
Unterordnung	Wiederkäuer – Ruminantia
Ordnung	Paarhufer – Artiodactyla
Klasse	Säugetiere – Mammalia

Ansprechen

Der außerordentlich lange, aber nicht dünne Träger gab dieser hochläufigen, zierlichen Gazelle den „Zweitnamen" Giraffengazelle. Bei einer Schulterhöhe von 105 cm kann sie bis 50 kg schwer werden. Die Grundfarbe der Decke ist ein rötliches Braun, die Flanken sind deutlich abgesetzt heller gefärbt. Den kurzen Wedel ziert eine kräftige schwarze Quaste. Die Böcke schmückt ein kräftiges, bis 45 cm langes, nach hinten, oben und innen und in den Spitzen nach vorn gebogenes Gehörn.

Lebensraum und Verbreitungsgebiet

Trockener Dornbusch und mit Akazien bestandene Halbwüsten bilden den Einstand der Gerenuks. Hauptsächlich Blätter und junge Akazientriebe äsend, verschmähen sie meist Grasäsung. In Somalia, Tansania und den nördlich des Äquators liegenden Gebieten Äthiopiens liegt das Verbreitungsgebiet der Gerenuks, das sich dem Vernehmen nach nach Süden und Osten erweitert haben soll.

Verhalten

Giraffengazellen leben in kleinen Familiengruppen, oft locker vergesellschaftet mit den ihnen ähnlichen Lamagazellen (Ammodorcas clarkei). Die Brunft ist ganzjährig möglich, und die Paarung findet „im Gehen" statt. Meist zur Regenzeit wird nach einer Tragzeit von fast sieben Monaten ein Kitz gesetzt.
Um an die Zweige und Äste der Akazien zu kommen, richten sich die Gerenuks auf den Hinterläufen auf. Gestört oder beunruhigt, flüchten sie nicht rasch und laut, sondern schleichen sich mit nach vorn gestrecktem Träger leise davon, als wären sie sich der verräterischen Länge ihres Trägers bewußt.

Jagd

Die beste Tageszeit zur Jagd auf Gerenuks sind der frühe Morgen und der späte Nachmittag. Die Gerenuks äsen oft auf den Hinterläufen stehend, der sogenannten „Pfahlstellung", und sichern in dieser Haltung bei jeder Beunruhigung. Infolge ihrer gut ausgelegten Sinne wittern und eräugen sie den Feind, bevor dieser sie sieht.

Kal. Gr. 2 u. 3
WA entfällt

Rekordtrophäe

(nach SCI – RBoTA, 1987)
Pkt: 45; Hlr: 16⅜; Hll: 16⅞; Ur: 6⅞; Ul: 6⅛;
O: Tanzania, Longido; E: William W. Dodgson V; D: 1982

Mit großem Geschick holt sich der ausgewachsene Bulle seine Äsung aus luftiger Höhe. Gerenuks haben sich auf diese Art der Nahrungsaufnahme spezialisiert

Giraffe

W **Giraffa camelopardalis**
E **Giraffe**
F **Girafe**

Familie	Giraffen – Giraffidae
Unterordnung	Wiederkäuer – Ruminantia
Ordnung	Paarhufer – Artiodactyla
Klasse	Säugetiere – Mammalia

Ansprechen

Außer Löwe, Elefant und Nashorn ist die Giraffe wohl das bekannteste Wild Afrikas. Mit über 5 m Scheitelhöhe, noch verlängert durch die bis 22 cm hohen, haarbedeckten Knochenzapfen, erhebt sich die in mehreren Unterarten vorkommende Giraffe „turmhoch" über die afrikanische Tierwelt. Zwischen oder hinter den Knochenzapfen bewehren noch weitere kleinere Zapfen den u. a. als Ritualwaffe gebrauchten Kopf.

Es gibt acht verschieden gemusterte Unterarten wie z. B. die Netzgiraffe (Giraffa camelopardalis reticulata), die ihrer rötlichbraunen, mit deutlich weißem Netzmuster durchsetzten Decke den Namen verdankt. Die Massaigiraffe (Giraffa camelopardalis tippelskirchi) zeigt auf heller gelber Decke ahornblattartige Musterungen von brauner Farbe, während die Ugandagiraffe (Giraffa camelopardalis rothschildi) eine helle Decke mit mehr eckigen rotbraunen Mustern besitzt. Als individuelle Ausnahmen werden gelegentlich auch einfarbig weiße Tiere beobachtet. Der Wedel ist jeweils lang und dünn und läuft in eine lange, behaarte Quaste aus.

Lebensraum und Verbreitungsgebiet

Akazienhaine und offene Baumlandschaften sind die Heimat der Giraffen. Niemals findet man sie in dichten Wäldern. Wassernähe ist notwendig, da Giraffen ihren Wasserbedarf nicht allein aus der Äsung, die aus Akazienblättern und vorwiegend Knospen besteht, decken können. Nur gelegentlich nehmen die Giraffen Grasnahrung zu sich oder Kürbisfrüchte. Somalia, Tschad, Uganda, Zentralafrikanische Republik, Nigeria, Tansania, Namibia, Südafri-

ka, Botsuana sind einige der afrikanischen Länder, in denen die Giraffen zu Hause sind. Nicht unerwähnt soll das Okapi (Okapia johnstoni) bleiben, eine Waldgiraffe, die in den dichten Regenurwäldern lebt.

Verhalten

Alte Giraffenbullen sind Einzelgänger. Gewöhnlich lebt dieses Großwild des afrikanischen Kontinents in mehr oder minder großen Trupps gesellig miteinander, vergesellschaftet mit Straußen und anderem Wild, angeführt von einer erfahrenen Kuh. Eine saisonale Brunft kennen die Giraffen nicht, die Paarung ist das ganze Jahr über möglich. Junggiraffen finden sich bei den Trupps in allen Altersgruppen. Gegen mögliche Angriffe der Löwen, die sich auf Jungwild spezialisiert haben, verteidigen sich die Giraffen sehr wirkungsvoll, indem sie harte Schläge mit ihren weitreichenden Läufen austeilen. So können sie den Angreifer empfindlich treffen und verletzen, der den Angriff dann meist aufgibt. Nach einer Tragzeit von 15 Monaten setzen die Kühe ihre Kälber, öfter Zwillinge.

In der heißen Tageszeit verharren die Giraffen im Schatten der Bäume. Nachts schlafen sie

Aufmerksam beobachten die Zebras den mit wiegendem Schritt durch die Savanne ziehenden Giraffenbullen. Er ist für die übrigen Wildtiere ein zuverlässiger Wächter, der seine Umgebung bestens überblickt

zwei Stunden lang liegend. Alle Sinne sind sehr gut entwickelt. Die Giraffe kann sogar farbig sehen und unterscheidet einen Feind bereits auf Distanzen von 1 km mit erstaunlicher Sicherheit.

Jagd

Bei guter Deckung und passendem Wind ist das Anpirschen an dieses große Wild meist problemlos. Auf anderes Wild ist zu achten, da dieses die Giraffen auf der Flucht meist mitnimmt. Die Flucht der Giraffen mutet wegen des eigenartig wiegenden Ganges merkwürdig an; doch sie erreichen Geschwindigkeiten bis 50 km/h. Die Flucht führt oft kilometerweit. Früher rottete man die Giraffen leider fast aus, weil man ihre Haut zu Peitschenleder verarbeitete.

Kal. Gr. 4 u. 5
WA entfällt

Gnu

W	**Connochaetes taurinus**
E	**Blue Wildebeest**
F	**Gnou à queue noire**

Unterfamilie	Kuhantilopen – Alcelaphinae
Familie	Hornträger – Bovidae
Ordnung	Wiederkäuer – Ruminantia
Ordnung	Paarhufer – Artiodactyla
Klasse	Säugetiere – Mammalia

Ansprechen

Die Gnus stellen sich in zwei Arten, Weißschwanzgnu (Connochaetes gnou) oder „Black Wildebeest", und dem Streifengnu (Connochaetes taurinus) und fünf Unterarten vor. Von den fünf Unterarten sind zu erwähnen: das Östliche Weißbartgnu (Connochaetes taurinus albojubatus), „Wildebeest", und das Südliche Streifengnu oder Blaugnu (Connochaetes taurinus taurinus), „Blue Wildebeest". Das Gnu scheint aus drei Tieren zusammengesetzt: Haupt eines kleinen Büffels, Körper einer Antilope, Schweif eines Pferdes. Dieser „Büffel des kleinen Mannes", wie man ihn in seiner Heimat nennt, erreicht eine Schulterhöhe bis 145 cm und ein Gewicht von 270 kg. Die Decke ist allgemein schiefergrau gefärbt, die Streifung hebt sich nur undeutlich ab. Die seitlich austretenden Stirnwaffen biegen nach innen und oben und messen bis 65 cm. Auf der Stirn tragen Gnus ein dickes schwarzes Haarpolster. Außerdem ziert sie ein weißer Bart sowie eine dunkle Rückenmähne. Die Kühe sind in Masse und Maßen kleiner und tragen geringere Stirnwaffen.

Das Gebäude des Weißschwanzgnus ist ähnlich, vorn massig, hinten schlank mit bis zum Boden reichendem Schweif. Dunkelbraun ist die Decke, und um Träger und Haupt tragen diese Wildtiere eine bürstenartige Mähne. Alte Bullen werden pechschwarz und erreichen Schulterhöhen zwischen 80 und 100 cm sowie Gewichte bis zu 180 kg. Die Kühe sind

Drei Giraffen auf Savannenerkundung

weniger massig und schwächer bewehrt. Das Blaugnu (Connochaetes taurinus taurinus) ist im Gebäude dem Weißschwanzgnu ähnlich, jedoch zeigt die Decke eine blaugraue Farbe mit schwarzen bis braunen Querstreifen.

Lebensraum und Verbreitungsgebiet

Die Busch- und Baumsavannen Sambias, Tansanias, Simbabwes und Südwestafrikas (Namibia) sind die Heimat der Gnus. Hier nehmen sie Gras- und Bodenfrüchte zu sich und äsen Blätter und Zweige von den Bäumen. Weißschwanzgnus sind besonders lebhaft.

Verhalten

Als lebhaftes Wild und „Clown des Tierreichs" bezeichnet, leben die Gnus in großen Herden, die jahreszeitlich bedingte (Trockenzeit) große Wanderungen unternehmen. Bei der je nach Jahreszeit einsetzenden Brunft scharen die starken Bullen kleine Harems um sich, die sie gegen Rivalen energisch und wild verteidigen. Um das Haremsterritorium kämpfen die Bullen kniend. Zur Brunftzeit allein stehende Bullen sind immer alte Bullen. Mit anderem Wild vergesellschaftet, gehen die Wanderungen oft bis zu 1000 km weit.

Streifengnus an der Tränke. Es herrscht absolute Disziplin

Jagd

Da Gnus täglich zum Wasser ziehen, kann der Waidmann hier ihre Fährte leicht aufnehmen. Man nennt das Gnu daher in Kreisen englisch sprechender Jäger „The old fool of the Veld". Wegen des Buckels der Tiere liegen die meisten Schüsse zu hoch, und deshalb gelten Gnus als ein hartes Wild, über das man sich in Jägerkreisen Erlebnisse mit Dutzenden von Blattschüssen erzählt, die dennoch den starken Bullen nicht zum Umfallen brachten.

Kal. Gr. 3 u. 4
WA entfällt

Rekordtrophäe

(nach SCI – RBoTA, 1987)
Pkt: 99⅝; Hl: 65⅛ = A; Ur: 17⅞; Ul: 17⅛;
O: R. S. A., O. F. S.; E: Albert A. Cheramic;
D: 1985

Goral

W **Nemorhaedus goral**
E **Goral**
F **Goral**

Unterfamilie	Ziegenartige – Caprinae
Familie	Hornträger – Bovidae
Unterordnung	Wiederkäuer – Ruminantia
Ordnung	Paarhufer – Artiodactyla
Klasse	Säugetiere – Mammalia

Ansprechen

Mit den Gemsen verwandt und etwa gleich
groß ist der Goral, der bei einer Schulterhöhe
von 50 bis 75 cm ein Gewicht von etwa 35 kg
erreichen kann. Hellbraun zeigt sich die
Sommerfärbung und aschgrau oder schwarzbraun die Winterfärbung der Decke. Das
Gehörn ist stärker als das der Gemsen
(Rupicapra rupicapra) – siehe dort –, aber nur
mäßig gebogen, weist ebenfalls Jahresringe
auf und daneben Wulste, die mit der Altersbestimmung nichts zu tun haben. Bis 30 cm
Länge erreichen die Gehöre. An seinem
weißlichgelben bis reinweißen Kehlfleck ist der
Goral gut anzusprechen. Man unterscheidet
die ostsibirische Unterart (Nemorhaedus goral
caudatus) sowie eine chinesische Abart. Der
nächste Verwandte des Gorals ist der Serau
oder Serow (Capricornis sumatraensis) – siehe
dort.

Lebensraum und Verbreitungsgebiet

Als ein ausgesprochenes Gebirgswild klettern
Gorale in Höhen bis zu 4000 m. Blätter, Baum-
und Strauchtriebe werden als Äsung beson-
ders bevorzugt, Früchte, Eicheln, Nüsse,
Flechten nehmen sie ebenfalls auf, sind aber
nicht in der Lage, Eicheln und Nüsse mit ihren
Schalen aus dem Schnee herauszuschlagen.
Sie können diese Schalenfrüchte nur mit dem
Äser vom Schnee aufnehmen.
Ihre Verbreitung haben sie in der Taiga der
UdSSR, in den Gebirgszügen des Himalajas,
Tibets, Sikkims und Nepals sowie in den
Gebirgsregionen Koreas. 1983 wurden im
fernen Osten der UdSSR weiträumige Freige-
hege in einem Naturschutzgebiet zum Schutz

und zur Vermehrung dieser bedrohten Gem-
senart angelegt. Die Tiere stammen aus der
Taiga, wo dieses Wild vor allem vom Tiger und
anderem Raubwild bedroht ist.

Verhalten

Der Goral ist bekannt dafür, daß er mit seinen
Körperkräften gut hauszuhalten versteht. So
harrt er bei dichtem Schneefall hinter Felswänden versteckt oft tagelang aus, bis die
Schneemassen in sich zusammengesunken
und begehbar geworden sind, damit er beim
Einsinken in lockeren Pulverschnee nicht
zuviel Körperkraft verliert. Geißen und Jungwild führen wie Gemsen ein geselliges Leben
in Rudeln. In der Brunft, die von September bis
Oktober vonstatten geht, stoßen die Böcke
zum Scharlwild. Das Goralwild lebt standorttreu, begibt sich im Winter oft in tiefere Lagen
der Gebirge, den Waldgürtel meidet es jedoch.

*Der Goral ist eines der unbekanntesten
Wildtiere der Erde*

Jagd

Rauh und beschwerlich ist die Jagd auf den
Goral. Bergsteigerisches Können ist die Voraussetzung in den großen Höhenlagen, an die
man sich langsam anpassen muß wegen der
möglichen Höhenkrankheit. Man geht das Wild
zu Fuß an und nützt jede Deckung. Das
Spektiv gehört zur Ausrüstung.

Kal. Gr. 2
WA A I

Rekordtrophäe

(nach RBoTA, 1986)
Pkt: 21⅝; Hlr: 7; Hll: 6⅞; Ur: 4; Ul: 3⅞;
O: Gurja Mimals, Nepal; E: Chris Klineburger;
D: März 1974

Graugans

W Anser anser
E Grey-lag goose
F Oie cendrée

Unterfamilie	Gänseverwandte – Anserina
Familie	Entenvögel – Anatidae
Ordnung	Gänsevögel – Anseriformes
Klasse	Vögel – Aves

Ansprechen

Die west- und osteuropäischen Unterarten der Graugans unterscheiden sich nur durch die Farbe der Schnäbel. Die osteuropäische Unterart (Anser anser rubirostris) hat einen fleischfarbenen Schnabel, während die westeuropäische Unterart einen orangefarbenen Schnabel besitzt. Fleischfarbene Ständer und Füße bei beiden Unterarten sind weitere Kennzeichen dieser graugefiederten, zwischen 76 und 89 cm großen Gänsevögel.

Lebensraum und Verbreitungsgebiet

Als Teilzieher liegt das Hauptbrutgebiet der Graugänse vorwiegend östlich einer Linie zwischen Elbemündung und Peleponnes. Die Graugans zieht von hier aus im Winter in die Küstengebiete, an die Fluß- und Seeufer. Sie bevorzugt bebaute Felder, Wiesen und Weiden. In Sumpfdickichten, verschilftem Ufergebüsch und in Mooren wird genistet. Graugänse leben in großen geselligen Verbänden. Sie gelangen als Teilzieher bis zur Küstenregion im Süden und Südwesten der Iberischen Halbinsel, bevölkern die Küsten Norwegens und der Ostsee sowie England und Island.

Verhalten

Graugänse sind ein tagaktives Flugwild. Sie fliegen in Winkelformationen und suchen nachts immer wieder dieselben Ruheplätze auf. Während des Fluges kann man die Gänse schnattern hören im Gegensatz zu Trappen, die beim Fliegen schweigen. Überwiegend Pflanzen, bevorzugt junge Saat, Klee und Gräser dienen den Graugänsen als Äsung.

Landeanflug in lockerer Formation beim letzten Abendlicht

Graugänse sind gesellig. Sie leben in größeren Verbänden und legen bei ihren Wanderungen erstaunliche Strecken zurück

Ausnahmsweise nehmen sie aber auch Würmer, Schnecken, Muscheln, Lurche und Fische.

Gänse leben in lebenslanger Einehe und verpaaren sich nicht mehr, wenn der Partner umgekommen ist. Sie bleiben ihren Brutgebieten treu und kehren immer wieder dorthin zurück. Das Brutgeschäft versieht die Gans, während der Ganter am Gelege Wache hält.

Nach 28–29 Tagen Brutzeit schlüpfen die 4–8 Küken, die im Alter von fünf Wochen ausgewachsen sind. Gans und Ganter betreuen gemeinsam den Nachwuchs.

Jagd

Der Ansitz auf dem Morgenstrich der Gänse bietet die meisten Erfolgsaussichten. Die Gänse erscheinen nach und nach in kleinen Schofen und fallen zur Äsung ein. Man stellt Schirme auf, hinter denen sich der Jäger bereits vor Tag und Tau ansetzen muß. Nach Abbruch der Jagd muß man das Gelände mit einem guten Suchhund gewissenhaft nach angebleiten Gänsen durchsuchen.

Kal. Gr. 7 (3,5–4mm Schrot)
WA entfällt

Grizzlybär

W Ursus arctos horribilis
E Grizzly bear
F Ours grizzly

Familie	Großbären – Ursidae
Unterordnung	Landraubtiere – Fissipedia
Ordnung	Raubtiere – Carnivora
Klasse	Säugetiere – Mammalia

Ansprechen

Der Name „Grizzly" = Graubär sollte den Jäger nicht über die Farbe der Decke dieses Vertreters der Gruppe der Braunbären (Ursus arctos) – siehe dort – täuschen, kommt doch der „grauenerregende" (horribilis) Meister Petz ebenso braungrau bis dunkelbraun und blond vor. Manche Exemplare sind geradezu versilbert. Man nennt sie in den USA „Silvertips" wegen ihrer eisgrauen silbrigen Haarspitzen bei sonst dunkler Decke. Wie die übrigen Braunbären kennzeichnet den Grizzly ein hoher Buckel, der neben der Masse und dem starken Gebäude – er kann bis 300 kg wiegen – ein richtiges Ansprechen gestattet, im Vergleich zum gelegentlich braun gefärbten Schwarzbären (Ursus americanus) – siehe dort –, den man auch unter dem Namen „Baribal" kennt. Die Nägel der Vorderpranken sind oft über 10 cm lang und stehen im Trittsiegel deutlich vor dem Sohlenabdruck. Im Jugendalter können die Grizzlys sehr gut klettern. Schulterhöhen bis zu 120 cm sind ebenso keine Seltenheit wie die 300–320 cm, die der Grizzly aufgerichtet auf den Hinterpranken zeigt. Verwandt ist der Grizzly mit dem Kamtschatkabären (Ursus arctos beringianus) der UdSSR und mit dem Kodiakbären (Ursus arctos middendorffi), dessen Heimat ebenfalls Alaska (Peninsula) ist.

Lebensraum und Verbreitungsgebiet

Der Graubär ist ein Bergbewohner. Die nordamerikanischen Felsengebirge von Alaska bis Kalifornien waren seine ursprüngliche Heimat. Als konsequenter Kulturflüchter kommt er heute noch in den menschenfernen Gebieten der Hochlagen Alaskas und Kanadas

Der furchterregende Grizzlybär ist das stärkste Raubwild Nordamerikas

vor. Es gibt nur noch gute Bestände in den USA, deren Reservate 70 Meilen landeinwärts von der Küste errechnet und festgesetzt sind. Der Speisezettel des Grizzlys reicht vom gelegentlich geschlagenen Elch und Karibu über kleine Nagetiere – so gräbt der Riese mit Hingabe kleine Murmeltiere und Erdhörnchen aus ihren Erdbauen – bis hin zu Kerbtieren, Wurzeln und heranreifenden Waldbeeren aller Art. Im Frühjahr verzehrt er oft Fallwild.

Verhalten

Graubären sind strikte Einzelgänger, die streng auf ihre Reviergrenzen achten. Wanderbären der gleichen Art werden bekämpft und schwächere Schwarzbären geschlagen und verzehrt. Das gleiche Schicksal droht dem eigenen Nachwuchs, falls die führende Bärin nicht acht gibt. Sie verteidigt allerdings ihren Nachwuchs mit Energie und großer Kraft. Feste Brunftzeiten gibt es nicht, doch werden die Jungen immer im Winterlager gesetzt. Hohe Intelligenz, große Kraft, Ausdauer und Schnelligkeit sind die Eigenschaften, die man dem Grizzly mit Recht nachsagt. Er ist imstande, mit einem einzigen Prankenschlag ein Karibu zu töten. Aus diesem Grunde haben nicht nur die Indianer von alters her großen Respekt vor ihm, sondern ebenso fürchteten ihn die ersten Siedler, deren Waffen unzulänglich waren. Von allen Bären zeigt er die größte Angriffslust. Wer

den Grizzly nicht jagen will, soll ihm aus dem Wege gehen, vor allem der führenden Bärin.

Jagd

Je nach Dauer des Winters suchen die Graubären Fallwild oder nehmen an den sonnenbeschienenen Hängen das erste Grün auf. Das ist der ideale Zeitpunkt für den Bärenjäger, der das Winterfell schätzt. In das Bärengebiet gelangt man per Allrad oder mit dem Buschflugzeug. Waidgerechter ist das Pferd, das aber der Technik immer mehr weichen muß. Die Herbstjagd, verbunden mit der Jagd auf anderes amerikanisches Großwild, verläuft ähnlich. Ist ein starker Bär ausgemacht am Fallwild, am Riß, an den Aufbruchresten, beim Beerenpflücken oder Murmeltiergraben, bzw. hat sich durch starke und frische Losung verraten, wird er bei gutem Wind angegangen. Der Grizzly wittert und vernimmt sehr gut, wohingegen sein Gesichtssinn schlechter ausgebildet ist. Vor dem Schuß sollte sich der waidgerechte Jäger über die Jagdbarkeit des Bären vergewissern. Bärinnen sind erst angesichts ihres Nachwuchses, der im ersten Lebensjahr recht winzig ist, als führend anzusprechen. Jagdgäste dürfen nur in Begleitung eines Führers auf Grizzlys jagen. Der Graubär ist ein harter Bursche, der oft Verfolger umgeht, um in guten Wind zu kommen, und der angeschweißt einen unbedingten Tötungswillen gegenüber seinem Gegner entwickelt. Der Herzschuß auf den Brustkern des aufgerichteten Bären ist das sicherste Mittel, Angriff und Nachsuche zu vermeiden (siehe Schußbild, S. 326).

Kal. Gr. 3 u. 4
WA A II

Rekordtrophäe

(nach RBoTA, 1986)
Pkt: 27¹²/₁₆; Schl: 17⁴/₁₆; Schb: 10⁸/₁₆;
O: Lone Mt., Alaska; E: Enrico Ciaburri;
D: 1981

Wer ist in mein Revier eingedrungen? Diese Frage scheint sich Meister Petz zu stellen

Großtrappe

W Otis tarda
E Great bustard
F Outarde barbue

Familie	Trappen – Otitidae
Ordnung	Kranichvögel – Gruiformes
Klasse	Vögel – Aves

Ansprechen

Mit seiner Größe von mehr als 1 m und einem Gewicht bis 20 kg zeigt sich der Trapphahn als ein mächtiger Steppenvogel auf hohen Ständern. Ein Knebelbart aus borstenartigen weißen Federn ziert ihn. Ständer, Stingel und Gebäude wirken dick und kräftig. Kopf und Stingel sind hellgrau befiedert. Die Oberseite einschließlich der Schwingen zeigt eine rostbraune Befiederung mit schwarzen Bändern an den Schwingen. Die Unterseite ist weiß, die Brust prangt in Kastanienbraun. Im Fluge wirkt dieses Federwild vorwiegend weiß mit schwarzen Schwingenspitzen. Läufe und Stingel sind gestreckt. Großtrappen führen während des Fluges keine „Gespräche", was sie z. B. von fliegenden Gänsen unterscheidet.

Lebensraum und Verbreitungsgebiet

Trappen sind reine Steppenvögel, die sich aber ebenso dort einfinden, wo sie in der vom Menschen geschaffenen „Kultursteppe" wenig oder gar nicht gestört werden. So hält sich in Mecklenburg und in der Umgebung von Magdeburg östlich der Elbe noch ein Bestand von 300 bis 400 Stück. Der bei weitem stärkste Bestand an Großtrappen ist in Spanien beheimatet. In der Bundesrepublik Deutschland nahe der Grenze zur DDR werden Einzelstücke oder kleine Trupps bis zu 15 Stück gesichtet. In Osteuropa, vor allem im Südosten der Balkanhalbinsel, leben die Trappen noch recht ungestört. In Australien, Afrika und Asien sind die Restbestände weiterhin rückläufig.

Verhalten

Am auffälligsten ist das Verhalten des Trapphahns in der Balz (März bis Ende April und länger). Er kann seinen Kehlsack gewaltig aufblasen. Hierbei legt er den Kopf zurück und kippt den Stoß nach vorn. Eine artistische Leistung ist das Wenden der Schwingen, so daß man den Hahn wie einen reinweißen Federberg im flachen Einstand dieses Wildes kilometerweit sieht. Die Hähne veranstalten dies alles nur, weil die Hennen recht wählerisch sind und sich nur den besten „Federberg" zur Paarung wählen. Die graugrünen, mit bräunlichen Flecken verzierten Eier – je nach Äsungsangebot 2–6 Stück – werden 21–25 Tage bebrütet, und zwar allein von der Henne. Der Hahn kümmert sich weder um Gelege noch um das Gesperre. Trappen leben zwar das ganze Jahr über gesellig, aber in nach Geschlechtern getrennten Flügen.

Jagd

„Trappen haben auf jeder Feder ein Auge," sagt der Waidmann und meint damit den

Mißtrauisch und scheu: der größte Steppenvogel Europas

unglaublich guten Gesichtssinn dieses Wildes. Da sie außerdem sehr scheu sind, benötigt der Jäger alle Künste, um sich einem balzenden Hahn zu nähern. Man pirscht den Trapphahn robbend an, dies jedoch öfters vergebens. Reizvoll – und leichter – ist das Pirschenfahren mit dem Pferdefuhrwerk, von dem der Jäger während der Fahrt unauffällig heruntergleitet. Die Trappen konzentrieren ihre Aufmerksamkeit auf das Fuhrwerk und „vergessen" den Jäger. In gut besetzten Revieren kann man „hinter dem Schirm" – wie auf Birkwild – ansitzen, doch muß man das Trappwild erst an den Schirm gewöhnen.

Kal. Gr. 1 u. 7 (4 mm Schrot)
WA A II

Haselhuhn

W	**Tetrastes bonasia**
E	**Hazel hen**
F	**Gélinotte des bois**

Unterfamilie	Rauhfußhühner – Tetraoniae
Familie	Fasanenartige – Phasianidae
Ordnung	Hühnervögel – Galliformes
Unterklasse	Neuvögel – Neoornithes
Klasse	Vögel – Aves

Ansprechen

Dieser ausschließliche Waldbewohner ist der kleinste Vertreter der Rauhfußhühner. Bei einer Gesamtlänge von nur 35 cm bringt er es auf ein Gewicht von maximal 400 g. Das Obergefieder ist grau bis rostbraun, mit schwarzen und braunen Bändern verziert. Der Hahn zeigt im Herbst eine auffallend schwarze Kehlfarbe mit breiter weißer Begrenzung. Die Rosen über den Lichtern enden nach hinten in einem schwarzen Federstrich. Beide Geschlechter tragen eine Kopfhaube, die sie bei Erregung aufrichten können. Der Vogel ist am Unterteil des Körpers heller gefärbt, und im Flug fällt die schwarze Binde am Stoß ganz deutlich auf.

Lebensraum und Verbreitungsgebiet

Das Haselwild liebt natürlich gewachsene und feuchte Auwälder, Laub-, Misch- und Nadelwälder, deren Bodenflora dichte Krautbedeckkung aufweist mit Heidel-, Preisel-, Moos- und Rauschbeeren. Gern nimmt das Haselwild seine Einstände an erlen- und weidenbestandenen Bachläufen. Knospen und junge Blätter bilden die Hauptäsung dieses Hühnervogels. Die Küken sind in den ersten Lebenswochen unabdingbar an Insektennahrung gebunden. Von Westfrankreich bis in die Weiten der östlichen UdSSR ist das Haselwild verbreitet. In Südschweden und -norwegen kommt es ebenso vor wie in Nordschweden und Finnland. Großbritannien und Irland, Island, Nordnorwegen, Dänemark, Norddeutschland, Ostfrankreich, Italien, Griechenland, Ungarn

und Teile der südlichen UdSSR haben keine Bestände dieses kleinen Rauhfußhuhnes.

Verhalten

Haselhuhn und Haselhenne leben in Einehe. Die Herbstbalz ist eine blinde Balz – gewissermaßen die „Verlobungszeit". Sie dient in erster Linie der Territorialbildung. Alte Hennen melden – der Balzruf wird als Spissen bezeichnet – schon im August. Hauptsaison ist jedoch der Oktober. Die Hähne vollführen artistisch anmutende Hochsprünge bis zu 1 m und mehr, wobei sie ein als Burren bezeichnetes Fluggeräusch verursachen. Je stärker der Hahn, um so lauter und kampflustiger ist seine Balz.
Nach der Frühjahrsbalz legt die Henne 7–11 Eier in ein recht armselig anmutendes Nest, die sie 25 Tage lang bebrütet. Die Gesperre, deren Aufzuchterfolge stark wetter-

Die Färbung des Gefieders ist der Umgebung des Haselhuhns völlig angepaßt. Eine wirklich perfekte Tarnung, für den Jäger nur schwer zu entdecken

abhängig sind, bleiben bis zur Herbstbalz zusammen, d. h., bis die Hähne wieder ihre Reviere erkämpfen und zur Verlobung bitten. Haselwild wird immer seltener. Es ist Kulturflüchter und äußerst lärmempfindlich. Eine arbeitende Motorsäge simuliert Laute, die an das Spissen erinnern. Vor derartig das ganze Jahr stimmstarken „Nebenbuhlern" weicht schließlich der schneidigste Hahn.

Jagd

Haselwild wird seit Jahrhunderten als Delikatesse geschätzt. So gesellt sich das kleine

Waldhuhn zum Hoch- und Edelwild der „Hohen Jagd" wie Hirsch, Auerhahn und Schwarzwild. Man kann dieses Wild bei Treibjagden erbeuten und es vor dem Hund erlegen. Einzig waidgerecht ist nur die Lockjagd, wobei der kundige Jäger verstehen sollte, den Lockruf der Henne oder den Kampfruf des Hahnes nachzuahmen. Dazu stellt man sich ein kleines Flöteninstrument her. Das Spissen der Hahnen und das Bisten der Hennen ist auf der Tonskala derart hoch angesetzt, daß zumal ältere Jäger den eigenen nachgeahmten Lockruf nicht mehr vernehmen können.
Der Hahn hingegen ist sehr hellhörig und steht auf Entfernungen bis 500 m auf den Lockruf zu. Er äugt unglaublich gut und achtet auf die geringsten Bewegungen, wenn er einen Nebenbuhler vor sich zu haben glaubt. Der Jäger muß sich also mit dem Wald verschwistern und

völlig unbeweglich stehen. Man verwendet feines Schrot, da die kleine Kugel weniger waidgerecht ist, weil der kleine Kämpfer sich ständig bewegt und man daher kaum einen sicheren Treffer anbringen kann.

Kal. Gr. 7 (2,5 mm Schrot)
WA entfällt

Honigdachs

W	**Mellivora capensis**
E	**Ratel oder Honey badger**
F	**Ratel**

Unterfamilie	Honigdachse – Mellivorinae
Familie	Marder – Mustelidae
Unterordnung	Landraubtiere – Fissipedia
Ordnung	Raubtiere – Carnivora
Klasse	Säugetiere – Mammalia

Ansprechen

Ein wenig plump vom Gebäude her, 70 cm lang mit 25 cm Schulterhöhe und etwa 11 kg schwer, so erkennen wir den Honigdachs mit dem massigen Kopf, den kleinen, abgerundeten Gehören, die rauhe Schwarte deutlich weiß-dunkel kontrastierend gezeichnet. Der kurze buschige Pürzel wird bei Erregung aufrecht getragen. Die Pranten sind stark und mit kräftigen Nägeln bewehrt.

Lebensraum und Verbreitungsgebiet

Der Honigdachs ist in der Wahl seiner Reviere nicht einseitig. Sowohl in trockenen Savannen, subtropischen Waldungen und tropischen Regenwäldern finden wir seine Spuren. Hier lebt er als Allesfresser, wie sein europäischer Vetter, der Dachs (Meles meles) – siehe dort –, und mit einer Vorliebe für Honig, den er mitsamt den Bienen verzehrt. Diese Vorliebe gab ihm seinen Namen.
Fast der ganze afrikanische Kontinent ist seine Heimat, ausgenommen die nördlich der Sahelzone liegenden Gebiete. Gabun, Küstengebiete Nigerias und Guineas meidet er ebenso wie Mitteläthiopien, den südlichsten Teil Südafrikas und die schmalen Küstenstreifen Namibias.

Verhalten

Wie ihre europäischen Verwandten sind die Honigdachse gute „Tiefbauarchitekten". Bei Gefahr graben sie sich so schnell ein, daß sie fast im Boden versinken. Sie sind außerdem zornig und mutig und kennen vor Löwe und Büffel keinen Respekt. Als Waffe dient das Sekret der Stinkdrüse, die scharfen Nägel und das starke Gebiß. Gut geschützt sind sie

überdies unter ihrer dicken und kaum zu durchdringenden Schwarte. Honigdachse ziehen meist paarweise sammelnd durch die Reviere. Eine feste Ranzzeit haben sie nicht, doch sind zwei Würfe im Jahr mit je zwei Jungen möglich.
Die den Honig über alles liebenden Feinschmecker lassen sich von einem kleinen Vogel, dem Honiganzeiger (Indicator indicator), zu Bienen- und Wespennestern führen. Nachdem die Bienenstöcke aufgebrochen sind, wird gemeinsame Mahlzeit gehalten: Der Dachs nimmt Waben und Brut, der Vogel

Larven, Puppen und Bienenwachs, auf dessen Verdauung er spezialisiert ist.

Jagd

Ein Zusammentreffen mit dem Honigdachs ist meist nur zufällig. Ist ein Bau bekannt, so kann der Ansitz dort Waidmannsheil bringen.

Kal. Gr. 1
WA A III Ghana und Botsuana, sonst entfällt

Ein sympathischer „Tiefbauspezialist"

Hyäne

W Hyaena et crocuta crocuta
E Striped hyaena and spotted h.
F Hyène

Familie	Hyänen – Hyaenida
Unterordnung	Landraubtiere – Fissipedia
Ordnung	Raubtiere – Carnivora
Klasse	Säugetiere – Mammalia

Ansprechen

Den zwei Gattungen gehören drei Arten an:
1. Die Flecken- oder Tüpfelhyäne (Crocuta crocuta) zeigt sich mit einer weißgrauen bis gelbroten Decke. Hauptmerkmal dieser Art sind die unregelmäßig über Rumpf- und Bauchoberseite verteilten braunen bis schwarzbraunen rundlichen Flecken (Tüpfel). Mit 85 cm Widerristhöhe ist sie die größte ihrer Familie. Die Fähen sind kräftiger als die Rüden. Südlich der Sahara, in ganz Afrika, außer im Kongo, Namibia und Südafrika ist sie zu Hause.
2. Die Streifenhyäne (Hyaena hyaena) zeigt auf hellgrauer bis grauer Decke 8–11 seitliche schwarze Querstreifen. Die Läufe weisen ebenfalls schwarze Querstreifen auf. Die Lefzen sind schwarz, ebenso zwei Backenstreifen und die Drossel. Schwarz zeigt sich die aufrichtbare Mähne auf Nacken und Schulter, zumindest in den Grannenspitzen. Die Streifenhyäne reicht mit ihren 80 cm Widerristhöhe nicht ganz an die Fleckenhyäne heran. Sie bewohnt hauptsächlich Nordafrika, Kleinasien, Arabien, Mesopotamien und das nördliche Ostafrika.
3. Die Braune Hyäne (Hyaena brunnea), wegen ihrer auffallenden Färbung „Schabrakkenhyäne" genannt, besitzt eine auf Nacken und Schulter zu einer weißgrauen Mähne verlängerte Decke, die Schabracke. Der Kopf ist massig, der Fang breit und kurz. Die Durchschnittsschulterhöhe liegt bei 70–80 cm. Ansonsten ist der Rumpf einfarbig braunschwarz, ebenso die Rute. In Angola und dem übrigen südlichen Afrika ist sie Standwild. Allen Hyänen ist ein ungemein starkes Gebiß eigen, das sie befähigt, selbst die stärksten Knochen ihrer Beutetiere mit Leichtigkeit zu zermalmen.

Lebensraum und Verbreitungsgebiet

Halbwüsten, Savannen und Berglagen bis zur Schneegrenze werden von den Hyänen bevölkert; sie meiden nur den dichten Regenwald. Als Aasfresser zu Unrecht verschrien, hat sich jüngsten Forschungen zufolge ergeben, daß Hyänen durchaus gute Jäger und in der Lage sind, selbst Beute zu machen. Ihre „gesundheitspolizeiliche Aufgabe" in den Wildgebieten darf man nicht unterschätzen. Die Verbreitungsgebiete sind oben unter „Ansprechen" aufgeführt.

Verhalten

Dieses afrikanische Raubwild ist vorwiegend nachtaktiv und ruht am Tage im schattigen Busch, in Erdferkelhöhlen oder selbstgegrabenen Bauen. Hyänen leben in kleinen Familienverbänden, die sich aus der Ranzzeit ergeben. Bei der Ranz geben die Hyänen die schauerlichsten Töne von sich. Tiefes dumpfes Heulen und kreischende Schreie wechseln ab mit einem höllisch anmutenden Gelächter, besonders bei der Paarung oder wenn sie Fraß finden.
Hyänen schmarotzen bei Löwen, zerreißen ihn aber ebenso ungeniert, wenn er alt und wehrlos geworden ist. Sie selbst jagen als Hetzjäger, wobei sie Geschwindigkeiten bis zu 65 km/h entwickeln können. Frisch gesetzte Kälber verschiedener Antilopenarten gehören

Die Gesundheitspolizei im Einsatz: Tüpfelhyänen streiten sich mit Geiern um die Reste eines von Löwen gerissenen Zebras

zur Hauptbeute der zu Unrecht übel beleumundeten Hyänen. Für die Afrikaner ist die Hyäne Mittlerin zum Jenseits und übernimmt bei einigen Völkerschaften die Funktion des Totengräbers. Geheimnisumwittert ist dieses Raubwild noch wegen seiner ihm angedichteten Fähigkeit, willkürlich das Geschlecht wechseln zu können. Außerdem glauben manche Afrikaner an die „Hyänenmenschen", Angehörige eines geheimnisvollen Kultes, die sich angeblich in Hyänen verwandeln können, um unter diesem Deckmantel grauenvolle Verbrechen zu begehen. Die Hyäne ist dem Menschen nicht gefährlich; selbst angeschossen greift sie nicht an.

Jagd

Erfolgreich ist der Ansitz an einem im Jagdgebiet bekannten und befahrenen Bau. In mondhellen Nächten verspricht der Ansitz am Luder weiteres Jagdglück. Waidgerecht ist nur der Abschuß nicht führender Hyänen.

Kal. Gr. 2 u. 3
WA   A I Hyaena brunnea,
sonst entfällt

Rekordtrophäe

(nach SCI – RBoTA, 1987)
Pkt: 19^{10}/₁₆; Schl: 11^{14}/₁₆; Schb: 7^{12}/₁₆;
O: Zimbabwe; E: C. J. Mc Elroy; D: 1984

Iberischer Steinbock

W Capra hispanica
E Spanish Ibex
F Bouquetin d'Espagne

Unterfamilie	Ziegenartige – Caprinae
Familie	Hornträger – Bovidae
Unterordnung	Wiederkäuer – Ruminantia
Ordnung	Paarhufer – Artiodactyla
Klasse	Säugetiere – Mammalia

Ansprechen

Von seinem Vetter, dem Alpensteinbock (Capra ibex) – siehe dort –, unterscheidet sich der Iberische Steinbock deutlich, dessen Gehörn nicht den bogenförmigen Verlauf nimmt, sondern sich bei den Böcken der vier iberischen Unterarten nach hinten seitwärts wendet. Es wirkt kantig und trägt an den Vorderseiten Wülste und Höcker. Man hat bereits Längen von 1 m gemessen. Die Geißen tragen hingegen ganz bescheidene Hörnchen, besitzen außerdem weder den Aalstrich, die Flankenstreifen noch den Kamm der Böcke. Böcke erreichen 65–70 cm Schulterhöhe und Gewichte zwischen 35 und 80 kg. Die Sommerdecke zeigt sich rotbraun bis hellbraun, im Winter geht die Farbe in ein dunkles Rotbraun bis Graurot über.

Lebensraum und Verbreitungsgebiet

Einst waren die Pyrenäen die Heimat einer besonderen Unterart, die heute fast ausgerottet ist. Die felsigen Hochgebirge, vor allem die Sierra de Credos Spaniens, beherbergen

Steinbockrudel in der Sierra de Credos auf einer jäh abstürzenden Felsbastion. In der schwindelnden Höhe sind die Tiere für den Jäger fast unerreichbar

das sorgfältig gehegte Fahlwild. Gefährdet ist jedoch der Sierra-Nevada-Steinbock, da er tiefere Regionen bevorzugt und dort Seuchen ausgesetzt ist. Die Äsung besteht aus Gräsern, Kräutern und Flechten.

Verhalten

Spät im Jahr, erst im November, tritt das iberische Steinwild in die Brunft. Nach einer Tragzeit von sechs Monaten werden 1–2 Kitze gesetzt. Die Lebenserwartung ist sehr hoch, und an den Altersringen der Gehörne hat man schon 17 und mehr Lebensjahre gezählt. Bis zur Brunft hat sich innerhalb der gesondert ziehenden Bockrudel eine feste Rangordnung gebildet.

Jagd

Jährlich werden in Spanien eine gewisse Anzahl Steinböcke freigegeben. Die Jagd findet unter Führung erfahrener Wildhüter statt. Aussichtsreich ist die Pirsch oder entsprechend plazierte Ansitze in den frühen und späten Abendstunden. Als echter Spanier liebt es der ziegenartige Steinbock, in der heißen Tageszeit Siesta zu halten. Er ruht dann, für das Jägerauge unsichtbar, hinter schattenspendendem Fels. Da man auf weite Entfernungen schießen muß, sind Zielfernrohr und Spektiv erforderlich. Körperliche Fitness und bergsteigerisches Können sind außerdem unabdingbare Voraussetzung für die erlebnisreiche Bergjagd.

Kal. Gr. 2 u. 6
WA entfällt

Rekordtrophäe

(nach RBoTA, 1986)
Pkt: 96⅛; Hlr: 37⅝; Hll: 37⅜; Ur: 10⅞;
Ul: 10⅝; O: Spain; E: Jim Rockstad; D: 1985

Impala

W Aepyceros melampus
E Impala
F Gazelle à pieds noirs

Unterfamilie	Gazellenartige – Antilopinae
Familie	Hornträger – Bovidae
Unterordnung	Wiederkäuer – Ruminantia
Ordnung	Paarhufer – Artiodactyla
Klasse	Säugetiere – Mammalia

Ansprechen

Ein bürstenartiger schwarzer Haarbüschel über den Fesselgelenken der Hinterläufe gab dem Impala den Namen „Schwarzfersenantilope". Dieses Merkmal ist bei den Antilopen einmalig und unverwechselbar. Das damhirschgroße afrikanische Wild mit einer Schulterhöhe von 75–100 cm erscheint im Kreuz höher als im Widerrist. Sein schmales, langes Haupt ist bewehrt mit einem leierförmig geschwungenen bis über 80 cm langen, noppig gewellten Gehörn. Die Decke ist gelblichbraun bis rotbraun gefärbt, der Wedel lang und weiß mit schwarzem Mittelstreifen.

Lebensraum und Verbreitungsgebiet

Akaziensavannen und Mopanewaldungen sind die Heimat der wasserliebenden Impalas. Ihre Äsung besteht aus Gras, Früchten und Blättern. Von Angola und Mosambik, Südafrika, Ruanda bis hinauf nach Kenia und Uganda reicht das Verbreitungsgebiet der Schwarzfer-

senantilopen. Sie gehören zu den zahlenmäßig am stärksten verbreiteten Wildtieren Afrikas.

Verhalten

Je nach Vorkommen findet man unterschiedliche Brunftzeiten, zu denen die Böcke ein kleines Territorium besetzen, das sie durch ein demonstratives Prahlverhalten für sich in Anspruch nehmen. Der Harem des jeweiligen Territorialbockes ist 15–20 Geißen stark. Nach einer Tragzeit von sechseinhalb Monaten wird meist nur ein Kitz gesetzt. Impalas sind, abgesehen von Notzeiten durch Steppenbrand oder Trockenheit, sehr standorttreu. Sie können unglaublich hoch und weit springen.

Die Führung dieses stolzen Harems verlangt vom „Pascha" viel Einsatz und Umsicht. Vor allem gilt es, Nebenbuhler mit Entschlossenheit abzuwehren

Zwei prächtige Burschen. Wer bei der ausgesprochen wählerischen Weiblichkeit wohl als der Gepflegtere gilt?

Höhen bis 3 m und Weiten bis 8 m sind keine Seltenheit.

Jagd

Der Jäger interessiert sich bei Pirschenfahrten vorwiegend für das Territorialrudel, da bei diesem stets ein jagdbarer Bock steht, meist ein starkes Stück mittleren Alters mit viel Masse und Maß, weil es einem älteren und schwächeren Bock das Territorium streitig machen konnte. Rekordtrophäen findet man bei Finzelgängern, die in „Junggesellenherden" mitziehen. Man achtet beim Anpirschen in erster Linie auf den Wind, da der Gesichtssinn des Impalas nur mäßig entwickelt ist. Es lohnt sich in der Regel dem abspringenden Bock nachzupirschen, da er nur einige hundert Meter weit flüchtet.

Kal. Gr. 2 u. 3
WA entfällt
ESA Angola – Impala

Rekordtrophäe
(nach SCI – RBoTA, 1987)
Pkt: 75⅛; Hlr: 32⅞; Hll: 32; Ur: 5⅝; Ul: 5⅝; O: Tanzania, Serengeti; E: Thornton N. Snider; D: 1983

Jaguar

W Panthera onca
E Jaguar
F Jaguar

Gattungsgruppe	Großkatzen – Pantherini
Familie	Katzen – Felidae
Unterordnung	Landraubtiere – Fissipedia
Ordnung	Raubtiere – Carnivora
Klasse	Säugetiere – Mammalia

Ansprechen

Diese mächtige Großkatze sieht dem Leoparden (Panthera pardus) – siehe dort – zum Verwechseln ähnlich. Erst bei genauem Ansprechen treten die Unterschiede deutlicher zu Tage. Der Jaguar ist in Maß und Masse stärker als sein afro-asiatischer Vetter: Das Gebäude ist gedrungener, der Kopf größer und die Stirnpartie breiter. Ein besonderes Unterscheidungsmerkmal sind die dunklen Tupfen auf der in der Grundfarbe rötlichen Decke, umgeben von ebenfalls dunklen Ringen. Unterbauch und Läufe sind nur durch dunkle Tupfen geziert – ohne die Ringe der Oberdecke. Körperlängen (von der Spitze des Fanges über den Rücken bis zum Ende der Rute) von 200 cm sind keine Seltenheit. Die stärksten Stücke (bis über 100 kg Gewicht) spüren im Gebiet des Mato Grosso in Brasilien auf Beute, weitaus geringer sind die Jaguare aus Honduras.

Lebensraum und Verbreitungsgebiet

Dschungelurwald, Busch, Sumpfwald, der sich an See- und Flußauwald anschließt, sowie gelegentlich hochständig begraste Landschaften bilden den Lebensraum des Jaguars. Hier jagt er auf Tapire, Wasserschweine, Hirsche, Affen, Vögel, Kaimane, Schildkröten und Mäuse. Schildkröteneier sind eine Delikatesse für dieses Raubwild.
Verbreitungsgebiete des Jaguars sind neben Texas, Nord-Mexico und Neumexico die mittelamerikanische Landbrücke und Südamerika bis zum 40. Breitengrad. Weiter südlich, in Patagonien und Feuerland, ist das kühle Klima dieser Raubkatze nicht zuträglich. Außerdem gibt es hier nicht genügend Beute.

Das Revier dieser Großkatzen ist je nach Wildbestand bis zu 25 km² groß. Die infolgedessen sehr weiten Wanderungen der Jaguare erschweren dem Jäger ihre Verfolgung ganz beträchtlich

Verhalten

Je nach der Beutewildpopulation besetzt der Jaguar ein kleines oder großes Revier, das er standorttreu durchstreift. Eine jahreszeitlich begrenzte Ranz kennen die Jaguare nicht. Die Kätzin geht bis zu dreieinhalb Monaten dick, dann wirft sie 2–4 zunächst blinde Junge, die bis zu ihrem zweiten Lebensjahr mit der führenden Mutter zusammenbleiben und gemeinsam jagen. Erreichen die Jungtiere die Geschlechtsreife, fällt der Familienverband auseinander. Erwachsen sind die Jaguare erst im Alter von 3–4 Jahren.
Der Jaguar ist ein Ansitzjäger, der seine Beute an Wechseln und Wasserstellen reißt. Er entwickelt erstaunliche Kräfte, wenn er die Beute in Sicherheit bringen muß.

Jagd

Wegen seines Pelzes ist der Jaguar sehr gefährdet und wurde deswegen in den An-

hang I des Washingtoner Artenschutzübereinkommens aufgenommen, was absoluten Schutz bedeutet. Waidmännisch bejagt man ihn zu Pferd und mit der Hundemeute. Diese Jagdart stellt vor allem an den Europäer hohe Anforderungen. Diese Großkatze muß vom Jäger gestellt werden und nicht nur von den Hetzhunden, die durch ein breites Halsband mäßig geschützt sind. Dickicht und gefährliche Sümpfe sind zu meistern, wenn man dem Raubwild nachsetzen will. Von großer Spannung ist das Heranpirschen an die verbellenden Hunde.
Im dichten Busch schießt man aus nächster Nähe, sobald der Jäger das Wild zu Gesicht bekommen hat. Besonders gefährlich ist der angeschossene Jaguar, der zwischen den Hunden und dem ihm weit gefährlicher erscheinenden Menschen genau zu unterscheiden weiß.
Eine andere Jagdart ist weit weniger reizvoll. Man ködert die Großkatze mit einer lebenden Kuh oder einem Schaf an. Hat der Jaguar das Tier geschlagen, verbringt er es mit Sicherheit, und der Jäger kann dann die Spur aufnehmen. Im Mato Grosso nutzt man die Eigenart des Jaguars aus, sich auf Bäumen in Astgabeln zur Ruhe zu legen, und holt ihn mit einem Schuß vom Baum. Freigegeben werden nur noch ausnahmsweise mit Sonderlizenzen sogenannte Cattle-Killer, die unter Weidetieren großen Schaden anrichten.

Kal. Gr. 3, 4 u. 5
WA A I

Rekordtrophäe

(nach RBoTA, 1986)
Pkt: 20⁶/₁₆; Schl: 12⁴/₁₆; Schb: 8⁴/₁₆;
O: Mato Grosso, Brazil; E: Tomas Fernandez Marquez; D: 1983

Kaffernbüffel

W Syncerus caffer
E African Buffalo
F Buffle d'Afrique

Unterfamilie	Rinderartige – Bovinae
Familie	Hornträger – Bovidae
Unterordnung	Wiederkäuer – Ruminantia
Ordnung	Paarhufer – Artiodactyla
Klasse	Säugetiere – Mammalia

Ansprechen

„Büffel haben keine Bremse", sagt ein afrikanisches Sprichwort und weist damit auf die legendäre Wucht dieses Vertreters der „Großen Fünf" – Big Five – hin. Dies gilt für alle drei Unterarten der einzigen Wildrindart des Schwarzen Kontinents.

Der Kaffernbüffel (Syncerus caffer caffer) mit einem Gebäude von 270 cm Länge, 170 cm Schulterhöhe und einem Gewicht bis 800 kg hat ein massiges Gehörn, das den Kopf wie ein Helm schützt und schwungvoll nach unten, oben und hinten gerundet eine beachtliche Waffe darstellt. Die Behaarung der Decke ist dünn bei dunkelbrauner bis fast schwarzer Grundfarbe. Die Kälber sind rotbraun bis schwarzbraun.

Die Auslage der Gehörne beträgt 1 m und mehr bei alten ausgewachsenen Bullen. Die Kühe sind in Maß und Masse geringer, doch tragen auch sie ein Gehörn.

Der Sudan- oder Grasbüffel (Syncerus caffer brachycerus) erreicht nur eine Schulterhöhe von 140 cm und lebt im westlichen und nördlichen Teil des Kontinents. Er zeichnet sich durch ein kürzeres Gehörn aus.

Der Rotbüffel (Syncerus caffer nanus) ist mit seinen knapp 125 cm Schulterhöhe und bis zu 350 kg Gewicht der „Zwerg" unter den Büffeln und bevorzugt reine Waldbiotope. Die dicht behaarte rötliche Decke gab ihm den Namen. Die spitzen, kurzen, nach hinten weisenden Gehörne sind eine begehrte Trophäe für den Waidmann. In Gebieten, in denen zwei oder alle drei Unterarten vorkommen, findet man Mischformen, da die Paarung untereinander möglich ist.

Lebensraum und Verbreitungsgebiet

Weite Buschsteppen, durchsetzt mit Flußläufen, Seen und Sümpfen sind die Einstände des Sudan- und Kaffernbüffels. Der waldbewohnende Rotbüffel äst hauptsächlich Junglaub, Triebe und Blätter; die beiden größeren Vettern dagegen bevorzugen Gras und Kräuter. Büffel passen sich sehr leicht anderen Biotopen an – man hat am Kilimandscharo in 5000 m Höhe Büffelskelette gefunden.

Vom Sudan bis Ostafrika und vom Atlantik bis zum Indischen Ozean sind die drei Büffelarten über den gesamten Kontinent verbreitet, ausgenommen die Wüstengebiete im Norden und Namibia und Südafrika.

Verhalten

Abgesehen vom einzelgängerisch lebenden oder in Kleinstherden ziehenden äußerst aggressiven Rotbüffel, lebt dieses Großwild recht gesellig und schließt sich oft zu großen Herden zusammen. Führende Kühe mit Jungwild beiderlei Geschlechts sind Hauptbestandteil der Herden, der ältere Bulle geht abseits der Herde allein oder schließt sich mit Gleichaltrigen zu „Herrengesellschaften" zusammen. Dieses Verhalten dient dem Schutz vor angreifenden Löwen. Die Brunft variiert nach Klima und Biotop, sie ist nicht saisonal gebunden. Unter den Bullen finden erbitterte Kämpfe um Führung und Kühe statt. Diese Kämpfe verlaufen meist unblutig, da die spitzen Enden der Stirnwaffen nicht eingesetzt werden. Nach zehn Monaten Tragzeit setzt die

Büffelkühe vertreiben entschlossen eine aufdringliche Löwin, die der Herde zu nahe kam

Kuh ein, manchmal zwei Kälber, die ihr sofort nach dem Setzen folgen. Die zunächst hellbraun gefärbten Kälber werden mit zweieinhalb Jahren geschlechtsreif. Gefährdet ist der Büffel durch den landkultivierenden Menschen, die zunehmende Versteppung seiner Biotope und die Rinderpest, die um die Jahrhundertwende – eingeführt durch europäische Hausrinder – weite Teile Afrikas dieses imposanten Jagdwildes beraubte.

Jagd

Die schneidigen, hochgewachsenen Dinkajäger des Sudans gehen die Büffelherden nur mit schweren Speeren bewaffnet an. Sie verfolgen das flüchtende Wild in raschen Sprüngen und speeren die Nachzügler. Die Jagd mit modernen Waffen ist ebenfalls aufregend und gefährlich genug, hängt doch dem Büffel der traurige Ruhm an, mehr Jäger getötet zu haben als Löwe und Elefant zusammen.

Etwas Besonderes hat die Jagd auf den Rotbüffel an sich, der im dichten Regenwald seine Fährten zieht. Von kundigen Fährtensuchern geführt, folgt ihm der Waidmann. Der Schuß aus allernächster Nähe ist die Regel, ebenso aber auch der Angriff des Wildrindes. Gleiches gilt für das Büffelwild der Steppe, wo die Suche dem kapitalen Bullen gilt. Bis auf die Brunftzeit findet man ihn selten in der Herde.

Känguruh

Der kundige Waidmann orientiert sich an idealen Einständen, Losung und Trittsiegeln, vornehmlich an Wasserstellen. Oft genug verraten die weißen Kuhreiher (Bubulcus ibis) ihre Gastgeber, mit denen sie vergesellschaftet umherziehen.

Den Schuß auf den Büffel muß man exakt plazieren. Da man meist auf kurze Distanz ansprechen und schießen muß, ist nach Möglichkeit ein Herzschuß oder frontal ein Hirnschuß unter den Helm anzutragen (siehe Schußbilder, S. 325). Angeschweißte Büffel sind mehr als gefährlich. Fühlen sie sich verfolgt, kennt ihre Wut oft keine Grenzen. Gewöhnlich macht der Büffel einen Widergang und lauert fast neben seiner Fährte auf den Verfolger, auf den er sich stürzt, sobald er ihn wittert. Der Vernichtungswille des angreifenden Büffels ist dann durch nichts zu bremsen, es sei denn, durch einen weiteren Schuß. Dieses Verhalten, biotop- und artbedingt, hat dem Wildrind den falschen Ruf der Hinterhältigkeit eingebracht. Der Waidmann wird sich vor solcher Vermenschlichung hüten.

Kal. Gr. 4 u. 5
WA entfällt

Rekordtrophäe
(nach SCI – RBoTA, 1987)
Synercus caffer caffer – Kaffernbüffel;
Pkt: 139 ⅛; Wlr: 15 ⅛; Wll: 15 ⅛; A: 108 ⅛;
O: Kenia, Logorian; Rg: 1; D: Januar 1973; E: Dr. Karl Flick
Syncerus caffer nanus – Rotbüffel;
Pkt: 61⅛; Wlr: 9⅛; Wll: 9⅛; A: 42⅛;
O: Angola, Cuanza Norte; E: Dr. Carlo Caldesi;
D: 1966

Im Dornstrauchgestrüpp hat sich dieser kapitale Bulle die Lauscher zerfetzt

W Macropus giganteus und rufus
E Kangaroo
F Grand kangourou

Familie	Känguruhs – Macropodidae
Ordnung	Beuteltiere – Marsupialia
Klasse	Säugetiere – Mammalia

Ansprechen
Als Kapitän Cook 1770 das erste Känguruh zu Gesicht bekam, glaubte er einen Wildhund zu sehen – bis dieser sprang und hüpfte wie ein Hase. Seltsam und unvergleichlich sind diese je nach Unterart rötlichen, grauen bis graubraunen australischen Beuteltiere. Der Kopf ähnelt dem Haupt eines Rotwild-Alttieres; die Vorderläufe sind zu winzigen Greifärmchen verkümmert, um so mächtiger aber sind die wuchtigen Hinterläufe. Ein gewaltiger Wedel gibt diesem unproportional wirkenden Wildkörper die Balance. Känguruhbullen können bis zu 160 cm lang werden und wiegen etwa 50 kg. Es gibt 51 Känguruharten, wovon die mittelgroßen Wallabies (Wallabia canguru) jagdlich interessant sind.

Lebensraum und Verbreitungsgebiet
Die verschiedenen Känguruharten haben sich den unterschiedlichsten Biotopen angepaßt. Die grauen Riesenkänguruhs (M. giganteus) lieben Wald und Busch, die roten (M. rufus)

Eine Idylle auf australisch

leben in baumfreien Steppen. Beide Arten ernähren sich ausschließlich von Grasäsung und kommen unglaublich lange ohne Wasser aus. Ihr Verbreitungsgebiet ist der gesamte australische Kontinent.

Verhalten
In Großfamilien zusammengeschlossen, durchziehen diese Beuteltiere ihre Reviere. Sie sind das ganze Jahr über fortpflanzungsfähig, und schon nach nur 33 Tagen Tragzeit erfolgt die Geburt.

Das winzige Junge zerreißt selbst die schützende Eihülle, verläßt den Mutterleib, hangelt sich hinauf in den Beutel und saugt sich dort an den Zitzen fest. Etwa acht Monate bleibt das Junge im Beutel, aus dem es gelegentlich Ausflüge unternimmt.

Um die Rangordnung zu klären, fechten Känguruhbullen untereinander seltsam anmutende Kämpfe aus. Zunächst erscheint es als eine zärtliche Umarmung, doch dann treten sie sich mit großer Wucht mit den krallenbewehrten Hinterläufen gegenseitig in den Unterleib. Känguruhs „boxen" also nicht miteinander, sondern ihre Waffen sind die Hinterläufe.

Jagd
Mit dem Jeep – absolut unwaidmännisch – zu Stand gehetzt und massenhaft abgeschossen, erinnert diese Art der Jagd an die Ausrottung des Bisons in den USA.

Dem waidgerechten Jäger jedoch verlangt dieses interessante Wild einiges ab, wenn er sich heranpirschen möchte. Känguruhs fliehen mit Weitsprüngen bis über 10 m, wobei sie ihren Wedel als Steuer benutzen und Geschwindigkeiten bis zu 90 km/h erreichen können. Als ausgesprochene Sprinter ermüden sie aber schon nach kurzer Zeit. Der Waidmann sollte daher vergrämtem Wild nachgehen, wenn er ein kapitales Känguruh ausgemacht hat. Als Trophäen werden Decke und Schädel vermessen.

Kal. Gr. 2
WA I u. II versch. Unterarten,
sonst entfällt

Kaninchen

W Oryctolagus cuniculus
E Rabbit
F Lapin

Familie	Hasenartige – Leporidae
Ordnung	Hasentiere – Lagomorpha
Klasse	Säugetiere – Mammalia

Ansprechen

Mit dem Namen „kleine graue Flitzer" umschreibt man am besten die Farbe des Felles sowie die geschwinde Flucht dieser kleinen Nager, die sich vom ähnlich gebauten Hasen durch geringere Größe – 35 cm Körperlänge – sowie kürzere Läufe und Löffel unterscheiden. Außerdem weisen die Löffel keine schwarzen Innenseiten auf. Hätten die Phönizier vor 2000 Jahren die grauen Flitzer richtig als Wildkaninchen angesprochen, Spanien hieße

heute anders. Als sie nämlich die Iberische Halbinsel entdeckten, glaubten sie, die ihnen aus ihrer Heimat bestens bekannten Klippschliefer (Procavia capensis) vor sich zu sehen, und gaben der vermeintlichen Insel den Namen „i-shephan-im" (Insel der Klippschliefer). Daraus machten die Römer dann schließlich Hispania.

Lebensraum und Verbreitungsgebiet

Wildkaninchen waren in geschichtlicher Zeit weit über ganz Eurasien verbreitet. Der kleine Flitzer wurde zum Stammvater aller Hauskaninchen und als Wildform weltweit ausgesetzt und eingebürgert. So wurde Australien ein ausgesprochenes Kaninchenland. Die Tiere vermehrten sich hier derartig stark, daß sie

Das gesellige Wildkaninchen liebt trockene, sonnige Sand- und Heideböden

Brandgänse zu Besuch bei einem wachsamen Karnickel

bald zur allgemeinen Landplage wurden. Die Lapuze sind Höhlenbewohner und lieben sandige Biotope, Höhen ab 500 m meiden sie strikt. Sie äsen alles, ob Blumen, Salat, Jungpflanzen – selbst Forstkulturen können ihnen zum Opfer fallen.

Verhalten

Kaninchen leben gern gesellig in großen Kolonien, die sich aber aus Kleinfamilien zusammensetzen: ein Rammler und mehrere Häsinnen. Die Rammler stehen in einer festen Rangordnung zueinander, die sich auf ihren Harem überträgt und schließlich die Güte des Biotops bestimmt. Hochzeit ist das ganze Jahr hindurch, und 4–5 Sätze pro Jahr sind die Regel. In eigens hierfür gegrabenen Setzröhren werden die Jungkaninchen gesetzt und gesäugt. Die Jungen kommen nach einer Tragzeit von 5–6 Wochen blind zur Welt. Die Kaninchenseuche Myxomatose hat ganze Bestände vernichtet, doch werden die Tiere in jüngster Zeit gegen das Virus immer resistenter.

Jagd

Die übliche Jagd auf Kaninchen wird mit dem Frettchen, einem domestizierten, gewöhnlich albinotischen Iltis (Mustela putorius) ausgeübt. Man setzt das Frettchen in einen befahrenen Bau, dessen Ausfahrröhren mit Netzen abgedeckt sind. Läßt man die Netze weg, werden die ausfahrenden Lapuze mit Schrot beschossen.

Kal. Gr. 2, 5 und 7 (3 mm Schrot)
WA I u. II versch. Unterarten,
sonst entfällt

Karakal

W Felis (Lynx) caracal
E Caracal Lynx
F Caracal

Familie	Katzen – Felidae
Unterordnung	Landraubtiere – Fissipedia
Ordnung	Raubtiere – Carnivora
Klasse	Säugetiere – Mammalia

Ansprechen

Auf dem etwas abgeflachten Kopf dreieckig spitze Gehöre mit langen Haarpinseln und durch etwas kurz geratene Vorderläufe hinten höhergestellt, so läßt sich der kurzrutige, etwa 40–50 cm hohe Karakal, auch Wüstenluchs genannt, am besten beschreiben. Die Farbe der Decke variiert stark. Es gibt vollkommen schwarze Exemplare (Melanismen), gewöhnlich jedoch sind Karakale hell, mit den Farben Gelb, Rot und Braun. Der Rücken ist stets dunkler als die Flanken, die Unterseite abgesetzt weißlich. Manche Tiere zeigen eine gelblich-rötliche Kehle, andere wieder haben blasse Querstreifen auf den Hinterkeulen. Auffallend ist noch der dunkle Mundwinkelfleck sowie der graubraune bis schwarze Schnurrhaarfleck. Jungtiere sind grauer und dunkler als die Alttiere.

Lebensraum und Verbreitungsgebiet

Der Karakal lebt in offenen Wüsten- und Savannenlandschaften. Kleinsäuger, Gazellen und Vögel bereichern seinen Speisezettel. Den brütenden Strauß schlägt er auf dem Nest, und er verschmäht auch Haustiere nicht. Ebenso nimmt er aber auch mit Beeren und Früchten vorlieb. Von Afrika bis Vorderindien reicht sein Verbreitungsgebiet. In der Sahelzone, in Somalia und Eritrea ist er zu Hause sowie in Simbabwe, Tansania, Botsuana, Namibia und dem südlichen Kongo.

Verhalten

Vorwiegend dämmerungs- und nachtaktiv, ruht er tagsüber meist im Schatten. Der Karakal klettert gut und springt so gut, daß er aufsteigendes Flugwild noch im Sprung errei-

chen kann. Karakale sind wie fast alle Katzen ausgesprochene Einzelgänger und finden lediglich zur Ranz zusammen, die wie beim Löwen jahreszeitlich jederzeit möglich ist. Im sorgfältig versteckten und gut gepolsterten Lager werden nach einer nicht genau bekannten Tragzeit 2–4 (manchmal fünf) Welpen geworfen.

Karakale sind mutige Kämpfer und greifen, wenn man sie in die Enge treibt, bedingungslos an. Verfolgt flüchten sie auf eine Felsspitze oder einen Baum.

Jagd

Abgesehen von den mehr zufälligen Begegnungen, spürt der passionierte Jäger dieses Wild an bestätigten beliebten Rast- und Ruheplätzen auf. Der Ansitz auf diese sehr standorttreue Katze ist erfolgreich, zumal wenn man ihr einen Lebendköder anbietet, z. B. eine

Mit großem Geschick und sicherem Biß tötet die mutige Kleinkatze ihre Beute

Ziege oder ein Schaf. Der Jäger begibt sich am Köder hinter eine Deckung oder einen Schirm. Bei der Wahl der Kalibergröße darf der Waidmann nicht vergessen, daß Leopard und Löwe ebenfalls auf Lebendköder zustehen. Angeschossene Karakale nehmen den Jäger an. Früher jagte man zu Pferde und vor der Meute. Flüchtete die Katze dann auf einen Baum, holte sie der Schuß des Jägers herunter.

In Persien und Indien richtete man Karakale damals – ähnlich wie Geparden – als Jagdgehilfen des Menschen für die Gazellenjagd ab.

Kal. Gr. 1 u. 2
WA A I asiatische Art,
sonst entfällt

Karibu

W Rangifer tarandus
E Caribou
F Renne

Unterfamilie	Renhirsche – Rangiferinae
Familie	Hirsche – Cervidae
Unterordnung	Wiederkäuer – Ruminantia
Ordnung	Paarhufer – Artiodactyla
Klasse	Säugetiere – Mammalia

Ansprechen

Das wichtigste Haustier der Lappen und Eskimo kommt in seinen Wildformen mit etlichen Unterarten rund um den Nordpol in Tundren und Wäldern vor. Der größte Vertreter, das nordamerikanische Waldrentier oder Karibu (Rangifer tarandus caribu), erreicht eine Schulterhöhe von 150 cm und ein Gewicht von über 300 kg. Alle anderen Unterarten sind in Maß und Masse viel geringer und schwächer im Gebäude. Allen gemeinsam sind die starken Hirsche mit dem mächtigen Kopfschmuck, der beim weiblichen Tier geringer ausfällt. Amerikanische und grönländische Rens besitzen eine weiße Mähne. Die Farbe der Decke ist im Sommer und Winter unterschiedlich und tendiert von eis- bis dunkelgrau. Die langen, starken Stangen sind vielendig und die Augsprossen schaufelartig ausgebildet. Den Hirschen wächst zur Brunftzeit eine dichte Halsmähne.

Lebensraum und Verbreitungsgebiet

Tundren, Bergmatten und lichte Wälder sind je nach Unterart die bevorzugten Reviere des Rens. Als Hauptäsung dienen ihnen über 250 Flechtenarten, außerdem verbeißen sie Blüten und Jungholz. Bis auf das Berglandren, das nur in die tieferen Regionen seines Wohngebiets zu ziehen braucht, unternehmen die Tundrarens gewaltige Wanderungen, es gibt 3–5 große Herden. Bekannt sind die Wanderungen der Barren-Ground-Karibus. Die größte Herde, die Ungava-Woodland-Karibu-Herde, hat einen Bestand von 330 000 Tieren. Wegen maßvoller Bejagung fährten eine Reihe von 150 000–200 000 Kopf starken

Herden in ihren Einständen. Verbreitungsgebiete sind die Tundren Alaskas, Kanadas, Grönland, Nordschweden bis hinein nach Finnland, der Norden der UdSSR und alle Länder rund um den Polarkreis.

Verhalten

Von den großen Herden der Winterzeit abgesehen, durchziehen die Karibus ihre Sommereinstände nur in kleinen Herden, die aus Tieren und Jungwild beiderlei Geschlechts gebildet sind. Die Hirsche, zumal die alten, sind Einzelgänger und finden sich höchstens in Hirschrudeln zusammen. Zur Brunft, je nach Einstand von August bis Anfang November, erkämpfen sich die Hirsche einen Harem als Brunttrudel, der aus 10–12 Tieren besteht. Die Kälber werden im Juli – oft schon im Juni – gesetzt nach einer Tragzeit von etwa neun Monaten.

Jagd

Indianer und Eskimo jagten an den bekannten Wechseln auf Vorpaß liegend. Die Trophäenjagd im September/Oktober hingegen geht per Pferd oder im Allrad oder Skidoo von festen Jagdkamps unter Führung einheimischer Füh-

Karibus durchrinnen mit großer Ausdauer Seen und Flüsse

rer aus. Einmal bestätigte starke Hirsche pirscht der Waidmann zu Fuß an. Je nach Deckung und Wind sind unterschiedliche Schußdistanzen erforderlich. Außerdem kann man auf dem gleichen Jagdgang dem Elch und dem Grizzly begegnen – das sollte man bei der Bewaffnung berücksichtigen. Wer auf Rentierjagd geht, muß Kälte und rauher Witterung standhalten können und gut zu Fuß sein.

Kal. Gr. 3 u. 4
WA entfällt

Rekordtrophäe

(nach RBoTA, 1986)
Barren-Ground-Karibu
Pkt: 572⅜; Stlr: 54; Stll: 53; Ur: 8; Ul: 7⅖;
Schlr: 4⅛; Schll: 5⅝; EZ tot: 56; O: Alaska;
E: Win Condict ; D: 1974

Nur etwa jeder tausendste Karibubulle trägt (wie hier) zwei Vorschaufeln – eine Traumtrophäe des hohen Nordens

Klippspringer

W Oreotragus oreotragus
E Klipspringer
F Oréotrague

Unterfamilie	Böckchen – Neotraginae
Familie	Hornträger – Bovidae
Unterordnung	Wiederkäuer – Ruminantia
Ordnung	Paarhufer – Artiodactyla
Klasse	Säugetiere – Mammalia

Ansprechen

Kräftig gebaut und doch klein und zierlich erscheinen die Klippspringer auf ihren stumpfen Schalenspitzen. Bei einer Höhe von 55 cm werden die Geißen etwas schwerer und größer als die Böcke (13–18 kg). Dafür tragen sie nur kleine oder gar keine Hörnchen. Beim Bock erreichen die Stirnwaffen eine Länge von 16 cm. Auffallend ist die ruppig aussehende gelbbraune Decke und besonders die zebraartige Streifung der Lauscherinnenseiten.

Lebensraum und Verbreitungsgebiet

Felsige Landschaften mit Klippen sind die Heimat dieses hervorragend kletternden Wildes. In Äthiopien fährtet es in Höhen von 4000 m und äst Gräser, Kräuter und Triebe von Sträuchern. Wasserspendende Äsung ist lebensnotwendig. Teile Südafrikas, Simbabwes, Tansanias, Kenias und Äthiopiens sind die Verbreitungsgebiete der Klippspringer.

Diesen Wachposten entgeht nichts

Verhalten

Auf Felsplateaus halten die Klippspringer – meist ein Pärchen mit jüngerem Nachwuchs – Kleinstreviere lebenslang besetzt. Die Brunft- und Satzzeiten sind je nach Vorkommen recht unterschiedlich. Während der heißen Tageszeit ruhen die kleinen Gazellen im Schatten. Bei Flucht vollführen sie seltsam gestelzte Sprünge, meist senkrecht in die Höhe, damit sie sich besser orientieren können. Klippspringer flüchten stets talwärts.

Jagd

Der kleine Felsenbewohner markiert sein Revier, indem er den Kopf an markanten Steinen reibt. Die zurückbleibenden Haare verraten ihn dem kundigen Jäger. Der Waidmann muß die höchsten Felsbrocken des Territoriums im Auge behalten, denn gerade dort postieren sich die wachhabenden Böcke gern.

Kal. Gr. 1
WA entfällt

Rekordtrophäe

(nach SCI – RBoTA, 1987)
Pkt: 16⅞; Hlr: 5⅝; Hll: 5⅝; Ur: 2⅛; Ul: 2⅛;
O: R. S. A. Kliphoek; E: Dr. Marcial Gómez Sequeira; D: 1983

Kojote

W Canis latrans
E Coyote
F Coyote

Unterfamilie	Echte Hunde – Caninae
Familie	Hundeartige – Canidae
Unterordnung	Landraubtiere – Fissipedia
Ordnung	Raubtiere – Carnivora
Klasse	Säugetiere – Mammalia

Ansprechen

Der lang und grob behaarte Präriewolf oder „Heulwolf" ist kleiner als ein deutscher Schäferhund und insgesamt unverkennbar ein Wolf. Er kommt in allen möglichen Farbvarianten vor: Grau, Gelb, Gelbbraun, Gelb und Schwarz gemischt. Bauch und Flanken sind immer heller, meist hellgrau meliert. Die Rute endet in einer schwarzen Spitze. Ein starker Rüde kann bis zu 30 kg wiegen und erreicht ein Schultermaß von 53 cm.

Lebensraum und Verbreitungsgebiet

Die Bezeichnung „Präriewolf" ist insofern irreführend, als er nicht nur in den Prärielandschaften spürt, sondern in allen Landschaften und Biotopen von Alaska bis Costa Rica anzutreffen ist. Er ist kein Kulturflüchter; er jagt zwar Hirsche, reißt jedoch Kleinwild bis hinunter zu Mäusen.
Im Wasser, das er gern aufsucht, nimmt er Frösche und Fische an. Im Herbst bilden Obst und Beeren seine Nahrung. Als Vertilger von Fallwild hat er inzwischen den Ruf erworben, eine Art Gesundheitspolizei der freien Wildbahn zu sein.

Verhalten

Kojoten leben gewöhnlich in Einehe und führen ein vorbildliches Familienleben. In der ersten Zeit nach dem Wölfen füttert der Rüde die zum Jagen unabkömmliche Fähe, später dann die Welpen. Die Welpen werden in einer dem Kojotenbau eigens zu diesem Zweck angebauten Kinderstube gewölft. Sich dem Bau nähernde Feinde wie Hunde, Wölfe und Bären lockt der Rüde durch trickreiche Manö-

Kolkrabe

*Der mit dem Wolf eng verwandte „Müllmann"
Nordamerikas ist ein mutiger und nützlicher
Bewohner aller Landstriche*

ver von der Geburtshöhle weg. Die Ranz ist im
Januar/Februar. Die Fähe geht etwa 65 Tage
dick.
Kojoten jagen während des Sommers meist
weit von ihrem traditionell immer wieder
bewohnten Bau entfernt.

Jagd

Die Indianer kümmerten sich nicht um den
Kojoten, den sie zu Unrecht für feige hielten.
Die weißen Siedler, besonders die Schaffar-
mer, sahen in ihm einen gefährlichen Feind
ihrer Nutztiere und verfolgten ihn mit Falle und
Gift. Waidmännisch war die Bejagung zu Pferd,
wobei der Kojote von schnelläufigen Hunden
gestellt wurde. Die heute mit dem Snowmobil
(Skidoo) betriebene Jagd läßt ihm jedoch keine
Chance und ist höchst unwaidmännisch.
Der waidmännisch engagierte Jäger ködert
den Kojoten an und paßt auf ihn in hellen
Mondnächten. Reizvoll ist die Rufjagd. Wer
den Kojotenruf nachzuahmen versteht, wird
Anlauf und Waidmannsheil haben. Im Winter,
wenn seine Decke besonders dicht ist, wird
der Kojote der Hasenklage kaum widerstehen
können. Alte Rüden und Fähen sind allerdings
ungemein schlau.

Kal. Gr. 1 u. 2
WA entfällt

W **Corvus corax**
E **Raven**
F **Grand corbeau**

Familie	Rabenvögel – Corvidae
Unterordnung	Singvögel – Oscines
Ordnung	Sperlingsvögel – Passeriformes
Klasse	Vögel – Aves

Ansprechen

Mit einer Gesamtlänge – Schnabelspitze bis
Stoßende – von 65 cm ist der mit einem
klobigen schwarzen Schnabel bewehrte Kolkrabe der größte Vertreter der Rabenvögel.
Glänzend schwarz ist sein Gefieder, der Stoß
keilförmig. Am Stingel sträuben sich zottige
Kehlfedern. Sein Flug ist gradlinig, Segeln und
Gleiten wechseln ähnlich wie bei den Greifvögeln einander ab. Er klaftert etwa 120–130 cm.
Der melodische Klong-klong-Ruf ist unverkennbar. Raben zählen zu den Singvögeln und
gelten als sprachbegabt. Ihr stimmliches Re-
pertoire ist beachtlich und die leise Tonfolge
des Balzliedes hochmelodisch, sie können
aber ebenso einfach krächzen.

Lebensraum und Verbreitungsgebiet

Raben sind sehr anpassungsfähig, und der
Kolkrabe ist darin ein Meister. Er bewohnt
weite Gebiete der Alten und Neuen Welt. Von
der Meeresküste bis hoch hinauf in die
Gebirge bevorzugt er dichte Wälder. Er ernährt
sich von Fallwild ebenso wie von der Jagd auf
Jungwild, fischt gern und plündert die Nester
nicht nur der Bodenbrüter aus. Beeren,
Früchte und Sämereien stehen außerdem auf
seiner Speisekarte.
Der Kolkrabe ist in Spanien, Italien, dem
Alpenvorraum, auf der Balkanhalbinsel und im
Gebiet östlich der Weichsel bis weit hinein in
die UdSSR beheimatet sowie in Skandinavien,
Nordwestdeutschland und Schleswig-Hol-
stein, Schottland, Irland, an den Küstenregionen Islands sowie den Atlantikküsten Großbritanniens und in den rauhen Bergzonen
Nordamerikas.

*Von diesem Riß läßt sich der größte aller
Rabenvögel nicht so schnell vertreiben*

Verhalten

Kolkraben leben in einer lebenslangen Einehe.
Die Balz liegt in den letzten Monaten des
Jahres, und die Brutzeit beginnt bereits im
Februar/März. Der Horst wird von beiden
Elternteilen in hohen Bäumen oder in Felsen-
nischen jedes Jahr neu ausstaffiert und
gepolstert. Während das Weibchen die 4–7
bläulichgrünen Eier bebrütet, wird sie vom
Rabenvater gefüttert, der sich später dann an
der Aufzucht der Jungvögel beteiligt. Die
Bezeichnung „Rabenvater" für einen Men-
schen, der sich um seine Kinder nicht
kümmert, dürfte für den Kolkraben eine
Beleidigung sein.

Jagd

Raben wurden früher des hohen Wildschadens
wegen, den sie angeblich und beim Niederwild
tatsächlich verursachten, stark gezehntet.
Heute genießen sie in vielen Ländern zu Recht
strengen Schutz. Jäger, die noch Reste von
Auer- und Birkwild in ihren Revieren hegen,
lieben den schwarzen intelligenten Vogel
sicher nicht besonders. Es ist allerdings
schwer – sofern überhaupt erlaubt – als Jäger
an den schlauen Kolkraben heranzukommen.
Man muß weite Schüsse einplanen.

Kal. Gr. 1 u. 7 (3–3,5 mm Schrot)
WA entfällt

Kragenbär

W   Ursus thibetanus
E   Asiatic black bear
F   Ours à collier

Familie	Großbären – Ursidae
Unterordnung	Landraubtiere – Fissipedia
Ordnung	Raubtiere – Carnivora
Klasse	Säugetiere – Mammalia

Ansprechen

Auf den ersten Blick glaubt der weitgereiste
Jäger, einen gemeinen Schwarzbären vor sich
zu haben. Doch dann erkennt er am purpurnen
Schimmer, der das an sich pechschwarze Fell
„vergoldet", sowie dem Y-förmigen Abzei-
chen auf der Brust dieses Meisters Petz, daß
er es mit einem Kragenbären zu tun hat. Der
Kragenbär unterscheidet sich von seinem
amerikanischen Vetter durch die stark verlängerte Behaarung auf Nacken, Hals und
Schultern. Dieser „Kragen" gab ihm den sehr
treffenden Namen. Mit 160 cm Gesamtlänge
und 130 kg Gewicht gehört der Kragenbär zum
Großwild der Erde.

Lebensraum und Verbreitungsgebiet

Bergwälder und Gebirge bis 4000 m Höhe
sind die Heimat dieses kältefesten Bären. Er
jagt zwar und fischt hin und wieder, ernährt
sich aber hauptsächlich vegetarisch. Das tibe-
tische Hochland, Nepal, der Süden Burmas,
das indische Himalajagebiet, Assam, Afghanistan und weite Gebiete Chinas bis hinauf nach
Korea und Japan sind sein Siedlungsgebiet.
Nippons Bären sind die geringsten an Gebäude, Masse und Maß.

Verhalten

Der Kragenbär, der ein ausgezeichneter Kletterer ist, durchspürt sein Revier als Einzelgänger und findet sich nur zur Brunft mit der
Bärin zusammen. Die Jungen werden in einer
Winterhöhle geworfen.

Jagd

Schlagbären, die bei dieser Wildart ebenso
vorkommen wie bei ihren Vettern in den USA,

*Einmal in seiner Ruhe gestört, setzt sich der
Petz auf seine Keulen und schlägt mit den
Vorderpranken nach dem ungerufenen Ein-
dringling*

brachten dem Kragenbären in Tibet den Ruf
eines „Schreckens der Bergvölker" ein. Tatsächlich stellt er sich seinen Verfolgern und
teilt mit den Vorderpranken fürchterliche Hiebe
aus, vor allem, wenn er sich bedroht fühlt. Er
gilt darüber hinaus als unberechenbar und
angeblich gefährlicher als der Schwarzbär in
den USA. Besonders alte Bären sind meist
dauernd übel gelaunt.
Der Jäger kann auf abenteuerliche Jagd in den
Einständen dieses Bärwild aus dem Winterlager stoßen und erbeuten. Die von Berufsjägern
geführte Jagd findet zu Pferde statt. Sie
unterscheidet sich von der Jagd in Alaska und
Kanada kaum. Führende Bärinnen läßt der
erfahrene und waidmännisch jagende Jäger in
Ruhe. Ausgemachte Bären pirscht man zu
Fuß, doch Vorsicht, der Kragenbär kann ausgezeichnet vernehmen.

Kal. Gr. 2, 3 u. 4
WA AI

Krokodil

W   Crocodylus niloticus
E   Nile crocodile
F   Crocodil du Nil

Familie	Echte Krokodile – Crocodylidae
Ordnung	Krokodile – Crocodylia
Unterklasse	Großsaurier – Archosauria
Klasse	Kriechtiere – Reptilia

Ansprechen

Krokodile können bis zu 10 m lang werden. Es
gleicht einer riesigen Eidechse mit gewaltigem
Drachenschädel und einem schwimmflossen-
ähnlichen, kräftigen Schwanz am Ende des
langen, rundlichen Leibes. Die krallenbewehrten Läufe sind vergleichsweise kurz. Den
Rücken bedecken dicke rechteckige, unterseits verknöcherte Hornschilder, die zumeist
gelenkig miteinander verbunden sind. Den
Nacken panzern Gruppen großer stark gekiel-
ter Hinterhaupt- und Nasenhöcker. Auf der
ebenfalls höckerartig erhobenen Spitze des
Fanges sitzen die verschließbaren Nasenlöcher und in der Nähe des Trägers die
ebenfalls verschließbaren Gehöre. Die Seher
lassen sich durch ein oberes und ein unteres
Lid sowie durch eine halbdurchsichtige Nick-
haut schließen. Der Fang sitzt voller runder,
spitzer Zähne, die – nach hinten gerichtet – nur
zum Packen und Festhalten geeignet sind, also
nicht als Kauwerkzeuge dienen.

Lebensraum und Verbreitungsgebiet

Im Jugendalter ist das Krokodil mehr ein
Fischräuber; wenn es älter wird, sitzt es auf
Vögel und Säuger an. Wildhüter berichten, daß
ein Krokodil eine ausgewachsene Nashornkuh
ins Wasser ziehen kann, wenn diese auf dem
abschüssigen, glitschigen Ufergelände steht.
In Afrika, südlich des Senegals und südlich
Khartoums, hat das Krokodil im Süß-, Brack-
und Salzwasser sein Verbreitungsgebiet. Einen ähnlichen Verbreitungs- und Lebensraum
nimmt das noch größere Leisten- oder Salz-
wasserkrokodil (Crocodylus porosus) ein. Auf
den Seychellen, Komoren und Madagaskar

findet man ebenfalls Krokodile, in Amerika den Alligator und den Kaiman.

Verhalten

Ein Trommeln über dem Busch kann der Ruf eines Krokodils sein, das ein Weibchen zu Liebesspielen einlädt, die dann unter Wasser stattfinden. Die großen Echsen leben jedoch nicht nur im Wasser. Da sie wechselwarm sind, müssen sie sich aufheizen. Dazu liegen sie oft stundenlang am Strand in der Sonne, meist mit aufgerissenem Rachen, den der Madenhacker (Buphagus africanus) „zahnärztlich" betreut. Zur Jagd lauern die Krokodile in Ufernähe oder in kleinen, vom Wild als Tränke benützten Tümpeln. Blitzschnell greifen sie aus dem Wasser heraus an. Sitzt der packende Biß richtig, so zerrt die Echse ihr Opfer, wild mit dem Schwanze schlagend, unter Wasser, um es zu ertränken. Krokodile können rohes Fleisch nicht verdauen. Deshalb hängen sie die Beute unter Wasser am Wurzelwerk der Uferregion ab. Erfolgreich jagende Krokodile teilen ihre Beute brüderlich mit den Artgenossen. Der Fraßvorgang ist eigenartig: Das Krokodil packt den faulenden Körper der Beute und reißt durch Drehungen des eigenen Körpers einen Teil davon heraus.

Die Weibchen legen ihre Eier ähnlich wie die Schildkröten an Land in selbstgegrabene flache Erdgruben. Dann bewachen sie das Gelege und befeuchten es von Zeit zu Zeit mit Wasser und Schlamm. Nach dem Schlüpfen benehmen sich die kleinen Drachen wie Entenküken und ziehen mit der Mutter umher.

Jagd

Wegen seiner wertvollen Haut wurde das Krokodil durch Wilderei stark dezimiert. Die Wilderer schießen die nachts im Wasser liegenden Echsen unter Kunstlicht.
Der waidgerechte Jäger jedoch wartet vor allem um die Mittagszeit, absolut bewegungslos an einer Sandbank, hinter einem Schirm. Die urweltlichen Krokodile sind sehr wachsam und mit guten Sinnen ausgerüstet. Eine andere Methode ist, die Reptilien anzuködern. Man befestigt zu diesem Zweck eine bereits anbrüchige Antilope in etlicher Entfernung vom Wasser an einem Baum. Hier sitzt der Waidmann an. Ein Krokodil kann man nur mit einem Hirnschuß an den Platz bannen. Erreicht das angeschweißte Wild das Wasser, ist es für den Jäger meist verloren.

Kal. Gr. 2 u. 3
WA A I

Rekordtrophäe
(nach SCI – RBoTA, 1987)
L: 15′ 10″; O: Tanzania, Rufiji River; E: Thies Knauf; D: 1983

Bei geringstem Verdacht gleitet die Riesenechse lautlos von der Sandbank ins Wasser

Kudu, Großer

W Tragelaphus strepsiceros
E Greater Kudu
F Grand Koudou

Unterfamilie	Waldböcke – Tragelaphinae
Familie	Hornträger – Bovidae
Unterordnung	Wiederkäuer – Ruminantia
Ordnung	Paarhufer – Artiodactyla
Klasse	Säugetiere – Mammalia

Mit dem imposanten Drehgehörn zählt diese Antilope zu den schönsten Vertretern ihrer Gattung

Ansprechen

Bis zu 150 cm Schulterhöhe erreicht die wohl herrlichste Antilope Afrikas. Das Haupt des bis zu 350 kg schweren Kudubullen mit seinen weißen Stirn- und Wangenflecken und den großen Lauschern ist gekrönt von einem wahrhaft stattlichen Kopfschmuck, der bei einem erwachsenen Stück drei offenspiralige Windungen aufweist und Längen von über 160 cm erreicht. Die Decke ist bläulichgrau bis grau und rötlichbraun gefärbt sowie zusätzlich durch 6–10 weiße Streifen an den Flanken getarnt. Die Kühe sind an Maß und Masse geringer und tragen keinen Kopfschmuck. Ihre Decke ist mehr gelblichbraun gefärbt.

Lebensraum und Verbreitungsgebiet

In bergig-felsigem Gelände wie in der Ebene ziehen die in Gruppen gesellig lebenden Kudus durch die Strauch- und Baumsteppen Afrikas. Die Äsung besteht aus belaubtem Gezweig, das sie mit dem Gehörn geschickt von den Bäumen brechen. Gräser und Kräuter sind weitere Bestandteile der Äsung. Morgens und abends schöpft der Kudu an den Wasserstellen. Äthiopien, Tansania, Kenia, Mosambik, Simbabwe, Botsuana und Namibia sowie Südafrika, ausgenommen die Kapprovinz, sind die Verbreitungsgebiete des Großen Kudus.

Verhalten

Der alte Bulle lebt als Einzelgänger, während Kühe, Jungbullen und Kälber die kleine Herde bilden. Nach einer saisonal nicht bestimmten Brunft setzen die Kühe zu jeder Jahreszeit nach sechs- bis achtmonatiger Tragzeit die Kälber, meist je eines.

Die Hitze des Tages verbringen die Drehhornantilopen stehend im Baumschatten. Obwohl sie vorwiegend nachtaktiv sind, ziehen sie frühmorgens und spätnachmittags auf Äsungssuche umher. Sprungstark überwinden sie Hindernisse bis zur Höhe von 3 m.

Jagd

Mit Salzlecken läßt sich der Kudu gern ankirren. Waidgerechter ist aber das Passen am Wechsel oder an der Wasserstelle. Waidmännisch spannend ist vor allem die Pirsch zu Fuß am Mittag, wenn die Kudus im Schatten dösen. Bergige Reviere erleichtern die Jagd, da der Waidmann von Klippen und Hügel besseren Ausblick hat. Großwild muß Masse haben! Das gilt auch für den Kudu. Der Jäger soll sich nicht beim Ansprechen von der Schönheit und dem Wuchs junger Trophäenträger täuschen lassen, sondern auf den wünschenswerten Ansatz der dritten Drehung achten.

Kal. Gr. 3 u. 4
WA entfällt

Rekordtrophäe

(nach SCI – RBoTA, 1987)
Pkt: 150⅛; Hlr: 63⅝; Hll: 63⅞; Ur: 11⅛; Ul: 11⅛; O: Zimbabwe, Lundi River; E: Ian Swannack; D: 1983

Kudu, Kleiner

W Tragelaphus imberbis
E Lesser Kudu
F Petit Koudou

Unterfamilie	Waldböcke – Tragelaphinae
Familie	Hornträger – Bovidae
Unterordnung	Wiederkäuer – Rumiantia
Ordnung	Paarhufer – Artiodactyla
Klasse	Säugetiere – Mammalia

Ansprechen

Der Kleine Kudu kann seine Verwandtschaft zum großen Bruder nicht verleugnen. Mit einer Schulterhöhe bis 100 cm und einem Gewicht bis 105 kg unterscheidet er sich vom großen Kudu – siehe dort – jedoch deutlich in Masse und Maß. Bräunlichgrau, im Alter mehr blaugrau, ist die Grundfarbe der Decke, die an den Flanken mit weißen Querstreifen verziert ist. Das Gehörn dreht sich, engstehend, bis zu dreimal in offener Windung. Der prachtvolle Anblick, den der Kleinkudubulle bietet, wird noch durch die Nackenmähne unterstützt, die vom Trägerbereich braun und weißlich bis zum Wedel hin ausläuft. Markant sind außerdem die Fleckungen zwischen den Lichtern und an der Drossel.

Die Kühe sind an Maß und Masse deutlich geringer, besitzen weder Stirnwaffen noch Mähne und zeigen eine heller gefärbte Decke. Am zierlichen Haupt fallen die großen Lauscher auf.

Lebensraum und Verbreitungsgebiet

Dornbuschsteppen und Flußuferdickichte in Ebene und Bergland sind die idealen Einstände für den Kleinen Kudu. Als Liebhaber von Strauchäsung nimmt er gern Kräuter und Gras auf. Er ist weniger an Wasser gebunden als der Große Kudu, schöpft aber regelmäßig dort, wo er es leicht und mühelos erreichen kann. Sudan, Somalia, Äthiopien, Kenia und Tansania sind seine Verbreitungsgebiete.

Verhalten

Die zierlichen Antilopen leben gesellig in kleinen Trupps, zu denen die führenden Kühe

Die Tarnung dieser in den Dornbuschgebieten Ostafrikas lebenden Schraubenhornträger ist nahezu perfekt

und das Jungwild beiderlei Geschlechts gehören. Die älteren Bullen sondern sich ab und ziehen bis zur Brunft einzelgängerisch durch die Reviere. Um die im Jahresverlauf unterschiedlich brunftig werdenden Kühe ringen die Bullen hart. Nach sieben Monaten Tragzeit wird meist ein Kalb, selten zwei gesetzt. Im Schatten dichten Gebüschs wartet dieses Wild die heiße Tageszeit ab.

Jagd

Die ideale Jagdart auf diese Kostbarkeit der afrikanischen Wildbahnen ist die Pirsch am frühen Morgen. Pirschfahrten im dichtbuschigen Einstand der kleinen Kudus bringen nur Zufallserfolge. Ein Ansitz vor Tau und Tag an ausgemachten Äsungsplätzen und gängigen Wechseln bringt häufig mehr Waidmannsheil, meist mit Schüssen auf kurze Distanzen.

Kal. Gr. 2 u. 3
WA entfällt

Rekordtrophäe

(nach SCI – RBoTA, 1987)
Pkt: 81⅝; Hlr: 33⅝; Hll: 33⅝; Ur: 6⅞;
Ul: 6⅞; O: Kenya, Merti; E: Wolfgang Schenk;
D: 1976

Kuhantilope

W **Alcelaphus buselaphus**
E **Coke's Hartebeest, Kongoni**
F **Bubale de Coke**

Unterfamilie	Kuhantilopen – Alcelaphinae
Familie	Hornträger – Bovidae
Teilordnung	Stirnwaffenträger – Pecora
Unterordnung	Wiederkäuer – Ruminantia
Ordnung	Paarhufer – Artiodactyla
Klasse	Säugetiere – Mammalia

Ansprechen

Das Hinterteil der auch Hartebeest genannten Antilope rund um den schwarzbequasteten Wedel herum hebt sich durch seine Färbung deutlich herzförmig vom Braun oder Rotbraun der übrigen Decke ab. Sonderbar verlängert durch Stirnüberhöhung und das daraus zunächst in gleicher Linie aufragende Gehörn erscheint der lange Schädel, der dem Hartebeest einen gewissen störrischen Ausdruck verleiht. Bis 140 cm Schulterhöhe mißt diese Kuhantilope, und sie wiegt 200 kg. Die Kühe sind leichter, an Maß und Masse geringer und tragen dünnere Gehörne. Man unterscheidet sieben Unterarten:
Nordafrikanische Kuhantilope (Alcelaphus buselaphus buselaphus), Westafrikanische Kuhantilope (Alcelaphus buselaphus major), Lelwel-Hartebeest (Alcelaphus buselaphus lelwel), Tora (Alcelaphus buselaphus tora), Kongoni (Alcelaphus buselaphus cokei), Lichtensteins Hartebeest (Alcelaphus buselaphus lichtensteini) und Kaama (Alcelaphus buselaphus caama). Die Hartebeests unterscheiden sich nur in der Färbung ihrer Decken und den Gehörnformen. Gebäude und Charakter ist allen gleich, außerdem zeigen alle den beschriebenen herzförmigen Spiegel.

Lebensraum und Verbreitungsgebiet

Hartebeests bewohnen Baumsavannen sowie lichtes Buschwerk und meiden Halbwüsten und dichten Wald. Sie äsen Gras und lieben die Nähe von Wasserstellen.
Die Kuhantilopen bevölkern die Sahelzone, den Südosten und Nordosten Afrikas. Das

Hartebeest, „zähes Wild", nannten die Buren zu Recht diese hochläufige Antilope, die hauptsächlich im südlichen Afrika vorkommt

Kaama kommt jedoch nur in Namibia, Botsuana und Südafrika vor, während das Lichtensteini Tansania, Sambia, Kongo und Simbabwe zu seinem Einstand machte.

Verhalten

Abgesehen von großen Wanderungen während der Trockenzeit leben die Kuhantilopen in von Platzbullen verteidigten Revieren das ganze Jahr über standorttreu. Der Platzherr duldet sogar jüngere Bullen im Revier. Eine saisonale Brunft gibt es nicht, doch werden die Kälber vorwiegend zu Beginn der Regenzeit gesetzt. Die Tragezeit beträgt etwa acht Monate.

Jagd

Bei gemächlicher Pirschfahrt durch die Hartebeest-Reviere wird der Jäger frühmorgens ebenso wie nach der Mittagshitze Waidmannsheil finden. Der Platzbulle nimmt seine Wächterrolle sehr ernst, und man kann ihn auf erhöhtem Platz stehen sehen. Allerdings sollte der Jäger vor allem auf ältere Einzelgänger achten, da der Platzbulle nicht immer der stärkste Trophäenträger ist. Der gute Jäger kommt gewöhnlich nah genug an das Wild heran, und „hart" ist dieses Wild nur bei schlechtem Schuß.

Kal. Gr. 2 u. 3
WA entfällt

Rekordtrophäe

(nach SCI – RBoTA, 1987)
Pkt: 65; Hlr: 22; Hll: 22; Ur: 10⅛; Ul: 10⅛;
O: Kenya, Narok; E: Cdr. Ray Van Ostran;
D: 1976

Leierantilope

W	**Damaliscus lunatus jimela**
E	**Topi and Korrigum**
F	**Topi et Damalisque**

Unterfamilie	Kuhantilopen – Alcelaphinae
Familie	Hornträger – Bovidae
Unterordnung	Wiederkäuer – Ruminantia
Ordnung	Paarhufer – Artiodactyla
Klasse	Säugetiere – Mammalia

Ansprechen

Die Leierantilopen tragen viele Namen und sind über ganz Afrika verbreitet. In neun Unterarten sind sie bekannt geworden, zu denen auch die jedem Waidmann in Afrika bekannten Jagdtiere Topi, Tiang und Sassaby gehören. Die Farbenpracht ihrer Decke ist unter den Antilopen einmalig. Von Rotbraun bis Purpurrot reicht die Farbskala; Oberlauf und Endquaste des Wedels sind schwarz, während die Unterläufe meist weiß „gestiefelt" erscheinen. Die Gehörne der Böcke sind stärker und leierförmig geringelt, die der Geißen schwächer und weniger geringelt. Im Gebäude sind die Geißen an Maß und Masse schwächer als die Böcke.

Lebensraum und Verbreitungsgebiet

Die Leierantilopen sind Bewohner der offenen Savannen, der Strauch- und Baumsteppen der Ebenen und der Hochländer. Wenn möglich, schöpfen sie täglich, kommen jedoch auch lange Zeit ohne Wasser aus. Gräser und Kräuter bilden ihre Äsung. Die Leierantilope ist über die gesamte Sahelzone sowie von Äthiopien bis Ruanda und im Südosten des Kongos verbreitet.

Verhalten

Bei gutem Äsungsangebot, d. h. also in ausreichend beregneten Gegenden, leben die Antilopen gesellig in kleinen Herden und sind standorttreu. Meist besetzt ein jagdbarer Bock sein Revier ganzjährig und steht, gut sichtbar, mit den Vorderläufen auf einer Bodenerhebung. Es gibt zweimal im Jahr eine Brunftzeit, die je nach Einstand in Zeit und Ablauf verschieden verläuft. Während der Trockenzeiten finden sich die Leierantilopen in großen Herden zusammen.

Jagd

Der Herdenbildung verdankt die Leierantilope, daß sie in vielen Gebieten erheblich von „Fleischmachern" gezehntet wurde. Der waidgerechte Jäger erpirscht sein Wild. Der Territorialbock ist zwar jagdbar, sein Hauptschmuck aber muß keineswegs immer der kapitalste sein. Daher führen nur umsichtige Pirsch und sachkundiges Ansprechen zur guten Trophäe.

Kal. Gr. 2 u. 3
WA   entfällt

Rekordtrophäe
(nach SCI – RBoTA, 1987)
Pkt: 76 1/8; Hlr: 27 7/8; Hll: 27 5/8; Ur: 10 4/8; Ul: 10 5/8; O: Zentralafrikanische Republik; E: Franco Mazzucchelli; D: Februar 1975

Im nächsten Augenblick wird der Topihengst mit seinem eigentümlich heftigen Kopfwerfen davonpreschen

Leopard

W Panthera pardus
E Leopard
F Panthère

Gattungsgruppe	Großkatzen – Pantherini
Familie	Katzen – Felidae
Unterordnung	Landraubtiere – Fissipedia
Ordnung	Raubtiere – Carnivora
Klasse	Säugetiere – Mammalia

Ansprechen

Eleganz und Geschmeidigkeit vereinigen sich im Leoparden und machen ihn zu einer „Persönlichkeit" unter den Raubkatzen. Jäger zählen ihn zu Recht zu den Großen Fünf (Big Five) des afrikanischen Wildes. Starke Leoparden erreichen eine Schulterhöhe zwischen 50 und 60 cm sowie ein Gewicht bis 80 kg. Die Färbung der Decke ist unterschiedlich. In Feuchtgebieten ist sie dunkler, dort kommen sogar ganz schwarze Tiere vor. Es handelt sich dabei aber wohl eher um Melanismen.

Lebensraum und Verbreitungsgebiet

Der Leopard ist über Asien und Afrika weithin verbreitet, und die Zoologen zählen 24 Unterarten. Leoparden sind geschickte Jäger, deren Beute vom Kleinsäuger bis zum Strauß reicht. Affen, besonders der Pavian, sind für ihn ein Leckerbissen. Da er auch Hunde und andere Haustiere schlägt, macht er sich beim Menschen nicht gerade beliebt. Außerdem kann er auch Kindern gefährlich werden. Von Korea bis zur Türkei und dem Kapland spürt er mit großer Anpassungsfähigkeit in allen möglichen Biotopen. Selbst die Wüste Sahara bietet ihm Lebensmöglichkeiten, und in Gebirgen findet man ihn noch in großen Höhen.

Verhalten

Abgesehen von den Ranzzeiten lebt die Großkatze als Einzelgänger. In ihren festen Territorien durchstreifen die Leoparden auf immer gleichen Wechseln vorwiegend nachts ihr Revier. Die Tage verbringen sie meist auf Bäumen in Astgabeln ruhend, wobei ihnen die Tarnfarbe ihrer Decke zustatten kommt, so daß nur der kundige Jäger sie insbesondere an der 1 m langen herabhängenden Rute erkennen kann. Die Jungen werden in Erdhöhlen oder dichtem Gebüsch geworfen – meist zwei oder drei. Beide Elternteile kümmern sich um die Aufzucht des Nachwuchses.

Jagd

Die klassische Art, in Afrika den Leoparden zu bejagen, beginnt mit dem Auskundschaften des Territoriums nach Wechsel, Wasserstellen und beliebten Ruheplätzen. Auf wechselnah stehenden Bäumen bindet man dann einen Köder auf einem möglichst gut sichtbaren Ast fest. Unweit dieses Köders baut sich der Waidmann einen Schirm, der ihm gegen den gut äugenden Leoparden Schutz gewährt. Diese Ansitzjagd hat besonders gute Erfolgsaussichten am Rande ausgetrockneter Fluß- und Bachbetten. Wird der Köder, z. B. eine Gazelle, angenommen, setzt sich der Jäger möglichst unauffällig und heimlich bereits am hellen Nachmittag an, wobei er sich völlig lautlos verhält. Der Leopard erscheint meist in der Dämmerung. In einigen Ländern Afrikas sind Mindeststärken des Kalibers auf dieses Großwild vorgeschrieben. Kopf, Schulter oder

Der Dämmerungsjäger tötet sein Opfer meist mit einem schnellen Biß in Nacken oder Kehle

Blatt sollte man sicher anvisieren, denn die Nachsuche, nur mit Schrotflinte und Posten, ist problematisch und gefährlich. Die angeschweißte Großkatze greift aus unsichtbarer Position mit größter Wucht, Wut und Schnelligkeit an, wobei sie sich auf die Kopf-Hals-Partie des Jägers konzentriert. Manche Nachsuche endete schon mit einer Tragödie. Durch den Schutz, den der Leopard durch das Washingtoner Artenschutzübereinkommen genießt, hat sich in einigen Ländern Afrikas der Restbestand recht gut erholt, und man gibt Einzelexemplare zum Abschuß frei. So kann man z. B. seit 1983 wieder Leopardenfelle aus Namibia in die USA einführen.

Kal. Gr. 4 u. 5
WA AI
Sondergenehm. in versch. afr. Ländern

Rekordtrophäe

(nach SCI – RBoTA, 1987)
Pkt: 19; Schl: 11; Schb: 8; O: R. S. A; E: Juan Renedo; D: 1982

Lippenbär

W Melursus ursinus
E Sloth bear
F Ours à longues lèvres

Familie	Großbären – Ursidae
Unterordnung	Landraubtiere – Fissipedia
Ordnung	Raubtiere – Carnivora
Klasse	Säugetiere – Mammalia

Ansprechen

Wie ein des Lebens überdrüssiger Zecher schaut der Lippenbär drein, was an seinem fast rüsselartig vorgezogenen Fang mit der überlangen Unterlippe liegt, aus dem er die riemenartige Zunge weit herausstrecken kann. Bis auf den grauweißen Fang ist die Decke dieses Bären tiefschwarz, langhaarig und grob. Seine durchschnittliche Größe liegt bei 80 cm Schulterhöhe, sein Gewicht reicht bis 135 kg.

Lebensraum und Verbreitungsgebiet

Die flachen Waldgebirge Vorderindiens und Sri Lankas sind die Heimat des Lippenbären. Hier lebt er vorwiegend von Termiten, deren Burgen er mit den nagelbewehrten Pranken aufbricht.

Verhalten

Dieses Bärwild zeigt sich meist harmlos. Die Gummizapfer kann er jedoch in Gefahr bringen, wenn sie ihn beim Austrinken der Eimer an den Palmen überraschen. Erschreckt greift der Lippenbär dann an und wird wegen seiner langen Vorderkrallen sehr gefährlich. Wie alle Bären richtet er sich beim Angriff auf. Eine jahreszeitlich begrenzte Ranz gibt es nicht. Der Lippenbär hält auch keine Winterruhe. Die Jungbären begleiten ihre Mutter bei der Jagd, indem sie auf deren Rücken reiten.

Jagd

Der Waidmann orientiert sich an der Hauptnahrung des Bären, den Termiten. Frisch zerstörte Termitenbauten deuten sicher auf die Anwesenheit des Wildes hin. Der Jäger kann nun auf Ansitz gehen oder den Bären anpirschen. Gleiches gilt für Regionen, wo man in

Der selbstbewußte Waldbewohner meistert mit seinen scharfen 6–10 cm langen Krallen selbst hohe Bäume

Palmhainen den Saft der Bäume gewinnt. Der Jäger sollte verhoffen, wenn er auf der Pirsch ein lautes, schnaubendes Geräusch vernimmt. Möglicherweise hat er dann den Lippenbären vor sich, der gerade eine Termitenburg zerstört hat und Staub und Termiten zu trennen versucht, indem er hineinbläst. Der jagdbare Lippenbär ist ein Einzelgänger. Wenn zwei oder drei Bären in Anblick kommen, ist dies immer eine führende Bärin mit ihren Jungen.

Kal. Gr. 2 u. 3
WA AI

Rekordtrophäe

(nach RBoTA, 1986)
Pkt: 21⁴/₁₆; Schl: 12⁶/₁₆; Schb: 8¹⁴/₁₆;
O: Biratnagár, Nepal; E: Thornton N. Snider;
D: 1981

Litschiantilope

W Kobus leche
E Lechwe
F Cobe lechwe

Unterfamilie	Wasserböcke – Reduncinae
Familie	Hornträger – Bovidae
Unterordnung	Wiederkäuer – Ruminantia
Ordnung	Paarhufer – Artiodactyla
Klasse	Säugetiere – Mammalia

Ansprechen

Diese Moorantilope kommt in mehreren Unterarten vor: die Bangscheole-Moorantilope (Kobus leche smithemanii) wird als „schwarze Antilope" bezeichnet. Gewöhnlich zeigt sich der Bock jedoch mit seiner lang- und rauhhaarigen Decke eher graugelb bis kastanienbraun. Die Unterseite ist scharf weiß abgesetzt. Am Haupt fällt der weiße Streifen über den Lichtern auf. Die Geißen sind weniger kräftig gefärbt und tragen keine Stirnwaffen. Die Böcke tragen ein leierförmig gebogenes, spitz endendes Gehörn. Das Gebäude der schwarzen Antilopen wirkt hinten leicht überbaut. Die Sambesi-Moorantilope (Kobus leche leche) ist fahlfarben bis rot, ebenfalls mit weiß abgesetzter Unterseite und leierartig geformten Stirnwaffen. Die Kafue-Moorantilope (Kobus leche kafuensis) unterscheidet sich von den anderen Unterarten durch ihre leuchtendbraune Decke mit scharf weiß abgesetzter Unterseite. Die Weißnacken-Moorantilope (Kobus megaceros) ist eine eigene Art. Die deutlich schneeweiße Nackenpartie der sonst kastanienbraunen Decke gab ihr den Namen. Die Engländer nannten das Wild „Mrs. Gray's Lechwe". Die Schulterhöhe erreicht etwa 100 cm, und die Böcke werden etwa 125 kg schwer. Das ebenfalls leierartig gebogene Gehörn ist deutlich stärker als das der Litschi-Unterarten und der Kob-Antilope.

Lebensraum und Verbreitungsgebiet

Litschiantilopen bevorzugen als Einstand feuchte bis überschwemmte Gras- und Röhrichtgebiete in Sümpfen und an Gewässern der Ebene und des Hügellandes. Gräser und

Löwe

Wasserpflanzen dienen zur Äsung. Die Moorantilopen sind in kleinen Verbreitungsgebieten je nach Unterart über den Süden und die Mitte des schwarzen Kontinents verbreitet. Ihre Bestände sind rückläufig.

Verhalten

Litschis leben gesellig und zum Teil in großen Herden. Je nach Landschaft territorialtreu, bilden sie kleinere oder größere Brunftplätze. Alte Böcke besetzen kleine Erhebungen des Flachlandes. Die Brunft verläuft asaisonal. Frühmorgens, spätnachmittags und in den frühen Nachtstunden sind die Litschiantilopen auf den Läufen. Durch örtlich starke Bejagung

In Wasser- und Sumpfgebieten fühlt sich diese Antilope wohl. Sie lebt von Gräsern und Wasserpflanzen und flüchtet bei Gefahr ins Wasser

wurde das Wild im Lauf der Zeit zum reinen Nachttier.

Jagd

Wo Litschis nicht beunruhigt werden, kann der Waidmann sie unter Ausnützung guter Deckung anpirschen. Die Ansitzjagd, konzentriert auf die Übergänge zwischen Grasland und Röhricht, bringt Waidmannsheil.

Kal. Gr. 2 u. 3
WA A II

Rekordtrophäe

(nach SCI – RBoTA, 1987)
Kafue-Moorantilope
Pkt: 87⅝; Hlr: 36⅜; Hll: 37⅛; Ur: 7⅛;
Ul: 7⅛; O: Zambia, Kafue Flats; E: T. N. Snider; D: 1975

W Panthera leo
E Lion
F Lion

Gattungsgruppe	Großkatzen – Pantherini
Familie	Katzen – Felidae
Unterordnung	Landraubtiere – Fissipedia
Ordnung	Raubtiere – Carnivora
Klasse	Säugetiere – Mammalia

Ansprechen

Die majestätische Erscheinung ganz besonders des männlichen Löwen rechtfertigt seinen Titel „König der Tiere". Die fahlfarbene Großkatze erreicht eine Schulterhöhe von 1 m und kann ein Gewicht von 250 kg und mehr bringen. Die Löwin ist weniger massig und kleiner, aber dennoch sehr muskulös im Gebäude. Von hellem Blond bis Dunkelbraun und Schwarz reicht die Farbskala der Löwenmähne. Ähnlich sind die Haarbüschel an den Ellenbogengelenken gefärbt. Die Quaste der bis zu 1 m langen Rute zeigt sich schwarz. Der Löwe kann ein Alter von 30 Jahren erreichen. In freier Wildbahn hat er eine Lebenserwartung von 12 bis 17 Jahren. Die Junglöwen kommen mit deutlichen Pantherflecken zur Welt und brauchen 5–6 Jahre, bis sie erwachsen sind.

Lebensraum und Verbreitungsgebiet

Ähnlich wie der Leopard war der Löwe früher über ganz Asien und Afrika verbreitet und lebte in den offenen Savannenlandschaften der Ebenen bis hinauf in Höhen von 3000 m. In dichten Wäldern und ausgesprochenen Wüsten ist er nicht anzutreffen, weshalb der Name „Wüstenkönig" irreführend ist. In der Türkei, im Iran und Irak und den angrenzenden Ländern ist er ausgestorben. In Indien leben noch einige Hundert im Forest-Reservat Gir. Ausgestorben ist er ebenfalls in Nordafrika, woher die Römer noch Tausende ihrer Arenalöwen bezogen haben. Besonders stattlich soll der Atlaslöwe gewesen sein. Löwen leben von der Jagd auf Säugetiere und Vögel. In schlechten Zeiten nehmen sie sogar mit Heuschrecken vorlieb. Bis auf einen ausge-

wachsenen Elefanten kann der Löwe wohl jedes Wild bewältigen.

Verhalten

Löwen leben in Großfamilien, die gewöhnlich aus mehreren Löwen, zahlreichen Löwinnen mit ihrem Nachwuchs sowie den zweijährigen Junglöwen bestehen. Die Junglöwen werden bei Erreichen des zweiten Lebensjahres vertrieben und bilden eigene Junggesellengruppen, die gemeinschaftlich jagen. Der Löwe ist ein guter Einzeljäger. Die Jagd betreiben jedoch vorwiegend die sehr jagdtüchtigen, bis 80 km/h schnellen Löwinnen. Einen Büffel können sie jedoch nicht töten; das vermag nur der gewaltige Prankenschlag des ausgewachsenen Löwen.

Die Brunft der Löwen ist zeitlich unbegrenzt. Die Zahl der Jungen hängt von der vorhandenen Nahrung ab. In ungestörten Gebieten ist der Löwe den Tag über aktiv. Ansonsten ist er zum Nachtjäger geworden. Seine gewaltige Stimme ist bemerkenswert und kilometerweit zu hören. Das Gebrüll soll das Revier markieren, kann aber ebenso nur Ausdruck des Wohlbehagens sein. Greift der Löwe an, so stößt er ein hartes, hustenartig anmutendes

Geräusch aus und peitscht ("fegt") die Erde mit seinem Schwanz.

Jagd

Die Buren machten sich früher einen Jungmännerspaß daraus, Löwen in Dornbuschinseln zu jagen. Hatten sich die Löwen dort dann gestellt, band ein junger Bure sein Pferd an einen Baum und schritt mit einem großkalibrigen Revolver bewaffnet auf das Gebüsch zu, um den herausstürzenden Löwen zu erledigen. Einer dieser merkwürdigen Helden soll es auf 56 Löwen gebracht haben, danach

hat man nichts mehr von ihm gehört. Seltenen Mut zeigen die Morani, junge Massai, die in mehrköpfigen Jagdgruppen, nur mit Speer und Schild bewaffnet, den Löwen einkesseln und angreifen – ungeachtet der Menschenopfer, die diese Bejagung kostet. Der waidgerechte Jäger bedient sich der großkalibrigen Büchse, die mit einem guten Nachtzielfernrohr versehen sein sollte. Löwen lassen sich anködern durch ein anbrüchiges Stück Wild, das man hoch auf einem Baumstamm anbindet. Der Jäger wartet hinter einem Schirm, den er möglichst schon kurz nach Mitternacht aufsucht. Mancher ist allerdings bei dieser Jagdart schon selbst zum Gejagten geworden. Gute Fährtensucher, denen es nicht an Mut fehlen darf, können den Löwen außerdem bis zu seinem mittäglichen Rastplatz ausfährten. Oft genug verraten aufgebaumte Geier den Ruheplatz des Königs der Tiere. In einigen Ländern Afrikas sind zur Jagd auf die Big Five nur Kaliber über 9,5 mm zugelassen. Erfahrene Berufsjäger führen bei einer Nachsuche eine mit Sauposten geladene Schrotflinte mit sich. Ein gereizter Löwe greift mit großer Wucht und Schnelligkeit an, oft aus ungeahnter Richtung und im Zickzack, so daß ein gezielter Kugelschuß oft schwierig ist. Aus Gründen der Waidgerechtigkeit und ebenso der Sicherheit sollte der Jäger auf Löwen nur einen sorgfältig gezielten Herz- oder Hirnschuß abgeben (siehe Schußbild).

Kal. Gr. 4 u. 5
WA Al Persischer Löwe, sonst entfällt

Rekordtrophäe

(nach SCI – RBoTA, 1987)
Pkt: 28⁸⁄₁₆; Schl: 16¹⁴⁄₁₆; Schb: 11¹⁰⁄₁₆;
O: Namibia; E: Albert Agnese; D: 1983

Im kühlen Wind läßt sichs gut dösen (oben).
Panische Flucht. Allein der erfahrene Mähnenlöwe vertraut seiner Taktik (unten).
Majestätisch in Gesichtsausdruck und Hauptschmuck: der "König der Tiere" (rechts)

Luchs

W Lynx lynx
E Lynx
F Lynx boréal

Familie	Katzen – Felidae
Unterordnung	Landraubtiere – Fissipedia
Ordnung	Raubtiere – Carnivora
Klasse	Säugetiere – Mammalia

Ansprechen

Eine kurze Stummelrute, ein markanter Bakkenbart und lange Pinselohren kennzeichnen diese hochläufige Katze mit einer Schulterhöhe von 75 cm und einem Gewicht bis 40 kg. Der Kopf ist rundlich, die Pranten sind groß; dichte Haarpolster zwischen den Zehen schützen gegen Kälte, Harsch und Frost. Es gibt etliche Unterarten des Luchses in Europa, Asien und Nordamerika. Die Decke ist gelblichbraun bis zimtfarben bzw. ockergelb bis ockerbraun gefärbt. Der Kaukasusluchs (Lynx lynx orientalis) und der Pardelluchs (Lynx lynx pardinus) in Spanien zeigen stark gefleckte Decken. Eine kleinere amerikanische Unterart ist der Rotluchs oder die „Bobcat" (Lynx rufus), wie ihn die Amerikaner nennen.

Lebensraum und Verbreitungsgebiet

Der Luchs ist an große, deckungsreiche Waldungen, buschbestandene Ödländer und deren Randgebiete gebunden. In Gebieten, die vom Menschen dünn besiedelt sind, bevölkert er die Regionen bis hinauf in Höhen von 2500 m.
In Nordamerika, Polen, der UdSSR, Teilen von Finnland und Schweden sowie in den Karpaten ist der Luchs noch Standwild. Die Waldgebiete der Iberischen Halbinsel und Teile Albaniens und Jugoslawiens sind die Heimat des Pardelluchses (Lynx lynx pardinus), und der Kaukasusluchs (Lynx lynx orientalis) spürt – wie sein Name schon sagt – im Kaukasus.

Verhalten

Bis auf die Ranzzeit sind Luchse Einzelgänger. Kuder und Katze besetzen ganzjährig jeder für sich ein eigenes Revier. Die Katze verläßt ihr Revier nur kurzzeitig, um sich einen Kuder zur Paarung zu suchen. Die Kuder fechten um die Gunst der Katzen heftige Kämpfe miteinander aus. Die führende Katze verteidigt ihren Nachwuchs tapfer und unerschrocken. Notfalls trägt sie die Jungen jedoch in ein sicheres Versteck. Beide Geschlechter halten feste Wechsel ein, benützen immer wieder dieselben Kot- und Markierungsplätze sowie Wohn- und Ruhelager.
Nach neueren Beobachtungen sollen sich nur die Kuder an bestimmten Kratzbäumen im Schärfen ihrer Krallen üben. Außerhalb der bekannten Kot- und Markierungsplätze graben Luchse ihre Losung nach Katzenart sorgfältig ein. Die Nahrung des Luchses besteht aus Säugetieren bis zur Größe des Rotwildkalbes, er nimmt aber je nach Angebot ebenso mit Kröten und Fröschen sowie mit Beerennahrung vorlieb.

Aufmerksam beobachtet dieses Jägerteam mit aufgestellten Pinselohren seine Umgebung

Jagd

Den Luchs in seinem eigenen Territorium zu überlisten dürfte kaum möglich sein. Es ist waidmännische Praxis, ihn durch Hunde hetzen zu lassen, um ihn so zum Aufbaumen zu bringen. In diesem Moment muß der Jäger rasch herbeieilen, um den Luchs mit einem gut gezielten Schuß vom Baum herabzuholen. Nur sportlich geübte Jäger können diese Jagd aushalten, da sie vorwiegend bei Schneelage im Winter stattfindet. Schneeschuhe erleichtern die Jagd. Anders als mit dem „Weißen Leithund" kann man die Spuren des Luchses kaum finden.

Kal Gr. 2
WA A II

Mähnenspringer

W	**Ammotragus lervia**
E	**Barbary sheep**
F	**Mouflon à manchettes**

Unterfamilie	Ziegenartige – Caprinae
Familie	Hornträger – Bovidae
Unterordnung	Wiederkäuer – Ruminantia
Ordnung	Paarhufer – Artiodactyla
Klasse	Säugetiere – Mammalia

Ansprechen

Die bekannte Bezeichnung „Mähnenschaf"
täuscht, treffender ist die von Grzimek einge-
führte Bezeichnung „Mähnenspringer". Der
„afrikanische Tur" sieht im Hornkreis dem
Kaukasustur (Capra ibex servetzovi) – siehe
dort – verblüffend ähnlich. Die Gehörne
sind nur mäßig hoch und zeigen einen
dreieckigen Querschnitt. An der Basis sind sie
sehr stark und schwingen sich dann seitwärts
nach innen und hinten, wobei sie eine Art
Halbschneckenform erreichen. Die Böcke tragen eine lange, kräftige Kehl- und Brustmähne
(Vlies), die bei alten Böcken über die Vorderläufe hinab fast bis zum Boden reichen kann.
Die Mähne der Geißen ist klein, ihr Gehörn
geringer.
Bei beiden Geschlechtern kann man das Alter
an den Jahresringen der Gehörne genau
ablesen. Ein starker Bock erreicht Schulterhöhen bis 100 cm und ein Gewicht bis 140 kg.
Die Geißen sind an Maß und Masse geringer.
Bis auf die hellblonde Mähne ist dieses Wild
fahlfarben und damit seiner Umgebung gut
angepaßt.

Lebensraum und Verbreitungsgebiet

Mähnenspringer leben in den schwer zugänglichen Felsenregionen des Saharabereiches
und äsen dort die spärliche Flechtenflora. Der
Wasserhaushalt wird über die Äsung geregelt;
wenn möglich, sucht das Wild jedoch Wasserstellen auf.
In einigen Gebieten außerhalb ihres traditionellen Wohngebiets, wie Spanien und Nordamerika, konnte man Mähnenspringer erfolgreich
einbürgern.

Verhalten

Mähnenspringer leben in Familienverbänden
mit einem Bock, mehreren Geißen und Jungwild, gewöhnlich 4–6 Stück, zusammen. Am
Ende der Trockenzeit können die Herden
allerdings bis zu 20 Tiere umfassen. Einzelgängerisch leben die alten Böcke und die
trächtigen Geißen. Im November, zur Brunft,
mischen sich die Geschlechter. Zwischen den
gleichstarken Böcken kommt es in dieser Zeit
zu harten Kämpfen. Nach einer nicht genau
bekannten Tragzeit werden bis zu drei Lämmer
gesetzt. Mähnenspringer sind hervorragende
Kletterer und – wie der Name schon sagt –
Springer. Man kann sie ihrer Farbe wegen
kaum ausmachen, wenn sie regungslos im
Felsen stehen. Bei Gefahr geht die Flucht
bergwärts. Während der großen Tageshitze
ruhen die Mähnenspringer im Felsschatten
und werden zur Dämmerung und nachts aktiv.

Jagd

Voraussetzung für diese Jagd ist ein gutes
Glas oder Spektiv. Unter Führung kundiger
einheimischer Jäger pirscht sich der Waidmann an die Mittagseinstände heran. Im
übrigen bietet die Suche frühmorgens von
Hang zu Hang noch Waidmannsheil!

Kal. Gr. 3 u. 6
WA   A III Tunesien, Tschad,
sonst entfällt

Rekordtrophäe

Pkt: 140⅛; Hlr: 28⅜; Hll: 28⅛; Ur: 12⅜;
Ul: 12⅞; O: Chad; E: Franco Mazzucchelli;
D: 1960

*Arrui wurden mit bestem Erfolg in den USA
und in Spanien eingebürgert*

Maralhirsch

W Cervus elaphus maral
E Maral
F Maral

Unterfamilie	Edelhirsche – Cervinae
Famille	Hirsche – Cervidae
Unterordnung	Wiederkäuer – Ruminantia
Ordnung	Paarhufer – Artiodactyla
Klasse	Säugetiere – Mammalia

Ansprechen

Der Maral gehört zu den Echthirschen und sieht unserem Rothirsch (Cervus elaphus hippelaphus) – siehe dort – sehr ähnlich. Zum amerikanischen Wapiti (Cervus elaphus canadensis) – siehe dort – weist er ebenfalls kaum Unterschiede auf. Mit einem Gewicht um die 450 kg ist er wesentlich stärker als der stärkste mitteleuropäische Rothirsch. Das Geweihgewicht ist enorm; das Geweih selbst wenig endenfreudig, es bildet keine Krone. Auffällig sind der schwarze Spiegel und die ebenfalls schwarze Unterseite der Decke sowie eine Fleckenreihe beiderseits des Rückgrates. Der Hirsch trägt eine Mähne, die dem Kahlwild fehlt.

Lebensraum und Verbreitungsgebiet

Der Maral liebt die mehr oder minder offenen Waldgebiete Kleinasiens, der Balkanländer, der Regionen um das Kaspische Meer bis hin zum Altaigebirge, der Mongolei, in der UdSSR bis zum Tienshan Chinas. Er trägt auch den Namen „Kaspischer Edelhirsch". Wildkräuter, Knospen und Baumrinde bilden neben Gräsern aller Art seine Hauptäsung.

Verhalten

Nach der Feistzeit im Sommer erkämpfen sich die kapitalen unter den Hirschen große Brunftrudel an Kahlwild. Die Rangordnung ist in rituellen Auseinandersetzungen während der Feistzeit bereits festgelegt, und der Rudelhirsch duldet 1–3 schwächere Beihirsche bei seinem Brunftrudel. Echte Rivalen, die durch Ruf zueinander gefunden haben, kämpfen heftig. Der Brunftschrei des Marals gleicht

Der meist endenarme Kaukasushirsch kann auch ein über 15 kg schweres Kronengeweih bilden

einem Eselschrei und unterscheidet sich grundlegend vom Brunftschrei unseres Rothirsches. Die Brunft selbst ist nach Regionen verschieden und dauert von Ende August bis Anfang November.

Jagd

Der Waidmann sitzt an den bekannten Brunftplätzen an. Meist jedoch wird der Jagdgast von erfahrenen einheimischen Jägern geführt, die den Hirsch mit dem Hirschruf an den Jäger heranbringen. Neben dem Ansitz am Brunftplatz werden Marale noch auf Drückjagden erlegt. Große Unterschiede zwischen der Jagd auf den Maral und auf den mitteleuropäischen Rothirsch gibt es kaum.

Kal. Gr. 2 u. 3
WA entfällt

Rekordtrophäe

(nach RBoTA, 1986)
Pkt: 281; Stlr: 34⅞; Stll: 37⅝; Ur: 9⅜; Ul: 9⅝; EZ tot: 20; O: Dasht-E-Shan, Iran; E: Dr. Caldo Caldes; D: 1972

Marco-Polo-Schaf

W Ovis ammon polii
E Marco Polo's Argali
F Mouflon du Pamir

Unterfamilie	Ziegenartige – Caprinae
Familie	Hornträger – Bovidae
Unterordnung	Wiederkäuer – Ruminantia
Ordnung	Paarhufer – Artiodactyla
Klasse	Säugetiere – Mammalia

Ansprechen

Die riesigen Schneckengehörne sind das markanteste Merkmal dieser mit dem Argali größten Unterart aller Wildschafe. Über 190 cm lang können die Stirnwaffen des kapitalen Widders werden, bei einer Widerristhöhe von 125 cm und etwa 230 kg. Die Geißen sind geringer und tragen nur kleine Gehörne. Die Decke ist grau bis dunkelbraun, manchmal grau-weiß.

Lebensraum und Verbreitungsgebiet

Das auch Pamir-Wildschaf genannte Marco-Polo-Schaf, zieht heute noch in den zentralasiatischen Hochgebirgen, in Afghanistan (Wannkaan-Korridor), in Pakistan und Westchina, vor allem im Zentral-Pamir der russischen Republik Tadschikistan (dort mit etwa 15 000 Exemplaren) seine Bahn. Es lebt in diesen Wüstengebirgen ab 3500 Meter, bis hinauf zur Schnee- und Eisgrenze bei 5000 Meter, äst Flechten, Kräuter, Gräser, junge Triebe und Zweige. Es gilt als äußerst genügsam.

Verhalten

Im Sommer, während sie in „Herrenrudeln" umherziehen, legen die Widder ihre Rangordnung fest. Während der Brunft, Mitte November bis Ende Dezember, starke Rivalitätskämpfe. Die Wildschafe ziehen im Winter in die etwa 4000 Meter hochliegenden Plateaus und Hochtäler dieser Wüstengebirge. Während des Sommers leben sie, nach Geschlechtern getrennt, in Gruppen zusammen. Alte Widder werden, vermutlich aus Sicherheitsgründen, nur ausnahmsweise zu Einzelgängern.

Marderhund

Zu gut ist der Gesichtssinn des Marco-Polo-Schafs ausgebildet, als daß sich ihm ein Fotograf leicht nähern könnte

Jagd

In den deckungs- und vegetationslosen Hochgebirgen äugt das Marco-Polo-Wild ungemein scharf: „Der Hirsch hört ein Haar vom Kopf des Jägers fallen, das Wildschwein wittert es, das Wildschaf aber kann es sehen!" Der Gesichtssinn ist wegen der Hauptfeinde, dem Schneeleoparden, dem Adler, Bär, Lämmergeier und den inzwischen zur Plage gewordenen Wölfen ungemein geschärft. Der Schneeleopard, es gibt etwa zweitausend im russischen Pamir, ist ein trefflicher Einzeljäger, stärkstens geschützt. Die Jagd auf das Marco-Polo-Schaf ist wegen der Höhe (4000–5000 m ü.d.M.), der Gefahr der Höhenkrankheit und der Notwendigkeit weiter Schüsse eine große jagdliche Herausforderung. Sie erfordert gute Kondition, perfekte Ausrüstung sowie eine gute Anpassung an die ungewohnten Höhen. Dies ist die Krönung jeder Wildschafjagd.

Kal. Gr. 3 u. 6
WA A II

Rekordtrophäe

(nach SCI – RBoTA)
Dr. Lechner, 1987, Hlr: 53,5; Hll: 54,1

W Nyctereutes procynoides
E Raccoon dog
F Chien viverin

Unterfamilie	Echte Hunde – Caninae
Familie	Hundeartige – Canidae
Unterordnung	Landraubtiere – Fissipedia
Ordnung	Raubtiere – Carnivora
Klasse	Säugetiere – Mammalia

Ansprechen

Obwohl er dem Dachs (Meles meles) – siehe dort – und dem Waschbären (Procyon lotor) – siehe dort – ähnlich ist, gehört der Marderhund dennoch zu den echten Hunden. Er erreicht eine Schulterhöhe von nur 20 cm, mißt von der Spitze des Fanges bis zum Ende der Rute 50–60 cm und bringt es auf ein Gewicht bis zu 7,5 kg. Seine erdiggelbe Decke mit schwarzbraunen Beimischungen in den Haarspitzen und dem üppigen braunen Unterhaar wirkt struppig. Die Gehöre hängen, die Läufe sind dunkel gefärbt, und sein Gang wirkt unstet. Die Gesichtsmaske ist schwarz, unten und oben aber hell umgrenzt.

Lebensraum und Verbreitungsgebiet

Der Marderhund, der als einziger Hundeartiger einen Winterschlaf hält, bevorzugt feuchten Mischwald sowie Laubwald mit dichtem Unterholz als Revier. Im Gebirge lebt er höchstens in den unteren Regionen bis 500 m. Als Allesfresser ist er auf keine besondere Nahrung spezialisiert und jagt Kleinnager, Fische und Frösche ebenso wie Insekten, Käfer und Larven. Manchmal vergreift er sich am Niederwild und plündert die Gelege der Bodenbrüter. Er gilt als unerwünschter Einwanderer aus dem Osten, wird sich aber aus den westlichen Revieren Europas kaum mehr verdrängen lassen. Natürliche Feinde hat er hier keine.

Verhalten

Marderhunde sind nachtaktive Einzelgänger und leben nur während der Ranz und der anschließenden Aufzuchtperiode der Welpen gesellig. Der Rüde beteiligt sich an der

Der Einwanderer aus dem fernen Osten ist nur nachts unterwegs

Fütterung der Welpen, die im Herbst bereits die Größe der Elterntiere erreicht haben. Die Ranz beginnt im Februar/März. Je nach Klimazonen schwankt die Tragzeit stark. Die Fähe wölft oft bis zu zwölf Welpen, in der Regel jedoch eher sechs. Nach neueren Erkenntnissen halten die Eltern meist auch außerhalb der Fortpflanzungsperiode lose zusammen.

Jagd

Diesem kleinen, sich tapfer verteidigenden Wildhund auf die Schliche zu kommen ist bei seiner heimlichen nächtlichen Lebensweise nicht einfach. Viele Revierinhaber wissen nicht einmal, daß der Marderhund bereits zum Standwild in ihren Revieren gehört. Der „weiße Leithund" kann ihm nichts anhaben, denn er hält – wie schon oben erwähnt – als einziger Wildhund Winterruhe. Der passionierte Jäger wird ihn jedoch mit Bauhunden, z. B. Jagdterriern, in den traditionellen Bauen aufspüren und sprengen können. Der Ansitz am Luderplatz im Mondschein mag gelingen; doch meist bleibt nur die Falle, wenn der waidgerechte Jäger den Marderhund erbeuten will. Die hohe Vermehrungsrate dieser Wildhunde zwingt – besonders in Niederwildrevieren – zu scharfer Bejagung.

Kal. Gr. 1 u. 7 (4 mm Schrot)
WA entfällt

Markhor

W Capra falconeri
E Markhor
F Le markhor

Unterfamilie	Ziegenartige – Caprinae
Familie	Hornträger – Bovidae
Unterordnung	Wiederkäuer – Ruminantia
Ordnung	Paarhufer – Artiodactyla
Klasse	Säugetiere – Mammalia

Ansprechen

Die in sich stark schraubenartig gedrehten Gehörne, rechts korkenzieherartig nach links und links korkenzieherartig nach rechts gewunden, sind die auffallenden Merkmale dieser Stirnwaffenträger, auch Schraubenziegen genannt. Die Geißen tragen ebenfalls ein Schraubengehörn, das mit 25 cm Länge bestenfalls ein Viertel der Länge des Gehörns der Böcke erreicht. Im Wildpret sind die Geißen ebenfalls geringer als die Böcke, die bei einer Schulterhöhe von 86 bis 100 cm bis 110 kg wiegen. Die braun bis dunkelbraun gefärbte Decke – im Sommer hell und glatt – ist im Winter wollig und langhaarig. Die Böcke tragen noch eine bemerkenswerte Mähne, die sich über den Rücken bis zum Wedel hinzieht. Die Mähne des Scharwildes ist meist nur angedeutet. Es gibt übrigens noch recht zahlreiche Vettern des Markhor, von denen nur das Blauschaf (Pseudois nayaur) – siehe dort – und der Mähnenspringer (Ammotragus lervia) – siehe dort – erwähnt sein sollen.

Lebensraum und Verbreitungsgebiet

Schraubenziegen sind ausgesprochene Hochgebirgsbewohner. Sie besetzen die Waldzonen und die Gebüschflächen oberhalb der Baumgrenze als ihre Einstände. In den waldreichen Berghängen äsen sie wie die Bezoarziege (Capra aegagrus) – siehe dort – viel Laub und junge Zweige oder, ähnlich wie der Alpensteinbock (Capra ibex) – siehe dort – in den höheren Regionen Gräser und Kräuter. In Kaschmir, Afghanistan und der benachbarten UdSSR, besonders in Belutschistan, sind die Markhore beheimatet.

Man erkennt die Verwandtschaft mit anderen Ziegenartigen, z. B. mit Tur und Bezoarziege

Verhalten

Zur Brunftzeit haben sich die Böcke zum Scharwild gesellt, mit dem sie gemeinsam bei aufkommendem Schneefall in die tieferen Regionen ziehen. Im Sommer leben sie nach Geschlechtern getrennt gesellig in kleineren Gruppen. Die Brunft beginnt im Oktober/November, und nach einer Tragzeit von 6 bis 7 Monaten setzen die Geißen im Mai ein oder zwei Kitze, die der Mutter sofort nach Ende des Setzaktes folgen und bereits in erstaunlich kurzer Zeit gut klettern und springen können. Markhore sind angeblich die besten Kletterer.

Jagd

Auf den Matten der Hochregionen läuft die Jagd auf Markhore ähnlich der auf anderes Steinwild ab wie auf Alpensteinbock, Bezoar und Tur. Reizvoller jedoch ist die Pirsch in den Waldregionen. Dort liebt der Markhor dichtbebuschte tiefe Schluchten. Es gehört zum waidmännischen Meisterwerk, ihn dort zu erbeuten.

Kal. Gr. 3 u. 6
WA Al

Rekordtrophäe

(nach RBoTA, 1986)
Pkt: 148⅛; Hlr: 62⅜; Hll: 61⅛; Ur: 12⅛; Ul: 12; O: Himalayan Mts., Pakistan; E: Rashid Jamsheed; D: 1972

Maultierhirsch

W Odocoileus hemionus
E Mule deer
F Cerf du mulet

Unterfamilie	Trughirsche – Odocoileinae
Familie	Hirsche – Cervidae
Unterordnung	Wiederkäuer – Ruminantia
Ordnung	Paarhufer – Artiodactyla
Klasse	Säugetiere – Mammalia

Ansprechen

Mit bis zu 50 Enden ist der Maultierhirsch ein wahrer „Christbaumträger" unter den amerikanischen Trughirschen. Allerdings erreicht erst der kapitale Althirsch diese Vielendigkeit. Die Geweihe jüngerer Hirsche ähneln eher denen der Rehe, oft als klassische Sechser ausgebildet.
Die Lauscher dieses maximal 105 cm Schulterhöhe erreichenden und 75 kg starken Wildes sind außergewöhnlich groß und fallen bei rascher Flucht nach vorn. Dadurch ähnelt es sehr stark dem Maultier, wovon es denn auch ganz folgerichtig seinen Namen bekam. Man nennt den Maultierhirsch auch „Schwarzwedelhirsch"; jedoch trifft diese Bezeichnung eigentlich nur auf die Unterart des Felsengebirgs-Maultierhirsches zu. Dessen Wedel ist vollkommen schwarz behaart.

Lebensraum und Verbreitungsgebiet

Maultierhirsche sind keine Waldbewohner, wie wir es von heimischem Hirschwild gewohnt sind. Sie ziehen offene, buschbestandene Landschaften vor. Gras, Blätter und Rinde sowie Früchte von Buchen, Eichen u. a. bilden die Äsung. Das Äsungsangebot bestimmt die Winter- und Sommereinstände in den Bergen und Halbwüsten des nordamerikanischen Westens.

Verhalten

Maultierhirsche leben in kleinen Sprüngen zusammen und schließen nur im Winter zu größeren Rudeln auf. Die Brunft fällt in den Spätherbst. Die wie Rehkitze gefärbten und gefleckten Kälber kommen etwa Mitte Juni

Noch bedeckt dichter Bast das Geweih des Trughirsches, der offene Lichtungen bevorzugt

nach einer Tragzeit von acht bis neun Monaten zur Welt.

Jagd

Die Struktur des typischen Maultierhirschbiotops ist kaum einheitlich, so daß eine Pirsch auf das gut äugende Wild viele Überraschungen mit sich bringt. Die Hirsche sind stets auf der Hut vor dem Wolf; schon geringste Bewegungen im Gelände nehmen sie wahr. Erfahrene Maultierhirschjäger berichten, daß dieses Wild sich nahezu unsichtbar machen kann, sobald es einen Wolf äugt. Es harrt beim Näherkommen des Wolfes oder Jägers bewegungslos aus, um dem Gegner keinen Anreiz zu bieten. Während der Brunft ist die Rufjagd möglich. Neben dem Ansitz vor einsehbaren Lichtungen oder Berghängen ist noch die Zweierjagd üblich. Zwei Jäger, die als Partner voneinander Abstand halten, pirschen die Einstände vorsichtig bei wechselweise erfolgendem Halt an.

Kal. Gr. 2 u. 3
WA entfällt

Rekordtrophäe

(nach RBoTA, 1986)
Pkt: 180⅞; Stlr: 24⅝; Stll: 23⅜; Ur: 8⅜; Ul: 8⅜; O: Eagle, CO; E: Robert Doerr; D: 1982

Moorantilope

W Kobus kob
E Kob
F Cob de Buffon

Unterfamilie	Wasserböcke – Reduncinae
Familie	Hornträger – Bovidae
Unterordnung	Wiederkäuer – Ruminantia
Ordnung	Paarhufer – Artiodactyla
Klasse	Säugetiere – Mammalia

Ansprechen

Die grazile, etwas über rehgroße Moorantilope oder Kobantilope trägt je nach Unterart eine goldgelbe, rot- oder schwarzbraune Decke. Die hellen oder weißen Lauscher, die weiße Umgebung der Lichter und die weiße Bauchseite heben sich vor allem bei den dunkler gefärbten Unterarten kontrastreich ab. Die Böcke tragen ein leierförmiges, kräftig geringeltes Gehörn. Ansonsten ähnelt die Kobantilope sehr der Litschiantilope und der Weißnacken-Moorantilope des Sudans. Folgende Kobunterarten lassen sich gut ansprechen: Die Senegal-Moorantilope (Kobus kob kob) mit hellzimtfarbener Körperoberseite; die Weißohr-Moorantilope hat eine kastanienbraune Körperoberseite – alte Böcke sind schwarzbraun und haben weiße Lauscher und Augenringe; der Ugandakob (Kobus kob thomasi) hat eine rötlichbraune Grundfärbung mit schwarzer Zeichnung der Läufe; der Puku oder Gelbfuß (Kobus kob vardoni) hat leuchtend goldgelbe Grundfärbung ohne dunkle Kopf- oder Beinzeichnung und ein relativ kurzes Gehörn. Er kommt in Tansania, in Simbabwe und Zaïre, in Unterarten auch im Südkongo, in Njassaland und Südostangola vor. Die Schwarzfuß-Moorantilope (Adenota kob) kommt in zwölf Unterarten von Senegambien bis zum Ostsudan, von Äthiopien bis in den Süden Ugandas und Kameruns vor.

Lebensraum und Verbreitungsgebiet

Feuchte Wiesen, Röhricht und Sumpfgrasflächen bieten dem Wild das geeignete Biotop. Gräser und Kräuter dienen den Moorantilopen zur Äsung. Moorantilopen sind in allen Gegen-

Überrascht auf dem Weg zum Wasser

den verbreitet, die ihrem Biotop entsprechen – von den nordäquatorialen Staaten bis hinunter zum Süden des Schwarzen Kontinents.

Verhalten

Moorantilopen ziehen in größeren Herden. In Überschwemmungslandschaften unternehmen sie oft weite Wanderungen. Territorial gebunden, behaupten die Böcke Kleinstreviere als Brunftplätze. Trotz asaisonaler Brunft fallen die Hauptsetzzeiten mit dem Beginn der Regenzeit zusammen.

Jagd

Bei ruhiger Pirsch sollte sich der Jäger den höher gelegenen Regionen zuwenden, da die Böcke diese bevorzugt halten. Moorantilopen flüchten meist vom Wasser weg ins deckende Grasland.

Kal. Gr. 2
WA entfällt

Rekordtrophäe

(nach SCI – RBoTA, 1987)
Pkt: 65⅝; Hlr: 24⅜; Hll: 24⅝; Ur: 8; Ul: 8; O: Sudan; E: P. L. Horn II; D: 1978

Moorschneehuhn

W Lagopus lagopus
E Grouse
F Lagopède des saules

Unterfamilie	Rauhfußhühner – Tetraoninae
Familie	Fasanenartige – Phasianidae
Ordnung	Hühnervögel – Galliformes
Klasse	Vögel – Aves

Ansprechen

Im Winter sind Hahn und Henne reinweiß bis auf den schwarzen Stoß. Eine Ausnahme bildet nur die schottische Unterart, die ganzjährig ein dunkelbraun geflecktes Federkleid trägt. Die Hennen im Sommerkleid sind heller gemustert. Die Hähne im Sommerkleid sind oberseits dunkler, Bauch und Handschwingen bleiben weiß. Die Rose zeigt sich dunkelrot und wesentlich markanter ausgeprägt als bei den Hennen. Bei 38–41 cm Größe werden die Tiere zwischen 500 und 700 g schwer. Der Flügelschlag ist purrend und von Gleitphasen unterbrochen. Wenn es aufgescheucht wird, hebt das Moorhuhn den Kopf und sichert rückwärts.

Lebensraum und Verbreitungsgebiet

Beeren, Blüten, Knospen und Insekten bilden die Äsung, wobei Küken und Jungwild auf Insektennahrung angewiesen sind.
In einer Zone rund um den Nordpol kommen diese kleinen Rauhfußhühner in etlichen Unterarten vor, so in Irland, Schottland, Skandinavien, der UdSSR, Kanada, Alaska und Neufundland.

Verhalten

Moorschneehühner sind – je nach Vorkommen – Stand- oder Strichvögel. Im Mai/Juni besetzen die Hähne ihr Revier und beginnen zu balzen. Das Gelege wird in einer schlichten Mulde abgesetzt und enthält bis zu 14 Eier, woraus nach 21–24 Tagen Brutzeit die Küken schlüpfen. Hahn und Henne betreuen den Nachwuchs bis zum Flüggewerden gemeinsam.

Jagd

Vielfältig sind die Jagdmethoden auf dieses außerordentlich schmackhafte Wild. Es wird in aller Regel während Treibjagden vor die Flinten getrieben. Außerdem werden Moorschneehühner aber auch von Hunden herausgestoßen und bei Einzeljagden oder Drückjagden erbeutet. Früher fing man Moorschneehühner in Netzen, eine sehr unwaidmännische Methode, die heute nicht mehr angewendet wird.

Kal. Gr. 7 (2,5–3 mm Schrot)
WA entfällt

Das Moorschneehuhn ist schwer vom uns bekannten, etwas geringeren Alpenschneehuhn zu unterscheiden. Es hat wie alle „Rauhfußhühner" befiederte Ständer und Zehen, ist äußerst heimlich und bestens getarnt. Das Grouse, der schottische Vetter, ist dort das beliebteste Jagdflugwild. Diese Gebiete sind in fester Hand einheimischer Jagdgesellschaften

Moschusochse

W Ovibos moschatus
E Muskox
F Bœuf musqué

Gattungsgruppe	Schafochsen – Ovibovini
Unterfamilie	Ziegenartige – Caprinae
Familie	Hornträger – Bovidae
Unterordnung	Wiederkäuer – Ruminantia
Ordnung	Paarhufer – Artiodactyla
Klasse	Säugetiere – Mammalia

Ansprechen

Ein uriges Wild ist der 135–165 cm schulterhohe Moschusochse, der bis 400 kg schwer werden kann.

Aus einem unglaublich dichten dunkelbraun bis schwarz gefärbten „Wollknäuel", unter dem die stämmigen kurzen Läufe kaum zu sehen sind, droht ein massiger, mit nach unten abgebogenen, zunächst am Schädel aber anlehnenden Hörnern bewehrter Kopf. Beim Bullen bilden die Hörner die Basis eines den ganzen Oberkopf bedeckenden Helmes. Der Äser ist breit, die Lauscher sind lang und spitz. Der Moschusochse, der auch als Schafochse charakterisiert wird, kommt in drei Unterarten vor. Zuerst der Alaskamoschusochse (Ovibos moschatus moschatus), dann der Wagermoschusochse (Ovibos moschatus niphoecus) und schließlich der Grönlandmoschusochse (Ovibos moschatus wardi). Allen gemeinsam ist der starke Moschusgeruch, der dem Wild den Namen gab.

Lebensraum und Verbreitungsgebiet

Die arktischen Tundren Nordamerikas, der UdSSR, einiger Inseln des Eismeeres, Alaskas sowie Grönlands sind die Heimat der Schafochsen. Auf Spitzbergen und im Norden Skandinaviens sind sie erfolgreich eingebürgert. Die Äsung des Moschusochsen besteht aus Flechten, Weiden und anderem Weichholz. Diesem arktischen Wild wird nachgesagt, es sei der beste Futterverwerter der Welt und den harten arktischen Lebensbedingungen optimal angepaßt. Bei gleichem Gewicht braucht z. B. ein Hausrind wesentlich mehr Nahrung.

Verhalten

Moschusochsen sind Herdentiere, zumeist führen alte Kühe, doch übernimmt der alte starke Bulle den Schutz der Herde. Sehr alte und starke Bullen sondern sich von den Herden ab und treten den „Herrengesellschaften" der Jungbullen bei. Typisch für dieses nordische Wild ist die „Wagenburg", die sie bilden, wenn der Herde Gefahr droht: Das Jungwild wird in die Mitte genommen, und ringsherum stellen sich Bullen und Kühe auf, mit den Stirnwaffen nach außen. So schützt man sich gegen Wolf und Bär, denen blitzschnelle Angriffe kampferprobter Bullen drohen. Der Feind wird auf die Hörner genommen, in die Luft geschleudert und dann am Boden zerstampft. Die Brunftzeit fällt in den September. Nach 8–9 Monaten werden die Kälber in Mai/Juni gesetzt. Ein halbes Jahr werden sie von der führenden Kuh gesäugt, nehmen aber wenige Tage nach der Geburt bereits Grünnahrung zu sich.

Jagd

Moschusochsen sind vor etwa einem Jahrzehnt unter drastische Schutzmaßnahmen gestellt worden, so daß man die Bestände jetzt als gesichert ansehen kann. Es sind sogar steigende Tendenzen bei den einzelnen Vorkommen zu verzeichnen. Die Norweger taten ein Übriges und setzten das Wildtier auf Spitzbergen und auf dem Festland aus – eine Maßnahme, die Erfolg hatte. Ähnliches geschah auf den alaskischen Inseln Nuni und

„Frisch gefönt" ins Frühjahr! Das Schafrind hat das längste Haar aller Wildtiere

Nelson. Man betreibt eine umsichtige und vorsichtige Hege mit der Büchse. Gewöhnlich gilt der Abschuß dem alten Einzelgänger aus der sogenannten Eskimoquote. Die Jagd ist nicht ungefährlich, insbesondere wegen der „Wagenburg", die das Wild auch bei Annäherung des Jägers bildet. Außerdem flüchten die Tiere nicht nach dem Schuß, sondern verharren bei dem aus ihrer Mitte gefällten Stück und versuchen, es wieder aufzurichten. Erst der aus der Wagenburg heraus angreifende Bulle gibt die Möglichkeit, die Jagdbeute zu bergen. Der Schuß auf den Angreifer muß tödlich sitzen. Während der Brunft sind die Bullen besonders aggressiv und greifen an. Die Bullen kommen zwar mit der Kraft einer Dampfwalze herbei, nur schneller, können aber nicht rasch wenden, so daß ein Sprung zur Seite oft die Rettung bedeutet. Der Angriff des Moschusochsen geht somit ins Leere, und an Verfolgung denkt er meist nicht. Es genügt ihm, den Feind zunächst vertrieben zu haben.

Kal. Gr. 2 u. 3
WA entfällt

Rekordtrophäe
(nach RBoTA, 1986)
Pkt: 82⁶/₈;
O: Paulatuk, N. W. T.; E: Roy L. Mondike;
D: 1985

Moschustier

W Moschus moschiferus
E Muskdeer
F Porte musc

Unterfamilie	Moschushirsche – Moschinae
Familie	Hirsche – Cervidae
Unterordnung	Wiederkäuer – Ruminantia
Ordnung	Paarhufer – Artiodactyla
Klasse	Säugetiere – Mammalia

Ansprechen

Bei 50–60 cm Schulterhöhe gleicht dieser wiederkäuende Paarhufer einem übergroßen Hasen, dessen rehähnlicher Kopf zu klein geraten ist. Das gesamte Vorderteil des Körpers ist kleiner und niedriger als das Hinterteil.

Gleich dem Chinesischen Wasserreh (Hydropotes inermis) – siehe dort – ist der Moschusbock mit langen, nach unten weisenden Eckzähnen bewehrt, die sichtbar aus dem Äser herausragen. Geißen haben keine Hauer. Moschustiere verfügen nur über einen winzigen, dreieckigen Wedel. Die Böcke besitzen hinter dem Nabel einen Beutel, eine einmalige Erscheinung im Tierreich, aus dem sie zur Brunftzeit Moschus ausscheiden, ein stark riechendes Drüsensekret. Die Decke ist mittel- bis fast schwarzbraun gefärbt, und auf dem Rücken befindet sich rechts und links des Rückgrats eine verwaschene weißliche Fleckung. Unterbauch und Innenseite der Oberläufe sind ebenfalls weißlich.

Lebensraum und Verbreitungsgebiet

Moschustiere sind Bewohner dichter Wälder. In den innerasiatischen Hochgebirgen verbergen sie sich in den dichten Rhododendronhainen, wo sie Flechten, Gras und Kräuter äsen. Die inner- und ostasiatischen Staaten, vor allem China, sind ihre Heimat.

In der Eiszeit lebte dieses grimmig aussehende Wild auch in Europa. Aufgrund von Wiedereinbürgerungen und Schutzmaßnahmen stieg sein Bestand weltweit auf 25000 Tiere

Verhalten

Das gut steigende Wild erklettert sogar schräg stehende Bäume, um Blattknospen und Baumflechten abzuäsen. Moschuswild ist ungesellig, aber standorttreu und beachtet feste Wechsel. Den Tag verbringen sie in der selbstgescharrten Sasse mit Körperpflege. Da Moschustiere eine sehr biegsame Wirbelsäule haben, können sie dabei mit dem Äser jede Körperstelle erreichen. Ganze Büschel des brüchigen Haares werden ausgerupft, so daß darunter die nackte Haut sichtbar wird. Zum Sichern macht das Wild „Männchen" und erhebt sich auf die Hinterläufe. In der Brunft tragen die Böcke untereinander rabiate Kämpfe aus, in deren Verlauf sie sich mit den Hauern tiefe Wunden reißen. Mit dem Sekret ihrer Moschusdrüse markieren die Böcke ihre Reviergrenzen. Im Juni setzen die Geißen nach einer Tragzeit von 160 Tagen die Kitze, meist eins, seltener auch zwei.

Jagd

Die Jagd findet während der Brunft statt, weil man dann den Moschus gewinnt. Die an sich schon schwierige Jagd wird durch das Gelände der Reviere erschwert, in denen die

Dieses heimliche Wild erinnert vor allem wegen seiner großen Lauscher an einen überdimensionierten Hasen, wegen seiner äußeren Ähnlichkeit eher an ein Känguruh. Die bis zu 7 cm langen Zähne, die beim Brunftgeschehen üble Verletzungen verursachen können, erhöhen zusätzlich sein unheimliches Aussehen. Aus seinen Brunftdrüsen gewinnen die Chinesen seit Menschengedenken einen Grundstoff für die Parfümherstellung

Moschustiere ihre Fährten ziehen. Meist bekommen die Jäger nur zufälligen Anblick. Findet der Waidmann abgerupfte Haarbüschel, so ist ein Territorialbock bestätigt. Man kann sich dann am Wechsel ansetzen. Eine Stehpirsch kann ebenfalls erfolgversprechend sein. Der Waidmann sollte bergsteigerische Fähigkeiten besitzen und genau ansprechen können.

Kal. Gr. 1
WA A II

Mufflon

W Ovis orientalis musimon
E Mouflon, European m.
F Mouflon

Unterfamilie	Ziegenartige – Caprinae
Familie	Hornträger – Bovidae
Teilordnung	Stirnwaffenträger – Pecora
Unterordnung	Wiederkäuer – Ruminantia
Ordnung	Paarhufer – Artiodactyla
Klasse	Säugetiere – Mammalia

Ansprechen

Der große helle Sattelfleck auf der Decke der Widder hebt sich von der sonst braunen Grundfarbe deutlich ab und bildet die bekannte „Schabracke". Neben dem kräftigen Schneckengehörn bietet sie die besten Anhaltspunkte für das Ansprechen dieses Schafwildes. Bei 65–75 cm Schulterhöhe erreicht der Widder ein Gewicht bis 50 kg. Die Geißen sind an Maß und Masse geringer und tragen entweder nur ein kümmerliches Gehörn oder sind hornlos. Den reifen Widder schmückt außerdem noch ein Kragen, ein kräftiger Haarkranz rund um den Träger. An den Jahresringen der Schnecken ist das Alter des Widders deutlich ablesbar.

Lebensraum und Verbreitungsgebiet

Ebenen und Bergwälder oberhalb der Baumgrenze bilden die Lebensräume des Muffelwildes, auch Europäisches Wildschaf genannt. Es konnte sich jedoch nur auf Sardinien, Korsika und Zypern halten. Einbürgerungen in vielen Teilen Europas sind teilweise sehr erfolgreich verlaufen, wobei die besten Vorkommen in Deutschland, Ungarn, Jugoslawien, der CSSR und Spanien zu finden sind. Flechten, Gräser und Kräuter der alpinen Flora bilden die Äsung der Muffelwidder und -schafe. Immer wieder vorkommende Mischungen mit weidegehenden Hausschafen führten zu einem veränderten Verhalten der Wildschafe. Das Muffelwild begann Forstkulturen zu schälen, und bei ungeeignetem Boden (wenn Sand und Felsengestein fehlen) entstehen groteske Schalenmißbildungen.

Verhalten

Die größeren Rudel werden von einem Leitschaf geführt, das bei Gefahr durch einen scharfen Pfiff warnt, worauf das Rudel in hoher Flucht mit gewaltigen Sprüngen abgeht. Nach kurzem Sprint wird jedoch wieder gesichert. Muffelwild bleibt mit seinen Verfolgern immer in Sichtkontakt. Die Brunft reicht von Oktober bis November. Ernsthafte Kämpfe, wobei man den Krach aneinanderschlagender Schnecken kilometerweit hört, finden nur unter gleichstarken Rivalen statt, oft mit so großer Heftigkeit, daß die Schnecken abbrechen und selbst Verletzungen an den Schädelknochen vorkommen. Typisch ist der grunzende Brunftlaut des Widders, der außerdem die Schnecken an Baumstämme schlägt und so lautstark die Reviergrenzen absteckt. Nach einer Tragzeit von 22 Wochen setzen die Schafe zwei Lämmer.

Jagd

Muffelwild äugt ausgezeichnet und vernimmt gut. Wittert das Muffelwild den Jäger, so geht es auf weite Distanz flüchtig, wenn seine Fluchtdistanz überschritten ist. Weitschüsse in gebirgigem Revier sind erforderlich, in anderen Biotopen richtet sich die Jagd nach den für Rehwild geltenden Maximen.

Kal. Gr. 2 u. 6
WA entfällt

Rekordtrophäe
(nach RBoTA, 1986)
Pkt: 145⅝; Hlr: 40⅖; Hll: 38⅞; Ur: 9⅜;
Ul: 9⅜; O: Tschechoslowakei; E: Tillman Cavert Jr.; D: 1983

Man bestimmt an den tiefer eingeschnittenen Jahresringen der Hornkreise das Alter

Murmeltier

W **Marmota marmota**
E **Marmot**
F **Marmotte**

Unterfamilie	Hörnchen – Sciuridae
Ordnung	Nagetiere – Rodentia
Klasse	Säugetiere – Mammalia

Ansprechen

Mankei oder Mankeibär nennen die alpenländischen Jäger ihr liebstes Kleinwild. Doch haben die bis zu 8 kg schweren Murmel mit einem Bären nichts zu tun. Sie sind Nagetiere und erreichen höchstens knapp 20 cm Schulterhöhe und 60 cm Körperlänge. Der Kopf ist breit und rund, kurz sind die Gehöre und die Läufe. Die langen Nägel an den Branten kennzeichnen die gute Grabfähigkeit des Mankeis. Die Rute ist mit 15 cm recht lang. Die dichte Decke ist braun und geht am Kopf in Grau über.

Lebensraum und Verbreitungsgebiet

In den Gebirgsregionen der Alpen und anderer Hochgebirge sind die Mankeis zu Hause. Unterarten leben in den Karpaten und den Pyrenäen. Ihre Unterstände sind gewaltige verzweigte Höhlensysteme mit Gesamtlängen bis 900 m und mehr. Die am höchsten liegenden Murmelbaue liegen bei 2800 m. Wurzeln, Gräser und Kräuter bilden die Hauptäsung der Mankeis. Für den Winter legen sie sich Vorräte an. Der Alpenraum Österreichs, der Schweiz und der Bundesrepublik sowie die Karpaten, die Pyrenäen und die zentralasiatischen Steppen sind die Verbreitungsgebiete der Murmeltiere.

Verhalten

Sechs Monate des Jahres verbringen die Murmeltiere schlafend, nur unterbrochen durch notwendige „Toilettengänge". Am Schluß der Schlafperiode krönt im Mai die Ranz den Beginn der aktiven Zeit. Die Mankeis sind in Sachen Liebe großzügig, und die Kämpfe sind lediglich Scheinkämpfe, bei denen die Bären ihre Nager aneinander wetzen oder sich gegenseitig ein paar Ohrfei-

gen verabreichen. Paarungswillige Katzen werfen sich daraufhin auf den Rücken und bieten sich den Bären an. Fünf Wochen später ist der zunächst blinde Nachwuchs mit 2–7 Jungen da. Katz und Affen (Mutter und Kinder) bleiben bis Ende des nächsten Winterschlafes zusammen. Für diesen Schlaf werden die Baue dick mit Heu ausgepolstert und schließlich verstopft. Murmeltiere sind sehr wachsam, weshalb sie weite Ausblicke lieben, um so etwa einen heranstreichenden Adler – ihren ärgsten Feind – frühzeitig zu erkennen. Sie warnen einander mit grellem Pfiff, auf den alle schnellstens in die rettenden Baue schlüpfen. Neben den Sehern sind die Gehöre gut ausgebildet, mit dem Wittern hapert es jedoch.

Jagd

Murmelfett hat nach altem Aberglauben heilende Wirkung, weshalb die Mankeis stark

Nur scheinbar vor sich hindösend, genießt das wachsame „Mankei" den Ausblick. Sein Warnpfiff, und die ganze Sippe ist verschwunden!

gezehntet wurden. Heute gibt es feste Jagdzeiten und Abschußpläne. Der Jäger sitzt geduldig in geringer Entfernung hinter natürlicher Deckung verborgen, an einem vielbefahrenen Bau an. Das Mankei muß im Feuer liegen, da verletzte Tiere sonst noch den Bau erreichen und damit verloren sind.

Kal. Gr. 1 u. 7 (3 mm Schrot)
WA entfällt

Nabelschwein

W Tayassu tajacu
E Collared peccary
F Pécari à Barbe Blanc à collier

Familie	Pecaris – Tayassuidae
Überfamilie	Schweineartige – Suoidea
Ordnung	Paarhufer – Artiodactyla
Klasse	Säugetiere – Mammalia

Ansprechen

Es gibt zwei Arten des Nabelschweins, auch als Pekari bezeichnet: zunächst das Halsbandpekari (Tayassu tajacu). Die Gesamtkörperlänge dieses kleinen Schweines erreicht knapp 1 m bei 50 cm Schulterhöhe und 30 kg Gewicht. Das Halsbandpekari besitzt eine fleischfarbene Rüsselscheibe, eine braunschwarze Schwarte, bei der vor allem im Jugendkleid ein dunkler Aalstrich deutlich sichtbar ist. Der Kopf ist klein, scheint aber vergrößert durch ein gelbweißes Band, das vom Widerrist bis zur Drossel verläuft. Das Gewaff ist nicht abwärts gerichtet wie beim europäischen Schwarzwild (Sus scrofa) – siehe dort. Die Hauer sind dreikantig, sehr kräftig und scharf geschliffen. Dann das Weißbartpekari (Tayassu albirostris), das man auch Bisamschwein nennt. Es ist etwas stärker und gewichtiger im Gebäude als das Halsbandpekari. Die Schwarte ist grauschwarz oder braunschwarz beborstet. Auf der unteren Gesichtshälfte trägt es einen auffallend leuchtenden, weißen Fleck. Beide Arten teilen sich noch in mehrere Unterarten, aber allen gemeinsam ist die auf dem Rücken in einer nabelähnlichen Falte sitzende Moschusdrüse.

Das mutige Halsbandpekari ist, einmal herausgefordert, ein ernsthafter Gegner

Lebensraum und Verbreitungsgebiet

Reine Waldgebiete sowie Halbwüsten sind die Einstände des Pekaris. Als Allesfresser nimmt es Insekten, Eier von Bodenbrütern und Jungmäuse auf, nährt sich jedoch vorwiegend von pflanzlicher Kost.
Vom Südwesten der Vereinigten Staaten bis nach Mittelargentinien sind die Pekaris mit ihren vielzähligen Unterarten in den wärmeren Gebieten der Neuen Welt vertreten.

Verhalten

Die geselligen Wildschweine finden sich zu großen Rotten zusammen, in denen das ganze Jahr über Hochzeiten zwischen rauschigen Bachen und brunftigen Keilern stattfinden. Eifersucht oder Rivalität gibt es nicht. Nach 4–5 Monaten werden meist nur Zwillinge gefrischt. Im Sommer sind die Rotten nur morgens, abends und nachts unterwegs. Die kältere Jahreszeit sieht sie ganztägig auf den Läufen. Auf festen Wechseln durchfährten sie ihre Reviere. Gegen ihre Feinde verteidigen sie sich, vor allem die alten Bachen und Keiler, mit großem Mut. Mancher Mensch und mancher Jaguar mußte schon den Kampfesmut der Pekaris kennenlernen, wenn er ihnen unvorsichtigerweise zu nahe gekommen ist.

Jagd

Des wohlschmeckenden Fleisches und des vielseitig verwendbaren Leders wegen sind Pekaris ein begehrtes Jagdwild. Der waidgerechte Jäger schätzt neben dem Gewaff die farbenprächtige Schwarte. Je nach Gelände sind die Jagdarten unterschiedlich und reichen von der Einzelpirsch über den Ansitz bis zur Drück- und Treibjagd.

Kal. Gr. 1 u. 2
WA A III Guatemala,
sonst entfällt

Rekordtrophäe

Weißbartpekari (nach RBoTA, 1986)
Pkt: 15⁶/₁₆; Schl: 10¹/₁₆; Schb: 5²/₁₆;
O: Río Heath, Peru; E: Richard Dimick;
D: August 1979

Nubischer Steinbock

W	Capra ibex nubiana
E	Nubian ibex, Beden
F	Bouquetin de Nubie

Unterfamilie	Ziegenartige – Caprinae
Familie	Hornträger – Bovidae
Unterordnung	Wiederkäuer – Ruminantia
Ordnung	Paarhufer – Artiodactyla
Klasse	Säugetiere – Mammalia

Ansprechen

Dieser Steinbock Afrikas hat die wohl form-schönste Steinwildtrophäe. Die Hörner sind seitlich abgeflacht und schwingen sich in elegantem Bogen nach oben hinten und folgen dann dem Kreisbogen wieder nach oben. Hornwülste geben dem Gehörn eine solide Frontflächenstruktur. Die Böcke werden bis 85 kg schwer und erreichen Schulterhöhen bis 90 cm. Die Geißen sind in Gehörn, Maß und Masse deutlich geringer. Sie tragen nur ein schlichtes gerades Gehörn. Die Decke ist gelblichbraun gefärbt, und deutlich hebt sich, besonders beim Bock, der dunkle Aalstrich und die dunkle Schulterpartie ab. Außerdem trägt er einen prächtigen Kehlbart. Die Läufe sind deutlich schwarzweiß gezeichnet. Der Wedel ist kurz und endet in einer steifhaarigen, dunklen Endquaste. Die Lauscher sind relativ groß. Im Vergleich zum Alpensteinbock (Capra ibex ibex) – siehe dort – ist der Nubische Steinbock im Gebäude zierlicher. In den äthiopischen Hochgebirgen fährtet eine andere Art, der Abessinische Steinbock (Capra ibex waliei). Dem Nubischen ähnlich, soll er jedoch stärkere Hornbasen besitzen.

Lebensraum und Verbreitungsgebiet

Ein ausgesprochenes Gebirgswild, das von der Äsung dieser Regionen lebt, von Gräsern, Kräutern, Flechten und Jungtrieben der Berg-sträucher. Vom Wasser kann er längere Zeit fernbleiben, ohne Schaden zu nehmen. Das nördliche Äthiopien, der Ostsudan, Ägypten, Jordanien, der südl. Irak, der Sinai, in Israel das Judäische Gebirge und die Negevwüste sind seine Einstandsgebiete.

Verhalten

Die Nubischen Steinböcke leben gesellig in Herden. Die jungen Böcke bilden „Herrenru-del", während die alten meist als Einzelgänger leben. Zur Brunftzeit im Herbst und Winter nach dem Einsetzen der Regenzeit geben sie ihr Einzelgängerleben auf und gesellen sich zu den Herden.

Jagd

Es gibt heute noch gute Bestände Nubischer und Abessinischer Steinböcke. Die boden-ständige Jagd, die die Steinböcke in Afrika an den Rand der Gefährdung brachte, wurde mit schnellen Hunden betrieben, die das Wild aufstöberten und zu Stand hetzten. Der Jäger folgte zu Fuß oder mit dem berggewohnten Reitkamel. Die Hatz ging meist nicht weit, da Steinböcke dazu neigen, zu verhoffen und sich zu stellen.

Der waidgerechte Jäger geht an bekannten Wechseln auf Vorpaß, während eine Treiber-schar weiträumig das Wild anstößt. Ein Anspre-chen ist leicht möglich, da Steinwild nicht in wilder panischer Flucht abzuspringen pflegt, sondern seine Fluchtwechsel sorgfältig prüft und aussucht.

Ein mächtiger Bart und stattliche Hornsäbel verschaffen dem reifen Bock Würde und Respekt

Kal. Gr. 2 u. 6
WA entfällt

Rekordtrophäe

(nach SCI – RBoTA, 1987)
Pkt: 109⅜; Hlr: 46⅜; Hll: 46⅛; Ur: 8⅝; Ul: 8⅝; O: Sudan, Red Sea Hills; E: Dr. Ed. Chatwell; D: Januar 1968

Nyala

W Tragelaphus angasi
E Nyala
F Nyala

Unterfamilie	Waldböcke – Tragelaphinae
Familie	Hornträger – Bovidae
Unterordnung	Wiederkäuer – Ruminantia
Ordnung	Paarhufer – Artiodactyla
Klasse	Säugetiere – Mammalia

Ansprechen

Ein unter den Antilopen einmaliger „Heiligenschein" macht das zu den Waldböcken zählende Nyala unverkennbar. Hellweiß sticht die Rückenmähne, die vom Trägeransatz bis zum Wedel reicht, von der schiefergrauen Decke ab. Der Unterbauch ist bis hin zum Äser sehr lang behaart. Der Bulle wirkt mit seinem zwei bis zweieinhalbmal gewundenen Drehgehörn sehr massig. Die Kühe sind an Maß und Masse im Gebäude geringer und haben keine Stirnwaffen und keine Hals und Rückenmähne. Ihre rehbraune Decke zeigt weiße Streifungen. Das Haupt des Bullen ist braun bis schwarzbraun und weist einen V-förmigen Fleck zwischen den Lichtern auf. Die Läufe sind gelb. Je älter der Bulle wird, um so mehr schwinden die dunklen und weißen Streifen der Decke. Ausgewachsene Bullen erreichen eine Schulterhöhe bis 115 cm und ein Gewicht bis 135 kg.

Fahlbraun und wesentlich schlichter zeigt sich das in Äthiopien beheimatete Berglandnyala (Tragelaphus buxtoni) – eine zweite Art. Die Mähne ist kurz und spärlich die Zeichnung der Decke. Dünne Streifen und etliche Flecken auf den Hinterschlegeln und an den Weichen, weiße Flecken unter und neben den Lichtern, unter dem Äser und am Trägeransatz ebenfalls zwei größere weiße Flecken sind die ganze Zeichnung. Das Drehgehörn hat nur eineinhalb Windungen. Seine Ähnlichkeit mit dem Großen und Kleinen Kudu (Tragelaphus strepsiceros und Tragelaphus imberbis) – siehe jeweils dort – haben ihm den Namen Mittelkudu eingebracht. Beide Nyalaarten haben rechts und links des Gehörns zwei weiße Streifen, die

zum Nacken hin kielartig auslaufen. Der Bulle wird bis 300 kg schwer und erreicht eine Schulterhöhe von 135 cm. Er ist massiger im Gebäude als das Tieflandnyala. Die Kühe sind in Maß und Masse geringer und tragen keine Hörner.

Lebensraum und Verbreitungsgebiet

In Südostafrika gibt es einige voneinander getrennte, eng begrenzte Vorkommen der Nyalas. Sie brauchen dichte Busch- und Grassteppe bei sicherer Wassernähe. Gras, Kräuter, Triebe von Baum und Strauch sowie Obst bilden ihre Hauptäsung. Das Berglandnyala lebt in einigen Gebirgszügen Äthiopiens (Eritrea). Der Baumheidegürtel in Höhen über 3000 m gibt ihm dort die artgemäße Äsung. In den Trockenzeiten sucht es tiefere Lagen auf.

Verhalten

Beide Arten gelten als standorttreu, zeigen jedoch kein Territorialverhalten. Sie fährten in kleinen Gruppen. Eine feste Brunftzeit gibt es nicht. Hauptaktivitäten vollziehen sich vom späten Nachmittag bis zum frühen Morgen. In vom Menschen gestörten Einständen sind die Nyalas zum Nachtwild geworden.

Der Tieflandnyalabulle mißtraut seinem Gegenüber, wie das Spiel der Lauscher zeigt

Jagd

Nyalas werden erpirscht; dabei hat der Jäger den Vorteil, daß dieses Wild keine bewegungslosen Gegenstände identifizieren kann. Man schießt auf große Entfernungen. Die Jagd ist anstrengend und häufig sehr zeitraubend. Gute Kondition des Jägers ist notwendig.

Kal. Gr. 2, 3 u. 6
WA entfällt

Rekordtrophäe

(nach SCI – RBoTA, 1987)
Tragelaphus angasi – Tieflandnyala:
Pkt: 82⅛; Hlr: 31⅝; Hll: 31⅝; Ur: 9⅜;
Ul: 9⅝; O: R. S. A. Mogudu; E: Mark Kahlich;
D: 1984

Oribi

W Ourebia ourebi
E Oribi
F Ourébi

Unterfamilie	Böckchen – Neotraginae
Familie	Hornträger – Bovidae
Unterordnung	Wiederkäuer – Ruminantia
Ordnung	Paarhufer – Artiodactyla
Klasse	Säugetiere – Mammalia

Ansprechen

Das Bleichböckchen, wie die Oribis auch bezeichnet werden, ist von kräftiger rötlichbrauner Färbung, nur das Ende des kurzen Wedels ist schwarz. Auffällig sind die unter dem Lauscheransatz haarfreien, dunklen, als Drüsen ausgebildeten Hautstellen, die einen Duftstoff absondern. Das Sekret wird mit den großen Lauschern verfächelt. Bis auf die spitzen Hörnchen der Böcke ähneln sich die beiden Geschlechter sehr. Die Schulterhöhe des Bleichböckchens erreicht 60 cm, und es wird nicht schwerer als 20 kg. Ein ausgesprochen zierliches Wild also, dessen Zweitname „Bleichböckchen" wirklich keine Untertreibung oder Verniedlichung ist.

Lebensraum und Verbreitungsgebiet

Oribis lieben dicht mit Gras bestandene Buschsteppen, und sie kommen in Höhen bis 3000 m vor. Ihre Hauptäsung besteht aus Gras. Oribis sind im mittleren Afrika, ausgenommen das Kongogebiet, verbreitet.

Verhalten

In Kleinstrevieren leben die Bleichböckchen sehr standorttreu. Sie halten feste Wechsel ein und sind hauptsächlich frühmorgens, abends und bei Mondschein aktiv. Bei bedecktem Himmel, d. h. bei geringerer Hitze, äsen sie auch tagsüber. Sonst ruhen sie in der Mittagszeit im hohen Gras neben einem Felsblock oder dergleichen. Bei Gefahr drücken sie sich lange. Aufgescheucht, machen sie hohe Prellsprünge. Die Flucht geht etwa 100 m weit, dann verharren sie wieder. Eine saisonale Brunft ist nicht bekannt.

Jagd

Im Oribirevier pirscht der Jäger morgens zu einem natürlichen erhöhten Platz, um von dort aus äsende Oribis anzusprechen.
Meist wird das zierliche Wild im Verlauf einer Pirschfahrt zufällig hochgemacht. Da es sein Territorium ungern verläßt, ist die schnelle Flucht meist nur kurz. Schon nach etwa 100 m bleibt das Oribi wieder stehen, um erneut sorgfältig zu sichern.

Kal. Gr. 1
WA entfällt

Rekordtrophäe

(nach SCI – RBoTA, 1987)
Pkt: 18⅛; Hlr: 6⅛; Hll: 6⅛; Ur: 2⅝; Ul: 2⅝;
O: Zambia, Bangweulu; E: Scott R. Maier;
D: 1982

Gleich erfolgt der Alarmpfiff dieser wachsamen Zwergantilopen, und mit langen Sprüngen, die Vorderläufe steif nach vorne werfend, geht es in die Dickung

Oryx

W Oryx gazella
E Oryx, gemsbok
F Oryx

Unterfamilie	Pferdeböcke – Hippotraginae
Familie	Hornträger – Bovidae
Unterordnung	Wiederkäuer – Ruminantia
Ordnung	Paarhufer – Artiodactyla
Klasse	Säugetiere – Mammalia

Der „Südafrikaner" trägt eine der schönsten Gesichtsmasken. Er stellt sich jedem Feind

Ansprechen

Spießböcke, wie die Oryx ebenfalls bezeichnet werden, gibt es in sechs Unterarten. Allen gemein ist die einem Pferdehalfter ähnelnde schwarze Gesichtsmaske sowie das lange dunkle Gehörn, welches von der Basis her mit nach oben schwächer werdenden dicken Ringwulsten versehen ist. Nur der nordafrikanische Spießbock trägt ein in weitem Schwung nach hinten gerichtetes Gehörn, weshalb man ihm den Namen „Säbelantilope" gab. Bei dieser Unterart ist die Kopfzeichnung nur schwach. Die Decke zeigt sich mit weißer Bauchseite fahlbraun und am Träger dunkelbraun gefärbt. Nur die Endquaste des Wedels ist – wie bei allen Spießböcken – buschig und schwarz. Ganz hell gefärbt, fast weiß, ist die sagenhafte Weiße Oryx (Oryx gazella leucoryx), die früher in riesigen Herden die Wüstengebiete Nordafrikas und Arabiens bewohnte, aber heute leider – bis auf wenige Stücke – ausgerottet ist. Die Deckenfarbe der einzelnen Oryxarten ändert sich je nach Art vom Eisgrau bis zum fahlen Hellbraun mit schwarzer Umrandung. Unterbauch und Innenseiten der Lauscher sind immer weiß. Die für den Jäger interessanten Unterarten sind die Säbelantilope (Oryx gazella dammah), deren Bestand von Senegambien bis Dongo im Sudan ebenso gefährdet ist wie der des Eritreaspießbocks (Oryx gazella beisa) in Eritrea, Südnubien und Äthiopien und des Galaspießbocks (Oryx gazella gallarum) in Südäthiopien und Somalia. Keniaspießbock (Oryx gazella annectens) ist eine weitere Unterart in Kenia. Der Kilimandscharospießbock (Oryx gazella callotis) bewohnt vorwiegend Tansania und wird auch „Büschelohr-Spießbock" genannt. Der Südafrikanische Spießbock (Oryx gazella gazella) fährtet in Rhodesien bis Süd- und Südwestafrika (Namibia). Beide Geschlechter tragen die markantesten Gehörne, wobei die der Geißen schwächer sind. Der Südafrikanische Spießbock erreicht eine Schulterhöhe von 85 bis 145 cm, und sein Höchstgewicht liegt bei 225 kg. Die Geißen sind um ein Fünftel schwächer im Gebäude, an Maß und Masse.

Lebensraum und Verbreitungsgebiet

Die Spießböcke leben in wasserarmen Wüstengebieten bis hin zur Steppenlandschaft und Dornbuschsavanne. Ihre Äsung besteht vorwiegend aus Gras, doch schlagen sie auch mit den Vorderschalen saftige Wurzeln und Knollen aus dem Boden und nehmen gern Melonen und ähnliche Früchte an.

Verhalten

Das dämmerungsaktive Wild verbringt die heiße Tageszeit im Schatten. Spießböcke sind zwar standorttreu, kennen aber kein Territorialverhalten. Das Oryxwild der Wüstenregionen zieht auf der Suche nach Äsung weit umher. Die Kopfstärke der Herden hat im Gegensatz zu früheren Zeiten erheblich abgenommen. Die Buschsavannenoryx ziehen paarweise und in kleineren Trupps. Die Brunft ist ganzjährig.

Jagd

Spießböcke sind ein mutiges Wild. Bei Gefahr stellen sie sich und gehen nicht etwa hochflüchtig ab. Der vorsichtig pirschende Jäger kommt nahe an die Trupps heran, so daß er das Wild gut ansprechen kann. Es ist dennoch nicht einfach, aus einer Gruppe den stärksten Trophäenträger herauszufinden, da die Geißen ebenfalls Stirnwaffen tragen. Ihrer geringeren Masse wegen kann man sie am besten von den Böcken unterscheiden.

Kal. Gr. 2 bis 4
WA A I Weiße Oryx,
sonst entfällt

Rekordtrophäe

(nach SCI – RBoTA, 1987)
Oryx gazella dammah – Säbelantilope:
Pkt: $104\frac{7}{8}$; Hlr: $45\frac{3}{8}$; Hll: $45\frac{6}{8}$; Ur: $6\frac{7}{8}$; Ul: $6\frac{7}{8}$; O: Chad, Oum Chalouba; E: C. J. Mc Elroy; D: 1967
Oryx gazella gazella – Südafrikanischer Spießbock: Pkt: $105\frac{7}{8}$; Hlr: 45; Hll: $45\frac{1}{8}$; Ur: $7\frac{7}{8}$; Ul: $7\frac{7}{8}$; O: Namibia, Kalahari; E: C. J. Mc Elroy; D: 1969

Ozelot

W Leopardus pardalis
E Ocelot
F Ozelot

Familie	Katzen – Felidae
Unterordnung	Landraubtiere – Fissipedia
Ordnung	Raubtiere – Carnivora
Klasse	Säugetiere – Mammalia

Ansprechen

Diese ihres Pelzes wegen bekannteste amerikanische Kleinkatze kommt in ihren großen Verbreitungsgebieten unterschiedlich gefärbt und gemustert vor. Die Exemplare aus den Feuchtgebieten sind ocker- und orangegelb, die der trockenen Buschlandschaften eher grau. Gemeinsam ist ihnen das für sie so verhängnisvolle „Leopardenfell", dessentwegen sie bis vor wenigen Jahren beinahe ausgerottet wurden. Die gesamte Körperlänge beträgt bis 100 cm.

Lebensraum und Verbreitungsgebiet

Der Ozelot ist ein ausgesprochen guter Kletterer, doch macht ihn das nicht zum Waldbewohner. Er spürt nicht nur in den Buschsavannen, sondern ebenso in den großen mittelamerikanischen Urwäldern. Er lebt vorwiegend von Kleinwild, schlägt aber auch Haushühner und Kälber des Hausrinds. Von Mexiko über die mittelamerikanische Landbrücke bis Brasilien, Argentinien, Nordchile und die Andengebiete Chiles reicht sein Verbreitungsgebiet.

Verhalten

Die buntgefleckten Kleinkatzen halten paarweise feste Reviere besetzt. Beide Partner markieren ihr Revier mit Urinspritzern. Dieses Verhalten behalten Ozelots selbst in Gefangenschaft bei, so daß sie sich als Haustiere kaum eignen.
Eine feste Ranzzeit ist nicht bekannt. Nach 70 Tagen Tragzeit werden meist 2–4 Junge geworfen. Ozelots sind nicht wasserscheu und halten sich gern in Bäumen auf, wo sie zumeist auch ruhen.

Jagd

Ursprünglich war der Ozelot sehr häufig anzutreffen; des wertvollen Rauchwerks wegen wurde er aber stark verfolgt. Der Waidmann jagt ihn mit Hunden. Die Meute spürt ihn auf und hetzt ihn zu Stand, bis er sich auf einem Baum zu entziehen sucht.
Der Jäger muß durch dick und dünn folgen, was eine gute Konstitution voraussetzt, zumal in den tropischen und subtropischen Klimazonen.

Kal. Gr. 2
WA AI

Der Ozelot ist heute in vielen Regionen Mittel- und Südamerikas durch gewissenlose Wilddiebe und Geschäftemacher ernstlich gefährdet. Der verantwortungsbewußte Jäger verzichtet deshalb auf seine Bejagung

Pampashirsch

W Odocoileus bezoarcticus
E Pampas deer
F Cerf de pampas

Unterfamilie	Trughirsche – Odocoileinae
Familie	Hirsche – Cervidae
Unterordnung	Wiederkäuer – Ruminantia
Ordnung	Paarhufer – Artiodactyla
Klasse	Säugetiere – Mammalia

Ansprechen

Der Pampashirsch, auch Kamphirsch genannt, hat ein rehähnliches Geweih, meist ein Sechser mit weiter Vereckung.
Die Hirsche erreichen eine Schulterhöhe von 75 cm und Gewichte bis 50 kg. Dieses

Einmal beunruhigt, schleichen sich diese Trughirsche lautlos aus der Gefahrenzone

amerikanische Haarwild wirkt schlank und hochläufig; das Haarkleid ist fest, bei starker Unterwolle und in sich gewellten Grannen. Auffallend ist der deutliche Haarwirbel in der Mitte des Rückens.

Lebensraum und Verbreitungsgebiet

Der Kamphirsch wird in den offenen Steppengebieten Südamerikas immer mehr zurückgedrängt. Als Kulturflüchter weicht er der Landwirtschaft und der vorrückenden Haus- und Weidetierhaltung in unwegsame Geländeregionen aus.

Panda, Kleiner

Der hochbeinige Kamphirsch gilt als typischer Bewohner des offenen Graslandes

Kräuter, Gräser, Zweige und junge Triebe bilden seine Hauptäsung.

Verhalten

Pampashirsche trifft man in kleinen Rudeln oder auch nur paarweise an. Zur Brunft kommt es zu intensiver Paarbildung, die bis über die Aufzucht der Kitze bestehen bleibt. Die Kitze sind schokoladenbraun gefärbt mit vier weißen Flecken. Sie genießen den Schutz beider Elterntiere, die sich z. B. bei Feindberührung krank stellen und den Gegner so vom Kitz fortzulocken versuchen. Der Pampashirsch riecht, besonders während der Brunft, intensiv nach Knoblauch, wofür seine Zwischenzehendrüsen verantwortlich sind.

Jagd

Dieses Wild flüchtet in langen flachen Sätzen. Nach etwa 200 m verhofft die Gruppe und sichert zurück. Pirsch und Ansitz bringen Waidmannsheil.

Kal. Gr. 2 u. 3
WA A I

Rekordtrophäe

(nach RBoTA, 1986)
Pkt: 63⅜; Stll: 12; Stlr: 12; Ur: 5⅜; Ul: 5⅜;
EZ total: 6; O: Paraguay; E: Robert W. Kubick;
D: Juli 1984

W	**Ailurus fulvens**
E	**Panda**
F	**Panda**

Familie	Katzenbären – Ailuridae
Überfamilie	Marder- und Bärenartige – Arctoidea
Unterordnung	Landraubtiere – Fissipedia
Ordnung	Raubtiere – Carnivora
Klasse	Säugetiere – Mammalia

Ansprechen

Der Kleine Panda oder Katzenbär ist eng verwandt mit dem Großen Panda oder Bambusbär (Ailuropoda melanoleuca), dem Nationaltier der Chinesen. Er ist im Vergleich mit dem Bambusbären ein Zwerg, denn er wiegt nur 3–4,5 kg und wird höchstens 112 cm lang. Die Branten sind bärenartig mit scharfen Krallen bewehrt, die Decke ist langhaarig, weich und oberseits rostbraun, auf der Bauchseite schwarz gefärbt. An der buschig behaarten rötlichbraunen Rute fallen die hellbraunen Streifen auf. Niedlich wirkt der hellfarbene runde Kopf mit den braunen Sehern und den innerseits weißen Gehören.

Lebensraum und Verbreitungsgebiet

Weite Gebiete des süd- und südöstlichen Himalajas sind die Heimat des Kleinen Pandas, der dort in Bergwäldern und Bambusdickichten bis in Höhen von 4000 m lebt. Bambusschößlinge sind seine Hauptnahrung, doch greift er auch Kleinwild und ernährt sich gern von saftigen Wurzeln und Früchten.

Verhalten

Die Tagesstunden verschläft der hitzeempfindliche Kleinbär meist in Astgabeln oder in Erdhöhlen. Nachts ist er als Einzelgänger in seinem Revier unterwegs, das er fest besetzt hält. Die Grenzen markiert der Katzenbär mit einem moschusähnlichen Sekret aus der Analdrüse.
Im Frühjahr bringt die Bärin 2–4 Junge zur Welt. Der Kleine Panda führt ein beschaulich anmutendes Dasein, er wäscht sich gern und

ißt manierlich mit den Vorderpranken. Erschreckt oder eingeengt, entwickelt er sich zu einem Kämpfer, der mit Branten und Krallen gefährliche Hiebe austeilt und beißt.

Jagd

Der Katzenbär ist auf der Pirsch nicht leicht zu entdecken, und der Jäger sollte sich auf dicke, starke Bäume und deren Astgabeln konzentrieren. Gelegentlich werden Hunde eingesetzt, die den am Boden schlafenden Katzenbären zum Aufbaumen zwingen. Dann kann ihn der Jäger mit gezieltem Schuß herunterholen.

Kal. Gr. 1 und 7 (4 mm Schrot)
WA A II

Die rostroten Flecke unter den klug dreinblickenden Sehern verleihen dem Kleinpanda etwas Clownhaftes

Puma

W Felis concolor
E Puma
F Cugar

Gattungsgruppe	Kleinkatzen – Felini
Familie	Katzen – Felidae
Unterordnung	Landraubtiere – Fissipedia
Ordnung	Raubtiere – Carnivora
Klasse	Säugetiere – Mammalia

Ansprechen

Obwohl er noch zu den Kleinkatzen zählt, erreicht der Puma, auch Berg-, Silberlöwe oder Cougar genannt, recht beachtliche Maße. Ein starker Silberlöwe kann bis 200 cm lang und bis 70 kg schwer werden bei einer Schulterhöhe bis 85 cm. Der Kopf ist relativ klein, der Körper schlank, aber kräftig, die runde Lunte ist lang. Die Decke variiert von Silbergrau bis Rot. Die Spitze der Rute ist schwarz, ebenso ein Fleck über dem Mundwinkel.

Der Silberlöwe, der die Größe des afrikanischen Leoparden erreichen kann, ist ein wichtiger Regulator, insbesondere bei Überpopulation in Hirschrevieren

Lebensraum und Verbreitungsgebiet

Der Puma bewohnt weite Teile Nord-, Mittel- und Südamerikas. In den dichten Dschungeln Brasiliens spürt er ebenso wie in den Pampas Argentiniens, Boliviens oder den Felsengebirgen Nordamerikas, in denen er bis zur Höhe der Baumgrenze hinaufsteigt. Von der Maus bis zum Wapiti fällt ihm fast jedes Wild zur Beute. Eine Untersuchung von Hornocker zeigt, daß drei Viertel der erbeuteten Wapitis jung oder überaltert waren. Als „Viehräuber" wurde und wird er teils noch gnadenlos verfolgt, fast bis zur Ausrottung. Die heutigen nordamerikanischen Bestände werden auf 5000 Stück geschätzt.

Verhalten

Pumas sind Einzelgänger und bewohnen ein festes Revier. Die Beute wird angepirscht, nach langen Sprüngen ergriffen und geschlagen. Ähnlich dem Geparden, ist der Puma ein Sprinter, aber nur für Kurzstrecken. Verfehlt er eine Beute, wiederholt er den Angriff nicht. Besonders markant sind die Hochsprünge, die den Puma befähigen, mit einem Sprung aus dem Stand mühelos eine 7 m hohe Astgabel zu erreichen. Der Silberlöwe beherrscht die „Baumjagd" meisterhaft und „fliegt" geradezu von Baum zu Baum. Die Ranz ist asaisonal, also an keine bestimmte Jahreszeit gebunden. Heiße Katzen werden von den Kudern heftig umworben. Paare, die sich zusammengefunden haben, benehmen sich gegeneinander ausgesprochen zärtlich. Nach knapp drei

Nicht beunruhigt, ist die Katze auch während des Tages auf Beute unterwegs

Monaten werden die Jungen in einem gepolsterten Lager geworfen. Um die zunächst noch blinden Kleinen kümmert sich der Kuder nicht.

Jagd

Der Puma drückt sich gern, vor allem im Geäst der Bäume. Es ist nicht einfach, ihn zu Gesicht zu bekommen. Schon mancher Jäger pirschte ahnungslos unter einem Puma hinweg. Erfolgreich ist die Jagd mit Hunden, die den Puma ausmachen, ihn zum Aufbaumen zwingen und seine Flucht vermelden. Besonders reizvoll ist die Winterjagd in den Rocky Mountains Pumaspuren werden mit hochläufigen Bracken ausgegangen – der Jäger folgt am besten zu Pferd. Baumt die Katze dann auf, kann man sie auf geringe Schußdistanz erlegen. Angeschossene Pumas können dem Jäger jedoch gefährlich werden. Sie konzentrieren ihre Angriffe auf Nacken und Schulterpartie.

Kal. Gr. 2 u. 3
WA A I Florida, Costa Rica,
ostamerikanische Arten,
A II alle sonstigen Arten

Rekordtrophäe

(nach RBoTA, 1986)
Pkt: 15⁸/₁₆; Schl: ⁹/₁₆; Schb: 6²/₁₆; O: Socorra Co., NM; E: Edwin E. Finkbeiner;
D: 1984

Rappenantilope

W	**Hippotragus niger**
E	**Sable Antelope**
F	**Hippotragus noir**

Unterfamilie	Pferdeböcke – Hippotraginae
Familie	Hornträger – Bovidae
Unterordnung	Wiederkäuer – Ruminantia
Ordnung	Paarhufer – Artiodactyla
Klasse	Säugetiere – Mammalia

Ansprechen

Die Rappenantilope, auch Sable-Antilope genannt, ist einem trockenen Rapphengst nicht unähnlich. Im Jugendalter dunkelbraun, wird die Decke mit zunehmendem Alter dunkler bis pechschwarz, besonders beim alten Bullen, den außerdem noch eine schwarze Nackenmähne ziert. Die Partie um die Lauscher ist bräunlicher, während Bauch- und Unterseite des Wedels weiß sind. Gekrönt wird die elegante Erscheinung des Bullen von einem schwarzen, in weiter Linienführung nach oben und hinten gebogenen Gehörn. Die Kühe sind geringer an Maß und Masse und haben schwächer aufgesetzt. Das Gewicht liegt zwischen 200 und 220 kg beim ausgewachsenen Bullen, der mit seiner imposanten Schulterhöhe von 145 cm zu den Großantilopen gerechnet wird. Hornlängen bis 130 cm sind keine Seltenheit. Die Riesenrappenantilope (Hippotragus niger varani) überschreitet diese Maße erheblich. Hornlängen über 160 cm sind häufig.

Lebensraum und Verbreitungsgebiet

Rappenantilopen lieben dichte Waldungen mit eingesprengten Gras-, Buschbeständen und Wasserstellen. Streng meiden sie offene Graslandschaften und Steppen. Gras bleibt die Hauptäsung dieser Antilopen, das sie gelegentlich durch Gezweig ersetzen. Tansania, Simbabwe, Sambia und Mosambik sind ihre Hauptverbreitungsgebiete.

Verhalten

Die schwarzen Recken unter den Antilopen Afrikas sind sehr reviertreu. Innerhalb ihres Verbreitungsgebietes markieren die Bullen durch geknickte Zweige die Grenzen, die sie gegen Eindringlinge heftig verteidigen. Während der Brunft, die jahreszeitlich verschieden ausfällt, versucht der Bulle, die Kuh durch Schnauben und Hornschwünge auf seinem Territorium zu halten. Die über Jahre gehaltenen Einstände werden nur wegen Wasser- oder Äsungsmangels aufgegeben.

Jagd

Das gut äugende Wild ist nicht einfach anzupirschen. Man muß sich lange vor den Hauptaktivitätszeiten, frühmorgens und nachmittags, ins Revier begeben. Kommt der Jäger zu Anblick, muß er weiten Abstand halten und versuchen das Stück anzusprechen. Wird das Wild vergrämt, flüchtet es in größeren Trupps. Die Rückkehr läßt dann lange auf sich warten. Die Standbullen der Hauptterritorien sind jagdbar und im besten Alter, doch stehen die von der Trophäe her stärkeren Bullen meist am Rand, worauf der Waidmann sein Hauptaugenmerk richtet. In die Enge getriebene Rappenantilopen greifen rasch und wild an. Es ist immer gefährlich, an ein waidwund geschossenes Tier nahe heranzutreten. Bevor man den Schuß abgibt, muß man das eigenartige Verhalten der Rappenantilopen kennen, da sie oft abrupte Bewegungen und Richtungsänderungen vollziehen.

Kal. Gr. 3. u. 4
WA A I Riesenrappenantilope, sonst entfällt

Rekordtrophäe

Hippotragus niger varani – Riesenrappenantilope:
Pkt: 139; Hlr: 59⅛; Hll: 59⅛; Ur: 10; Ul: 10; O: Angola; E: George W. Parker; D: 1952

Hippotragus niger niger – Rappenantilope:
Pkt: 124⅝; Hlr: 52⅛; Hll: 52; Ur: 10; Ul: 10⅛; O: Zambia, Muldoczi; E: Fred Rademeyer; D: 1968

Ein seltenes Familienfoto: Argwöhnisch sichert der pechschwarze Bulle, während die „Gattin" vertraut unter seinem Schutz weiteräst

Rebhuhn

W Perdix perdix
E Grey pardridge
F Perdrix grise

Unterfamilie	Feldhühner – Perdicinae
Familie	Fasanenartige – Phasianidae
Ordnung	Hühnervögel – Galliformes
Klasse	Vögel – Aves

Ansprechen
Das kleine, aber lebhafte Feldhuhn der Fasanenfamilie wird kaum 34 cm groß, besitzt rundliche Schwingen und einen kurzen, rotbraunen Stoß. Stingel und Brust sind grau. Beim Hahn fällt der dunkelbraune, hufeisenförmige Brustschild auf. Die Wangen sind orangefarben, Scheitel, Rücken und Schwingendekken präsentieren sich braungefleckt, die Flanken unregelmäßig grau- und rostfarben gestreift. Das Flugbild zeigt beim gleitenden Vogel tief gebogene Schwingen. Der Schwirrflug wird vom Start weg mit „Reb-reb-reb-Rufen" begleitet.

Lebensraum und Verbreitungsgebiet
Die Kultursteppen nahezu ganz Europas sowie Ödland und Moore sind die Heimat des Rebhuhns. Die Äsung besteht aus Pflanzenkeimen, Gras, Getreidesamen, Kerbtieren und Insekten. Bestände gehen zurück.

Verhalten
Rebhühner führen eine monogame Dauerehe und halten vom Hahn besetzte Reviere strikt ein. Die Rebhähne balzen im März. Das Gelege besteht aus 10–20 Eiern, die nur von der Henne bebrütet werden, während der Hahn mißtrauisch sichernd Wache hält. Die kampflustigen Hähne brauchen ein optisch abgegrenztes Revier, da sie sich ohne natürliche Sichtblenden dauernd gegenseitig bekämpfen in der Meinung, einen Rivalen vor sich zu haben. Hierbei vergessen sie das Wachehalten. Die Veränderung der Landschaft durch die intensive Kultivierung großer dekkungsloser Flächen schadet daher dem Rebhuhn ganz besonders. Durch Spritzmittel

werden die Rebhühner zusätzlich stark dezimiert. Das Nest für die einfarbig olivbraunen Eier wird gern an Feldrainen oder Grabenrändern versteckt. Nach 25 Tagen schlüpfen die Küken, die mit 16 Lebenstagen bereits fliegen können und in den ersten Lebenswochen Eiweißnahrung (Insekten) benötigen. Im Frühling löst sich der Familienverband vor der Balz auf.

Jagd
Der waidgerechte Rebhuhnjäger verhört die Hühner bereits am Vorabend. Die Hähne markieren durch häufige „Kiereck"-Rufe dem Waidmann ihr Revier. Die bestätigten Standorte werden am nächsten Tag mit wenigen Jägern und guten Vorstehhunden bejagt. Der Hund mit guter Nase steht vor und verweist dem Jäger das Wild. Mit fortschreitender Jahreszeit verlieren die Gesperre den Hang,

Einträchtig genießen Hahn (rechts mit dunkelbraunem Brustfleck) und Henne den Frühling

sich zu drücken. Sie „stehen" frühzeitig und weit auf. Jedes aufstehende Rebhuhn wird einzeln beschossen. In ein aufstehendes Gesperre hineinzuschießen ist höchst unwaidmännisch. Angeschossene Hühner versuchen sich erneut zu drücken. Daher ist die Nachsuche, am besten einige Stunden nach der Jagd, unbedingt Pflicht. Heute ist größte Zurückhaltung bei der Bejagung geboten.

Kal. Gr. 7 (2,5 mm Schrot)
WA entfällt

Rehantilope

W Pelea capreolus
E Vaal Rhebok
F Vaal Rhebouk

Unterfamilie	Riedböcke – Reduncinae
Familie	Hornträger – Bovidae
Unterordnung	Wiederkäuer – Ruminantia
Ordnung	Paarhufer – Artiodactyla
Klasse	Säugetiere – Mammalia

Ansprechen

Diese Antilope erinnerte die eingewanderten Buren an das heimische Rehwild, und so nannten sie dieses Wild „Vaalribbok". Mit 75 cm Schulterhöhe gleicht es in der Größe in etwa dem europäischen Rehwild. Die Böcke tragen jedoch ein spitzes, leicht nach vorn weisendes Gehörn. Die Decke ist kaninchenartig dicht, wollig behaart und von graubrauner bis grauer Farbe. Die Unterpartie ist weiß, der Wedel unterseits ebenfalls weiß, an der Oberseite gelblich und insgesamt ein wenig buschig.

Lebensraum und Verbreitungsgebiet

Grasige Hügel und Berge bis zu den Kuppen hinauf sind die Einstände der Rehantilopen, wo sie Gras, Kräuter und junge Blätter zu ihrer Äsung finden. Rehantilopen sind nur in der Republik Südafrika verbreitet, und zwar vorwiegend im Südosten.

Verhalten

Die Böcke halten ihre Reviere ganzjährig und verteidigen sie hart gegen Rivalen. Doch benützen die Rehantilopen nur „friedliche" Mittel zur Markierung: Losung und Nässen, worin ein deutlich zu witterndes Sekret enthalten ist. In der jahreszeitlich nicht festgelegten Brunft führen die Böcke lediglich Scheinkämpfe gegeneinander, wobei sie sich nicht einmal berühren. Aber dennoch: Ihre Drohgebärden führen zum Ziel.

Jagd

Das Sehvermögen der tagsüber aktiven Rehantilopen gilt als sehr gut; sie nehmen Bewegungen bereits auf Entfernungen von 500 m wahr. Auf Distanzen von 150 m unterscheidet der „Wachhabende" bereits, wer sich heranschleicht, Mensch oder Leopard. Wie immer wird der Jäger versuchen, in den entsprechenden Revieren bei Ausnützung guter Deckung und guten Windes möglichst ungesehen so nah wie möglich an die Rehböcke heranzukommen. Einzelnstehende Böcke sind immer hochjagdbar. Junge Böcke, die sich noch nicht festgelegt haben, sollte der verantwortungsbewußte der Natur und ihrem Schutz stets eng verbundene Jäger leben lassen. Die beste Jagdzeit ist der allererste Morgen, noch vor Tau und Tag.

Kal. Gr. 1 u. 2
WA   entfällt
Rekordtrophäe
(nach SCI – RBoTA, 1987)
Pkt: 26⅝; Hlr: 11; Hll: 11; Ur: 2⅜; Ul: 2⅜; O: R. S. A., Durban midlands; E: T. W. Soboslay M. D.; D: 1981

Bereits auf Distanzen von 500 m nehmen diese Antilopen Bewegungen wahr. Für den Waidmann eine reizvolle Herausforderung

Rehwild

W Capreolus capreolus
E Roe deer
F Le Chevreuil

Unterfamilie	Trughirsche – Odocoileinae
Familie	Hirsche – Cervidae
Unterordnung	Wiederkäuer – Ruminantia
Ordnung	Paarhufer – Artiodactyla
Klasse	Säugetiere – Mammalia

Ansprechen

Zwischen den großen Lauschern hat der Rehbock ein gut geperltes Sechsergehörn. Im Winter eher grau, zeigt die Decke im Sommer eine rotbraune bis rote Farbe. Bei einer Schulterhöhe von 60 bis 80 cm erreichen Rehe Gewichte zwischen 15 und 27 kg im Westen bis hin zu 50 kg im Osten des Verbreitungsgebietes. Der weiße Spiegel um den winzigen Wedel kann bei Flucht weit gespreizt werden. Innerhalb der Sprünge gilt er als Signal für drohende Gefahren. Schwarzes Rehwild ist ebenso möglich wie albinotische, reinweiße Stücke. Schon Hermann Löns beschrieb das schwarze Rehwild der Lüneburger Heide. Die Geißen bleiben gehörnlos und sind an Maß und Masse geringer als die Böcke. Die Gehörne wachsen als Spießergehörn, es folgt die Gabelform, die vom fertigen Sechser- oder dem seltenen Achtergehörn abgelöst wird. Das Sibirische Rehwild (Capreolus capreolus pygargus) ist in Gebäude und Gehörn wesentlich stärker und massiver und kann ein Gewicht bis über 50 kg erreichen.

Lebensraum und Verbreitungsgebiet

Ideale Einstände für Rehwild bieten gebüschreiche Parklandschaften sowie Laub- und Mischwälder mit Unterwuchs und Lichtungen. Rehe sind keine Kulturflüchter und haben sich an die Kultursteppen der landwirtschaftlich genutzten Böden gut angepaßt. Diese kleinen Cerviden lieben geradezu das Ackerland, Wiesen und Weiden, und selbst im Gebirge findet man sie noch bis zur oberen Baumgrenze. Rehe sind Feinschmecker, sie äsen selektiv Gräser, Kräuter, junge Triebe, Pilze

Breite Rosen, gute Perlung: Ein kapitaler Sechserbock, der hier für den Fotographen zu posieren scheint

und vor allem Kulturpflanzen wie junge Saat und Klee. Mit Ausnahme von Irland und dem Norden Skandinaviens ist das Rehwild über ganz Europa und Eurasien verbreitet.

Verhalten

Rehwild lebt nicht gerade gesellig, abgesehen von den größeren Wintersprüngen, die sich wegen der kargen Äsung zusammenfinden. Ricken halten sich wie die Böcke mit ihren Kitzen fest an die sich überlappenden Einstände. Vom Einstand zu den Asungsflächen ziehen die Rehe auf festen Wechseln. Der Tagesablauf wird von einem Zyklus bestimmt, der aus Äsen, Ruhen und Wiederkäuen, Spielen und Körperpflege besteht. Mit Beginn der Brunft zwischen Mitte Juni bis Mitte August finden zwischen den Böcken heftige Auseinandersetzungen statt. Diese Kämpfe enden oft tödlich. Die Ricken locken die Böcke durch ständiges Kreisen, wodurch in den Kulturen die sogenannten „Hexenringe" entstehen. Erst im nächsten Mai/Juni werden nach einer Tragzeit von 11 bis 12 Monaten Kitze gesetzt. Über den Winter entwickelt sich der Fötus nicht weiter, da eine Eiruhe dies verhindert. Ricken reagieren auf den Angstschrei der Kitze sofort und verteidigen den Nachwuchs durch heftige Schläge mit den Vorderschalen, vorwiegend gegen den Fuchs. Im Spätherbst werfen die

Böcke das Gehörn ab und schieben es im kommenden Frühjahr erneut.

Jagd

Meist erbeutet man das zum Niederwild gehörende Rehwild auf dem Ansitz. Rehwild wird durch das Verfegen der Böcke an jungen Baumstämmen bestätigt. Diese Fegestellen finden sich rund um den Einstand eines Bockes und geben dem Jäger ein sicheres Erkennungszeichen für die Anwesenheit des Rehbocks. Die Pirsch wird mehr verharrend als gehend vollzogen, denn es verlangt hohes jägerisches Können, den Bock und sein Alter zu bestätigen. Rehwild hat fein ausgebildete Sinne und versteht es meisterhaft, sich zu drücken. In der Brunftzeit kann man den Bock mit Blatten überlisten. Wichtige Ansprechmerkmale sind nicht nur die Vereckung des aufgesetzten Kopfschmucks des Bocks sowie Rosenstärke und Benehmen, sondern der gesamte Eindruck (Trägerstärke, Haarfärbung).

Kal. Gr. 1 u. 2
WA entfällt

Rekordtrophäe

(nach RBoTA, 1986)
Pkt: 59⅖; Stlr: 9⅝; Stll: 9⅝; Ur: 10⅛; Ul: 5⅝; O: Gyula, Ungarn; E: Manfred O. Schroeder; D: 1955

Alt oder jung? In vielen Fällen schwer zu sagen. Der alte Bock verfegt zuerst und verfärbt zuletzt

Riedbock

W Redunca redunca
E Bohor Reedbuck
F Cobe de roseaux

Unterfamilie	Riedböcke – Reduncinae
Familie	Hornträger – Bovidae
Unterordnung	Wiederkäuer – Ruminantia
Ordnung	Paarhufer – Artiodactyla
Klasse	Säugetiere – Mammalia

Ansprechen

Anmutig von Gestalt, erreichen Riedböcke etwa 95 cm Schulterhöhe und 75 kg Gewicht. Die rotbraune Decke ist zur Unterseite scharf weiß abgesetzt, die Drossel weiß wie die Wangen, die Innenseiten der Lauscher und der Ring um die Lichter. Das Gehörn ist an der Basis stark, dicht geringelt und schwingt in einem Bogen nach vorn – ein Rehbock mit nach vorn gehobelten Kruken. Durchgehend fahl gefärbt und mit geringer aufgesetztem Gehörn zeigt sich der in drei völlig getrennten Arten vorkommende Bergriedbock (Redunca fulvurofula). Deutlich stärker an Maß und Masse, aber ähnlich fahl gefärbt ist der Großriedbock (Redunca arundinum). Allen gemeinsam ist die Unterohrdrüse.

Lebensraum und Verbreitungsgebiet

Alle drei Riedbockarten lieben das Grasland, brauchen aber die Nähe von Wasserstellen. Sie sind reine Grasäser. Im Sudan, in Äthiopien, Zaïre, Tansania und Ruanda lebt der Großriedbock. Der Riedbock, den man auch Isabellantilope nennt, zieht in der Sahelzone bis Äthiopien im Norden und in Simbabwe im Süden des Kontinents seine Fährten, während man den Bergriedbock nur in den gebirgigen Gegenden im Südosten und im Sudan findet.

Verhalten

Riedböcke sind sehr reviertreu. Starke Böcke markieren ihr Revier und verteidigen von dort aus bis zu fünf der umliegenden Geißenreviere. Jungböcke bilden „Herrenrudel". Die

Der Platzbock durchmißt sein Revier

Brunft verläuft asaisonal. Bei Gefahr stoßen die Riedböcke einen schrillen Pfiff aus. Gewöhnlich drückt sich das Wild. Die Flucht selbst wird bis zum letzten Moment aufgeschoben, trägt dann aber einen lustig wirkenden Schaukelpferdcharakter und wird gelegentlich bis ins Wasser hinein fortgesetzt. Dort drückt sich das Wild so unter Wasser, daß nur noch das Haupt herausragt.

Jagd

Der Jäger macht sich den Umstand zunutze, daß dieses Wild möglichst rasch an seinen Standort zurückkehrt. Ein einmal bestätigter Bock, der vergrämt abgesprungen ist, wird mit ziemlicher Sicherheit am nächsten Tag an derselben Stelle wieder anzutreffen sein. Hier kann sich der Jäger ansetzen und auf die Riedböcke warten, die in der Morgen- und Abenddämmerung aktiv werden.

Kal. Gr. 1 u. 2
WA entfällt

Rekordtrophäe
(nach SCI – RBoTA, 1987)
Redunca redunca cottoni
Pkt: 42⅝; Hlr: 15⅞; Hll: 16⅝; Ur: 5; Ul: 5⅛; O: Sudan, Gemmeita; E: Michelle Rosenbruch; D: 1982

Selten ist das Territorialverhalten besser zu erkennen, als im Zusammenleben der Riedböcke. In der Grassavanne stecken sie ihr Gebiet im Umkreis von 200 bis 300 m deutlich ab und sichern des öfteren minutenlang

Roan

W Hippotragus equinus
E Roan Antelope
F Antilope Rouanne

Unterfamilie	Pferdeböcke – Hippotraginae
Familie	Hornträger – Bovidae
Unterordnung	Wiederkäuer – Ruminantia
Ordnung	Paarhufer – Artiodactyla
Klasse	Säugetiere – Mammalia

Pferdeantilopen sind sehr aufmerksam. Bullen verteidigen sich auf den Knien

Rothirsch

W Cervus elaphus
E Red deer
F Cerf rouge

Familie	Hirsche – Cervidae
Unterordnung	Wiederkäuer – Ruminantia
Ordnung	Paarhufer – Artiodactyla
Klasse	Säugetiere – Mammalia

Ansprechen

Die drittgrößte Antilope Afrikas, die Roan- oder Pferdeantilope, erreicht 150 cm Schulterhöhe und wird ihrem Namen durchaus gerecht. Die gelblichbraune und dunkelgesäumte Nackenmähne unterstreicht die Ähnlichkeit mit einem Pferd. Die Decke ist rötlichbraun mit weißer Unterseite. Das Gesicht ist schwarz, die schmalen spitzen Lauscher weisen dunkelbraune Haarspitzen auf. Beide Geschlechter haben ein stabil wirkendes, rundlich nach hinten schwingendes Gehörn, das von der Basis an dicht mit Ringwulsten besetzt ist. Starke Bullen erreichen ein Gewicht bis 275 kg. Die Kühe sind in Gebäude und Kopfschmuck an Maß und Masse bis zu einem Fünftel geringer.

Lebensraum und Verbreitungsgebiet

Galeriewälder und lichte Gehölze, offenes Baum- und Savannenbuschland sowie Wassernähe sagen den Pferdeantilopen besonders zu. Man trifft sie noch in Höhen bis 2000 m an. Junges Laub von Baum und Strauch bildet die Hauptäsung, die durch zweimaliges Schöpfen am Tag aufbereitet wird. Verbreitungsgebiete der Pferdeantilopen, die in mehreren Unterarten ihre Fährten ziehen, sind Gambia bis Kamerun sowie Zentralafrika, Uganda, südlicher Kongo und Angola.

Verhalten

Roans halten Territorien bis zu mehreren hundert Hektar besetzt, in welchen einzelne Bullen ihr entsprechend kleines, durch herabgeknickte Zweige markiertes Revier haben. Dieses Revier verteidigen sie gegen jeden Rivalen, indem sie kniend nach Antilopenart mit gegeneinander gepreßten Hornwulsten ihre Kräfte messen. Erschrecken Roans, geben sie dies durch ein pferdeartiges Schnauben kund. Geflüchtet wird in Reihe unter Führung einer alten, erfahrenen Kuh. Der Bulle bildet die Nachhut und greift den Gegner mutig an. Die Brunft findet das ganze Jahr über statt, gesetzt wird ein Kalb, das der führenden Kuh sofort folgt. In Trocken- und Notzeiten bilden sich Herden mit bis zu 50 Köpfen. Die Führung hat ein alter, erfahrener Bulle.

Jagd

Vormittags und nachmittags sind die Roans in kleinen Trupps auf den Läufen. Da sie ihre Großterritorien nicht verlassen, ist eine ruhige, gemächliche Pirsch meist erfolgreich. Nicht die Territorialbullen bringen die Rekordtrophäen, der Jäger wird sich auf abseits stehende Einzelgänger konzentrieren. In die Enge getriebene oder angeschossene Bullen greifen an und können mit ihren spitzen Hörnern gefährliche Wunden schlagen; das muß der Jäger beachten, falls eine Nachsuche oder ein Fangschuß nötig ist.

Kal. Gr. 2 u. 3
WA A II

Rekordtrophäe

(nach SCI – RBoTA, 1987)
Pkt: 81⅝; Hlr: 29⅝; Hll: 28⅝; Ur: 11⅞; Ul: 11⅛; O: Zambia, Lukanga Swamp; E: Agostino Marron Mattoli; D: 1984

Ansprechen

Der Jäger nannte den Rothirsch „König des Waldes" „Edelhirsch" oder „Kronenhirsch". Die eindrucksvolle Form der Stirnwaffen, die nur der Hirsch hat, scheint ausschlaggebend für das jahrhundertealte große Interesse der Jäger an gerade diesem Wild. Das Kahlwild trägt kein Geweih. Das kräftige Stangengeweih mit in der Regel auffallender Kronenbildung wird jedes Jahr neu geschoben, nachdem das vorjährige zwischen Februar und April abgeworfen wurde. Der Kopfschmuck des Rothirsches kann über 24 Enden zeigen und über 10 kg wiegen. Die Träger solcher Geweihe bezeichnet man als „kapital" oder gar „hochkapital". Je nach Vorkommen und Lebensraum variiert der Hirsch an Maß und Masse im Gebäude und Geweih. In Schottland erreichen Rothirsche bis 130 kg, in Deutschland bis 220 kg, weiter im Osten, in Polen und der UdSSR erbeutet man bis 300 kg und noch schwerere Tiere. In Mitteleuropa erreichen die Hirsche Gesamtkörperlängen (von Äserspitze bis zum Wedelende) zwischen 160 und 220 cm sowie Schulterhöhen zwischen 105 und 150 cm. Um ein Drittel bis ein Viertel geringer im Gebäude, an Maß und Masse sind die Rottiere bzw. das Kahlwild. Das Jugendkleid der Hirsche ist auf hellbrauner Grundfarbe hell gefleckt, doch die Fleckung verliert sich bald und macht der ersten rotbraunen Sommerdecke Platz, die sich dann zum Winter hin grau bis braungrau oder fast schwarzbraun verfärbt und in der Struktur dichter und rauher wird. Im Winter trägt der Hirsch eine mehr oder minder ausgebildete Halsmähne, die den Rottieren fehlt. Der Rothirsch verrät seine Anwesenheit im Revier nicht nur durch sein markantes

Trittsiegel, sondern vor allem durch den dröhnend lauten, orgelnden Brunftschrei. Die Kälber hingegen blöken eher, und die Rottiere rufen ähnlich wie die Kälber, nur gedehnter und etwas tiefer.

Lebensraum und Verbreitungsgebiet

Das Rotwild besiedelt weite Teile Europas und Asiens, wird jedoch mehr und mehr auf die unwegsamen Waldgebiete verdrängt, da es als Kulturflüchter der immer intensiveren Landbewirtschaftung weicht. Speziell die Auwälder der Flußniederungen bildeten seine Einstände. Heute findet man es vorwiegend in den Mittelgebirgen und den alpinen Hochgebirgen, wo es sich bis zur Baumgrenze hin zurückgezogen hat. Ganz außerhalb des Waldes hält sich der schottische Vetter, der in den baumlosen Heidelandschaften der Highlands zu Hause ist.

Verhalten

In den von Menschen immer dichter besiedelten Gebieten ist das Rotwild mehr und mehr zum Nacht- und Dämmerungstier geworden, obwohl es früher in urtümlicher Landschaft den ganzen Tag auf den Läufen war. Äsen, Wiederkäuen, Ruhen, Spielen und Suhlen wechseln in steter Reihenfolge miteinander ab. Gestört, geht das Wild hochflüchtig ab, durchrinnt dabei Gewässer aller Art und lebt in nach Geschlechtern getrennten Rudeln. Das Kahlwild zieht mit den Kälbern unter Führung eines erfahrenen Alttieres. Die Hirschrudel fährten getrennt, alte Hirsche bleiben meist Einzelgänger. An den traditionellen Brunftplätzen kommt es oft zu dramatischen Kämpfen um die Stellung des Platzhirsches, vor allem, wenn der Inhaber schon recht alt ist und zurückgesetzt hat. Nach 8–9 Monaten setzt das Rottier meist nur ein Kalb, Zwillingsgeburten sind selten. Die Brunft setzt mit Beginn der ersten Fröste, Ende September bis Anfang Oktober, ein. Blätter, Gräser, Kräuter, Flechten, Rinden, Nadeln, Pilze, Binsen und Früchte sowie Heu, das der Heger reicht – das alles äst das Rotwild. Da es junge Forstkulturen verbeißt, Bäume schält, besonders in Monokulturen,

Mit Brunftschrei (oben) und im Zweikampf (unten) verteidigt der „Chef" sein Rudel

und auf landwirtschaftlichen Kulturen Schäden verursacht, sind viele Menschen dem Rotwild nicht gerade freundlich gesonnen. Heute versucht man, durch Winterfütterung größere Schäden zu verhindern.

Jagd

Die Jagd auf Rotwild hat sich im Laufe der Jahrhunderte immer wieder grundlegend geändert. Hetzjagden zu Pferd und mit Meuten,

spektakuläres Hirschschießen in eigens hierfür angelegten Wassergräben zur Unterhaltung von Höflingen und Gesinde, gehören längst der Vergangenheit an. Im allgemeinen haben sich Ansitz und Pirsch als einzige waidmännische Bejagung durchgesetzt. Die Rufjagd während der Brunft gilt als Krönung der Rotwildjagd. Man ahmt die Stimme des Brunfthirsches nach, um einen Rivalen vorzutäuschen, und erreicht so das Zustehen des Platzhirsches oder eines Rivalen.

Den Hirsch während der Brunft waidgerecht anzusprechen setzt sorgfältige Kleinarbeit voraus. Dabei gilt die Hauptaufmerksamkeit nicht allein dem Geweih, sondern dem Gesamteindruck des jeweiligen Stückes. Der alte Hirsch hat alle Körpermasse vorn!

Vom Kahlwild erbeutet der Jäger das Wildpret und die Grandeln, wenngleich sie denen des jagdbaren Hirsches nicht gleichkommen.

Der Hirsch soll im Feuer liegen. Daher ist nur der tiefe Blattschuß waidgerecht. Jede Nachsuche ist schwierig, auch deshalb, weil der angeschweißte Rothirsch den Jäger unter Umständen annimmt und ihn forkeln kann.

Kal. Gr. 2–4
WA entfällt

Rckordtrophäe

(nach RBoTA, 1986, ohne Osteuropa)
Pkt: 319⅛; Stlr: 32; Stll: 30⅛; Ur: 7⅛; Ul: 7⅛; EZ total: 23; O: England; E: R. E. Speegle M. D.; D: Juni 1973

Rotluchs

W Lynx rufus
E Bobcat
F Lynx roux

Familie	Katzen – Felidae
Unterordnung	Landraubtiere – Fissipedia
Ordnung	Raubtiere – Carnivora
Klasse	Säugetiere – Mammalia

Ansprechen

In zehn Unterarten spürt diese Kleinkatze durch den nordamerikanischen Kontinent – von Südkanada bis hinunter nach Mexiko, wo die mexikanische Unterart des Rotluchses geschützt ist. Der starke Kuder wird 60 cm schulterhoch und wiegt bis 20 kg, die Katze ist im Gebäude geringer. Die in der Grundfarbe braune Decke zeigt einen rötlichen Schimmer. Gefleckte und sehr dunkle Exemplare kommen bei allen Unterarten vor. Die Unterseite ist immer reinweiß, ebenso die Rutenspitze. Die Pinsel an den Gehören sind kürzer als beim europäischen Luchs (Lynx lynx) – siehe dort.

Lebensraum und Verbreitungsgebiet

In ihrem großen Verbreitungsgebiet bewohnen die Rotluchse alle denkbaren Biotope vom Hochwald über den buschbestandenen Mittelgebirgsstreifen Südkanadas bis hin zum subtropischen Sumpfwald und der Wüstenregion. Sie schlagen vorwiegend Kleinwild, besonders Hasen, sowie das Jungwild von Maultier- und Weißwedelhirsch, greifen Vögel und verschmähen auch Haustiere nicht. Besonders stark gefleckte Exemplare befinden sich in den Südstaaten der USA, die größten Tiere im Südosten Kanadas, die kleinsten in Mexiko. Die Amerikaner nennen die Katze Bobcat. Sie jagt teilweise in Gebirgshöhen von mehr als 3500 m. Der Rotluchs ist ein Dämmerungs- und Nachtjäger und haust gerne in Baumhöhlen, unter Steinen, in Felsbrüchen und in windgeschütztem Gebüsch.

Im Morgengrauen. Der mächtige Platzhirsch antwortet mit orgelndem Brunftschrei energisch seinen Nebenbuhlern

Verhalten

Als Einzelgänger mit festen Revieren, traditionellen Ruhe- und Rastplätzen gehen Rotluchse nur in der Ranz und der Aufzuchtperiode der Jungen paarweise. In der Ranz unternimmt der Kuder weite Wanderungen. Auf dem Mutterterritorium werden in einer Höhle oder einem anderen versteckten Ort 2–4 Junge geworfen.

Die Katze verjagt zwar den Kuder, doch bleibt er in der Nähe und sorgt für die junge Familie. Luchse sind hervorragende Kletterer und schwimmen gut. Die Ranz findet in der Winterzeit statt.

Jagd

Der „weiße Leithund" führt im Winter den waidgerechten Jäger zu den beliebten Ruhe- und Rastplätzen der Rotluchse. Unabdingbar sind wesenfeste Hunde, die den Luchs sprengen und zum Aufbaumen zwingen können. Zu forsche Hunde schlägt der Luchs. Der gute Meuteführer wird daher seine Tiere mit dicken und breiten Halsbändern versehen, zumal sie bei der Hatz nach dem Rotluchs auch plötzlich einem Puma – siehe dort – gegenüberstehen können, auf den man in ähnlicher Form jagt. Die Einzelpirsch ist ebenso reizvoll wie der Ansitz am Fallwild oder am Riß!

Diese nordamerikanische Kleinkatze ist ein Vetter des europäischen Luchses. Sie haust gerne in Baumhöhlen, unter Steinen und in windgeschütztem Gebüsch. Nur wesenfeste Hunde können den Rotluchs sprengen und zum Aufbaumen zwingen

Kal Gr. 2
WA A I Mexiko,
A II alle sonstigen

Rusahirsch

W Cervus unicolor
E Sambar
F Sambar

Familie	Hirsche – Cervidae
Unterordnung	Wiederkäuer – Ruminantia
Ordnung	Paarhufer – Artiodactyla
Klasse	Säugetiere – Mammalia

Ansprechen
Dieser Echthirsch, der eine Schulterhöhe bis 150 cm und ein Gewicht bis 100 kg erreichen kann, wird auch Sambar-, Aristoteles- oder Pferdehirsch genannt. Er ist der große hochläufige Vertreter einer Hirschart, die in zwei Arten und 18 Unterarten vorkommt. Die Decke besitzt ein langes, hartes und wolliges Haarkleid, der Wedel ist breit und buschig. Während die indische Unterart (Aristoteleshirsch) fast schwarz gefärbt ist, sind die anderen Arten hell- bis dunkelbraun und rötlich. Alle Arten tragen ein klobiges, nicht sehr endenfreudiges Geweih, dessen Augsprosse zusammen mit der Hauptstange aus einem starken Rosenstock entspringt.

Lebensraum und Verbreitungsgebiet
Dichte Waldungen und Bambusdickichte sind die dem Rusahirsch angenehmsten Einstände. Hier äst er Kräuter, Gräser und Wasserpflanzen. Sein Verbreitungsgebiet erstreckt sich über Indien und Sri Lanka, viele Inseln des Südpazifiks sowie die Philippinen und die Sundainseln. Außerdem hat man ihn in Neuseeland und Australien sowie in Neuguinea und Papua eingebürgert.

Verhalten
Nach Art des Rotwildes zieht das Kahlwild mit den Kälbern getrennt von den einzelgängerischen alten Bullen und den „Junggesellenrudeln" in eigenen Sprüngen durch sein Revier. Von der jeweiligen Klimazone hängt die Brunftzeit ab. Der Platzhirsch erobert sich seinen eigenen Harem. Sambars suchen oft das Wasser auf und durchrinnen gern Flüsse und Seen. Beim flüchtenden Sambarwild fällt

der steil aufgerichtete Wedel auf, wovon man die leuchtendweiße Unterseite sieht. Ein heller Pfiff ist das Alarmsignal für das Rudel.

Jagd
Sambarhirsche im dichten Wald und Busch kann man anhand der Trittsiegel bestätigen. Dann sind vorsichtige Pirsch und geduldiger Ansitz erfolgversprechend. Pferdehirsche besitzen hervorragend ausgebildete Sinne – haben sie doch einen großartigen Jäger, den Tiger, zum Feind. Es ist nicht leicht, an das äußerst wachsame Wild heranzukommen. Be-

Auffällig ist die mit der Hauptstange aus dem Rosenstock entspringende Augsprosse

quemer geht es zu Pferd, da die Hirsche Pferde bis auf eine geringe Distanz aushalten.

Kal. Gr. 2 u. 3
WA entfällt

Rekordtrophäe
(nach RBoTA, 1986)
Pkt: 164⅜; Stlr: 37⅝; Stll: 38⅜; Ur: 9; Ul: 9; EZtotal: 6; O: India; E: Carlo Caldesi; D: 1962

Saigaantilope

W	Saiga tatarica
E	Saiga
F	Saiga

Unterfamilie	Saigaartige – Saiginae
Familie	Hornträger – Bovidae
Unterordnung	Wiederkäuer – Ruminantia
Ordnung	Paarhufer – Artiodactyla
Klasse	Säugetiere – Mammalia

Ansprechen

Diese an sich zierliche Antilope wirkt plump wegen der mächtigen Nasenaufwölbung, die in einer rüsselartigen Verlängerung des Äsers endet. Das Wild erreicht etwa 75–80 cm Schulterhöhe, wird bis 45 kg schwer und besitzt im Sommer eine dünnhaarige gelblich-rötliche Decke, die sich zum Winter hin nach Grau verfärbt. Die Böcke tragen ein steilstehendes Leiergehörn, die Geißen sind hornlos. Das Saigawild kommt in zwei einander sehr ähnlichen Unterarten vor, dem Russischen Saiga (Saiga tatarica tatarica) und dem Mongolischen Saiga (Saiga tatarica mongolica).

Lebensraum und Verbreitungsgebiet

Als Äsung nehmen Saigaantilopen sämtliche Pflanzenarten auf, darunter auch solche, die ein Haustier wegen des Gift- und Salzgehaltes nicht annimmt. Damit sind sie viel bessere Futterverwerter als die vom Menschen gezüchteten Tierarten. Die Salz- und Lehmsteppen Innerasiens in der UdSSR und der Mongolei sind die Heimat der Saigaantilopen, die früher über weite Teile Europas, Asiens und bis Alaska verbreitet waren. Von den einst Millionen zählenden Herden sind nur noch klägliche Reste übriggeblieben, davon der größte Bestand mit 1,5 Millionen in der UdSSR.

Verhalten

Die Saigas sind nicht sonderlich winterfest. Sie haben daher weit voneinander entfernte Sommer- bzw. Winteräsungsplätze und unternehmen dramatische Wanderungen, um bei plötzlich einsetzendem Schneefall die noch schneefreien Winteräsungsplätze aufzusu-

chen. Die großen Herden, die sich dabei bilden, nehmen auf menschliche Ansiedlungen keine Rücksicht. Diese Eigenart erklärt die außerordentlich hohen Vernichtungsraten durch fleischmachende Menschen.

Die Brunft beginnt Ende November. Bis dahin haben die Böcke ein deutlich sichtbares Fettpolster auf dem Rücken angesetzt. Sie brauchen diesen Vorrat, da sie während der Brunft keine Äsung aufnehmen. Auffällig gewölbt ist ebenfalls ihr Nasenrücken. Man kann die Böcke von den Geißen nur durch die schmutzig braunen Halsmähnen sowie die „Triefaugen", lange Augenhaarbüschel, denen ein braunes, stark riechendes Sekret entrinnt, deutlich unterscheiden. Die stärkeren Böcke erkämpfen sich einen kleinen Harem; gelegentlich kann man jedoch auch bis zu 50 Tiere zählen, die ein Bock um sich versammelt hat. Die Altgeißen sind als erste brunftig. Im Frühjahr, wenn die Sommereinstände wieder erreicht sind, werden die Kitze gesetzt, und zwar meist Zwillinge.

Jagd

Die Saigas werden vom Menschen stark verfolgt und von sogenannten Jagdbrigaden

sogar nachts unter künstlichem Licht abgeschossen. Für den waidgerechten Jäger ist es nicht leicht, an das sehr gut äugende Wild heranzukommen; dabei sind weite Schüsse notwendig. B. Grzimek schreibt: „Im vorigen Jahrhundert mußten die Saigas für die Chinesen sterben, die glaubten, aus den Hörnern Liebesanregungsmittel herstellen zu können. Allein die Kaufleute aus Buchara und Chibinsk verkauften zwischen 1840 und 1850 nicht weniger als 344 747 Paar der halbdurchsichtigen, hell wachsfarbenen Hörner."

Kal. Gr. 2, 3 u. 6
WA entfällt

Die Bestandsentwicklung der eigentümlich anmutenden Saigaantilope ist in vielfältiger Hinsicht interessant: Während um 1930 nur noch einige tausend Exemplare in vielen zersplitterten Populationen vorhanden waren – seit 1919 war in der UdSSR Vollschonung verfügt –, stieg der Bestand bis 1950 aufgrund von Dürre und strengen Wintern, die der genügsamen Antilope förderlich sind (!), auf mehrere Millionen. Der größte Bestand mit über 1,5 Millionen lebt heute in der UdSSR

Schakal

W Canis (mehrere Arten)
E Jackal
F Chacal

Unterfamilie	Echte Hunde – Caninae
Familie	Hundeartige – Canidae
Unterordnung	Landraubtiere – Fissipedia
Ordnung	Raubtiere – Carnivora
Klasse	Säugetiere – Mammalia

Ansprechen
Die Schakale sind in verschiedenen Arten über Asien und Afrika verbreitet; die wichtigsten sind hier beschrieben. Der Goldschakal (Canis aureus), ist in Nordafrika, Arabien, Südosteuropa, Klein- und Vorderasien bis Afghanistan und Russisch-Turkestan beheimatet. Starke Rüden erreichen Schulterhöhen bis 50 cm. Der Schakal gleicht einem hochläufigen Fuchs mit schmalem Fang, großen spitzen Gehören und mittellanger buschiger Rute. Die Farbe der Decke umfaßt je nach Vorkommen eine Farbskala von rötlich bis dunkelfahlbraun. Deutlich ist die Schulterschabracke anzusprechen, die durch kleinere Streifen abgesetzt ist. Der Streifenschakal (Canis adustus) ist kleiner als der Goldschakal. Er besitzt eine schwärzlich-graubraune Decke, die an den Flanken schwarze, oberseits weiß gesäumte Schrägstreifen aufweist. Er spürt von Äthiopien bis zum nördlichen Südafrika.
Der Schabrackenschakal (Canis mesomelas) trägt vom Nacken bis zur Wurzel der Rute eine schwarzbraune Schabracke, die sich deutlich gegen das Gelbrot der Flanken abhebt. Diesen Wildhund findet man in Äthiopien, Somalia, Ostafrika sowie im südlichen Afrika.

Lebensraum und Verbreitungsgebiet
Die Verbreitungsgebiete der Schakale sind oben beschrieben. Der Goldschakal ist kein Kulturflüchter; man trifft ihn in Ackerbaugebieten an. Die beiden anderen Arten halten sich an Busch- und Baumsavannen.

Verhalten
Der Schakal lebt in Einehe und besetzt feste Reviere. Die Fähe wirft ihre Welpen in vorgefundenen oder selbstgegrabenen Erdhöhlen. Meist jagen Schakale zu zweit oder im Familienverband nach Kleinwild sowie Jungtieren größerer Gazellen und Antilopen und fressen Kerbtiere, Obst und Aas. Häufig haben sie Teil am Riß großer Raubkatzen, vorwiegend des Löwen. Der Schakal gilt als listig und schlau, denn er kann sich totstellen, um Beutetiere oder Feinde zu überlisten.

Jagd
Schakale sind in unberührten Gebieten ganztägig unterwegs, ansonsten sind sie zu ausgesprochenen Nachttieren geworden. Als Jagdarten kommen Ansitz am Bau, am Wechsel oder Luderplatz sowie vorsichtige Pirsch in Frage. In Afrika erbeutet man den Schakal oft am Löwenriß.

Kal. Gr. 1
WA entfällt

Dieser afrikanische Wildhund zieht überall in Ost- und Südafrika, ausgenommen in dichtem Busch, seine Fährte. Er treibt sich gerne in der Nähe von Großraubwild herum und holt sich unbekümmert, „was vom Tisch der Großen fällt". Er ist äußerst scharfsinnig und nicht leicht zu überlisten

Schnell versammelt sich die Meute dieser „Müllmänner" an der Beute. Es eilt, denn die Konkurrenz der Geier, Marabus und Hyänen ist hart und unduldsam

Schneehase

W Lepus timidus
E Mountain hare
F Lièvre changeant

Familie	Hasenartige – Leporidae
Ordnung	Hasentiere – Lagomorpha
Klasse	Säugetiere – Mammalia

Ansprechen

Rund um den Nordpol und in den Alpen kann man den Schneehasen antreffen. Er erreicht im Schnitt eine Gesamtlänge von 45 bis 65 cm. Im Winter trägt er in den meisten seiner Einstände eine schneeweiße Decke, im Sommer hingegen zeigt er sich braunrötlich. Die kurzen Löffel sind im Sommer wie im Winter an der Spitze innen schwarz. Bemerkenswert ist die starke Behaarung der Pfoten, besonders bei den arktischen Schneehasen, die das ganze Jahr über einen weißen Balg tragen. Der Schneehase hat diese Eigenschaft gemeinsam mit dem Schneeschuhhasen (Lepidus americanus), einem amerikanischen Vetter, der die ausgedehnten Nadelwälder und bewaldeten Sumpfgebiete Nordamerikas bis hinunter in die USA bevölkert.

Lebensraum und Verbreitungsgebiet

In den Alpen findet man den Schneehasen hauptsächlich in Höhen zwischen 1000 und 3000 m. In nördlicheren Zonen reicht sein Lebensraum bis in tiefe Lagen hinunter. Dabei bevorzugt er Lichtungen in Laub- und Nadelwäldern. Im Sommer zieht er mitunter bis zur Schneegrenze hinauf. Seine Äsung besteht aus saftigen Gräsern, Kräutern und Früchten, im Winter begnügt er sich mit Baumrinde und Zweigen. Gern gräbt er Trüffeln aus, die er gut aufzuspüren versteht. Sein Verbreitungsgebiet ist die gesamte Zone um den Polarkreis.

Verhalten

Der Schneehase unternimmt lediglich in den Tundren äsungsbedingte Wanderungen; im übrigen verhält er sich standorttreu. Zwei- bis dreimal im Jahr werden Junge gesetzt. Der Schneehase ist wesentlich geselliger als

Die größten Schneehasen leben im hohen Norden Kanadas, Alaskas und in Grönland

sein feldbewohnender Vetter; man kann Hasenversammlungen von 50, manchmal sogar mehr als 100 Tieren beobachten.

Jagd

Schneehasen sind längst kein so flüchtiges Wild wie der Feldhase (Lepus europaeus) – siehe dort – und schlagen außerdem viel weniger Haken. Man jagt sie bei Treibjagden vor dem Hunde, frühmorgens oder spätnachmittags vom Ansitz aus.

Kal. Gr. 7 (3 mm Schrot)
WA entfällt

„Generalversammlung" in der warmen Mittagssonne

Schneehuhn

W	**Lagopus mutus**
E	**Whitetailed Ptarmigan**
F	**Lagopède muet**

Unterfamilie	Rauhfußhühner – Tetraoninae
Familie	Fasanenartige – Phasianidae
Ordnung	Hühnervögel – Galliformes
Unterklasse	Neuvögel – Neornithes
Klasse	Vögel – Aves

Ansprechen

Das Alpenschneehuhn (Lagopus mutus) besitzt ein schneeweißes Winterkleid, nur die Federn des Stoßes sind schwarz. Die Hähne haben ein schwarzes Zügelband und lassen sich dadurch von den Moorschneehühnern unterscheiden. Die Hennen dagegen sind durch ihre weißen Wangen den Moorschneehühnern – siehe dort – sehr ähnlich. Das amerikanische Alpenschneehuhn (Lagopus leucurus) unterscheidet sich vom Alpenschneehuhn durch einen im Winter ganz weißen Stoß. Die Durchschnittsgröße dieser kleinen Rauhfußhühner liegt bei 36 cm, und ihr Gewicht erreicht etwa 450 g. Die Hennen sind leichter und kleiner. Alpenschneehühner mausern sich dreimal im Jahr, so daß ihr Sommergefieder farblich stark variiert. Im übrigen ähneln sie dem größeren Moorschneehuhn (Lagopus lagopus) – siehe dort.

Lebensraum und Verbreitungsgebiet

Schneehühner leben in steinigem, felsigem und baumlosem Gelände in der Tundra und auf den Gebirgen der Neuen und Alten Welt. Die Höhen der Pyrenäen, die Alpen und die Gebirge Inner- und Ostasiens sind die Einstände des Alpenschneehuhns. Das amerikanische Alpenschneehuhn bewohnt die Gebirge der Neuen Welt von Alaska im Norden bis Neumexiko im Süden.
Die Jungvögel sind abhängig von Insektennahrung, während sonst die Äsung der Schneehühner vorwiegend aus Knospen, Beeren, Samen und jungen Trieben besteht. Auf der Suche nach Äsung legen sie unter dem

Schnee lange Gänge an und gelangen so an Zweigspitzen und Blattknospen.

Verhalten

Im Frühjahr lösen sich die Hähne aus ihren Wintergesellschaften und suchen sich ein eigenes Revier. Meist stehen sie auf einem Felsblock ihres Reviers fast bewegungslos und sichern mit schräg aufwärts gerichtetem Kopf und rotleuchtenden Rosen. An einer passenden Stelle unter Steinen und Felsen legt die Henne 6–10, selten 18 oder mehr Eier in eine mit Würzelchen, Gras und Stengeln ausgepolsterte flache Mulde. Nach 21–24 Tagen Brutzeit, die die Henne allein bestreitet, schlüpfen die Küken. Der Hahn bleibt meist in der Nähe und beteiligt sich auch an der Aufzucht – im Gegensatz zu den Hähnen anderer Rauhfußhühnerarten, die ein solches „Familienleben" nicht kennen.

Hahn im Winterkleid. Die Anpassung des dichten Gefieders an die Natur ist perfekt. Auf diese Weise wird es jedem Feind schwer gemacht, seine potentielle Beute zu erspähen

Jagd

Schneehühner verhalten sich wie Feldhühner, und so bejagt man sie auch. Sie werden vor dem Vorstehhund erlegt oder mit der Streife ausgegangen. Im Winter sind vor allem die Äsungsorte gute Jagdplätze. Hierzu zählen die breiten, in den Schnee getretenen Wechsel der Renherden.

Kal. Gr. 7 (3 mm Schrot)
WA entfällt

Schneeleopard

W Uncia uncia
E Snow leopard
F Léopard des neiges

Familie	Katzen – Felidae
Überfamilie	Hunde- und Katzenartige – Cynofeloidea
Unterordnung	Landraubtiere – Fissipedia
Ordnung	Raubtiere – Carnivora
Klasse	Säugetiere – Mammalia

Ansprechen

Der Irbis, wie man den Schneeleoparden auch nennt, nimmt durch sein Verhalten und seine Größe – 150 cm Körperlänge und 90 cm Schulterhöhe – eine Zwischenstellung ein zwischen Klein- und Großkatzen. Seine Decke ist im Winter weißlich-gelbbraun bis cremefarben, im Sommer dagegen mehr graugetönt. Die runden Flecken erscheinen in der Längsrichtung angeordnet, die Rute ist ebenmäßig gefleckt sowie rund und dicht behaart. Der Kopf mit den kleinen Gehören erinnert an den einer Wildkatze. Die Pranken hingegen sind breit und stark. Der Irbis schnurrt wie eine Hauskatze.

Lebensraum und Verbreitungsgebiet

Der Schneeleopard ist ein Gebirgsbewohner Asiens und spürt im Sommer bis auf 6000 m hinauf, während er im Winter bis hinab in Höhen zwischen 1800 und 2000 m steigt. Er folgt seinem speziellen Beutewild, den Wildschafen und Wildziegen, verfolgt den Tahr ebenso wie Bobaks und Pfeifhasen, nimmt aber auch mit Mäusen und Vögeln vorlieb.

Verhalten

Der als Einzelgänger lebende Irbis kann nicht nur bis über 10 m weit springen, sondern ist auch ein hervorragender Kletterer, der sich oft in hohen Bäumen aufhält. Er benötigt einen weiten Eigenbezirk und ist sehr reviertreu. Die Ranz beginnt gegen Ende des Winters. Die Hitze der Katze dauert 5–7 Tage und wiederholt sich nach 54–70 Tagen, wenn sie nicht vom Kuder besprungen wird. Nach einer

Tragzeit von 3–3 ½ Monaten setzt die Katze im April bis Juni 2–5 Junge. Nach etwa 7–9 Tagen öffnen die Jungen ihre Augen, können nach zehn Tagen bereits kriechen, nach zwei Monaten gut laufen und der führenden Katze auf Jagdzügen folgen. Der Kuder beteiligt sich an der Aufzucht, indem er für die Familie jagt. Den ersten Winter nach der Geburt bleibt der Familienverband noch beisammen und löst sich mit dem Frühjahrsbeginn auf.

Jagd

Der Irbis ist streng geschützt.
Die Anwesenheit eines Irbis kann man an seinen Spuren erkennen, vor allem jedoch, wenn man den Riß findet, denn der Irbis schneidet die Beute von hinten an und verzehrt sie in Hockstellung. Das mehr oder minder scheue und nervöse Verhalten der Wildschafe weist ebenfalls auf Schneeleopar-

Wie alle Leoparden lebt auch der Irbis – außer in der Paarung – alleine in seinem Revier

den im Revier hin. Meist allerdings begegnet man ihnen zufällig, während einer Jagd auf Wildschafe. Man sagt, daß der Irbis Menschen nicht angreife.

Kal. Gr. 2 u. 3
WA A I

Schneeziege

W	Oreamnos americanus
E	Mountain goat
F	Chèvre des montagnes rocheuses

Unterfamilie	Ziegenartige – Caprinae
Familie	Hornträger – Bovidae
Unterordnung	Wiederkäuer – Ruminantia
Ordnung	Paarhufer – Artiodactyla
Klasse	Säugetiere – Mammalia

Ansprechen

Die Schneeziege, auch ,,Gemse Nordamerikas" genannt, trägt das ganze Jahr über eine reinweiße Decke, von der sich nur der schwarze Nasenspiegel, die kurzen, blauschwarzen Gehörne sowie die ebenfalls dunklen Schalen deutlich abheben. Der Bock wird bis 130 kg schwer und erreicht eine Körperlänge bis 170 cm sowie eine Schulterhöhe von 105 cm. Träger und Hinterrücken sind stark bemähnt, die Läufe tragen dichte, lange Hosen. Üppig breit sprießt der ,,Ziegenbart", und rundum auffällig ist die starke, massig wirkende Behaarung, besonders im Winterkleid. Die Geißen sind in Maß und Masse sowie in den Stirnwaffen geringer.

Lebensraum und Verbreitungsgebiet

Die Hochgebirge der Neuen Welt sind die Reviere der Schneeziege. Flechten, Gräser, Kräuter, Moose und die gesamte Hochgebirgsflora dient dem Wild zur Äsung. Im Winter halten sich die Schneeziegen in windgängigen, schneefreien Hängen auf.
Von Westdakota über Britisch Kolumbien bis hinauf nach Alaska ist diese zu den Gemsen

Eine geradezu urweltliche Erscheinung – die ,,Gemse" Nordamerikas

gehörende Wildart verbreitet, vor allem auch in den Nationalparks der USA.

Verhalten

Reviertreu, anspruchslos und zäh ist dieses Wild mit seiner wetterfesten Decke. Manche Herden halten sich monatelang auf vergleichsweise kleinen Äsungsflächen auf. Schneeziegen – besonders die alten Böcke – haben vor nichts, nicht einmal vor dem Grizzly, Respekt. Im November/Dezember beginnt die Brunft. Dabei ringen die Böcke heftig um die Gunst der Geißen. Nach einer Tragzeit von sechs Monaten setzt die Geiß die Lämmer, öfter zwei, meist jedoch nur eines. Die alten Böcke sind Einzelgänger oder stehen in ,,Junggesellenrudeln" zusammen.

Jagd

Die ,,Billies" und ,,Nannies", wie die Amerikaner Bock und Geiß nennen, sind wegen ihrer weißen Decke, deren Wolle die Kaschmirwolle an Feinheit übertrifft, stark gezehntet worden. Heute genießt dieses ebenso bedächtige wie schneidige Wild den Schutz des Jägers. Abschüsse werden nur nach genauer Bestandsermittlung genehmigt. Der Jäger muß sich auf rauhe Klettertouren gefaßt machen, wenn er waidmännisch jagen will. Gerade die Schneeziege hat wegen ihrer Unerreichbarkeit die amerikanische Superballistik unfreiwillig entwickelt. Man schießt auf Distanzen von oft 400 m. Trotz der Einschüsse in nächster Nähe bleibt die Ziege am Platz, da sie sich instinktiv in der Wand am sichersten glaubt. Die Schneeziege ist eines der härtesten Wildtiere, das wir kennen. Gutes Abkommen und beste Kondition sind bei diesem Bergwild die Voraussetzung für Erfolg.

Kal. Gr. 2 u. 6
WA entfällt

Rekordtrophäe

(nach RBoTA, 1986)
Pkt: 35; Hlr: 11⅝; Hll: 10⅝; Ur: 6⅜; Ul: 6⅜;
O: Horatzky Mt., B. C.; E: Jackie O. Arndd;
D: 1980

Schnepfe

W Scolopax rusticola
E Woodcock
F Bécasse des bois

Familie	Schnepfenvögel – Scolopacidae
Ordnung	Wat- und Möwenvögel – Charadriiformes
Klasse	Vögel – Aves

Ansprechen

„Vogel mit dem langen Gesicht" nennt der Jäger die Waldschnepfe und beschreibt damit den dicken, langen Stecher, der dem untersetzten Flugwild die unverwechselbare Gestalt gibt. Die Schnepfe wird etwa 34 cm groß, der Stecher ist 7–8 cm lang. Hahn und Henne besitzen ein fein gebändertes, gelbliches Untergefieder, Scheitel und Nacken sind durch querlaufende schwarze Bänder geziert. Die großen Augen liegen weit zurück am Kopf. Unverkennbar ist die Flugweise der Schnepfe: ein schaukelnder Zickzackflug, bereits von weitem auszumachen.

Lebensraum und Verbreitungsgebiet

Als Teilzieher begibt sich die Schnepfe zur Winterzeit in südlichere Gegenden, wo ihr stets genügend Nahrung zur Verfügung steht. Im Frühjahr kehrt sie zurück und besetzt Wälder, die mit feuchten Wiesen und stark überwuchertem Boden durchsetzt sind, als Brutrevier. Hauptsächlich jagt sie nach Spinnen, Engerlingen und anderen Bodenbewohnern. Der lange Stecher macht ihr die Jagd nach Würmern und Larven unter der Erdoberfläche möglich. Durch das „Fußtrillern", ein schnelles Trampeln mit den Ständern, veranlaßt sie die Bodenbewohner zu verräterischen Bewegungen. Außerdem gehören Beeren und feine Pflanzenteile zur Äsung der Schnepfe. Mit Ausnahme der Iberischen Halbinsel, Sardiniens, Italiens und Griechenlands sowie der Meeresküste Jugoslawiens ist die Waldschnepfe über ganz Europa und die europäische UdSSR verbreitet. Sie ist jedoch bei uns immer seltener geworden, da man ihre Lebensräume durch das Trockenlegen von Feuchtgebieten stark eingeengt hat.

Verhalten

Pünktlich zur Balz im März finden sich die Schnepfen in ihren Brutrevieren ein. Bemerkenswert ist der Schnepfenstrich, der Balzflug in der Morgen- und Abenddämmerung. Dabei kann man die Hähne murksen, quorren oder puitzen hören.
Nur die Henne sorgt sich um das Gelege, das zweimal im Jahr abgesetzt und bebrütet wird. Es besteht meist aus vier braunen Eiern mit grauen Flecken, die am Fuße eines Baumes in eine Mulde gelegt werden. Gegen Nestplünderer verteidigt die Schnepfe den Nachwuchs mutig. Es gilt als gesichert, daß die Schnepfin ihre Küken bei Gefahr im Flug abtransportiert und an anderer versteckter Stelle wieder absetzt.

Jagd

Im Herbst kann man die Schnepfen vor dem Hunde bejagen. Die Apportierer müssen streng durchgearbeitet sein; denn sie nehmen Schnepfen ungern auf, da diese offenbar einen für Hunde unangenehmen Geruch verströ-

Unverkennbar sind der gaukelnde Flug, das quorrende und pfuitzende Rufen

men. Der Jäger paßt im Dämmerlicht auf die streichenden Vögel. Seine Beute ist der Schnepfenhahn, der sich durch Balzrufe und die Flugposition verrät. Die Schnepfinnen sind stumm. Bei zwei hintereinander heranstreichenden Schnepfen ist der Verfolger immer der Hahn.
Der Schnepfendreck (Magen mit Darm und Inhalt) gilt als Delikatesse. Die Malerfedern vom vorderen Schwingenrand und der Schnepfenbart, ein Pfropfen aus haarartigen Federn, gelten als Trophäen. Der Bart sitzt über der Bürzeldrüse und ist nur 0,5 cm groß. Deutsche Jäger verzichten heute auf die Frühjahrsbejagung.

Kal. Gr. 7 (2,5 mm Schrot)
WA entfällt

Schwarzbär

W Ursus americanus americanus
E Black bear
F Ours noir

Familie	Großbären – Ursidae
Unterordnung	Landraubtiere – Fissipedia
Ordnung	Raubtiere – Carnivora
Klasse	Säugetiere – Mammalia

Ansprechen

„Wenn beim Beobachten der Berghänge etwas schwärzer ist als schwarz, dann hast du einen Schwarzbären im Glase!" sagt der Berufsjäger. Damit ist die leuchtendschwarze Decke des auch Baribal genannten Schwarzbären ausgezeichnet beschrieben. Doch kommt dieser bis 100 cm schulterhohe Bär mit seinem Gewicht bis 225 kg auch zimtfarben sowie silbergrau und silberfarben vor. Vom Braunbären (Ursus arctos) – siehe dort – unterscheidet ihn der fehlende Rückenhöcker. Im Trittsiegel fallen die Nägeleingriffe auf. Der braun bis zimtfarben behaarte Bär wird Zimtbär oder Toglat genannt (W: Ursus americanus cinnamomum, E: Toglat, F: Toglat). Er ist eine Farbvariante der Schwarzbären und keine echte Unterart. Auf den ersten Blick glaubt man allerdings, einen Grizzly (Ursus arctos horribilis) – siehe dort – vor sich zu haben. Doch der kleinere Kopf, die geringere Körpergröße und vor allem der ebenfalls fehlende Rückenhöcker lassen den Unterschied deutlich werden.

Lebensraum und Verbreitungsgebiet

Vom kalten Alaska bis hinunter nach dem warmen Mexiko besiedelt der Baribal die verschiedensten Biotope. Im Winter durchspürt er vorwiegend dichte Wälder und ist zum Frühjahr an Flüssen und Seen zu finden sowie an sonnigen Berghängen, wenn die erste Frühjahrssonne den Schnee zum Schmelzen bringt. Sein Lebensrhythmus verläuft ähnlich wie der seines asiatischen Vetters, des Kragenbären (Ursus tibetanus) – siehe dort. Der Bestand in Alaska und Kanada wird auf 70 000 geschätzt, wovon jährlich etwa 10 000

erlegt werden. Den Zimtbären findet man häufiger in den Felsregionen der Neuen Welt. Meist zieht er seine Spuren im gesamten Schwarzbärenrevier. Schwarzbär und Zimtbär sind Allesfresser.

Verhalten

Baribal und Zimtbär halten Winterschlaf, und in dieser Zeit werfen die Bärinnen ihre Jungen, bis zu drei, die auffallend winzig sind. Eine Zimtbärin muß nicht unbedingt zimtfarbenen Nachwuchs zur Welt bringen. Schwarz- und Zimtbären sind, abgesehen von führenden Bärinnen, Einzelgänger. Durch den Rückgang der Grizzly-Populationen haben sie sich deutlich vermehrt. In den Nationalparks der USA sind Schwarzbären nicht nur zur Touristenattraktion, sondern auch zum Touristenschreck geworden. Sie betteln an den Straßenrändern um Futter und werden böse, wenn man ihnen nichts gibt.

Jagd

Wer das herrlich dichte Fell zu schätzen weiß, jagt den Baribal mit beginnendem Frühjahr, kurz nachdem der Bär das Winterlager verlassen hat. Man kann ihn dann am Fallwild überraschen. Gewöhnlich jedoch wird der Jäger die weiten Berghänge oder die Flußuferlandschaften mit dem Glas absuchen und einen ausgemachten Bären anpirschen. Im Herbst bestehen gute Jagdchancen an lachsführenden Flüssen sowie auf den mit schmackhaften Beeren bestandenen Berghän-

Echter Schnappschuß: ein ausgewachsener Baribal und daneben der wesentlich seltenere Zimtbär. Der rötlichbraune Vetter des Schwarzbären gilt als Farbvariante, sein Vorkommen, meist in den nördlichen Felsregionen Amerikas, ist mehr als zufällig

gen. Vor dem Schuß muß sich der Jäger jedoch unbedingt vergewissern, ob er nicht eine führende Bärin mit Jungen vor sich hat. Die Decke der Zimtbären gilt als besondere Jagdtrophäe. Nur wenige Jäger jedoch haben das Glück, den zimtfarbenen Schwarzbären vor die Büchse zu bekommen, denn die Farbvariante ist selten. Wer einen Zimtbären erbeuten möchte, sollte sich das Vorkommen dieser Tiere zuvor beim Outfitter bestätigen lassen. Sonst hilft nur der Zufall.

Kal. Gr. 2
WA entfällt

Rekordtrophäe

(nach RBoTA, 1986)
Pkt: 22¹/₁₆; Schl: 14; Schb: 8⁵/₁₆; O: Princes of Wales, AK; E: Fred Hoppe ; D: 1981
Pkt: 22¹/₁₆; Schl: 12⁵/₁₆; Schb: 8⁴/₁₆; O: Hope, B. C.; E: Jerry La Barba ; D: 1980

Schwarzwild

W Sus scrofa
E Wild boar
F Sanglier

Familie	Altweltliche Schweine – Suidae
Ordnung	Paarhufer – Artiodactyla
Klasse	Säugetiere – Mammalia

Ansprechen

In 26 Unterarten fährtet dieses Wild durch die Reviere. Die Schwarzkittel sind unverkennbar mit ihrer grau bis braun und schwarz beborsteten Schwarte, dem langen Kopf mit der Rüsselnase sowie dem schmalen, aber stämmig wirkenden Gebäude. Besonders die Keiler haben ein deutlich sichtbares Gewaff und tragen außerdem noch einen „Schnauzbart", was den grimmigen Gesamteindruck dieser wehrhaften Wildart unterstreicht. Der behaarte Bürzel endet in einer Quaste. Die Teller sind rundlich, dreieckig und behaart. Größe und Gewicht sind höchst unterschiedlich. Die Karpatenkeiler gehören in Europa zu den schwersten Wildschweinen; sie bringen Gewichte von 350 kg und mehr auf die Waage. Die weltweite Verbreitung des Schwarzwildes fördert die unterschiedlichsten Farbvariationen der Decke. So kommen isabellfarbene, fuchsrote, blonde sowie gescheckte und gestreifte Sauen vor.

Wo Hausschweine noch zum Weidegang kommen, findet man Bastarde aus Paarungen von Wildschweinen mit den domestizierten Verwandten.

Lebensraum und Verbreitungsgebiet

Die großen Karpatenwälder, die Sumpfgebiete Neuguineas, die Dornbuschsavannen Südafrikas, Dickungen in Tunesien und in der Türkei, die Forste Mitteleuropas, die Bergbuschregionen Spaniens, weltweit hat dieses intelligente Wild seinen Einstand und Lebensraum. Als Allesfresser nehmen Wildschweine Früchte, Kerbtiere, Mäuse und andere Nahrung auf. Sie suhlen gern und benötigen daher Wasser in der Nähe.

Verhalten

Schwarzwild lebt gesellig in Rotten und verfügt über gute Verständigungsmöglichkeiten. Die alten Keiler sind bis auf die Rauschzeit Einzelgänger. Die strenge Rangordnung in der Rotte garantiert den Frieden. Die Bache, die zweimal im Jahr rauschig wird, setzt ihre Frischlinge abseits der Rotte in einem eigens dafür hergerichteten Wurfkessel. Die Hauptwurfzeiten sind Februar/April und Juli/August. Nach einer Tragzeit von vier Monaten werden 4–10 Junge gefrischt. Eine Woche nach dem Werfen verlassen die Frischlinge und führende Bache den Wurfkessel. Der Höhepunkt der Rauschzeit fällt in den Spätsommer. Die starken Keiler führen heftige Kämpfe um die Bachen, doch verhindern die dicken „Panzerschilde" an den Flanken das Schlimmste.

Jagd

Schwarzwild ist nicht sehr standorttreu, sondern zieht ziemlich weit umher. Es hält jedoch Lieblingseinstände sowie Suhlen und Äsungsplätze ein. Brechend nach Fraß, zieht es meist unstet nachts umher. Der Jäger bestätigt es anhand der Trittsiegel, der Suhlen, Fraßplätze und Malbäume und fährtet das Wild bei frisch gefallenem Schnee aus. Er setzt sich an, veranstaltet Drückjagden oder pirscht auf das Schwarzwild. Früher war die Sauhatz mit Pferd und Hund beliebt. Mit schnellen Podengos, großen Meuten der bulligen Mastinos, wird das wehrhafte Wild – ähnlich auch in der Türkei – noch heute bei großen Monterias in Spanien aus den Dickungen getrieben. Mancher Hund bleibt dabei auf der Strecke. Führende Bachen sind gefährlich, der bedrängte Keiler wehrt sich durch Schläge mit dem Gewaff. Wer Schneid und Können genug besitzt, kann den angreifenden Keiler mit der Saufeder, einem Lanzenblatt, das mit Lederriemen auf einem Eschenholzstiel befestigt ist, abfangen.

Kal. Gr. 2, 3 u. 4
WA entfällt

Rekordtrophäe

(nach SCI – RBoTA, 1987)
Pkt: 26⅝; Zlr: 10⅝; Zll: 10⅝; Ur: 3; Ul: 3⅛;
O: Liberia, Totota; E: C. J. McElroy; D: 1971

Gewehre und Haderer nennt der Jäger die Eckzähne des Keilers, Haken die der Bache

Seehund

W	**Phoca vitulina**
E	**Harbour seal**
F	**Phoque veaumarin**

Familie	Hunderobben – Phocidae
Unterordnung	Wasserraubtiere – Pinnipedia
Ordnung	Raubtiere – Carnivora
Klasse	Säugetiere – Mammalia

Ansprechen

Äugt ein rundlicher Kopf mit intelligentem Blick und weißen Barthaaren am Fang aus dem Wasser, so ist dies ein Seehund, der nur an Land ein exaktes Ansprechen erlaubt. Der bis zu 195 cm lange walzenförmige Körper hat eine graugelb gefärbte Decke mit starker dunkler Fleckung, ohne Netzmuster. Die Rüden sind deutlich stärker in Maß und Masse und wiegen bis 250 kg.

Lebensraum und Verbreitungsgebiet

Der Seehund findet sich in fünf Unterarten an den Meeresküsten der kalifornischen Halbin-

Eine Rotte Sauen bricht nach Nahrung

sel, in polaren Randzonen, in Ostsibirien, Korea und Westeuropa. Er liebt seichte Gewässer und wird oft im Süßwasser, weit entfernt vom Meer, angetroffen. Seehunde ernähren sich ausnahmslos vom Fischfang.

Verhalten

Seehunde leben gesellig in kleineren Rudeln ohne jede Haremsbildung. Die Ranzzeit dauert vom Juli bis August. Die meisten Jungen werden im März/April nach einer Tragzeit von 10 bis 11 Monaten geworfen, oft im Packeis. Häufig liegen die Junghunde – scheinbar verlassen – als sogenannte Heuler am Strand. Die Laute der Seehunde erinnern entfernt an ein kurzes, klagendes Hundegebell. Zehn Minuten und länger können Seehunde tauchen – überhaupt spielt sich ihr Leben vorwiegend im Wasser ab. An Land wirken sie unbeholfen und können sich nur raupenartig fortbewegen. Als ausgesprochen tagaktive Tiere genießen sie gerne Sand- und Sonnenbäder auf flachen, gut überschaubaren Sandbänken.

Jagd

Waidmännisch ist die Jagd nur, wenn sie dem auf der Eis- oder Sandbank ruhenden See-

hund gilt. Es ist allerdings nicht einfach, an das gut äugende Wild heranzukommen. Erfahrene Seehundjäger greifen zu allerhand Tricks, um den sichernden Seehund dennoch zu überlisten. So schieben sich die Jäger, hinter einem Flachschlitten verborgen, auf dem Bauch kriechend an den starken Hund heran und erlegen ihn auf angemessene Entfernung mit einem Hirnschuß. Der Schuß muß absolut tödlich wirken, da das angeschossene Tier sonst noch das Wasser (Atemloch im Eis) erreicht und damit verloren ist.

Der Jäger kann auch die Neugier der Seehunde herausfordern, indem er seehundartige Bewegungen vollführt. In Europa gehen die Seehundbestände zurück, weshalb die Jagd streng limitiert ist.

Kal. Gr. 1 u. 2
WA entfällt

Robben sind hervorragend ans Leben im Wasser angepaßt und durch ihr verschieden geflecktes Fell auch gut getarnt. Die Seehunde mit ihrem kräftigen runden Kopf und starker Bezahnung werden bis zu 2 m lang und sind in allen nördlichen Meeren beheimatet

Serau

W Capricornis sumatraensis
E Serow
F Serow

Unterfamilie	Ziegenartige – Caprinae
Familie	Hornträger – Bovidae
Unterordnung	Wiederkäuer – Ruminantia
Ordnung	Paarhufer – Artiodactyla
Klasse	Säugetiere – Mammalia

Ansprechen

Diese Waldziegenantilope kommt in zwei äußerlich nicht sehr verschiedenen Unterarten vor, dem chinesischen und dem japanischen Serau. Die Farbe der Decke schwankt zwischen Schwarz und Rotbraun. An den Flanken herrscht eine gelbliche, rötliche oder weißliche Färbung vor.
Die Mähne ist bei der chinesischen Form silberweiß, sonst schmutzig grau. Anderen Unterarten fehlt die Mähne. Beide Geschlechter haben Gehörne, die an der Basis zwar recht stark sind, aber kaum über die Lauscher hinausragen und nur an der Spitze leicht gebogen erscheinen.

Lebensraum und Verbreitungsgebiet

Seraus bevorzugen bergiges, mit dichtem Buschwerk und Wäldern bestandenes Gelände. Gras, Kräuter und Bambusschößlinge sind die Hauptäsung.
Verbreitet sind sie nicht nur auf Sumatra und der Halbinsel Malakka, sondern auch vom Himalaja ostwärts bis Szetschuan, Kansun, Japan, Formosa und Tonking.

Verhalten

Das Wild verhält sich sehr ähnlich wie der Goral (Nemorhaedus goral) – siehe dort –. Reviertreu halten sich die Waldziegenantilopen an feste Wechsel sowie Losungs- und Ruheplätze und markieren ihre Reviere mit Fegestellen. Als Warnruf dient ein seltsamer, dem menschlichen Niesen ähnlicher Laut. Diesen Warnlaut kennt man auch vom Goral. Wenn Gefahr droht, stoßen diese Tiere ihn mehrmals hintereinander aus.

Dieser kräftige Kletterer ähnelt seinem nordamerikanischen Verwandten, der Schneeziege. Er verläßt wie dieser „Gemsenartige" ebenfalls seine Felsregion nur zum Äsen, oftmals auf kilometerlangen Ausflügen. Man trifft ihn auch gelegentlich mit dem kleineren Goral zusammen, der allerdings lieber in den kahleren Felswänden steht

Jagd

Außer an dem verräterischen Niesen erkennt der Jäger das Revier des Seraus an den häufig benützten Losungsplätzen, an den Fegestellen sowie an den stark befährteten Wechseln. Seraus sind nicht hochflüchtig, daher bietet eine vorsichtige Pirsch entlang der Wechsel oder das Passen an Losungsplätzen und Fegestellen Waidmannsheil. Die Jagd ist sehr schwierig und setzt Kondition voraus, denn der Serau steht gern in steilen Wänden und äst an dicht bebuschten Berghängen.

Kal. Gr. 6
WA A I

Rekordtrophäe

(nach RBoTA, 1986)
Pkt: 30; Hlr: 9⅞; Hll: 9⅞; Ur: 5⅜; Ul: 5⅜;
O: Lirauschok Mts., Nepal; E: Rudolf Sand;
D: Januar 1979

Sikahirsch

W Cervus nippon
E Sika deer
F Cerf sika

Familie	Hirsche – Cervidae
Unterordnung	Wiederkäuer – Ruminantia
Ordnung	Paarhufer – Artiodactyla
Klasse	Säugetiere – Mammalia

Ansprechen

Der japanische Hirsch zeigt sich im Sommer farbenprächtig, leuchtend rotbraun mit zahlreichen weißen „Bambiflecken" (jedoch nicht am Träger), und im Winter bescheiden einfarbig dunkelbraun bis fast schwarz. Sikahirsche erreichen eine Schulterhöhe zwischen 75 bis 110 cm und ein Gewicht bis 110 kg. Das Stangengeweih, das der Hirsch jedes Jahr neu schiebt, ist höchstens acht- bis zehnendig. Zur Brunft und im Winter trägt der Hirsch eine dichte, dunkle Halsmähne. Der Wedel ist kurz und hell, der Spiegel fast weiß. Das Kahlwild ist in Gebäude, Masse und Maß geringer.

Lebensraum und Verbreitungsgebiet

Sikahirsche sind über die ganze Welt verbreitet. Ursprünglich fährteten sie in neun Unterarten in Japan und China, sind aber inzwischen als beliebtes Gatterwild in Europa, auf Madagaskar, Neuseeland (Dybowskihirsch), Tasmanien und in Australien mit mehr oder minder gutem Erfolg eingebürgert. Sie lieben mischwaldreichen Einstand mit starkem Unterwuchs und eingestreuten Lichtungen. Die Äsung besteht aus Gräsern, Kräutern, Sträuchern, Kulturpflanzen und Knollengewächsen. Da sie gern suhlen, ist Wassernähe nötig.

Verhalten

In die Brunft kommt der zierlich anmutende Hirsch im November/Dezember. Sein Brunftschrei ähnelt einem schrillen, auf- und abschwellenden Pfeifton, der, mehrfach wiederholt, schließlich in einem Knören endet. Typisch für den Sikahirsch ist das darauf folgende lange Schweigen. Der Hirsch hält sich streng an seinen Brunftplatz, so daß es

Sitatunga

Dieses äußerst widerstandsfähige Wild läßt sich leicht einbürgern

W Tragelaphus spekii
E Sitatunga
F Sitatunga

Unterfamilie	Waldböcke – Tragelaphinae
Familie	Hornträger – Bovidae
Unterordnung	Wiederkäuer – Ruminantia
Ordnung	Paarhufer – Artiodactyla
Klasse	Säugetiere – Mammalia

Dieser Drehhornträger ist eng mit dem Kudu und dem Nyala verwandt

Ansprechen

Diese Antilope, die man auch unter dem Namen Wasserkudu oder Sumpfantilope kennt, erreicht eine Schulterhöhe von 115 cm und wird bis 110 kg schwer. Auf ihrer lang und strähnig behaarten Decke von schokoladen- bis dunkelgraubrauner Grundfarbe zeichnen sich gelegentlich weiße Streifen schwach ab. Nur die Böcke haben ein Drehgehörn. Die Geißen sind im Gebäude, an Maß und Masse geringer und tragen keinen Kopfschmuck. Die Decke der Geißen ist kräftiger gefärbt und die Zeichnung deutlicher zu sehen. Als Sumpfbewohner besitzen die Sitatungas breit spreizbare Schalen.

Lebensraum und Verbreitungsgebiet

Sitatungas ziehen in Sumpflandschaften und überschwemmten Wäldern ihre Fährten und nehmen Gräser, Kräuter und Zweige als Äsung an.
Verbreitet sind sie in Afrika nördlich und südlich des Äquators bis nach Sambia und in den Kongo hinein.

Verhalten

Das bemerkenswerteste an diesem heimlichen Wild ist seine Fähigkeit zu tauchen. Bei Gefahr drückt es sich unter Wasser. Nur der Windfang ist dann an der Oberfläche zu sehen. Sitatungas halten sich gern im und um das Wasser auf. Speziell die Schilfregion gibt ihnen Deckung, die sie meist erst abends verlassen, um die traditionellen Äsungsplätze aufzusuchen. Die Paarung ist ganzjährig möglich. Die Böcke kämpfen „auf den Knien" um das Brunftterritorium. Das ganze Jahr über leben

die Wasserkudus paarweise oder in kleinen Gruppen.

Jagd

Mit den weit spreizbaren Schalen ist dieses Wild seinem sumpfigen Biotop gut angepaßt, wo ihm der Jäger nicht überallhin zu Fuß folgen kann.
Am besten gelingt dem Waidmann die möglichst geräuschlose Flußpirsch mit dem Kanu oder der geduldige Ansitz am Rande des Schilfgürtels. Doch sollte man den Schilfgürtel am Tag nach Fährten absuchen, weil man dann das Wild am wenigsten vergrämt. Ein äußerst seltenes und schwer bejagbares Wild, das dem Jäger sein ganzes Können abverlangt.

Kal. Gr. 2
WA A III Ghana, sonst entfällt
Rekordtrophäe
(nach SCI – RBoTA, 1987)
Pkt: 83⅛; Hlr: 31⅛; Hll: 31⅜; Ur: 10⅜; Ul: 10; O: Liberia, Chien; E: Charles E. Craver; D: 1977

---

kaum zu nennenswerten Brunftkämpfen kommt wie etwa beim Dam- und Rotwild. Die Rangordnung hat sich bereits in der Feistzeit herausgebildet. Ende Juni bis Anfang August setzen die Tiere nach einer Tragzeit von 7–8 Monaten ein Kalb, öfter auch Zwillinge.

Jagd

Wie Rot- und Damwild bejagt man den Sika auf der Pirsch oder vom Ansitz aus. In manchen Gegenden veranstaltet man auch Drückjagden. Schon im Herbst tritt das Sikawild sehr spät aus und zieht dann vor Tau und Tag wieder zu Holze. Es ist ratsam, ein lichtstarkes Zielfernrohr zu verwenden.

Kal. Gr. 2
WA entfällt

Rekordtrophäe

(nach RBoTA, 1986)
Pkt: 158⅜; Stlr: 25⅝; Stll: 25; Ur: 6⅞; Ul: 6⅞; EZtotal: 12; O: England; E: Ricardo Medem; D: September 1966

Spitzmaulnashorn

W Diceros bicornis
E Black Rhinoceros
F Rhinocéros noir

Familie	Nashörner – Rhinocerotidae
Unterordnung	Nashornverwandte – Ceratomorpha
Ordnung	Unpaarhufer – Perissodactyla
Klasse	Säugetiere – Mammalia

Ansprechen

Bis zu 1,5 t an Masse bringt dieser doppelbehornte graufarbene Dickhäuter auf die Waage. Er unterscheidet sich vom Breitmaulnashorn (Pantotherion simum) – siehe dort – vor allem durch seinen spitzlippigen Äser. Das vordere Horn, das auf der Nasenspitze sitzt, ist spitz, an der Basis rund und deutlich nach vorn gerichtet. Das zweite Horn sitzt auf dem Nasenrücken und ist wesentlich geringer. Gelegentlich bildet sich auf dem langen „Gesicht" noch der Ansatz eines dritten Horns. Die Gesamtkörperlänge des Spitzmaulnashorns liegt bei 345 cm, die Schulterhöhe zwischen 150 und 160 cm.

Lebensraum und Verbreitungsgebiet

Trockenes Buschland, vor allem die Dornbuschsavanne, ist der bevorzugte Einstand dieses Dickhäuters. Doch man findet diese Nashörner auch in den feuchten Regenwäldern afrikanischer Gebirge; dort ziehen sie noch in Höhen bis 3500 m ihre eindrucksvolle Fährte.
Gras dient dem Nashorn nur ausnahmsweise als Äsung. In wasserarmen Gebieten nimmt es vorwiegend wasserspeichernde Pflanzen zu sich und allgemein dient ihm strauchartiges Gezweig als Nahrung.
Kenia, Tansania, Mosambik, Nigeria, Angola, Sambia, Simbabwe, Äthiopien, Kamerun sind seine Heimat.

Verhalten

Nashörner leben meist als Einzelgänger oder locker gesellig. Nur die das ganze Jahr über mögliche Paarung führt die Geschlechter zusammen, wobei die Kuh ein recht ruppiges Verhalten zeigt. Nach einer Tragzeit von 17–18 Monaten wird ein Kalb gesetzt, das erst nach dem zweiten Lebensjahr entwöhnt wird. Es bleibt selbst dann noch bei der Kuh, wenn diese im dritten Jahr erneut dick geht oder wieder gekalbt hat. Anders als beim weißen Nashorn (Breitmaulnashorn) zieht die Kuh dem Kalb voran. Wenn Oberflächenwasser vorhanden ist, schöpft das Nashorn täglich und nimmt ebenso gern täglich ein Schlammbad oder suhlt sich im Sand. Die heiße Mittagszeit verbringt es meist im Schatten ruhend.

Jagd

Nashörner halten feste Territorien besetzt und traditionelle Wechsel ein. Der Jäger bestätigt ihr Vorkommen anhand der unübersehbaren Losungsplätze und Trittsiegel. Bei gutem Wind

ist es nicht schwierig, sich an das Wild heranzupirschen, zumal es schlecht äugen kann. Das Vernehmen ist jedoch weit besser entwickelt. Der Jäger kann einen Nashornbullen anlocken, indem er den quiekenden Ruf des Rivalen nachahmt. Ungestüm und kampfbereit kommt der Bulle dann herangestürmt. Dornbuschwerk ist für ihn kein Hindernis. Spitzmaulnashörner haben ein aggressiveres Temperament als ihre breitmauligen Vettern. Der Bulle greift gelegentlich an, selbst wenn ihn niemand reizt, und ist bestrebt, den Eindringling aus dem Territorium zu vertreiben. Es ist erstaunlich, welche Schnelligkeit und Wendigkeit dieser tonnenschwere Koloß entwickelt. Er kann blitzartig auf der Stelle wenden, und wenn er den Gegner erwischt, spießt er ihn auf, wirft ihn in die Luft und zerstampft ihn schließlich. Erst nach der völligen Vernichtung des Gegners beruhigt sich der angreifende Bulle. Daher ist Vorsicht am Platze, und ein Gehirnschuß ist unabdingbar. Kein afrikanisches Wild wird heute trotz Ausrottungsgefahr derart verfolgt. Früher von den landnehmenden Bauern, heute von Wilderern, die nicht an den 2000 kg Wildpret interessiert sind, sondern allein am Horn. Die Ostasiaten glauben auch heute noch fest daran, daß das pulverisierte Horn die Manneskraft stärke, und zahlen dafür ungeheure Summen.

Kal. Gr. 5
WA AI

Rekordtrophäe

(nach SCI – RBoTA, 1987)
Pkt: 89⅛; Hlr: 14⅞; Hlf: 31⅞; Ur: 20; Uf: 24; O: Kenya, Mt. Kenya; E: Dr. Carlo Caldesi; D: 1955

Durch gnadenlose Wilddieberei und ein international organisiertes Händlernetz für den Verkauf des pulverisierten Horns – das nach einem Irrglauben der Ostasiaten die Manneskraft stärken soll – ist dieses afrikanische Wild von seiner Ausrottung bedroht

Springbock

W Antidorcas marsupialis
E Springbuck
F Springbok

Unterfamilie	Gazellenartige – Antilopinae
Familie	Hornträger – Bovidae
Unterordnung	Wiederkäuer – Ruminantia
Ordnung	Paarhufer – Artiodactyla
Klasse	Säugetiere – Mammalia

Ansprechen

Sieht man im südlichen Afrika eine große Herde rötlichgelbbrauner Gazellen mit leierförmig geschwungenen und stark quergewulsteten Gehörnen, die mit seltsam gestelzten Sprüngen flüchtig werden, so sind es Springböcke.

Fächerartig ausgebreitet leuchten die Spiegel, die dieses Wild taschenartig aufgestülpt auf der hinteren Rückenpartie trägt. Beide Geschlechter haben aufgesetzt, die Geißen, die an Maß und Masse deutlich schwächer sind, jedoch wesentlich geringer. Auffallend ist der braune Grenzstreifen an den Flanken, der die weiße Unterseite der Decke scharf vom Oberteil trennt. Der Kopf ist weißbraun gestreift.

Lebensraum und Verbreitungsgebiet

Springböcke leben in großen Herden in Angola, Südwest- und Südafrika. Sie bevorzugen offene Steppenlandschaften mit niedrigem Bewuchs. Hohes Gras und reine Wüsten besiedeln die Springböcke nicht. Gras, Kräuter, Strauchwerk und Knollen bilden ihre Äsung, wobei sie die Knollen mit den Schalen geschickt aus dem Boden schlagen. Wenn sich eine Wasserstelle in der Nähe befindet, wird täglich geschöpft.

Verhalten

Die Wanderungen der Riesenherden der Springböcke waren früher sprichwörtlich. Durch die Buren kam es – ähnlich wie beim amerikanischen Bison – zu regelrechten Ausrottungsschlachten. Bei Gefahr spreizen die Springböcke warnend den weißen Spiegel, dem ein Duftsekret entströmt. Die Tiere nähern

Vorder- und Hinterläufe einander, und plötzlich springt die Herde mit seltsam gestelzten Sprüngen hochflüchtig ab. Der Beobachter kann deutlich bemerken, wie sich die Bereitschaft zum Sprung von Tier zu Tier in der Herde fortsetzt.

In der Brunft sammeln starke Böcke Haremsrudel um sich. Die Hauptbrunft ist im Mai, und nach sechs Monaten setzen die Geißen je ein Kitz, selten zwei.

Jagd

Früher jagte man auf Springböcke vorwiegend vom Geländefahrzeug aus, worauf das Wild mittlerweile schnellflüchtig reagiert. Die Springböcke sind immer in Bewegung, was Anpirschen und Ansprechen für den Jäger sehr erschwert.

Erfolgreicher ist die Pirsch auf Einzelgänger, die meist hochjagdbar sind.

Diese Verwandten der Gazellen zählen zu den Gazellenartigen. So nennt die Wissenschaft heute alle Antilopen, welche keine andere Tierform, sondern nur eine Unterart der Gazellen darstellen. Hauptverbreitungsgebiet der Springböcke ist das südliche Afrika. Sie bevorzugen offene Steppen

Kal. Gr. 2
WA entfällt

Rekordtrophäe

(nach SCI – RBoTA, 1987)
Pkt: 50⅞; Hlr: 18⅛; Hll: 18; Ur: 7⅜; Ul: 7⅜; O: R. S. A., Griqualand West; E: William E. Moss; D: 1985

Stachelschwein

W	**Hystrix cristata**
E	**Porcupine**
F	**Porc-épic**

Familie	Stachelschweine – Hystricidae
Unterordnung	Stachelschweinverwandte – Hystricomorpha
Ordnung	Nagetiere – Rodentia
Klasse	Säugetiere – Mammalia

Ansprechen

In der breiten Palette des afrikanischen und nordamerikanischen Wildes sind die Stachelschweine unverwechselbar. Sie ziehen in zwei Arten ihre Spuren in den Wildbahnen des Schwarzen Kontinents. Das Südafrika-Stachelschwein (Hystrix africae australis) und das Nordafrika-Stachelschwein (Hystrix galeata), die im übrigen zu den größten Nagern des Kontinents gehören. Ihr charakteristisches Stachelkleid ist einzigartig. Mit den langen Schwanzstacheln können die Tiere ein rasselndes Geräusch erzeugen, das als Warnlaut gedacht ist. Stachelschweine erreichen eine Körperlänge bis 80 cm und werden bis 40 kg schwer. Das Stachelkleid läßt sie allerdings größer erscheinen. Sie besitzen starke Grabpranken und gehen auf Laufpolstern.

Lebensraum und Verbreitungsgebiet

Stachelschweine sind im ganzen tropischen Afrika vom Senegal bis zum Kap und in Nordafrika verbreitet und lieben trockene Berghänge, trockene Flächen und Kulturland. Sie graben Wohnhöhlen, in denen sie sich lange aufhalten, oder nehmen verlassene Baue von Erdferkeln an. Die nordafrikanische Art kommt übrigens auch in Süditalien und auf Sizilien vor. Außerdem ist eine dritte Art (Hystrix leucura) im Bereich von Kleinasien, der Arabischen Halbinsel, Iran, Afghanistan und Indien verbreitet.

Verhalten

Stachelschweine leben paarig, als Einzelgänger oder gesellig in kleinen Verbänden. Zwei Würfe mit je zwei Jungen jährlich sind möglich. Beide Eltern führen die Jungen und ziehen sie auf. Die Stacheltiere sind Allesfresser und verzehren Aas, nagen Knochen, graben nach Knollen, Wurzeln und Kulturfrüchten. Obst, Kerbtiere, Kriechtiere und Insekten nehmen sie ebenso an wie Frösche. Sie richten in den landwirtschaftlichen Kulturen oft erhebliche Schäden an, was sie beim Menschen nicht sehr beliebt macht.

Stachelschweine sind mit guten Sinnen ausgerüstet. Speziell das Gehör ist hervorragend. Gegen Feinde verteidigen sie sich tapfer und sehr effektiv: Sie richten die Stacheln auf und greifen den Feind im Rückwärtsgang an. Im Widerspruch zum Jägerlatein können sie ihre Stacheln selbstverständlich nicht speerartig abschießen. Sie fallen jedoch leicht aus und bleiben beim Angreifer in der Haut stecken, wo sie schlecht heilende Wunden verursachen.

Jagd

Früher jagte man das Stachelschwein wegen seines wohlschmeckenden Fleisches, zudem fanden die Stacheln vielfältige Verwendung, z. B. für Angelgeräte.

Der Trophäenjäger, der ein Stacheltier erbeuten möchte, setzt sich am besten am befahrenen Bau lange vor Tau und Tag geräuschlos an, dann hat er die beste Aussicht auf erfolgreiches Waidmannsheil!

Kal. Gr. 1
WA A III Ghana,
sonst entfällt

Außergewöhnlich und einmalig im Tierreich sind die Borstenspieße dieser wehrhaften Gesellen. Hochentwickelt ist ihr Geruchs- und Hörvermögen. ,,Der hört wie ein Stachelschwein,'' sagen die Eingeborenen

Steinantilope

W Raphicerus campestris
E Steenbuck
F Steenbok

Unterfamilie	Böckchen – Neotraginac
Familie	Hornträger – Bovidae
Unterordnung	Wiederkäuer – Ruminantia
Ordnung	Paarhufer – Artiodactyla
Klasse	Säugetiere – Mammalia

Ansprechen

Besonders auffallend an dieser winzigen Antilope, die auch als Steinböckchen oder Steenbuck bezeichnet wird – sie erreicht nur 45–60 cm Schulterhöhe –, sind die Lauscher, deren weiße Innenseiten ein tannenzweigartiges Muster aufweisen. Die Decke ist hellrötlichbraun mit weißer Unterseite, die Lichter von deutlich hellen Ringen umgeben. Nur die Böcke haben ein spitzes, leicht nach vorn gebogenes Gehörn. Sehr ähnlich der Steinantilope ist der Greisbock (Raphicerus melanotis), der etwas geringer an Maß und Masse ist und eine gänzlich braun gefärbte Decke trägt. Einzelne weiße Haare geben der Decke einen silbrigen Schimmer. Die Innenseite seiner Lauscher weist ebenfalls die auffallende Zeichnung auf.

Lebensraum und Verbreitungsgebiet

Beide Arten kommen in zwei voneinander getrennten Regionen Südafrikas vor. Der Greisbock bewohnt nur die Kapprovinz, während die Steinantilope den gesamten Süden des Kontinents, Südafrika, Namibia, Botsuana, Rhodesien und Mosambik, bevölkert. Ihre Einstände nehmen die Steinantilopen in Baum- und Dornbuschsavannen sowie in den Dünenlandschaften der Halbwüsten. Vom Trinkwasser sind sie wegen ihrer Pflanzen- und Knollenäsung unabhängig.

Verhalten

Steinantilopen sind ausgesprochene Einzelgänger, die sich Artgenossen gegenüber auf kleinsten Territorien behaupten. Selbst in der jahreszeitlich nicht festgelegten Brunft ruhen die Tiere in getrennten Lagern. Frühmorgens, abends und nachts kann man sie aktiv sehen. Wenn sich ein Feind nähert, drücken sie sich und flüchten nur bei äußerster Gefahr mit behenden Sprüngen, verharren aber nach 100 m und begeben sich dann sofort wieder in Deckung, als seien sie vom Erdboden verschluckt. Werden sie von Wildhunden verfolgt, verkriechen sie sich in Erdferkelhöhlen. Ein schriller Pfiff warnt alle Steinantilopen im Umkreis.

Jagd

Wie oben beschrieben, drücken sich die Steinantilopen sehr lange, flüchten dann blitzschnell und machen sich erneut unsichtbar. Die Jagd fordert vom Jäger, daß er mit der Kugel sicher flüchtig schießen kann. Am aussichtsreichsten ist die Pirsch am frühen Morgen.

Kal. Gr. 1
WA entfällt

Rekordtrophäe

(nach SCI – RBoTA, 1987)
L: 10,48 cm; U: 4,13 cm; A: 4,6 cm;
O: Massingir; D: Mai 1967; E: M. Carrelo
(nach RBoTA, 1981)
Pkt: 18⅛; Hlr: 6⅝; Hll: 6⅛; Ur: 2⅞; Ul: 2⅞;
O: Namibia, Omaruru; E: Paul E. Robey;
D: September 1977

Typisch das schwarzgelackte Dreieck auf dem Windfang. Den wachsamen Sinnen dieser Kleinantilopen entgeht nichts

Steinschaf

W Ovis dalli stonei
E Stone sheep
F Mouflon du Canada

Unterfamilie	Ziegenartige – Caprinae
Familie	Hornträger – Bovidae
Unterordnung	Wiederkäuer – Ruminantia
Ordnung	Paarhufer – Artiodactyla
Klasse	Säugetiere – Mammalia

Ansprechen

Das seiner fast schwarzen Decke wegen auch Schwarzes Dickhornschaf genannte Steinschaf ist ein Bewohner der nördlichen Gebirgsregionen der Neuen Welt (Alaska, Kanada). Mit 110 cm Schulterhöhe und einem Gewicht bis 100 kg gehört es zu den größten seiner Art. Nur die Form der Schnecke und die Farbe der Decke unterscheiden es von den übrigen Unterarten des Dickhornschafes, auch Bighornschaf genannt (Ovis canadensis) – siehe dort –, und vom Dallschaf (Ovis canadensis dalli) – siehe dort. Das Dallschaf trägt eine weiße Decke, das Dickhornschaf eine braune bis rotgraue. Die Schnecken der Dallwidder sind jedoch länger als das kräftigere und umfangreichere der Schwarzen Dickhornwidder.

Lebensraum und Verbreitungsgebiet

Vor allem im Norden Britisch Kolumbiens und südlich des Yukons findet man das Schwarze Dickhorn in hohen Gebirgsregionen bis zu den Gletscherzonen. Die Bezeichnung ,,Stone" kommt nicht von ,,Stein", sondern vom Entdecker des Schafes, der Stone hieß.

Verhalten

Steinschafe leben recht gesellig in Rudeln bis 50 Stück. Junge Widder, Geißen und Lämmer stehen beisammen. Die alten Widder sind meist Einzelgänger, die höchstens zu zweit fährten. Es gibt gelegentlich auch ,,Herrenrudel", die aus alten Widdern bestehen. Saisonal bedingte Wanderungen von Winter- zu Sommereinständen sind nicht bekannt. Die Äsung besteht aus Gras, Laub, Flechten, Moosen,

Rinden und Zweigen der Polarweide. Während der Brunft bilden die Widder ,,Haremstrupps", die sie gegen Rivalen heftig verteidigen. Die Brunft beginnt Ende Oktober und dauert bis in den November hinein. Kämpfe gibt es nur unter gleichstarken Rivalen; die Rangordnung ist schon während der Feistzeit festgelegt worden. Das Aufeinanderprallen der Schneckengehörne ist kilometerweit zu hören. Nach einer Tragzeit von sechs Monaten werden von Ende April bis in den Mai hinein die Lämmer gesetzt, oft Zwillinge, selten Drillinge und Vierlinge. Sie folgen der führenden Geiß sofort und sind mit 1 ½ Jahren geschlechtsreif.

Jagd

Steinschafe, wie man sie eigentlich zu Unrecht nennt, können hervorragend äugen. Vernehmen und Witterungsvermögen sind ausgezeichnet ausgebildet. Man fährt mit dem Allrad oder reitet in das Schafgebiet und pirscht dann die einzelnstehenden Widder an. Gute körperliche Verfassung des Jägers und bergsteigerisches Können sowie Anpassung an die Höhenlagen sind die Voraussetzungen einer erfolgreichen Schafjagd. Da die Widder den

Die Basis dieser Schnecken ist kaum mit zwei Händen zu umfassen

Feind, Wölfe und Bären, meist von unten erwarten und daher nach unten sichern, versucht man, sie zu übersteigen. Das Schwarze Dickhorn ist mit seiner Färbung gut an sein Biotop angepaßt. Weite und genaue Schüsse sind nötig auf diese seltene und begehrte Trophäe.

Kal. Gr. 3 u. 6
WA A II

Rekordtrophäe

(nach RBoTA, 1986)
Pkt: 182⅞; Hlr: 40⅝; Hll: 41⅛; Ur: 14⅛; Ul: 14⅝; O: B. C., Tuchodi lakes; E: Romeo Leduc; D: 1981

Stockente

W Anas platyrhynchos
E Mallard
F Canard col-vert

Gattungsgruppe	Schwimmenten – Anatini
Unterfamilie	Entenverwandte – Anatinae
Familie	Entenvögel – Anatidae
Ordnung	Gänsevögel – Anseriformes
Unterklasse	Neuvögel – Neornithes
Klasse	Vögel – Aves

Ansprechen

Die Stockente ist das beliebteste Wassergeflügel bei Jägern. Der Erpel wiegt etwa 1200 g und bietet mit seinem dunkelgrünen Gefieder an Kopf und Hals, dem schmalen weißen Kragen, der dunkelbraunen Brust und seinem hellgrauen Bauchgefieder einen prächtigen Anblick. Braungrau der Rücken, die Schwingen grau, Spiegel blau und schwarzweiß gesäumt, Stoß weiß, durch schwarze Bürzelfedern eingefaßt und auf der Oberseite die „Erpellocken" oder „Entenhakel" – vier gebogene grünschwarze Federn –, all dies unterstreicht die farbenfrohe Erscheinung. Die Ente ist schlichter befiedert; in grundfarben braunem Federkleid zeigt sie lediglich schwarzgraue Muster.

Lebensraum und Verbreitungsgebiet

Die Stockente ist überall in Europa sowie in Asien, Nord- und Mittelamerika verbreitet und nistet an Tümpeln, Teichen, Seen, Flüssen und der Meeresküste, wohin sie sich zum Überwintern zurückzieht.

Die Stockente, unsere größte Schwimmente und ein beliebtes Federwild zugleich, gilt als Stammform der Hausenten

Der Erpel ist in der Luft ebenso wie im Wasser ein Meister – und vorsichtig dazu

Verhalten

Am Tage ruhen die Enten meist, und abends streichen sie schofweise zu den abgeernteten – oder auch nicht abgeernteten – Getreidefeldern, wo sie einfallen und äsen. Im Wasser verzehren sie kleine Wassertiere, Insekten und Frösche und filtern Plankton durch den Schnabel. Führende Enten führen das Schof, bis es flügge wird, und täuschen Hunde und andere Feinde, indem sie sich verwundet stellen. Sie flattern dabei wie hilflos aufs Wasser hinaus und lenken vom Jungwild ab.

Jagd

Der Morgen- und Abendstrich bringt Waidmannsheil. Ein wasserfreudiger Hund ist unerläßlich. Auf der Pirsch geht man mit dem Hund bis dicht ans Wasser heran und läßt ihn die Enten herausstoßen. Besonders junge Enten sitzen lange fest. Treibjagden lohnen sich nur an größeren Seen und Teichen und bei entsprechend hohem Besatz.
Je windiger es ist, um so besser streichen die Enten. Man sollte die Entfernungen auf dem Wasser und in der Luft nicht unterschätzen. Der Schuß auf aufliegende Enten ist unwaidmännisch.

Kal. Gr. 7 (3 mm Schrot)
WA A III Ghana,
sonst entfällt

Strauß

W Struthio camelus
E Ostrich
F Autruche

Familie	Strauße – Struthionidae
Ordnung	Laufvögel – Struthioniformes
Klasse	Vögel – Aves

Ansprechen

Unübersehbar und ebenso unverkennbar ist
dieser größte Laufvogel der Erde. Erwachsene
Tiere werden bis 300 cm groß und wiegen bis
150 kg. Beide Geschlechter sind flugunfähig.
Die Hähne sind dick schwarzweiß befiedert,
Hennen und Jungvögel zeigen graubraunes
Gefieder. In vier Unterarten als Nordafrikani-
scher Strauß, Südafrikanischer Strauß, Somali-
strauß und Massaistrauß ziehen diese Vögel
ihre Fährten. Die arabische Unterart ist erst in
jüngster Zeit ausgestorben. Der lange Stingel
ist mit verkümmerten Federn besetzt und die
starken Läufe und Füße mit Hornschildern. Bei
erwachsenen Hähnen sind die Läufe rot, die
der Hennen schwarz. Die Füße sind zweizehig,
und die Hauptzehe ist mit einer starken Kralle
versehen.
Die zahlreichen Eier können bis 160 x 130 mm
groß und über 1600 g schwer sein.

Lebensraum und Verbreitungsgebiet

Der Strauß lebt ebenso in den offenen
Savannen Afrikas wie auch im dichten Buschland, in felsigen Berggegenden und pflanzen-
armen Wüstenrevieren. Gräser, Baum- und
Strauchlaub bilden seine Äsung neben was-
serspeichernden Pflanzen. Der Strauß jagt
gern auf Kleinsäuger und andere Wirbeltiere,
die er in seltsam anmutenden Zickzacksprüngen erbeutet.

Verhalten

Meist legt sich ein Hahn einen mehrköpfigen
Harem zu, bestehend aus einer Haupthenne
und 2–4 Nebenhennen. Imposant ist das
Balzverhalten. Haupt- und Nebenhennen legen ihre Eier in dasselbe Nest. Bebrütet
werden die großen Eier vorwiegend vom Hahn,

und zwar täglich vom späten Nachmittag, die
Nacht hindurch, bis zu den Vormittagsstunden.
Die Küken schlüpfen nach 42 Tagen und
erreichen nach einem halben Jahr die Größe
ihrer Eltern.

Jagd

Strauße können schnell laufen; sie erreichen
Geschwindigkeiten von 70 km/h, doch leichtfüßig sind sie nicht. Der Gesichtssinn ist
ausgezeichnet, der lange Stingel verschafft
dem Strauß den entsprechenden Überblick, so
daß er Freund und Feind rechtzeitig unterscheiden kann. Der waidgerechte Jäger pirscht
sich unter Ausnützung jeglicher Deckung dicht
an die Straußenherde heran. Empfehlenswert
ist es, seine Aufmerksamkeit auf die schwarz
befiederten Einzelgänger zu richten. Diese
sind meist sehr alt – Strauße können bis
70 Jahre alt werden – und somit jagdbar. Den

*Etwa 100 000 dieser größten Laufvögel der
Erde werden in Südafrika auf 400 Straußenfar-
men gehalten*

Herrn des Harems während der Brut zu
erlegen, wäre nicht waidgerecht. Als Trophäe
gelten die derbe Haut mit oder ohne Federkleid
sowie die Fußkrallen. Strauße sind nicht
ungefährlich; wenn sie angegriffen werden
oder als Nestverteidiger teilen sie oft tödlich
wirkende Tritte gegen den Angreifer aus.

Kal. Gr. 2
WA entfällt

Tahr

W	**Hemitragus jemlahicus**
E	**Himalayan Tahr**
F	**Tahr de l'Himalaya**

Unterfamilie	Ziegenartige – Caprinae
Familie	Hornträger – Bovidae
Unterordnung	Wiederkäuer – Ruminantia
Ordnung	Paarhufer – Artiodactyla
Klasse	Säugetiere – Mammalia

Ansprechen

Der Tahr ist kein Schaf und auch keine Ziege, sondern er nimmt eine Zwischenstellung ein. Er kommt in den Unterarten Himalajatahr (Hemitragus jemlahicus jemlahicus), Nilgiritahr (Hemitragus jemlahicus hylocrius), Arabischer Tahr (Hemitragus jemlahicus jayakiri) und Sikkimtahr (Hemitragus jemlahicus schaeferi) vor. Die Tahre sind nicht mit den Gemsen verwandt, sondern werden von den Systematikern in eine Gruppe mit Ziegen und Schafen gestellt. Eine gewisse Ähnlichkeit mit der amerikanischen Schneeziege, die zu den Gemsen gehört – vgl. Gamswild –, beruht nur auf paralleler Anpassung an das Leben im Gebirge und nicht auf Verwandtschaft. Das Bergwild erreicht eine Schulterhöhe von 100 cm, und ein starker Bock kann bis 105 kg wiegen. Beide Geschlechter tragen ein stabiles Gehörn, das sich – ausgestattet mit einer scharfen Kielkante – in rundlichem Bogen nach hinten wendet. Die Geißen haben geringer aufgesetzt und sind schwächer an Maß und Masse. Bei sonst dunkelbraun bis schwarzbraun gefärbter Decke tragen die Böcke des Himalaja- und des Sikkimtahrs an Träger, Brust und Schulter stark behaarte Mähnen. Der Nilgiritahr ist am ganzen Gebäude nur kurz behaart, während der Arabische Tahr einen Backenbart, längere Haare an der Brust und Manschetten an den Läufen trägt.

Lebensraum und Verbreitungsgebiet

Die Arabischen Tahre bewohnen die Wüsten der arabischen Halbinsel, die anderen bevölkern die Hochgebirge der felsenbewehrten Waldgebiete. Der Nilgiritahr bevorzugt die grasigen Hänge oberhalb der Waldgrenze. Die Geißen des Himalajatahrs steigen im Sommer bis hinauf in die höchsten Almlagen. Die Äsung besteht aus Gras, Kräutern und frischem Laub. Der Wasserbedarf wird über die Äsung gedeckt. Nepal, Sikkim und Tibet sowie die Gebirgsregionen der UdSSR und Chinas sind neben der arabischen Halbinsel die Verbreitungsgebiete des Tahrwildes.

Verhalten

Tahre leben gesellig in kleinen Trupps. Die Böcke bilden außerhalb der Brunftzeiten „Herrenrudel". Die nördlichen Tahre haben ihre Hochzeit im Dezember, die beiden südlichen Arten kennen keine jahreszeitlich beschränkte Brunft. Meist wird nur ein Kitz gesetzt. Beim Nilgiri sollen Zwillingsgeburten häufiger sein.

Jagd

Der Tahr gilt als kein hochflüchtiges Wild, er versucht, zu seinen Verfolgern in Sichtkontakt zu bleiben, um sie überlisten zu können. Der berggewohnte Jäger muß sich mit mühsamer Gebirgspirsch auf dieses Wild einstellen. In Neuseeland hat man Tahre eingebürgert.

Kal. Gr. 3 u. 6
WA   entfällt

Rekordtrophäe

(nach RBoTA, 1986)
Pkt: 49⅞; Hlr: 14⅜; Hll: 15⅝; Ur: 10⅛; Ul: 10⅛; O: Brahma, IS., Fl.; E: Saul D. Urrutia; D: 1979

Ebenso wie der Mähnenspringer – ein Afrikaner, der heute hauptsächlich in Spanien vorkommt – ist dieser Bergbewohner halb Ziege, halb Schaf

Takin

W Budorcas taxicolor
E Takin
F Takin

Unterfamilie	Ziegenartige – Caprinae
Familie	Hornträger – Bovidae
Unterordnung	Wiederkäuer – Ruminantia
Ordnung	Paarhufer – Artiodactyla
Klasse	Säugetiere – Mammalia

Ansprechen

Die Bezeichnung „Rindergemse" und „Gnu-
ziege" deuten an, wie schwer man sich tat,
dieses geheimnisumwitterte Wild richtig einzu-
ordnen. Man unterscheidet drei Unterarten:
den Mischimitakin (Budorcas taxicolor taxicolor) mit goldgelber bis gelbbrauner Decke, die
an vielen Körperstellen schwarzgefärbte Ein-
sprengungen zeigt; den Szetschuantakin (Budorcas taxicolor tibetana) mit gelber bis
rotgrauer oder grausilberner Decke, die einige
wenige Schwarzstellen aufweist, und den
Schensitakin (Budorcas taxicolor bedfordi),
dessen weißgelbe bis goldfarbene Decke die
wenigsten schwarzen Stellen aller drei Unterarten aufweist.
Takine erreichen bis 130 cm Schulterhöhe,
und starke Böcke wiegen 400 kg und mehr.
Beide Geschlechter tragen Stirnwaffen, die
entfernt an die des Wasserbüffels (Bubalus
bubalis) – siehe dort – erinnern. Die Vorderläufe sind massig gebaut und tragen runde
Schalen. Das Haarkleid ist insgesamt zottig
und stellenweise mähnenartig verlängert. Im
Gebäude ähneln die Takine einem Wildrind,
nur sind sie geringer an Maß und Masse.
H. S. Wallace erzählt von einer Beobachtung
im Tsinglinschangebirge: „Wir suchten mit den
Gläsern das Gelände ab. Einige Augenblicke
Schweigen, dann hatten wir sie: Zwei große
gelbe Massen bewegten sich zwischen den
Felsen auf der gegenüberliegenden Seite des
Kessels. Ich glaube, was uns mehr als alles
andere an ihrer Erscheinung überraschte, das
war die Färbung. Es war die Wiedergeburt des
‚Goldenen Vlieses'. Nur die Rasse vom
Tsinglinschan ist so gefärbt. Im Sonnenschein

*Urtümlich wie der Moschusochse: das Tier mit
dem „Goldenen Vlies"*

sind sie ganz auffällig goldgelb, die Kühe
deutlich heller und mehr silbrig im Ton, die
Bullen ausgesprochen rötlich im Nacken, nicht
unähnlich der Farbe des Löwen. Drei Bullen,
drei Kühe und zwei Kälber weideten da auf
einem Felsplateau, das 400 m senkrecht
abstürzte. Beim Anblick von vorn sind der tief
getragene Kopf, das ‚Büffelgehörn' und die
ausgesprochene Rammsnase auffallend. Von
hinten gesehen erscheinen sie mit ihrem
schweren Bau, den kurzen, dicken Beinen und
dem im langen Haar verschwindenden
Schwanz wie ein gewaltiger Teddybär. Aber in
größter Wut und rasendster Flucht können
diese ‚Teddybären' auf kurzer Strecke die
sturmhafte Geschwindigkeit des Nashorns
haben."

Lebensraum und Verbreitungsgebiet

Die Namen der einzelnen Takinunterarten
deuten auf ihre Verbreitungsgebiete hin, die
chinesischen Provinzen am Ostrand des Himalajas, oberhalb des sogenannten „Goldenen
Dreiecks". Sie fährten in den unwirtlichen
Gebirgsregionen dieser Gegenden mit Bam-
bus- und Rhododendronflora. Dies sind die
einzigen Takinvorkommen der Erde.

Verhalten

Dieses geheimnisvolle Wild ist bisher wenig
erforscht. Man weiß, daß es in festen Revieren
lebt, die es auf traditionellen Wechseln durchfährtet. In den vom Menschen nicht begange-
nen Wildnissen bilden sich größere Herden,
die im Sommer bis in Höhen von 4000 m hinauf und im Winter talwärts bis in die 2000-m-
Zone ziehen. Die Brunft ist nicht saisonal gebunden. Kämpfe während der Brunft sowie um
die Rangordnung finden vorwiegend als rituelle
Auseinandersetzungen statt.

Jagd

Um einen Takin zu erbeuten, lohnt es sich, bis
an den „Rand der Erde" bzw. zum „Dach der
Welt" zu reisen. Allein die Decke ist ein Wert
ohnegleichen, verknüpft sich doch mit ihr die
Erinnerung an das Goldene Vlies, das die alten
Griechen – die Argonauten – aus Kolchis mit
nach Hause brachten. Die Decke des Takins ist
tatsächlich, besonders im Sonnenlicht, glänzend golden getönt. Streicht man mit der Hand
über die Decke, so wird die Hand fettig braun,
und es entströmt ihr ein Geruch, der dem der
Buttersäure ähnelt. Leicht zu erjagen ist der
Takin allerdings nicht. Er fährtet in den
menschenfernsten Gebieten der Erde. Dort
kann der waidgerechte Jäger ihn ausfährten,
beim Abglasen der großartigen Berglandschaft
ausmachen oder an Wechseln und Salzlecken
ansitzen. Bergtauglichkeit und gute Konstitution sind Voraussetzung, andernfalls sind die
Jagd – und der Jäger – bereits am Ende, bevor
sie überhaupt begonnen haben.

Kal. Gr. 3 u. 4
WA entfällt

149

Tapir

W Tapirus
E Tapir
F Tapir

Familie	Tapire – Tapiridae
Unterordnung	Nashornverwandte – Ceratomorpha
Ordnung	Unpaarhufer – Perissodactyla
Klasse	Säugetiere – Mammalia

Ansprechen

Die Zoologen unterscheiden vier Arten dieser interessanten Wildtiere, die mit den Nashörnern verwandt sind: den Flachlandtapir (Tapirus terrestris), der einen deutlichen Nackenkamm, eine Schulterhöhe bis 100 cm, eine Gesamtkörperlänge bis 200 cm sowie ein Gewicht über 200 kg aufweist und dessen Decke braun und kurz behaart ist; den Mittelamerikanischen Tapir (Tapirus bairdi), den eine kleine Bürstenmähne ziert und der eine Schulterhöhe von 120 cm sowie ein Gewicht über 300 kg erreicht; den Berg- oder Andentapir (Tapirus pinchaque), der als kleinster Vertreter der Neuwelttapire nur 80 cm Schulterhöhe erreicht, eine besonders an der Unterseite auffallend weiche und wollige Decke besitzt, dessen Kinn und Träger bis zum Stich weißlich gefärbt sind und dessen Kruppe einen dünnbehaarten Fleck aufweist; sowie den Schabrackentapir (Tapirus indicus), der als einzige altweltliche Art in Indien lebt. Dieser größte aller Tapire erreicht eine Körperlänge von 250 cm und mehr sowie Gewichte über 350 kg. Ein markanter Unterschied zu den anderen Arten ist vor allem die Farbe der Decke: Hinterläufe, Kopf und Träger und die vordere Blattpartie sind bis zum Wedelansatz braun, der übrige Körper ist weiß mit linear abgezeichneten Übergängen. Der Schabrackentapir scheint „bekleidet".

Allen Tapiren eigentümlich ist zum einen die Rüsselnase, zum anderen die kleinen rundlichen Lauscher und der winzige Wedel sowie ein mehrhufiger Lauf und das pferdeähnliche Gebäude. Diese Merkmale machen einen

Tapir beim Ansprechen für jeden Waidmann unverwechselbar.

Lebensraum und Verbreitungsgebiet

Die Flachlandtapire bewohnen vorwiegend die Tiefebenen Südamerikas, während man den Bergtapir bis hinauf zur Schneegrenze der Anden und Kordilleren antrifft. In Indien fährtet der Schabrackentapir in den dichten bis lichten Wäldern seiner Heimat. Alle Tapire leben von Baum- und Strauchäsung, jungen Blättern, Kräutern und Gras sowie von Knollengewächsen. Alle vier Arten sind heute durch Bejagung und Biotopzerstörung bedroht.

Verhalten

Tapire leben heimlich als Einzelgänger, und sie sind nur zur Brunft kurze Zeit paarweise anzutreffen. Die belegte Stute beißt den Hengst nach der Paarung weg und wirft ihr Fohlen in Hockstellung. Die Fohlen tragen eine frischlingsartig gezeichnete, wollig behaarte Decke und folgen bald nach dem Setzen der Stute auf dem Fuße. Sieht man mehrere Tapire zusammen, so sind es meist führende Stuten mit ein oder zwei Fohlen. In ihren Revieren legen sie fest ausgetretene Wechsel an, die

Vorsichtig tritt der Nashornverwandte zum Schöpfen aus seiner dunklen Deckung

von anderem Wild und vom Menschen ebenfalls benützt werden.

Jagd

Tapire besitzen außer ausgezeichnet ausgebildeten Sinnen keine anderen Verteidigungswaffen und haben keine Trophäen zu bieten. In ihrer Heimat werden sie von Jaguar und Tiger gejagt. Ausgesprochen heimlich und wachsam ziehen sie sich bei Gefahr bis zur Unsichtbarkeit in den dichtesten Dschungel zurück. Umsichtige Pirsch entlang der Wechsel ist die beste Art, waidmännisch auf Tapire zu jagen. Bestätigt wird dieses Wild durch die markanten Trittsiegel sowie an den „Himmelszeichen" – den frisch abgemuffelten Sträuchern und Bäumen, die es nach Art des Elches vom Laub befreit. Die einheimischen Jäger veranstalten Hetzjagden mit Hunden.

Kal. Gr. 3 u. 4
WA A I Mittelamerikanischer Schabrakken- und Bergtapir
WA A II Flachlandtapir

Tiger

W Panthera tigris
E Tiger
F Tigre

Familie	Katzen – Felidae
Unterordnung	Landraubtiere – Fissipedia
Ordnung	Raubtiere – Carnivora
Klasse	Säugetiere – Mammalia

Ansprechen

Die Unterarten des Tigers variieren stark an Färbung und Gewicht (ca. 190 kg) sowie an Größe. Die Gesamtkörperlänge schwankt zwischen 140 und 300 cm (gemessen von der Spitze des Fangs bis zur Spitze der Rute). Die sibirische Art stellt die größten Vertreter, die zudem durch ihre längere und wolligere Behaarung noch wuchtiger wirken. Besonderes Merkmal ist die Bebänderung der sonst rötlichen bis rotbraunen Decke mit schwarzen Querstreifen. Lediglich an dem imposanten Haupt, dem starken Fang, den Innenseiten der Pranken und am Unterbauch herrscht Weiß vor. Weiß ist der deutlich sichtbare Backenbart des Tigers. Die geringelte Rute endet quastenlos im Gegensatz zu der des Löwen (Panthera leo) – siehe dort. Die Anzahl der Streifen und die Grundtönung der Decke sind je nach Unterart verschieden. Farblich unterschiedlich fällt beim Tiger in den Zonen der nördlichen Verbreitungsgebiete, Amur und Sibirien, auch das Sommer- und Winterkleid aus. Ausnahmen bilden die weißen, rahmgelben und blaugrauen Exemplare. Reine Melanismen sind bisher nicht beobachtet worden. Starke, krallenbewehrte Pranken zeichnen die Großkatze aus, und ihr muskulöses Gebäude deutet auf einen ausdauernden und starken Jäger. Seine Gehöre sind klein und schwarz umrandet, und die Seher haben einen scharfen, durchdringenden Blick.

Lebensraum und Verbreitungsgebiet

Der Tiger hat sich den unterschiedlichsten Lebensräumen angepaßt. Im Norden bewohnt er die ostsibirischen Wälder und spürt dort selbst in den Bergwaldrevieren der 2000-m-Zone. In China findet man ihn vorwiegend in den mit hohem Gras bestandenen Landschaften und den weiten Waldrevieren; im Westen sind die Tamariskenwälder und Schilfdickichte auf Hängen bis 3000 m sein Revier und im Süden ebenso Regen- und Mangrovewälder wie die trockenen Dschungel und immergrünen Laubwälder. Im Himalaja findet man den Tiger noch in 4000 m Höhe. Die Reviergrößen richten sich danach, wieviel Großwild wie Büffel, Elche, Hirsche und Wildschweine vorkommen. Doch sind ebensowenig Klein- und Flugwild vor dem Tiger sicher wie Schildkröten, Krokodile und junge Elefanten. Zur Not begnügt er sich sogar mit Heuschrekken und geht auf Fischfang über, wobei er besonders gern Lachse fängt. Manche Tiger, die sogenannten Maneater, sind zu Menschenfressern geworden; andere spezialisieren sich auf Haustiere.

Verhalten

Die Großkatze hält feste Reviere, die je nach Wildvorkommen kleine oder große Areale umfassen. Der Tiger spürt durch sein Revier als Einzelgänger; nur in der Ranz sieht man ihn mit der Tigerin zusammen.
Höflicher als der Löwe, läßt der Tiger einer Tigerin stets den Vortritt am Riß, wenn sie Junge führt. Er nimmt mit dem vorlieb, was die führende Tigerin und die Jungen für ihn übriggelassen haben. In jüngster Zeit hat man beobachtet, daß Tiger sich mit bestimmten Lauten im Dschungel regelrecht zusammenru-

Am Büffelriß. Die jüngsten Zählungen ergaben einen Bestand von etwa 2000 Tigern in Indien. Ihr Fortkommen setzt ausreichend Lebensraum, Gewässer und dichte Vegetation sowie das Vorkommen von Mittel- und Großwild voraus

fen zu gelegentlichen Treffs, deren Zweck noch nicht erkundet ist.

Jagd

Die traditionelle Tigerjagd – spektakuläres Vergnügen vor allem indischer Nabobs und Maharadschas – gehört der Vergangenheit an. Nur Schadtiger oder einzelne „Maneater" werden noch freigegeben. Der Bestand ist stabilisiert, einige Unterarten scheinen aber bereits ausgestorben.

In früheren Zeiten wurden großangelegte Tigersafaris mit einer riesigen Anzahl von Hilfskräften veranstaltet. Man erlegte das Wild von prächtig ausstaffierten Elefanten aus. Waidgerecht wird der Tiger vom Hochsitz aus bejagt. Man lockt ihn mit einem Lebendköder. Erfahrene Tigerjäger verstehen sich auch auf die Rufjagd: Sie ahmen den Ruf der heißen Tigerin nach und locken damit den brunftigen Tiger an. Der Tiger meidet zwar in der Regel den Menschen, angeschweißt ist er aber ein furchtbarer Gegner, der einen Menschen mit einem Prankenschlag oder Biß tötet, wobei er sich vorwiegend auf Kehle und Schulterbereich konzentriert. Er springt unerwartet und mit großer Wucht aus der Deckung heraus; ein Ausweichen ist nicht möglich und eine Verteidigung mit der Waffe meist hoffnungslos. Besonders gefährlich ist die Jagd auf den „Maneater", der im Menschen nicht nur die Beute, sondern vor allem den Feind sieht. Schon mancher Jäger wurde zum Gejagten und verschwand spurlos im Dschungel.

Kal. Gr. 3 u. 4
WA AI

Rekordtrophäe

(nach RBoTA, 1986)
Pkt: 25$\frac{14}{16}$; Schl: 15$\frac{6}{16}$; Schb: 10$\frac{8}{16}$; O: Uttar Pradesh, Indien; E: Arthur Carlsberg; D: 1967

Wieviele Stunden und vergebliche Versuche mag der Tierfotograf für dieses einmalige Bilddokument wohl aufgewendet haben? Übrigens eine bemerkenswerte Gemeinsamkeit mit dem meist ebenfalls hartnäckigen Jäger

Tur

**W Capra ibex severtzovi
und cylindricornis**
E Ibex
F Bouquetin

Unterfamilie	Ziegenartige – Caprinae
Familie	Hornträger – Bovidae
Unterordnung	Wiederkäuer – Ruminantia
Ordnung	Paarhufer – Artiodactyla
Klasse	Säugetiere – Mammalia

Ansprechen

Der Tur, auch Kaukasischer Steinbock genannt, gehört zu den echten Steinböcken. Es gibt ihn in zwei Unterarten. Die eine ist der Westkaukasische Steinbock oder Kubantur (Capra ibex severtzovi), den ein starkes, mit dicken Frontwülsten versehenes Gehörn kennzeichnet, das offener geschwungen und rundlicher ist als beim Alpensteinbock (Capra ibex ibex) – siehe dort – und das nach der Seite schwingt und nicht steil nach oben hinten; die zweite ist der Ostkaukasische Steinbock oder Dagestantur (Capra ibex cylindricornis), der ein Gehörn hat, das in der Gruppe der Steinböcke einmalig ist. Fast schneckenartig schwingt es in weiter, kreisförmiger Seitenauslagerung nach hinten, und dort richten sich die Spitzen nach oben. Es ist rundlich und glatt und besitzt kaum wulstartige Aufwölbungen. Die Frontpartie des Gehörns bekommt ihr uriges Aussehen durch Absplitterungen während der Brunft- und Ritualkämpfe der Böcke. Zwischen den beiden Unterarten gibt es Übergangsformen. Die Schulterhöhe der Ture beträgt etwa 105 cm, und die starken Böcke wiegen bis 150 kg. Die Decke ist grau bis fahlrötlich in der Grundfarbe. Es kommen dunkel und hell gefärbte Stücke vor. Die Geißen sind an Masse und Maß geringer, und ihr Gehörn ist schwächer als das der Böcke, das mehr als 15 kg wiegen kann.

Lebensraum und Verbreitungsgebiet

Die Heimat des Turs ist der Kaukasus mit seinen Ausläufern. Im Sommer fährtet das Steinwild weit über die Baumgrenze hinauf und

Wuchtige Hornkreise – eine heißbegehrte Trophäe – kennzeichnen das harte Steinwild

zieht bei tiefem Schnee zu Tal. Da es in der Äsung wenig anspruchsvoll ist, dient ihm die gesamte Bergflora zur Nahrung.

Verhalten

Die Lebensweise des Turs unterscheidet sich nicht wesentlich von der des Alpensteinbocks. Nach Geschlechtern getrennt, leben Ture gesellig und vereinigen sich lediglich zur Brunft in Rudeln, in denen eine strenge Hierarchie herrscht. Die Böcke legen die Rangordnung bereits im Sommer fest, wenn sie in ihren „Herrenrudeln" getrennt ziehen.

Jagd

Die Jagd auf den Tur zieht sich bis hinauf in die höchsten Höhen des Kaukasus. Höhenfestigkeit und beste körperliche Kondition sind die wichtigsten Voraussetzungen für den Jagderfolg. Man paßt dem Wild an den bekannten Wechseln vor, oder man pirscht es je nach Anblick an (siehe „Jagd" Urial).

Kal. Gr. 3 u. 6
WA entfällt

Rekordtrophäe

(nach RBoTA, 1986)
Pkt: 182$\frac{1}{8}$; Hlr: 43$\frac{4}{8}$; Hll: 45; Ur: 13$\frac{7}{8}$; Ul: 13$\frac{7}{8}$; O: Baku, UdSSR; E: Joe Kulis; D: September 1978

Urial

W Ovis orientalis
E Urial
F Mouflon au Urial

Unterfamilie	Ziegenartige – Caprinac
Familie	Hornträger – Bovidae
Unterordnung	Wiederkäuer – Ruminantia
Ordnung	Paarhufer – Artiodactyla
Klasse	Säugetiere – Mammalia

Ansprechen

Dieses asiatische oder „orientalische" Wildschaf, im Elbursgebirge beheimatet, ist ein Vertreter der über 30 Unterarten des Ovis ammon, deren zahlenmäßig stärkste Vertreter das Argali (Ovis ammon ammon) – siehe dort – und das Marco-Polo-Schaf (Ovis ammon polii) – siehe dort – sind. Der Urial besitzt noch den bei den östlichen Unterarten immer weiter verschwindenden Sattelfleck. Seine Stirnwaffen zeigen nicht die typische Schneckenform der Gattung, sondern winden sich eher kreisförmig nach hinten unten. Die Geißen tragen kein Gehörn und sind in Maß und Masse schwächer als die Böcke. Der starke Widder wird über 1 m groß und bringt 200 kg und mehr auf die Waage. Die Decke zeigt eine braune bis fast schwarzbraune Färbung.

Lebensraum und Verbreitungsgebiet

Die Urials bevorzugen Gebirgsreviere, die sie nur im Winter verlassen. Die Äsung umfaßt die gesamte Gebirgsflora, wie auch Flechten und Moose, die sie im Winter mit ihren scharfen, harten Schalen freischlagen. Die meisten Unterarten des Urials leben im Iran, wie das Elbursurial (Ovis ammon cyclocerus), das Rotschaf (Ovis ammon orientalis), das Armenische Wildschaf (Ovis ammon gmelini), das man auch noch in der Armenischen SSR und in der Türkei findet. Im Iran und Irak leben das Laristanwildschaf (Ovis ammon laristanica) sowie das Isfahan- und Shirazwildschaf (Ovis ammon isfahanica). In Afghanistan findet man, wie im Iran, das Elbursurial (Ovis ammon cyclocerus), in Pakistan das Punjaburial (Ovis ammon punjabiensis), im indischen Ladakh

das Shapoourial (Ovis ammon vignei) und in der UdSSR das Turkestan- oder Bukharaurial (Ovis ammon arkal).

Verhalten

Bis zur Brunft im Herbst leben die Urials gesellig und nach Geschlechtern getrennt in Rudeln. In den „Junggesellenrudeln" haben sich im Verlauf von rituellen Rangordnungskämpfen die Standorte herausgebildet, so daß in der Brunft nur noch gleichstarke Widder untereinander Kämpfe austragen. Dabei greifen sie mit den Schnecken frontal an. Das Zusammenkrachen der starken Gehörne ist kilometerweit zu hören.

Jagd

Wo die Urials noch tagaktiv und nicht von den Menschen verdrängt sind, kann sich der bergfeste und höhenangepaßte Jäger bei guter Deckung und gegen den Wind anpirschen. Ein vorsichtiges Anrühren durch „Treiber" ist möglich, wenn der Schütze lange zuvor an hochgelegenen Fernwechseln auf Vorpaß gegangen ist. Spektiv und Bergstock sollten grundsätzlich zur Ausrüstung des Bergwildjägers gehören. Die Jagd auf Urials findet immer unter Führung einheimischer Jäger statt.

Kal. Gr. 3 u. 6
WA A I Ovis-vignei-Arten
WA A II je nach Population

Rekordtrophäe
(nach RBoTA, 1986)
Pkt: 170⅛; Hlr: 45; Hll: 42⅝; Ur: 11⅛; Ul: 11⅝; O: Esferayin, Iran; E: Rashid Jamsheed; D: 1977

Bei dieser Schneelage hat es Raubwild oft leicht, Beute zu reißen

Vielfraß

W Gulo gulo
E Wolverine
F Glouton

Familie	Marder – Mustelidae
Unterordnung	Landraubtiere – Fissipedia
Ordnung	Raubtiere – Carnivora
Klasse	Säugetiere – Mammalia

Ansprechen

Der Name Vielfraß ist eine Verballhornung des norwegischen Ausdrucks „Fjellfras", was eigentlich „Bergkatze" heißt. Mit einer Schulterhöhe von 40–45 cm und einer Körperlänge von 80 cm bringt der Vielfraß ein Gewicht zwischen 15 und 35 kg auf die Waage. Er wirkt mit seiner dunklen Decke, der gelblich gefärbten Kruppenschabracke und der hellen Stirnbinde recht plump, fast bärenhaft, weshalb man ihn auch „Bärenmarder" nennt. Die Hautfalten zwischen den Nägeln der Pranken, ermöglichen es ihm, mühelos im tiefen Schnee zu spüren. Bei Gefahr kann der „Järv", wie ihn die Skandinavier nennen, gegen den Angreifer ein übelriechendes Sekret bis zu 3 m weit verspritzen.

Lebensraum und Verbreitungsgebiet

In den Wäldern und Tundren der UdSSR, Skandinaviens, Alaskas, Kanadas und Grönlands kommt der Vielfraß in sieben einander sehr ähnlichen Unterarten vor. Die Grenzen der Reviere markiert der Järv durch Duftmarken. Säugetiere von der Maus bis zum Elch fallen ihm zum Opfer.

Verhalten

Der Vielfraß ist ein Einzelgänger und lebt nur zur Ranz mit der Fähe zusammen. Die zwei, manchmal auch vier Jungen werden in einer Höhle, Felsspalte oder unter einem Felsüberhang geworfen, und die führende Fähe verläßt sie 2–3 Monate lang nicht. Über diesen Zeitraum lebt sie von einem angelegten Fraßvorrat. Bis zum nächsten Herbst bleibt der Familienverband zusammen.
Vielfraße durchstreifen ihre Reviere auf festen Wechseln. Das mit guten Sinnen ausgestattete Raubwild besitzt Kraft und Ausdauer und ist im Winter allem Wild überlegen, weil es nicht im Schnee einsinkt. Verhaßt hat sich der Vielfraß bei den Trappern gemacht, denen es nicht gelingt, ihre Hütten gegen den Einfallsreichtum des Vielfraßes einbruchsicher zu machen. Als guter Kletterer steigt der Vielfraß mit dem Kopf voran vom Baum herab. Sein sonst zockelnder Gang ist nicht raumgreifend, aber ausdauernd.

Jagd

Der Jäger begegnet dem Bärenmarder meist nur zufällig. Waidgerecht bejagt man ihn, indem man die Spuren mit Langlaufskiern ausgeht. Diese Jagdart stellt hohe körperliche Anforderungen an den Waidmann; er muß oft tagelang auf den Beinen sein. Man kann den Järv aber auch durch Hunde aufstöbern und zu Stand hetzen lassen, oder man paßt auf ihn an Luderplatz und Wechsel. In die Falle geht der Vielfraß kaum, dazu ist er zu schlau und hat bereits oft schlechte Erfahrungen gesammelt.

Kal. Gr. 1, 2 u. 3
WA entfällt

Äußerst heimlich und vorsichtig, ein vielseitiger Dämmerungsjäger

Waldhuhn

W **Canachites canadensis**
E **Spruce grouse**
F **Tétras des savanes**

Unterfamilie	Rauhfußhühner – Tetraoninae
Familie	Fasanenartige – Phasia nidae
Ordnung	Hühnervögel – Galliformes
Klasse	Vögel – Aves

Ansprechen

Das nordamerikanische Waldhuhn erreicht etwa die Größe eines Haselhuhnes (Tetrastes bonasia) – siehe dort – und erreicht ein Gewicht bis 600 g. Der Hahn zeigt schwarzes, manchmal dunkelbraunes Gefieder mit grauweißen Streifen an Kopf und Oberkörper. Die Schwingen und der Rücken sind graubraun. Die Hennen sind geringer und unscheinbarer. Sie besitzen ein fast einfarbig braunes Gefieder mit leicht gelber und schwarzer Zeichnung. Die Stoßfedern beider Geschlechter enden mit einem orangebraunen Band.

Lebensraum und Verbreitungsgebiet

Die feuchten Wälder Kanadas und der Norden der USA sind die Heimat dieses überhaupt nicht scheuen Waldhuhnes.

Verhalten

Der Hahn lebt mit mehreren Hennen polygam. Er beteiligt sich nicht an der Aufzucht der Küken.
Die Henne bebrütet 8–10 Tage lang allein das bis zu zwölf Eiern starke Gelege. Zur Balz fliegt der Hahn von Baum zu Baum mit geräuschvollem Flügelschwirren. In Kurzflügen steilt er demonstrativ hoch in die Luft.

Jagd

Waldhühner verlassen sich nahezu vollständig auf ihr deckendes Gefieder und zeigen deshalb auch fast keinerlei Fluchtverhalten. Daher sind sie für den Kochtopf überaus leicht zu erbeuten.

Kal. Gr. 7 (3 mm Schrot)
WA entfällt

Waldschwein

W **Hylochoerus meinertzhageni**
E **Giant forest hog**
F **Hylochère géant**

Familie	Altweltliche Schweine – Suidae
Unterordnung	Nichtwiederkäuer – Nonruminantia
Ordnung	Paarhufer – Artiodactyla
Klasse	Säugetiere – Mammalia

Ansprechen

Man nennt das Waldschwein auch ,,Riesenwaldschwein''. Das macht deutlich, daß es der größte Vertreter der afrikanischen Wildschweinfamilie ist. Bei durchgehend graufarbener Schwarte fallen die einzelnen schwarzen Borsten auf. Der Pürzel endet in einer Quaste und wird bei Gefahr aufgerichtet. Die Keiler besitzen eine starke Stirn- und Nackenmähne. Das Gewaff ist dick und stark, der Kopf grob und breit. Die Rüsselscheibe erreicht einen Durchmesser bis 16 cm. Die Gehöre sind relativ klein. Auffällig ist der drüsenreiche Hautwulst unter den Sehern. Der Keiler erreicht eine Schulterhöhe bis 100 cm, und ein Gewicht von mehr als 250 kg ist häufig.

Lebensraum und Verbreitungsgebiet

Das Waldschwein besetzt seine Reviere vorzugsweise in dichten Wäldern im Flach- und im

Alte Keiler leben als Einzelgänger

Hochland und ernährt sich ausschließlich von Pflanzen.
Sein Verbreitungsgebiet reicht von Südäthiopien und Kenia bis nach Westafrika, einschließlich der tropischen Gebiete nördlich des Äquators.

Verhalten

Waldschweine leben in lebenslang bestehenden Gruppen zusammen, in denen rauschige Stücke das ganze Jahr über vorkommen. Die Keiler kämpfen gelegentlich hart um die Rangordnung, wobei sie ein lautes Gebrüll von sich geben, das die Intensität des Löwengebrülls erreicht. Das Rudel zählt meist ein Dutzend Köpfe, selten mehr. Es durchfährtet das große Revier in wiederholten Rundwanderungen, wobei es die Losung immer an den gleichen Stellen absetzt. Nachts und mittags ruht die Rotte im dichten Unterholz, wo sie beachtlich große Kessel und ausgedehnte Wechselsysteme anlegt. Die Rotte verteidigt ihre Frischlinge gemeinsam mit großem Mut gegen alle Angreifer. Alte Keiler leben als Einzelgänger.

Jagd

Die Lebensweise der Waldschweine, die erst nach 1900 entdeckt wurden, macht es dem Jäger nicht leicht, sie zu Gesicht zu bekommen. Unter Führung einheimischer Fährtensucher wird er die Wechsel ausgehen und schließlich befahrene Kessel bestätigen. Hier und an den bekannten Äsungsplätzen kann er sich mit Aussicht auf Erfolg ansetzen. Eine eventuell erforderliche Nachsuche sollte man mit Vorsicht betreiben – das Riesenwaldschwein, besonders die führende Bache und der Keiler, sind kein leichtzunehmender Gegner.

Kal. Gr. 3 u. 4
WA entfällt

Rekordtrophäe

(nach SCI – RBoTA, 1987)
Pkt: 36⅞; Lr: 13; Ll: 12⅞; Ur: 5⅛; Ul: 5⅛;
O: Ethiopia, Kaffa; E: Nassos Roussos;
D: 1974

Walroß

W **Odobenus rosmarus**
E **Walrus**
F **Morse**

Familie	Walrosse – Odobenidae
Unterordnung	Wasserraubtiere – Pinnipedia
Ordnung	Raubtiere – Carnivora
Klasse	Säugetiere – Mammalia

Ansprechen

Grimmig blickt der Walroßbulle aus seinen ziemlich kleinen Augen in einem fast trägerlosen Haupt. Die langen weißen Eckzähne, die aus dem Oberkiefer nach unten ragen und der borstige Bart unterstreichen noch den gefährlichen Eindruck, den dieses Wasserwild auf den Betrachter macht. An Land kann sich das Walroß nur recht unbeholfen watschelnd auf seinen flossenartigen Vorderfüßen fortbewegen. Immerhin ist bei der beachtlichen Körperlänge von 375–400 cm ein Gewicht bis 1000 kg zu bewegen.

Die Kühe sind im Gebäude geringer und an Maß und Masse schwächer, erreichen bis zu 800 kg, besitzen ein dünner behaartes Fell, und ihre Hauer sind leichter und nicht so lang wie die der Bullen. Die Jungtiere sind noch relativ dicht behaart, und ihre Decke zeigt sich deutlich dunkler als die der Alttiere.

Man kennt drei Unterarten, die sich in Gebäude und Aussehen nur unerheblich voneinander unterscheiden: das Polarmeer-Walroß (Odobenus rosmarus rosmarus), das Laptewsee-Walroß (Odobenus rosmarus laptevi) und das Pazifische Walroß (Odobenus rosmarus divergens).

Lebensraum und Verbreitungsgebiet

Die Namen der einzelnen Unterarten deuten auf ihre Verbreitungsgebiete hin. Von der Mündung des Jenissei in Nordsibirien, über Spitzbergen und Grönland bis zur Hudsonbay ist das Polarmeer-Walroß verbreitet. Das Laptewsee-Walroß bevölkert die Küsten Nordsibiriens, und das Pazifische Walroß lebt in den Gebieten von der Beringseeküste bis zur Halbinsel Kamtschatka, Alaska, den Küstenregionen Nordkanadas bis zur Delphinstraße. Walrosse ernähren sich vorwiegend von Krebsen und Muscheln, die sie mit den Eckzähnen vom Meeresgrund lösen und mit den Maulborsten „zusammengefegt" einschlürfen. Fische gelten als Nebennahrung. Gelegentlich packen sie einen Seehund, reißen ihn auf und fressen das Seehundfett.

Verhalten

Walrosse leben gesellig in kleinen, oft auch recht großen Herden, die sich auf Treibeisschollen und an Küstenplätzen einfinden. Die Bullen bilden eigene „Männergesellschaften", die sich zur Brunft auflösen. Um das Brunftterritorium tragen die Bullen massive „Bauchkämpfe" aus. Zwar sind Walrosse an Land schwerfällig und unbeholfen, im Wasser, ihrem eigentlichen Element, sind sie nicht nur gewandte Schwimmer und Taucher, sondern wirken geradezu elegant. Sie können länger als 10 Minuten tauchen und holen ihre Nahrung aus mehr als 30 m Tiefe herauf. Wenn sie aufgeregt und wütend sind, lassen sie ein prustendes Schnauben hören, das man kilometerweit vernehmen kann.

Über 300 000 dieser gewaltigen, früher vom Aussterben bedrohten Meeresbewohner leben heute wieder im nördlichen Pazifik

Jagd

Das Walroß ist nur noch in einigen Gegenden gefährdet. An Land oder auf dem Eis ruhende Bullen pirscht man zu Fuß oder per Kajak an. Ein gezielter Hirnschuß muß das Wild an den Platz bannen. Wichtig ist, daß man Abstand zu den Walrossen hält, denn sie können im Wasser ein Boot leicht mit einem Schlag zertrümmern. Neben den Hauern gilt der Penisknochen des Bullen als Jagdtrophäe. Die Jagd ist für Europäer nur unter Ausnützung der Eskimoquote, d. h. unter Begleitung eines Eskimos, möglich.

Kal. Gr. 3 u. 4
WA A III Kanada

Rekordtrophäe

(nach RBoTA, 1986)
Pkt: 149; Lr: 32⅔; Ll: 32⅛; Ur: 12⅔; Ul: 13;
O: Point Hope, AK;
E: Chris Klineburger;
D: 1957

Wapiti

W **Cervus elaphus canadensis**
E **Elk, Wapiti**
F **Wapiti**

Familie	Hirsche – Cervidae
Unterordnung	Wiederkäuer – Ruminantia
Ordnung	Paarhufer – Artiodactyla
Klasse	Säugetiere – Mammalia

Ansprechen

Typisch für die großen Edelhirsche Amerikas ist das stets kronenlose starke Stangengeweih, das sich oberhalb der Wolfssprosse ein- oder mehrfach gabelt und flach nach rückwärts gerichtet ist. Die Enden, beim ausgewachsenen Hirsch können es 12–14 sein, sind sehr lang! Bei einer Schulterhöhe bis 150 cm und einer Gesamtkörperlänge bis 350 cm kann der Hirsch 500 kg schwer werden. Über 25 kg schwere Geweihe sind nicht selten. Die Decke ist im Sommer gelblich bis hellbraun und der große Spiegel gelblichweiß. Graubraun zeigen sich Läufe, Träger und Haupt. Im Winter wird die sonst schwarzbraune Unterseite mehr graubraun. Der Hirsch trägt eine Mähne. Das Kahlwild ist mähnenlos und im Gebäude geringer an Maß und Masse, die Kälber sind zunächst auf gelblichbrauner Decke weiß getleckt. Die amerikanische Bezeichnung ,,Elk'' ist eigentlich falsch. ,,Wapiti'' ist ein Begriff aus der Indianersprache und bedeutet etwa ,,Weißrumpf''.

Lebensraum und Verbreitungsgebiet

Der Wapiti ist das bedeutendste Rotwild Nordamerikas. Zwei Unterarten (Ostwapiti und Arizonawapiti) sind inzwischen von den Siedlern bereits ausgerottet. Der Ostwapiti wurde zwar im 19. Jahrhundert in Neuseeland ausgesetzt, kommt dort aber nicht mehr reinartig vor, da er sich mit anderem dort ausgesetztem Hirschwild verpaart hat.
Der Felsenwapiti (Cervus elaphus canadensis

Walrosse leben gesellig in Herden, die sich oft an Küstenplätzen einfinden

nelsoni) ist der noch häufigste Vertreter dieser Edelhirschgruppe in freier Wildbahn. Gras, junge Triebe, Blätter und Kräuter sowie Baumrinde, die von frischen Stämmen geschält wird, bilden die Äsung der Wapitis, die wie ihre europäischen Verwandten Kulturflüchter sind.

Verhalten

Die Lebensweise des Wapitis ist ähnlich dem des europäischen Rothirsches (Cervus elaphus elaphus) – siehe dort – und des Marals (Cervus elaphus maral) – siehe dort. Der Brunftschrei ähnelt jedoch mehr dem langgezogenen Ruf eines Esels; allerdings geht der Pfeifton am Ende in ein Trensen über, das dem Knören des Rothirsches ähnelt. Die starken Hirsche versammeln während der Brunft große Rudel Kahlwild um sich, worin sie großzügig einige Beihirsche dulden. Die Kapitalen kämpfen jedoch mit großer Intensität und Ausdauer um den Rang des Platzhirsches.

Jagd

Die Jagd auf den brunftenden Wapiti in den weiten Wäldern des nordamerikanischen Kontinents ist die erfolgversprechendste und

Wie Bison, Braunbär oder Wolf ist der größte aller Rothirsche über die seinerzeit noch bestehende Landbrücke von Asien nach Amerika eingewandert. Der ,,Elk'' muß heute in einigen Regionen der USA geschont werden

reizvollste Jagdart. Der Jäger orientiert sich an den eifrigen Brunftrufen der Hirsche, die die Amerikaner ,,Bugling'' nennen. Diese Rufe ahmt man mit einer Lockpfeife nach, um den Hirsch zu seinem vermeintlichen Rivalen aus dem Brunftrudel herauszulocken. In den USA muß man sich zur Jagd möglichst hell und auffällig kleiden, damit man von Mitjägern nicht selbst für einen Wapiti gehalten wird. Die zur Wapitibrunft übliche Massenjagd hat schon häufig zu tödlichen Jagdunfällen geführt.

Kal. Gr. 3 u. 4
WA entfällt

Rekordtrophäe

(nach RBoTA, 1986)
Pkt: 391⅛; Stlr: 58; Stll: 57⅝; Ur: 12⅝; Ul: 12⅜; O: Ft. Apache Res., AZ; E: Jerry Davis; D: 1984

Warzenschwein

W Phacochloerus aethiopicus
E Wart Hog
F Phacochère

Gattung	Warzenschwein – Phacochoerus
Familie	Altweltliche Schweine – Suidae
Überfamilie	Schweineartige – Suoidea
Unterordnung	Nichtwiederkäuer – Nonruminantia
Ordnung	Paarhufer – Artiodactyla
Klasse	Säugetiere – Mammalia

Ansprechen

Mit seinem gewaltigen Gewaff erscheint das Warzenschwein als Gladiator unter dem Schwarzwild.

Die drei Warzen am Haupt des Keilers sind besonders groß und verstärken den martialischen Eindruck. Warzenschweine können bis 120 kg wiegen und erreichen eine maximale Schulterhöhe von 80 cm sowie eine Körperlänge bis 200 cm. Die Grundfarbe der rauhen Schwarte ist insgesamt graubräunlich. Die Warzenschweine tragen einen weißen Kinnbart und eine schwarze Mähne, die vom Kopf über den Rücken hinabreicht. Der Pürzel endet in einer schwarzen Quaste, die bei Gefahr aufrecht gestellt wird („Antenne"). Die Schwarte ist, wie bei den Schweinen allgemein üblich, nur spärlich behaart.

Lebensraum und Verbreitungsgebiet

Buschland und Savannen sind die Reviere des Warzenschweines, das dabei aber die Nähe von Gewässern bevorzugt, da es gern suhlt. Warzenschweine sind Allesfresser; sie ernähren sich von Wurzeln und Knollen, Kleintieren, Bodenfauna und Pflanzenwurzeln, die sie aus dem Boden brechen. Gräser, Kräuter und

„Qualitäts-Wapiti-Units" mit mindestens 30 Hirschen pro 100 ha sollen seit 1983 in den USA verstärkt den Lebensraum dieses größten Hirschwildes verbessern. Der Erfolg dieser Maßnahme bleibt abzuwarten

Beeren dienen ihnen ebenfalls als Nahrung. Obervolta, Nigeria, Zentralafrikanische Republik, Kongo, Kenia, Tansania, Äthiopien, Ruanda, Namibia, Südafrika, Simbabwe, Mosambik, Angola und Botsuana sind die Heimatländer der Warzenschweine.

Verhalten

Abgesehen von Einzelgängern unter den alten Keilern, leben die Warzenschweine gesellig in mehr oder weniger großen Rotten. Junge Keiler, Bachen, Frischlinge und Überläufer stehen dort einträchtig zusammen. Das Familienleben der Warzenschweine ist bemerkenswert; eine ausgeklügelte hierarchische Ordnung hält den Frieden aufrecht. Bei Fraß- und Wassermangel schließen sich die Rotten zu großen Herden zusammen, doch behält jede Rotte in der Herde die familiäre Eigenständigkeit.

Warzenschweine befahren gern von Erdferkeln verlassene Erdhöhlen, die sie sich mit Gras geradezu gemütlich auspolstern. Die Frischlinge werden abseits der Familie gesetzt, und zwar meist vier an der Zahl, da die Bache nur vier Zitzen besitzt. Überzählige Frischlinge gehen entweder zugrunde, oder eine Amme nimmt sich ihrer an, die selbst im Moment keine Frischlinge aufzuziehen hat. Den Bau befahren die Warzenschweine sozusagen im „Rückwärtsgang". Bei Verfolgung stürmen sie schnell auf den Bau zu, bleiben abrupt stehen, wenden kurz davor und fahren dann blitzschnell ein. Der Keiler kommt stets als letzter

Bequem auf den Knien bricht dieses wehrhafte Schwein den Boden nach Kleintieren und Wurzeln. Auf der Flucht stellt es seinen Schwanz auffällig und steil wie eine Antenne in die Luft

und verteidigt mit seinem starken Gewaff die Familie selbst gegen den Löwen, der manchmal auch versucht, die wohlschmeckende Beute auszugraben.

Jagd

Nur zur heißen Tageszeit ruhen die Warzenschweine, sonst sind sie tagaktiv. In wenig bejagten Gebieten ist die Frühpirsch entlang der Sümpfe, Wald- und Buschränder erfolgreich. Einmal bestätigte alte Keiler bejagt man vom Ansitz aus, da sie ihr Revier gewöhnlich kaum verlassen. Es lohnt sich, befahrene Suhlen anzupirschen, denn der Einzelgänger nimmt dort gern ein Schlammbad. Die alten Einzelgänger sind hochjagdbar und besitzen kapitale Trophäen.

Kal. Gr. 2 u. 3
WA entfällt

Rekordtrophäe

(nach SCI – RBoTA, 1987)
Pkt: 49⅞; Zlr: 18⅝; Zll: 19⅛; Ur: 6⅛; Ul: 6; O: Ethiopia, Danakil; E: Guy Perrin; D: 1984

Waschbär

W	Procyon lotor
E	Racoon
F	Raton laveur

Familie	Kleinbären i. e. S. – Procyonidae
Unterordnung	Landraubtiere – Fissipedia
Ordnung	Raubtiere – Carnivora
Klasse	Säugetiere – Mammalia

Ansprechen

Der Waschbär erreicht eine maximale Länge von 110 cm und ein Gewicht von 22 kg. Die Bärin ist im Gebäude leichter und in Maß und Masse geringer. Durch die dichte, eisengraue Decke wirken jedoch beide Geschlechter stärker. Die lange Rute ist auf hellgrauem Grund schwarz geringelt. Der breite Kopf mit dem spitzen Fang und den rundlichen Gehören ist dunkelgrau gezeichnet. Die Läufe sind wie der Kopf kurz behaart. Die Farbe der Decke ist starken Varianten unterworfen.

Lebensraum und Verbreitungsgebiet

Offenes Wasser ist die Voraussetzung für den Waschbären sowohl in seiner Urheimat, Nordamerika, ausgenommen die Rocky Mountains, wie auch in Europa, wo er zunächst nur in Pelztierfarmen gehalten wurde und sich durch erfolgreiche Ausbrüche in der freien Wildbahn angesiedelt hat. Obst, Speisereste, Früchte aller Art, Jungtiere und Bodenbrüter sowie deren Gelege nimmt er an, weshalb er bei den Jägern der europäischen Reviere nicht sehr beliebt ist. Bis jetzt ist er bereits in den Osten, Norden und Süden Europas vorgedrungen, und man findet ihn schon links des Rheins sowie nördlich der Elbe und des Nord-Ostsee-Kanals.

Verhalten

Waschbären tauchen ihre Nahrung ins Wasser und streifen sie ab. Dieses Verhalten gab dem Wild den Namen. Sie sind ausgesprochen heimliche Tiere der Dämmerung und müssen sich ihre Nahrung mit Windfang und Pranken ertasten. Der Waschbär gilt als spezieller Ratten- und Mäusejäger, der vor allem die Bisamratte jagt.

Die Ranz fällt in den Dezember und Januar. Schon nach zwei Monaten werden in geeigneten Grotten, Baum- oder Felsenhöhlen und Dachsbauten bis sieben Junge geworfen, die zunächst taub und blind sind. Nach zehn Wochen gehen sie mit der führenden Fähe auf die Jagd. Mit Fuchs oder Dachs steht der Waschbär nicht auf Kriegsfuß; man lebt friedlich neben- und miteinander.

Nicht verfolgte Waschbären werden in Ortsnähe recht zutraulich. Man sieht sie dort selbst tagsüber, wenn sie Futtertröge, Mülleimer und Müllhalden durchstöbern.

Jagd

Viele Revierinhaber wissen nicht einmal, daß der Waschbär in ihrem Revier bereits zum Standwild geworden ist, so heimlich lebt dieser Kleinbär. Nur die Spur mit den weit spreizbaren Krallen, die man am Bau und an den Wassereinstiegsstellen findet, verrät ihn. Waschbären schwimmen nicht nur gern, sondern sind auch gewandte Kletterer. Der Jäger muß diese Möglichkeiten in Betracht ziehen. Wenn man mit Hunden jagt, ist Vorsicht geboten; denn selbst sonst raubwildfeste Hunde scheuen sich, den Gegner anzugreifen, der sich aufrichtet, faucht und Schläge austeilt. Am erfolgreichsten ist der Ansitz am bestätigten Bau oder Wassereinstieg.

Kal. Gr. 1 u. 7 (3,5 mm Schrot)
WA entfällt

Der Bestand dieses „Nordamerikaners" in Deutschland stieg seit seiner Einbürgerung mit zwei Pärchen im Jahr 1934 auf etwa 50000 Stück. Die Lebensbedingungen sagen ihm offenbar auch bei uns zu

Wasserbock

W Kobus ellipsiprymnus
E Waterbuck
F Cobe

Unterfamilie	Riedböcke – Reduncinae
Familie	Hornträger – Bovidae
Unterordnung	Wiederkäuer – Ruminantia
Ordnung	Paarhufer – Artiodactyla
Klasse	Säugetiere – Mammalia

Ansprechen

Am Gehörn des Bockes, das mit Ringen bewulstet, eng bis weitwinklig ausgelegt ist und schräg nach hinten oben weist, kann man dieses Wild sicher bestimmen. Der Bock kann 130 cm Schulterhöhe und 250 kg Gewicht erreichen. Die Geißen gleichen fast dem Kahlwild des Rothirsches und sind im Gebäude geringer, an Maß und Masse schwächer und tragen kein Gehörn. Man kennt sechs Unterarten: in Sambia und Kamerun den Wasserbock mit der gelbbraunen Decke (Kobus ellipsiprymnus unctuosus); die äthiopische Unterart (Kobus ellipsiprymnus defassa), deren Decke rotbraun gefärbt ist; den sepiabraunen Wasserbock (Kobus ellipsiprymnus harnieri), der im Südsudan, in Nordkenia, Norduganda, Ruanda und Burundi seine Fährten zieht; den Wasserbock Südsomalias (Kobus ellipsiprymnus pallidus), der sich graurot gefärbt zeigt; die Wasserböcke mit grauer Decke (Kobus ellipsiprymnus crawshayi), die man in Mittelzaïre, Sambia und Westtansania findet, sowie die grauschwarzen bis schwarzen Wasserböcke (Kobus ellipsiprymnus ellipsiprymnus), die von Sambia bis Zululand vorherrschen. Allen gemeinsam sind die helleren Flanken und die nach unten zu den Schalen hin dunkler werdenden Läufe. Der ellipsenförmige Spiegel hat ihnen im übrigen den wissenschaftlichen Namen gegeben. Die Behaarung ist dank eines nach Moschus riechenden Sekrets wasserabstoßend.

Lebensraum und Verbreitungsgebiet

Die Verbreitungsgebiete sind bereits oben beschrieben. Der Wasserbock ist an einen Einstand mit reichlich Oberflächenwasser gebunden. Mit Gebüsch und Galeriewäldern durchsetztes Grasland ist sein Hauptrevier.

Verhalten

Erwachsene Böcke sind sehr standorttreu und halten über Jahre hinweg ihr Revier am Rand eines Gewässers besetzt. Geißen durchfährten unangefochten mehrere Bockreviere als Großeinstand. Die Brunft ist das ganze Jahr über möglich, nur in einigen Regionen ist sie saisongebunden. Meist wird ein Kitz gesetzt, das der Geiß sofort folgt. Morgens und nachmittags ist das Wild unterwegs, sonst zeigt es nur einen geringen Bewegungsdrang. Bei Gefahr und Hetze flüchtet der Wasserbock stets ins Wasser, wo er sich zur Verteidigung mit Schalen und Gehörn stellt. Im Schilf drückt sich das Wild, so daß man nur den Nasenspiegel sehen kann.

Zu Recht wird der Defassa-Wasserbock auch als Hirschantilope bezeichnet

Jagd

Frühmorgens oder spätabends ist die ruhige Pirsch erfolgreich. Auch ein umsichtig gewählter Ansitz bringt Waidmannsheil, nachdem man anhand der Trittsiegel den starken Bock bestätigt hat. Wenn man für die Küche jagt, empfiehlt sich der Abschuß eines Jungtieres. Angeschossene Wasserböcke greifen manchmal an.

Kal. Gr. 2 u. 3
WA entfällt

Rekordtrophäe

(nach SCI – RBoTA, 1987)
Pkt: 91⅞; Hlr: 35⅞; Hll: 36; Ur: 9⅝;
Ul: 10⅛; O: R. S. A., Transvaal, Mica; E: Alan Sackman; D: 1982

Wasserbüffel

W Bubalus bubalis
E Arni oder Water buffalo
F Arni oder Buffle d'eau

Unterfamilie	Rinder – Bovinae
Familie	Hornträger – Bovidae
Unterordnung	Wiederkäuer – Ruminantia
Ordnung	Paarhufer – Artiodactyla
Klasse	Säugetiere – Mammalia

Ansprechen

Riesige, sichelförmig nach hinten zusammenführende Hörner sind das Hauptmerkmal dieses gewaltigen Wildrindes mit 180 cm Widerristhöhe, einer Körperlänge bis 300 cm, einem Gewicht bis 1000 kg, seinem bis 1 m langen Wedel und Hornlängen bis über 190 cm. Bullen und Kühe tragen die Stirnwaffen, wobei der Kopfschmuck der Kühe oft länger ist als der der Bullen. Die Hörner der Bullen sind an der Basis massiger. Braun bis fahlgrau gefärbt, zeigt sich die Decke. Der Tamarau (Bubalus arnee mindorensis) auf den Philippinen ist zwar der kleinste der Familie der Arnees, aber der gefährlichste der sechs Unterarten.

Lebensraum und Verbreitungsgebiet

Feuchte Grasdschungel, sumpfige Flußtäler und gezeitenabhängige Brackwasserflächen mit Schutz bietendem Buschwerk und eingesprenkelten Waldungen sind das bevorzugte Biotop der Wasserbüffel. Dort äsen sie hauptsächlich Gräser, Kräuter, Sumpf- und Wasserpflanzen.

Verbreitet sind sie über Südostasien von Indien bis Bangladesch. Restvorkommen findet man heute außerdem noch in Vorderindien, Sri Lanka und auf einigen Sundainseln.

Verhalten

Die kleine Herde herrscht vor, doch gibt es auch größere Zusammenschlüsse, die sich aus Kühen, Kälbern, Jungbullen und meist einem kapitalen Leitbullen zusammensetzen. Wenn sie aufgeschreckt werden, fliehen die Wasserbüffel immer in Richtung Dschungel. Bulle und Leitkuh treiben die säumigen Herdenmitglieder mit Hornschlägen an. Wasserbüffel suhlen gern und oft. Dem Tiger bieten sie harte Kämpfe, wobei schon manche der großen Raubkatzen nicht zum Ziel kam. Nashörner, ja selbst Elefanten respektieren den streitbaren Bullen.

Jagd

Für den europäischen Gastjäger ist die Jagd auf Wasserbüffel fast unmöglich, weil dieses Wild heute sehr selten geworden ist. Früher war der Wasserbüffel von Nordafrika bis China verbreitet, doch heute gibt es nur noch Restvorkommen, meist in Reservaten. Die einzige Chance besteht in Australien, wo man wie in Brasilien um die Jahrhundertwende Wasserbüffel ausgewildert hat. In den Sumpfgebieten jagt man dort mit Wasserfahrzeugen oder sonst mit dem Allrad. Patronen mit hoher Stoppwirkung können bei einer Nachsuche Schlimmeres verhüten.

Kal. Gr. 4 u. 5
WA A I Philippinen (Tamarau)
WA A III Nepal, sonst entfällt

Rekordtrophäe

(nach SCI – RBoTA, 1987)
Pkt: 84⅜; Hlr: 29⅛; Hll: 30; Ur: 12⅞;
Ul: 12⅛; O: R. S. A., Vryburg; E: Barjona Meek; D: 1985

Herausgefordert, das wissen auch Tiger und Elefant, sind Wasserbüffel äußerst agressiv

Weißwedelhirsch

W	Odocoileus virginianus
E	White-tailed deer
F	Cerf de Virginie

Unterfamilie	Trughirsche – Odocoileinae
Familie	Hirsche – Cervidae
Unterordnung	Wiederkäuer – Ruminantia
Ordnung	Paarhufer – Artiodactyla
Klasse	Säugetiere – Mammalia

Ansprechen

Das auffallendste Merkmal der Weißwedelhirsche ist der große, an der Unterseite weiße Wedel, der bei der Flucht einer winkenden weißen Fahne gleicht. Die Decke ist fahlbraun, die Läufe sind heller, ebenfalls Träger und Äser – mit glänzend schwarzem Nasenspiegel – sowie die Innenseiten der Lauscher. Das oftmals vielendige Geweih ist in Höhe der Lauscher nach vorn geknickt. Die vom Knick abgeschobenen Enden weisen alle (bis auf die Spitzen) nach oben. Der Hirsch erreicht 110 cm Schulterhöhe und wird bis 250 kg schwer. Das Kahlwild ist deutlich geringer im Gebäude und schwächer an Maß und Masse.

Lebensraum und Verbreitungsgebiet

Wälder, Prärien mit Buscheinständen sowie Sumpflandschaften sind die Reviere der Weißwedelhirsche. Außerdem finden sich die Weißwedel als Kulturfolger zunehmend in landwirtschaftlich genutzten Gebieten, sofern dort genügend Deckung vorhanden ist. Natur- und Nutzpflanzen sowie Früchte bilden die Äsung. Bäume werden nur selten geschält.
Von Kanada bis hinunter in den Süden Südamerikas ziehen die Weißwedelhirsche ihre Fährten. In Skandinavien hat man sie erfolgreich eingebürgert.

Verhalten

Die Weißwedelhirsche verhalten sich je nach Klimazone unterschiedlich. In den gemäßigten Zonen beginnt die Brunft Ende Oktober. Die Hirsche verhakeln sich bei ihren Kämpfen mit den Geweihen oft so sehr, daß man selbst nach dem Tod der Tiere die Geweihe noch

schwer auseinanderbringen kann. Schuld daran ist die vielendig nach vorn geschwungene Form. Außerhalb der Brunft lebt das Wild gesellig in kleinen Sprüngen; im Winter bilden sich größere Rudel.

Jagd

Die Jagd ist landschaftlich verschieden. In Sumpfgebieten setzt man Hetzhunde ein. Im übrigen finden oft Drückjagden statt, während in der Brunftzeit die Rufjagd vorherrscht. Man ahmt den Schrei des brunftigen Platzhirsches nach und läßt den Rivalen zustehen.
Farbige Tarnkleidung verhindert Jagdunfälle; denn Hunderttausende ziehen jährlich in den USA auf den Weißwedelhirsch. Manche Jäger bedienen sich dabei auch des Bogens und gehen an den Wechseln auf Stehpirsch. Allein in den USA soll es etwa 6 Millionen Weißwedelhirsche geben.

Der Bestand des „Virginiahirsches", wie man den Weißwedelhirsch in Amerika nennt, wird in den USA auf etwa 6 Millionen Stuck geschätzt

Kal. Gr. 2 u. 3
WA A III Guatemala

Rekordtrophäe

(nach RBoTA, 1986)
Pkt: 227⅞; Stlr: 25⅜; Stll: 25⅝; Ur: 6⅝; Ul: 6⅞; O: Neuvo Leon, Mexico; E: Ron Kolpin; D: 1982

Wildhund, Afrikanischer

W Lycaon pictus
E Wild Dog
F Lycaon

Familie	Hundeartige – Canidae
Unterordnung	Landraubtiere – Fissipedia
Ordnung	Raubtiere – Carnivora
Klasse	Säugetiere – Mammalia

Ansprechen

Der kräftige Hyänenhund, Afrikas Wildhund, erreicht 80 cm Schulterhöhe. Er hat ein schlankes Gebäude, einen massigen Schädel und außergewöhnlich dünne und hohe Läufe. Die Gehöre sind im Verhältnis zum Gebäude übergroß. Die rauhe und kurzhaarige Decke ist in der Grundfarbe gelblich braun und von schwarzen und weißen Flecken durchsetzt. Die buschige Rute ist dunkel und endet in einer reinweißen Spitze. Der Fang ist schwarz, der Kopf auf heller Grundfarbe schwarz gestreift.

Lebensraum und Verbreitungsgebiet

Der als Hetzjäger bekannte Wildhund bewohnt die offenen Savannen Afrikas. Dichte Wälder vermeidet er, jagt aber noch in den offenen Berghängen des Mount Kenia und des Kilimandscharo. Von Mauretanien im Westen über Äthiopien bis Eritrea im Osten und über Kenia, Kongo, Simbabwe, Tansania, Botsuana, Namibia, Sambia, Angola ist der Hyänenhund verbreitet; er meidet jedoch Südafrika.

Verhalten

Wildhunde sind tagaktiv und hetzen die Beute in gut organisierten „Jagdverbänden" zu Stand. Meist gibt es zwei Leithunde. Impala, Gazelle und Zebra sind die Hauptbeutetiere der Hyänenhunde. Sie reißen das Wild mit vereinten Kräften, verschlingen die Beute in wenigen Minuten und würgen sie zum Teil in der Wurfhöhle den Welpen oder alten und kranken Rudelmitgliedern wieder vor. Die Hyänenhunde zeigen ein einmaliges Brunftverhalten. Der Rüde markiert mit seinem Urin, gleichzeitig mit der Fähe, eine von ihr ausgewählte Stelle. Er erhebt sich zu diesem Zweck wie ein Zirkushund auf die Vorderläufe, um besser zielen zu können.
Nach 2 ½ Monaten Tragzeit werden oft bis zu zwölf Welpen geworfen. Trotz der guten Fürsorge des Rudels sind die Überlebenschancen für die Junghunde unter den harten Lebensbedingungen der afrikanischen Savannen nur relativ gering.

Jagd

Unnachsichtig haben selbst waidgerechte Jäger die Hyänenhunde als „Geißel des afrikanischen Wildes" verfolgt. Heute weiß man es besser: Wildhunde sind die besten Regulatoren in der freien Wildbahn. Die Jagd ist einfach; denn der Hyänenhund zeigt dem Menschen gegenüber keine Scheu; selbst der Löwe läßt ihn unbeeindruckt. Angesichts eines Jagdwagens jagen die Hunde unbeirrt weiter, und sie verlassen Ruheplatz oder Riß trotz Feindannäherung nur ungern.

Kal. Gr. 1 u. 7 (4 mm Schrot)
WA entfällt

Afrikanische Wildhunde jagen im Rudel, völlig windunabhängig, auf Sicht, mit einem meist melodischen Hetzlaut. Ihr Hauptnahrungsfeind ist die wesentlich kräftigere Hyäne, die ihnen sehr häufig eine Beute streitig macht

Wildkatze

W	**Felis silvestris**
E	**Wild Cat**
F	**Chat sauvage d'Europe**

Familie	Katzen – Felidae
Unterordnung	Landraubtiere – Fissipedia
Ordnung	Raubtiere – Carnivora
Klasse	Säugetiere – Mammalia

Ansprechen

Die echte Wildkatze ist von der verwilderten Hauskatze – vor allem der dunkelgrau getigerten – nicht leicht zu unterscheiden. Auf fünf Merkmale sollte der Jäger achten: Wildkatzen sind wesentlich massiger im Gebäude als die Hauskatzen – ein starker Kuder wiegt 10 kg und mehr; die Decke ist nicht so deutlich, sondern eher verwaschen getigert; die Rute ist stutzendig und zählt höchstens fünf geschlossene Ringzeichnungen; die Decke hat einen leicht gelblichen Unterton und an Kehle, Brust und Bauch – aber nicht immer an allen drei Stellen gleichzeitig bei einem Stück – ist sie mit einem weißen Fleck verziert; auf den Sohlen sitzt meist ein kleiner schwarzer Sohlenfleck.

Im Mittel erreicht die Wildkatze eine Schulterhöhe von 20–25 cm und eine Körperlänge bis zu 80 cm.

Lebensraum und Verbreitungsgebiet

Wildkatzen brauchen große, zusammenhängende Waldungen oder gebirgige, weite Buschlandschaften. Hier gehen sie auf die Jagd nach Kleinwild, vom Hasen bis zur Maus. Kleinnager sind die Hauptbeute, darauf hat sich die Wildkatze spezialisiert.
Im Norden Schottlands, auf der gesamten Iberischen Halbinsel, Korsika, Sardinien, in Süd- und Mittelitalien, auf dem gesamten Balkan und in Frankreich bis in die mitteldeutschen Gebirgslandschaften ist die Wildkatze verbreitet.

Verhalten

Die Wildkatze hält streng reviertreu ihre festen Wechsel, Ruheplätze und Reviergrenzen ein. Nur zur Ranz im Februar/März lebt sie paarweise gesellig. Nachts und tagsüber ist die kleine Raubkatze unterwegs, wenn der Mensch sie nicht stört; sonst wird sie zum ausgesprochenen Nachtjäger. Ihre Ruhezeiten verbringt sie in verlassenen Dachs- und Fuchsbauten, in Astgabeln auf hohen Bäumen oder in Felsgrotten und -höhlen. Katzen rinnen nicht gern durch Gewässer, sind aber ausgezeichnete Kletterer. Ihre Stimme entspricht der der Hauskatze, ist jedoch lauter. Sie paaren sich mit ihren domestizierten Vettern, und so entstehen die sogenannten Blendlinge. Es ist eine noch offene Frage, ob es in Europa überhaupt noch reine Wildkatzenpopulationen gibt.

Jagd

Kurz vor dem Aussterben hat man dieses kleine Raubwild in der Bundesrepublik Deutschland und der DDR noch gerettet. Der Jäger schont es ganzjährig. Früher wurden Wildkatzen mit Hunden gehetzt, zum Aufbaumen gebracht und dann heruntergeschossen.

Kal. Gr. 1 u. 7 (3,5 mm Schrot)
WA II

Der alte Kuder ist ungefähr doppelt so groß wie ein Hauskater. Charakteristisch sind die dunklen Ringe am Schwanz. Häufig paart sich die Wildkatze mit der Hauskatze; die Nachkommen sind dann sogenannte Blendlinge

Wisent

W Bison bonasus
E European Bison
F Bison d'Europe

Familie	Hornträger – Bovidae
Teilordnung	Stirnwaffenträger – Pecora
Unterordnung	Wiederkäuer – Ruminantia
Ordnung	Paarhufer – Artiodactyla
Klasse	Säugetiere – Mammalia

Ansprechen

Bis zum Ersten Weltkrieg gab es noch zwei Wisentunterarten: den Flachlandbison (Bison bonasus bonasus) und den Kaukasuswisent (Bison bonasus caucasicus). Dann waren die Bisons verschwunden, sprich ausgerottet; der letzte freilebende Wisent wurde 1921 gewildert. Auf der Basis von 56 reinblütigen Zootieren gelang es aber in der Folgezeit, neue Wisentpopulationen erfolgreich auszuwildern. Bis 200 cm Schulterhöhe erreicht ein Wisentbulle bei einer Körperlänge von etwa 350 cm und einem Gewicht von 1000 kg und mehr. Die Kühe sind in Maß und Masse geringer. Das Haarkleid ist dunkelbraun, ziemlich dicht, zottig, gewellt und lang.
Beide Geschlechter tragen Kopfschmuck. Die Hörner entwachsen dem Stirnbein zunächst in seitlicher Richtung, neigen sich dann nach vorn, die Spitze aufwärts geschwungen. Auffallend ist der hohe Widerrist, der den europäischen Bison vorn überbaut erscheinen läßt. Das massige, ebenfalls dicht behaarte Haupt, vor allem beim starken Bullen, trägt der Wisent tiefer als den Widerrist. An Träger, Unterhaupt und Unterläufen trägt der Wisent ein besonders dichtes Wollhaar mit dunklem bis schwarzem Leithaar. Der abgeflachte Kehlbart geht in eine Mähne am unteren Teil des Trägers über. Das bis zu 20 cm lange Stirnhaar fällt nach vorn und liegt flach auf der Stirn an. Die Behaarung des Wedels nimmt zum Ende hin zu, bildet aber keine echte Quaste. Beim Haarwechsel lösen sich oft große Placken des Haares vom Körper ab, so daß der Wisent dann stellenweise wie rasiert erscheint.

Lebensraum und Verbreitungsgebiet

Wisente ziehen flache Waldlandschaften vor. Früher waren Wisente in allen europäischen Waldgebieten beheimatet. Die Flora des Auwaldes bietet die Hauptäsung, es wird aber auch Gras aufgenommen.
Das heutige Hauptvorkommen konzentriert sich auf die Wälder um Białowieza in Polen.

Verhalten

In unberührten Gebieten war dieses Wild tagaktiv und ruhte lediglich in der Mittagszeit. Heute sind Wisente vorwiegend Dämmerungs- und Nachttiere. Wisente leben in Herden, die Bullen getrennt von den Kühen und dem Jungwild. Während der Brunft splittern sich die Herden in kleinere Rudel auf, die jeweils von einer Leitkuh geführt werden. Zu diesen Herden treten die kapitalen Bullen und werben um die Kühe. Die Wisentkuh geht neun Monate dick und setzt ein bis zwei Kälber.

Jagd

Als Folge der intensiven Hegemaßnahmen ist es heute wieder möglich, zum Schuß auf Wisente zu kommen. Der Jäger hält den Bestand in Grenzen, da das Vorkommen nur

Eng verwandt mit dem amerikanischen Bison ist der Wisent, das mächtigste europäische Hochwild (rechts). Wie von Motten zerfressen wirkt dieses Wildrind, wenn es nach langem Winter sein Haarkleid wechselt (oben)

eine gewisse Kopfzahl verträgt – auf 1000 ha zwei Stück. Die UdSSR allerdings erlaubt keine Jagd auf ihre Bestände. Die Jagdzeit in Polen läuft vom 1. November bis 28. Februar. Unter Führung eines erfahrenen Berufsjägers wird dieses urige Wild zu Fuß angepirscht. Wisente stehen meist in schattendunklen Einständen, und man braucht neben der Großwildwaffe ein starkes dämmerungsauflösendes Glas. Mit dem Bullen ist nicht zu spaßen. Angeschweißt greift er auf jeden Fall an und ist dann ebenso gefährlich wie der Kaffernbüffel Afrikas.

Kal. Gr. 4 u. 5   WA entfällt

Rekordtrophäe

(nach RBoTA, 1986)
Pkt: 67⅝; Hlr: 19⅝; Hll: 19⅝; Ur: 14⅝; Ul: 14⅝; O: Lutoviska, Polen; E: Dr. Jim Conklin; D: 1984

Wolf

W Canis lupus
E Wolf
F Loup

Familie	Hundeartige – Canidae
Unterordnung	Landraubtiere – Fissipedia
Ordnung	Raubtiere – Carnivora
Klasse	Säugetiere – Mammalia

Ansprechen

Der Wolfsrüde ist äußerlich einem deutschen Schäferhundrüden nicht unähnlich, im Mittel aber deutlich größer. Er erreicht Schulterhöhen zwischen 70 und 80 cm, eine Körperlänge zwischen 110 und 120 cm sowie ein Gewicht bis 65 kg je nach Vorkommen und Biotop. Die Rute ist lang, die Gehöre sind kurz, das Gebäude ist quadratisch und hochläufig. Die Decke ist hellfarben, kann aber auch graubraun, graurötlich und sogar fast schwarz sein. Alle Wölfe heulen recht melodisch. Ein enger Verwandter ist der Präriewolf (Canis latrans) – siehe dort.

Lebensraum und Verbreitungsgebiet

Von Mexiko über Nordamerika und Alaska, Asien, Europa bis Grönland besiedelt der Wolf in verschiedenen Unterarten die nördliche Halbkugel. Am liebsten hält er sich in menschenfernen Weiten oder in den Höhenlagen der Gebirge auf. Er braucht die freie Landschaft, um seine Beute zu hetzen, die vom Elch über Schaf, Hirsch, Wildschwein bis zum Hasen und Fuchs reicht. Er begnügt sich jedoch auch mit Kleinwild im Herbst, Früchten oder Obst sowie mit Fallwild.

Verhalten

Wölfe sind soziale Tiere, die meist in Rudeln weite Reviere durchstreifen. Die Forschung hat ein vielschichtiges Sozialverhalten mit einer streng gegliederten Hierarchie festgestellt. Die Rudel werden vom Hauptwolf und der Hauptwölfin angeführt, den sogenannten Alphatieren, denen sich die Mitglieder des Rudels bedingungslos unterordnen.
Wölfe verfügen über eine breite Palette von Stimmführungslauten. Bekannt ist das Heulen, der Hörkontakt über weite Strecken und Entfernungen. Als Selektivjäger erbeuten sie meist nur junges, krankes und altes Wild. Die Hatz dauert nur wenige hundert Meter. Ist die Beute dann nicht gestellt oder zeigt sie sich überlegen und kampfbereit, gibt das Rudel die Hatz auf und meidet jede weitere Energieverschwendung.
Die Wölfin kommt im Frühjahr in die Ranz. Die Hauptwölfin des Rudels wird nur vom Hauptwolf gedeckt. Beide Eltern beteiligen sich an der Aufzucht der Welpen. Rudelmitglieder, die selbst keinen Nachwuchs haben, nehmen an der Versorgung der Welpen anderer Rudelmitglieder teil. Die Beute wird in der Regel im Bauch zum Bau gebracht dort wieder herausgewürgt. Wolf und Wölfin halten jahrelang, wahrscheinlich lebenslang zusammen.

Jagd

In Märchen und Sagen wurde dem Wolf Grausamkeit und Schläue angedichtet, als ob er sich nur von Geißlein und armen alten Großmüttern ernähre. Das führte dazu, daß man ihn als „Landplage" gnadenlos verfolgte. Die Kirgisen veranstalten noch heute Beizjagden auf den Wolf, wozu sie Steinadler verwenden.
Für die Wildbahn stellt der Wolf heute einen hochqualifizierten Regulator dar, den es zu schützen gilt, wo es noch möglich ist. Der Isegrimm der Fabel ist keineswegs ein Menschenfresser, und alle derartigen Schauerge-

Der Wolf, Stammvater unserer Haushunde, ist ein echter Kulturflüchter. Ausgenommen die Tropen und Wüsten, paßt er sich jedem Klima an. Begegnung meist zufällig

schichten haben sich bei Nachforschungen als unrichtig erwiesen.
Der waidgerechte Jäger kann den Wolf heute auf Skiern ausfährten, was sportliche Kondition und Gesundheit voraussetzt. Ansitz am Luderplatz, beim Fallwild oder Aufbruch bringt ebenfalls Waidmannsheil. Wölfe selbst jagen oder umherziehen zu sehen ist ein hochinteressantes Erlebnis.
Der Leitwolf trägt als einziger die Rute erhöht. Der nachdenkliche Jäger wird auf ihn nicht schießen, sondern lieber einen anderen starken Rüden aus dem Rudel zu erbeuten trachten. Speziell der Leitwolf ist Träger der Rudeltradition, und im Sinne waidgerechter Jagd ist es, dies zu erhalten. Außerdem ist nicht immer der Leitwolf der stärkste Rüde.

Kal. Gr. 2 u. 6
WA A I asiatische Population, sonst entfällt

Rekordtrophäe

(nach RBoTA, 1986)
Pkt: 18³⁄₁₆; Schl: 12; Schb: 6³⁄₁₆; O: Alaska Range, Alaska; E: Dwight R. Locherby; D: 1982

Wölfe sind Höhlenbewohner, die meist im Rudel weite Reviere durchstreifen

Zebra

W	**Equus quagga,grévyi und zebra**
E	**Zebra**
F	**Zèbre**

Familie	Pferde – Equidae
Ordnung	Unpaarhufer –
	Perissodactyla
Klasse	Säugetiere – Mammalia

Ansprechen

Die Zebras sind Einhufer, besitzen einen in schwarzer Quaste endenden Schweif und tragen mischfarbene Mähnen. Die nur auf dem afrikanischen Kontinent lebenden „Tigerpferde", unverwechselbar durch ihre quer- oder längsgestreifte Decke auf gelblichem bis weißem Grund, unterscheidet man nach drei Arten:

Das Steppenzebra (Equus quagga) mit Streifen, die bis zum Bauch reichen, besteht noch in drei Unterarten: Selouszebra, Dalama- oder Chapmanzebra und Böhm- oder Grantzebra. Das Damara hat gelbliche Graufärbung mit blassen Zwischenstreifen und unvollständiger Beinstreifung. Das Böhmzebra besitzt eine weiße Grundfärbung mit breiten Streifen und Beinstreifung bis zu den Hufen. Das Selouszebra ähnelt dem Böhmzebra, hat jedoch eine engere Streifung.

Das Bergzebra (Equus zebra) ist ansprechbar durch Querstreifung der Kruppe, breite Streifen der Schenkel und weißen Bauch. Im Kapland herrscht die Unterart des Kapzebras vor, und in Namibia finden wir das Frau-Hartmann-Zebra. Beide Unterarten zeichnen sich durch breite Streifen aus, denen die Zwischenstreifen fehlen. Die Tiere wirken sehr dunkel und erinnern im Gebäude an den Esel. Das an Schulterhöhe und Gebäude größte Zebra ist das Grévyzebra (Equus grévyi). Die in der Grundfarbe fast weiße Decke zeigt an Haupt und Körper eine schmale Streifung. Am Träger sind die Streifen relativ breit und greifen auch in die Stehmähne über. Vor allem ist das Grévy aber durch weißen Bauch, weiß gesäumten dunklen Aalstrich der Kruppe und breite Lauscher gut ansprechbar.

Lebensraum und Verbreitungsgebiet

Sowohl im Flachland als auch im Gebirge suchen Zebras grundsätzlich offene Regionen, Halbwüsten oder trockenes Buschland als Revier. Sie äsen vorwiegend Gras und schöpfen, wenn möglich, täglich. Das gilt vor allem für die Bergzebras. In der Trockenzeit unternehmen die Tigerpferde große Wanderungen dem Wasser nach und schlagen mit den Hufen wasserhaltige Wurzeln und Pflanzenteile sowie Knollen aus dem Boden. Die Vorstellung, daß der ganze schwarze Kontinent von Zebras bewohnt sei, ist irrig. Steppenzebras leben in den ostafrikanischen Ländern mit Verbreitungsspitzen hinein nach Südafrika sowie Angola. Bergzebras fährten in nur kleinen Vorkommen vor allem in der Kapprovinz und Namibia. Das Grévy ist im äthiopischen Großraum heimisch.

Verhalten

Zebras leben gesellig in großen Herden, die ein Leithengst führt. Die Reviere sind sehr groß und werden mit anderen Zebratrupps geteilt. Rivalisierende Hengste kämpfen erbittert miteinander, indem sie mit den Hufen schlagen und sich sogar Bißwunden zufügen.

Jagd

Mit anderem Steppenwild vergesellschaftet, ziehen Zebras durch ihr Revier, so daß sich der Waidmann besonders vor- und umsichtig heranpirschen muß. Erschwert wird die Jagd durch das zunächst auffallend wirkende, sich

Steppenzebras an der Tränke – schwarze oder weiße Streifen? Meist führt eine erfahrene Stute die Gruppe zum Wasser

aber dann als sehr zweckmäßig erweisende Tarnkleid. Streifen und Farbe können bewirken, daß Zebras plötzlich „spurlos" verschwinden – zumal nach der Flucht, wenn sie verharren und sich mit der schmalen Frontpartie zum Störenfried wenden. Der Hengst, deutlich stärker und größer als die Stuten, geht als letzter flüchtig ab, oft sogar deutlich später. Starke Einzelhengste mit langzeitig verzögerter Fluchtdistanz sind überwiegend jagdbare Althengste.

Kal. Gr. 2 u. 3
WA A I Grévyzebra,
WA A II Hartmannzebra,
sonst entfällt

Zibetkatze

W Viverra civetta
E Civet
F Civette

Familie	Schleichkatzen – Viverridae
Überfamilie	Schleichkatzen- und Hyä-nenartige – Herpestoidea
Unterordnung	Landraubtiere – Fissipedia
Ordnung	Raubtiere – Carnivora
Klasse	Säugetiere – Mammalia

Ansprechen

Die langgestreckte Zibetkatze erreicht eine Schulterhöhe bis 40 cm und wird bis 20 kg schwer. Den Kopf trägt sie bei gewölbtem Rücken meist niedrig. Die graue Decke ist mit schwarzen Flecken besetzt. Meliert schwarz bis hellgrau ist die lange geringelte Rute, die im übrigen durch die üppige Behaarung dicker erscheint, als sie ist.
Unterseite und Läufe sind dunkelbraun bis schwarz gefärbt. In der Erregung kann die Zibetkatze ihr Haarkleid für jeden Feind sichtbar sträuben, so daß ein deutlich überhöhender Eindruck entsteht und sie eine Rücken-mähne zu besitzen scheint.

Lebensraum und Verbreitungsgebiet

Savannenlandschaften und lichte Wälder sind die Einstände dieser kleinen Schleichkatze. Zibetkatzen sind keine Kulturflüchter; sie spielen in Afrika die Rolle des „gänsestehlen-den Fuchses". Neben Früchten und Würmern jagen sie Hasen, Kriechtiere und junge Anti-lopen.
Verbreitet ist die Zibetkatze in Afrika südlich der Sahara, ausgenommen Teile Südafrikas und Namibias.

Verhalten

Schon die alten Ägypter hielten die Zibetkatze als Haustier, da sie in Gefangenschaft sehr zutraulich wird. In Äthiopien wird sie heute noch in großer Zahl als Haustier gehalten. Die Zibetkatze besitzt eine Duftdrüse unter der Schwanzwurzel, deren salbenartiges Sekret man für die Parfümherstellung gewinnt. Zibet-katzen sind ausgesprochene Nachttiere, die tagsüber in Höhlen, im Gebüsch oder unter überhängenden Steinen ruhen. Das Sekret wird zur Markierung der Reviere benützt und gab der Katze den Namen. Nur zur Ranz leben die Katzen paarig zusammen. Die Kuder tragen harte Kämpfe miteinander aus, bei denen sie heftige Hiebe mit den krallenbe-wehrten Pfoten austeilen. Zibetkatzen sehen und wittern sehr gut. Gewöhnlich jagt die Katze ihre Beute am Boden, bei Gefahr baumt sie jedoch sofort auf.

Jagd

Die Zibetkatze wird selten erbeutet, da die Jagd geduldigen Ansitz erfordert. Ideal sind mondhelle Nächte und wenn man sie mit lebenden Ködern, z. B. einem Huhn, anlockt. Der Waidmann sollte die Verteidigungsbereit-schaft der Zibetkatze allerdings nicht unter-schätzen, denn ihre krallenbewehrten Pfoten hinterlassen böse Verletzungen!

Kal. Gr. 1, 2 u. 7 (4 mm Schrot)
WA A III Botsuana,
sonst entfällt

Lautlos, schnell und gerissen, ist diese Schleichkatze ein äußerst erfolgreicher Jäger. Die alten Ägypter hielten die Zibetkatze als Haustier, da sie sehr zutraulich wird. In Äthiopien wird sie heute noch in großer Zahl als Haustier gehalten. Bei Gefahr baumen Zibetkatzen sofort auf

2
Jagdländer der Erde

Erläuterungen

„Nur dadurch kann Ersprießliches erreicht werden, daß alle ins Ausland reisenden Europäer ihre Erfahrungen austauschen, Material sammeln und sich nach Kräften bemühen, in gemeinsamer Arbeit Maßregeln zu ersinnen, die der drohenden Vernichtung tunlichst Einhalt gebieten." (C. G. Schillings, 1920)

Dieser Teil des Handbuches ersetzt nicht die umfassende Spezialinformation eines Reiseführers. Er unterrichtet den Auslandsjäger vielmehr in Kurzfassung über alle für seine Jagdreise wichtigen Einzelheiten. Anhand aktueller Kartenskizzen und hervorragendem Bildmaterial werden die nach Auffassung des Autors heute für eine Erlebnis- und Trophäenjagdreise interessanten Jagdländer der Erde dargestellt, und zwar mit Strukturdaten, Wildtieren, Allgemeinem, Landschaft, Klima, Jagd-, Visa-, Impf-, Waffeneinfuhr- und Devisenbestimmungen, Sehenswürdigkeiten, Nationalparks und Anschrift der deutschen Botschaft. Die ausgewählten 54 Jagdländer sind in den einzelnen Erdteilen (Europa, Asien, Afrika, Nordamerika, Südamerika, Australien) alphabetisch von A bis Z geordnet. Es werden auch Jagdländer beschrieben, in denen augenblicklich keine oder nur beschränkte Jagdmöglichkeiten bestehen, die jedoch aus touristischen und jagdhistorischen Gründen für den Jäger interessant sind bzw. durch Aufhebung der Beschränkungen wieder interessant werden könnten.

Allgemein ist folgendes zu beachten:

1 Jagd- und Reisebestimmungen

Ihre aktuelle Gültigkeit ist jeweils vor Antritt einer Jagdreise unbedingt zu überprüfen, und zwar bei einem hierfür qualifizierten Jagdtouristikunternehmen, bei einem Reisebüro, bei der jeweiligen nationalen Fluggesellschaft oder bei der zuständigen konsularischen Vertretung (Botschaft/Konsulat). Dies gilt insbesondere auch für alle Zoll-, Waffen-, Trophäenein- und -ausfuhrbestimmungen und die landesspezifischen Jagdgesetze. Jagdzeiten, Abschußmöglichkeiten und Lizenzformalitäten ändern sich teilweise jährlich. Auf ihre Darstellung wurde deshalb verzichtet. Wichtige kulturelle, historisch und landschaftlich bedeutsame Sehenswürdigkeiten sind für den Interessierten nur kurz erwähnt. Hierüber informiert die im Anhang zusammengestellte Reise-Spezialliteratur (siehe auch Literaturverzeichnis, „Jagdländer der Erde").

2 Devisenein- und -ausfuhrbestimmungen, Umtauschvorschriften und Wechselkurse

Diese sind vor und während einer Jagdreise genau zu beachten. Umtauschbescheinigungen im Ausland für die Kontrolle bei der Ausreise sind gut aufzubewahren. Devisen- und Zollvergehen werden im Ausland meist hart geahndet. Gewissenhafte Zolldeklaration erspart unliebsame Überraschungen. An dieser Stelle wird auf die Abschnitte „Zoll-Einmaleins für Jäger" (S. 362), „Richtig versichert" (S. 366) und „Das Washingtoner Artenschutzübereinkommen (WA)" (S. 368) verwiesen.

3 Die wichtigsten Wildtiere

Die für jedes Jagdland aufgeführten wichtigsten Wildtiere bestätigen nur deren Vorkommen und sagen nichts über die Bejagbarkeit. Diese ist im Einzelfall unter Umständen vor Antritt oder während der Jagdreise zu überprüfen.

4 Die 54 beschriebenen Jagdländer

Afrika

Angola; Äthiopien; Benin; Botsuana; Kamerun; Kenia; Mosambik; Namibia; Obervolta; Ruanda; Sambia; Senegal; Simbabwe; Südafrika; Sudan; Tansania; Tschad; Tunesien; Uganda; Zentralafrika; Zaire.

Asien

Afghanistan; China; Indien; Iran; Mongolei; Nepal; Türkei.

Australien

Australien; Neuseeland; Papua-Neuguinea.

Europa

Bulgarien; Finnland; Großbritannien; Irland; Jugoslawien; Norwegen; Österreich; Polen; Rumänien; Schweden; Schweiz; Sowjetunion; Spanien; Tschechoslowakei; Ungarn.

Nordamerika

Alaska; Grönland; Kanada; Mexiko; Vereinigte Staaten von Amerika.

Südamerika

Argentinien; Brasilien; Chile.

Endlose Wälder, durchsetzt von Seen, kennzeichnen den Norden Kanadas

Jagdländer in Afrika

Angola

Volksrepublik Angola

Hauptstadt	Luanda (600 000 Einw.)
Bevölkerung	7 260 000
Fläche	1 246 700 km²
Landessprachen	Portugiesisch; Bantusprachen
Währung	Kwanza (Kz) = 100 Lwei

Wildtiere

Antilope, Büffel, Elefant, Gazelle, Giraffe, Gnu, Gorilla, Hyäne, Krokodil, Leopard, Löwe, Nilpferd, Schimpanse, Wasserwild und Zebra.

Allgemeines

Die im Südwesten Afrikas liegende ehemalige portugiesische Kolonie wurde 1975 unabhängig. Das Staatsgebiet liegt zwischen den Mündungen des Kongos im Norden und des Kunenes im Süden und reicht in das Innere des Kontinents bis zum Quellgebiet des Sambesis. Mit 5,8 Einw./km² ist Angola ein dünn besiedeltes Land, dessen Bevölkerung vorwiegend aus Bantu besteht, die in 120 Stämme, aufgeteilt in zehn Gruppen, zusammengefaßt werden können. Die größten Stämme sind die Mbundu, Muschikongo, Imbangala, Ambo, Njanjeka, Watwa und die Khoisaniden (Buschmänner). Christlichen Religionen (vorwiegend röm.-kath.) gehören etwa 50 % der Bevölkerung an. Die andere Hälfte der Angolaner hängt Naturreligionen an. Von der Hauptstadt Luanda aus wird die sozialistische Volksrepublik Angola regiert.
Hauptausfuhrgüter sind Erdöl (aus der Exklave Cabinda), Diamanten, Kaffee, Erze, Sisal, Fischkonserven und Holz. Etwa 6000 km des 72 500 km umfassenden Straßennetzes sind asphaltiert. Vier Eisenbahnstrecken führen ins Hinterland. Die Städte Luanda, Lobito und Moçâmedes haben gut ausgebaute und leistungsfähige Seehäfen. Die Hauptstadt besitzt einen internationalen Flughafen, den die nationale Fluggesellschaft TAAG-Angola-Airlines neben anderen internationalen Gesellschaften bedient.

Landschaft

Vier Großlandschaften beherrschen Angola: das trockene, bis zu 200 km breite Küstenland am Atlantik, die Randstufenzone mit Erhebungen bis zu 400 m, das durchschnittlich 2000 m hoch gelegene Hochland, überragt vom Randgebirge mit dem 2610 m hohen Berg Moco, sowie das weite, dünn besiedelte Schichttafelland im Osten. Der Norden des Landes besteht aus Feuchtsavannen mit Galeriewäldern. Im Hochland und an der Küste herrscht die Trockensavanne vor, im Südwesten die Dornstrauchsavanne. Der äußerste Südwesten gehört zur Namib und ist reines Wüstengebiet.

Klima

Es herrscht wechselfeuchtes, tropisches Klima mit hoher Luftfeuchtigkeit während der Regenzeit vor. Im Inneren des Landes sowie im Bergland des Nordens beobachtet man häufige, sehr starke Regenfälle. Der Süden des Landes zeichnet sich durch angenehmere Temperaturen aus, und im Hochland sind die Regenfälle seltener.
Mitte Mai bis Mitte September ist die günstigste Reisezeit, denn dann herrscht überall in Angola Trockenheit. An der Küste liegt die mittlere Temperatur zwischen 20 und 26 °C, und im Hochland werden Temperaturen zwischen 18 und 22 °C gemessen.

Jagd

Jagd z. Z. gesperrt; einziges Jagdgebiet auf Riesensäbelantilope.

Visum

Es besteht Visumzwang für alle Reisenden. Auskunft erteilt das Centro de Informação e Turismo de Angola, Avenida Marginal, Caixa Postal 1240, Luanda.

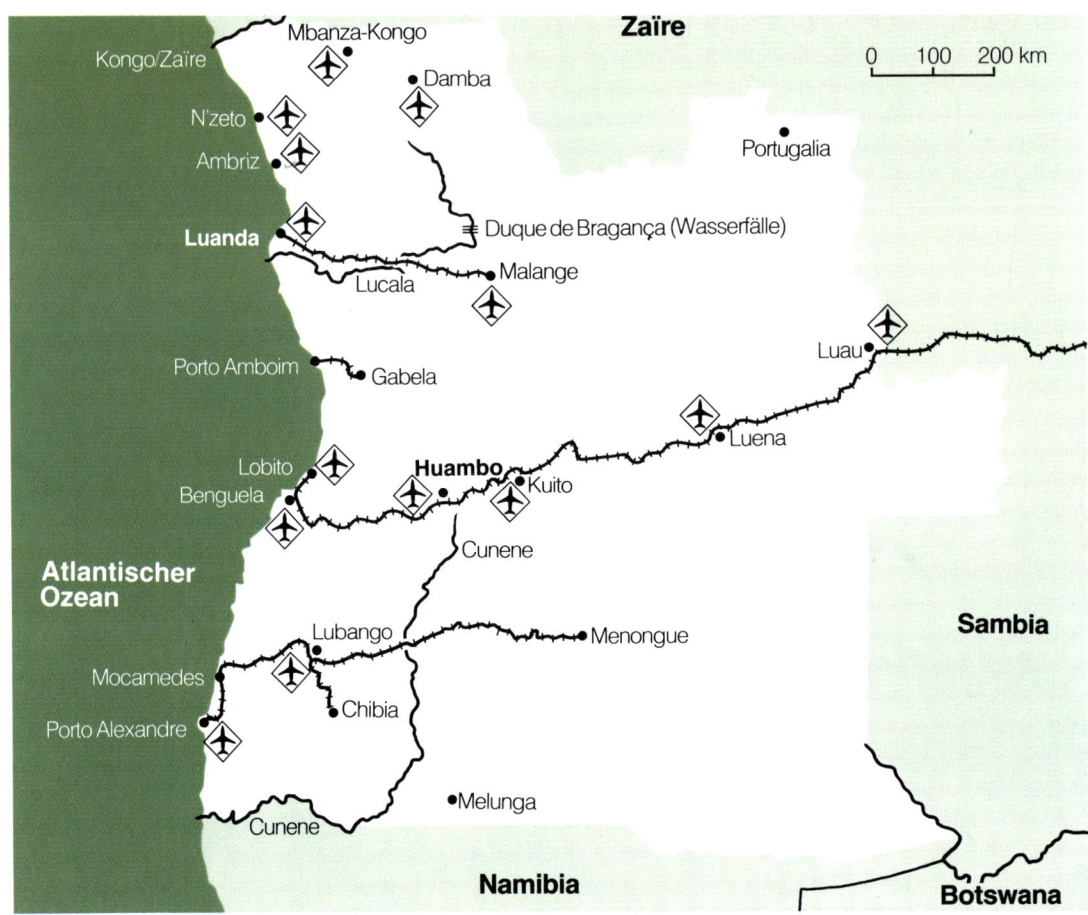

Dicht gedrängt stehen die einfachen Hütten der Eingeborenen im ergiebig beregneten Hochland (oben). Endlose Pisten durchziehen den wüstenhaften Süden des Landes (Mitte). Die Bragançafälle im Norden (unten)

Impfungen

Impfungen gegen Cholera und Gelbfieber sind zwingend vorgeschrieben bei Reisen von/ über alle Länder. Malariaschutz ist ganzjährig für das ganze Land erforderlich.

Waffeneinfuhr

Für Safaris ist für die Einfuhr von Waffen und Munition eine Erlaubnis der angolanischen Behörden erforderlich.

Devisenbestimmungen

Noten und Münzen in der Landeswährung dürfen bei Ein- und Ausreise nicht mitgeführt werden. Einfuhr von Fremdwährungen ist unbeschränkt erlaubt, jedoch müssen Bargeld und Schecks deklariert werden.

Sehenswürdigkeiten und Nationalparks

Besichtigenswert sind die 124 m hohen Wasserfälle von Ruancana am Unterlauf des Kunenes, der Tchitundo-Hulo, der Heilige Berg der Cuissi mit einer Grotte, in der sich prähistorische Felszeichnungen befinden, oder der Duque de Bragança, ein Wasserfall des Lucala im Hochland von Malanje. Er ist 105 m hoch und 200 m breit. Nahe Luanda befindet sich der wildreiche Nationalpark von Quiçama.

Botschaft der Bundesrepublik Deutschland

Avenida 4 de Fevreiro, 120, Luanda, Caixa Postal 1295.

Äthiopien

Sozialistisches Äthiopien

Hauptstadt	Addis Abeba (1 210 000 Einw.)
Bevölkerung	32 780 000
Fläche	1 221 900 km²
Landessprachen	Amhara; Galla (2. Amtssprache); Englisch und Italienisch (Bildungs- und Handelssprachen)
Währung	Birr (Br.) = 100 Cents

Wildtiere

Bergnyala, Elan, Elefant, Flußpferd, Gerenuk, Grasbüffel, Großer Kudu, Kleiner Kudu, Kob, Lechwe, Löwe, Nubischer Steinbock, Roan, Rotbüffel und Topi.

Allgemeines

Seit über 3000 Jahren besteht das Äthiopische Reich nun schon. Seit Haile Selassies Sturz 1974 heißt die sozialistische Republik Yatyiopya Manguist. Auf dem großen Staatsgebiet leben rund 26 Einw./km². Mit 12 Millionen sind die Galla die stärkste Bevölkerungsgruppe, gefolgt von den fast 11 Millionen Amharen. Die Christen der orthodoxen Äthiopischen Kirche stellen etwa 55 % der Bevölkerung; 35 % hängen dem Islam an. Verwaltungsmäßig ist das Land in 14 Provinzen aufgeteilt. Ein „Provisorischer Militärischer Verwaltungsrat" bildet die Regierung Äthiopiens. Hauptausfuhrgüter sind Kaffee, Produkte der Viehzucht, Ölsaaten, Hülsenfrüchte und Gold. Von den rund 10 000 km Allwetterstraßen sind etwa 3600 km asphaltiert. Der Verkehr ist ansonsten nur in der Trockenzeit und mit Geländefahrzeugen möglich. Gegenwärtig sind Fahrten nach Mitternacht nicht gestattet. In bestimmten Gegenden werden nur Konvoifahrten zugelassen. Ausländer benötigen einen besonderen Erlaubnisschein, wenn sie außerhalb der Hauptstadt Addis Abeba reisen möchten.

Zur Zeit ist Ausländern nur die Einreise über den Flughafen Addis Abeba erlaubt. Von diesem Hauptflughafen des Landes bedient die Ethiopian Airlines nationale und internationale Linien. Von Dschibouti, in der gleichnamigen benachbarten Republik, dem Haupthafen Äthiopiens, führt eine 784 km lange Eisenbahn nach Addis Abeba. Eine weitere Bahnlinie führt von Massaua über Asmara nach Agordat und nach Assab.

Landschaft

Äthiopien nimmt im tropischen Afrika eine Sonderstellung ein. Es ist ein bis über 4000 m aufsteigendes, gut beregnetes Hochland, das zumeist steil über die umliegenden Trockenländer hinausragt. Lediglich nach Somalia besteht ein sanfter Abfall des Hochlands. Äthiopien wird zentral von Südwesten nach Nordosten vom Abessinischen Graben durchzogen, der sich trichterförmig zur Danakiltiefebene in Richtung Rotes Meer öffnet. Im Graben liegen zahlreiche Seen. Der größte See des Landes, der Tanasee, liegt im Gebirge des Nordwestens. Er gilt als Quellsee des Blauen Nils. Entsprechend den hohen Niederschlagsmengen stehen in weiten Gebieten Äthiopiens dichte Feuchtwälder. Hier wächst der Kaffeestrauch wild. In den trockenen Gebieten herrschen Trockenwälder und Dornbuschsavannen vor, die schließlich in Wüsten übergehen.

Klima

Man unterscheidet drei Klimazonen: die heißen, für Europäer gesundheitlich anstrengenden Gebiete bis 1000 m Höhe, die mäßig warme und am besten zuträgliche Höhenlage zwischen 1000 bis 2500 m und die kühle Zone über 2500 m. In Addis Abeba, etwa 2800 m hoch gelegen, schwankt die durchschnittliche Tagestemperatur zwischen 8 und 24 °C.

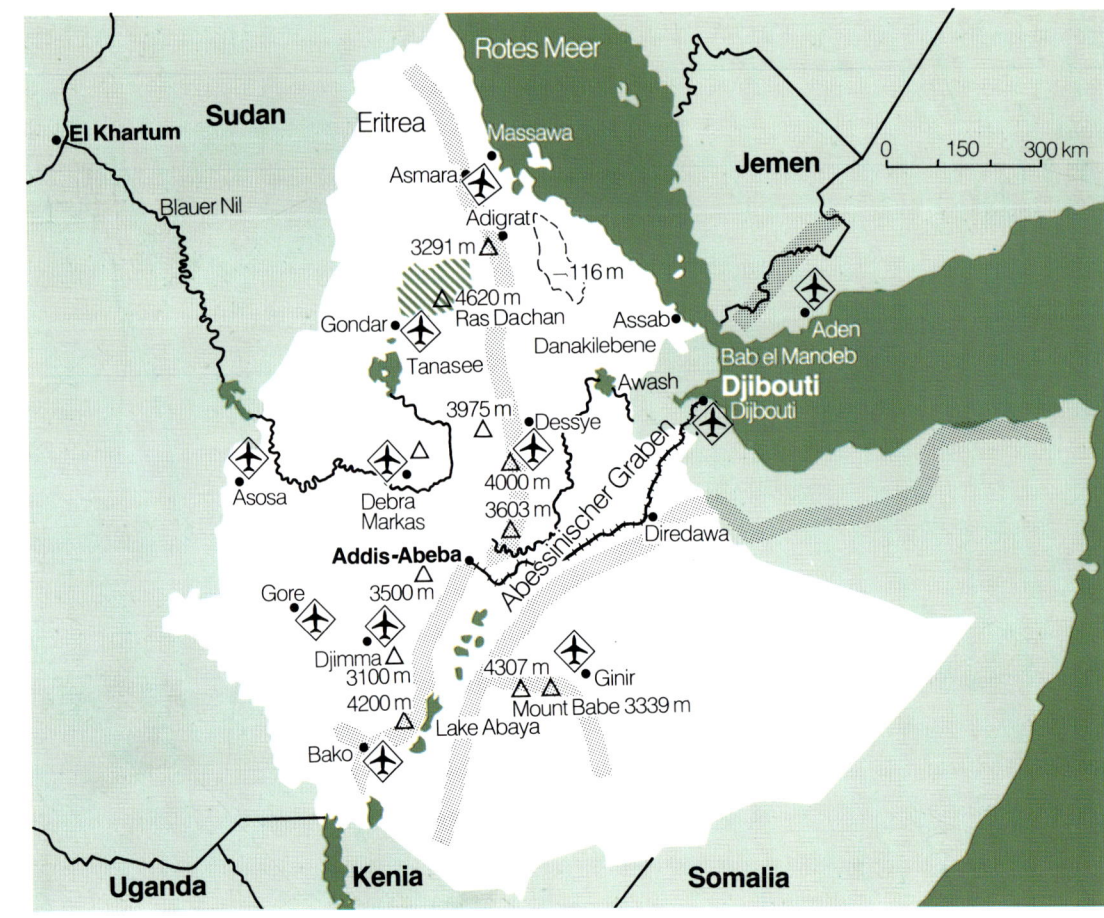

an die Botschaft der Provisorischen Militär-regierung des Sozialistischen Äthiopiens, Konsularabteilung, Brentanostr. 1, 5300 Bonn 1.

Impfungen

Die Impfungen gegen Gelbfieber und Cholera sind vorgeschrieben. Malariaschutz für alle Gebiete unter 2000 m ist zu empfehlen.

Waffeneinfuhr

Für die Mitnahme von Jagdwaffen und Munition (je Waffe 50 Schuß) ist eine Genehmigung erforderlich. Nähere Auskunft erteilt die Äthiopische Botschaft (siehe oben).

Devisenbestimmungen

Noten und Münzen in der Landeswährung dürfen bei der Einreise bis zum Betrag von 10 Birr mitgeführt werden. Einfuhr von Fremdwährung ist unbeschränkt möglich, sie muß jedoch deklariert werden. Die Umtauschbescheinigungen muß man gut aufbewahren.

Sehenswürdigkeiten und Nationalparks

Äthiopien unterhält in den Bale Mountains einen Nationalpark, ebenso am Fluß Awasch den 1000 km² großen, 1969 gegründeten Awasch-Nationalpark mit Leoparden, Geparden, Antilopen, Gazellen, Zebras, Straußen und Nilpferden. Wildreservate findet man in Rash Dashan, Fantale, Harerge, Abiata Shala und Maji. Sehenswürdigkeiten, die man nicht versäumen sollte, sind das altäthiopische Kulturzentrum Aksum, die Ruinenstadt Matara, das Kloster Debre Libanos nördlich von Addis Abeba, das Felsenkloster Debre Damo und die Felsenkirche Abraha Atsebeha nördlich von Adigrat. Der Abayasee in der Grabenzone, 1162 km² groß und bis 13 m tief, beherbergt Krokodile und Flußpferde. Der Tanasee, 3600 km² groß und bis 70 m tief, besitzt zahlreiche Inseln, auf denen Klöster und Kirchen stehen. Sehenswert sind auch das Danakilgebiet sowie die berühmten Tississat-Wasserfälle des Blauen Nils.

Botschaft der Bundesrepublik Deutschland
Khabana, P.O. Box 660, Addis Abeba.

Das gut beregnete Hochland mit üppigen Feuchtwäldern (rechts) überragt die umliegenden trockeneren Gebiete (oben) mit Trockenwäldern und teilweise Dornbuschsavannen. Illustres Treiben herrscht auf dem Markt in Addis Abeba (links)

Massaua und Assab am Roten Meer zählen zu den heißesten Orten der Erde. Von Juni bis September fallen im Hochland reichhaltige Niederschläge. Ende Oktober bis Anfang Mai fallen nur ab und zu kurze Regenschauer. Die besten Reisemonate sind Oktober bis Mai.

Jagd

Jagd seit 1982 für Ausländer wieder erlaubt. Sowohl staatliche wie auch private Safariorganisationen befinden sich im Aufbau; Jagdsafaris werden von weißen und einheimischen Berufsjägern geleitet und geführt. Jagdausübung teils strapaziös, per Fußpirsch, Pferd und Geländewagen. Es bestehen gute Erfolgsaussichten auf Berglandnyala.

Visum

Für alle Reisenden nach Äthiopien besteht Visumzwang. Die Visaanträge sind zu richten

Benin

Volksrepublik Benin, früher Dahomey

Hauptstadt	Porto Novo (104 000 Einw.)
Bevölkerung	3 640 000
Fläche	112 622 km²
Landessprache	Französisch
Währung	CFA-Franc = 100 Centimes

Wildtiere

Antilopen, Elefant, Helmperlhuhn, Kaffernbüffel, Leopard, Löwe, Rebhuhn, Schakal,
Serval, Tüpfelhyäne und Wasservögel.

Allgemeines

Mit 32,2 Einw./km² ist Benin relativ dünn
besiedelt. Die Bevölkerung besteht aus etwa
60 Stammesgruppen, von denen der größte
Teil zu den Sudanstämmen zählt, so z. B. die
Fong, Adja, Bariba und Somba. Zu anderen
Stämmen gehören die Moruba, Fulbe und
Haussa. Daneben gibt es noch etwa 3000
Europäer, meistens Franzosen. Den Naturreligionen hängen noch etwa 70 % der Bevölkerung an, zum Islam bekennen sich 10–15 %,
und nur 15 % sind Christen (mehrheitlich
römisch-katholisch). Die Volksrepublik Benin
huldigt seit 1977 dem Marxismus-Leninismus
als Staatsdoktrin. 360 Volkskommissare stellen
die Revolutionsversammlung. Das Land ist
verwaltungstechnisch in sechs Provinzen gegliedert. Die Hauptstadt ist zwar Porto Novo,
aber als wirtschaftliches und kulturelles Zentrum des Landes gilt Cotonou.
Die wichtigsten Ausfuhrgüter sind Palmkerne,
Palmöl, Kakao, Baumwolle, Erdnüsse, Kaffee
und Rizinus. Zwischen den Städten Cotonou
und Parakou besteht eine 438 km lange
Eisenbahnverbindung. Eine Straße verbindet
den Süden mit der rund 650 km entfernten,
vom Niger gebildeten Nordgrenze des Landes.
Eine wichtige Küstenstraße führt von Cotonou
nach Nigeria, Togo und Ghana.

Landschaft

Hinter der atlantischen Lagunenküste erstreckt
sich über den größten Teil des Landes die
Feuchtsavanne mit Ölpalmen im Süden, Affenbrotbäumen sowie krüppelhaften Bäumen,
Sträuchern und Hartgräsern im Norden. Im
äußersten Norden des Landes findet man
akazienbestockte Trockensavanne. Das weitgehend flache Gelände wird gelegentlich von
Inselbergen und Schichtstufen überragt, die
Höhen bis zu 600 m erreichen. Das Atakora-
Gebirge im Nordwesten ist um die 800 m hoch.

Klima

Im Küstengebiet und in der südlichen Landes-
hälfte herrscht feuchtwarmes tropisches Klima

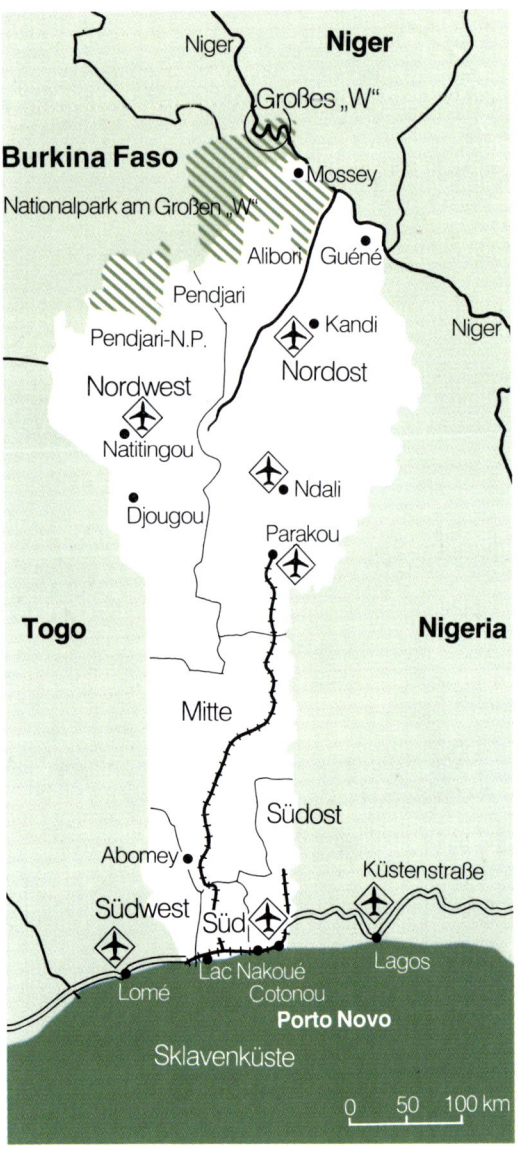

ohne länger anhaltende Trockenzeiten. Die
Niederschläge betragen zwischen 1500 und
1000 mm pro Jahr. Nach Norden nehmen die
Regenmengen langsam bis auf 500 mm ab,
und im Winter sowie im Spätsommer treten
ausgeprägte Trockenzeiten mit insgesamt 3–6
trockenen Monaten auf. Während der Regenzeiten ist die Luftfeuchtigkeit sehr hoch. Die
klimatisch günstigste Zeit für Reisen ist von
November bis Februar und im August/Sep-
tember. Dann herrschen Durchschnittstemperaturen zwischen 26 und 28 °C. Die Maximal-
temperaturen schwanken um 35 °C, und das
Temperaturminimum liegt bei 18–20 °C.
Während der winterlichen Trockenperiode
weht der sogenannte Harmattan, ein heißer
Wüstenwind aus der Sahara, der viel feinen
Sand mit sich führt.

Jagd

Jagd für Ausländer erlaubt, keine privaten
Safariorganisationen, nur Guides der örtlichen
Jagdverwaltung. Schwierige Jagdausübung
meist per Fußpirsch, mäßige Wildbestände.

Visum

Deutsche mit gültigem Reisepaß oder Kinder-
ausweis der Bundesrepublik Deutschland
benötigen kein Visum.

Impfungen

Impfung gegen Gelbfieber ist zwingend vorgeschrieben. Malariaschutz ist für das gesamte
Land erforderlich.

Waffeneinfuhr

Auskünfte über die Einfuhr von Jagdwaffen
erteilt die Botschaft der Volksrepublik Benin
(Konsularabteilung), Rüdigerstraße 10, Postfach 20 02 28, 5300 Bonn 2 (Bad Godesberg).

Devisenbestimmungen

Noten und Münzen der Landeswährung dürfen
bei der Einreise unbeschränkt, bei der Ausreise bis zum Betrag von 25 000 CFA-Francs
mitgeführt werden. Die Einfuhr von Fremdwährung ist unbeschränkt, es ist jedoch eine
Deklaration erforderlich. Es empfiehlt sich die

In den Küstenbereichen um Cotonou stehen die einfachen Hütten der einheimischen Fischer auf Pfählen. Besonders bekannt ist der Lagunensee Lac Nakoué, an dessen Ufer das Pfahlbaudorf Ganvié liegt.
In der Feuchtsavanne Nordbenins (rechts)

Mitnahme von Reiseschecks, lautend auf Französische Francs, deren Einlösung bei der Beniner Central Bank keine Schwierigkeiten bereitet. Bei Einlösung von Eurocheques werden 20 % des Tauschwertes berechnet.

Sehenswürdigkeiten und Nationalparks
Der Pendjari-Nationalpark, benannt nach dem Fluß Pendjari, liegt im Nordwesten des Landes. Camp in Batia oder das Safari-Rasthaus Porga sind die Ausgangspunkte in den 2750 km² großen Park, in dem Antilopen, Büffel, Fluß-pferde, Elefanten und zahlreiche andere Wild-tiere ihre Fährten und Spuren ziehen. Der 10 000 km² große W-du-Niger-Nationalpark liegt im Grenzgebiet von Benin, Obervolta und Niger. Der Name stammt von dem großen ,,W'', das der Niger hier in seinem Lauf bildet. Ausgangspunkt für einen Besuch des Parks ist Kandi, wo die berühmten Fetischfeste stattfin-den. Reicher Wildbestand ist vorhanden, allerdings gibt es keine Übernachtungsunter-künfte. Man ist auf mitgeführte Zelte angewie-sen. Erwähnt sei noch Lac Nokoué, der Lagunensee nördlich von Cotonou. Man kann von Abomey-Calavi mit der Piroge nach Ganvié fahren, einem Pfahlbaudorf von etwa 10 000 Einwohnern, die ausschließlich vom Fischfang leben. Ein weiterer touristischer Anziehungspunkt ist Abomey, die etwa 140 km von der Küste entfernte Hauptstadt des ehemaligen Königreiches Dahomey (histori-sches Museum).

Botschaft der Bundesrepublik Deutschland
7, Route Inter-Etats, B. P. 504, Cotonou.

Botsuana

Republik Botsuana

Hauptstadt	Gaborone (36 900 Einw.)
Bevölkerung	850 000
Fläche	600 372 km²
Landessprachen	Se Tswana (Staatssprache) und andere Bantusprachen; Englisch (z. T. Amtssprache)
Währung	Pula (P) = 100 Thebe

Wildtiere

Buschbock, Giraffe, Hyäne, Hyänenhund, Krokodil, Löwe, Oryx, Pavian, Riedbock, Sassaby, Springbock, Strauß.

Allgemeines

Im südlichen Afrika liegt dieser Binnenstaat, der mit 1,4 Einw./km² äußerst dünn besiedelt ist. Die meisten Einwohner sind Bantu. Etwa 20 000 Buschmänner leben zum Teil noch nach ihren Stammesverfassungen. Die meisten der Bantustämme hängen noch den alten Naturreligionen an, und nur etwa 15 % der Botsuaner sind Christen, meist Protestanten. Als Präsidiale Republik mit Einkammersystem gehört das Land zum British Commonwealth. Von der Hauptstadt Gaborone aus werden die 12 Distrikte des Landes regiert.

Die wichtigsten Ausfuhrgüter sind vor allem Diamanten, Kupfer, Gold, Mangan, Kohle sowie Fleisch und Viehzuchtprodukte. Die Eisenbahn Kapstadt – Mefeking – Gaborone – Bulawayo – Harare ist die wichtigste Verkehrslinie, denn sie verbindet Südafrika mit Simbabwe. Der Schienenweg ist 630 km lang. Das Straßennetz, 11 000 km lang, ist ein Allwettersystem, das jedoch dringend des Ausbaus bedarf. Der Luftverkehr wird national und international über Francistown und Gaborone abgewickelt. Im Landesinnern gibt es viele kleine Landeplätze.

Landschaft

Man kann das Land als eine weite, nach innen schüsselförmig abfallende Ebene mit einer durchschnittlichen Höhe von 1000 m bezeichnen. Im Süden bestimmen die Sanddünen der Kalahari den landschaftlichen Charakter, und im Norden findet man die ausgedehnten Sümpfe des Okawangobeckens sowie der Ngami- und der Makarikari-Salzpfanne. Nur im Osten sieht man Insel- und Tafelberge. Die Mopanewälder des Nordostens werden nach Südwesten von Trocken- und Dornbuschsavannen abgelöst, die schließlich in Halbwüste und Wüste übergehen.

Klima

Botsuana besitzt vorwiegend subtropisches Klima mit spärlichen Sommerregen (um 500 mm). Der heißeste Monat ist der Januar mit mittleren Temperaturen um 15 °C. Die Hitze wird jedoch gemildert, da während der Nacht meist kühler Nordostwind aufkommt. Die nur sehr kümmerlich ausgeprägte Regenzeit beginnt Ende Oktober und dauert bis Mai, nimmt aber an Intensität von Norden nach Süden und von Osten nach Westen ab. Die Trockenzeit, der sogenannte Winter, reicht von Juni bis September. Die Monate Mai bis Juli sind außerdem die kühlste Zeit, und der Juli hat oft Minimaltemperaturen unter 10 °C. Die Wintermonate sind am Tage angenehm warm, die Nächte jedoch kühl, ja oft kalt. Es sind sogar Nachtfröste möglich. Im August weht aus dem Osten ein trockener Wind, der oft zum Sandsturm anwachsen kann.

Jagd

Jagd für Ausländer erlaubt. Private Safariorganisationen, weiße und schwarze Berufsjäger. Jagdausübung per Fußpirsch und Geländewagen, gute Chancen auf Schwarzmähnenlöwe; bestes Jagdgebiet um das Okawangodelta und Umgebung.

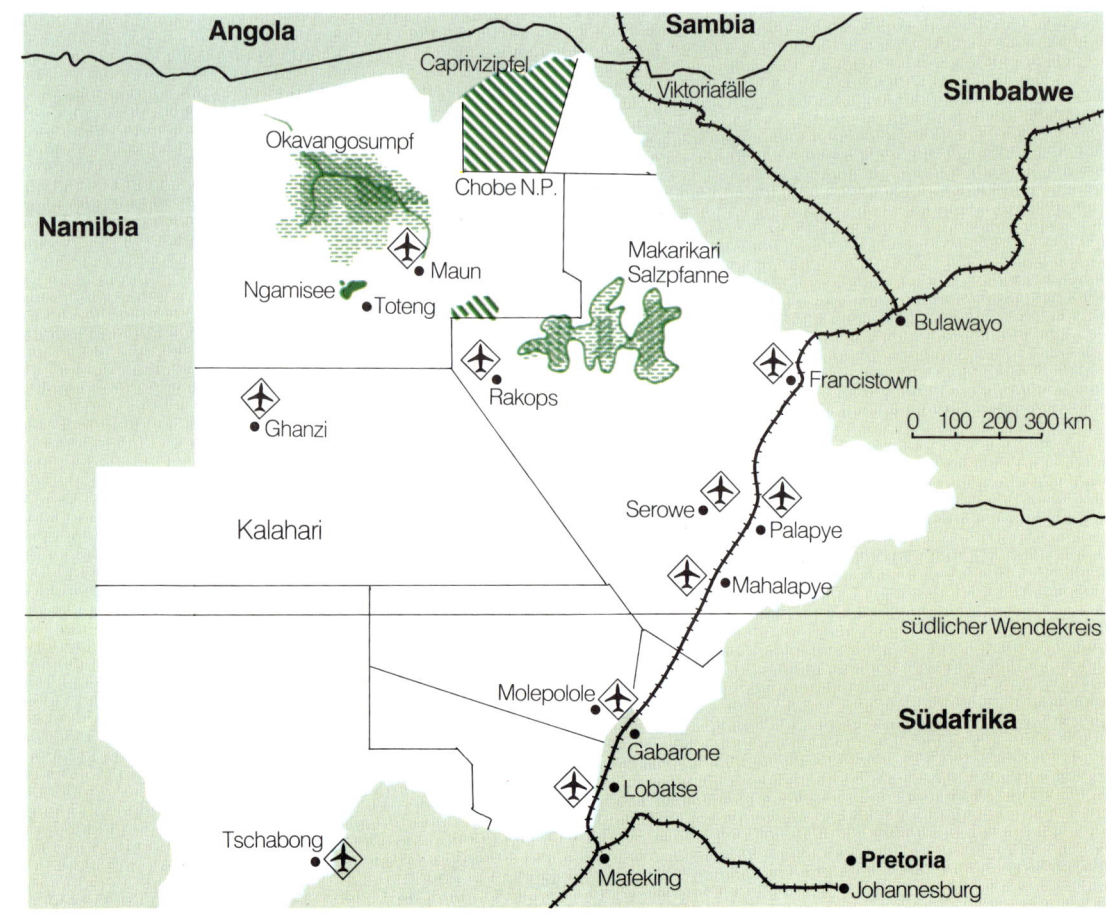

Visum
Deutsche sowie Österreicher und Schweizer mit gültigem Reisepaß sind vom Visumzwang befreit.

Impfungen
Gelbfieberimpfung ist zwingend vorgeschrieben für Reisende, die sich innerhalb der letzten sechs Tage vor Ankunft in Botsuana in Infektionsgebieten aufgehalten oder diese durchreist haben. Malariaschutz ist von November bis Mai im nördlichen Teil des Landes erforderlich. Da der Nordwesten des Landes mit den Okawangosümpfen Brut- und Verbreitungsgebiet der Tsetsefliege ist, ist Insektenschutz unbedingt mitzuführen.

Waffeneinfuhr
Bei Mitnahme von Jagdwaffen und Munition ist vorher die Genehmigung einzuholen beim Central Firearms Registry, P.O. Box 516, Gaborone/Botswana.

Devisenbestimmungen
Noten und Münzen in der Landeswährung dürfen bei der Einreise nicht, bei der Ausreise bis zum Betrag von 300 Pula mitgeführt werden.

Mitnahme von Fremdwährung ist bei der Einreise unbeschränkt gestattet, muß aber deklariert werden.

Sehenswürdigkeiten und Nationalparks
Von Maun aus gelangt man zum etwa 350 km entfernten Chobe-Nationalpark. Fahrzeuge mit Allradantrieb sind erforderlich. Gleiches gilt für eine Fahrt durch das Khutse Game Reserve. Im Wildschutzgebiet besteht keine Tankmöglichkeit. Trinkwasser sollte ebenfalls mitgeführt werden. Da es keine Unterkunftsmöglichkeiten gibt, sollten Besucher ihre Campingausrüstung

Das Sumpfgebiet des Okawangos ist eine der größten Naturlandschaften der Erde. Hier leben Krokodile und Flußpferde (links oben). Buschmannzeichnungen in den Tsodilo Hills (oben). Die Decke eines Zebras wird fachmännisch präpariert (links)

sowie schützende Kleidung und Insektenschutz mitnehmen. Für das Moremi-Reservat gilt dasselbe. Die Tsetsefliege (Überträger der Schlafkrankheit) ist dort noch weit verbreitet.

Botschaft der Bundesrepublik Deutschland
I.G.I. House, The Mall, P.O. Box 315, Gaborone.

Kamerun

Vereinigte Republik Kamerun

Hauptstadt	Yaoundé (313 000 Einw.)
Bevölkerung	8 650 000
Fläche	475 442 km²
Landessprachen	Englisch; Französisch (Amtssprachen); Bantu; Semibantu; sudanes. Sprachen; Ful (Umgangssprachen)
Währung	CFA-Franc = 100 Centimes

Wildtiere

Büffel, Elefant, Flußpferd, Gazelle, Gepard, Giraffe, Kuhantilope, Leierantilope, Löwe, Moorantilope, Riedbock, Riesenelenantilope, Warzenschwein und Wasserbock.

Allgemeines

Von 1884 bis 1916 war Kamerun deutsche Kolonie. 1919 teilten Engländer und Franzosen das Land unter sich auf. 1960/61 erhielt Kamerun schließlich die Unabhängigkeit. Mit 18 Einw./km² ist Kamerun eines der dünn besiedelten Gebiete Afrikas. Die Kameruner sind zu 40 % Bantu, 20 % rechnet man zu den Semibantu und Sudangruppen, der Rest sind Fulbe und Haussa. Die 12 000 Europäer sind meist französischer Abstammung, und im Süden des Landes leben noch Pygmäen. Etwa 20 % der Kameruner sind römisch-katholisch, 15 % protestantisch, der Rest gehört dem Islam an oder hängt noch bodenständigen Naturreligionen an. Das Land ist in sieben Provinzen unterteilt und wird als präsidiale Republik mit einem 1-Kammer-Parlament von Yaoundé aus zentral regiert. Mit 458 000 Einwohnern ist die Stadt Douala jedoch weit größer als die Hauptstadt. Kamerun führt als wichtigste Exportgüter Kaffee, Kakao, Kautschuk, Holz, Aluminium-oxid und kunstgewerbliche Arbeiten aus. Zwischen den wichtigsten Orten des Landes bestehen Flugverbindungen. Die größeren Städte sind durch Eisenbahnen miteinander verbunden. Von Douala und Yaoundé führen

Fernstraßen ins Landesinnere. Außerdem hält ein Omnibuslinienverkehr die Verbindung zwischen den Städten aufrecht.

Landschaft

Kamerun liegt im Bereich der Niederguineaschwelle und gliedert sich in durch Senken unterbrochene Hochländer zwischen 600 und 1200 m Höhe. Im Norden erhebt sich das bis 2500 m hohe Bergland von Adamaua. Im Westen verläuft eine nach Nordosten gerichtete vulkanische Störungszone, die sogenannte „Kamerunlinie", die mehrere höhere Vulkanmassive aufweist. Vulkanischen Ursprungs ist auch der Kamerunberg, mit 4070 m die höchste Erhebung des Landes. Im Küstentiefland herrscht tropischer Regenwald vor, der sich im Süden ins Landesinnere fortsetzt und nach Norden allmählich in Savannenländer übergeht.

Klima

Kamerun liegt klimatisch in der Tropenzone mit allgemein hohen Temperaturen. Der südliche Landesteil und der Küstensaum liegen in den Innertropen mit ganzjährig gleichbleibenden Temperaturen und gleichmäßig verteilten Niederschlägen. Der Kamerunberg gehört zu den regenreichsten Gebieten der Erde (ca. 11 000 mm/Jahr). Nach Norden nehmen die Niederschläge im Landesinnern allmählich ab, und die Regenzeiten werden von Trockenperioden abgelöst. Beste Reisezeit in Kamerun ist allgemein November/Dezember bis April/Mai.

Jagd

Jagd für Ausländer erlaubt. Private Jagdorganisationen. Jagdführung durch weiße Berufsjäger. Jagdausübung per Fußpirsch und Geländewagen. Gute Bestände der Riesenelenantilope und des Rotbüffels versprechen Waidmannsheil.

Visum

Ein Visum ist für alle Reisenden erforderlich. Es ist zu beantragen bei der Botschaft der Vereinigten Republik Kamerun, Konsularabteilung, Rheinallee 76, 5300 Bonn 2 (Bad Godesberg).

Impfungen

Die Impfung gegen Gelbfieber ist zwingend vorgeschrieben. Choleraschutzimpfung wird allen Reisenden empfohlen. Malariaschutz ist ganzjährig für das ganze Land erforderlich.

Waffeneinfuhr

Gebrauchte Jagdwaffen (bis zu vier Waffen gleicher Marke) können vorübergehend zollfrei eingeführt werden, vorausgesetzt, daß die Einfuhrgenehmigung – unter Beifügung des deutschen Waffenscheines – bei der Botschaft der Vereinigten Republik Kamerun in 5300 Bonn 2, Rheinallee 76, beantragt wurde. Zusätzlich ist meist eine Kaution zu hinterlegen, die bei Wiederausfuhr der Waffen erstattet wird.

Devisenbestimmungen

Noten der Landeswährung dürfen bei Ein- und Ausreise jeweils nur bis zu einem Betrag von 30 000 CFA-Francs mitgeführt werden. Für die Ein- und Ausfuhr von Fremdwährungen bestehen keine Beschränkungen, sie müssen jedoch deklariert werden.

Immerfeuchte Gebiete im Süden und periodisch trockene Regionen im Norden bestimmen den Charakter Kameruns

Sehenswürdigkeiten und Nationalparks

Seit 1968 wurde im Norden der Benoué-Nationalpark (1800 km^2) eingerichtet. Hier findet man Büffel, Löwen, Giraffen und Antilopen. Als Unterkünfte stehen Safaripavillons zur Verfügung. Der Faro-Nationalpark an der Grenze nach Nigeria ist ein weiterer großer Wildpark. Von Dezember bis Juli ist der Waza-Nationalpark geöffnet, auf dessen 1700 km^2 Antilopen, Giraffen, Löwen, Elefanten und Leoparden sowie eine Unzahl Vogelarten beheimatet sind. Schließlich muß noch der Bubandjidah-Nationalpark an der Grenze zur Zentralafrikanischen Republik erwähnt werden, der auf einem Areal von 2200 km^2 Antilopen, Büffel, Giraffen, Löwen, Leoparden, Geparden, Nashörner und Derbyelands beheimatet. Safaripavillons dienen zur Unterbringung.

Botschaft der Bundesrepublik Deutschland

Rue Charles de Gaulle, B.P. 1160, Yaoundé.
In Douala befindet sich eine Außenstelle der Botschaft.

Kenia

Republik Kenia

Hauptstadt	Nairobi (835 000 Einw.)
Bevölkerung	17 150 000
Fläche	582 646 km²
Landessprachen	Suaheli (Staatssprache), Englisch (Verkehrssprache), Bantusprachen und nilotische Sprachen
Währung	Kenia-Shilling (k. Sh.) = 100 Cents

Wildtiere

Bongo, Büffel, Buschbock, Elefant, Elen, Flußpferd, Giraffe, Gnu, Hyäne, Krokodil, Kudu, Kuhantilope, Leopard, Löwe, Nashorn, Pferdeantilope, Säbelantilope, Schakal, Warzenschwein und Zebra.

Allgemeines

Das klassische ostafrikanische Jagdland Kenia ist mit rund 30 Einw./km² relativ dünn besiedelt. Die Bevölkerung Kenias besteht zu über 60 % aus Bantu (Kikuju, Luhya, Kamba), der Rest gehört zu den nilotischen, hamitischen und nilohamitischen Stämmen. Außerdem wohnen in Kenia noch rund 27 000 Araber, 110 000 Inder und etwa 25 000 Europäer. Etwa 60 % der Kenianer sind Christen; der Anteil der Moslem ist dagegen mit nur 6 % sehr gering. Eine weitaus größere Gruppe sind die zahlreichen Anhänger verschiedener Naturreligionen.

Die Präsidialrepublik, seit 1982 verfassungsmäßiger Einparteienstaat, verfügt über ein Einkammerparlament und ist in sieben Provinzen gegliedert. Der Distrikt Nairobi gilt als Extradistrikt. Die Hauptstadt Nairobi hat 835 000 Einwohner, gefolgt von Mombasa-Kilinde mit 391 000 Einwohnern.

Wichtige Ausfuhrgüter sind Kaffee, Tee und Erdölprodukte. Im dichter besiedelten Südkenia gibt es ein gut ausgebautes Straßennetz mit asphaltierten Allwetterstraßen. Der Norden des Landes ist dagegen meist nur mit dem Geländewagen befahrbar. Auf den Eisenbahnstrecken zwischen Mombasa und Nairobi

sowie zwischen Kisumu und Nairobi verkehren moderne Züge mit Schlaf- und Speisewagen. Auf dem Victoriasee fahren moderne Passagierdampfer.

Landschaft

Von der Oberflächengestalt her läßt sich Kenia in fünf Landschaftseinheiten untergliedern: den sehr flachen und trockenen Norden, der den größten Teil des Landes einnimmt, das Küstentiefland, das nach Westen sanft bis auf 1500 m ansteigende Küstenhinterland, die Victoriaseemulde und das Hochland. Letzteres zerfällt in zwei Teile, die durch den Ostafrikanischen Graben (Rift Valley) voneinander getrennt sind. Beiderseits der Grabenränder entstanden gewaltige Vulkanmassive, die das Hochland überragen (z. B. Mount Kenya, 5199 m). Das Grabeninnere füllen mehrere Seen, darunter der fast 300 km lange Turkana-

see (früher Rudolfsee). Die Hauptmasse des Landes besitzt Savannencharakter; Feuchtsavanne am Rande des Hochlandes, trockene Dornstrauchsavanne im Norden, teilweise mit Halbwüstencharakter.

An den dunstigen Gebirgshängen gibt es heute noch natürliche laubabwerfende Feuchtwälder und immergrüne tropische Bergwälder. Von den einstigen Feuchtwäldern der Küstenregion ist nur sehr wenig übriggeblieben.

Klima

Kenias Klima ist von großen Gegensätzen bestimmt. Immerfeuchtes Regenwaldklima kommt überhaupt nicht vor, obwohl das Land unter dem Äquator liegt. Die monsunalen Luftströmungen zwischen Afrika und Asien, jahreszeitlich aus wechselnden Richtungen wehend, verhindern dieses. Regenzeiten gibt es nur zweimal pro Jahr, wenn die innertropi-

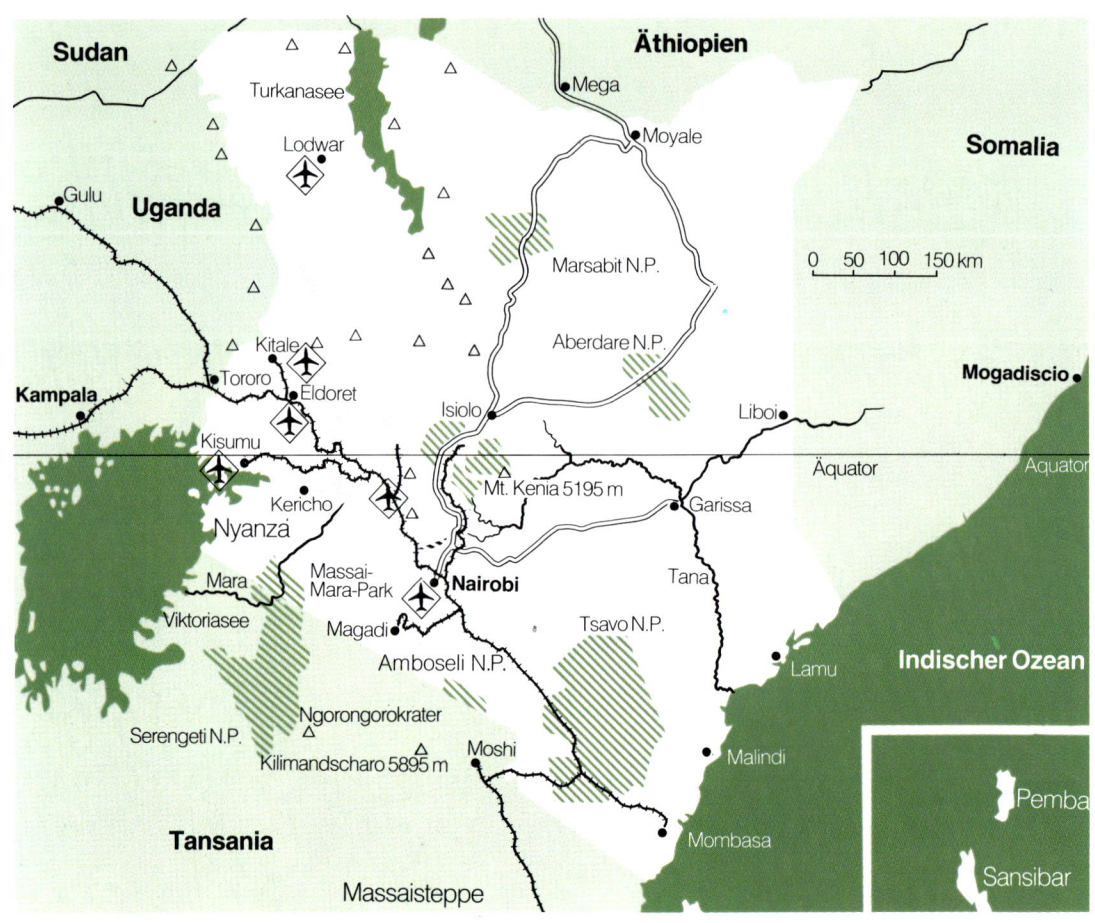

Eine junge Frau der zu den Niloten gehören-
den Sumburu (oben).
Hunderttausende von Flamingos bevölkern
den Lake Hannington. Ein für Europäer unvor-
stellbares Vogelparadies (rechts).
Elefanten bei ihrem mittäglichen Wasserbad

sche Tiefdruckzone mit dem Sonnenhöchst-
stand das Land überquert: von November bis
Dezember und von Februar bis Mai. Ansonsten herrschen Trockenzeiten, da die Winde
vom Land auf das Meer wehen. Am nieder-
schlagsreichsten sind die Gebirgsränder und
das Hochland als Regenfänger (bis 2500 mm),
während der Norden ausgesprochen trocken
ist (um 500 mm). Die Temperaturen schwanken in tieferen Lagen im Mittel úm 25 °C,
während es im Hochland und vor allem im
Gebirge wesentlich kühler ist (um 17 °C).
Nachts sind dort Werte von 5 °C möglich.

Jagd
Jagd seit 1977 bis auf Wasservögel für
Ausländer gesperrt. Früher ein klassisches
Jagdland Ostafrikas.

Visum
Deutsche mit gültigem Reisepaß können ohne
Visum einreisen.

Impfungen
Die Impfung gegen Gelbfieber ist für alle
Reisenden vorgeschrieben, die sich innerhalb
der letzten sechs Tage vor der Einreise nach
Kenia in Infektionsgebieten aufgehalten haben
oder durch diese gereist sind. Sie wird allen
Reisenden empfohlen, die sich außerhalb der
größeren Städte aufhalten werden. Gleiches
gilt für den Schutz gegen Cholera und Malaria,
der ganzjährig für das ganze Land erforderlich
ist.

Waffeneinfuhr
Für Waffen und Munition ist immer eine
Importerlaubnis erforderlich, die nur in den
seltensten Fällen erteilt wird. Die Mitnahme
von Jagdwaffen ist verboten.

Devisenbestimmungen
Noten und Münzen der Landeswährung dürfen
bei der Ein- und Ausreise nicht, Fremdwährungen jedoch unbegrenzt mitgeführt werden,
sofern sie deklariert worden sind. Äußerste
Vorsicht ist bei den Schwarzhändlern in Nairobi
geboten.

Sehenswürdigkeiten und Nationalparks
Im Aberdare-Nationalpark (590 km^2) westlich
von Nyeri gibt es Elefanten und Büffel als
Hauptwildarten. Hier stehen dem Besucher
Campingplätze und das berühmte „Treetops-
Hotel" zur Verfügung. Das Lambwe-Valley-
Reservat (260 km^2) öffnet sich zur Homabucht
am Victoriasee und beherbergt vor allem
Roanantilopen. Etwa 960 km^2 groß ist der
Marsabit-Nationalpark mit dem 1825 m hohen
Vulkanberg gleichen Namens. Elefanten und
Nashörner beleben den 3260 km^2 großen
Amboseli-Nationalpark, der im Osten den vom

*In unzähligen engen Windungen schlängelt
sich der Mara-Fluß durch die Savannenland-
schaft Kenias. Ein sich selbst überlassener
Wasserlauf (links).
Viele Massai halten noch an der Lebensweise
ihrer Vorväter fest (oben)*

Kilimandscharo überragten Amboselisee enthält. Löwen, Elefanten, Büffel und Zebras sind
das Hauptwild des Massai-Mara-Reservats,
das mit 1670 km^2 Ausdehnung am Marafluß
südlich von Kericho liegt. Mit 20 800 km^2 ist
der Tsavo-Nationalpark einer der größten der
Erde. Allein über 400 Vogelarten sind dort zu
beobachten, außerdem natürlich Elefanten,
Büffel, Löwen, Giraffen, Nashörner und andere
Savannenwildarten. Mehrere kleinere Reservate zwischen 100 und 160 km^2 Größe
vervollständigen den hervorragend organisierten Wildschutz in diesem afrikanischen Land.

Botschaft der Bundesrepublik Deutschland
Harambee Avenue, Embassy House, P.O. Box
30 180, Nairobi. In Mombasa befindet sich ein
Honorarkonsulat.

Mosambik

Volksrepublik Mosambik

Hauptstadt	Maputo, früher Lourenço Marques (760 000 Einw.)
Bevölkerung	12 130 000
Fläche	799 380 km²
Landessprachen	Portugiesisch (Staatssprache), Bantusprachen (Umgangssprachen)
Währung	Metical (MT) = 100 Centavos

Wildtiere

Büffel, Elefant, Erdferkel, Flußpferd, Gepard, Giraffe, Hyäne, Krokodil, Leopard, Lichtenstein-Kuhantilope, Löwe und Moorantilope.

Allgemeines

Über 90 % der Bevölkerung des im südlichen Afrika gelegenen Mosambik sind Angehörige der Bantustämme. Die wenigen Weißen sind zumeist portugiesischer Abstammung. Mit 15 Einw./km² ist das Land äußerst dünn besiedelt. Die stärkste Religionsgemeinschaft (18–20 %) ist die römisch-katholische Kirche. Etwa 4 % der Bevölkerung sind protestantisch. Den überwältigenden Anteil von 75 % bilden jedoch die Anhänger von Naturreligionen. Mosambik ist in zehn Verwaltungsbezirke gegliedert. Die Volksversammlung bildet die gesetzgebende Körperschaft.

Baumwolle, Textilien und Cashew-Nüsse, Tee, Holz und Erze sind die Hauptausfuhrgüter des Landes. Völlig unzureichend ist das Straßennetz, für dessen Benutzung man im Landesinnern meistens einen Geländewagen benötigt. Wesentlich besser ist das Eisenbahnnetz entwickelt. Allerdings sind die technischen Einrichtungen erneuerungsbedürftig. Der Inland-Flugverkehr erreicht die wichtigsten Orte des Landes.

Landschaft

Mosambik ist ein Tafelland, das aus drei von der Küste zum Landesinnern hin treppenförmig ansteigenden Plateaus besteht, die nördlich von einem über 1500 m hohen Bergland überragt werden. An der Grenze nach Simbabwe liegt die höchste Erhebung des Landes, der Monte Binga mit 2436 m. Zum Indischen Ozean hin besitzt das Land eine 2795 km lange Küste. Nördlich der Sambesimündung wechseln Steil- und Flachküsten einander ab. Südlich des Sambesi bestimmen Dünen, Buchten und zahlreiche Lagunen mit Mangrovenwäldern die Küstenlandschaft. Im Landesinnern bestimmen Trockenwälder und Savannen das Landschaftsbild. Entlang der Flüsse erstrecken sich ausgedehnte Galeriewälder. In den höheren Lagen treten vorwiegend Lorbeergewächse auf. Im äußersten Süden findet man bereits die Vegetation Südafrikas.

Klima

Mosambik liegt fast ganz in den wechselfeuchten Tropen. Charakteristisch ist der Wechsel zwischen sommerlicher Regenzeit und winterlicher Trockenperiode. Vom Monsun wird das Klima der nördlichen Küstenzonen bestimmt, und die südlichen Küstenregionen werden vom Südostpassat beeinflußt. Beide Winde wehen im Sommer vom Meer zum Land und bringen genügend Feuchtigkeit mit.

Von November bis April ist deshalb keine günstige Reisezeit.

Jagd
Ab 1987 erste Sonderregelungen.

Visum
Es besteht Visumzwang. Visa-Antragsformulare sind bei der Botschaft der Bundesrepublik Deutschland in Maputo erhältlich. Das ausgefüllte Formular ist dann mindestens 30 Tage vor Reiseantritt zu senden an den Service Nacional de Segurança Popular, Divisão de Migração, Av. Ho Chi Minh 316, Maputo.

Impfungen
Schutzimpfung gegen Cholera ist zwingend vorgeschrieben. Gegen Gelbfieber muß geimpft sein, wer sich innerhalb der letzten sechs Tage vor Ankunft in Mosambik in Infektionsgebieten aufgehalten hat oder durch solche gereist ist. Malariaschutz ist ganzjährig nötig.

Waffeneinfuhr
Die deutsche Botschaft in Maputo gibt Auskunft über die Einfuhr von Jagdwaffen und Munition nach Mosambik.

Im kenianischen Bergland an der Grenze zu Simbabwe (oben).Im nördlichen Küstengebiet ist die Bevölkerung stark arabisch geprägt, wie man im Bild (unten) deutlich erkennt. Eine Reminiszenz an längst vergangene Jahrhunderte

Devisenbestimmungen
Ausländer, die nicht Einwohner von Mosambik sind, müssen bei Ankunft im Land ausländische Währung im Gegenwert von 1000 MT als Mindestumtausch einwechseln. Dieser Betrag ist nicht rücktauschbar. Die Ein- und Ausfuhr von Landeswährung ist im übrigen verboten. Die Einfuhr von Fremdwährung ist unbeschränkt gestattet; sie muß jedoch deklariert werden.

Sehenswürdigkeiten und Nationalparks
Als Tierschutzgebiet ist der Gorongosa-Nationalpark mit 3770 km^2 Ausdehnung zu erwähnen. Elefanten, Zebras, Löwen, Leoparden und Flußpferde beleben den Park, der mit Lufttaxis erreichbar ist. Im Nordwesten des Parks liegen die Wasserfälle von Morombose. Nur 1040 km^2 umfaßt das Wildreservat am Maputofluß südlich der Hauptstadt. Elefanten, Nashörner, Flußpferde und Krokodile ziehen hier ihre Fährten, Touristen können am Pitisee in einem Luxushotel wohnen.

Botschaft der Bundesrepublik Deutschland
Rua de Mapulangwene 506, Caixa Postal 1595, Maputo.

Namibia

Südwestafrika

Hauptstadt	Windhoek (88 700 Einw.)
Bevölkerung	1 190 000
Fläche	823 168 km²
Landessprachen	Afrikaans, Englisch (Staatssprachen), Deutsch (zus. „Nationalsprache"), Bantusprachen (Umgangssprachen)
Währung	Südafrikanischer Rand (R) = 100 Cents

Wildtiere

Bleßbock, Elefant, Elenantilope, Gepard, Giraffe, Gnu, Hartebeest, Honigdachs, Kudu, Leopard, Löwe, Nashorn, Niederwild, Oryx, Pavian, Rotluchs, Schabrackenhyäne, Schakal, Springbock, Stachelschwein, Steinböckchen, Warzenschwein, Zebra.

Allgemeines

Mit 1,5 Einw./km² ist Südwestafrika, wie Namibia bis 1968 hieß, eines der am dünnsten besiedelten Länder der Welt, gleichzeitig aber auch eines der wirtschaftlichsten Länder Afrikas. Unter seinem neuen Namen versucht Namibia seit nunmehr rund 20 Jahren die Unabhängigkeit zu gewinnen. Dies ist jedoch bis heute noch nicht gelungen. Das Land steht immer noch – entgegen internationalem Recht – unter der Treuhandschaft Südafrikas. Die Bevölkerung Namibias setzt sich zum überwiegenden Teil aus Bantus zusammen. Außerdem gibt es 26 000 Buschmänner, 3500 Mischlinge und 71 000 Weiße, von denen etwa ein Drittel deutschstämmig ist.

Diamanten, Uranerze und Viehzuchtprodukte sind die Hauptexportgüter. Hauptverkehrsträger des Landes ist nach wie vor die Eisenbahn, deren Strecken ein Verbundnetz mit Südafrikas Schienenwegen bilden. Von den rund 60 000 Straßenkilometern sind nur 9000 km gut ausgebaut und asphaltiert, so daß man häufig auf ein Geländefahrzeug angewiesen ist. Walfischbucht und Lüderitz sind die beiden einzigen Naturhäfen an der brandungs-reichen und verkehrsfeindlichen Küste. Die „Suidwes Lugdiens" besorgt den immer mehr an Bedeutung gewinnenden inländischen Flugverkehr.

Landschaft

Namibia reicht vom Atlantik zwischen der Cuenemündung im Norden und der Oranjemündung im Süden bis ins Kalaharibecken und im äußersten Nordosten mit einem schmalen Korridor, Caprivizipfel genannt, bis an den Sambesi. Das Land gliedert sich in die 80–130 km breite Küstenzone, die von der Wüste Namib eingenommen und vom Steilanstieg zu den zentralen Hochländern begrenzt wird, in die zentralen Hochländer (1000–2000 m ü. NN), die von ausgesprochenen Bergregionen überragt werden, und in das Kalaharibecken im Norden und Osten mit abflußlosen, nur zeitweise mit Wasser gefüllten Pfannen. Bekanntestes Beispiel ist die Etoschapfanne im zentralen Norden. Niederschlagsarmut bestimmt die Vegetation. Das Land ist daher weitgehend von Dornstrauchsavannen bedeckt. Im Norden findet man Trockensavanne, gelegentlich mit Mopanebäumen durchsetzt.

Klima

Namibia ist von einem extremen Wüstenklima geprägt. Die Wüste Namib erstreckt sich als langer Streifen entlang der Atlantikküste. Hier fallen so gut wie gar keine Niederschläge. Diese Küstenwüste verdankt ihre Entstehung der subtropisch-tropischen Randlage Südafrikas. Die aus Südosten ganzjährig wehenden Passatwinde regnen sich, vom Pazifik kommend, bereits an den Hängen der Drakensberge ab. Auch die mitunter vom Atlantik wehenden Winde bringen keine Feuchtigkeit, da sie sich über einer kalten Meeresströmung abkühlen.

Namibia ist geprägt durch das wüstenhafte Klima des südwestlichen Afrikas. Während in der Küstenwüste Namib absolute Trockenheit herrscht, fallen etwas weiter im Landesinnern genügend Niederschläge, um eine bescheidene Vegetation aufkommen zu lassen. Die Wildtiere, hier eine kapitale Oryx, finden nur sehr vereinzelte Wasserstellen, und nicht selten trifft man auf verdurstete Antilopen

men werden sollen, muß man sich vorher rechtzeitig bei der Südafrikanischen Botschaft (siehe oben) erkundigen.

Devisenbestimmungen
Noten und Münzen in der Landeswährung dürfen bis zur Höhe von 200 Rand mitgeführt werden. Fremdwährung kann unbeschränkt ein- und ausgeführt werden, jedoch muß man die Umtauschbelege aufbewahren.

Sehenswürdigkeiten und Nationalparks
Zwischen den Hügeln des Khomasplateaus in 1600–1800 m Höhe liegt der 40 km² große Daan-Viljoen-Wildpark. Antilopen, Bergzebras, Strauße und Paviane sind die Hauptwildarten, denen hier Schutz gewährt wird. Mit 67 000 km² ist der Etoscha-Wildpark der größte der Welt. Er wurde bereits 1907 in der deutschen Kolonialzeit angelegt. Antilopen, Gazellen, Gems- und Springböcke, Giraffen, Zebras, Nashörner, Büffel, Elefanten und Löwen sind hier beheimatet. Die Camps Namutoni und Otjivasondu stehen den Touristen zur Verfügung. Die 130 km lange Etoschapfanne bildet das Zentrum dieses Nationalparks. Fotosafaris werden wöchentlich von Windhoek aus gestartet. Erwähnenswert ist außerdem noch Cap Cross nördlich von Swakopmund mit 100 000 Bärenrobben.

Jagd
Jagd für Ausländer erlaubt. Nur private Jagdorganisationen auf Staats- und Farmland. Jagdführung durch weiße Berufsjäger und Farmer. Jagdausübung per Fußpirsch und Geländewagen; der ideale Einstieg in die „Afrika-Jagd". Geeignet für Jagd- und Familienurlaub.

Visum
Alle Reisenden benötigen ein Visum, das bei der Botschaft der Republik Südafrika, Auf der Hostert 3, 5300 Bonn 2 (Bad Godesberg) beantragt werden muß.

Impfungen
Zwingend vorgeschrieben ist die Gelbfieberschutzimpfung für Reisende, die sechs Tage vor Ankunft in Südwestafrika durch ein Infektionsgebiet gereist sind oder sich dort aufgehalten haben. Choleraimpfung wird im übrigen empfohlen. Malariaschutz ist von September bis Mai für Besucher der Etoschapfanne erforderlich.

Waffeneinfuhr
Alle Jagdveranstalter in Namibia vermieten Waffen und Munition. Falls Waffen mitgenom-

Botschaft der Bundesrepublik Deutschland
180, Blackwood Street, Arcadia, Pretoria 0083; P. O. Box 2023, Pretoria 0001.

Obervolta (Burkina Faso)

Republik Obervolta (Burkina Faso)

Hauptstadt	Ouagadougou (300 000 Einw.)
Bevölkerung	6 250 000
Fläche	274 200 km²
Landessprachen	Französisch (Staatssprache), Volta-Semi-Bantu-Sprachen, westsudanische Sprachen und Ful (Umgangssprachen)
Währung	CFA-Franc = 100 Centimes

Wildtiere

Büffel, Elefant, Flußpferd, Krokodil, Löwe, Sumpfantilope und Wasserbock.

Allgemeines

Mit 24 Einw./km² ist Obervolta für afrikanische Verhältnisse nur mäßig besiedelt. Die Mossi stellen fast 50 % der Bevölkerung dieses westafrikanischen Landes, der Rest sind westsudanesische Gruppen sowie Fulbe (10 %), Haussa und Tuareg. Die etwa 1000 Europäer sind zumeist Franzosen. Mehr als die Hälfte aller Voltavölker sind Anhänger von Naturreligionen, 20 % sind Muslimen, der Rest Christen. Das in zehn Departements gegliederte Land wird gemäß seiner Verfassung von 1977 als präsidiale Republik bezeichnet. Allerdings ist die Verfassung seit dem Militärputsch von 1980 außer Kraft. Die politischen Parteien sind verboten.

Baumwolle und Erdnüsse sowie Vieh und Viehzuchtprodukte sind die wichtigsten Ausfuhrprodukte. Obervolta verfügt über ein Eisenbahnnetz, das an andere westafrikanische Netze angeschlossen ist. Von den Straßen, die mit einer Länge von insgesamt 18 000 km recht weitmaschig angelegt sind, sind nur 6000 km auch in der Regenzeit befahrbar, am besten jedoch mit Geländefahrzeugen.

Landschaft

Obervolta liegt südlich des Nigerbeckens im Übergangsgebiet zwischen der Sahelzone und den Feuchtsavannen der nördlichen Hemisphäre. Das Land erhebt sich durchschnittlich etwa 200 bis 300 m ü. NN. Zahlreiche Quarzitkuppen und Inselberge überragen die ansonsten ebene Landschaft. Die höchsten Erhebungen (bis 749 m) liegen im Südwesten, der vom Schwarzen Volta, dem einzigen ganzjährig Wasser führenden Fluß, durchflossen wird.

Man unterscheidet drei natürliche Vegetationszonen: im Norden Dornstrauchsavannen, im Zentrum Trockensavannen und im Süden Feuchtsavannen.

Klima

Obervolta liegt in den randlichen, d. h. wechselfeuchten Tropen. Hier lösen sich Regenzeit (Sommer) und Trockenheit im jahreszeitlichen Rhythmus ab. Der Harmattan, ein trockenheißer Nordostwind, weht während der Trockenperiode von November bis April, im Norden sogar neun Monate lang. Dieser heiße Wüstenwind führt viel Staub mit, so daß die Sonne wie hinter einem dichten Schleier erscheint. Im Süden herrscht während des ganzen Jahres eine ziemlich gleichbleibende Temperatur. Die Luftfeuchtigkeit ist sehr hoch, die Trockenzeit dauert hier nur zwei bis drei Monate. Die beste Reisezeit ist von November/Dezember bis Februar/März.

Jagd

Die Jagd ist zur Zeit für alle Ausländer bis auf weiteres gesperrt.

Visum

Deutsche mit gültigem Reisepaß und mit dem Nachweis der Rück- oder Weiterreiseflugscheine benötigen für den Aufenthalt in Obervolta kein Visum.

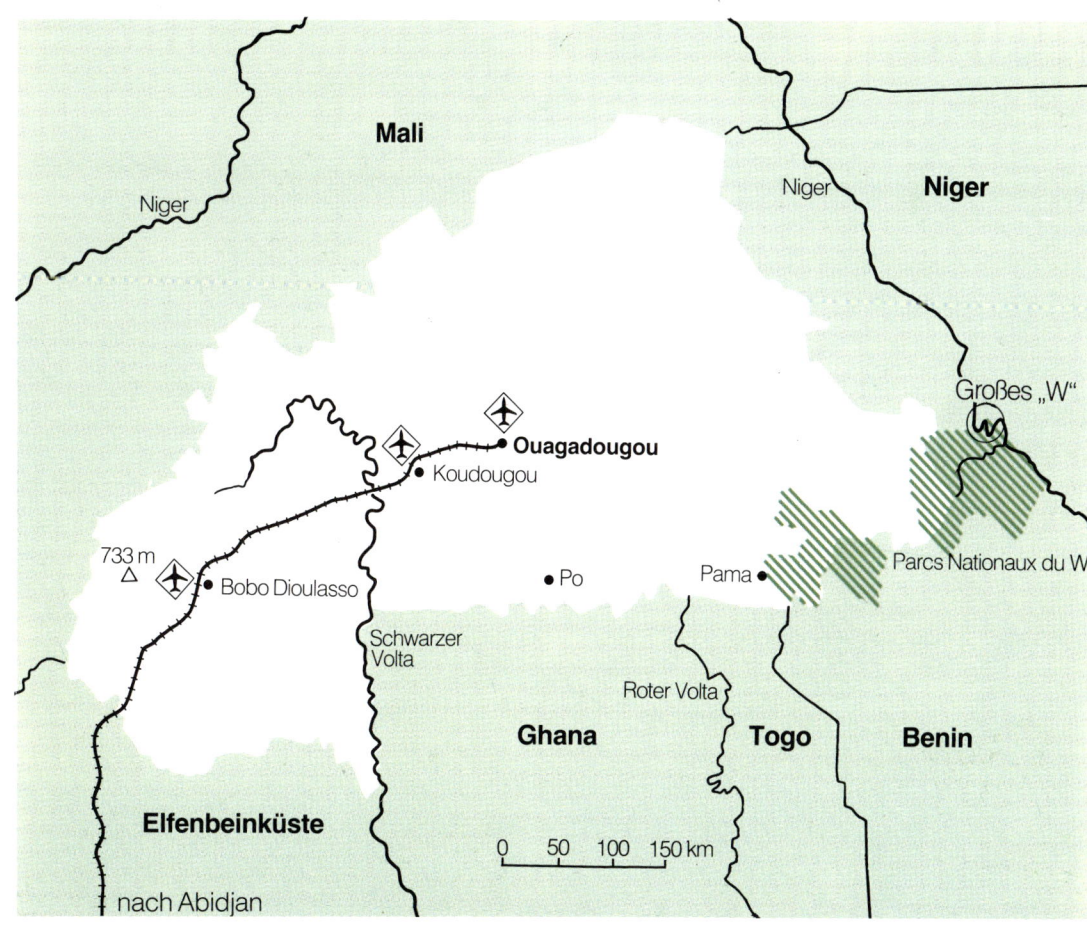

Eine kleine Siedlung bei Ouagadougou. Die umgebenden Felder dienen der Selbstversorgung der Einwohner.
Wenn die Böden der Felder nach einigen Jahren erschöpft sind, wird neues Land mittels Brandrodung „erschlossen"

Impfungen
Gelbfieber-Schutzimpfung ist zwingend vorgeschrieben; ebenso Malariaschutz.

Waffeneinfuhr
Die Mitnahme von Waffen ist verboten.

Devisenbestimmungen
Noten und Münzen in der Landeswährung dürfen bei der Einreise in unbeschränkter Höhe, bei der Ausreise in angemessener Höhe mitgeführt werden. Für die Ein- und Ausfuhr von Fremdwährungen (ausgenommen Gold) bestehen keine Beschränkungen.

Sehenswürdigkeiten und Nationalparks
Nationalparks findet man im „W", Bare, Po und Diapaga; Wildreservate gibt es in Baouna, Singou, Pama, Nabere und Bontioli. In Ouagadougou sollte man den Moro-Naba-Palast und das völkerkundliche Museum besichtigen. Außerdem sollte man als Reisender in Obervolta den See der Heiligen Krokodile und den Wasserfall von Karfiguele gesehen haben.

Botschaft der Bundesrepublik Deutschland
P. B. 600, Ouagadougou

Ruanda

Republik Ruanda

Hauptstadt	Kigali (118 000 Einw.)
Bevölkerung	5 110 000
Fläche	26 338 km²
Landessprachen	Französisch und Kinyar-wanda (Amtssprachen), Kisuaheli (z. T. Verkehrssprache)
Währung	Ruanda-Franc (F.Rw.) = 100 Centimes

Wildtiere

Büffel, Elefant, Flußpferd, Grantzebra, Impala, Krokodil, Leopard, Löwe, Nashorn, Oribi, Riedbock, Topi, Warzenschwein, Wasserbock.

Allgemeines

Mit 194 Einw./km² ist Ruanda für ein afrikanisches Land sehr dicht besiedelt und außerdem einer der kleinsten Staaten des Schwarzen Kontinents. Die Bevölkerung gehört zu 90 % Bantustämmen an, etwa 9 % sind hamitisch-nilotischer Abstammung; außerdem gibt es noch 50 000 Pygmäen und etwa 1000 Belgier sowie 750 Inder. Die Hälfte der Ruander ist christlich geworden, die andere Hälfte hängt noch an den alten Stammesreligionen. Die zehn Präfekturen, in die das Land verwaltungstechnisch gegliedert ist, werden von Kigali aus regiert. Staatsform ist die präsidiale Republik. Hauptexportartikel des Landes ist der Kaffee (über 70 %), gefolgt von Tee, Zinn, Wolfram, Baumwolle, Ölfrüchten und Tabak. Das kleine Land besitzt keine Eisenbahnen. Nur etwa 1500 km des Straßennetzes sind asphaltiert, darunter die Verbindung von Kigali zur ugandischen Grenze. Auf dem Kivusee bestehen planmäßige Schiffsverbindungen nach Zaïre. Die sieben Flugplätze des Landes werden regelmäßig bedient, und der internationale Flugverkehr wird über Cyangugu und Kemembe-Kigali (im Ausbau) abgewickelt.

Landschaft

Ruanda ist größtenteils ein hügeliges Hochland von etwa 1500 m, das zum Zentralafrikani-

schen Graben im Westen mit einer markanten Bruchstufe abbricht. Im Osten bildet die versumpfte Senke des Kagera die Begrenzung des Hochlandes. Im Westen verläuft die Landesgrenze größtenteils durch den Kivusee. Der höchste Vulkan der im Norden das Hochland überragenden Virungavulkane und gleichzeitig die höchste Erhebung des Landes ist der Karisimbi mit 4507 m. Feuchtsavannen beherrschen das Zentrum des Landes. Sie gehen im niederschlagsarmen Osten in Trockensavannen über. Tropischer Regenwald, der in 2500 m Höhe in tropische Hochgebirgsvegetation übergeht, bedeckt die Gebirgsregionen Ruandas. Die Vegetation der höchsten Lagen besteht aus Kräuter- und Moosbewuchs.

In den ausgedehnten Sumpfgebieten des Kagera sind Sumpfgrasfluren und schwimmende Papyrusteppiche häufig.

Klima

Das heiße Äquatorialklima ist durch die Höhenlage des Landes abgeschwächt und weist in Anlehnung an die Oberflächenformen größere regionale Unterschiede auf. Charakteristisch sind zwei Regenzeiten, von März bis Mai und von Oktober bis Dezember. Die Niederschläge steigen von 1000 mm im trockenen Osten bis 3000 mm im feuchteren Westen. Die Durchschnittstemperaturen betragen im Hochland rund 18 °C, in 3000 m Höhe sinken sie auf 8 °C ab. Beste Reisezeit sind die Monate Januar/Februar und Juni bis September. Ruanda gilt als die „Schweiz" Afrikas.

Jagd

Jagd für Ausländer erlaubt. Staatliche Jagdorganisation. Jagdführung durch bestens ausgebildete schwarze Wildhüter. Jagdausübung per Fußpirsch und Geländewagen. Beste Bestän-

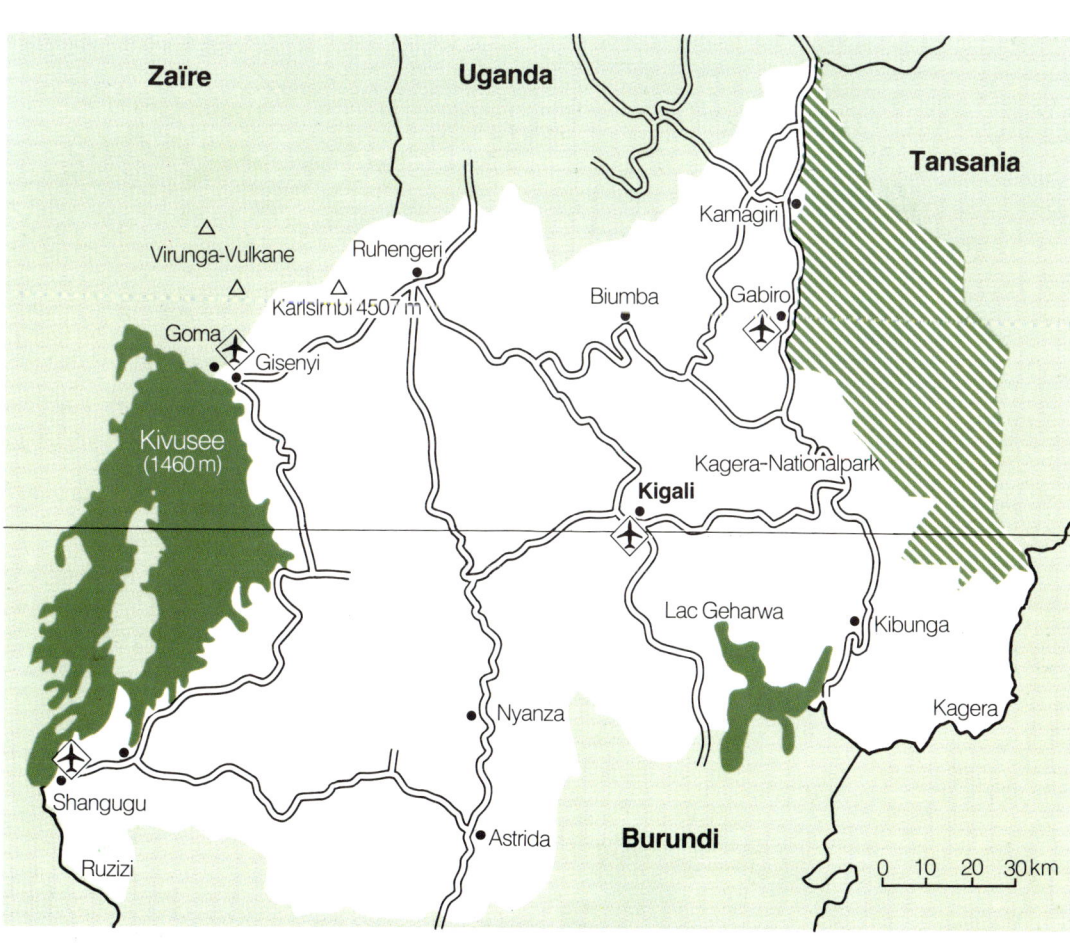

de von kapitalen Büffeln. Jagdgebiete am Rande des Akagera-Nationalparks, im Mutara-ground (Gabiro). Viele Nebenprogramme.

Visum

Deutsche benötigen kein Visum, sondern nur einen gültigen Reisepaß. Die Botschaft der Republik Ruanda, Beethovenallee 72, 5300 Bonn 2, erteilt weitere Auskünfte.

Impfungen

Die Impfung gegen Gelbfieber ist für alle Reisenden zwingend vorgeschrieben. Choleraschutzimpfung ist empfehlenswert, ebenso ganzjähriger Malariaschutz.

Waffeneinfuhr

Einzelheiten hierüber kann man bci der ruandischen Botschaft (siehe oben) und beim Konsulat in München erfahren.

Ruanda ist eines der kleinsten, aber beliebtesten Jagdländer Afrikas. Hier stehen dem Gastjäger bestens ausgebildete einheimische Führer zur Seite. Das begehrteste Wild dieses Landes ist der in großen Herden lebende Kaffernbüffel

Devisenbestimmungen

Noten in Landeswährung dürfen bei der Ein- und Ausreise jeweils bis zu einem Betrag von 5000 F.Rw. mitgeführt werden. Fremdwährungen sind unbeschränkt ein- und ausführbar, müssen aber deklariert werden.

Sehenswürdigkeiten und Nationalparks

Zebras, Antilopen, Löwen, Leoparden, Büffel, Flußpferde, Nashörner und Krokodile bevölkern den 2590 km^2 großen Kagera-Nationalpark im Norden von Ruanda. Der Nationalpark der Vulkane, der mit einer Fläche von 200 km^2 den ruandischen Teil des Virunga-Nationalparks bildet, ist die einzige Zufluchtsstätte der nur noch in 400 Exemplaren erhaltenen Berggorillas.

Botschaft der Bundesrepublik Deutschland

8, Rue de Bugarama, B. P. 355, Kigali.

Sambia

Republik Sambia

Hauptstadt	Lusaka (641 000 Einw.)
Bevölkerung	5 960 000
Fläche	752 614 km²
Landessprachen	Englisch, Bantusprachen (Umgangssprachen)
Währung	Kwacha (K) = 100 Ngwee

Wildtiere

Büffel, Elefant, Elenantilope, Flußpferd, Impala, Krokodil, Kudu, Leopard, Löwe, Oribi, Pferdeantilope (Roan), Puku, Rappenantilope, Sitatunga und Zebra.

Allgemeines

Verwaltungsmäßig in neun Provinzen eingeteilt, ist das frühere Nordrhodesien mit 8 Einw./km² nur sehr dünn besiedelt. Die präsidiale Republik wird zentral von Lusaka aus regiert. Die Sambier gehören zu 30 % christlichen Religionen an, der überwiegende Teil hängt jedoch noch an den alten Naturreligionen der Väter. Ethnologisch stellen die Bantu die Hauptgruppe der Bevölkerung neben kleinen Minderheiten von Buschmännern, Europäern, die meist britischer Abstammung sind, und Indern.

Kupfer, Blei und Kobalt sind die Hauptausfuhrgüter des Landes. Zwei Eisenbahnlinien durchziehen Sambia. Von Lubumbashi (Zaïre) nach Maramba (früher Livingstone) und von Kapiri Mposhi nach Daressalam in Tansania. Über die Eisenbahnen wird der gesamte Export des Landes abgewickelt. Instabile politische Verhältnisse in den Nachbarstaaten, auf deren „goodwill" das Binnenland Sambia angewiesen ist, wirken sich deshalb stets sehr nachteilig auf die sambische Wirtschaft aus. Das Straßennetz umfaßt 33 600 km. Aber nur die wichtigsten Fernstraßen sind geteert. Auf dem Tanganjikasee bestehen Liniendienste mehrerer Schiffahrtsunternehmen. Nationaler Flugverkehr besteht zwischen 13 inländischen Flughäfen, die von Zambia Airways bedient werden.

Landschaft

Sambia ist größtenteils eine ausgedehnte eintönige Plateaulandschaft in 1000–1500 m Höhe, die nur von einigen Inselbergen und -gebirgen überragt wird. Im äußersten Nordosten steigt das Land bis über 2000 m an, und die höchste Erhebung mit 2067 m liegt an der Grenze nach Tansania. Die Flüsse durchfließen meist weiträumige Mulden und verursachen häufig ausgedehnte Überschwemmungen. Nur der untere Kafue und der mittlere Sambesi haben sich tiefer in die Hochfläche eingeschnitten, so daß hier der Bau des Karibadammes möglich war, der den Sambesi zum 5000 km² großen Karibasee aufstaut. Die Hälfte des Sees gehört zum benachbarten Simbabwe.

Charakteristisch für Sambia ist der lichte laubabwerfende Miombowald mit dichtem Unterwuchs, durchsetzt mit zahlreichen Termitenbauten. Die gleiche Vegetation findet man in den niedriger gelegenen Gebieten im Süden des Landes, durchsetzt mit Dornsträuchern. Lichte Savannen bedecken die Ebenen am Sambesi. Große Papyrussümpfe findet man am Bangweolo- und Mwerusee.

Klima

Sambias wechselfeuchtes tropisches Klima ist für Europäer gut verträglich, da die Temperaturen infolge der Höhenlage stark gemildert sind. Man unterscheidet drei „Jahreszeiten": von Mai bis August eine etwas weniger heiße und trockene Periode, von September bis Oktober die heiße Trockenzeit und von November bis April die feuchtheiße Regenzeit.

Jagd

Jagd für Ausländer erlaubt. Private Jagdorganisationen. Jagdführung durch weiße und ein-

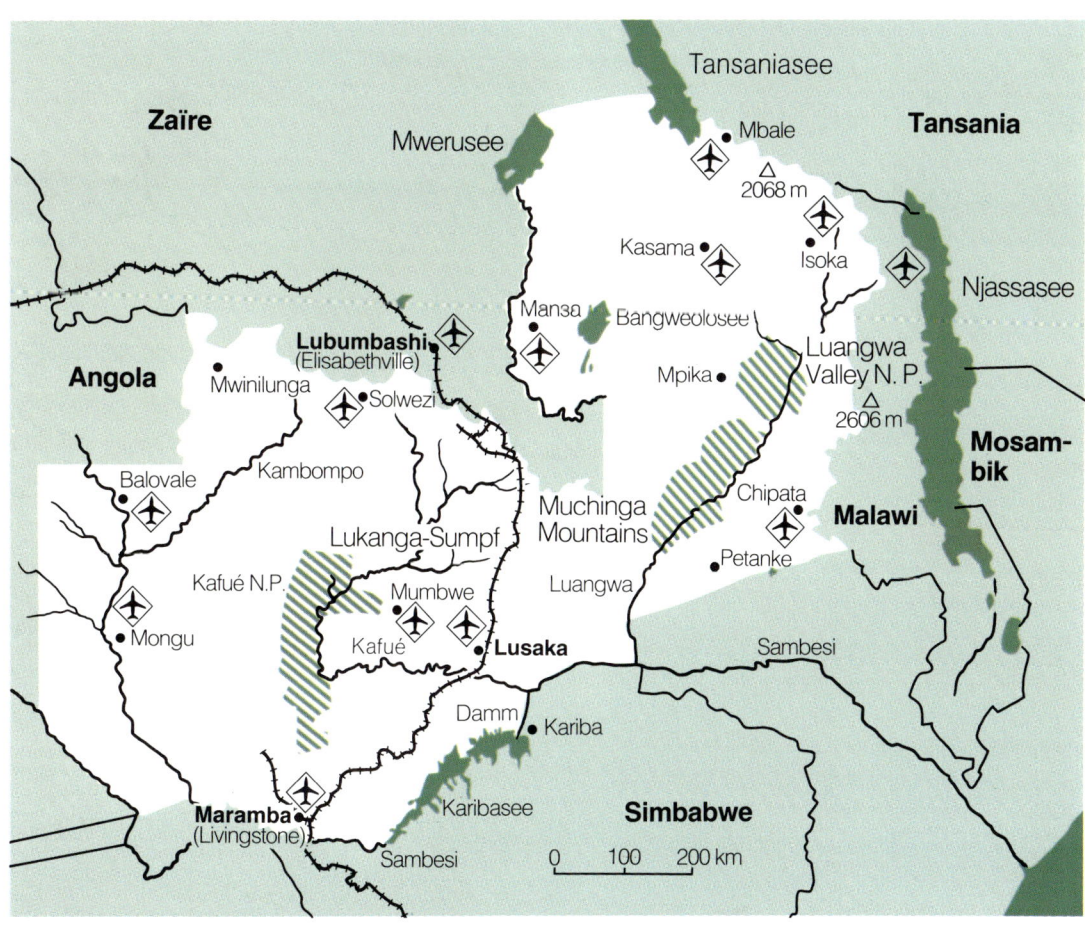

heimische Berufsjäger. Jagdausübung per Fußpirsch und Geländewagen. Kapitaltrophäen von Löwe, Büffel und Roan.

Visum

Es besteht Visumzwang für alle Reisende. Visa erteilt die Botschaft der Republik Sambia, Konsularabteilung, Mittelstraße 39, 5300 Bonn 2 (Bad Godesberg).

Impfungen

Impfungen gegen Gelbfieber und Cholera sind für alle Reisenden vorgeschrieben, die sich sechs Tage vor ihrer Ankunft in Sambia in Infektionsgebieten aufgehalten haben oder durch diese gereist sind. Malariaschutz ist in den Monaten November bis Mai für das ganze Land erforderlich. Alle Reisenden müssen im Besitz eines Internationalen Impfpasses sein.

Waffeneinfuhr

Es sind vor der Reise nach Sambia rechtzeitig Einzelheiten und Auskünfte bei der Sambischen Botschaft (siehe oben) einzuholen.

Devisenbestimmungen

Noten und Münzen der Landeswährung dürfen bei der Einreise nicht, bei der Ausreise bis zum Betrag von 10 Kwacha mitgeführt werden. Die Einfuhr von Fremdwährung ist nicht beschränkt, muß aber deklariert werden.

Sehenswürdigkeiten und Nationalparks

Der Kafue-Nationalpark, mit einer Fläche von 22 500 km^2 eines der größten Tierreservate Afrikas, ist von Mai bis November geöffnet. Hier leben Elefanten, Löwen, Warzenschweine, Flußpferde und Krokodile sowie zahlreiche Vogelarten. Ngoma Lodge und mehrere Camps stehen den Besuchern zur Verfügung. Vor allem Büffel und Elefanten beherbergt der 15 500 km^2 große Luangwa-Nationalpark, im östlichen Sambia zwischen dem Luangwa (einem Nebenfluß des Sambesi) und den Muchinga Mountains gelegen. Der Park ist von Juni bis Oktober geöffnet. Den Besuchern stehen mehrere Camps zur Verfügung. Besichtigenswert sind natürlich auch die Victoria-

fälle, die bei Maramba auf der Grenze zwischen Sambia und Simbabwe liegen.

Botschaft der Bundesrepublik Deutschland

United Nations Avenue, Stand No. 5209, P. O. Box 50120, Lusaka.

In der Regenzeit stehen Sambias Straßen meistens unter Wasser (links). Erntedankfest auf afrikanisch (rechts). Kupfer ist Sambias Hauptausfuhrgut. Im Bild (unten) eine riesige Mine der Consolidated Copper Mine

Senegal

Republik Senegal

Hauptstadt	Dakar (978 553 Einw.)
Bevölkerung	5 810 000
Fläche	196 192 km²
Landessprachen	Französisch, Wolof (Amts- sprachen), sudanesische Sprachen und Ful (Umgangssprachen)
Währung	CFA-Franc = 100 Centimes

Wildtiere

Antilopen, Elefant, Flußpferd, Gepard, Hyäne, Krokodil, Leopard, Löwe, Schakal, Warzen- schwein.

Allgemeines

Senegal gehört zu den sogenannten Sahel- staaten, die in unregelmäßigen Abständen von verheerenden Dürrekatastrophen heimge- sucht werden, weil die sommerliche Regenzeit nur sehr unzuverlässig auftritt. Kein Wunder also, daß Senegal mit 29,6 Einw./km² nur sehr dünn besiedelt ist. Die Senegalesen gehören größtenteils zu den Sudannegern. Hinzu kommen aber noch Fulbe (13 %), Mauren, 40 000 Europäer – meist französischer Ab- stammung – sowie rund 15 000 Libanesen und Syrer. Zum Islam bekennen sich an die 90 % aller Senegalesen. Der Rest sind Christen und Anhänger von Naturreligionen. Die acht Regio- nen des Landes werden von Dakar aus regiert. Gesetzgebende Körperschaft ist das Parla- ment.

Erdnüsse, Erdnußöl, Tierprodukte, Titan und Salz werden hauptsächlich ausgeführt. Ein etwa 1200 km langes Schienennetz und ein fast ebenso langes Straßennetz sorgen für eine mäßige Verkehrserschließung des Lan- des. Im nationalen Flugverkehr werden plan- mäßig 13 Binnenflugplätze bedient.

Landschaft

Senegal ist fast in seiner gesamten Ausdeh- nung ein Flach- und Tiefland. Lediglich bei Kap Verde gibt es eine Steilküste, die von erlo- schenen Vulkanen gebildet wird. Ansonsten herrschen hier weite versumpfte Flächen vor, soweit das Auge reicht. Im äußersten Süd- osten greifen die Schichtstufen des Berglan- des von Fouta Djalon mit Höhen um die 400 m nach Senegal hinein. Südlich von Gambia wächst Feuchtwald, dem nördlich die Feucht- savanne folgt. Der Affenbrotbaum (Baobab) ist eine Art Nationalbaum des Landes. Nördlich der Feuchtsavanne findet man Trockensavan- ne, die im äußersten Norden schließlich in Dornstrauchsavanne übergeht.

Klima

Die nördliche Region Senegals steht den größten Teil des Jahres (9 Monate) unter dem Einfluß des trockenheißen Nordostpassats, der von November bis März als Harmattan weht und aus der Sahara große Staubmengen heranführt. Das Klima der südlichen Region wird dagegen während fünf Monaten des Jahres (Juni–Oktober) vom regenreichen Süd- west- bis Westmonsun bestimmt. Beste Reise- zeit sind die Monate Dezember bis Mai.

Jagd

Jagd für Ausländer erlaubt. Private Jagdorgani- sationen, Jagdführung durch weiße oder ein- heimische Jagdführer. Jagdausübung per Fuß- pirsch, Boot und Geländewagen. Interessant für Flugwild- und Niederwildjäger.

Visum

Deutsche mit gültigem Reisepaß sind vom Visumzwang befreit.

Impfungen

Die Impfung gegen Gelbfieber ist zwingend vorgeschrieben. Malariaschutz ist ganzjährig für das ganze Land erforderlich.

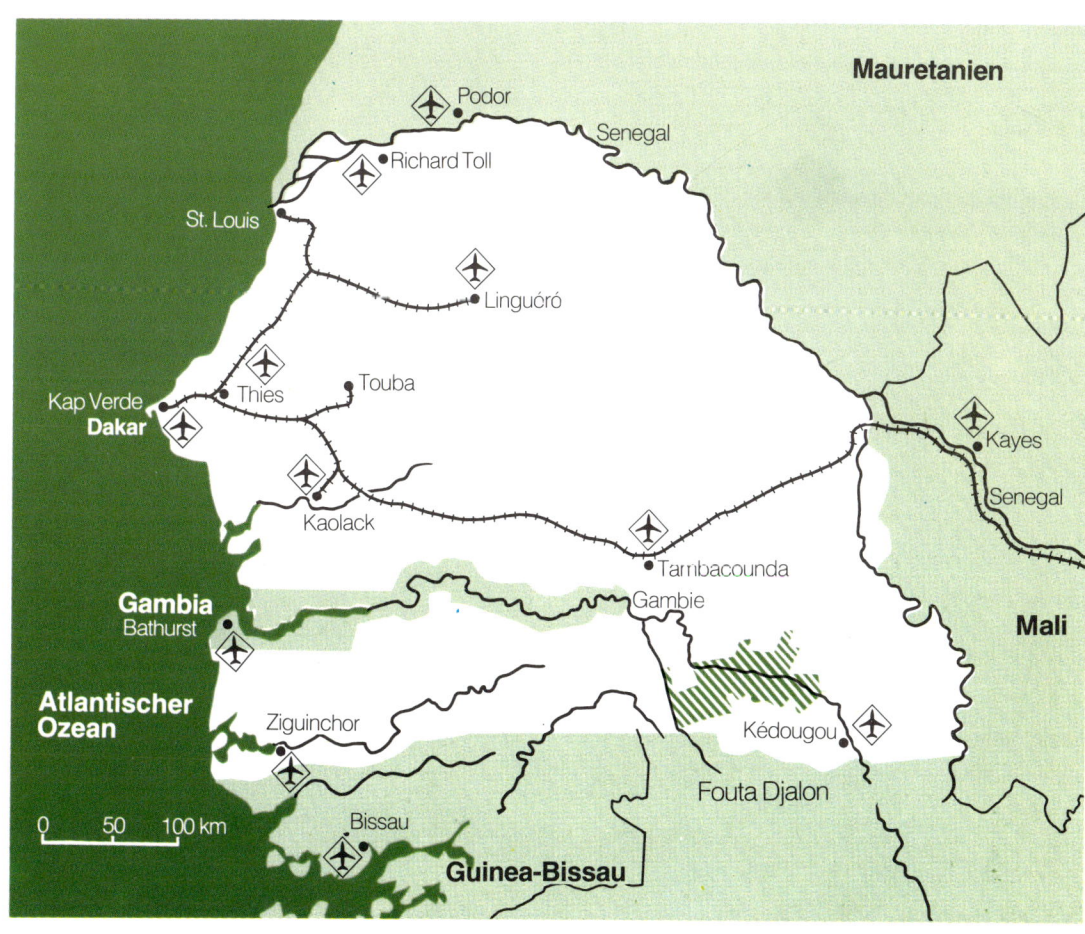

Waffeneinfuhr

Über Waffeneinfuhr erteilt die Botschaft der Republik Senegal, Konsularabteilung, Argelanderstraße 3, 5300 Bonn 1, Auskunft.

Devisenbestimmungen

Die Landeswährung darf unbeschränkt ein-, aber nur bis zu einem Betrag von 20 000 CFA-Francs ausgeführt werden. Die Einfuhr von Fremdwährungen ist unbeschränkt, muß aber deklariert werden.

Sehenswürdigkeiten und Nationalparks

Der Niokolo-Koba-Nationalpark ist 4700 km^2 groß und befindet sich am oberen Gambia, an der Grenze nach Guinea. Elefanten, Löwen, Leoparden, Antilopen, Büffel und Flußpferde bevölkern den Park, der von Mitte Dezember bis Ende Mai geöffnet ist. Am Nordrand steht das Hotel Simenti, und in Niokolo-Koba befindet sich ein Rasthaus für Besucher. Außerdem sollte Tvaouane nicht unerwähnt bleiben: eine heilige Stadt des Islams mit dem Mausoleum von El Hajd Malik Si.

Botschaft der Bundesrepublik Deutschland

20, Av. Pasteur, B.P. 2100, Dakar.

Die Fischerei ist im Senegal ein wichtiger Wirtschaftszweig. Ein beeindruckendes Beispiel ist Kayar, ein Fischerdorf bei Dakar. Häufig werden die Fische direkt am Strand in der Sonne getrocknet.
Ein Baobabbaum mit riesigem Umfang (links)

Simbabwe

Republik Simbabwe

Hauptstadt	Harare, früher Salisbury (627 000 Einw.)
Bevölkerung	7 600 000
Fläche	390 622 km^2
Landessprachen	Englisch, Bantusprachen
Währung	Simbabwe-Dollar (Z$) = 100 Cents

Wildtiere

Büffel, Buschbock, Elefant, Elenantilope, Flußpferd, Gnu, Graubock, Hyäne, Impala, Klippspringer, Krokodil, Leopard, Löwe, Rappenantilope, Schakal, Wasserbock, Wildhund, Zebra.

Allgemeines

Nach seinem Begründer Cecil Rhodes hieß
Simbabwe bis März 1980 Rhodesien. Die
Umbenennung des mit 19,5 Einw./km^2 relativ
dünn besiedelten Landes erfolgte nach der
Machtübernahme durch die schwarze Bevöl-
kerungsmehrheit. Der neue Name erinnert an
das alte Königreich Simbabwe, das im 17.
Jahrhundert von den Portugiesen zerschlagen
worden war.
Ethnologisch ist Simbabwe ein Vielvölkerstaat,
in dem keiner der Bantustämme eine staatstra-
gende Mehrheit hat. Mit 22 % stellen die
Karanga den größten Anteil. Es folgen die
Zezeru mit 18 %, die Ndebele mit 14 %, die
Manyiku mit 13 % und die Korekore mit 12 %.
Die Europäer stellen mit 264 000 einen Anteil
von rund 3,5 % an der Gesamtbevölkerung.
Ihre Anzahl ist jedoch rückläufig. 20 000
Mischlinge und 30 000 Asiaten (meist Inder)
ergänzen das Völkergemisch. Etwa ein Drittel
der Einwohner sind Christen, und zwar vorwiegend protestantischen Bekenntnisses. In der
Mehrheit sind jedoch die Anhänger von
Naturreligionen. Die sieben Provinzen des
Landes werden parlamentarisch-demokratisch
von Harare aus regiert.
Tabak, Tee, Getreide und Zucker sowie Bergbauprodukte sind die Hauptausfuhrgüter Simbabwes. Das gut ausgebaute Eisenbahnnetz
wird ständig verbessert, und 79 000 km

ganzjährig befahrbare Straßen verbinden die
wichtigsten Orte des Landes. Dem Inlandflugverkehr stehen 25 Flugplätze zur Verfügung,
und international werden die Flughäfen Harare
und Bulawayo bedient.

Landschaft

Simbabwe ist ein Savannenland, dessen
Hauptattraktion die 119 m hohen Victoriafälle
des Sambesi sind. Aufgeteilt ist das Land in
das zentrale Mittelveld, ein 900–1200 m hohes
Plateau, sowie das Niederveld (400–900 m)
und das Hochveld (über 1200 m). Im äußer-
sten Westen reicht die Kalaharitiefebene nach
Simbabwe hinein. Die Savannen im Mittel- und
Hochland sind von laubabwerfenden Bäumen
bestanden, im Süden und Westen vorwiegend
Rhodesisches Teak. Das Lowveld wird von
Dornstrauchbewuchs beherrscht sowie von
Trockenwald mit Mopanearten. Die östlichen

Hänge des Gebirgslandes tragen immergrüne
tropische Bergwälder, die von Grasflächen
durchsetzt sind.

Klima

Simbabwe liegt in den wechselfeuchten Tropen, d. h., auf eine längere Trockenzeit von
April bis September folgt im Sommer der
Südhemisphäre eine ausgiebige Regenzeit.
Die Temperaturen sind ganzjährig angenehm
warm, wobei allerdings je nach Höhenlage
erhebliche Unterschiede auftreten. Der Osten
des Landes erhält die meisten Niederschläge
(1000–1400 mm), die nach Westen allmählich
bis auf 400 mm abnehmen.

Jagd

Jagd für Ausländer erlaubt, private Jagdorganisationen. Drei Jagdmöglichkeiten: Großwildjagd auf alle Wildarten auf Regierungsland,

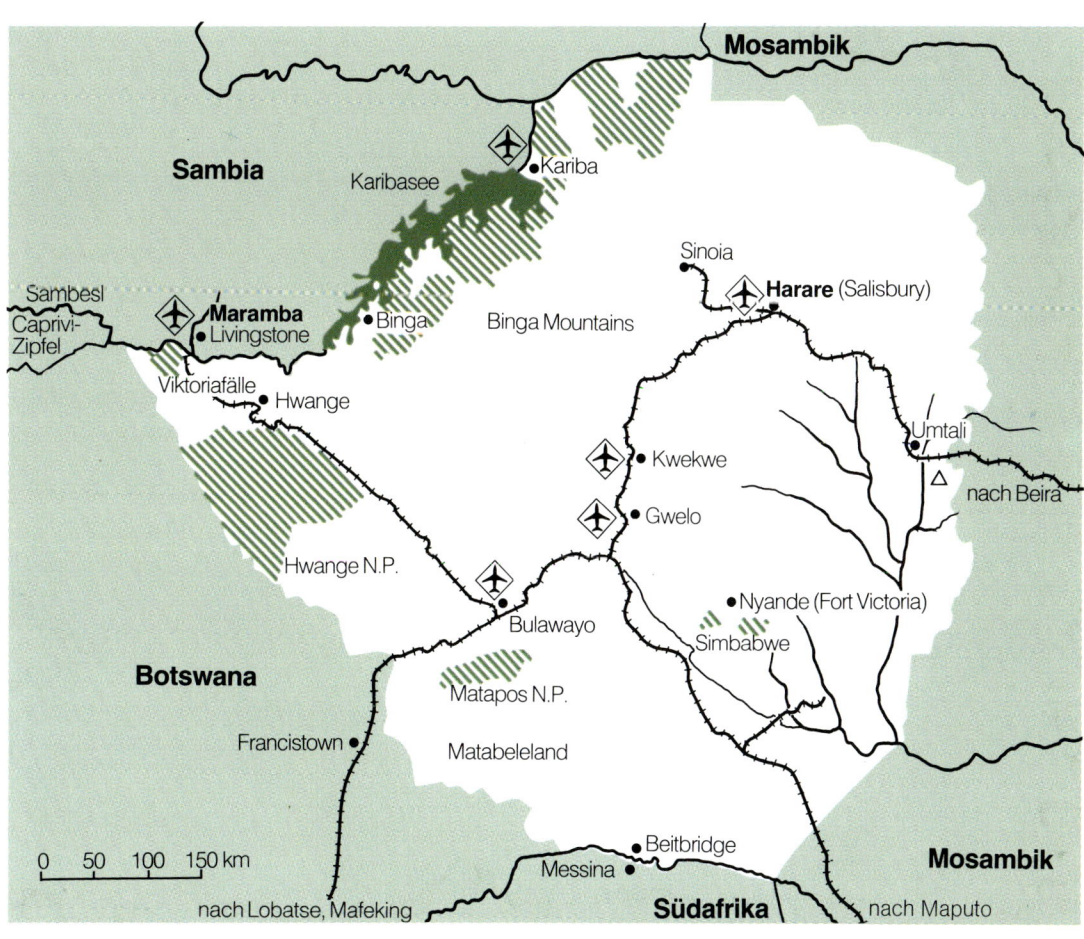

*Die Ruinen das alten Simbabwe, das im
17. Jahrhundert von den Portugiesen zerschlagen wurde (oben).*
*Der Karibasee ist einer der größten Stauseen
der Welt. Man kann ihn per Boot befahren und
von sicherer Warte aus das Großwild an den
Ufern beobachten.*
*Ein einzigartiges Naturschauspiel bieten die
weltberühmten Victoriafälle an der Grenze zum
benachbarten Sambia*

Plainsgame-Safaris auf nicht landwirtschaftlich
genutztem Privatgelände über 6000 ha, Farm-
jagden auf landwirtschaftlich genutztem Farmland unter 6000 ha. Jagdführung durch weiße
Berufsjäger/Farmer, Jagdausübung per Fußpirsch und Geländewagen; gute Chancen auf
starke Säbel und alles andere afrikanische
Wild.

Visum
Für alle Reisenden, außer Schweiz,
Visumzwang.

Impfungen
Eine Schutzimpfung gegen Gelbfieber ist
vorgeschrieben für alle Reisenden, die sich
innerhalb der letzten sechs Tage vor Einreise
in Infektionsgebieten aufgehalten oder diese
durchreist haben. Malariaschutz ist ganzjährig
für das ganze Land erforderlich.

Waffeneinfuhr
Genaue Auskunft erteilt die Botschaft der
Republik Simbabwe, Viktoriastraße 28,
5300 Bonn 2 (Bad Godesberg).

Jagdbestimmungen
Gejagt wird ganzjährig von Farmen und von
Jagdcamps aus. Nach internationalem Jäger-
reglement ist führendes Wild zu schonen.
Vorgeschriebene Mindestkaliber für die
,,Big Five'' sind 9,5-mm-Kaliber.

Devisenbestimmungen
Landeswährung darf bei der Ein- und Ausreise
jeweils bis zum Betrag von 20 Z$ mitgeführt
werden. Die Einfuhr von Fremdwährung ist
unbeschränkt, muß aber deklariert werden.

Sehenswürdigkeiten und Nationalparks
5000 km² groß ist der Gona-re-Zhou-Park mit
seinen Büffeln, Elefanten, Löwen, Giraffen und
Nashörnern. Er ist von April bis November
geöffnet. Der Wankie-Nationalpark ist mit einer
Fläche von 13 300 km² das größte Reservat
Simbabwes für afrikanisches Wild. Im 595 km²
großen Victoriafälle-Park sind vor allem Krokodile streng geschützt. Daneben gibt es noch
eine ganze Reihe von Wildreservaten, z. B. die
Mana-Pools an der Grenze nach Sambia oder
das Matusadona-Reservat mit dem einstigen
Wohnsitz von Cecil Rhodes. Im Rhodes-
Matopos-Park liegt das Grab Cecil Rhodes',
und in den Höhlen findet man Felszeichnungen der Buschmänner. Eine berühmte Se-
henswürdigkeit sind auch die Ruinen von
Simbabwe.

Botschaft der Bundesrepublik Deutschland
14, Samora Machel Avenue, P. O. Box 2168,
Harare.

Südafrika

Republik Südafrika

Hauptstadt	Pretoria, Regierungssitz (561 703 Einw.) Kapstadt, Parlamentssitz (1 096 597 Einw.)
Bevölkerung	29 290 000
Fläche	1 124 584 km²
Landessprachen	Afrikaans, Englisch (Staatssprachen), Bantusprachen, indische Sprachen (Umgangssprachen)
Währung	Rand (R) = 100 Cents

Wildtiere

Bleßbock, Büffel, Buntbock, Buschbock, Elefant, Flußpferd, Gemsbock, Gepard, Gnu, Impala, Klippspringer, Kudu, Lechwe, Leopard, Löwe, Nashorn, Nyala, Rappenantilope, Riedbock, Schakal, Spieß-, Springbock, Steinböckchen, Waran, Warzenschwein, Wasserbock und Zebra.

Allgemeines

In diesem mit 21 Einw./km² sehr dünn besiedelten südafrikanischen Land bilden die weißen Einwohner eine Minderheit von rund 19 % der Gesamtbevölkerung und repräsentieren damit Staat und Gesellschaft dieses Landes. Außerdem leben in Südafrika rund 16 000 000 Schwarze, fast ausschließlich Bantu, 2 554 000 Mischlinge und 750 000 Asiaten meist indischer Herkunft. In diesem heterogenen Rassengemisch hat die weiße Bevölkerung die politische und wirtschaftliche Macht. Die Mehrheit der Weißen spricht Afrikaans, für 40 % der Weißen gilt Englisch als Muttersprache. Die Südafrikaner gehören mehrheitlich verschiedenen christlichen Glaubensbekenntnissen an. Das Land ist eine parlamentarische Bundesrepublik mit einem Einkammerparlament. Man versucht, die schwarze Bevölkerung in zehn sogenannten ,,Homelands'' zusammenzufassen, von denen Transkei, Ciskei, Bophuthatsuana und Vanda die ,,Autono-

mie'' erhielten. Die Politik der Rassentrennung, Apartheid genannt, stößt weltweit auf Widerstand. In Pretoria ist der Regierungssitz, in Kapstadt tagt das Parlament. Die größte Stadt des Landes ist jedoch Johannesburg mit fast 1,5 Millionen Einwohnern.
Gold, Diamanten, Uran, Kupfer, Mangan, Chrom, Asbest, Kohle und landwirtschaftliche Produkte werden hauptsächlich ausgeführt. Das Straßennetz ist gut ausgebaut und die Eisenbahn fast durchgehend elektrifiziert. Alle wichtigen Orte des Landes werden von der nationalen Fluggesellschaft angeflogen. Darüber hinaus bedienen viele kleine Fluggesellschaften den Inlanddienst.

Landschaft

Das Binnenland Südafrikas ist eine weiträumige Plateaulandschaft, die sich zum Kalaharibecken sanft abdacht. Von der atlantischen

und pazifischen Küstenebene ist das ,,Hochveld'' durch eine gewaltige, 2000 m hohe Steilstufe getrennt. Sie ist ein Teil der großen afrikanischen Randstufe. Am markantesten ist diese mauerartige Geländestufe in den Drakensbergen ausgebildet, die im Thabena Ntlenyana 3482 m Höhe erreichen. Eine Ausnahme von diesem geologischen Bauplan Südafrikas bildet das Kapgebirge. Es handelt sich hier um ein echtes Faltengebirge, das der großen Randstufe vorgelagert ist.

Klima

Südafrika liegt im randtropischen Klimabereich, d. h., es herrschen ganzjährig hohe Temperaturen. Die Niederschlagsverteilung ist jedoch sehr stark differenziert, denn die ganzjährig aus Südosten wehenden Passatwinde regnen sich vorwiegend an der Pazifikküste im Stau der Drakensberge ab. Die

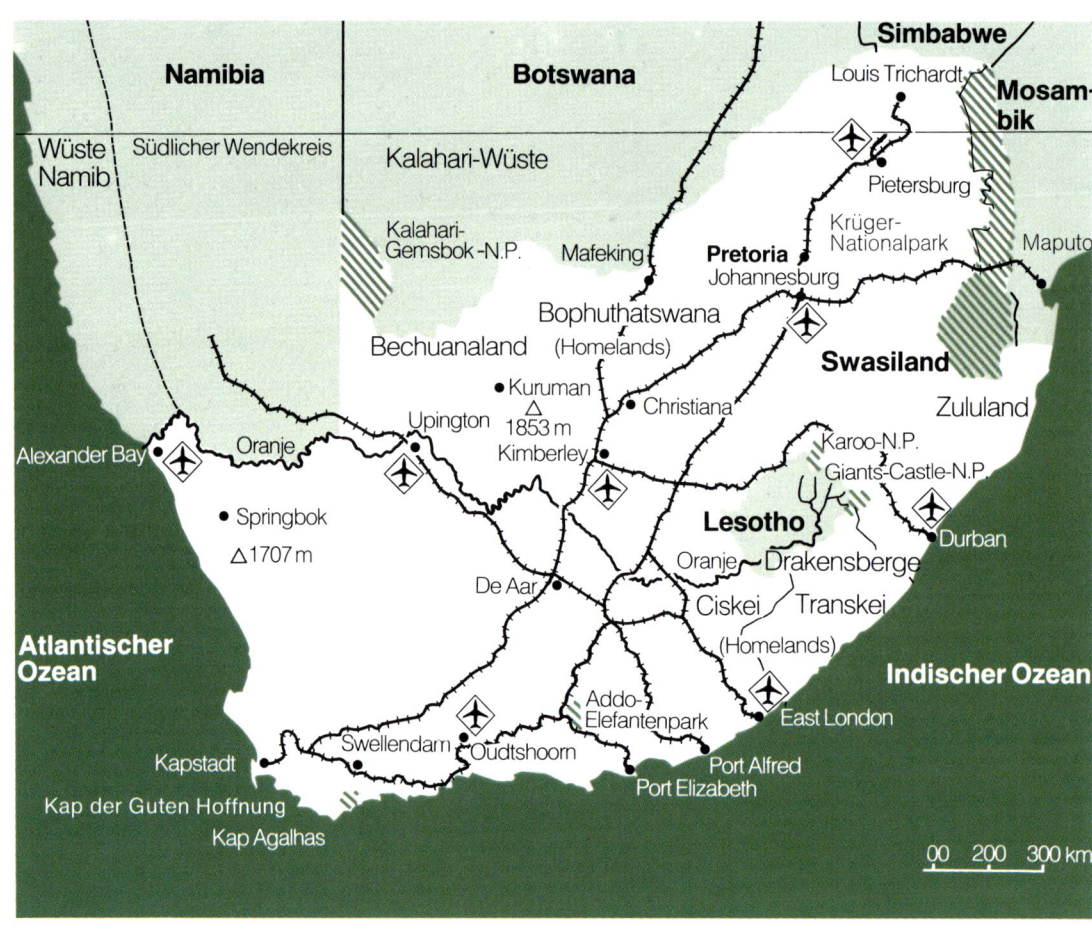

Impfungen

Die Schutzimpfung gegen Gelbfieber ist zwingend vorgeschrieben, wenn man sich innerhalb der letzten sechs Tage vor der Einreise in Infektionsgebieten aufgehalten hat. Choleraschutzimpfung wird empfohlen.

Waffeneinfuhr

Alle Jagdveranstalter in Südafrika vermieten Waffen und Munition. Wer seine eigenen Waffen mitführen will, muß sich vorher rechtzeitig bei der Botschaft Südafrikas erkundigen.

Devisenbestimmungen

Noten und Münzen in der Landeswährung dürfen bei der Ein- und Ausreise bis zum Betrag von 200 Rand mitgeführt werden. Für Fremdwährungen keine Beschränkungen. Es ist jedoch eine Deklaration erforderlich.

Regenmengen fallen also von Osten nach Westen immer geringer aus, und in der atlantischen Küstenwüste Namib bleiben sie schließlich so gut wie vollkommen aus. Allgemein kann man feststellen, daß innerhalb der Passatzonen die meisten Niederschläge im Sommer fallen. Genau umgekehrt verhält es sich im Kapland, dessen Klimaverhältnisse denen des Mittelmeergebietes ähneln. Die Sommer sind sehr trocken, und im Winter bringen Tiefausläufer ergiebige Regenfälle.

An den Wasserlöchern des Kalaharibeckens trifft man häufig auf größere Kaffernbüffelherden (oben).
Die schwarze Bevölkerung Südafrikas lebt in sogenannten Homelands – ein denkwürdiger Integrationsversuch

Sehenswürdigkeiten und Nationalparks

Im Kapland, nördlich von Port Elizabeth, liegt der 60 km² große Addo-Elefantenpark, der außerdem noch Büffel, Nashörner, Flußpferde und Antilopen beherbergt. In der großen Karoo an den Nordhängen des Bankberges ist eigens für das seltene Bergzebra ein Nationalpark angelegt worden. Für die Bonteböcke gibt es ein Reservat südlich von Swellendam. 230 km² groß ist das Hluhluwe Reservat mit weißen Nashörnern, Zebras, Giraffen, Büffeln und Antilopen. 9452 km² stehen für den Kalahari-Gemsbock-Nationalpark zur Verfügung. Hier leben Springböcke, Antilopen, Strauße, Leoparden und Löwen. Der 1898 von Ohm Krüger gegründete Krüger-Nationalpark (20 700 km²) ist inzwischen eine Touristenattraktion ersten Ranges geworden. Im 80 km² großen Royal-Natal-Nationalpark findet man Buschböcke, Paviane und eine reichhaltige Vogelwelt. Daneben bestehen noch eine ganze Reihe wichtiger Wildreservate, wie Giant's Castle (20 000 ha), Umfolozi (30 000 ha), Ndumu (10 000 ha) und Willem Pretorius (10 000 ha).

Jagd

Jagd für Ausländer erlaubt. Private Jagdorganisationen auf Farm- und Regierungsland. Jagdführung durch weiße oder einheimische Berufsjäger und Farmer. Jagdausübung per Fußpirsch und Geländewagen. Derzeit einziges Jagdland auf „Big Five".

Visum

Für Österreicher besteht Visumzwang. Deutsche und Schweizer benötigen lediglich einen noch 12 Monate gültigen Reisepaß. Visaanträge sind zu richten an die Botschaft der Republik Südafrika, Auf der Hostert 3, 5300 Bonn 2 (Bad Godesberg).

Botschaft der Bundesrepublik Deutschland

180, Blackwood Street, Arcadia, Pretoria 0083; P. O. Box 2023, Pretoria 0001.

Sudan

Demokratische Republik Sudan

Hauptstadt	Khartoum (1 000 000 Einw.)
Bevölkerung	18 900 000
Fläche	2 505 813 km²
Landessprachen	Arabisch (Staatssprache), Englisch (Bildungssprache), hamitische, nilotische und sudanesische Sprachen (Umgangssprachen)
Währung	Sudanesisches Pfund (sud £) = 100 Piaster

Wildtiere

Bongo, Büffel, Dorkasgazelle, Duckerantilope, Dünengazelle, Elefant, Eritreagazelle, Flußpferd, Giraffe, Gnu, Grantgazelle, Krokodil, Kudu, Kuhantilope, Leierantilope, Löwe, Mähnenschaf, Mendesantilope, Nashorn, Riesenelenantilope, Rotbüffel, Rotstirngazelle, Sitatunga, Waldbüffel, Wasserbock, Zebra.

Allgemeines

Im Norden wird der Sudan hauptsächlich von Arabern (40–50 % der Gesamtbevölkerung) und hamitischen Nubiern (10 %) bevölkert. Im Süden wohnen Nilohamiten (30 %) und Niloten. Hinzu kommen etwa 400 000 Flüchtlinge aus Äthiopien, Uganda, Zaïre und Tschad sowie einige Tausend Europäer. Die Republik Sudan ist in 18 Provinzen gegliedert, deren Besiedlung mit verschiedenartigen Schichten zu Schwierigkeiten und bürgerkriegsähnlichen Zuständen zwischen Nord und Süd geführt hat (Islamisierungspolitik in den Südprovinzen). Generell ist der Sudan mit 7,5 Einw./km² sehr dünn besiedelt. Die Südregion erhielt 1972 (Beendigung des Bürgerkriegs) die regionale Autonomie und eine eigene Hauptstadt (Juba). Am Roten Meer liegt der Hafen Port Sudan. Der berühmte Handelsplatz Omdurman am Nil ist die zweitgrößte Stadt (300 000 Einw.) des Landes. Die Sudanesen gehören zu 50–60 % dem Islam an. Im Süden überwiegen jedoch noch die Naturreligionen.
Der Sudan führt vorwiegend Baumwolle, Erdnüsse, Sesam sowie Gummiarabikum aus.

In neuerer Zeit hat man größere Erdölvorkommen entdeckt. Verkehrsmäßig ist das Land kaum erschlossen. Es gibt nicht einmal eine feste Verbindung zwischen der Hauptstadt und Juba im Süden. Eine gewisse Bedeutung haben die Eisenbahnlinien von Port Sudan nach Khartoum und von Khartoum nach Kairo. Wichtig ist auch die Schiffahrt auf dem Nil, die bis Juba möglich ist. Auf den Pisten und Wegen, die ungepflastert und nicht asphaltiert sind, ist der Straßenverkehr nur mit Geländefahrzeugen möglich. Dem Inlandflugverkehr kommt steigende Bedeutung zu.

Landschaft

Das Jagdland Sudan ist weitgehend ein 300–500 m hoch gelegenes Flachland ohne größere Gebirge, dessen nach Osten verschobener Lebensnerv der Nil und seine hier beckenartige Tallandschaft bilden. Das Nilbecken wird im Osten, Süden und Westen von Bergregionen eingerahmt: dem Hochland von Äthiopien, der Zentralafrikanischen Schwelle und dem Darfur, einem bis 3024 m aufragenden Hochgebirge der Sahara. Die höchste Erhebung des Landes ist der Agorro (3187 m) im Grenzgebiet zu Uganda. Das zentrale

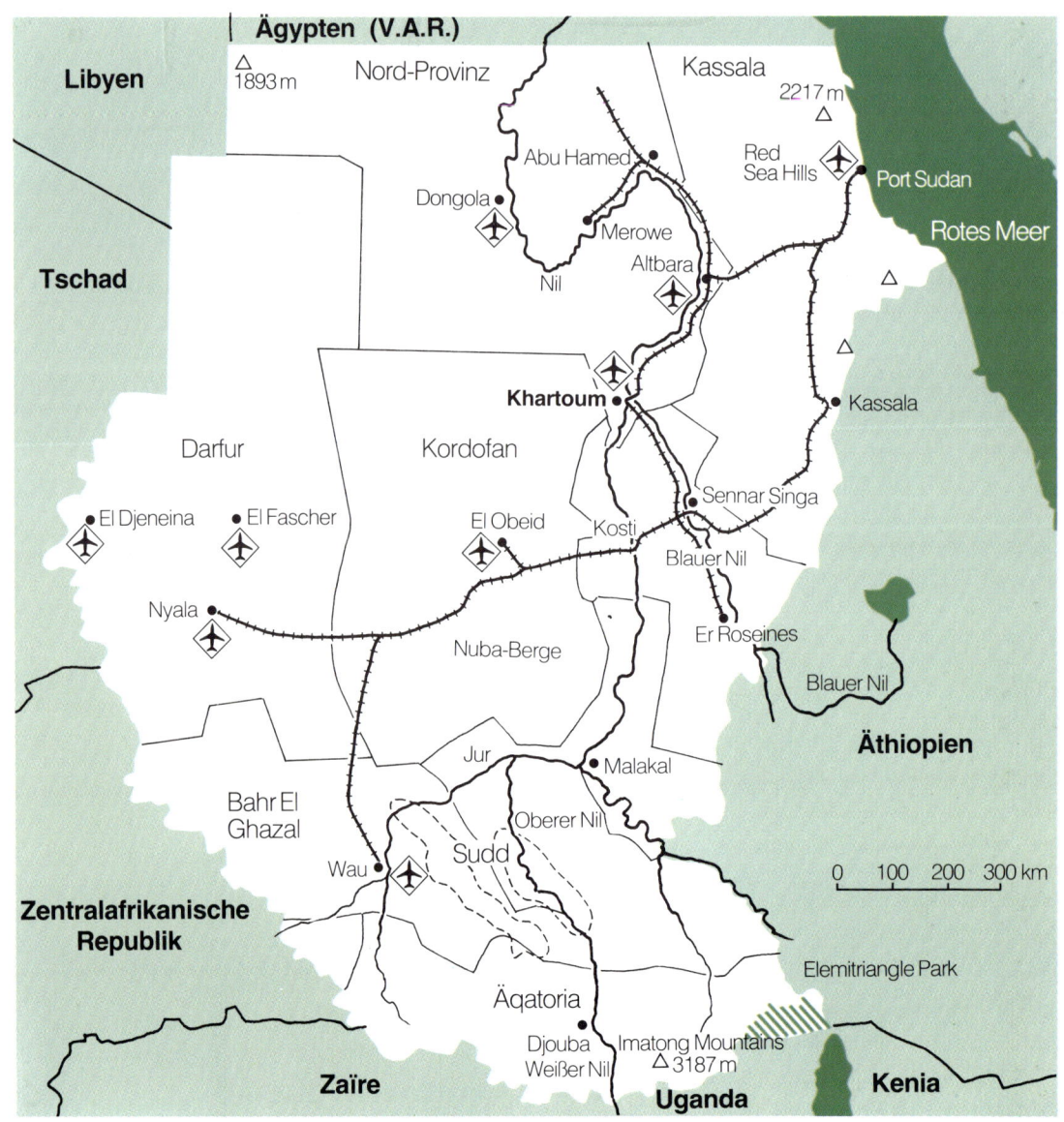

Im südlichen Sudan wird das Landschaftsbild von Savannen beherrscht (links).
Der Norden des Landes ist dagegen wüstenhaft (rechts).
Eine mit dem Speer gewilderte Antilope wird für den Kochtopf vorbereitet (Mitte)

Bergland von Kordofan erreicht in der Inselberglandschaft der Nubaberge Höhen bis 1460 m. Im Süden bildet der Bahr el-Djebel aufgrund seines geringen Gefälles das riesige Sumpfgebiet des Sudd. Analog zu den von Norden nach Süden zunehmenden Niederschlägen reicht die Spanne der natürlichen Vegetation vom Regenwald im äußersten Süden über Feucht-, Trocken- und Dornstrauchsavannen bis zur vollariden Wüste im Norden. Der Sudan hat Anteil an der Libyschen Wüste (westlich des Nils) und an der Nubischen Wüste (östlich des Nils). Im Sudd bestimmen Schilf, Ambatsch, Papyrus und die schwimmenden Wasserhyazinthen die Vegetation.

Klima

Der Sudan gehört zwei Klimazonen an: den Subtropen im Norden und den wechselfeuchten Tropen im Süden. Im Norden ist es während der Sommermonate sehr heiß und absolut trocken, im Winter zwar ebenfalls trocken aber kühler. Am Roten Meer herrscht das ganze Jahr über ein subtropisch heißes Treibhausklima mit hoher Luftfeuchtigkeit. Die Hauptregenzeit im tropischen Bereich beginnt

spätestens im Juli und dauert mindestens den August über an. Weiter südwärts verlängert sich die Regenperiode auf maximal 8–9 Monate. Die beste Reisezeit in den Sudan sind die Monate November bis März, im Süden Dezember bis Februar.

Jagd

Jagd für Ausländer erlaubt. Private Jagdorganisationen, Jagdführung durch weiße und einheimische Berufsjäger, Jagdausübung per Fußpirsch, Pferd und Geländewagen; gute Chancen auf starke Trophäen von Bongo, Waldelefant und Nubischem Steinbock.

Visum

Es besteht für alle Reisenden Visumzwang. Das Visum erteilt auf Antrag die Botschaft der Demokratischen Republik Sudan, Habsburgerstraße 8, 5300 Bonn 2 (Bad Godesberg).

Impfungen

Impfungen gegen Gelbfieber und Cholera sind zwingend vorgeschrieben für alle Reisenden, die sich innerhalb der letzten sechs Tage vor Einreise in den Sudan in Infektionsgebieten aufgehalten oder diese durchreist haben.

Abgesehen davon wird trotzdem eine Gelbfieberschutzimpfung für alle Reisenden empfohlen, die sich außerhalb der größeren Städte aufhalten wollen. Malariaschutz ist das ganze Jahr über für das ganze Land erforderlich.

Waffeneinfuhr

Für die Einfuhr von Flinten und Büchsen ist über die sudanesische Botschaft (Konsulat) eine Genehmigung des Permanent Under Secretary, Ministry of Interior, Khartoum, zu beantragen, die ebenso für die entsprechende Munition gilt.

Devisenbestimmungen

Noten und Münzen in der Landeswährung dürfen bei der Ein- und Ausreise nicht mitgeführt werden; Fremdwährungen unterliegen keiner Beschränkung, allerdings ist eine Deklaration erforderlich.

Sehenswürdigkeiten und Nationalparks

Mit einer Fläche von 12 000 km² ist der Dinder-Nationalpark am gleichnamigen Fluß einer der größten des Landes. Southern Park und Nimule sind kleiner. Die Wildreservate Mongala, Zeraf, Tokar, Bir Kpatuo, Fanyikang Island, Juba, Rahad, Shambe, Ashana, Numantina, Bengengai, Barizunga, Bodigeru und Sabaloka dienen einzelnen Wildarten als Refugium.

Botschaft der Bundesrepublik Deutschland

53, Sharia el Baladia, Block No. 8 D. E., Plot No. 2, P. O. Box 970, Khartoum.

Tansania

Vereinigte Republik Tansania

Hauptstadt	Dodoma (45 700 Einw.)
Bevölkerung	18 510 000
Fläche	945 087 km²
Landessprachen	Suaheli (Staatssprache), Englisch (Verkehrsspra- che), Bantusprachen, hamitische Sprachen (Umgangssprachen)
Währung	Tansania-Shilling (T.Sh.) = 100 Cents

Wildtiere

Büffel, Elefant, Flußpferd, Gerenuk, Giraffe, Grantgazelle, Impala, Klippspringer, Kougoni, Konzi, Krokodil, Kudu, Leopard, Löwe, Nashorn, Pavian, Suni, Topi, Waldschwein, Wasserbock, Zebra.

Allgemeines

Tanganjika und die Inseln Sansibar und Pembe bilden die Republik Tansania, die mit 18 Einw./km² dünn besiedelt ist. Tanganjika, der festländische Teil der Republik also, bildete früher zusammen mit Burundi und Ruanda die deutsche Kolonie Deutsch-Ostafrika. Der heutige Staatsname Tansania wurde aus den Namen Tanganjika und Sansibar konstruiert, nachdem sich diese beiden Landesteile 1964 zusammengeschlossen hatten. Die Bevölkerung besteht aus etwa 120 verschiedenen Stämmen, von denen die volkreichsten die Bantustämme Sukuma, Makonde, Njamwesi, Haya und Tschogga sind. Etwa 250 000 Inder und Pakistani stellen den größten Anteil der nichtafrikanischen Völker. Der Anteil der Europäer ist verschwindend gering. Die römisch-katholische Kirche und der Islam haben die meisten Anhänger, der Rest der Bevölkerung hängt Naturreligionen an. Tansania ist in 24 Verwaltungsregionen eingeteilt, die präsidial föderativ von Daressalam, der größten Stadt des Landes (75 700 Einwohner), regiert werden. Daressalam ist de facto noch immer die Hauptstadt von Tansania.

Kaffee, Baumwolle, Tee und Gewürznelken

sind die Hauptausfuhrgüter des Landes. Auf dem Festland gliedert sich der Eisenbahnverkehr in vier Hauptlinien: von Daressalam nach Kogoma am Tanganjikasee, von Daressalam nach Aruscha sowie nach Mbeya und nach Mitwara im äußersten Süden. Verschiedene Busgesellschaften bedienen den Fernverkehr auf der Straße, doch der ruht während der Regenzeit meist, da nur ein geringer Teil des Straßennetzes Allwetterstraßen sind. Zwischen bzw. auf den drei großen Seen, Victoria-, Tanganjika- und Malawisee (früher Njassasee) bestehen Fährverbindungen.

Landschaft

Tansanias Landschaftsbild wird von drei Elementen geprägt: Der größte Teil des Landes ist ein zwischen 1000–2000 m über dem Meer gelegenes Hochplateau, das sich nicht allzuweit von der pazifischen Küste entfernt aus dem ebenen bis hügeligen Küstenhinterland erhebt. Ein weiteres Landschaftselement sind die Tiefenzonen des Afrikanischen Grabensystems. Im Westen verläuft der Zentralafrikani-

Eine durch das Flugzeug in ihrer Ruhe gestörte Elefantenherde aus der Vogelschau

schen Bergwald. Weiter oberhalb wächst Nebelwald, und darüber folgen Busch-Strauch-Vegetation und schließlich Grasfluren. Die Sohlen der beiden Gräben sind die trockensten Stellen des Landes. Sie liegen im Regenschatten. Hier gibt es lediglich Dornstrauchsavannen.

Klima

Tansania besitzt tropisches Klima, d. h., es bestehen so gut wie keine Temperaturunterschiede zwischen Sommer und Winter. Schwankungen treten lediglich zwischen Tag und Nacht auf. Für den Europäer ist es im Hochland sehr angenehm, da hier die mörderischen Temperaturen des Küstentieflands auf ein erträgliches Maß zurückgehen. Von April bis Mai herrscht Regenzeit, so daß sich eine Reise in dieser Jahreszeit nicht empfiehlt.

Jagd

Jagd für Ausländer erlaubt. Staatliche und private Jagdorganisationen. Jagdführung durch weiße und einheimische Berufsjäger. Jagdausübung per Fußpirsch und Geländewagen. Gute Erfolgsaussichten auf starke Elefanten, Löwen und Büffel und alles sonstige Wild.

Visum

Für die Einreise nach Tansania besteht Visumzwang. Anträge sind zu richten an die Botschaft der Vereinigten Republik Tansania, Theaterplatz 26, 5300 Bonn 2.

Impfungen

Impfung gegen Gelbfieber ist vorgeschrieben, wenn sich Reisende innerhalb der letzten sechs Tage vor der Einreise in einem Infektionsgebiet aufgehalten haben. Es wird jedoch allen Reisenden empfohlen, sich gegen Gelbfieber impfen zu lassen, sofern sie sich außerhalb der größeren Städte des Landes aufhalten wollen.

Waffeneinfuhr

Für die Einfuhr von Jagdwaffen ist eine Sondergenehmigung erforderlich. Nähere Auskunft erteilt die Botschaft Tansanias.

Ein Wildhüter auf Patrouille. Hautnahe Begegnungen mit Dickhäutern gehören für ihn zum Alltag (links). Weitaus gefährlicher geht es jedoch beim Einfangen eines Geparden zu (rechts).
Blick in den berühmten Ngorongoro-Krater, eines der größten Wildreservate der Welt

sche Graben randlich an Tansania vorbei. Er enthält die großen Seen. Mitten durch das Land hindurch zieht sich der Ostafrikanische Graben, der sich über Äthiopien und das Rote Meer weiter nach Norden fortsetzt. Ihn flankieren gewaltige Vulkankegel, so der Loolmalasin (3648 m), der Meru (4565 m) und der höchste Berg Afrikas, der Kilimandscharo (5895 m). Der größte Teil Tansanias, im wesentlichen das Hochplateau, ist von laubabwerfendem Miombowald oder von Trockensavannen mit den typischen Schirmakazien bedeckt. Die feuchten Südostflanken der Gebirge tragen tropi-

Wildreich ist auch die Massaisteppe (links). Nicht weit entfernt befindet sich der Serengeti-Nationalpark. Hier scheint es der Giraffe gut zu gehen, wie ihr Minenspiel verrät, und auch die Gnus müssen keinen Mangel leiden

Devisenbestimmungen

Die Ein- und Ausfuhr von Landeswährung ist nicht, die von Fremdwährung nur mit Deklaration unbeschränkt erlaubt.

Sehenswürdigkeiten und Nationalparks

Wer kennt ihn nicht, den 14 500 km² großen Serengeti-Nationalpark. Doch Tansania hat noch eine ganze Reihe weiterer Parks: Lake-Manyara-Park (320 km²), Ngudotokrater (50 km²), Mikumi (1700 km²) und Ruaha (22 000 km²). Daneben gibt es noch zahlreiche Wildreservate: Tarangiera, Ngorongorokrater, Kilimandscharo, Mount Meru, Mkomazi, Selous, Rungwafluß, Kataviebene, Ugallefluß, Gomestrom und Biharamulo.

Botschaft der Bundesrepublik Deutschland

NIC Investment House, 10th Floor, Samora Avenue, P. O. Box 9541, Daressalam.

Tschad

Republik Tschad

Hauptstadt	N'Djamena, früher Fort La-my (390 000 Einw.)
Bevölkerung	4 550 000
Fläche	1 284 000 km²
Landessprachen	Französisch, theoretisch Arabisch (Staatssprachen), Tschad-Arabisch (Verkehrssprache)
Währung	CFA-Franc = 100 Centimes

Wildtiere

Büffel, Elefant, Elenantilope, Flußpferd, Gepard, Krokodil, Kuhantilope, Leopard, Löwe und Wasserbock.

Allgemeines

Die Republik Tschad ist mit nur 3,5 Einw./km² äußerst dünn besiedelt. Hinzu kommt, daß die Bevölkerung vorwiegend im Süden angesiedelt ist, so daß ein Großteil des Landes fast menschenleer ist. Das Völkergemisch des Tschad ist bemerkenswert: Araber, Sara, Tschadische Gruppen, Tibbu-Daza-Gruppen, Haussa und Fulbe sind neben einer kleinen Minderheit von meist aus Frankreich stammenden 4000 Europäern die Hauptbevölkerungsgruppen des Landes.

Baumwolle (60–70 %), Erdnüsse und Viehprodukte sind die wichtigen Ausfuhrgüter des Tschad. Das Land ist verkehrsmäßig außerordentlich schlecht erschlossen, was bei der dünnen Besiedlung nicht verwunderlich ist. Bloß in der Hauptstadt gibt es 200 km asphaltierte Straßen. Die Überlandpisten sind meist nur mit dem Allrad zu befahren und zur Regenzeit sogar völlig unpassierbar. Zwischen der Hauptstadt und allen größeren Orten des Landes besteht außerhalb der Regenzeit Verkehr mit Überlandbussen. Der inländische Flugverkehr gewinnt an Bedeutung.

Landschaft

Wüsten und trockene Savannenlandschaften bestimmen den Charakter des Tschad. Das Land nimmt den Ostteil des Tschadbeckens ein, das an drei Seiten von Gebirgen umrahmt ist: Tibesti im Norden (Emi Koussi 3415 m), Ennedi und Ouadai im Osten und Mongosberge sowie Adamaoua im Süden. Ein wesentliches Landschaftselement ist der abflußlose Tschadsee. Seine Größe schwankt zwischen 11 000 und 22 000 km². Die Schwankungen der Wasserfläche ergeben sich aus den Jahreszeiten, Regen- und Trockenperioden. Vor allem die Südufer des Sees und die dort mündenden Flüsse bilden zur Regenzeit große Überschwemmungsgebiete. Südlich vom 13. Grad nördlicher Breite herrschen Trockensavannen vor und im Bereich der Flüsse Überschwemmungssavannen. Im äußersten Süden gibt es nur Trockenwälder. Die Dornstrauchsavanne beschränkt sich auf den Gürtel zwischen 13. und 16. Grad nördlicher Breite. Den gesamten Norden des häufig unter Dürreperioden leidenden Landes nimmt die Wüste mit ihren wenigen Oasen ein.

Klima

Der Tschad liegt am äußeren Rand der Tropenzone. Der Norden des Landes und das hochgelegene Tibestimassiv werden deshalb vollkommen von trockenem heißem Wüstenklima beherrscht. Die südlichen Landesteile besitzen ein regenarmes Savannenklima mit deutlich abgegrenzten Regen- und Trockenzeiten. Im Süden beginnt die Regenzeit Anfang Mai und verschiebt sich nach Norden um zwei Monate. Die Trockenzeit beginnt im Norden im September, weiter südlich im Oktober oder November.

Jagd

Zur Zeit ist die Jagd für Ausländer bis auf weiteres gesperrt.

Ein Buduma-Musiker vom Tschadsee ruft zur Versammlung

Visum

Im Augenblick sind Reisen in den Tschad nicht möglich, außer nach N'Djamena und in die unmittelbare Umgebung.

Impfungen

Für alle Reisenden ist die Pockenschutzimpfung vorgeschrieben. Gelbfieber- und Choleraschutzimpfungen werden dringend empfohlen.

*Fruchtbarkeitspuppen wie diese finden sich
des öfteren an den Häusern der Masanna.
Flußpferde sind gesellige Tiere. Sümpfe,
Flüsse und Seen sind die Heimat dieser
Dickhäuter (rechts).
Die endlose Uferzone des Tschadsees (unten)*

Waffeneinfuhr
Über die Einfuhr von Waffen gibt die Botschaft
der Republik Tschad in 5463 Unkel/Rhein,
Honnefer Str. 34, Auskunft.

Devisenbestimmungen
Landeswährung darf bei der Einreise unbeschränkt, bei Ausreise bis zum Betrag von
10 000 CFA mitgeführt werden. Fremdwährungen müssen bei Einfuhr deklariert werden, da
sie nur in gleicher Höhe wieder ausgeführt
werden dürfen.

Sehenswürdigkeiten und Nationalparks
Die Wildreservate Sinianka Minia mit
310 000 ha, Zacouma mit 297 200 ha, Kala
Malone und Mandelia sind mit Elefant, Kaffernbüffel, Wasserbock, Kuhantilope, Elenantilope,
Flußpferd, Krokodil, Löwe, Leopard und Gepard besetzt. Zur Zeit ist die Jagd im Tschad
zwar geschlossen, aber ein Besuch der
Reservate ist dennoch ein Erlebnis.

Botschaft der Bundesrepublik Deutschland
Konzession ,,Glo-Bac'', Quartier Aeroport, Lot
Nr. 5 N'Djamena. Post: P. O. Box 893,
N'Djamena.

Tunesien

Tunesische Republik

Hauptstadt	Tunis (1 250 000 Einw.)
Bevölkerung	6 900 000
Fläche	164 150 km^2
Landessprachen	Arabisch (Staatssprache), Tunesisch (westarabischer Dialekt, Umgangssprache), Französisch (Handels- und Bildungssprache)
Währung	Tunesischer Dinar (tD) = 1000 Millimes

Wildtiere

Dorkasgazelle, Fennek, Flugwild, Fuchs, Oryx, Schakal, Schwarzwild, Wolf.

Allgemeines

Die tunesische Bevölkerung ist zum größten Teil arabisch. Daneben gibt es noch kleinere Minderheiten von arabisierten Berbern (inselhaft im Land verstreut) sowie von Franzosen, Italienern und Maltesern. Die Bevölkerungsdichte ist mit 38 Einw./km^2 für ein nordafrikanisches Land nicht sehr hoch. Tunesien erlangte 1956 seine volle Unabhängigkeit von Frankreich und wird seither als präsidiale Republik mit einem Einkammerparlament regiert. Verwaltungstechnisch ist Tunesien in 20 Gouvernorate eingeteilt. Im Ballungsraum der Hauptstadt Tunis wohnt allein rund ein Fünftel der gesamten Bevölkerung.

Tunesiens Wirtschaft ist zu einem Großteil vom Erdölexport abhängig, der immerhin 40 % des Ausfuhrvolumens ausmacht. Weitere Ausfuhrgüter sind Textilien, Phosphate, Olivenöl, Wein, Getreide, Eisen- und Kupfererz. Das Straßennetz ist in gutem Zustand. Für die Sahara sind allerdings gut ausgerüstete Allradfahrzeuge empfehlenswert. Das 2025 km lange Schienennetz ist größtenteils in Schmalspur ausgebaut. Lediglich die Verbindungen von Tunis nach Algier (473 km) und die von ihr abzweigende Strecke nach Tabarka und Biserta besitzen Normalspur. Der größte Seehafen des Landes ist Tunis-La Goulette, gefolgt von Biserta und Sfax, Sousse und Gabès. Zwei internationale Flughäfen (Tunis/Karthago und Tozeur) und die für den Massentourismus erbauten Charterflugplätze von Djerba, Monastir und Sfax dienen dem Luftverkehr. Die Tunis Air fliegt außerdem die zahlreichen Inlandflugplätze regelmäßig an.

Landschaft

Tunesien dehnt sich mit einer Küstenlinie von 1200 km bis in den Randbereich der Sahara aus. Im Norden des Landes erheben sich die Ausläufer des Tellatlas. Doch verlieren die Gebirgszüge nach Osten hin rasch an Höhe,

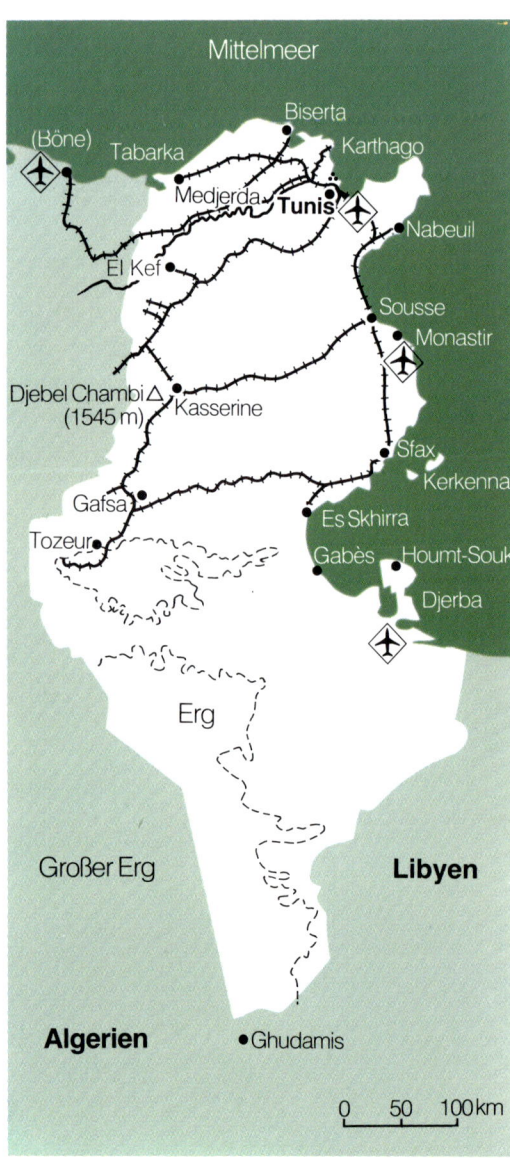

und zwar von 1000 m auf nur noch 500 m. Der einzige große ganzjährig Wasser führende Fluß, das Wadi Medjerda, Oued Medjerda, bildet mit seinem Tal die Südgrenze des Küstentells. Südlich des Medjerda beginnt der Dorsale genannte mitteltunesische Gebirgsrücken, der diagonal von Südwesten nach Nordosten durch Tunesien verläuft. Der Djebel Chambi erreicht hier mit 1545 m die größte Höhe des Landes. An der östlichen Mittelmeerküste, um Sousse und Sfax, erstreckt sich die weite Küstenebene des Sahel, und im Süden liegt die große Senkungsebene der Schotts mit einigen großen Oasen. Der äußerste Süden des Landes wird von einem großen Kalkplateau gebildet, das nach Osten mit einer steilen Schichtstufe zum Küstenvorland abfällt.

Die Macchie ist im Norden weit verbreitet. Die höheren Lagen des Küstentells sind mit dichten Korkeichenwäldern bedeckt, und auch Aleppokiefernwald mit Steineichenhorsten bestockt die Gebirgsrücken. Alfagras- und Artemisiasteppen zeigen sich in Gebieten mit weniger als 400 mm Niederschlag im Jahr, vornehmlich in der Sahelzone und in Mitteltunesien, sofern nicht intensive Bewässerungskulturen das natürliche Erscheinungsbild „verzerren". Im Gebiet der Schotts schließlich beginnt die Wüstensteppe mit niederen Sträuchern und Trockengräsern.

Klima

Heiße Sommer wechseln mit milden Wintern ab, da die Nähe des Mittelmeeres ausgleichend auf die Temperaturen wirkt. Dieses typische mediterrane Klima beherrscht den Norden und die Mitte Tunesiens. Im ariden Süden herrscht dagegen Wüstenklima mit starken nächtlichen Abkühlungen. Die beste Reisezeit ist von Mitte April bis Oktober, wobei Hitzeempfindliche allerdings die Sommermonate ausklammern sollten.

Jagd

Jagd für Ausländer erlaubt. Private Jagdorganisationen, Jagdführung durch einheimische Führer. Drückjagd auf Schwarzwild.

Ein Sandmeer ohne Ende: die Sahara (oben). Neben den größeren Küstenstädten sind die zahlreichen Oasen wie etwa die Oase Kebili (rechts) die wichtigsten Wirtschaftszonen des Landes. Erfolgversprechend sind die tunesischen Wildschweinjagden (unten)

Visum
Deutsche, Österreicher und Schweizer sind vom Visumzwang befreit, sofern sie im Besitz gültiger Reisedokumente sind.

Impfungen
Schutzimpfung gegen Gelbfieber ist für alle Reisenden vorgeschrieben, die sich in den letzten sechs Tagen vor Einreise nach Tunesien in Infektionsgebieten aufgehalten oder diese transitiert haben.

Waffeneinfuhr
Über die Einfuhr von Jagdwaffen erteilt die Botschaft von Tunesien, Godesberger Allee 103, 5300 Bonn 2 (Bad Godesberg), Auskunft.

Devisenbestimmungen
Noten und Münzen der Landeswährung dürfen bei der Ein- und Ausreise nicht mitgeführt werden. Fremdwährungen können unbeschränkt ein- und ausgeführt werden, müssen aber deklariert werden.

Sehenswürdigkeiten und Nationalparks
Neben dem alten Karthago und Dougga gibt es in diesem Land zahlreiche Sehenswürdigkeiten, deren Beschreibung den Charakter dieses Buches sprengen würde. Hingewiesen sei nur auf die Oasenlandschaften im Süden des Landes, den Schott el-Djerid, die Insel Djerba, den Table de Jugurtha (1271 m), eine alte Naturfestung und ein altes Räubernest, sowie die zahlreichen Badeorte an der Mittelmeerküste und die vielen berühmten Ruinen aus der Römerzeit.

Botschaft der Bundesrepublik Deutschland
1, Rue El Hamra, Mutuelleville, B.P. 35, Tunis (Belvédère).

Uganda

Republik Uganda

Hauptstadt	Kampala (400 000 Einw.)
Bevölkerung	13 620 000
Fläche	236 036 km²
Landessprachen	Suaheli, Englisch (Staats- sprachen), Sprachen der Stammesgruppen (Umgangssprachen), z. B. Buganda
Währung	Uganda-Shilling (U. Sh.) = 100 Cents

Wildtiere

Büffel, Buschbock, Elefant, Flußpferd, Grant- gazelle, Impala, Krokodil, Kudu, Kuhantilope, Löwe, Riedbock, Roan, Strauß, Wasserbock und Zebra.

Allgemeines

Mit 57,7 Einw./km² ist Uganda für afrikanische Verhältnisse dicht besiedelt. Zu 65 % besteht die Bevölkerung aus Bantu, je 13 % stellen die hamitischen und nilotischen und 5 % die sudanesischen Gruppen. Europäische, indi- sche und arabische Minderheiten kommen noch hinzu. Uganda gehört zu den am stärksten christianisierten Ländern Schwarz- afrikas. Etwa 35 % der Bevölkerung sind Katholiken. Außerdem gibt es 20 % Protestan- ten. 40 % hängen noch Naturreligionen an, und 5 % sind Muslime.

Kaffee und Baumwolle sind die Hauptausfuhr- güter des Landes. Verwaltet werden die 38 Distrikte, in die das Land eingeteilt ist, in einer präsidialen Republik. Nach der gewaltsamen Beendigung der durch Idi Amin errichteten Schreckensherrschaft wurde M. Obote 1980 Staatsoberhaupt. Allerdings hat sich das Land von den Wirren der Amin-Ära wohl noch immer nicht ganz erholt, und bürgerkriegsähnliche Szenen sind noch heute des öfteren an der Tagesordnung.

Landschaft

Uganda ist ein Teil des flachwelligen Ostafrika- nischen Hochlands, das vom Ostafrikanischen

Grabensystem durchzogen wird. Das Hoch- land liegt zwischen 1000 und 2000 m über dem Meer (Kyogasee 1035 m, Victoriasee 1134 m). Im Osten hat Uganda noch Anteile am Zentralafrikanischen Graben, in dem der Eduardsee und der Albertsee liegen. Die Grabenränder säumen gewaltige Vulkankegel wie der Mount Elgon mit 4321 m. Im Westen, am Ostafrikanischen Grabenrand, ragt entlang der Grenze zu Zaïre die kristalline Ruwenzori Range bis zu 5119 m empor.

Im Nordosten ist Uganda von Trocken- und Dornstrauchsavannen bedeckt, während Feuchtgebiete im Westen von dichten Regen- und Bergwäldern bestockt sind. In den höhe- ren Lagen des Ruwenzori und am Mount Elgon findet man Nebelwälder mit Bambusdickichten. In den weiten Gebieten des Zentrums, wo die Flüsse mangels Gefälle nur sehr träge abflie- ßen, herrschen Papyrussümpfe vor.

Klima

Im ganzen Land herrscht tropisches Klima, das aufgrund der Höhenlage von Europäern als sehr angenehm empfunden wird. Die Nieder- schlagsmengen nehmen von Südwesten nach Nordosten stark ab. Trockene Zonen sind auch die tiefgelegenen Sohlen der Graben. Beste Reisezeiten sind die Monate Juni bis Septem- ber und Januar bis Februar. Die Durchschnitts- temperaturen liegen ganzjährig bei 21–22 °C.

Jagd

Jagd für Ausländer z. Z. gesperrt.

Visum

Deutsche mit gültigem Reisedokument dürfen ohne Visum einreisen. Man muß sich jedoch trotzdem einen Visitor's Pass besorgen, den man bei der Botschaft der Republik Uganda, Dürenstraße 44, 5300 Bonn 2, erhält.

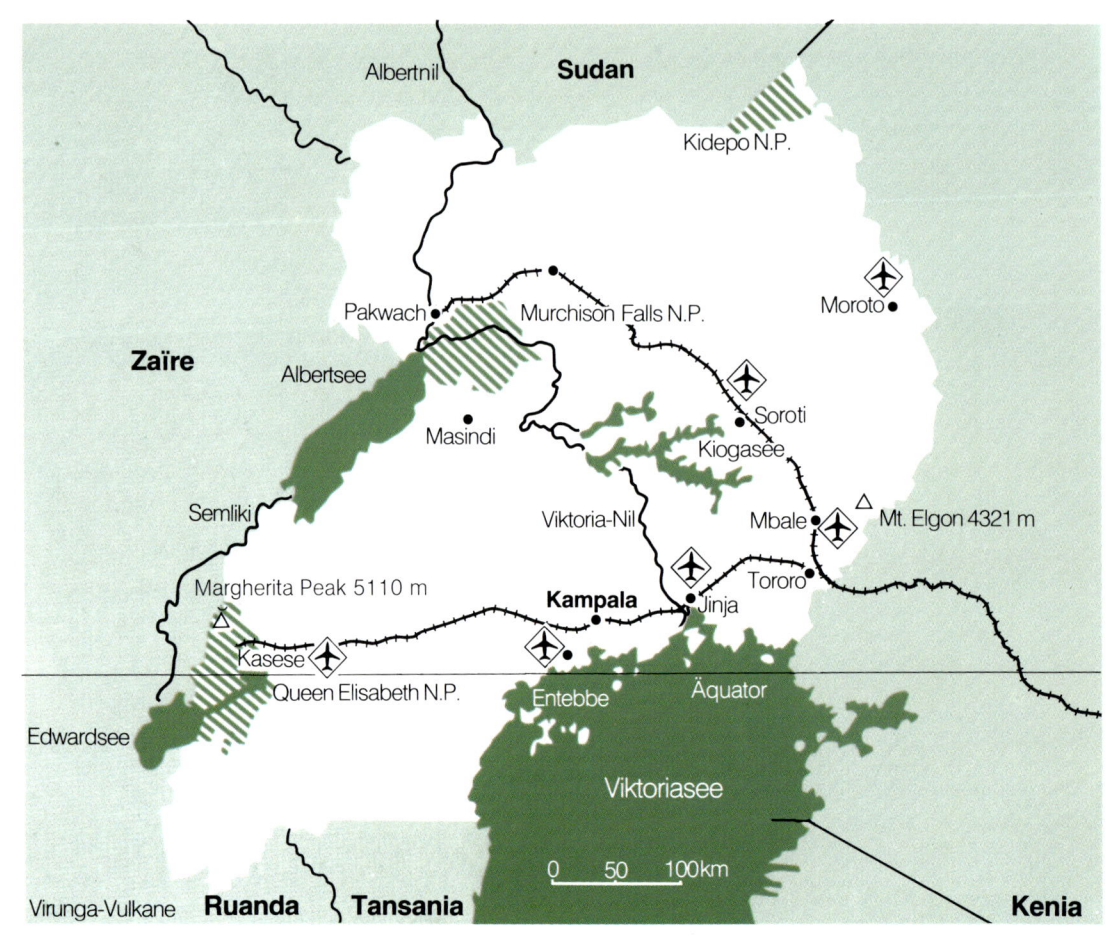

unterliegen keinen Beschränkungen, sie müssen aber deklariert werden.

Sehenswürdigkeiten und Nationalparks

Die ugandischen Nationalparks beherbergen einen unendlich reichen Wildbestand, so z. B. der Königin-Elisabeth-Park (2070 km^2) oder der Murchison-Falls-Park) (heute umbenannt in Kabalega-Falls-Park (3100 km^2), der vor allem Krokodilen und Flußpferden als Reservat vorbehalten ist. Nahe der sudanesischen Grenze liegt der Kidepo-Valley-Nationalpark (1360 km^2). Daneben gibt es noch mehrere kleinere Parks (Kazinga Kagera, Toro, Bekoro Corridor, Pian Upe und Methemko). Schutzgebiete für bestimmte Wildarten sind z. B. das Debasien- und Kigezi-Reservat (Gorillas), und im Ajias-Reservat sind Breitmaulnashörner zu Hause. Das Zoka-Reservat wird vor allem Elefanten vorbehalten.

Papyrusernte am Kyogasee (oben).
Zwei Straußenpaare auf Savannenerkundung (rechts.).
Zu den häufigsten Wildtieren Ugandas gehören die Grantgazellen, deren Bestand durch Wilddieberei gefährdet ist (unten)

Impfungen

Die Schutzimpfung gegen Gelbfieber ist zwingend vorgeschrieben. Malariaschutz ist für das gesamte Land erforderlich.

Waffeneinfuhr

Einzelheiten über die Einfuhr von Jagdwaffen sind bei der Botschaft der Republik Uganda (siehe oben) zu erfragen.

Devisenbestimmungen

Landeswährung darf bei der Ein- und Ausreise nicht mitgeführt werden. Fremdwährungen

Botschaft der Bundesrepublik Deutschland

Embassy House, 9–11 Oboto Avenue, P. O. Box 7016, Kampala.

Zaïre

Republik Zaïre

Hauptstadt	Kinshasa, früher Léopoldville (2 700 000 Einw.)
Bevölkerung	26 380 000
Fläche	2 345 409 km²
Landessprachen	Französisch (Staatssprache), Kiluba, Kikongo, Suaheli, Lingala u. a. (Umgangssprachen)
Währung	Zaïre (Z) = 100 Makuta = 10 000 Sengi

Wildtiere

Bongo, Duckerantilope, Elefant, Flußpferd, Krokodil, Kuhantilope, Leopard, Löwe, Puku, Rotbüffel, Pinselohrschwein, Riesenelen, Riesenwaldschwein, Sitatunga, Warzenschwein, Wasserbock.

Allgemeines

Die ehemalige Kolonie Belgisch-Kongo, seit 1960 unabhängig und seit 1971 Zaïre genannt, ist mit 12 Einw./km² sehr dünn besiedelt. Der Großteil (57 %) der Bevölkerung gehört zu den Bantustämmen der Luba, Mongo, Kongo und Ruanda. Sudangruppen, Niloten, Hamiten und Pygmäen sowie 10 000–12 000 Europäer meist belgischer Abstammung vervollständigen das Völkergemisch. Nicht ganz 60 % der Zaïrer bekennen sich zum Christentum. Juden und Muslimen bilden Minderheiten. Der Rest der Bevölkerung hängt angestammten Naturreligionen an. Oberste Verfassungsinstitution ist der Staatspräsident Mobutu Sese Seko, der mit einem Einkammersystem die präsidiale Republik und laut Verfassung von 1978 auf Lebenszeit regiert. Das Land ist in acht Provinzen und den Hauptstadtdistrikt gegliedert.

Wichtigste Ausfuhrgüter sind Kupfer (aus der Kupferprovinz Katanga), Diamanten, Kobalt, Uran und Edelmetalle sowie Kaffee, Kakao, Baumwolle und Palmöl. Das Straßensystem Zaïres ist ausgesprochen armselig, und nur 2000 km sind asphaltiert. Der Rest kann nur mit dem Geländewagen befahren werden. Der

Kongo (jetzt Zaïre genannt) ist zwar die wichtigste Binnenwasserstraße, die aber wegen der vielen Wasserfälle, Katarakte und Stromschnellen nur teilweise und unter schwierigen Umständen zu befahren ist. Außerdem ist der Schiffahrt durch die unüberwindbaren Livingstonefälle der Zugang zum Meer versperrt.

Landschaft

Der größte Teil des Landes wird vom 200–400 m hoch gelegenen Kongobecken geprägt. Diese weite Beckenlandschaft steigt nach Süden, Osten und Norden allmählich bis auf 1000 m an. Vom Atlantik ist sie durch eine schmale Schwelle getrennt, in die sich der Kongo tief eingeschnitten hat. Teilweise ist das Durchbruchstal nur 400 m breit, und der riesige Strom tost über die 32 Katarakte der Livingstonefälle zum Meer. Im äußersten

Osten hat Zaïre noch einen Anteil am Zentralafrikanischen Graben. Hier findet man die höchste Erhebung des Landes, den Grenzberg Margherita (5109 m), der im Ruwenzorigebirge liegt. Die tiefsten Stellen des Beckens nimmt der Kongo ein, der im Oberlauf – oberhalb der Stanleyfälle – Lualaba heißt. Er durchströmt Zaïre in einem weit ausholenden Bogen von Südosten nach Nordwesten. Der Lualaba und Luapula sind die beiden Quellflüsse des Kongo.

Typisch für Zaïre sind im Norden die riesigen tropischen Regenurwälder, die zu den größten Waldgebieten der Erde gehören. Sie bedecken etwa 40 % des Landes. Im Süden gehen die Regenwälder allmählich in Baumsavannen über. Im niederschlagsärmeren Hochland von Shaba sind Trockensavannen verbreitet. An der Atlantikküste kommen ausgedehnte Mangrovenwälder vor.

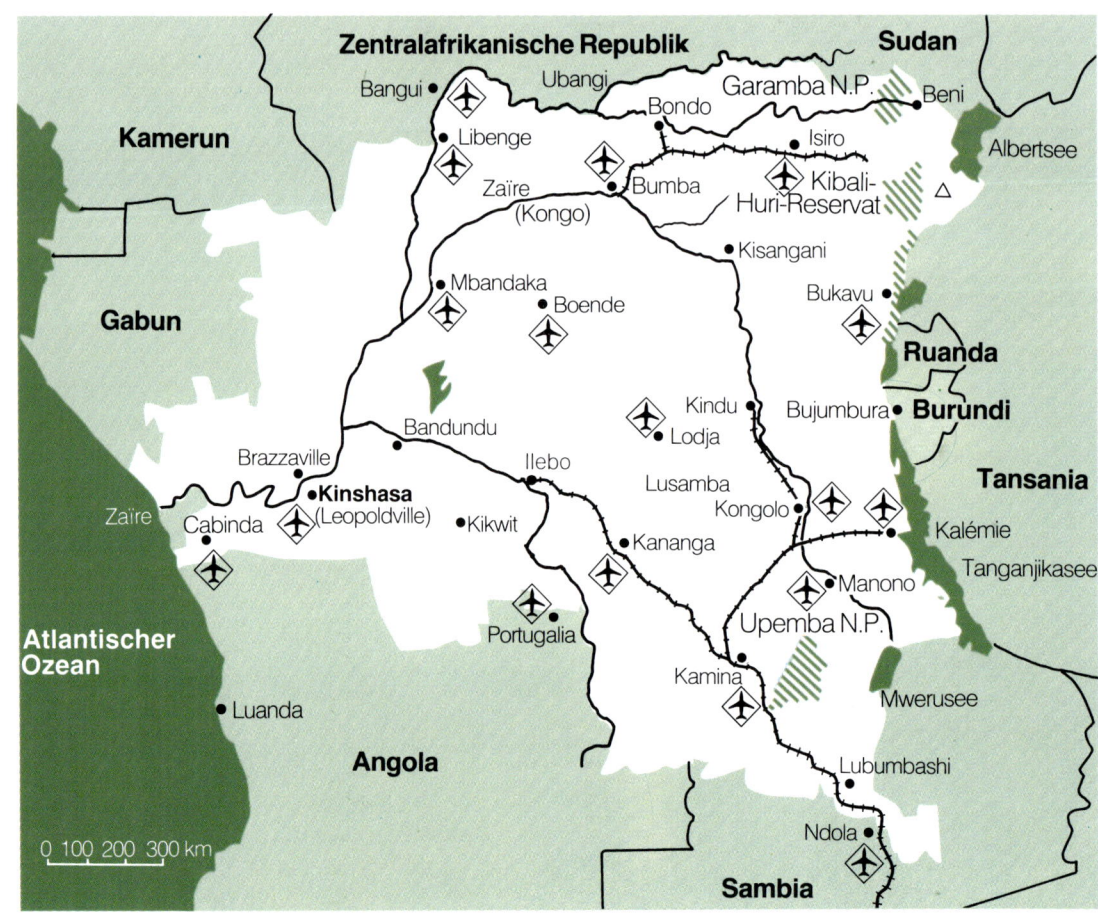

Mit dem Allrad unterwegs auf einer der für alle tropischen Länder typischen roten Pisten. Während der Regenzeit sind diese „Straßen" unpassierbar (links).
Zwei prachtvolle Mähnenlöwen halten nach Beute Ausschau (oben)

Klima

Im Inneren des Kongobeckens herrscht ein ganzjährig feuchtes Äquatorialklima. Die Luftfeuchtigkeit schwankt hier fast immer zwischen 90 und 100 %. Außerdem steigt die Quecksilbersäule täglich auf 30 °C und mehr, so daß treibhausähnliche Zustände herrschen. In den südlichen und westlichen Randgebieten des Beckens geht das Äquatorialklima in ein tropisches Feuchtklima über, das von zwei Regenzeiten (April und September) und zwei Trockenperioden (Januar/Februar und Juni bis August) geprägt ist. Im Hochland von Shaba gibt es nur noch eine Regenzeit, die allerdings sieben Monate dauert. Trockenheit herrscht hier von Juni bis Oktober.

Jagd

Jagd für Ausländer 1982/83 kurzfristig wieder geöffnet, im Frühjahr 1984 jedoch überraschend wieder geschlossen. Staatliche und private Jagdorganisationen. Jagdführung durch weiße/einheimische Berufsjäger. Jagdausübung per Fußpirsch, Boot und Geländewagen. Gilt als eines der letzten Jagdländer auf kapitale Elefanten.

Visum

Für die Einreise nach Zaïre benötigt man ein Visum. Es wird erteilt von der Botschaft der Republik Zaïre, Postfach 888, Im Meisengarten 133, 5300 Bonn 2 (Bad Godesberg).

Impfungen

Gelbfieberimpfung ist vorgeschrieben für alle Reisenden, die in den letzten sechs Tagen vor der Einreise nach Zaïre in Infektionsgebieten Aufenthalt genommen oder diese durchreist haben. Choleraschutzimpfung ist für alle Reisenden erforderlich, die in Ostzaïre ankommen oder dorthin reisen wollen. Typhusimpfung und Malariaschutz sind ganzjährig für das gesamte Land erforderlich.

Waffeneinfuhr

Für die Einfuhr von Jagdwaffen ist eine Genehmigung bei der Botschaft der Republik Zaïre (siehe oben) einzuholen.

Devisenbestimmungen

Landeswährung darf bei der Ein- und Ausreise nicht mitgeführt werden. Fremdwährungen können in unbeschränkter Höhe eingeführt werden. Es ist eine Deklaration erforderlich, die bei der Ausreise kontrolliert wird.

Sehenswürdigkeiten und Nationalparks

Die Nationalparks in Garamba (8000 km²), Maiko (12 000 km²), Virunga (14 000 km²) und Nkundo (30 000 km²) sind Einstände eines reichen Wildvorkommens. Daneben sind noch die Wildreservate Mufumpiro und Nyiragongo zu nennen.

Botschaft der Bundesrepublik Deutschland

201, Avenue Lumpungu, Résidence „Le Flambeau", B. P. 8400, Kinshasa.

Zentralafrika/RCA

Zentralafrikanische Republik

Hauptstadt	Bangui (320 000 Einw.)
Bevölkerung	2 350 000
Fläche	622 984 km²
Landessprachen	Französisch und „Nationale Umgangssprache" Sangho (Staatssprachen), Bantu-, Sudansprachen (Umgangssprachen)
Währung	CFA-Franc = 100 Centimes

Wildtiere

Bleichböckchen, Bongo, Duckerantilope, Elefant, Gepard, Giraffe, Gorilla, Hyäne, Krokodil, Kudu, Kuhantilope, Leopard, Löwe, Moorantilope, Pavian, Riesenelenantilope, Rotbüffel, Waldbüffel, Waldschwein, Warzenschwein, Wasserbock.

Allgemeines

Mit knapp 4 Einw./km² ist Zentralafrika eines der am dünnsten besiedelten Länder des Schwarzen Kontinents. Die größte Bevölkerungsgruppe bilden die sudanesischen Stämme der Banda, Sara, Baja und Mandja, die im Norden des Landes leben. Weiter südlich wohnen hauptsächlich Bantu, die mehrheitlich zu den Ngala gehören. Nilotische Gruppen im Osten und Babinga-Pygmäen in der Regenwaldzone runden das Völkergemisch in der Mitte Afrikas ab. Den traditionellen Stammesreligionen hängen noch 60 % der Zentralafrikaner an; 35 % sind Christen, und etwa 10 % bekennen sich zum Koran. Das Land wird seit dem Militärputsch von 1981 als Republik nach dem Präsidialsystem mit einem Einkammerparlament regiert, und zwar durch den Militärausschuß für Nationalen Wiederaufbau, der die Verfassung suspendierte.

Diamanten (33 %), Kaffee, Holz, Baumwolle, Kautschuk und Erdnüsse sind die Hauptausfuhrgüter Zentralafrikas. Bangui ist der einzige internationale Flughafen des Landes, der auch dem nationalen Flugverkehr dient, der sich ansonsten auf die zahlreichen Landepisten für Kleinstflugzeuge beschränkt. Eine Eisenbahn gibt es nicht, doch wollen die Kamerunbahn und die Sudanbahn neue Strecken bauen. Für die Wirtschaft des Landes immens wichtig ist deshalb der Ubangi, der über Bangui zum Kongo fließt. Massengüter werden bis Brazzaville in der Volksrepublik Kongo verschifft und per Bahn zum Hafen von Pointe Noire weitertransportiert. Das Straßennetz ist mit Ausnahme einer Verbindung zum Tschad nicht asphaltiert und während der Regenzeit unpassierbar.

Landschaft

Die Zentralafrikanische Republik liegt auf der Nordäquatorialschwelle, die das Kongobecken, das Weißnilbecken und das Tschadbecken voneinander trennt. Das Land ist daher weitgehend ein Hügelland zwischen 500 und 1000 m Höhe, das im Osten von den Mongosbergen (1400 m) und im Nordwesten von den Ausläufern des Adamaoua (1420 m) überragt wird. Im Südwesten herrscht der tropische Regenwald vor, der im Hauptteil des Landes von Feuchtsavanne mit Galeriewäldern abgelöst wird. Im Nordosten findet man die Trockensavanne, die an extrem ariden Stellen mit Affenbrotbäumen und Fächerpalmen durchsetzt ist und zur Sahelzone überleitet.

Klima

Zentralafrika liegt in den Tropen, wobei der Norden zu den Randtropen, der Süden zu den inneren Tropen gehört. Die Dauer der Trockenzeit in den randtropischen Gebieten nimmt von Süden nach Norden schnell zu. Im südlichen Landesteil, wo die Niederschläge sich über das ganze Jahr verteilen, herrschen feuchttropische Witterungsverhältnisse mit ausgeglichenen Temperaturen. Die beste Rei-

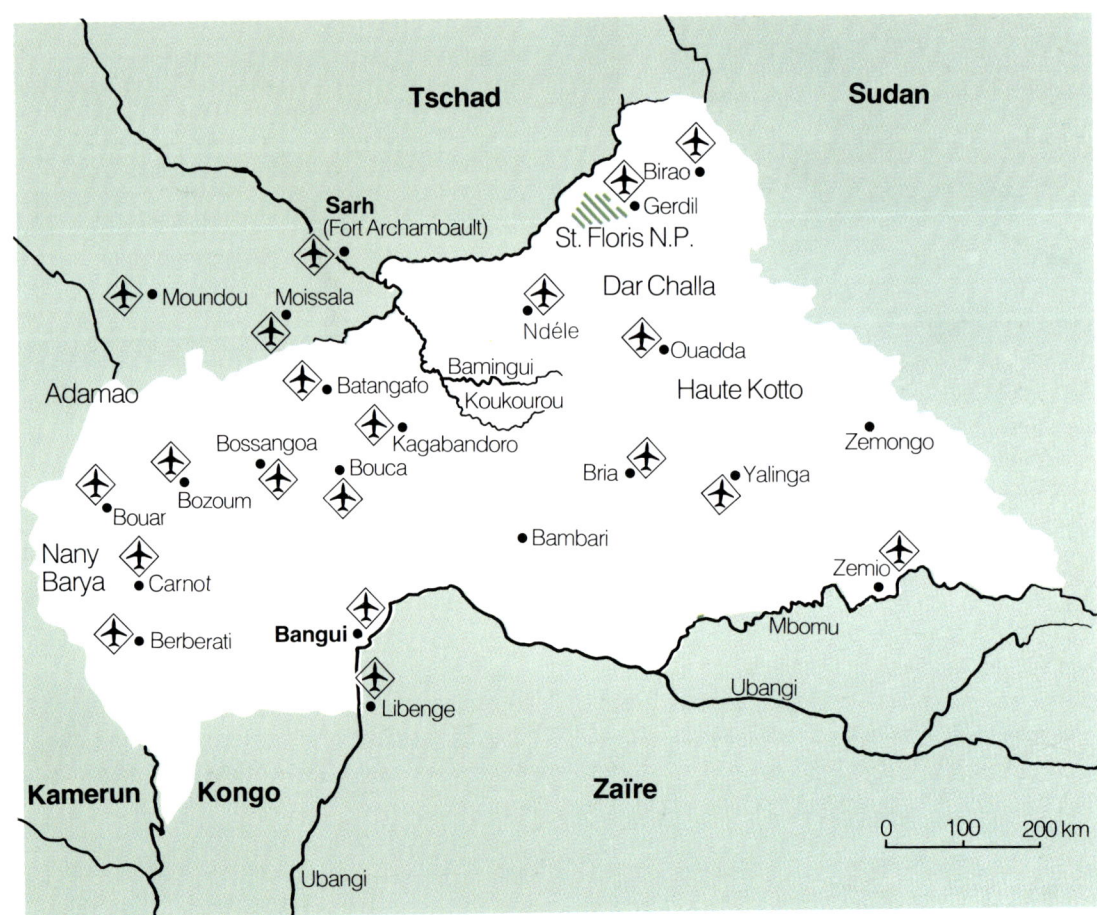

sezeit für den Norden des Landes sind die Monate Dezember bis Mai. Bangui kann man ganzjährig besuchen, da es hier keine ausgeprägten Jahreszeiten gibt.

Jagd

Jagd für Ausländer erlaubt. Staatliche und private Jagdorganisationen, Jagdführung durch weiße/einheimische Berufsjäger. Jagdausübung per Fußpirsch und Geländewagen. Gute Trophäen von Bongo, Riesenelenantilope, Rotbüffel.

Visum

Deutsche und Schweizer benötigen für die Einreise kein Visum, sondern nur die gültigen Reisedokumente.

Impfungen

Die Gelbfieberschutzimpfung ist zwingend vorgeschrieben. Malariaschutz ist ganzjährig für das gesamte Land erforderlich.

Waffeneinfuhr

Für Jagdwaffen ist eine Importerlaubnis erforderlich. Nähere Auskünfte erteilt die Botschaft der Zentralafrikanischen Republik, Konsular-

Die von den Eingeborenen in schwerer Arbeit aus Baumriesen gefertigten Einbaumboote sind – wie diese am Ubangi – nach wie vor das wichtigste Verkehrsmittel. Mit ihnen bringen die Fischer ihre Fänge, die vorwiegend der eigenen Versorgung dienen, ans Ufer (oben)

Zu den Sehenswürdigkeiten Zentralafrikas gehören die Wasserfälle des Mbali sowie das Bokassator und der Dom in Bangui. Ganz in der Nähe befindet sich der Zentralmarkt mit der Ecole des Métiers d'Art (heimisches Kunsthandwerk)

abteilung, Dürenstr. 12, 5300 Bonn 2 (Bad Godesberg).

Devisenbestimmungen

Landeswährung darf bei der Einreise in unbeschränkter Höhe, bei der Ausreise bis zum Betrag von 50 000 CFA-Francs mitgeführt werden. Für Fremdwährungen bestehen keine Beschränkungen (Deklaration nötig).

Sehenswürdigkeiten und Nationalparks

Mit 31 000 km^2 ist der Ouandija-Vakaka-Nationalpark der größte. Ihm folgen der Aouk-Acukale-Nationalpark (23 000 km^2), der Haute-Kotto-Nationalpark (18 000 km^2) und schließlich der kleine Saint-Floris-Nationalpark (5000 km^2). Außerdem gibt es mehrere Wildreservate: Nana Barya, Gribingui, Bamingui Bangoran, Vassoko Bolo, Koukourou und Zemongo. An Wildarten findet man in den Parks verschiedene Gazellen- und Duckerarten, Leierantilopen, Sumpfantilopen, Erdferkel, Weißmantelaffen, Grüne Meerkatzen und Gefleckte Hyänen.

Botschaft der Bundesrepublik Deutschland

Avenue du Président Gamal Abd el Nasser, B. P. 901, Bangui.

Jagdländer in Asien

Afghanistan

Demokratische Republik Afghanistan

Hauptstadt	Kabul (892 000 Einw.)
Bevölkerung	16 360 000
Fläche	647 497 km²
Landessprachen	Paschtu, Darí
Währung	Afghani (Af) = 100 Puls

Wildtiere

Antilopen, Bergwolf, Braunbär, Marco-Polo-Schaf, Murmeltier, Schneeleopard, Schraubenhornziege, Steinbock, Steinhühner.

Allgemeines

In Westasien zwischen Pakistan, der Sowjetunion und dem Iran liegt das Bergland Afghanistan mit einer Bevölkerungsdichte von 26 Einw./km². Die Gilsai und Durrani machen etwa 60 % des Staatsvolks der Afghanen aus. Ihre Sprache ist das Paschtu. Etwa 30 % der Bevölkerung sind Tadschiken, und kleinere Anteile bilden Usbeken (5 %), Kirgisen, Kasachen, Perser u. a. Staatsreligion ist der Islam mit 90 % Sunniten und etwa 10 % Schiiten. Nomadisierend leben noch etwa 10 % der Afghanen. Das Land ist in 28 Provinzen und Bezirke unterteilt, die von der Zentralregierung in Kabul verwaltet werden. Die Verfassung wurde im April 1978 außer Kraft gesetzt und durch die Grundlinien der revolutionären Aufgaben ersetzt. Das Parlament wurde aufgelöst. Seine Aufgabe versieht seit 1981 die Nationale Vaterländische Front, eine Art Nationalversammlung. Höchstes Staatsgremium ist der Revolutionsrat.

Die wichtigsten Exportartikel Afghanistans sind Früchte, Erdgas, Karakulfelle, Baumwolle, Wolle und Teppiche, Ölsaaten und Häute. Eisenbahnen gibt es in Afghanistan nicht, und das Straßennetz besitzt nur 6000 km ausgebaute Strecken, die mit Motorfahrzeugen befahrbar sind. Einziger internationaler Flughafen ist Kabul. Im Inlanddienst werden elf Flugplätze im Norden des Landes angeflogen. Der Amudarja ist der einzige schiffbare Fluß in Afghanistan.

Landschaft

Afghanistans Landschaftsbild ist durch große Gebirgszüge gekennzeichnet. Im Nordosten erheben sich der Hindukusch und der Pamir, beides gewaltige Hochgebirge mit Höhen bis über 7000 m.

Nach Westen breiten sich von diesen beiden Gebirgsknoten mehrere Gebirgszüge fingerförmig über Afghanistan aus. Sie fallen allmählich auf rund 1000 m Höhe ab. Vor den Gebirgen erstrecken sich die afghanischen Vorlandebenen, und zwar an der sowjetischen Grenze die Tiefebene von Turkestan und im iranisch-pakistanischen Grenzgebiet die Wüste Sistan. Fast für das gesamte Land sind dünner Polsterpflanzenbewuchs und kahle Steilhänge charakteristisch. Waldgebiete befinden sich nur in den vom Monsun beeinflußten Bereichen des Ostens. Die Schneegrenze liegt oberhalb von 4700 m.

Klima

Afghanistan liegt im Bereich des Wüstengürtels, der die nördliche Halbkugel umspannt. Außerdem erhält das Klima aufgrund der Meeresferne zusätzlich noch eine starke kontinentale Variante, so daß zur großen Trockenheit noch sehr hohe Temperaturschwankungen zwischen Tag und Nacht sowie zwischen Sommer und Winter hinzukommen. Es herrschen heiße Sommer mit Temperaturen von über 30 °C, und in den Wintermonaten zeigt das Thermometer Werte zwischen −5 und −10 °C.

Im Westen und Norden regnet es im Winter, während der Osten seine Niederschläge durch den indischen Sommermonsun erhält. Hier herrscht im Sommer eine Art Treibhausklima. Die besten Reisemonate sind der Mai und September/Oktober, denn dann sind die Temperaturen überall erträglich.

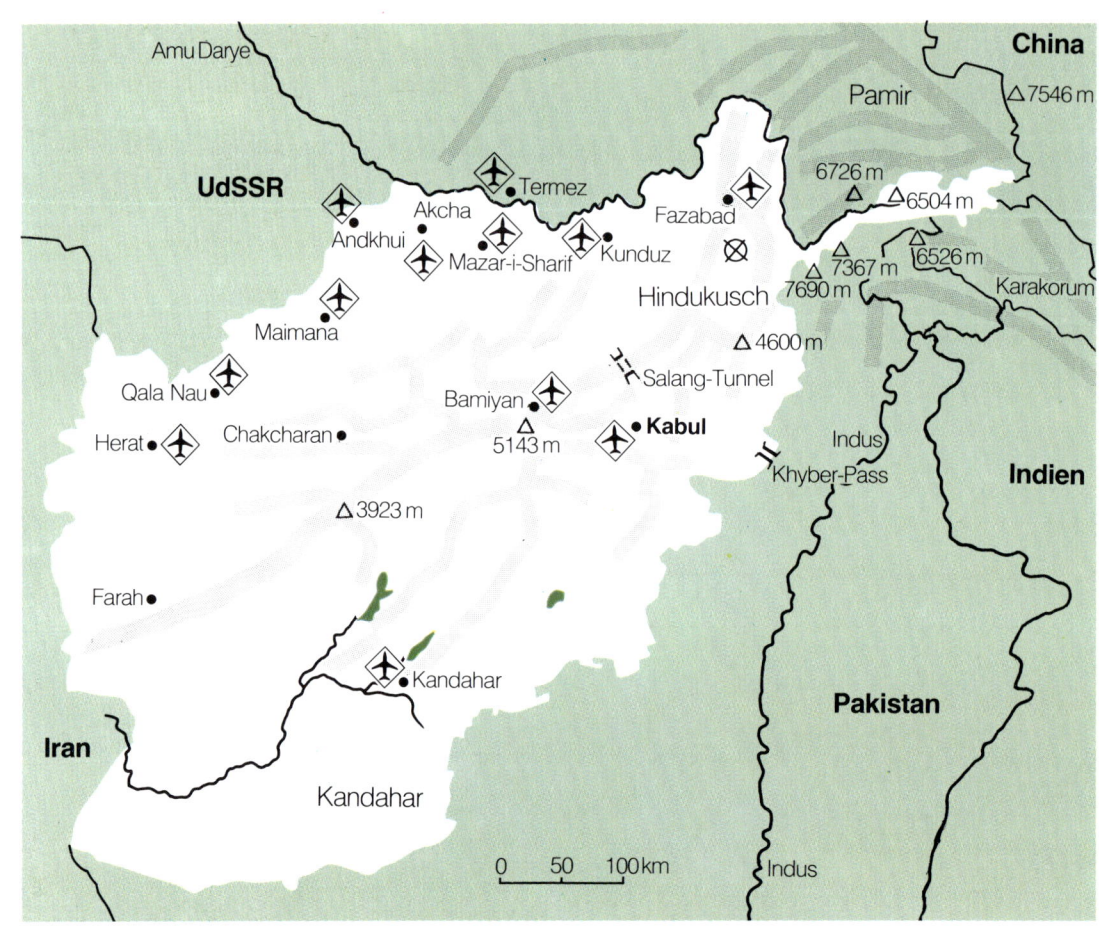

*Nomadenlager im rauhen Hindukusch (oben).
Alte Langlaufflinte mit Zielhilfe (links). Buddhistische Höhlensiedlung in Bamian (unten)*

Jagd
Jagd z. Z. gesperrt; eines der letzten Jagdländer auf Marco-Polo-Schaf und Schraubenhornziege.

Visum
Für Afghanistan besteht Visumzwang. Visaanträge sind zu richten an die Botschaft der Demokratischen Republik Afghanistan, Liebfrauenweg 1 a, 5300 Bonn 1. Touristenvisa können u. U. erteilt werden.

Impfungen
Impfungen gegen Gelbfieber und Cholera sind zwingend vorgeschrieben für Reisende, die sich innerhalb der letzten sechs Tage vor ihrer Ankunft in Afghanistan in Infektionsgebieten aufgehalten haben oder durch diese gereist sind. Malariaprophylaxe ist notwendig.

Waffeneinfuhr
Für die Einfuhr von Jagdwaffen ist die Erlaubnis des Verteidigungsministeriums von Afghanistan notwendig. Näheres ist bei der Botschaft Afghanistans zu erfahren.

Devisen
Noten und Münzen der Landeswährung dürfen bei der Ein- und Ausreise jeweils bis zum Betrag von 2000 Af mitgeführt werden. Die Mitnahme von Fremdwährungen bei der Einreise ist unbeschränkt. Die Ausfuhr ist nur in Höhe der deklarierten Einfuhr möglich.

Sehenswürdigkeiten und Nationalparks
In Kabul weist der malerische Markt deutlich den Kontrast zwischen östlicher und westlicher Architektur auf. Sehenswert sind die alten Moscheen, der Teppichbasar, das Mausoleum, die Festung Bala Hissa und die vielen kastenförmig gebauten Häuser. Reizvolle Ausflüge führen zum Salangpaß in das Hindukuschgebirge und in das Tal von Bamian zu einem alten buddhistischen Heiligtum.
In der Stadt Herat sind die große Moschee sowie der Basar sehenswert. In Kandahar wird der heilige Mantel Mohammeds verehrt.

Botschaft der Bundesrepublik Deutschland
Vazir Akbar Khan Mena, P. O. Box 83, Kabul.

China

Volksrepublik China

Hauptstadt	Peking/Beijing (9 029 000 Einw.)
Bevölkerung	1 Milliarde
Fläche	9 560 779 km²
Landessprachen	Chinesisch; Englisch (Handelssprache)
Währung	Renminbi Yuan (RMB. Y) = 10 Jiao = 100 Fen

Wildtiere

Argali, Blauschaf, Goral, Hirsch, Katzenbär, Kragenbär, Orongo, Panda, Reh, Takin, Tibetgazelle, Tiger, Wildkamel, Wildpferd, Yak.

Allgemeines

Das drittgrößte Land der Erde, die Volksrepublik China, nimmt den größten Flächenanteil Ostasiens ein und ist das volkreichste Land überhaupt. China ist aber dennoch mit 104 Einw./km² relativ dünn besiedelt. Etwa 94 % der Einwohner sind Chinesen, der Rest Turkvölker, Thaigruppen, Mongolen, Tibeter und Mandschu. Konfuzianismus, Buddhismus und Taoismus sowie kleine Inseln christlicher Glaubensbekenntnisse zeigen die religiöse Vielfalt des Riesenreiches der Mitte. Die 21 Provinzen, drei unmittelbaren Städte und fünf autonomen Gebiete des „Reichs der Mitte" werden von Peking aus regiert. Oberstes Organ ist der Nationale Volkskongreß, ein Einkammerparlament mit 3478 Abgeordneten! Die größte Stadt des Landes – noch vor Peking – ist Schanghai mit 11 Millionen Einwohnern.

Die wichtigsten Handelsgüter Chinas sind Tee, Seide und andere landwirtschaftliche Produkte sowie Bergbau- und Industrieprodukte. Das Eisenbahnnetz ist erst teilweise gut ausgebaut, aber es gibt gute Flugverbindungen. Für längere Eisenbahnfahrten empfiehlt sich die erste Klasse. Das Straßennetz ist eher dürftig. In den Großstädten fahren Autobusse und Taxis, doch dienen als Hauptverkehrsmittel nach wie vor Träger, Packtiere, Gespannfahrzeuge und Boote.

Landschaft

Im „Reich der Mitte" unterscheidet man eine Vielzahl natürlicher Groß- und Vegetationsräume. Einer der wichtigsten ist die große Ebene zwischen dem Nord- und Westchinesischen Bergland und dem Gelben Meer. Sie entstand durch Ablagerungen des Hwangho. Es ist das landwirtschaftliche Vorzugsgebiet der Volksrepublik. Die Jangtsekiangebene geht über in das Südchinesische Bergland, eine charakteristische Mittelgebirgsregion. Im äußersten Nordosten liegt die Mandschurei, ein großes Berg-, Plateau- und Hügelland mit Erhebungen bis 2744 m (Tschangpai Schan). Kalte lange Winter wechseln mit kurzen niederschlagsreichen Sommern ab. Westlich und südwestlich des 1700 km langen und bis 2000 m hohen Chingan breitet sich das Mongolische Becken mit der charakteristischen Trockenlandschaft der Wüste Gobi aus.

Nicht ganz 15 % Chinas sind bewaldet, vor allem die Randgebiete des Tibetischen Hochlands, die nördliche Mandschurei sowie Teile des Südchinesischen Berglands. Der größte Teil Tibets liegt oberhalb der Baumgrenze. Hier finden sich versumpfte Salzseen, unterbrochen von hochalpinen Matten und Steppen. Nadelwälder reichen im osttibetischen Randgebirge bis in Höhen zwischen 3000 und 4000 m hinauf. Das Nordchinesische Bergland und andere Gebirgsketten besitzen Baumsteppenvegetation. Die ursprünglich sommergrünen Laubwälder vom Amur bis zum Jangtsekiang sind der intensiven Landbewirtschaftung zum Opfer gefallen; ebenso die subtropischen immergrünen Lorbeerwälder Südchinas.

Klima

China erstreckt sich, seiner riesigen Ausdehnung entsprechend, über mehrere Klimazo-

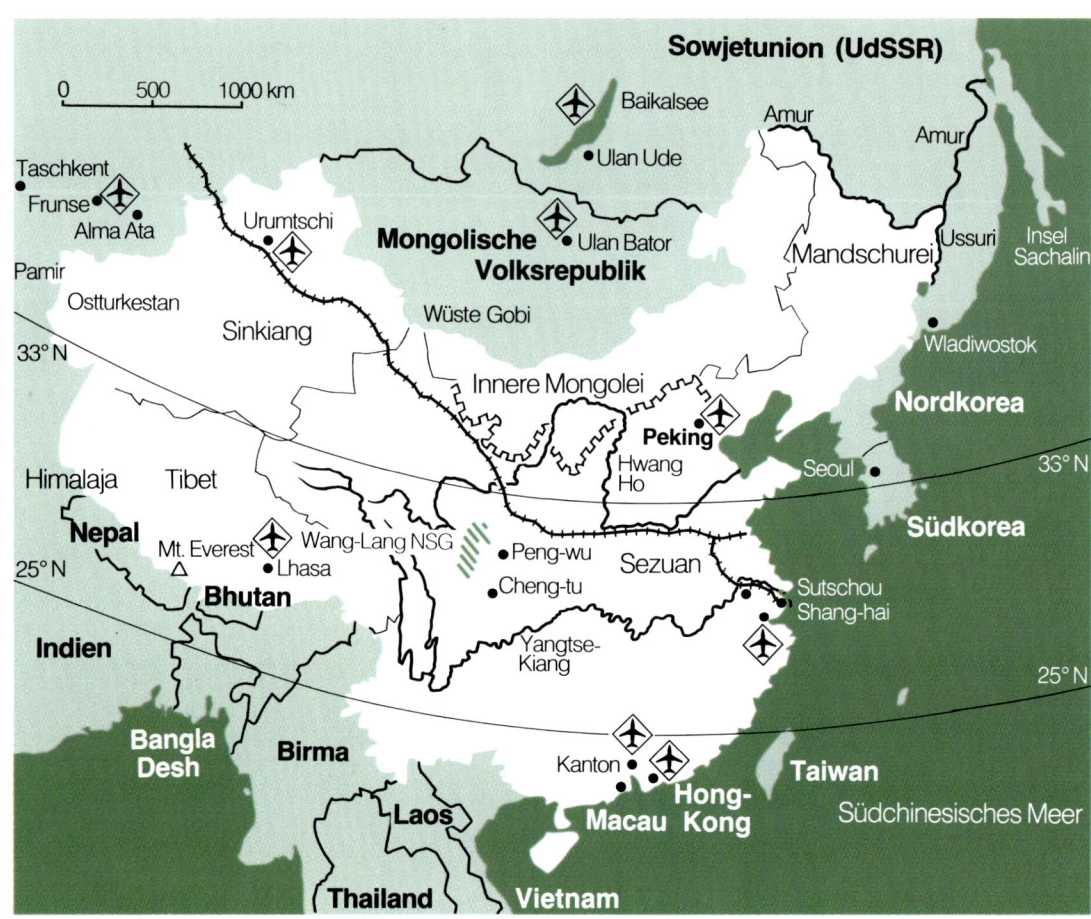

*Reisterrassen in der Provinz Yünnan (oben).
Chinas berühmte Elfenbeinschnitzereien
(unten)*

nen: vom extremen kontinentalen Wüstenklima Hochasiens bis zum Tropenklima im äußersten Süden des Landes. Die Niederschläge nehmen deshalb generell von Süden nach Norden und zum Landesinneren ab, und in gleicher Weise nehmen die Temperaturschwankungen zwischen dem wärmsten und kältesten Monat zu. Im Sommer beherrschen tropische warme Luftmassen ganz China, während im Winter das sibirische Kälteloch in den Norden des Landes vordringt. Die besten Reisezeiten sind das Frühjahr und der Herbst.

Jagd
Jagd für Ausländer in verschiedenen Teilen seit 1986 möglich. Mehr Abenteuerreise/Expedition. Jagdführung durch einheimische Berufsjäger; Jagdausübung per Fußpirsch, Pferd und Geländewagen. Erwartungsgemäß gute Wildbestände von Argali und Blauschaf, Hirsch, Wildschwein und Kragenbär. Nur Leihwaffen.

Visum
Reisende benötigen ein Visum, das bei der Botschaft der Volksrepublik China, Konrad-Adenauer-Straße 104, 5307 Wachtberg-Niederbachern, beantragt werden muß.

Impfungen
Gelbfieber- und Choleraschutzimpfungen sind zwingend vorgeschrieben für alle Reisenden, die sich innerhalb der letzten sechs Tage vor der Ankunft in der VR China in Infektionsgebieten aufgehalten oder durch diese gereist sind. Malariaschutz ist erforderlich in allen Gebieten unter 1500 m. Allgemein kann gesagt werden, daß Malariainfektion nördlich des 33. Breitengrades von Juli bis November, zwischen dem 33. und 25. Grad nördlicher Breite von Mai bis Dezember und südlich des 25. Breitengrades ganzjährig möglich ist. Gegenüber Chloroquinpräparaten soll Resistenz bestehen.

Waffeneinfuhr
Einfuhr von Jagdwaffen ist zur Zeit noch erschwert. Bei Jagdreisen werden dem Jagdreisenden Leihwaffen zur Verfügung gestellt.

Devisenbestimmungen
Die Ein- und Ausfuhr von Landeswährung ist verboten. Die Ein- und Ausfuhr von Fremdwährungen, ungeachtet in welcher Form, ist unbeschränkt möglich, muß jedoch deklariert werden. Die Umtauschbelege müssen sorgfältig aufgehoben werden.

Sehenswürdigkeiten und Nationalparks
Die VR China kann erst seit Ende der siebziger Jahre von Touristen besucht werden. Seit kurzem sind auch Einzelreisen möglich. Die übliche Rundreise führt über Schanghai – Sutschou – Wuhsien – Nanking – Peking, dann mit dem Flugzeug weiter nach Kanton und Hongkong. Es wird die Chinesische Mauer besucht, die als eines der Sieben Weltwunder gilt. Sie ist 5000 km lang. Mit ihrem Bau wurde im 3. Jahrhundert v. Chr. begonnen.
Natur- und Wildschutz sind in China vorbildlich. Es gibt viele kleine und große Naturparks. Erwähnt sei vor allem das große Naturschutzgebiet Wanglang, das 500 km nördlich von Tschengtu im Kreis Pingwu der Provinz Setschuan liegt. Dort gibt es Fasanen, Seraus und Blauschafe, Hirsche, Bären und Wildkatzen sowie den Riesenpanda und – nicht zu vergessen – den Takin. Das 2200 km große Tschangbai-Naturschutzgebiet wurde 1960 im Tschangbaigebirge ausgewiesen. Nach chinesischer Gesetzgebung dürfen hier Bäume und Sträucher sowie Pflanzen und Tiere nicht einmal „berührt" werden. In diesem Gebiet leben der mandschurische Tiger, Leoparden, Schwarz- und Kragenbären, Rot- und Sikahirsche, starkes Rehwild, Moschustiere, Elche, Enoks, Füchse, Zobel und Großtrappen sowie Adler, Falken, Fischotter, Wölfe und Wildkatzen. Besondere landschaftliche Sehenswürdigkeiten sind das weltberühmte nordchinesische Lößbergland, die gigantische Turmkarstlandschaft bei Kwei-lin, die nirgendwo auf der Erde ihresgleichen findet, und die Schluchten des Jangtsekiang.

Botschaft der Bundesrepublik Deutschland
Tungchimenwai Street Nr. 5, Chaoyang District, Peking Municipality.

Indien

Wildtiere

Affen, Antilopen, Blaubock, Hirschziegenantilope, Indischer Elefant, Löwe (Halbinsel Kathiawar), Panzernashorn, Rothund, Tiger, Wasserbüffel, Wildschwein.

Allgemeines

Auf dem indischen Subkontinent leben 200 Einw./km². Die Inder sind mehrheitlich indoarabischer Abstammung (72 %) Daneben gibt es noch 25 % mit Drawidasprachen (z. B. Tamil) sowie 3 % mit mongolischer Abstammung. Die Bevölkerung kennt neben der Staatssprache, dem Hindi, noch fast 800 weitere Sprachen und Dialekte und bekennt sich vorwiegend zum Hinduismus (83 %). Es gibt aber auch zahlreiche Mohammedaner (11 %), Sikh (2 %), Buddhisten (1 %) und Christen (2,6 %) sowie Anhänger von Naturreligionen. Die englische Sprache wird überall bei Ämtern und Behörden verstanden. Die parlamentarisch-demokratische Republik Indien ist in 22 Bundesstaaten mit 9 Unionsterritorien gegliedert und unabhängiges Mitglied des Commonwealth of Nations. Das Parlament besteht aus zwei Kammern, dem Haus des Volkes und dem Haus der Staaten. Die größte Stadt Indiens ist nicht Neu-Delhi, sondern Kalkutta mit über 9 000 000 Einwohnern, gefolgt von Bombay (8 200 000 Einw.). Baumwolle, Tee, Gewürze sind neben anderen Nahrungs- und Genußmitteln die hauptsächlichen Exportgüter. Der Bundesstaat Indien verfügt über ein gut funktionierendes Bahn- und Binnenflugnetz. Platzreservierungen sind notwendig. Die Straßen zwischen den bedeu-

tendsten Orten sind asphaltiert und teilweise in gutem Zustand. Es herrscht Linksverkehr. Zügiges Vorwärtskommen wird oftmals durch den starken „Nicht-Pkw-Verkehr" auf den Straßen beeinträchtigt.

Landschaft

Man kann Indien in drei landschaftliche Großeinheiten gliedern. Im Norden des Landes gehört der südliche Himalaja zu Indien, der etwa 10 % der Gesamtfläche des Landes einnimmt. Am Südfuß des Gebirges erstreckt sich quer durch ganz Nordindien ein riesiges Tiefland, das sich aus dem Ganges-, dem Brahmaputratiefland und dem indischen Teil des Pandschab, des Fünfstromlands, zusammensetzt. Der südlich anschließende Teil Indiens wird vom Hochland von Dekkan gebildet, das im Westen bis zum Meer reicht. Nur an der Ostküste ist noch Raum für einen breiteren Tieflandsaum. Je nach Region und Höhenlage gibt es in Indien tropische immergrüne Regenwälder, immergrüne Gebirgsregenwälder oder regengrüne Monsunwälder. Die unteren Regionen des Himalajas sind bewaldet, und zwar mit teilweise immergrünen Regenwäldern, die reich an Lianen und

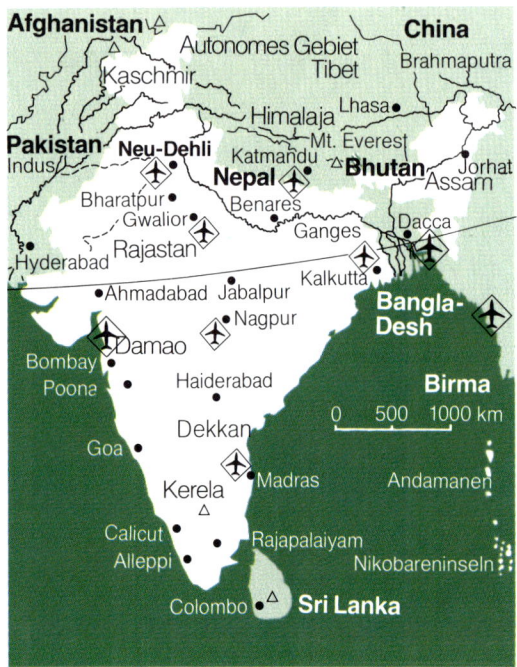

Bambus sind. Besonders im regenreichen Nordostindien reichen immergrüne Saisonregenwälder bis in Höhen von 3000 m. Über der 3000-m-Marke findet man den Nebellorbeerwald mit nachfolgender subalpiner Gebüsch- und Almenvegetation.

Klima

Die heißeste Zeit ist von Mitte April bis Mitte Juni. An die Monsunzeit schließt sich im September/Oktober noch mal eine kurze Hitzeperiode an. Angenehmste Reisezeit ist November bis März. Während der heißen Jahreszeit herrscht im Binnenland eine trockene Hitze; feuchtheiß mit hoher Luftfeuchtigkeit präsentiert sich hingegen die Küstenregion. Die Monsunzeit von Anfang Juni bis September eignet sich weniger für Reisen nach Indien wegen der großen Niederschlagsmengen und häufigen Überschwemmungen.

Jagd

Jagdausübung für Ausländer schwierig; derzeit keine organisierte Jagd möglich, ausgenommen auf Flugwild.

Visum

Für die Einreise nach Indien ist ein Visum notwendig. Für eine Reise nach Sikkim ist auf jeden Fall eine Sondergenehmigung erforderlich. Visa werden beantragt bei der Indischen Botschaft, Konsularabteilung, Adenauerallee 262/264, 5300 Bonn 1.

Impfungen

Die Impfung gegen Gelbfieber ist zwingend vorgeschrieben für alle Reisenden, die sich innerhalb der letzten sechs Tage vor ihrer Ankunft in Indien in Infektionsgebieten aufgehalten oder diese durchreist haben. Eine Choleraschutzimpfung wird dringend empfohlen. Malariaschutz ist für das ganze Land erforderlich.

Waffeneinfuhr

Über Waffeneinfuhren erteilen alle indischen Konsulate ausführlich Auskunft. Das Indische Generalkonsulat befindet sich in der Wilhelm-

Für jeden Touristen unverzichtbar ist Sightseeing am Tadsch Mahal in Agra (links). Da kann einem Angst werden, auch wenn der Tiger nur gähnt (oben).
Das Dekkanplateau bei Hospe (unten links).
Indische Elefanten bei der Arbeit (rechts)

Leuschner-Straße 93, 6000 Frankfurt/Main. Weitere Konsulate gibt es in Berlin, Hamburg, München und Stuttgart.

Devisenbestimmungen

Noten und Münzen der Landeswährung dürfen bei Ein- und Ausreise nicht, Fremdwährungen einschließlich Reiseschecks dürfen unbeschränkt mitgeführt werden. Deklaration ist erforderlich.

Sehenswürdigkeiten und Nationalparks

Zu erwähnen ist hier an erster Stelle das Vogelschutzgebiet Bharatpur südlich der Stadt Bharatpur im nordwestindischen Staat Rajasthan mit den dort brütenden 250 Vogelarten. Das 1935 gegründete Wildschutzgebiet des Corbett-Nationalparks mit 325 km² Größe befindet sich im Staat Uttar Pradesh östlich von Delhi. Hier leben Tiger, Leoparden, Elefanten,

Schwarzbären, Krokodile und Schildkröten. Im Park liegen mehrere Rasthäuser. Das 1515 km² große Wildschutzgebiet des Gir-Nationalparks beherbergt das letzte Refugium des asiatischen Löwen. Weiterhin leben dort Leoparden, Panther, Gazellen, Antilopen, Damwild und Flugwild. In Sasangir gibt es einen Waldbungalow. Der Park liegt im nordwestindischen Staat Gujard, nordöstlich von Somnath. Ein weiteres Tierreservat findet man im Staat Madhya Pradesh, südöstlich von Jabalpur. Es ist 250 km² groß und beherbergt Tiger, Leoparden, Hirsche (den seltenen

Cervus duvauceli branderi). Im Kanha-Nationalpark, wie er heißt, gibt es Rasthäuser. Das Kaziranga-Wildreservat westlich von Jorhat im Staat Assam beherbergt das Asiatische Nashorn, Elefanten, Tiger, wilde Büffel, Hirsche (Sambar), Störche, Fischadler und Pelikankolonien. Es stehen Reitelefanten und Touristenbungalows zur Verfügung.
Etwa 270 km² groß ist das Manas-Wildreservat am Fluß Manas im Staat Assam. Auch hier stehen Elefanten, Wasserbüffel, Nashörner, Sambars und Wasservögel. Mit Reitelefanten und per Boot kann man im Park reisen und in Touristenbungalows in Mothanguri übernachten.
Ein um den Periyarsee (26 km²) gelegenes, 700 km² großes Wildreservat liegt im indischen Staat Kerala. Elefanten, Büffel und Wildschweine sowie eine reiche Vogelwelt können hier beobachtet werden. Touristenbungalows in Thekkady stehen zur Verfügung. Im Nordwesten des Bundesstaates Rajasthan liegt das 210 km² große Sariska-Reservat für Tiger, Leoparden, Antilopen, Sambars, Wildschweine. Es ist ausgestattet mit einem Touristenrasthaus. Zum Schluß sei noch das Jagdgebiet der Maharadschas von Gwalior erwähnt, das mit 160 km² Größe im zentralindischen Staat Madhya Pradesh liegt und Tigern, Leoparden und Sambars Heimat bietet.

Botschaft der Bundesrepublik Deutschland
No. 6, Shantipath, Chanakyapuri, Neu-Delhi 110 021.

Iran

Islamische Republik Iran

Hauptstadt	Teheran (4 468 000 Einw.)
Bevölkerung	40 240 000
Fläche	1 648 000 km²
Landessprachen	Persisch; versch. iranische Umgangssprachen
Währung	Rial (Rl) = 100 Dinars

Wildtiere

Fuchs, Gazelle, Gepard (selten), Hirsch, Leopard, Luchs, Wildschafe, Wildschwein, Wildziegen und Wolf.

Allgemeines

Der vorderasiatische Staat Iran ist mit 24 Einw./km² nur sehr dünn besiedelt; etwa ein Siebtel der Bevölkerung lebt in der Hauptstadt Teheran. Zwei Drittel der Bevölkerung sind iranische Perser. 20 % sind Asiaten und 10 % Kurden. Noch 4 % der Iraner leben als Nomaden. Staatsreligion ist der Islam. Wichtigste Ausfuhrgüter sind Erdöl, Erdölderivate und Erdgas. Hinzu kommen noch Chrom, Eisen, Kupfer und Mangan sowie Orientteppiche. Das Schienennetz des Iran ist 5229 km lang, doch das verbreitetste Verkehrsmittel sind die privat betriebenen Überlandbusse, die auf den Straßen zwischen den großen Städten gut vorankommen. Die Nebenstraßen sind oft nur mit dem Allradfahrzeug zu befahren. Die nationale Fluggesellschaft Iran Air bedient den nationalen und internationalen Flugverkehr.

Landschaft

Der Iran ist ein Hochland zwischen dem Kaspischen Meer und dem Persischen Golf, das an allen Seiten von Hochgebirgen nach außen abgeschlossen wird. Die Außenränder der Gebirge begleiten schmale Tiefländer, die von Natur aus begünstigter sind als das zentrale Hochland, denn die Hochregionen im Zentrum und im Osten sind weitgehend Wüsten. Den Niederschlagsverhältnissen entsprechend herrschen Wüsten und Halbwüsten vor. Im Westen und Nordwesten tritt Trocken-

waldflora auf, im südkaspischen Raum hingegen Feuchtwald. In den Hochgebirgen herrschen alpine Grasflächen vor.

Klima

Der Iran gehört klimatisch zum subtropischen Trockengürtel Eurasiens. Die Sommer sind auch im Hochland heiß und trocken, die Gebiete unter 1000 m sind sogar sehr heiß. In höheren Gebirgslagen ist es im Sommer angenehm. Die Winter sind sehr kalt und gehen mit starken Schneefällen einher. Zwischen Tag und Nacht ist das Temperaturgefälle sehr hoch. Die besten Reisezeiten sind April/Mai und September/Oktober. Die Niederschläge fallen im Winter, und sie nehmen von Nordwesten nach Südosten deutlich ab. Die Nordhänge des Elburs wirken als Regenfänger, so daß das Hochland auch im Winter nur dürftige Niederschläge empfängt.

Jagd

Jagd für Ausländer derzeit gesperrt. Bis Anfang der siebziger Jahre sehr gute Jagdmöglichkeiten auf Wildschafe, Ziegen und Wildschweine.

Visum

Für alle Reisenden besteht Visumzwang. Die iranischen Vertretungen können z. Z. nur Visa erteilen, wenn hierfür die Genehmigung aus Teheran vorliegt.

Impfungen

Impfungen gegen Gelbfieber und Cholera sind zwingend vorgeschrieben für alle Reisenden, die sich innerhalb der letzten sechs Tage vor ihrer Ankunft im Iran in Infektionsgebieten aufgehalten oder diese durchreist haben. Malariaschutz wird benötigt für die Monate März bis November.

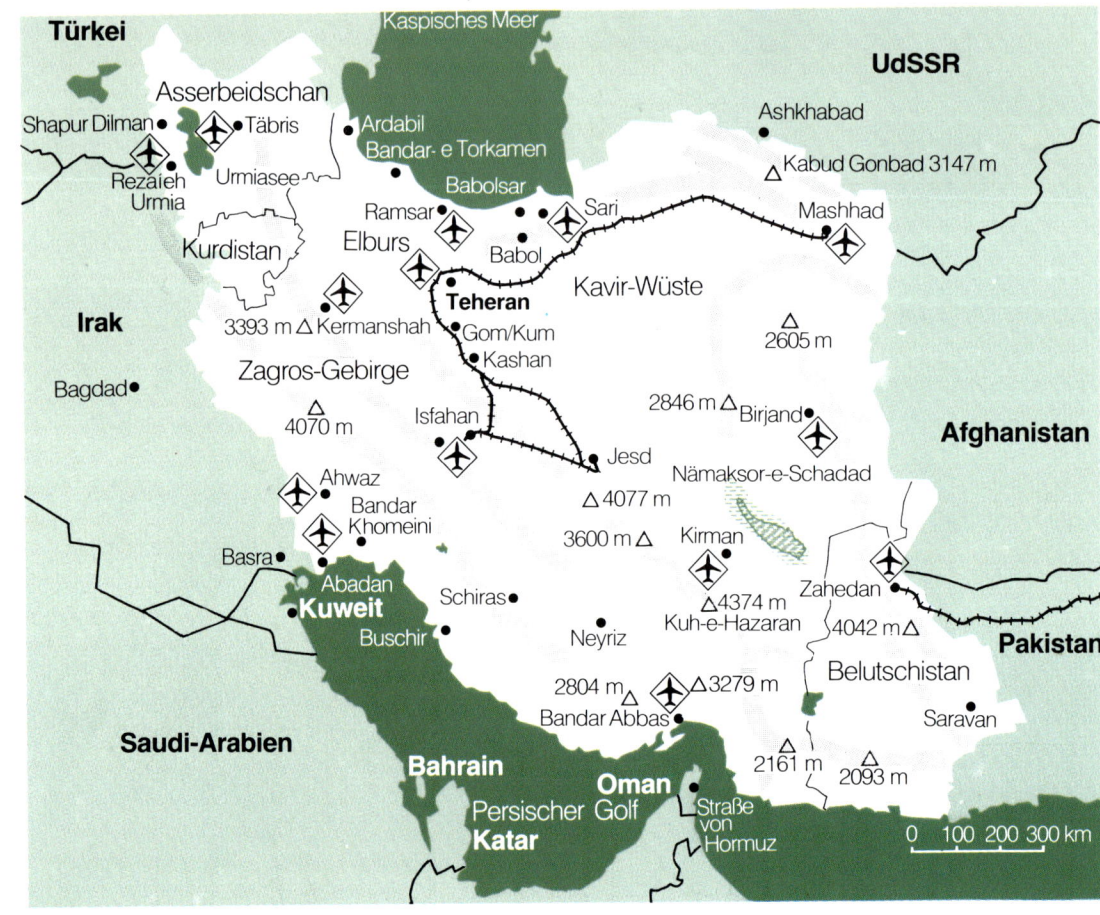

Die Hochgebirge des Iran sind die Heimat von Wildschafen und -ziegen. Ob wohl manchmal noch mit einer alten, goldverzierten Flinte auf sie gejagt wird?
Die Dachlandschaft von Isfahan (links). Im Vordergrund große Zisternen

Waffeneinfuhr
Über die Einfuhr von Waffen erkundigt man sich am besten bei den iranischen Vertretungen, z. B. den Konsulaten in Berlin, Hamburg und München.

Devisenbestimmungen
Bei Ein- und Ausreise dürfen iranische Banknoten bis zu einem Betrag von 2000 Rials mitgeführt werden. Fremdwährungen dürfen in unbeschränkter Höhe eingeführt werden, erforderlich ist eine Deklaration. Die Umtauschbelege sind gut aufzubewahren. Ausfuhr in Höhe der deklarierten Einfuhr abzüglich der umgetauschten Beträge.

Sehenswürdigkeiten und Nationalparks
Moscheen im Iran sollten nur in Begleitung von Einheimischen besucht werden. Besichtigen sollte man in Teheran den Gulistanpalast und die vielen Museen, das archäologische Bastanmuseum in Persepolis, die altpersischen Bauten und in Isfahan die Glasurkachel-Moscheen aus dem 17. Jahrhundert. Ramsar und Babolsar sind attraktive Badeorte am Kaspischen Meer.

Botschaft der Bundesrepublik Deutschland
Avenue Ferdowski, P.O.Box 11365–179, Teheran.

Mongolei

Mongolische Volksrepublik

Hauptstadt	Ulan-Bator (400 000 Einw.)
Bevölkerung	1 732 000
Fläche	1 565 000 km^2
Landessprache	Mongolisch
Währung	Tugrug
	= 100 Mongo

Wildtiere

Argali, Bär, Fuchs, Hirsch, Irbis (Schneeleopard), Kulan, Luchs, Maralhirsch, Mongolische Gazelle, Moschustier, Sibirischer Rehbock, Sajanischer und Sibirischer Steinbock, Wildkamel, Wildpferd, Wildschwein, Wolf.

Allgemeines

Die Mongolische Volksrepublik, in Zentralasien gelegen, ist mit nur 1,1 Einw./km^2 eines der am dünnsten besiedelten Länder der Erde. Mongolen stellen 87 % der Bevölkerung. Etwa 4 % sind Kasachen, den Rest stellen Tuwiner, russische und chinesische Minderheiten. Die Religion spielt seit 1930 kaum mehr eine Rolle. Sie war bis dahin vom lamaistischen Buddhismus geprägt. Die Volksrepublik verfügt nur über eine Kammer als gesetzgebende Körperschaft. Ihre Mitglieder werden auf einer Einheitsliste für vier Jahre gewählt.

Vieh, Fleisch, Wolle und Leder sind die Hauptausfuhrgüter des Landes. Das Straßennetz von 8600 km Länge ist nur zu einem Zehntel asphaltiert und nur teilweise ganzjährig befahrbar. Pferde, Yaks und Kamele sind in ländlichen Gebieten noch immer die wichtigsten Verkehrsmittel, die über die unbefestigten Pisten ziehen. Die Binnenschiffahrt ist nur wenig entwickelt und beschränkt sich auf die Flüsse Selenga, Orchon und den Klöbsgölsee. Mit Moskau und Irkutsk bestehen internationale Flugverbindungen. Die Transmongolische Eisenbahn, die Ulan-Bator mit Moskau und Peking verbindet, hat seit dem Ideologienkonflikt zwischen China und der UdSSR an Bedeutung eingebüßt. Daneben besteht noch eine gute Schienenverbindung zwischen Tschojbalsan im Osten des Landes und der

sowjetischen Stadt Borsja an der Transsibirischen Eisenbahn.

Landschaft

Die Mongolei ist ein reines Hochland, denn 85 % der Fläche liegen in Höhen über 1000 m. Der Westen des Landes ist ausgesprochen gebirgig. Der Mongolische Altai und der Gobialtai erreichen Gipfelhöhen von 4356 m (Hoher Kujtun) bzw. 3957 m (Ikh Bogd Uul). Ähnliche Höhenverhältnisse finden wir auch im Changaigebirge und im Tannugebirge. Flachwellige Rumpfflächen bilden den Ostteil der Mongolei. Die hier vorhandenen zahlreichen Salzseen und Salzsümpfe gehen allmählich in Steppen über und laufen nach Süden zu in das Wüstengebiet der Gobi aus. Selenga, Orchon und Kerulen sind die drei wasserreichsten Flüsse des Landes. In die nördliche Mongolei greifen noch die südlichen Ausläufer der sibirischen Taiga herüber, nach Süden schließen sich Gebirgswaldsteppe und Gebirgswald an, die mit abnehmendem Niederschlagsreichtum in Kurzgrassteppen übergehen und vor allem den östlichen Landesteil einnehmen. Kurzgrassteppen bedecken etwa 50 % des ganzen Landes. In den regenreicheren Gebieten des Changai- und Kenteigebirges ist die Bewaldung stark und dicht. Wüstensteppe (25–30 % der Landesfläche) leitet zu den Wüstengebieten der Gobi über, die etwa 15 % des Staatsgebietes bedeckt.

Klima

Das Hochland der Mongolischen Volksrepublik kann man in vier Klimazonen einteilen. Das gebirgige Hochland im Westen, das Hochland im Süden, die Halbwüste und die Wüste Gobi. Überall herrscht extremes Kontinentalklima mit sehr kalten und langen Wintern, kühlen und trockenen Sommern sowie extremen Temperaturschwankungen zwischen Sommer und Winter (zum Teil über 40 °C).

Jagd

Jagd für Ausländer erlaubt. Staatliche Jagdorganisation, Jagdführung durch Berufsjäger. Jagdausübung per Fußpirsch, Pferd und Geländewagen; das Traumland des Schaf- und Steinwildjägers.

Visum

Staatsangehörige der Bundesrepublik Deutschland, Österreichs und der Schweiz

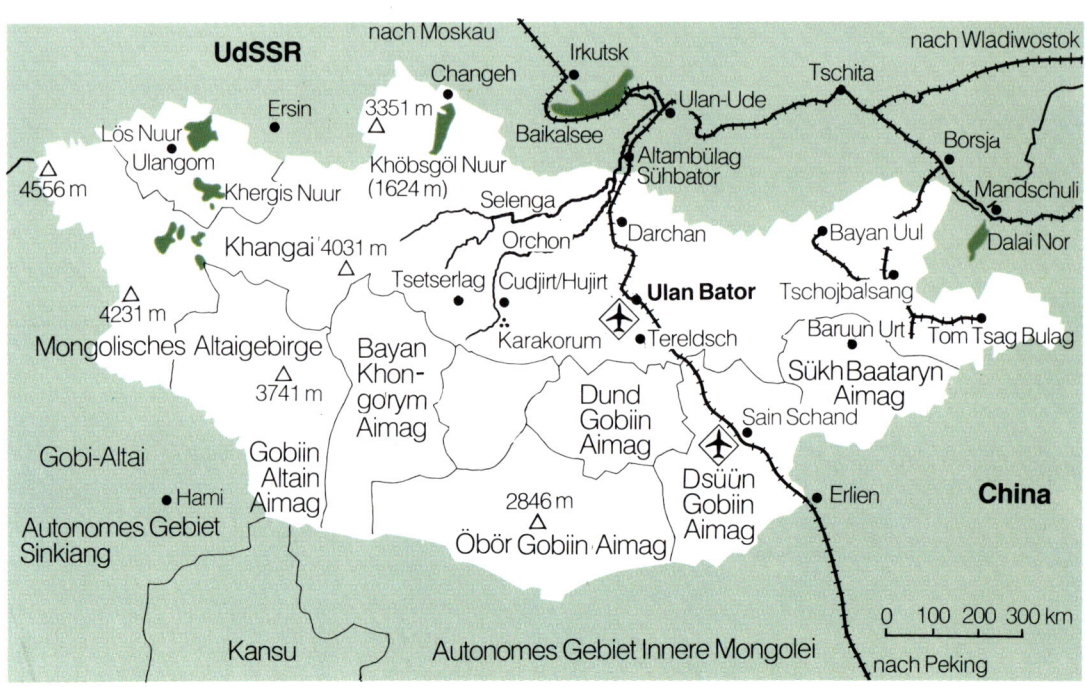

Das Altaigebirge ist die Heimat des begehrten Argali (oben).
Nicht minder reizvoll als der kunstvolle Kaiserpalast von Ulan-Bator ist die wilde und karge Landschaft am Fuß des Karakorums, fernab von jeder Zivilisation

müssen ihr Visum bei der Mongolischen Botschaft in Warschau beantragen: Ambassade de la République de Mongolie, Al. Ujazdowskie 12, PO-478 Warszawa/Polen.

Impfungen
Pockenschutzimpfung ist für Reisende aller Länder vorgeschrieben.

Waffeneinfuhr
Die Waffeneinfuhr ist über die Mongolische Botschaft in Warschau zu regeln.

Devisenbestimmungen
Die Ein- und Ausfuhr mongolischer Landeswährung ist verboten. Fremdwährungen können unbeschränkt eingeführt, müssen aber deklariert werden.

Sehenswürdigkeiten und Nationalparks
Etwa 300 km von Ulan-Bator entfernt, liegt Chudschirt mit heißen Quellen, und 54 km von Chudschirt entfernt kann man die Ruinen der alten Hauptstadt Karakorum besichtigen. Von Chudschirt 82 km entfernt, ist der Orchon-Wasserfall, ein Schauspiel der Natur, das man sich nicht entgehen lassen sollte. Man hat die Möglichkeit, dort bei den Pferdehirten zu Gast zu sein. Etwa 600 km von Ulan-Bator entfernt, gelangt man in die Südgobi, ein landschaftlich einzigartiges Gebiet. Ausflüge in die Gobi, Kamelreiten und die Möglichkeit, bei den Kamelhirten Gast zu sein, werden dem Touristen geboten. Begibt man sich per Bus etwa 70 km von Ulan-Bator weg, gelangt man nach Tereldsch. Dort kann man in einer Jurte (Rundhütte) wohnen, mitten in einer prachtvollen Berglandschaft mit Wald und edelweißbedeckten Wiesen. Ulan-Bator selbst besitzt zahlreiche Museen, das Gandan-Kloster (wird heute noch von Mönchen bewohnt), Theater, Kinos und einen Stadtzirkus.

Deutsche Vertretung
Minato-ku, Minami-Azabu, 4-chome 5–10, Tokyo/Japan. Eine eigene Botschaft der Bundesrepublik Deutschland wird in der Mongolischen Volksrepublik nicht unterhalten.

Nepal

Königreich Nepal

Hauptstadt	Katmandu (170 400 Einw.)
Bevölkerung	15 700 000
Fläche	140 797 km²
Landessprachen	Nepali und tibetische Dialekte
Währung	Nepalesische Rupie (NR) = 100 Paisa

Wildtiere
Asiatischer Hirsch, Blauschaf, Elefant, Goral, Krokodil, Leopard, Lippenbär, Nashorn, Schneeleopard, Serau, Tahr und Wolf.

Allgemeines
Am Südhang der Hauptkette des Himalajas erstreckt sich das besonders bei Bergsteigern bekannte Königreich Nepal Adiradscha mit dem in seinem Nordteil gelegenen höchsten Berg der Erde, dem Mount Everest (8848 m). Bekannte Völkerstämme sind die Sherpa, vor allem im Hochgebirge wohnend und als Bergführer und Jagdführer berühmt, und die Gurkhas, aus deren Reihen das regierende Königshaus hervorgegangen ist. Die Gurkhas sind als ehemalige Kolonialsoldaten der Briten bekannt geworden und wegen ihrer Tapferkeit und ihres Kampfesmutes noch heute in der nepalesischen Armee als Soldaten geschätzt. Der Hinduismus der Gurkhas ist Staatsreligion. Ihm gehören über 78 % der Bevölkerung an. 18 % der Nepalesen sind Buddhisten. Der König besitzt die Exekutivgewalt in einer konstitutionellen Hindumonarchie. Er regiert das Land mit einem Nationalrat (Panchayat), der seit der Verfassungsänderung von 1975 von den Gemeinden und Distrikten gewählt wird.
Zwei jeweils 50 km lange Schmalspurbahnen schließen Nepal an das indische Eisenbahnnetz an. Sonst sind Straßen die einzigen Verkehrswege, z. B. von Katmandu nach Raxaul (Indien). Außerdem besteht eine Ost-West-Verbindung in der Traiebene des Gangestals. Neu ist die von den Chinesen erbaute Hochstraße von Katmandu nach Tibet. Der internationale Flughafen Katmandu bindet Nepal an das Weltflugnetz an und entspricht internationalen Bedingungen eines Großflughafens. Nepal ist eines der ärmsten Entwicklungsländer und exportiert neben Tabak und Zuckerrohr vorwiegend Jute und Gewürze wie Ingwer und Kardamom sowie Reis, Ziegenfelle, Edelhölzer und Wollteppiche.

Landschaft
Zwei Drittel des Landes liegen über 1000 m hoch, und etwa 28 % befinden sich sogar in Höhen von über 3000 m. Anteil an der Gangesebene hat Nepal mit einem 20 bis 30 km breiten Streifen, vorwiegend mit Gras und Wald bedecktes sumpfiges Land. Aus dieser Teraiebene erhebt sich die Siwalikgebirgskette mit bis zu 4000 m hohen Bergen. Das Gebirge ist von den zum Terai abfließenden Gewässern, die dort in den Ganges münden, tief zerschnitten. Hinter den Siwalikketten erstrecken sich die beiden Hochtäler des Katmandu (ein Fluß, nach dem die Hauptstadt benannt wurde) und des Pokhara. Dieser Teil Nepals ist der wichtigste Siedlungs- und Landwirtschaftsraum des Landes. Die Höhe der Täler bewegt sich zwischen 600 und 2000 m, ihre Breite beträgt bis zu 65 km. Hier fallen 1500–2000 mm Regen pro Jahr. Überall an den Hängen breiten sich Reisbauterrassen aus.
Die Durchschnittstemperaturen liegen hier zwischen 16 und 21 °C, und die Hälfte des nepalesischen Volkes lebt in dieser Region. Hinter diesen Tallandschaften kommt man zur Weißen Mauer des Himalajas, dem höchsten Gebirgszug der Erde (bis über 8000 m), Traum vieler Bergsteiger.

Klima
Die besten Reisemonate in Nepal sind Oktober/November und Februar/März. Die Monate April bis Juni sind sehr heiß, und von Juni bis August macht der regenbringende Monsun den Aufenthalt für Europäer beschwerlich, da dann in den tieferen Regionen eine unerträgliche Luftfeuchtigkeit herrscht.

Jagd
Jagd für Ausländer erlaubt. Private, halbstaatliche Jagdorganisation. Jagdführung durch Berufsjäger, Jagdausübung per Fußpirsch, Pferd und Jagdelefant (Terai-Gebiet). Einziges Jagdland auf Blauschaf, Serau und Goral.

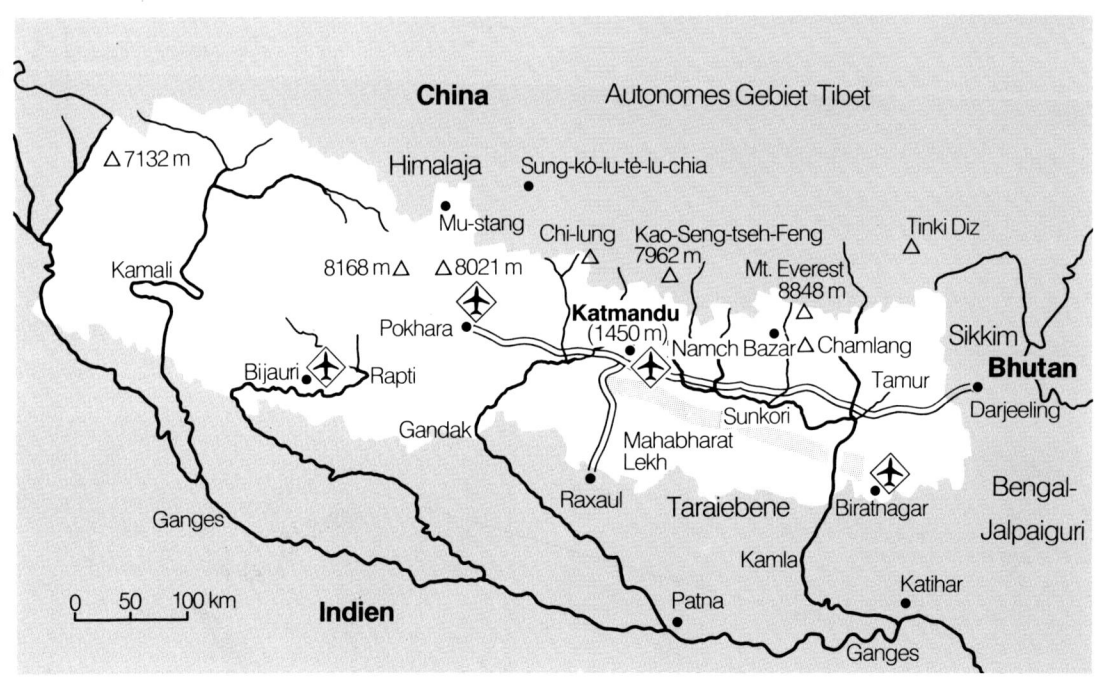

Devisen

Die Ein- oder Ausfuhr von Zahlungsmitteln in der Landeswährung ist verboten. Fremdwährungen dürfen in unbeschränkter Höhe eingeführt werden. Deklaration ist erforderlich, da bei der Ausreise nur der Betrag wieder ausgeführt werden darf, der bei Einreise deklariert wurde. Indische Währung ist allerdings von der Freigabe ausgeschlossen. Beim Rücktausch von Landeswährung in Fremdwährung können nur 10 % des gewechselten Geldes zurückgetauscht werden.

Sehenswürdigkeiten und Nationalparks

Für Jäger ist der Meghaudi-Naturpark einen Besuch wert. Er liegt südlich von Barathpur, nahe dem Stromgebiet von Rapti und Nagayani. Krokodile, Tiger, Nashörner und andere Dschungeltiere haben dort ein Reservat, ebenso Elefanten. Nemech Bazar ist ein

Visum

Für Ausländer besteht Visumzwang. Für Bergbesteigungen und alle Trekkingtouren wird außerdem noch eine Sondergenehmigung verlangt. Diese ist über das Department of Tourism, Katmandu/Nepal, rechtzeitig vor Antritt der Tour zu beantragen. Die Genehmigung wird in der Regel nur für einen Gipfel bzw. für ein Trekkingziel erteilt. Bergsteiger tun gut daran, ihre Genehmigung schon Jahre vorher zu beantragen.
Für Jagdtouristen gilt dasselbe wie für die Trekkingtouristen.

Jagdwaffen

Für die Einfuhr von Jagdwaffen gelten gesonderte Bestimmungen, die man jeweils bei der Königlich-Nepalesischen Botschaft, Im Haag 15, 5300 Bonn 2 (Bad Godesberg), erfahren kann.

Wildromantisch ist die Landschaft des Khumbugebietes, das von zahlreichen Fünftausendern überragt wird (oben).
Die Hauptstadt Katmandu sollte jeder Besucher ausgiebig besichtigen. Hier gibt es die schönsten Pagodendächer zu bewundern

Impfungen

Reisende, die sich sechs Tage vor ihrer Ankunft in Nepal in Gelbfieber-Infektionsgebieten aufgehalten haben, müssen eine Gelbfieber-Schutzimpfung nachweisen. Dies gilt auch für Reisende, die im Transit durch Infektionsgebiete gekommen sind.
Malariaschutz ist ganzjährig erforderlich für die Gebiete des Terai (Distrikte Bara, Dhanukha, Kapilvastu, Mabotari, Parsa, Rautahat, Rupendehi, Sarlahi) und besonders entlang der indischen Grenze. Vor allem sollte Resistenz gegenüber Chloroquinpräparaten bestehen.

berühmtes Sherpadorf mit dem südöstlich vom Ort gelegenen Kloster Thyangboche, der Residenz des Rimpotsche-Lama.
Außerdem sollte man die Hauptstadt Katmandu besichtigen. Weitere Reiseziele sind Bhatgaon mit seinen Tempeln, Statuen und Pagoden, Buddhanilkantha mit der berühmten Statue des Wischnu sowie Patan mit seinem Königspalast, Tempeln und Stupas.

Botschaft der Bundesrepublik Deutschland
Kanti Path, „Kingsway", P. O. Box 226, Katmandu.

Türkei

Republik Türkei
Hauptstadt Ankara (2 855 000 Einw.)
Bevölkerung 47 000 000
Fläche 780 576 km²
Landessprache Türkisch
Währung Türkisches Pfund (TL.)
= 100 Kuruş

Wildtiere

Bezoarziege, Braunbär, Damhirsch (nicht eingebürgert), Fuchs, Großtrappe, Luchs, Schakal, Schwarzwild, Steinbock, Wolf.

Allgemeines

Die Bevölkerung der Türkei ist zu 90 % türkischer Herkunft, nur 7 % sind Kurden. Araber, Armenier, Griechen, Bulgaren und Georgier stellen kleine Minderheiten. Die 67 Provinzen des früheren Osmanischen Reiches werden seit 1983 wieder demokratisch regiert. Die größte Stadt des Landes ist Istanbul mit über 4,7 Millionen Einwohnern.
Früchte, Baumwolle, Tabak, Viehzuchtprodukte sowie Chrom- und Kupfererze sind die wichtigsten Ausfuhrgüter. Das Schienennetz des Landes ist mit 8000 km Länge nicht gerade übermäßig zu nennen, aber gut ausgebaut. Besonders hervorzuheben ist die Bagdadbahn von Istanbul über Ankara nach Adana und zur syrischen Grenze. Hingegen sind die 60 000 km Allwetterstraßen nur zu 40 % tatsächlich das ganze Jahr über befahrbar. Große Bedeutung haben die Überlandbuslinien und der inländische Flugverkehr.

Landschaft

Anatolien ist ein weites Hochland, das von küstenparallelen Gebirgsketten begrenzt wird: im Norden durch das Pontische Gebirge und im Süden durch den Taurus. Ostanatolien ist ein unzugängliches Gebirgsland, von tiefen Tälern zerschnitten und von vulkanischen Deckenergüssen überprägt. Hier im Osten, im Armenischen Hochland, befindet sich der höchste Berg des Landes, der Ararat (5156 m), auf dem der Bibel nach Noahs Arche gelandet sein soll. Außerdem liegt hier in einer Höhe von 1720 m der größte See des Landes, der Vansee. Er ist bis 100 m tief, und seine Fläche ist etwa siebenmal so groß wie die des Bodensees. Es handelt sich um einen Salzsee. Südostanatolien ist ein durch Täler zerschnittenes Plateau, das mit Höhen zwischen 500 und 800 m im Süden in die Syrische Wüste übergeht. Die zentrale Landschaft des inneranatolischen Beckens mit den großen Salzseen und -sümpfen läuft nach Westen in die ägäische Küstenregion aus. Diese ist durch weit in das Land eingreifende Buchten mit anschließenden Talzügen gekennzeichnet. Ostthrakien, der europäische Teil der Türkei, besteht im wesentlichen aus dem Becken des Ergene. Es wird im Norden und Süden von Mittelgebirgszügen eingerahmt.
Die mediterrane Vegetation Ostthrakiens und Westanatoliens mit ihrem hohen Anteil an Kulturpflanzen geht landeinwärts in ausgedehnte Steppenlandschaften über. Die Steppe hat sich durch die Viehwirtschaft zu Lasten des Waldes ständig ausgeweitet. Stärker bewaldet sind die Gebirge. Im Taurus und in Ostanatolien herrschen Schwarzkiefern vor, im Pontischen Gebirge finden wir vorwiegend Laubwälder mit Rhododendronunterwuchs an der Küste. Die höchsten Erhebungen im mittleren Taurus tragen in den obersten Regionen alpine Flora.

Klima

In Istanbul und entlang der Mittelmeerküsten herrscht mediterranes Klima mit heißen, trockenen Sommern und milden, feuchten Wintern. Die Schwarzmeerküste erhält dagegen ganzjährig Niederschläge, da hier die feuchten Etesien (Nordwinde) auch im Sommer Regen bringen. Das Landesinnere besitzt ein ausgesprochen kontinentales Klima mit heißen Sommern, kalten Wintern und geringen Niederschlägen. Die Randgebirge wirken als „Regenfänger". Die besten Reisezeiten sind Frühjahr und Herbst, weil dann die Temperaturen für den Mitteleuropäer am erträglichsten sind.

Jagd

Jagd für Ausländer erlaubt. Private Jagdorganisationen, Jagdführung durch einheimische

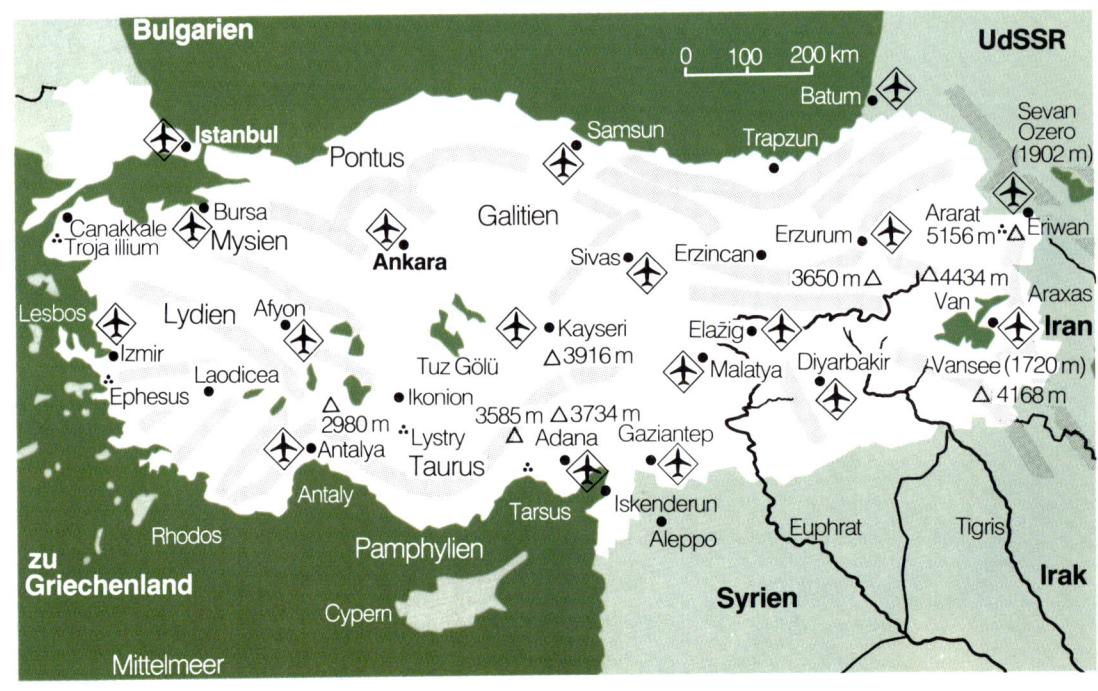

Wild ist die Gebirgslandschaft von Kurdistan, die unwillkürlich die Abenteuer Karl Mays in Erinnerung ruft (oben). Ein Naturwunder sind die Sinterterrassen von Pamukkale (oben rechts). Weltberühmt ist das römische Theater von Ephesus (Mitte). Diese Jagdbegleiter sind harte Burschen

Cukurova/Amikova und von Mitte Mai bis Mitte Oktober in Südostanatolien erforderlich.

Berufsjäger/Wildhüter. Fußpirsch und Drück-jagd auf Bezoarziege, Bär und Wolf, seit 1984 auch in Ostanatolien.

Waffeneinfuhr
Problemlos. Auskunft hierüber erteilt die Bot-schaft der Türkischen Republik, Utestraße 47, 5300 Bonn 2 (Bad Godesberg).

Devisenbestimmungen
Noten in der Landeswährung dürfen bei der Einreise unbeschränkt mitgeführt werden. Bei der Ausreise ist die Mitnahme von TL bis zum Gegenwert von 1000 US$ gestattet. Fremd-währungen können unbegrenzt mitgeführt werden. Eine Deklaration ist erforderlich.

Visum
Deutsche, Österreicher und Schweizer benöti-gen zur Einreise kein Visum, sondern nur gültige Reisepapiere.

Impfungen
Im internationalen Reiseverkehr sind keine Impfungen vorgeschrieben. Malariaschutz ist von Mitte März bis Ende November im Gebiet

Sehenswürdigkeiten und Nationalparks
Für Jäger ist der Besuch des Nationalparks Termessos bei Antalya von Interesse, da hier der Braunbär spürt und das seltene Bezoarwild (über 6000 Tiere) fährtet.
Troja, Ephesus, der Berg Ararat, die türkische Riviera (von Antalya bis Iskenderun) sowie eine Unzahl historischer Stätten geben Aus-kunft über die große geschichtliche Vergan-genheit dieses Landes. Eine „Schatzkammer'' für sich ist natürlich Istanbul, dessen Besichti-gung allein mehrere Tage erfordert.

Botschaft der Bundesrepublik Deutschland
Atatürk Bulvari 114, Ankara. Konsulate gibt es in den Städten Antalya, Iskenderun, Istanbul, Izmir und Sivas.

Jagdländer in Australien

Australien

Australischer Bund

Australischer Bund

Hauptstadt	Canberra (241 000 Einw.)
Bevölkerung	14 860 000
Fläche	7 686 420 km^2
Landessprache	Englisch
Währung	Australischer Dollar ($ A)
	= 100 Cents (c)

Wildtiere

Känguruh, Wallaby, Banteng, Rot-, Dam-, Rusa-, Axis-, Sambarhirsch; Wildziege, Wildschwein, Dingo, Kaninchen, Koala, Beuteltiere, Emu, Kasuar.

Allgemeines

Der fünfte und kleinste Kontinent der Erde hat mit Tasmanien und den vorgelagerten Inseln eine Bevölkerungsdichte von 1,9 Einw./km^2. Die Bevölkerung ist zu 95 % britischer Abstammung, doch sind etwa 111 000 Australier deutschstämmig. Australien ist unabhängiges Mitglied des Commonwealth of Nations. Staatsoberhaupt ist deshalb die englische Königin, Elisabeth II. Staatsform ist die parlamentarisch-demokratische Monarchie. Die wichtigsten Exportgüter Australiens sind in erster Linie Wolle, Kohle, Bergbauprodukte (Eisenerze, Edelmetalle, Blei, Zink und Uran) sowie Maschinen, Fahrzeuge, Fleisch und andere Produkte der Landwirtschaft. Fast alle großen Städte des Landes sind durch Eisenbahnen miteinander verbunden. Daneben bestehen eine ganze Reihe von Überlandautobuslinien. Zehn Fluggesellschaften bestreiten den Inlanddienst. Im wenig besiedelten Inland bedienen weitere kleine Fluglinien den Verkehr. Das Straßennetz ist gut ausgebaut, doch muß man während der Regenzeit oft erhebliche Umwege in Kauf nehmen. Man sollte dann besser fliegen.

So grandios wie hier im Bild wirken die riesigen Sandsteinfelsen der Olga Mountains im trockenen Landesinnern aus der Vogelschau. Ganz im Hintergrund erkennt man den weltbekannten Ayers Rock

Blick auf Sydney

Landschaft

Australien ist überwiegend ein trockenes Wüsten- und Savannenland, das nur im Norden tropische Regenwälder aufweist, die auf den Einfluß des Sommermonsuns zurückzuführen sind. Hier herrschen, wie in den subtropischen Winterregengebieten Südwestaustraliens, Eukalyptus und Akazien als Hartlaubgehölze vor. Weite Flächen des Landes liegen nur 300–600 m ü. NN. Die höchsten Erhebungen finden sich in den Australischen Alpen im Südosten des Kontinents (Mount Kosciusko, 2227m). Vor der Küste von Queensland erstreckt sich das längste Korallenriff der Erde, das Große Barriereriff. Seine Länge beträgt rund 2000 km.

Klima

Ein Drittel des Kontinents liegt in der tropischen, zwei Drittel liegen in der subtropischen Klimazone. Das Klima im Südosten und im Südwesten Australiens ähnelt dem Südfrankreichs oder Italiens. Die Jahreszeiten sind allerdings denen der nördlichen Halbkugel entgegengesetzt. Frühlingsanfang ist z. B. am 23. September. Die Sommer in Nord- und Ostaustralien sind sehr regenreich, die Winter mit relativ kühlen Nächten und warmen sonnigen Tagen die angenehmste und beste Reisezeit. Weiter südlich, im Gebiet Brisbane–Sydney, gibt es keine großen jahreszeitlichen

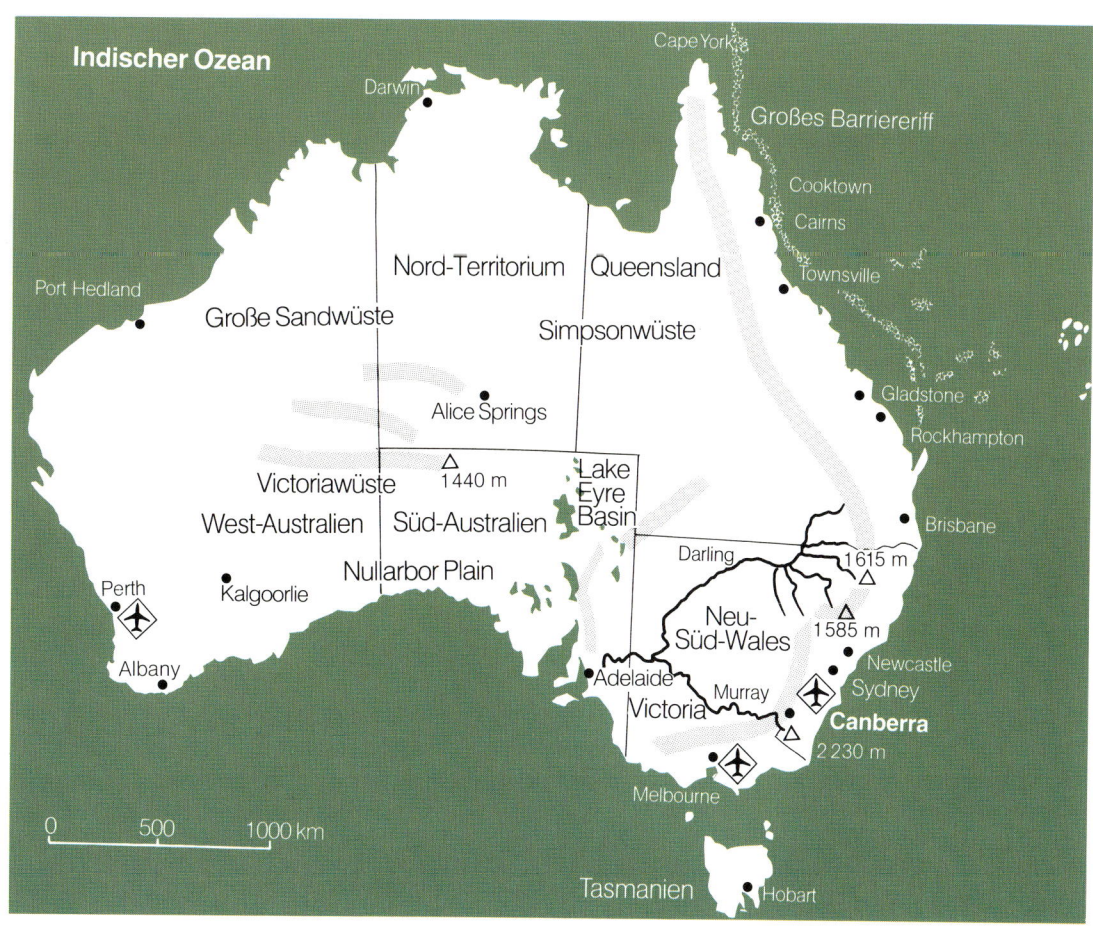

Australien

Klimaunterschiede. Im Sommer kann es in den Inlandsgebieten sehr heiß werden. Südlich von Sydney sind die Sommer warm und die Winter schneefrei, mit Ausnahme der Bergregionen.

Jagd

Jagd ganzjährig geöffnet. Nur private Jagdorganisationen mit Berufsjägern. Jagdausübung per Fußpirsch, Boot und Geländewagen; gute Trophäen von Wasserbüffel, Wildschwein, Banteng und asiatischen Hirschen.

Visum

Für die Einreise nach Australien ist ein Visum erforderlich. Visaanträge sind an die Visa- und Einwanderungsabteilung der Australischen Botschaft, Hohenzollernring 103, Victoria-Haus, 5000 Köln 1 zu richten.

Waffeneinfuhr

Für die Mitnahme von Jagdwaffen und Munition muß bei der Australischen Botschaft eine Einfuhrerlaubnis beantragt werden. Schnappmesser, Dolche u. ä. sind nicht erlaubt.

Impfungen

Impfung gegen Gelbfieber ist für Reisende zwingend vorgeschrieben, die aus Infektionsgebieten oder Endemiegebieten kommen oder durch diese gereist sind. Impfung gegen Cholera wird allen Reisenden dringend empfohlen, die aus Ländern oder über Länder mit Infektionsgebieten kommen bzw. reisen.

Devisenbestimmungen

Noten und Münzen in der Landeswährung dürfen bei der Einreise in unbeschränkter Höhe mitgeführt werden. Ausgeführt werden dürfen jedoch nicht mehr als 250 $A in Noten und 5 $A in Münzen. Die Einfuhr von Fremdwährungen unterliegt keinen Beschränkungen.

Sehenswürdigkeiten und Nationalparks

Der großstadtmüde Europäer wird sich in Australien hauptsächlich die Wildnis, das Outback, ansehen wollen. Landschaftlicher Glanzpunkt im Zentrum des Kontinents ist ohne Frage der Ayers Rock, ein 380 m hoher

Eine geradezu merkwürdige anmutende Landschaftsform ist die Pinnacle-Wüste Westaustraliens (oben). Der hohle Stamm des gewaltigen „Prison Baab" diente früher als Gefängnis (links). Aufgeschreckt prescht eine starke Wasserbüffelherde davon (rechts)

Sandsteinmonolith – der größte der Welt. Wegen ihrer Schönheit berühmt ist die Ostküste mit dem vorgelagerten Großen Barriereriff. Ein Besuch lohnt sich ebenfalls im Mount-Field-Nationalpark im Westen der Insel Tasmanien mit dem 1469 m hohen Mount Field und dem Russel's Wasserfall.

Botschaft der Bundesrepublik Deutschland

119 Empire Circuit, Yarralumla, Canberra, A.C.T. 2600.
Weitere Vertretungen in Adelaide, Brisbane, Hobart, Melbourne, Perth, Sydney.

Neuseeland

New Zealand
Hauptstadt   Wellington (349 000 Einw.)
Bevölkerung   3 160 000
Fläche   268 676 km²
Landessprache Englisch
Währung   Neuseeland-Dollar (NZ$)
                   = 100 Cents

Wildtiere

Damhirsch, Gams, Rothirsch, Schwarzwild, Sikahirsch, Tahr, Wapiti, Weißwedel, Wildziege. Fast sämtliche Arten sind eingebürgert worden.

Allgemeines

Die im südwestlichen Pazifik gelegene Inselgruppe ist mit 12 Einw./km² nur sehr dünn besiedelt. Die Mehrzahl der Neuseeländer sind Weiße englischer, schottischer und teilweise auch irischer Abstammung. Außerdem gibt es noch 270 000 Ureinwohner (Maori) sowie 7000 Chinesen und 3000 Inder. Der anglikanischen Staatskirche gehören somit auch die meisten Neuseeländer an. Wichtige religiöse Gruppen sind aber ebenso die Presbyterianer und die irischen Katholiken. Der Inselstaat gehört zum Commonwealth of Nations und ist eine unabhängige parlamentarische Monarchie mit der britischen Königin als Staatsoberhaupt. Die größte Stadt Neuseelands ist Auckland (809 000 Einw.).

Fleisch, Wolle, Molkereierzeugnisse, Fische und Früchte sind die Hauptausfuhrgüter des Landes. Das Schienennetz der beiden Hauptinseln ist etwa 5000 km lang. Die Straßen sind gut ausgebaut, und es besteht ein gut funktionierender Busverkehr zwischen den Städten. Wichtigstes Transportmittel ist jedoch trotz allem das Flugzeug. Es werden 31 Orte im Linien-Binnendienst angeflogen.

Landschaft

Beide Inseln, durch die 23 km breite Cookstraße voneinander getrennt, sind größtenteils gebirgig, und nur 25 % der Landesfläche liegen tiefer als 200 m. Das vulkanische Hochland mit noch tätigen Feuerbergen, Thermalquellen und Geysiren bildet den Kern der Nordinsel.

Die Südinsel wird von den vergletscherten Gebirgsketten der Neuseeländischen Alpen durchzogen, deren höchste Erhebung der Mount Cook mit 3764 m ist. Grasfluren bedecken heute den Großteil des Landes, während der Waldanteil auf nur 20 % der Gesamtfläche reduziert worden ist. Im nördlichen Neuseeland findet man grüne Lorbeer-Koniferen-Wälder und im südlichen Teil vornehmlich Scheinbuchenwälder.

Klima

Der Inselstaat liegt im klimatischen Übergangsbereich zwischen der gemäßigten Zone und der Subtropenzone. Das Wetter ist jedoch wesentlich stärker veränderlich als in Europa, eine überall auf der landärmeren Südhalbkugel zu beobachtende Erscheinung. Dem Äquator näher liegt die Nordinsel, die im Sommer unter dem Einfluß des subtropischen Hochdruckgürtels liegt. Die Niederschläge fallen hier deshalb hauptsächlich im Winter, während sie auf der Südinsel sehr gleichmäßig auf das Jahr verteilt sind. Die Mitteltemperaturen weisen im Jah-

resgang nur sehr geringe Schwankungen von rund 9 °C auf, was für ein stark ozeanisch beeinflußtes Klima typisch ist. Obwohl es im Sommer recht heiß wird (bis über 30 °C), fallen die Temperaturen auch sehr rasch wieder stark ab, teilweise bis in Gefrierpunktnähe, da Kaltluftmassen ungehindert von Südwesten her über den Ozean vorstoßen können.

Jagd
Jagd für Ausländer erlaubt. Private Jagdorganisationen, Lizenzjagd auf Staatsland. Jagdführung durch Berufsjäger, Jagdausübung per Fußpirsch und Helikopter. Alles Jagdwild (beste Bestände!) eingebürgert.

Visum
Deutsche, die im Besitz erforderlicher Rück- und Weiterreisepapiere sowie eines gültigen Reisepasses sind, sind vom Visumzwang befreit, sofern sie nicht länger als drei Monate im Land bleiben. Der Paß muß allerdings noch sechs Monate über den Rückreisetermin hinaus gültig sein. Auch Bürger der Schweiz können sich ohne Visum im Land aufhalten, und zwar bis zu sechs Monaten.

Impfungen
Schutzimpfungen werden im internationalen Reiseverkehr von Neuseeland nicht gefordert.

Waffeneinfuhr
Die Einfuhr von Revolvern und Pistolen ist verboten. Für alle anderen Waffen wird von der

Polizei bei der Ankunft ein „Permit to Land" erteilt. Mit Ausnahme von Flinten müssen alle Waffen innerhalb einer Frist von einem Monat nach Ankunft bei der Polizei zur Registrierung gemeldet sein. In jedem Fall empfielt sich eine vorherige Rückfrage über Waffeneinfuhrbestimmungen bei der Neuseeländischen Botschaft, Bonn Center H I 902, Am Bundeskanzlerplatz, 5300 Bonn 1.

Devisenbestimmungen
Noten und Münzen dürfen in der Landeswährung bei Ein- und Ausreise in unbeschränkter

Nicht nur Jäger kommen in Neuseeland auf ihre Kosten. Traumlandschaften wie aus dem Bilderbuch begeistern Natur- und Wanderfreunde aus aller Welt

Menge mitgeführt werden. Fremdwährungen können bei der Einreise unbeschränkt mitgeführt werden, müssen aber deklariert werden.

Sehenswürdigkeiten und Nationalparks
Der Mount-Cook- und Westland-Nationalpark besteht aus zwei zusammenhängenden Arealen von insgesamt 1550 km^2. Im Tongariro-Nationalpark findet man am 2797 m langen Ruapehu einen heißen Kratersee, außerdem kann dort von Juli bis September Wintersport betrieben werden. Im Norden der Nordinsel sei noch auf den Tronson-Kauri-Park mit seinen 1000jährigen Kaurifichten hingewiesen, die bis zu 60 m hoch werden. Als Besonderheit gilt der Wakatipusee, ein Gebirgssee in den Südalpen der Südinsel Neuseelands, der 291 km^2 groß ist und den Gezeiten des Pazifiks unterliegt! Die weltberühmten Waitomohöhlen sind durch die Glühwürmchengrotte bekannt geworden. Sehr lohnend ist auch die Erkundung des Milford Sound, dessen Naturschönheiten durch einen 50 km langen Wanderweg (Milford Track) erschlossen sind.

Botschaft der Bundesrepublik Deutschland
90–92, Hobson Street, Thorndon, Wellington, P. O. Box 1687.

Papua-Neuguinea

Niugini
Hauptstadt Port Moresby (131 000 Einw.)
Bevölkerung 3 010 000
Fläche 461 691 km²
Landessprachen Englisch (Staatssprache), melanesisches Pidgin (Umgangssprache)
Währung Kina (K) = 100 Toea

Wildtiere

Enten, Krokodil, Rusahirsch, Wasserwild, Wildschwein.

Allgemeines

Die Bevölkerung besteht hauptsächlich aus Papua, die mit rund 750 Stämmen die Inselwelt dieses Staates bewohnen. Sie sind zur Hälfte noch Anhänger von Naturreligionen. Die andere Hälfte der Papua gehört christlichen Kirchen an. Das Land ist in 19 Provinzen unterteilt und gehört zum Commonwealth of Nations, ist also eine parlamentarisch-demokratische Monarchie mit der englischen Königin als Staatsoberhaupt.

Kupfer, Gold, Kaffee und Kakao sind die Hauptausfuhrgüter. Das wichtigste Verkehrsmittel ist das Flugzeug. Die vielen kleinen Flugplätze im Land werden zu 50 % von Missionsstationen unterhalten. Insgesamt operieren 23 private Fluggesellschaften. Die Straßenverhältnisse sind bescheiden. Meist führen bloß einzelne Stichstraßen ins Hinterland, die nur mit dem Allrad befahren werden können. Regelmäßiger Busverkehr besteht lediglich von Lae aus nach Mendie und Wabag.

Landschaft

Ein Viertel der Landesfläche liegt über 100 m hoch. Das steil aufragende Zentralgebirge durchzieht die Insel von Westen nach Osten. Es besitzt ausgedehnte Hochtäler, und etliche Gipfel sind um die 4000 m hoch. Der höchste Berg (4508 m) ist der Mount Wilhelm im Bismarckgebirge. Die Niederungen sind meist versumpfte Senkungsgebiete, die landeinwärts von küstenparallel verlaufenden Gebirgsketten begrenzt sind. Der Südwesten des Landes wird von einer 450 km breiten Schwemmlandebene eingenommen, die stark von Ebbe und Flut beeinflußt wird. Zahlreiche Gebirge des Landes sind vulkanischen Ursprungs. Manche Vulkane sind noch tätig, vor allem auf den nördlich vorgelagerten kleineren Inseln. Der Großteil der Vegetation besteht aus immergrünen tropischen Wäldern, nach Höhenstufen untergliedert. In den Tiefländern herrschen Sumpfwälder, Grassümpfe und Savannen vor, an den Küsten Mangrovensümpfe. Offene Grasländer finden sich im Hochland und im Nordwesten des Landes.

Klima

Das Land liegt größtenteils im Klimabereich der immerfeuchten Tropen mit ganzjährigen Niederschlägen. Eine ausgesprochene Trockenzeit gibt es lediglich in den Küstengebieten des Papuagolfes (Mai bis Oktober). Entlang der Küsten schwanken die Temperaturen ganzjährig zwischen 23 und 30 °C. Im Hochland und in den Bergen sind die Tage warm (bis 25 °C) und die Nächte kühl (um 15 °C).

Jagd

Jagdausübung für Ausländer erlaubt. Private Jagdorganisationen. Jagdführung durch weiße bzw. einheimische Jagdführer. Jagdausübung per Fußpirsch, Boot und Geländewagen; ausgezeichnete Bestände von Rusahirschen.

Visum

Reisende aus der Bundesrepublik Deutschland, aus Österreich und der Schweiz sind vom Visumzwang befreit, wenn sie sich nicht länger als 30 Tage in Papua-Neuguinea aufhalten

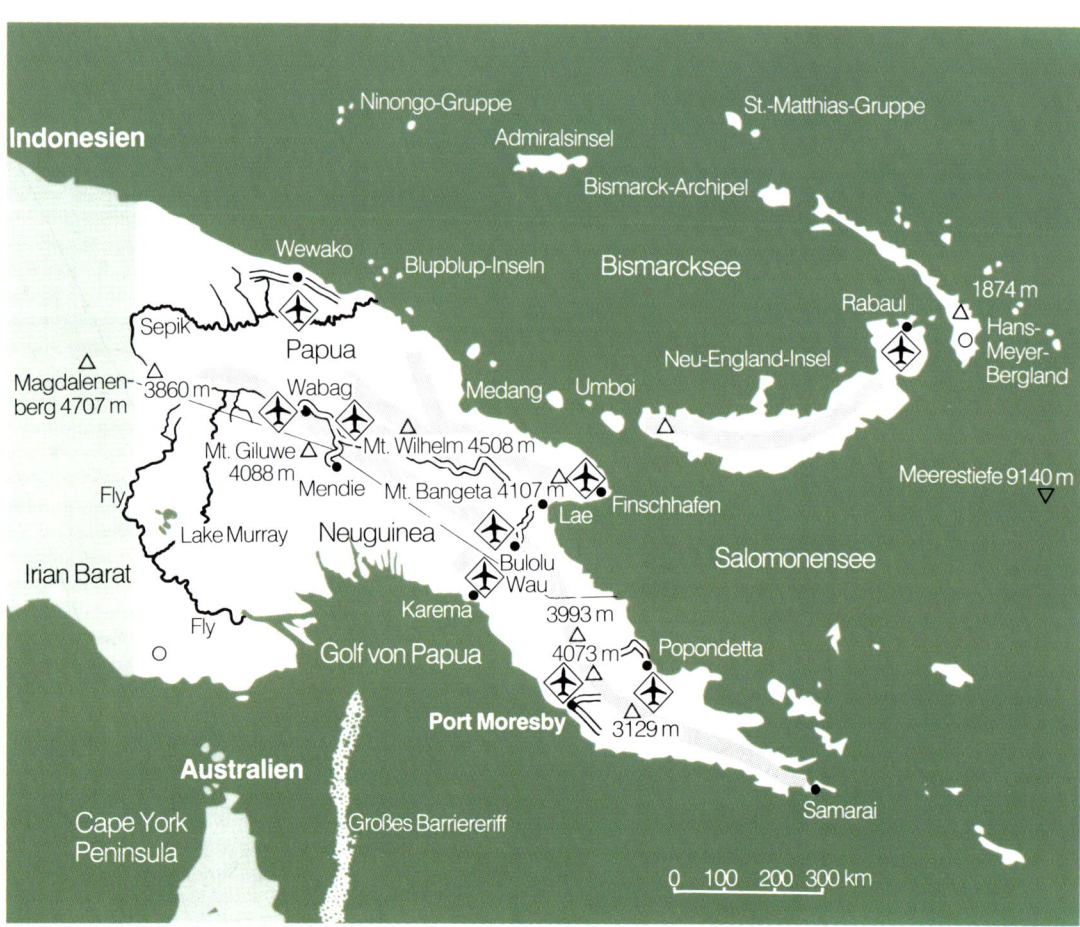

Abendstimmung über dem Sepik, dem bedeutendsten Fluß des Landes, dessen Ufer von zahlreichen Pfahlbaudörfern gesäumt werden (oben).
Ein Stammeshäuptling im Hochland, das von einer üppigen Vegetation überwuchert ist

wollen. Flugscheine für die Weiterreise müssen jedoch vorgelegt werden.

Impfungen

Die Schutzimpfung gegen Gelbfieber ist zwingend vorgeschrieben. Malariaschutz ist ganzjährig für das ganze Land notwendig. Es soll Resistenz gegenüber Chloroquinpräparaten bestehen.

Waffeneinfuhr

Die Importerlaubnis der Zollbehörde ist erforderlich.

Devisenbestimmungen

Noten und Münzen in der Landeswährung dürfen unbeschränkt eingeführt werden. Nichtansässige dürfen keine Landeswährung ausführen. Die Einfuhr von Fremdwährung ist in unbegrenzter Höhe erlaubt, die Ausfuhr ist ebenfalls unbeschränkt erlaubt.

Sehenswürdigkeiten und Nationalparks

Besonders sehenswert ist das Tal des Sepik im Norden des Landes. Der Fluß überschwemmt zur Zeit der Regenfälle das gesamte Tal, so daß alle Gebäude in dieser Gegend absolut hochwassersicher auf Pfählen errichtet sind.
Im Botanischen Garten der Hafenstadt Lae sind die seltensten Orchideen zu betrachten. Alle zwei Jahre findet in Mount Hagen, einem Hochlandort westlich von Lae, das für Europäer sehr interessante Fest der Hochlandstämme statt. Das Gebiet ist außerdem Paradiesvogel-Schutzreservat.

Botschaft der Bundesrepublik Deutschland

Kriewaldt Building, Hubert-Murray-Highway, Boroko, P. O. Box 73, Port Moresby.

Jagdländer
in
Europa

Bulgarien

Volksrepublik Bulgarien

Hauptstadt	Sofia (1 084 000 Einw.)
Bevölkerung	8 890 000
Fläche	110 912 km²
Landessprache	Bulgarisch
Währung	Lew (Lw) = 100 Stótinki

Wildtiere

Auerhahn, Bär, Dachs, Fuchs, Gams, Hirsch, Luchs, Muffelwild, Niederwild, Rehwild, Wildschwein und Wolf.

Allgemeines

Mit 78 Einw./km² gehört die kommunistische Volksrepublik Bulgarien zu den relativ dünn besiedelten südosteuropäischen Staaten der Balkanhalbinsel. Zu 92 % besteht die Bevölkerung aus Bulgaren, 4–5 % sind türkischer Abstammung, und der Rest verteilt sich auf verschiedene Zigeunerstämme. Aufgeteilt in 27 Bezirke, wird Bulgarien zentral von Sofia aus regiert. Jeder achte Bulgare wohnt in Sofia.

Ausfuhrgüter des Landes sind neben den traditionellen Produkten wie Tabak, Obst, Gemüse, Wein und Rosenöl heute auch Maschinen, Industrieausrüstungen und Bergbauprodukte. Der Verkehr wickelt sich nicht nur auf einem gut ausgebauten Eisenbahnnetz ab, sondern ebenso auf gut asphaltierten und gepflasterten Autostraßen. Die nationale Fluggesellschaft Balkan Air bedient den nationalen und internationalen Flugverkehr.

Landschaft

Bulgarien ist ein Übergangsland zwischen Europa und dem Orient. Man kann es in mehrere Landschaftsräume gliedern, die in Ost-West-Richtung verlaufen: Da sind zunächst die breiten Donauauen, denen sich das Hügelland der Bulgarischen Platte anschließt, das im Süden unmerklich vom Vorbalkan in den Balkan übergeht. Der Ostbalkan läuft am Kap Emine ins Schwarze Meer aus. Südlich des nur etwa 50 km breiten Balkans schließen

sich die ebenso schmalen Hinterbalkanischen Becken an, die im Süden von den Mittelgebirgen der Sredna gora und der Sărnena gora begrenzt sind. Schließlich folgt die bis zu 100 km breite Maritzaebene, über die im Süden die Gipfel von Rila-, Pirin- und Rhodopegebirge aufragen. Im Rilagebirge befindet sich Bulgariens höchster Berg, der Musala (2925 m). Die natürliche Vegetation ist als Folge der Besiedlung und der intensiven Landwirtschaft weitgehend zerstört. Trotzdem sind noch 34 % des Landes bewaldet. Neben mitteleuropäischen Laubbäumen wie Hainbuche, Eiche, Ahorn, Ulme und Linde trifft man auf Steppengewächse. Die höheren Landesteile sind überwiegend mit Nadelholz bestockt (Fichte, Kiefer, Tanne).

Klima

Nordbulgarien besitzt ein gemäßigtes kontinentales Klima. Das Balkangebirge fungiert als Klimascheide, so daß man in Südbulgarien ein vom Mittelmeerraum her beeinflußtes Klima findet.

An der Schwarzmeerküste sind Herbst und Winter sehr mild. Auf den Bergen liegt von November bis April Schnee.

Jagd

Jagd für Ausländer erlaubt. Staatliche Jagdorganisation, Jagdführung durch Berufsjäger. Jagdausübung per Fußpirsch, Ansitz und Drückjagd. Gute Bestände von starkem Rot- und Schwarzwild.

Visum

Touristen in Gruppen von mindestens 6 Personen und Familien mit Kindern unter 18 J. sind vom Visumzwang befreit, wenn sie sich länger als 30 Stunden in Bulgarien aufhalten und ihren Aufenthalt in Bulgarien bereits vor Antritt der Reise fest gebucht und bezahlt haben. Entsprechende Unterlagen sind an der Grenze vorzulegen. Reisepaß erforderlich.

Impfungen

Im internationalen Reiseverkehr werden von Bulgarien keine Impfungen verlangt.

Waffeneinfuhr

Jagdwaffen und Munition dürfen nur bei Buchung einer Jagdreise mitgeführt werden. Die Waffen müssen an der Grenze deklariert werden, und der Nachweis der Reisebuchung ist vorzulegen.

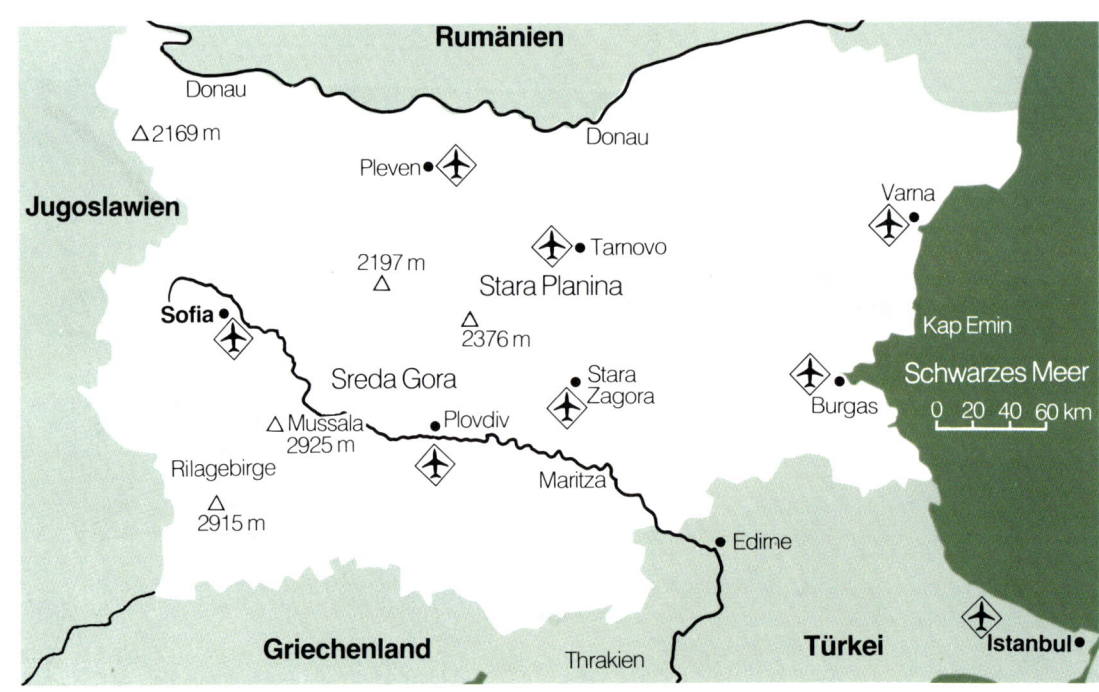

Im Rilagebirge gibt es kapitale Rothirsche. Im Bild unten wird gerade ein Kronenhirsch zu Tal gebracht.
Wer neben der Jagd noch Zeit übrig hat, sollte unbedingt das Rilakloster besichtigen. Interessant ist auch der Steinerne Wald (oben)

Devisenbestimmungen

Touristen erhalten beim Umtausch bestimmter Währungen, z. B. DM oder US-Dollar, eine Prämie von 80 % auf den offiziellen Kurs, aber nur in den Büros von Balkantourist. Die Ein- und Ausfuhr von Landeswährung ist verboten, während frei konvertierbare Währungen unbeschränkt ein- oder ausgeführt werden können. Umtauschbescheinigungen sind jedoch gut aufzubewahren. Euroschecks werden eingelöst.

Sehenswürdigkeiten und Nationalparks

Neben der reizenden Schwarzmeerküste und den dortigen Badeorten sind vor allem die an Geschichte reichen Städte Bulgariens interessant, besonders Sofia, Plovdiv und Tărnovo. Das bekannteste Wintersportzentrum des Landes, Borowez, liegt von Sofia nur 71 km entfernt im Rilagebirge.
Stellvertretend für viele Klöster im Lande sei hier das Rilakloster genannt, 120 km südlich von Sofia gelegen. Es stammt aus dem 12. Jahrhundert und ist eine Art Nationalheiligtum.

Botschaft der Bundesrepublik Deutschland

Ulica Henri Barbusse 5–7, Postfach 869, Sofia.

255

Finnland

Republik Finnland

Hauptstadt	Helsinki, schwed. Helsing-fors (880 000 Einw.)
Bevölkerung	4 826 000
Fläche	337 009 km²
Landessprachen	Finnisch und Schwedisch
Währung	Finnmark (Fmk) = 100 Penniä

Wildtiere

Auerwild, Bär, Birkwild, Elch, Fuchs, Gulo, Luchs, Ren, Rothirsch, Weißwedelhirsch und Wolf.

Allgemeines

Suomen Tasavalta nennen die Finnen ihre Republik, die mit 14 Einw./km² nur sehr dünn besiedelt ist. Etwa 93 % der Bevölkerung sind Finnen, der Rest sind Finnlandschweden und Lappen (2240). Die Staatskirche ist evange-lisch-lutherisch. Ihr gehören über 91 % der Bevölkerung an. Staatsform ist die parlamenta-risch-demokratische Republik mit einer Kam-mer, dem Reichstag, der seinen Sitz in der Hauptstadt Helsinki hat.

Neben Papier, Holz und Zellulose werden Maschinen, Metallwaren, Schiffe und Textilien als wichtigste Güter ausgeführt. Der dichter besiedelte Süden des Landes besitzt im Gegensatz zum Norden ein gut ausgebautes und dichtes Straßen- und Schienennetz. Die Schiffahrt leidet unter den langen und ausge-sprochen strengen Wintern und den Vereisun-gen der Wasserstraßen, Seen und Flüsse. Der Flugverkehr hat erfreulich zugenommen, und zahlreiche inländische Flugplätze förderten den in- und ausländischen Reiseverkehr.

Landschaft

Finnlands Staatsgebiet liegt zu einem Viertel nördlich des Polarkreises. Den Küsten sind rund 3000 Inseln und Schären vorgelagert. Der für die Besiedlung wichtigste Landesteil, die finnisch-karelische Seenplatte, hat über 55 000 Seen, deren größter mit 4400 km² der Saimaa-see ist.

Das durchschnittlich tief gelegene Land (bis 150 m) steigt im Norden bis auf 700 m an. Die größte Erhebung Finnlands ist der im Nordwe-sten gelegene Haltiatunturi mit 1324 m. Mit Wald bedeckt sind 61 % des Landes, meist mit Nadelholz. Oberhalb der Waldgrenze (300–400 m) gehen die Wälder in Zwerg-strauchheide und arkto-alpinen Pflanzenbe-wuchs über.

Große Teile Finnlands, fast 30 % der Landflä-che, sind versumpft. Der Bewuchs besteht hier aus Krüppelwäldern, die forstlich nicht genutzt werden.

Klima

Finnland hat relativ warme Sommer und schneereiche, strenge Winter. Die Winter dauern im Norden des Landes bis zu sieben Monate. Die Sommer sind hier dagegen nur 55 Tage kurz, während sie im Süden immerhin 125 Tage dauern. Die Mitternachtssonne scheint am 70. Breitengrad ab Mitte Mai bis Ende Juli. Vom 20. November bis zum 20. Januar herrscht dagegen absolute Polarnacht. Am 60. Breitengrad geht die Sonne im Sommer nur für sechs Stunden unter, während sie im Winter nur für die gleiche Zeit aufgeht.

Jagd

Jagd für Ausländer erlaubt. Private Jagdorgani-sationen sowie Lizenzjagd auf Staatsland. Gute Bestände von Auer- und Birkwild. Elchwild, besonders im Süden starke Vor-kommen

Visum

Deutsche mit gültigem Reisepaß oder Perso-nalausweis sind vom Visumzwang befreit; ebenso Österreicher und Schweizer mit natio-naler Identitätskarte.

Impfungen

Für Reisende nach Finnland sind im internatio-nalen Reiseverkehr keine Impfungen erforder-lich.

Waffeneinfuhr

Bei Einreise nach Finnland muß für Waffen eine Importerlaubnis der örtlichen Polizei vorgelegt werden. In Helsinki stellen die Zollbeamten am Flughafen die entsprechende Bescheinigung aus.

Devisenbestimmungen

Landeswährung und Fremdwährungen dürfen unbegrenzt ein- und ausgeführt werden.

Sehenswürdigkeiten und Nationalparks

Neben der Besichtigung von Helsinki mit seinen eindrucksvollen Bauten und dem Jagd- und Naturkundemuseum werden als Besuchs-ziele die Stadt Turku, die Ålandinseln, das

Tavesteland, Ostfinnland und Lappland
empfohlen.

Botschaft der Bundesrepublik Deutschland
Fredrikinkatu 61, P.O. Box 239, SF-00100
Helsinki 10. Weitere Vertretungen in Kotka,
Kuopio, Mariehamn, Oulu, Tampere, Turku.

*Tausende von Seen, endlose Nadelwälder,
eiszeitliche Findlingsblöcke und die im Herbst
in allen Farben schillernde Tundra des Hohen
Nordens: Das sind Finnlands vier Gesichter*

Großbritannien

Vereinigtes Königreich

Hauptstadt	London (6 700 000 Einw.; Ballungsraum 11 000 000 Einw.)
Bevölkerung	55 833 000
Fläche	244 046 km²
Landessprachen	Englisch; Reste keltischer Sprachen
Währung	Pfund Sterling (£) = 100 Pence

Wildtiere

Auer- und Birkwild, Dachs, Fasan, Fuchs, Hase, Moorschneehuhn, Reh, Rothirsch und Wildkatze.

Allgemeines

Mit 229 Einw./km² ist Großbritannien etwa ähnlich dicht besiedelt wie die Bundesrepublik Deutschland. Engländer, Schotten, Walliser und Iren bilden die Bevölkerung des Inselstaates. In einigen Landesteilen wird Keltisch oder Gälisch gesprochen. Die Englische Staatskirche gehört zu den protestantischen Religionsgemeinschaften; ihr gehören fast 90 % der Bevölkerung des Landes an. Die parlamentarisch-demokratische Monarchie mit ihrem Zweikammersystem (Unterhaus und Oberhaus) wird von der Königin als Staatsoberhaupt repräsentiert.

Hauptausfuhrgüter sind Maschinen, Metalle, Fahrzeuge, chemische und elektronische Erzeugnisse, Pharmazeutika, Genußmittel und Textilien. Seit neuerer Zeit gehört Großbritannien auch zu den Erdölnationen, denn es beutet den Hauptanteil am Nordseeöl aus. Ein wichtiger Verkehrsträger des Landes ist die Eisenbahn mit einem Schienennetz von 18 800 km Länge. Daneben gibt es ein sehr gut ausgebautes Straßennetz. Seit den sechziger Jahren wird der Autobahnbau vorangetrieben, und heute sind alle wichtigen Städte des Landes an das Netz angeschlossen. Der Inselstaat verfügt über 300 modernste Seehäfen und zahlreiche nationale Flughäfen, die neben den Fährverbindungen über See den

In den schottischen Highlands stehen starke Rotwildbestände

Verkehr mit dem europäischen Festland bedienen. Im übrigen herrscht in Großbritannien noch immer Linksverkehr.

Landschaft

Im Norden und Westen, d. h. in den Schottischen Uplands und Highlands sowie in Wales und Devonshire/Cornwall, beherrschen stark abgetragene Mittelgebirgsmassive das Land. Teilweise besitzen diese Gebiete fast Hochgebirgscharakter, da sie in unmittelbarer Meeresnähe liegen und somit Höhendifferenzen von 1000 m auf kurzen Entfernungen auftreten können. Die höchste Erhebung des Königreichs ist der schottische Ben Nevis (1343 m); der höchste Gipfel von Wales ist der Mount Snowdon (1085 m). Das „Dach" von England, der Scafell Pike im Lake District, ist nur 978 m hoch. Ein wesentlicher Bestandteil der englischen Landschaften ist das Schichtstufenland des Südens, das hauptsächlich von Kreidegesteinen geprägt wird, was besonders durch die berühmten Steilküsten von Dover dokumentiert wird. Im Binnenland bilden die Kreideschichten und jüngere Gesteine deutliche Schichtstufen, zwischen denen sich die hügeligen Lowlands ausdehnen. Die Lowlands zeichnen sich durch parkartige Vegetation aus. Hier herrschen Landwirtschaft und Industrie vor. Die Lowlands stehen damit in einem krassen Gegensatz zu den unwirtlichen Highlands, die mit Mooren und Heiden bedeckt sind. Sie reichen in Wales bis 600 m und in Schottland bis über 1000 m. Die schottische Westküste ist durch Fjorde reich gegliedert. Als meist vulkanische Formen setzen sich die Gebirge auf den westschottischen Inseln und in Nordirland fort. England war ursprünglich weithin mit Wald bestockt. Heute sind es nur noch 8 % der Gesamtfläche. Die Parklandschaften der Lowlands täuschen größeren Waldbestand vor. Der Norden Englands ist weitgehend waldfrei und trägt karge Bodenflora.

Klima

Großbritannien und Nordirland haben das mildeste Klima unter allen Ländern derselben Breitenlage. Die Sommer sind weder zu heiß, noch sind die Winter zu kalt. Dieser ausgeglichene Temperaturgang ist auf die klimatische Wirkung des Atlantiks zurückzuführen.

Großbritannien ist ein beliebtes Jagdland mit vielen Gesichtern. Da ist einmal Schottland mit seiner herben Landschaft, ein gutes Rehwild- und Rothirschgebiet. England dagegen ist bekannt für seine mehr als hervorragende Flugwildjagd

Jagd

Jagd für Ausländer erlaubt. Private Jagdorganisationen/Hunting Clubs, Jagdführung durch Berufsjäger oder Farmer. Jagdausübung großenteils per Fußpirsch; in einzelnen Revieren gibt es auch Ansitzjagd. Bekannt für hervorragende Flugwildjagd. Schottland gute Rehwild- und Rothirschjagd. Beste gepflegte Wildbestände.

Visum

Deutsche mit gültigem Reisepaß, Familienpaß oder Personalausweis sowie Österreicher und Schweizer mit nationaler Identitätskarte benötigen kein Visum.

Impfungen

Im internationalen Reiseverkehr sind für Großbritannien keine Impfungen vorgeschrieben.

Waffeneinfuhr

Nähere Einzelheiten sind beim Britischen Generalkonsulat, Bockenheimer Landstraße 51–53, 6000 Frankfurt/Main, zu erfragen. Weitere Konsulate: Berlin, Bremerhaven, Düsseldorf, Hamburg, Hannover, München und Stuttgart.

Devisenbestimmungen

Für die Ein- und Ausfuhr von Landeswährung und Fremdwährungen bestehen keinerlei Beschränkungen.

Sehenswürdigkeiten und Nationalparks

Großbritanniens Sehenswürdigkeiten sind zu zahlreich, als daß im Rahmen dieses Buches eine Auswahl getroffen werden könnte. Doch in seiner „Nature Conservancy" besitzt England eine der besten Naturschutzeinrichtungen der Welt. Das „Peak Park Board" kontrolliert alle den Naturschutz berührenden Planungen,

selbst die militärischen! Wissenschaftliche Belange haben in elf wissenschaftlichen Schutzgebieten absoluten Vorrang. Der wissenschaftlichen Forschung gelten aber auch die 12 Nationalparks in England, und ihrer Arbeit ist es zu verdanken, daß fast ausgestorbene Arten wie Stein- und Seeadler, Wanderfalke und Kolkrabe in ihren Beständen wieder gesundet sind. Die zahlreichen schottischen und englischen Naturparks sind größtenteils bestimmten Tierarten zugeordnet. In den Schottischen Highlands gibt es übrigens mit 270 000 Stück die größten Rotwildbestände Europas. Erst danach folgen die Alpen, das Donaubecken und die Karpaten. In der Bundesrepublik Deutschland gibt es zum Vergleich nur noch etwa 110 000 Stück Rotwild.

Botschaft der Bundesrepublik Deutschland

23, Belgrave Square, London SW 1, X8PZ. Weitere Vertretungen: Aberdeen, Ballymena/Nordirland, Birmingham, Bristol, Cardiff, Dover, Edinburgh, Glasgow, Harwich, Hull, King's Lynn/Norfolk, Kirkwall/Orkney, Lerwick/Shetland, Liverpool, Middlesborough, Newcastle upon Tyne, Plymouth, Seaham Harbour, Southampton, St. Helier/Jersey.

Irland

Irische Republik/Eire

Hauptstadt	Dublin (700 000 Einw.)
Einwohner	3 480 000
Fläche	70 283 km²
Landessprachen	Englisch und Irisch (zum gälischen Zweig der keltischen Sprache gehörend)
Währung	Irisches Pfund (Ir£) = 100 New Pence

Wildtiere

Feldhuhn, Hase, Kaninchen, Moorhuhn, Rauhfußhuhn, Rotwild, Sikawild und Wasserwild.

Allgemeines

Die Republik Irland nimmt rund 80 % der Insel Irland ein. Dazu gehören außerdem die beiden an der Westküste liegenden Inselgruppen der Achill Islands und Aran Islands. Im Norden und Nordosten grenzt die Republik an das britische Nordirland, im Osten bilden die Irische See und der St.-Georgs-Kanal die Grenze. Im Süden und Westen ist der Atlantik die natürliche Grenze der Inselrepublik. Die Iren sind zu 90 % römisch-katholisch und bemühen sich um die Erhaltung ihrer keltischen Kultur, die durch die gälische Sprache einen Halt findet, die jetzt wieder in den Schulen gelehrt wird.

Die Industrialisierung des Landes hinkt noch weit hinter der Entwicklung auf dem europäischen Festland her, denn noch heute sind 27 % der Beschäftigten in der Landwirtschaft tätig. Nahrungs- und Genußmittelindustrie, Maschinenbau, chemische Industrie und Textilverarbeitung bestimmen heute die Entwicklungszentren in Dublin, Cork und Waterford sowie in Limerick/Shannon und Galway. Seeschiffahrt und Luftverkehr haben vorrangige Bedeutung. Flughäfen in Dublin und Shannon dienen dem internationalen Luftverkehr; bekannte Seehäfen sind neben Dublin Cork und Waterford. In Whiddy Island in der Bantry Bay wurde ein Ölumschlaghafen für Großtanker gebaut. Für den Inlandverkehr ist die Eisenbahn wichtigstes Verkehrsmittel für den Güter-

transport; den Personentransport bewältigt überwiegend der Kraftfahrzeugverkehr, dem ein gut ausgebautes Straßennetz zur Verfügung steht. Milch, Fleisch und Lebendvieh stellen 40 % der Gesamtausfuhr. Milch- und Viehwirtschaft in kleinen und mittleren Betrieben sind die Hauptbetriebsformen in der Landwirtschaft. Irland gehört zur EG.

Landschaft

Die irische Insel besteht größtenteils aus einem zentralen Moor- und Grasland (Midlands) mit vielen Seen durchsetzt. Fast baumlose Mittelgebirge umrahmen die Midlands. Die Bergländer mit Höhen zwischen 700 und 900 m, von Hochmooren und Heideflächen bedeckt, sind durch tief eingeschnittene Täler gegliedert. An der Küste bilden die stark zerklüfteten Felsen steile Kliffs. Südirland ist in eine Reihe fingerförmiger Halbinseln gegliedert. Nebel und Regen sind alltägliche Erscheinungen, und immer weht ein kräftiger Westwind.

Klima

Typisch sind für Irland die oft niedergehenden Schauer mit nachfolgenden Aufheiterungen. Trotzdem herrscht ein mildes, feuchtes und ausgeglichenes Klima. Die Sommer fallen mit mittleren Temperaturen zwischen 11 und 15 °C ziemlich kühl aus. Der Winter dagegen ist wegen des Einflusses des Golfstromes recht mild, und die Januartemperaturen liegen bei durchschnittlich 5–7 °C. Das fast völlige Fehlen von Frost und Schnee (insbesondere im Südwesten) lassen in diesem milden Klima selbst mediterrane Pflanzen gut gedeihen. Üppiger Graswuchs überzieht das Land wie ein Teppich, und man nennt es daher auch „grüne Insel''.

*Eine typisch irische Landschaft mit heckenum-säumten Weiden und den bräunlich aussehen-den Schafweiden in den höheren Lagen (oben).
Seehunde nehmen ein Sonnenbad (Mitte).
Hier suchen nur Schafe nach Futter (unten)*

Jagd
Jagd für Ausländer nur beschränkt möglich; nur wenige private Jagdorganisationen. Jagdführung durch Grundstückseigentümer. Jagdausübung per Fußpirsch; mäßige Wildbestände.

Visum
Deutsche, Österreicher und Schweizer benötigen für die Einreise kein Visum. Es genügt der Bundespersonalausweis oder Reisepaß. Für Staatsangehörige der EG-Staaten ist die Einreise und Arbeitsaufnahme ebenfalls ohne besondere Genehmigung möglich.

Impfungen
Im internationalen Reiseverkehr werden von Irland keine Impfungen verlangt. Lebende Tiere, z. B. Hunde dürfen nicht ohne Genehmigung eingeführt werden. Sie kommen nach Ankunft sechs Monate in Quarantäne.

Waffeneinfuhr
Für die Einfuhr von Jagdflinten und Munition ist vorher eine Einfuhrerlaubnis in Irland zu beantragen. Bei Jagdreisen muß der Nachweis einer Jagdeinladung oder der Buchung einer Jagdpauschalreise vorgelegt werden. Büchseneinfuhr nur in Ausnahmefällen und nur bis 5,6 mm möglich. Nähere Auskünfte erteilen kompetente Jagdreisebüros oder die irischen Konsulate bzw. die irischen Fremdenverkehrsbüros.

Devisenbestimmungen
Landeswährung und Fremdwährungen dürfen bei der Einreise in unbeschränkter Höhe mitgeführt werden. Bei der Ausreise dürfen nur bis zu 100 Ir£ mitgeführt werden und Fremdwährungen nur in der eingeführten Höhe (Deklaration nötig) bzw. bis zu einem Gegenwert von 500 Ir£.

Sehenswürdigkeiten
Neben Dublin mit den Wicklow Mountains (sehr gutes Rotwildgebiet) sind die Orte Glengarriff, Limerick, Killarney und Cork besonders sehenswert. Auf den Besuch der Süd- und Westküste sollte man sich besonders konzentrieren und nicht vergessen, daß Irland ein Paradies für Angler und Fischer ist.

Botschaft der Bundesrepublik Deutschland
31, Trimleston Avenue
Booterstown, Blackrock, Co. Dublin.

Jugoslawien

Sozialist. Föd. Republik Jugoslawien

Hauptstadt	Belgrad (1 600 000 Einw.)
Bevölkerung	22 690 000
Fläche	255 804 km²
Landessprachen	Serbisch; Kroatisch; Slo-wenisch; Makedonisch; Magyarisch; Albanisch
Währung	Jugoslawischer Dinar (Din) = 100 Para

Wildtiere

Auerwild, Bär, Birkwild, Damwild, Fasan, Gams, Hase, Rehwild, Rotwild, Schwarzwild und Steinhuhn.

Allgemeines

Mit 87 Einw./km² kann man Jugoslawien für europäische Verhältnisse als ein Land mit mittlerer Bevölkerungsdichte bezeichnen. Ballungszentren sind das industriereiche Slowenien ebenso wie das Hügelland Nordkroatiens und die nördliche Tiefebene. Die größte Volksgruppe stellen mit knapp 42 % die Serben, 9 % sind Slowenen und mehr als 23 % Kroaten. Der Rest teilt sich auf in Makedonier, Montenegriner, Slowaken, Rumänen, Türken, Italiener und Volksdeutsche. Staats- und Regierungsform ist die sozialistische Volksrepublik auf bundesstaatlicher Grundlage. Die Bundesversammlung wird jeweils auf vier Jahre gewählt. Gegliedert ist der Staat in sechs föderative sozialistische Republiken: Serbien, Kroatien, Slowenien, Bosnien und Herzegowina, Makedonien und Montenegro. Die Amts-, Umgangs- und Schulsprachen entsprechen den ethnischen Gruppen des Vielvölkerstaates. Nächstgrößere Städte nach Belgrad sind Zagreb (668 000 Einw.) und Skopje (313 000 Einw.).

Maschinen- und Fahrzeugausrüstungen sind neben Erzen, Metallen, Chemikalien, Fleisch, Holz, Tabak, Wein, Textilien und Schlachtvieh die Hauptausfuhrgüter des Landes. Das wichtigste Verkehrsmittel ist die Eisenbahn mit Knotenpunkten in Zagreb, Belgrad, Subotica, Niš, Ljubljana, Maribor und Novi Sad. Zudem

wird das Land von einem ausgebauten Straßennetz recht gut erschlossen. Die Binnenwasserstraßen Donau, Theiß und Save sowie der große Kanal und die Seehäfen Koper, Pula, Rijeka, Zadar, Šibenik, Dubrovnik, Kotor und Bar sind von erheblicher Bedeutung für den Personen- und Frachtverkehr des Landes. Durch die Flughäfen Zagreb, Belgrad, Dubrovnik, Split, Ljubljana, Titograd und Pula wird das Land für den nationalen und internationalen Flugverkehr erschlossen, den vorwiegend die „Jugoslavenski Aerotransport" bestreitet.

Landschaft

Jugoslawien mit seiner zerklüfteten Meeresküste und den dahinter aufragenden Gebirgsketten der Dinariden, dem ostalpinen Gebirgsbereich, dem mächtigen Donautal und weiten Pußtalandschaften zählt zu den beliebtesten Jagdländern Europas.

Klima

In Jugoslawien herrscht Mittelmeer- bis mäßig kontinentales Klima. Entlang der Adriaküste findet der Tourist von März bis Spätherbst ein angenehmes Klima. Im Inneren des Landes gibt es heiße Sommer und kalte, lange Winter.

Jagd

Jagd für Ausländer erlaubt; beliebtes Jagdland, leicht erreichbar, problemlose Ein- und Ausreise. Staatliche wie auch private Jagdorganisationen. Jagdführung durch Berufsjäger, Jagdausübung per Fußpirsch, Ansitz, Pferdewagen oder Drückjagd. Gute Bestände von Auer- und Birkwild, Bären, Rehböcken, Gams, Hirschen und Wildschweinen.

Visum

Deutsche, Österreicher und Schweizer mit gültigem Reisepaß benötigen kein Visum.

Zu den landschaftlichen Kleinoden Jugoslawiens zählt die tief eingeschnittene Neretvaschlucht (oben) ebenso wie die fjordähnliche Bucht von Kotor (unten).
An die Zeit der Türkenherrschaft erinnern heute noch Städte wie Mostar (rechts)

Impfungen
Impfungen werden von Jugoslawien im internationalen Reiseverkehr nicht gefordert.

Waffeneinfuhr
Über die Einfuhr von Jagdwaffen geben die jugoslawischen Vertretungen in der Bundesrepublik Deutschland Auskunft.

Devisenbestimmungen
Noten und Münzen der Landeswährung dürfen bei der ersten Ein- und Ausreise im Kalenderjahr jeweils bis zum Betrag von 80 000 Dinar in Stückelungen von 5000 Dinar und darunter mitgeführt werden. Bei jeder weiteren Ein- und Ausreise im Kalenderjahr sind jeweils 50 000 Dinar in Stückelungen von 5000 Dinar und darunter erlaubt. Fremdwährungen können in unbeschränkter Höhe mitgeführt werden, müssen aber deklariert werden.

Sehenswürdigkeiten und Nationalparks
Der Nationalpark Plitvicer Seen sollte auf dem Programm eines jeden Touristen stehen. Die oberen 12 Seen liegen im Waldgebiet, die unteren vier Seen sind von steilen Felswänden eingeschlossen. Eindrucksvolle Wasserfälle und Stromschnellen verbinden diese Seen. Daneben sind die vielen Klöster in Jugoslawien sehenswert, wie z. B. Sapocani (13. Jh.) oder Studenica (12. Jh.). Weitere Ziele sind Split und Pula (römische Baudenkmäler), Dubrovnik (malerischste Stadt Dalmatiens), Ljubljana (barocke und klassizistische Baudenkmäler), Mostar (orientalisch anmutende Stadt) und Sarajewo (Mischung aus Orient und moderner Gegenwart).

Botschaft der Bundesrepublik Deutschland
Ulica Kneza Miloša 74–76, YU-11000 Belgrad.
Ein Generalkonsulat befindet sich in Zagreb.

Norwegen

Königreich Norwegen

Hauptstadt Oslo (698 283 Einw.)
Bevölkerung 4 100 000
Fläche 324 219 km²
Landessprache Norwegisch
Währung Norwegische Krone (nkr)
= 100 Øre

Wildtiere

Auerwild, Bär, Birkwild, Damwild, Eisbär, Elch, Fuchs, Luchs, Niederwild, Reh, Ren, Vielfraß, Weißwedelhirsch, Wildren.

Allgemeines

Mit 13 Einw./km² ist Norwegen eines der am dünnsten besiedelten Länder Europas. 20 000 Lappen und 12 000 Finnen bilden Minderheiten in der zu 90 % aus Norwegern bestehenden Bevölkerung. Staatskirche ist die evangelisch-lutherische Kirche. Die konstitutionelle Monarchie Norwegens basiert auf parlamentarischer Grundlage.

Wichtige Handelsgüter sind Erze und Metalle, Holz, Papier, Papierwaren und Fische sowie in neuester Zeit Erdöl und Erdgas aus dem Nordseeraum. Ihr Anteil am gesamten Exportvolumen beträgt über 40 %. Die wichtigsten Eisenbahnlinien sind die Bergenbahn und die Linie Oslo–Trondheim–Bodö. Von den 66 000 km Straßen ist etwa die Hälfte (sämtlich südlich von Trondheim) asphaltiert. Man kann jedoch mit dem Kraftfahrzeug bis in den hohen Norden fahren, muß dabei allerdings mehrfach Fähren benutzen. Von den Dampferlinien ist die Route Bergen–Kirkenes die bedeutendste; daneben sind die Linien Oslo–Stavanger und Stavanger–Bergen wichtig. In den Fjorden und zwischen den Inseln gibt es viele Linien, die das ganze Jahr über bedient werden.

Landschaft

Norwegen ist in seiner ganzen Ausdehnung ein Gebirgsland mit tiefen Fjorden, die als schmale verzweigte Meeresbuchten weit in das norwegische Hochland einschneiden und von fast senkrechten, bis 1500 m hohen Felswänden umrahmt sind. Mittel- und Nordnorwegen gehören zum nördlichen Nadelwaldgürtel. An der Skagerrakküste treten noch europäische Laubwälder auf. In Südnorwegen liegt die Waldgrenze bei 1200 m ü. NN, sie sinkt aber nach Norden und Westen schnell ab. Nach oben geht der Nadelwald dann schließlich in den sogenannten Fjellbirkenwald über, der dann seinerseits weiter oberhalb von der Vegetationsstufe des baumlosen Fjells mit Moosen, Flechten, Stauden und Zwergwuchs abgelöst wird.

Klima

Das Klima Norwegens ist durch den Einfluß des warmen Golfstroms trotz der nördlichen Lage des Landes verhältnismäßig mild. An der Küste mäßig kühl und feucht, wird es im Inneren sonniger und trockener. Am günstigsten reist man Anfang Juni bis Mitte August, denn dann herrschen meistens sommerliche Temperaturen.

Jagd

Jagd für Ausländer erlaubt. Private Jagdorganisationen, Jagdführung durch Berufsjäger/Grundeigentümer, Jagdausübung per Fußpirsch und auf Langlaufskiern. Gute Bestände von Auer- und Birkwild sowie Wildren. Es gibt 150 000 einheimische Jäger. 1981 betrug die Jahresstrecke 1 Million Stück Wild im Gesamtwert von 100 Millionen DM.

Visum

Deutsche, Österreicher und Schweizer benötigen kein Visum. Es genügt ein gültiger Reisepaß oder Personalausweis.

Impfungen

Norwegen verlangt keine Schutzimpfungen.

Waffeneinfuhr

Es ist der Nachweis mitzuführen, daß der Reisende die Waffen, die er mitführt, im Heimatland besitzen und benutzen darf. Außerdem ist der Einreisezollstelle eine zweifach ausgefertigte schriftliche Erklärung vorzule-

Eiszeitliche Gletscher haben die Landschaften Norwegens geprägt. Das gilt sowohl für die Lofoten (oben) als auch für das glattgeschliffene und ausgehobelte Festland (rechts). Vor Elchschauflern wird gewarnt (unten)

gen, die mit Datum und Unterschrift des Reisenden versehen sein muß und genaue Angaben enthält über die Person des Reisenden, Wohnort, ausstellende Behörde des Waffenscheins, Zweck der Einfuhr der Waffen, Ort des Waffengebrauchs in Norwegen, Art und Anzahl der Waffen und Munition. Diese Erklärung wird vom norwegischen Zoll abgestempelt und ein Exemplar dem Reisenden zurückgegeben. Es besteht, was für Jäger wichtig ist, ein Einfuhrverbot für Hunde.

Devisenbestimmungen

Noten und Münzen in der Landeswährung dürfen bei der Einreise unbeschränkt, bei der Ausreise nur bis zur Höhe von 5000 nkr mitgeführt werden. Die Einfuhr von Fremdwährungen ist unbeschränkt möglich. Es empfiehlt sich jedoch eine Deklaration, damit bei der Ausfuhr keine Schwierigkeiten entstehen.

Sehenswürdigkeiten und Nationalparks

Norwegen ist reich an Sehenswürdigkeiten, so daß hier nur einige besondere Attraktionen genannt werden können. In Oslo sollte man das Volksmuseum unbedingt besichtigen. Im Sommer gehört eine Fahrt auf der Schnellinie entlang der Küste zu den schönsten Erlebnissen. Die Schiffe verkehren täglich und benötigen für die Strecke Bergen—Kirkenes etwa fünf Tage. Das Nordkap wird während der Reise umfahren.

Sehenswerte Städte sind das eindrucksvoll gelegene Bergen, Trondheim (größtes gotisches Bauwerk Skandinaviens), Stavanger (Ausgangspunkt für eine Fjordreise). Sehr lohnend ist auch eine Fahrt zum Dovrefjell (Nationalpark mit 1000 Rentieren und 25 Moschusochsen) und zum Jotunheimen (Norwegens höchste Gebirgsgruppe mit Gipfeln bis um 2400 m).

Botschaft der Bundesrepublik Deutschland

Oscarsgate 45, N-0258 Oslo 2. Konsulate gibt es in Ålesund, Bodö, Drammen, Haugesund, Kirkenes, Kristiansand, Kristiansund, Narvik, Sandefjord, Skien, Stavanger, Tromsö und Trondheim.

Österreich

Republik Österreich

Hauptstadt	Wien (1 515 666 Einw.)
Bevölkerung	7 571 000
Fläche	83 853 km²
Landessprache	Deutsch
Währung	Österreichischer Schilling (ÖS) = 100 Groschen

Wildtiere

Auerwild, Birkwild, Damwild, Gamswild, Muffelwild, Murmeltier, Niederwild, Rehwild, Rotwild, Schwarzwild und Steinwild.

Allgemeines

Bis auf einige kleine kroatische, madjarische, slowenische und tschechische Minderheiten sind 98 % der Österreicher deutscher Abstammung. Mit 89,5 Einw./km² ist die Alpenrepublik nicht allzu dicht besiedelt. Österreich ist ein zu 89 % katholisches Land. Die von Landeshauptmännern regierten Bundesländer Burgenland, Kärnten, Niederösterreich, Oberösterreich, Salzburg, Steiermark, Tirol, Vorarlberg und Wien bilden eine Bundesrepublik auf parlamentarisch-demokratischer Grundlage. Das Parlament besteht aus zwei Kammern, dem Bundesrat und dem Nationalrat. Allein ein Fünftel aller Österreicher wohnt in der Hauptstadt Wien, so daß insbesondere der Alpenbereich sehr dünn besiedelt ist.

Österreich exportiert mannigfaltige Industrieprodukte sowie Rohstoffe (Holz und Erze), Energie (Wasserkraftwerke), Nahrungs- und Genußmittel. Einer der bedeutendsten Wirtschaftszweige ist besonders in den Alpen der Fremdenverkehr. Das Land ist seinem hochentwickelten europäischen Standard entsprechend verkehrstechnisch sehr gut erschlossen. Ein gut funktionierendes Eisenbahn- und Straßennetz sind die Hauptträger des Verkehrs. Eine wichtige Rolle spielt auch die Binnenschiffahrt auf der Donau.

Landschaft

Zwei Drittel Österreichs werden von den Ostalpen bedeckt, und zwar von Vorarlberg bis ins Burgenland hinein. Man trennt sie in drei Großräume: die Nördlichen Kalkalpen, die Südlichen Kalkalpen und die kristallinen Zentralalpen.

Zu den letzteren zählen die Hohen Tauern mit dem Großglockner als höchster Erhebung der Ostalpen (3797 m). In den Ostalpen findet man zahlreiche Karseen und von eiszeitlichen Gletschern übertiefte Täler, die bis ins Alpenvorland hinausreichen. Siedlungsschwerpunkte und wichtigste natürliche Verkehrsleitlinien sind die vier auffälligen Längstäler, die den Alpenkörper in ost-westlicher Richtung durchziehen. Die östlichen Randlandschaften Österreichs werden von Tieflandregionen gebildet. Der Nordosten des Landes zählt zum Karpatenvorland, während im nördlichen Ober- und Niederösterreich der Böhmerwald das Landschaftscharakteristikum darstellt. Auffallend ist der hohe Anteil an Wald, in den Nördlichen und Südlichen Kalkalpen vorwiegend Buchen- und Tannenwälder. Die Zentralalpen hingegen sind meist mit reinen Nadelwäldern bestockt. Im kleinen Ungarischen Tiefland im Umfeld des Neusiedler Sees findet sich eine Steppenflora, wie sie für die ungarische Pußta charakteristisch ist.

Klima

Für das Klima Österreichs sind zwei Faktoren bestimmend: die Lage des Landes im Südosten Mitteleuropas – also eine Entfernung vom Atlantik, die sich klimatisch bemerkbar macht – und seine Gebirgsnatur. In den westlichen Landesteilen herrscht noch ein überwiegend vom Atlantik geprägtes Klima vor, mit mäßigwarmen Sommern und – höhenmäßig abgestuft – relativ milden Wintern. Die Niederschläge fallen gleichmäßig über das Jahr verteilt. Im Osten sind dagegen die Sommer heiß und die Winter streng. Hier fallen deutlich weniger Niederschläge als im Westen.

Jagd

Jagd für Ausländer erlaubt. Private wie auch staatliche Jagdorganisationen (Staatsforstverwaltung). Jagdführung in der Regel durch Berufsjäger. Jagdausübung per Fußpirsch und Ansitz; beliebtes Jagdland auf Gams. Schnell und problemlos erreichbares Jagdland.

Visum

Für Deutsche und Schweizer genügt zur Einreise ein gültiger Personalausweis bzw. eine Identitätskarte.

Österreich ist ein Land mit alter Jäger- und Schützentradition. Ein beredtes Zeugnis davon legt auch der typische Grünrock mit seinen beiden Gebirgsschweißhunden ab.
Wer ist nicht begeistert angesichts einer so herrlichen Bergwelt wie hier am Hochkönig?

Impfungen

Im internationalen Reiseverkehr werden von Österreich keine Impfungen gefordert.

Waffeneinfuhr

Für die Mitnahme von Jagdwaffen und Munition genügt heute die Vorlage der deutschen Waffenbesitzkarte.

Devisenbestimmungen

Einfuhr von Landeswährung und Fremdwährungen ist unbeschränkt möglich. Bei der Ausreise darf jedoch nur ein Betrag von 15 000 ÖS mitgeführt werden.

Sehenswürdigkeiten und Nationalparks

Österreichs Sehenswürdigkeiten zu beschreiben sprengt den Rahmen dieses Buches. Für Jäger besonders interessant sind das Haus der Natur in Salzburg, das Naturhistorische Museum in Wien, der Wildpark in Innsbruck und der Alpenpark Montafon in Vorarlberg.

Botschaft der Bundesrepublik Deutschland

Metternichgasse 3, Postfach 160,
1037 Wien 3.

Polen

Volksrepublik Polen

Hauptstadt	Warschau (1 532 000 Einw.)
Bevölkerung	36 230 000
Fläche	312 683 km²
Landessprache	Polnisch
Währung	Złoty (Zł) = 100 Groszy

Wildtiere

Auerwild, Bär, Birkwild, Damwild, Elch, Fuchs, Luchs, Marderhund, Muffelwild, Niederwild, Reh, Rotwild, Schwarzwild, Waschbär, Wildpferd, Wisent, Wolf.

Allgemeines

Zwischen der DDR und der UdSSR sowie zwischen der Ostsee und der Tschechoslowakei liegt dieses osteuropäische Land, dessen Bevölkerung zu über 90 % römisch-katholischen Glaubens ist. Die 49 Woiwodschaften werden zentral von Warschau aus regiert. Polen ist eine sozialistische Volksrepublik mit einem Einkammerparlament. Seit der Verhängung des Kriegsrechts 1981 beherrscht der Militärrat der Nationalen Rettung das Land. Die größten Städte nach Warschau sind Lodz (818 000 Einw.) und Krakau (713 000 Einw.). Wrocław, das ehemalige Breslau, hat heute wieder 593 000 Einwohner.

Polen exportiert hauptsächlich Maschinen und Fahrzeuge, Kohlen, Koks und Briketts sowie Chemikalien, Eisen, Stahl, Textilien und Viehzuchtprodukte. Rund 80 % des polnischen Verkehrsaufkommens werden durch die überalterten und wenig leistungsfähigen Eisenbahnen bewältigt. Die Landbevölkerung benutzt häufig Busse oder den traditionellen Pferdewagen. Insgesamt gesehen ist das gesamte Verkehrsnetz eher unterentwickelt.

Landschaft

Die Polnische Tiefebene nimmt den größten Teil des Landes ein. Die sich östlich der oberen Oder anschließende Hochfläche wird in das Kleinpolnische Berg- und Hügelland im Westen und das Lubliner Hügelland im Osten

gegliedert. Die Sudeten mit Riesengebirge und Glatzer Bergland nehmen den südwestlichen Teil Polens ein. Im äußersten Süden bilden die Beskiden die Grenze. Hier erreicht die Hohe Tatra in der Meeraugspitze (Rysy) die Höhe von 2499 m. Obwohl Polen ein Industriestaat ist, sind 50 % seiner Fläche der Landwirtschaft vorbehalten. Weitere 27 % der Staatsfläche sind noch bewaldet. Die Białowiezer Heide an der polnisch-sowjetischen Grenze ist noch unberührtes Urwaldgebiet, von dem 590 km² auf polnischem Staatsgebiet liegen. Je nach Höhenlage sind die Waldgebiete Polens mit Kiefern-Tannen-Beständen oder Buchenmischwäldern bestockt.

Klima

Heiße Sommer und kalte Winter bestimmen das Klima des Landes. Besonders sonnenscheinreich sind die Monate September und

Oktober sowie die klaren Wintertage von Januar bis März.

Jagd- und Reisebestimmungen

Über die staatlichen Reisebüros ist in Polen heute noch ein Jagdtourismus möglich wie kaum sonstwo in Europa. In über 500 Revieren des Landes kann auf Hoch- und Niederwild gejagt werden. Vom Tag der Einreise bis zur Ausreise steht dem Gastjäger ein polnischer Berufsjäger zur Seite, der meist gleichzeitig als Dolmetscher fungiert. Für die einzelnen Jagden sollen Aufenthalte zwischen fünf und sieben Tagen nicht unterschritten werden. Die meisten Reviere sind mit dem Pkw zu erreichen oder nicht weit vom nächsten Flughafen entfernt. Die Jagdzeiten in Polen liegen so, daß man fast das ganze Jahr über Waidmannsfreuden genießen kann.

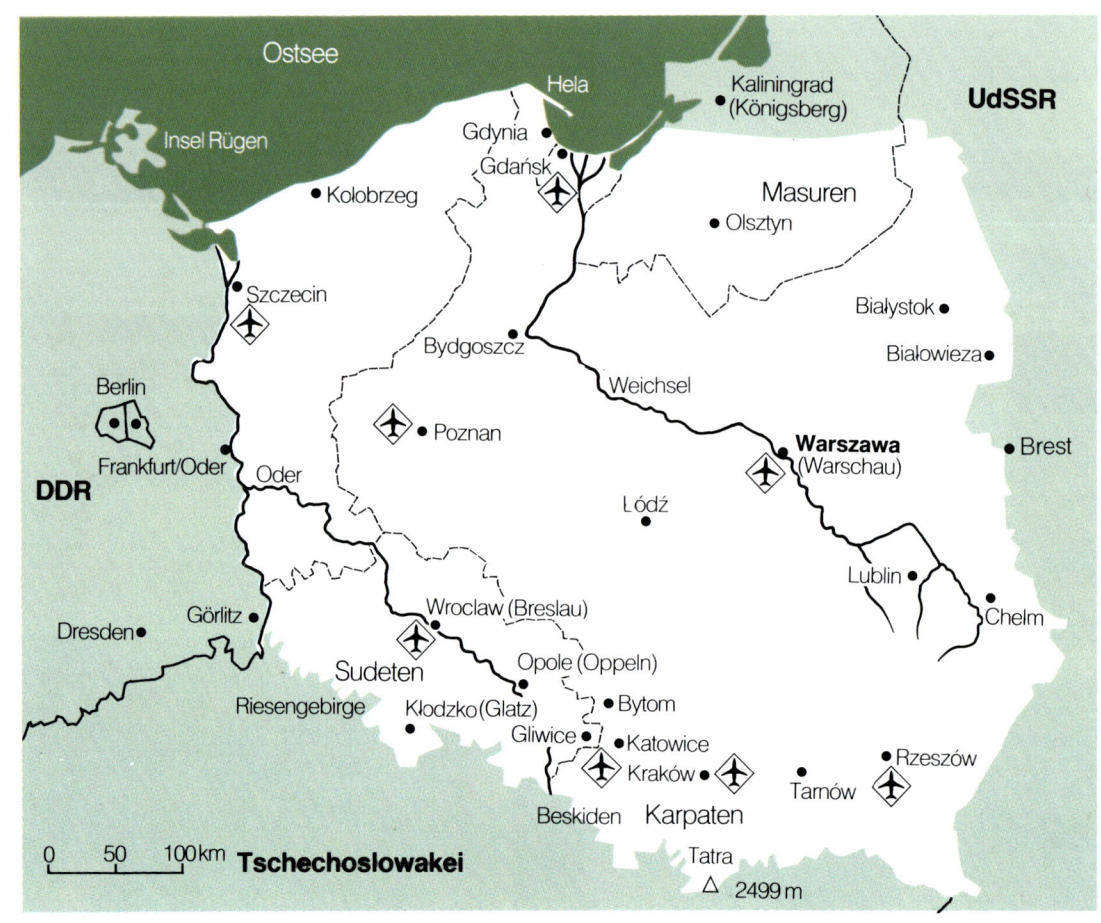

86 787 Mitglieder zählt der Poln. Jagdverband am 31. März 1985.
Die Jäger sind in 2405 Jagdgemeinschaften tätig und bewirtschaften 4782 Jagdgebiete mit einer Gesamtfläche von 24 977 900 Hektar.

Davon sind
Feldfläche:	17 557 600
Waldfläche:	6 973 100
Wasserfläche:	447 200

Die Jahresstrecke 84/85 betrug:
Elche	1 238
Rotwild	25 458
Rehwild	105 704
Damwild	528
Schwarzwild	55 814
Fasanen	81 419
Hasen	271 914
Rebhühner	170 553
Enten	166 188

Für den Export wurden 28 000 Hasen gefangen und 6500 Rebhühner in eigene polnische Reviere umgesetzt. Der Niederwildbestand ist rückläufig, weshalb der Oberste Jagdbeirat

Polen ist eines der beliebtesten und wildreichsten europäischen Jagdländer. Ganz gleich, ob man an den Masurischen Seen oder in Kaschubien jagt: Der vierbeinige Jagdgefährte verbellt das Wild

Maßnahmen zur Entwicklung der „Niederwild- und Feldrehpopulation" ergriffen hat, zur Biotopverbesserung, zum effektiveren Jagdschutz und zu einer vernünftigen Nutzung der Bestände führen soll.
Der Wisentbestand hat mehrere Hunderte Tiere erreicht. Die Errettung kann damit als geglückt bezeichnet werden. Jetzt gilt es, kluge und durchdachte Maßnahmen zur Erhaltung und Bewirtschaftung zu ergreifen. Die Zucht eines Bestandes in Gefangenschaft von 200 Tieren muß erhalten bleiben. Freilandpopulationen werden z. Zt. drei gehegt: in Balowieze (Ostpolen an der Grenze zu Weißrußland), Borkenheide (Masuren) und in den an die Ukraine grenzenden Ostkarpaten. Der Zuwachs der freilebenden Tiere ist hoch, die Jagd muß daher forciert werden, da ein hoher Wisentbestand erhebliche Schäden an Forst- und Landwirtschaft bedeutet.

Visum

Für alle Reisenden besteht Visumzwang. Visa können beantragt werden bei der Botschaft der Volksrepublik Polen, Konsularabteilung, Leyboldstraße 74, 5000 Köln 51.

Impfungen

Im internationalen Reiseverkehr werden von Polen keine Impfungen verlangt.

Waffeneinfuhr

In die Volksrepublik Polen können drei Jagdwaffen und bis 500 Schuß Munition mitgenommen werden. Man benötigt hierfür einen Waffenbegleitschein, der mit dem Visum gemeinsam ausgegeben wird.

Devisenbestimmungen

Vom Pflichtumtausch in Landeswährung sind Jagdgäste aufgrund einer vom Vermittler ausgestellten Bescheinigung befreit. Wer mit dem eigenen Pkw einreist, benötigt Benzingutscheine, die man sich über den ADAC besorgen kann.

Botschaft der Bundesrepublik Deutschland
ul. Dabrowiecka 30, 03-932 Warschau.

Rumänien

Sozialistische Republik Rumänien

Hauptstadt	Bukarest (1 832 000 Einw.)
Bevölkerung	22 460 000
Fläche	237 500 km²
Landessprache	Rumänisch
Währung	Leu (l) = 100 Bani

Wildtiere

Auer- und Birkwild, Bär, Damwild, Fasan, Fuchs, Gams, Luchs, Niederwild, Rehwild, Rotwild, Schwarzwild, Wolf und Wildkatze.

Allgemeines

Mit 95 Einw./km² ist das Balkanland Rumänien für europäische Verhältnisse nicht allzu dicht besiedelt. Der Anteil der Rumänen an der Gesamtbevölkerung beträgt 88 %. Hinzu kommen noch etwa 8 % Madjaren und rund 1,6 % Deutschstämmige, Siebenbürger Sachsen und Donauschwaben sowie Zigeuner, Ukrainer, Serben und Kroaten. Sie bilden ein buntes Minderheitengemisch, zu dem sich noch wenige Bulgaren, Slowaken, Tschechen, Russen, Tataren, Türken und Griechen sowie Armenier und Polen hinzugesellen. Kirchen und Religionen spielen zwar keine dominierende Rolle mehr, dennoch bekennen sich die Rumänen zu 88 % zur rumänisch-orthodoxen Kirche. Etwa 6 % sind Katholiken, 5 % Protestanten. Die sozialistische Republik verfügt über ein Parlament mit einer Kammer und ist verwaltungsmäßig in 41 Kreise und das Municipium Bukarest aufgeteilt, die von der Hauptstadt Bukarest zentral regiert werden. Erze, Metalle, Maschinen, technische Geräte und landwirtschaftliche Produkte bilden die Hauptausfuhrgüter des Landes. Die Erdölvorräte, die früher größtenteils ausgeführt wurden, reichen heute nicht einmal mehr für den Eigenbedarf aus, so daß der devisenschwache Staat inzwischen Probleme mit seiner Energieversorgung hat.

Rumänien besitzt ein gut ausgebautes Schienennetz von 73 400 km Länge, von denen jedoch nur 14 000 km in technisch gutem Zustand sind. Fast sämtliche Straßen sind ausgebaut, und der Autobahnbau wird seit einigen Jahren vorangetrieben. Mit 13 nationalen Flugplätzen ist der Inlandflugdienst recht gut bestückt. Drei Flughäfen stehen dem internationalen Flugverkehr zur Verfügung.

Landschaft

Das Zentrum Rumäniens bilden die Karpaten, die sich in großem Bogen von der Nordgrenze des Landes bis zur Donau erstrecken und dabei Siebenbürgen, das sogenannte Transsilvanische Hochland, im Norden, Osten und Süden umfassen. Im Westen wird Siebenbürgen durch das Apuşenigebirge vom Großen Ungarischen Tiefland getrennt. Den Außenrand der Karpaten säumen ausgedehnte Hügelländer, die im Süden und Osten in das Rumänische Tiefland entlang der Donau übergehen. Die durchschnittliche Höhe der Karpaten beträgt etwa 1000 m, wobei Gipfelhöhen von 2000 und mehr Metern vor allem in den alpinen Südkarpaten keine Seltenheit sind. Die Gebirge sind stark bewaldet. Unterhalb 1000 m wachsen Buchen und Eichen, in höheren Lagen folgen Laub-Nadel-Mischwälder und schließlich reine Nadelwälder. In den Ebenen wurde die ursprüngliche natürliche Vegetation durch landwirtschaftliche Nutzpflanzen abgelöst.

Klima

Rumänien besitzt ein gemäßigtes Kontinentalklima mit großen Temperaturschwankungen zwischen Sommer und Winter. Die Sommer sind heiß, die Winter sehr kalt. Im Küstenbereich des Schwarzen Meeres herrscht Mittelmeerklima. Allerdings ist selbst dieser schmale Küstensaum im Winter schutzlos den Kaltlufteinbrüchen aus Rußland ausgesetzt.

Jagd

Jagd für Ausländer z. Z. gesperrt. Wiedereröffnung im Gespräch. Beste Bestände aller vorkommenden Wildarten, besonders Rotwild.

Visum

Ein Visumzwang besteht nicht für Reisende, die nur 3–30 Tage in Rumänien bleiben wollen und die vorher Carpati-, Litoral- oder Gutscheine des Rumänischen Automobilclubs erworben haben. Man erhält diese Gutscheine bei allen DER-Reisebüros. Es genügt ebenso der Nachweis, daß der Aufenthalt in Rumänien über eine rumänische Reiseorganisation gebucht und bezahlt wurde.

Impfungen

Im internationalen Reiseverkehr werden keine Impfungen verlangt.

Waffeneinfuhr

Grundsätzlich ist die Mitnahme von Waffen und Munition verboten. Allerdings gelten für Jagdreisen Ausnahmen. Nähere Auskunft erteilt das Rumänische Touristenamt, Neue Mainzer Straße 1, 6000 Frankfurt/Main 1, oder Corneliusstraße 16, 4000 Düsseldorf.

Rumänien besitzt ausgezeichnete Hirschbestände. Aber wenn man nebenher noch etwas Zeit erübrigen kann, sollte man sich eine Fahrt zu den berühmten Moldauklöstern ebenso wenig vorenthalten wie einen Besuch im urwüchsigen Donaudelta

Devisenbestimmungen

Es ist verboten, Noten und Münzen in der Landeswährung ein- oder auszuführen. Ausländische Reisezahlungsmittel sind unbeschränkt einführbar. Umtauschquittungen müssen für die Ausfuhr aufbewahrt werden.

Sehenswürdigkeiten und Nationalparks

Rumänien ist reich an historischen Bauwerken, vor allem an Klöstern und Burgen aus der Zeit der Ritterorden. Für deutsche Jäger sollte Siebenbürgen mit seinen bekannten Städten Sibiu (Hermannstadt), Sighişoara (Schäßburg) und Braşov (Kronstadt) Ziel eines Besuchs sein; ebenso natürlich das urtümliche und sehenswerte Donaudelta mit seiner seltenen Tier- und Pflanzenwelt.

Botschaft der Bundesrepublik Deutschland

Strada Rabat 21, Bukarest.

Schweden

Königreich Schweden

Hauptstadt	Stockholm (1 500 000 Einw.)
Bevölkerung	8 400 000
Fläche	449 964 km²
Landessprache	Schwedisch
Währung	Schwedische Krone (skr) = 100 Öre

Wildtiere

Auerwild, Bär, Birkwild, Elch, Fuchs, Haselwild, Luchs, Moorschneehühner, Rehwild, Ren, Vielfraß, Weißwedelhirsch, Wolf.

Allgemeines

Mit 18,5 Einw./km² ist Schweden nur sehr dünn besiedelt. Dies gilt insbesondere für die Gebiete nördlich des Polarkreises, wo die Bevölkerungsdichte auf Werte unter 10 Einw./km² absinkt. Die Binnengewässer Schwedens bedecken allein eine Fläche von rund 39 000 km² und damit fast ein Zehntel des Staatsgebietes. Neben den Schweden, der Hauptgruppe der Bevölkerung, wohnen noch 50 000 einheimische Finnen und etwa 8500 Lappländer im Land. Das Volk der Schweden gehört vorwiegend zur protestantischen Reichskirche. Mit dem König als Staatsoberhaupt wird das in 24 Provinzen aufgeteilte Land im Rahmen einer parlamentarisch-demokratischen Monarchie regiert.

Zellstoff, Holz, Papier, Erz, Eisen und Stahl (der berühmte Schwedenstahl), Maschinen, Industrieausrüstungen und Fahrzeuge sind die Hauptexportgüter des Landes. Schienen- und Straßennetz sind gut ausgebaut. Die Luftverkehrsgesellschaften SAS und LIN bedienen ein dichtes Binnenflugnetz. Zwischen den wichtigsten Inseln bestehen außerdem regelmäßige Schiffsverbindungen.

Landschaft

Man unterteilt Schweden grob in Süd-, Mittel- und Nordschweden. Nordschweden allein reicht vom Siljansee über 1000 km nordwärts bis nach Lappland. Die mittelschwedische Senke besteht aus einem moränenbedeckten

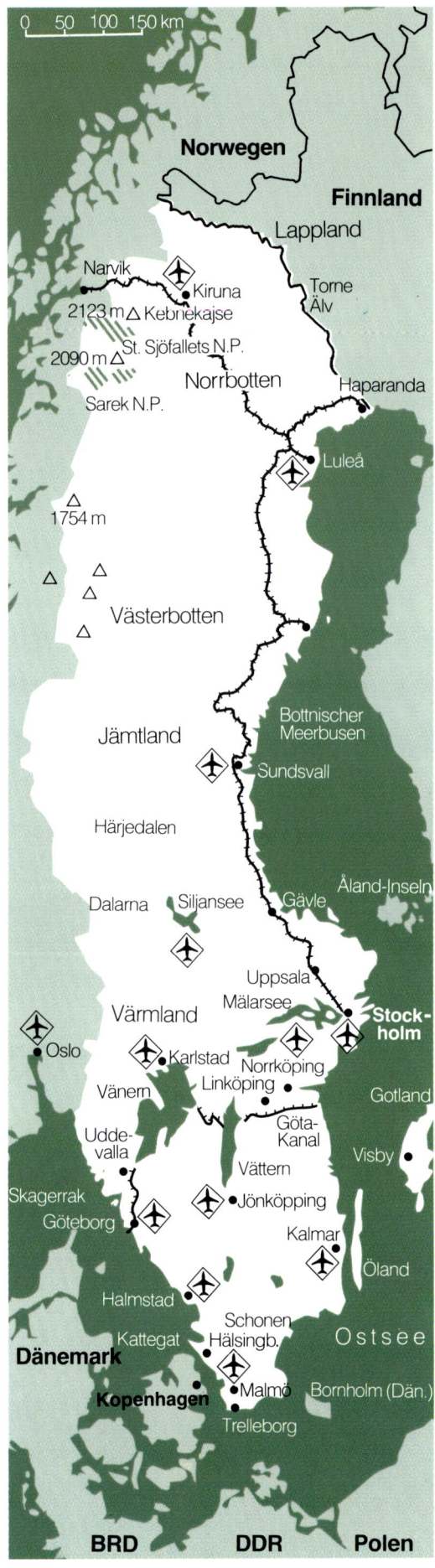

Tiefland mit ausgedehnten Seen, von denen der Vänersee mit 5585 km² Ausdehnung der größte ist. Südschweden ist eine flachwellige wildreiche Plateaulandschaft mit insgesamt über 100 000 Seen, deren kleinste mindestens 10 000 m² groß sind. Die höchsten Erhebungen Schwedens liegen in Lappland, an der Grenze zu Norwegen. Höchster Berg ist der Kebnekajse (2117 m).

Südschweden gehört im Gegensatz zu den nördlich anschließenden Landesteilen noch zur mitteleuropäischen Laubwaldregion. In Mittelschweden dominieren Mischwälder aus Fichten und Eichen, die jenseits des 60. Breitengrades allmählich in die borealen (nördlichen) Nadelwälder übergehen. Man bezeichnet letztere auch als Taiga.

Klima

Die weite Nord-Süd-Erstreckung des Landes und seine Lage im Windschatten des Skandinavischen Hochgebirges bestimmen Schwedens Klima. Von 8 °C im Süden fallen die Durchschnittstemperaturen nach Norden bis auf −1 °C. Kalt sind jedoch nur die Winter (im Norden bis nahe −50 °C). Die Sommer sind dagegen angenehm warm. Temperaturen um 30 °C sind sogar jenseits des Polarkreises keine Seltenheit. Die Niederschläge sind in Schweden nicht sehr hoch. Sie nehmen von Westen (ca. 1000 mm) nach Osten stark und schnell ab (500 mm). Die besten Reisezeiten sind in Süd- und Mittelschweden die Monate Mai bis September und in Nordschweden Juni bis Mitte August.

Jagd

Jagd für Ausländer erlaubt. Staatliche und private Jagdorganisationen, teils Lizenzjagd. Jagdführung teils durch Berufsjäger. Jagdausübung per Fußpirsch und Geländewagen. Gute Bestände an Rauhfußhühnern. Elchbestand zunehmend; es gibt auch wieder gute Schaufler.

Visum

Deutsche, Österreicher und Schweizer sind vom Visumzwang befreit, sofern sie gültige

Reisedokumente (Reisepaß, Personalausweis oder Identitätskarte) besitzen und ausreichende Geldmittel für den Aufenthalt mit sich führen und/oder die Rück- und Weiterreisepapiere vorweisen können.

Impfungen
Im internationalen Reiseverkehr verlangt Schweden keine Impfungen.

Waffeneinfuhr
Für die vorübergehende Einfuhr von Waffen und Munition ist rechtzeitig vor der Einreise eine Genehmigung bei der für die Einreise zuständigen Polizeibehörde zu beantragen (Polizeidistrikt Göteborg, Hälsingborg, Malmö, Stockholm oder Trelleborg). Fotokopie des deutschen Jagd- oder Waffenscheins müssen beigefügt werden. Die erteilte Genehmigung ist bei der Einreise vorzulegen.

Wer in Schweden jagt, geht nicht nur auf Wildgänse. Sollte es jedoch nicht auf Anhieb gelingen, einen Schaufler zu strecken, so kann die herb-schöne nordische Landschaft den Waidmann ebenso begeistern und ihm bleibende Eindrücke vermitteln

Devisenbestimmungen
Noten und Münzen der Landeswährung dürfen bei Einreise in unbeschränkter Höhe, bei Ausreise nur bis zum Betrag von 6000 skr (jedoch nur in Stückelungen von 100 skr und darunter) mitgeführt werden. Fremdwährungen dürfen in unbegrenzter Höhe ein- und ausgeführt werden.

Sehenswürdigkeiten und Nationalparks
Die unberührte Wildnis Nordschwedens ist für Jäger und Naturfreunde besonders sehenswert. Im Hochgebirge Lapplands und im Bergland der Provinzen Jämtland, Härjedalen und Dalarna gibt es zahlreiche Unterkünfte, von bewirtschafteten Bergstationen bis hin zu einfachen Lappländerhütten. Gern besucht werden die Nationalparks, darunter besonders der Sarek-Nationalpark, wo es weder Straßen noch Hotels gibt.

Botschaft der Bundesrepublik Deutschland
Skarpögatan 9, 11527 Stockholm. Konsulate in Göteborg, Halmstad, Hälsingborg, Jönköping, Kalmar, Karlstad, Linköping, Luleå, Malmö, Norrköping, Sundsvall, Trelleborg, Uddevalla und Visby/Gotland.

Schweiz

Schweizerische Eidgenossenschaft

Hauptstadt	Bern (287 000 Einw.)
Bevölkerung	6 365 000
Fläche	41 293 km^2
Landessprachen	Deutsch, Französisch, Italienisch (Amtssprache), Rätoromanisch (Landessprache)
Währung	Schweizer Franken (sfr) = 100 Rappen

Wildtiere

Auerhahn, Birkwild, Flugwild, Gamswild, Rehwild, Rotwild, Alpensteinbock, Wildschwein.

Allgemeines

Die Schweizerische Eidgenossenschaft besteht aus 23 Kantonen (darunter drei mit je zwei Halbkantonen), die von Bern aus regiert werden. 155 Einw./km^2 zeigen eine dichte Besiedlung dieses Alpenstaates an, ein Gradmesser für die hohe Industrialisierung des Landes. Man bezeichnet die Schweiz als einen parlamentarischen direktdemokratischen Bundesstaat mit Kollegialregierung, dessen Kantone relativ selbständig und unabhängig sind. Das Parlament besteht aus zwei gleichberechtigten Kammern (Ständerat und Nationalrat). Die Schweizer sind zur Hälfte katholisch und evangelisch.

Wichtige Exportartikel sind Industrieausrüstungen, Instrumente, Maschinen, Apparate, pharmazeutische Erzeugnisse, Uhren und Textilien. Verkehrsmäßig ist die Schweiz hervorragend erschlossen.

Landschaft

Drei natürliche Großregionen bestimmen den landschaftlichen Charakter der Eidgenossen: die Alpen (60 %), das hochindustrialisierte Mittelland (30 %) und die Mittelgebirgslandschaft des Juras (10 %). Die höchste Erhebung der schweizerischen Alpen ist der Monte Rosa mit 4634 m (Dufourspitze). Die Vegetation ist im wesentlichen nach Höhenstufen gegliedert. Bis etwa 600 m (Rebengrenze)

kommen in den südlichen Alpentälern mediterrane Pflanzen vor. Bis in Höhen von ca. 1200 m reichen die Laub-Bergwälder hinauf, denen sich weiter oberhalb bis etwa 1800 m die Nadelwälder anschließen. Darüber folgen dann die alpinen Matten, die der skandinavischen Tundra vergleichbar sind. In der Südschweiz und im zentralalpinen Raum liegen die Obergrenzen dieser Vegetationszonen etwa 200–500 m höher.

Klima

Das Schweizer Mittelland besitzt ein relativ gemäßigtes Klima: warme Sommer und gemäßigte Winter. In den Schweizer Alpen liegen die Durchschnittstemperaturen im Sommer und im Winter natürlich je nach Höhe erheblich niedriger als im Mittelland. Andere Verhältnisse findet man im Tessin: Hier herrscht Mittelmeerklima, d. h., sehr warme und sonnige Sommer sind ebenso typisch wie milde und regenreiche Winter. Die alpine Schneegrenze liegt wesentlich höher als nördlich des Alpenhauptkammes, und die Winter sind spürbar kürzer – auch in den Bergen. Mai bis September und Dezember bis März sind die besten Reisezeiten.

Jagd

Jagd für Ausländer z. Z. gesperrt, für Einheimische Lizenzjagd. Gute Steinbocktrophäen.

Visum

Für Deutsche und Österreicher genügt zur Einreise in die Schweiz der Personalausweis bzw. die Identitätskarte.

Impfungen

Im internationalen Reiseverkehr werden von der Schweiz keine Impfungen verlangt.

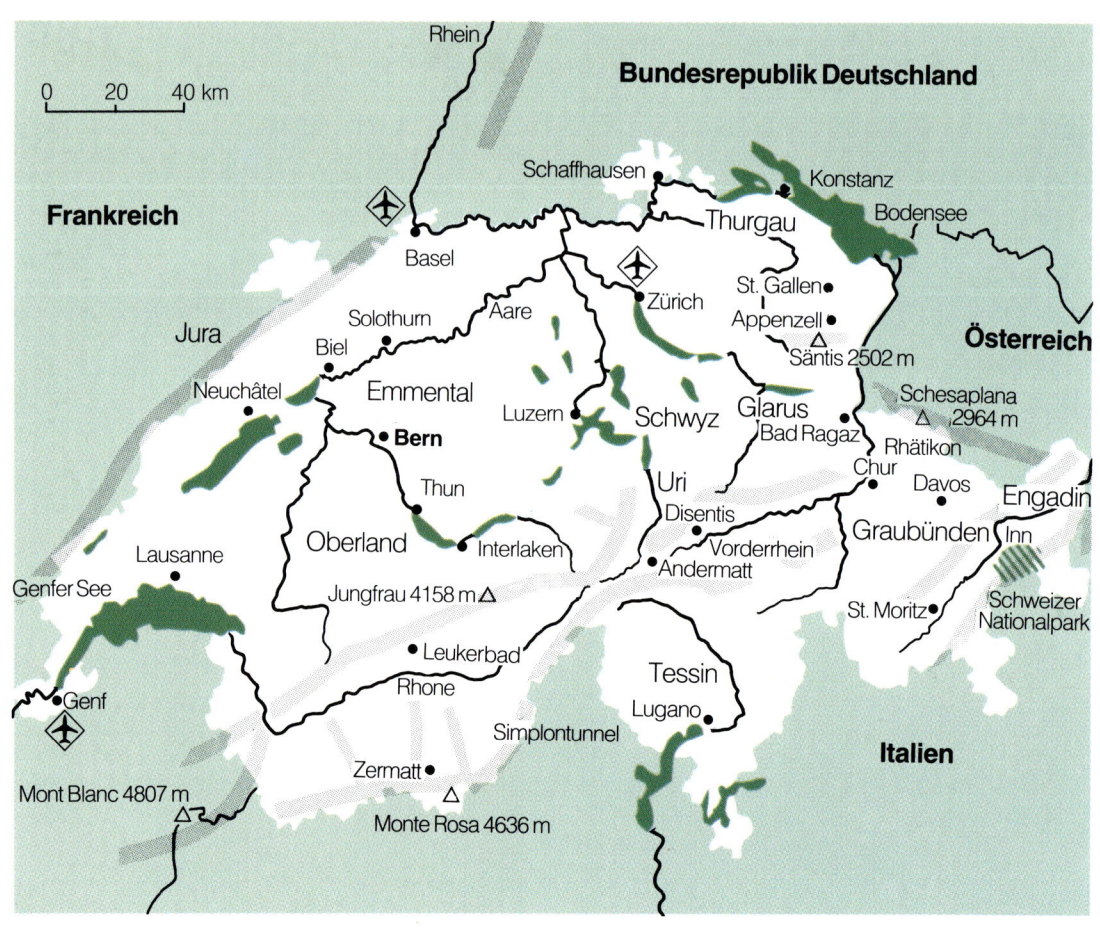

Waffeneinfuhr
Über Waffeneinfuhren erteilt die Schweizer Botschaft, Gotenstraße 156, 5300 Bonn 2 (Bad Godesberg), Auskunft.

Devisenbestimmungen
Die Ein- und Ausfuhr von Landeswährung und Fremdwährungen unterliegen keinen Beschränkungen.

Sehenswürdigkeiten und Nationalparks
Eine Aufzählung der vielen schweizerischen Sehenswürdigkeiten würde sicherlich den Rahmen dieses Buches sprengen. Besonders hervorzuheben ist jedoch der für den Waidmann sehr interessante Schweizerische Nationalpark in Graubünden, der bereits 1909 eingerichtet wurde und heute 170 km² groß ist. Hier findet man die urwüchsigste Landschaft der Schweiz, und überall in den Bergen kann man Gams- und Muffelwild, teilweise den Alpensteinbock, in freier Wildbahn beobachten. Voraussetzung ist gute Kondition.

Botschaft der Bundesrepublik Deutschland
Willadingweg 83, 3006 Bern, Postfach 27, 3000 Bern 16.

Ausländischen Jägern ist es zur Zeit nicht vergönnt, in der Schweiz eine der begehrten Steinbocktrophäen zu erbeuten. Dennoch: Es ist auf jeden Fall ein Erlebnis, den Urlaub in den Bergen mit einem Besuch im Schweizerischen Nationalpark zu verbinden

Sowjetunion

Union der Soz. Sowjetrepubliken
Hauptstadt   Moskau (8 000 000 Einw.)
Bevölkerung   268 844 000
Fläche   22 402 200 km^2
Landessprache Russisch
Währung   Rubel (Rbl) = 100 Kopeken

Wildtiere

Bezoar, Braunbär, Eisbär, Elch, Goral, Irbis, Isubara, Kropfgazelle, Kulan, Luchs, Maral, Markhor, Niederwild, Ren, Rehwild, Rotwild, Saiga, Thar, Tiger, Tur, Wildpferd, Wildschaf.

Allgemeines

Das größte Land der Erde ist mit 12 Einw./km^2 nur sehr dünn besiedelt. Die Sowjetbürger sind zu 52 % Russen; 16 % sind Ukrainer. Die restlichen Bevölkerungsanteile stellen kleinere Gruppen wie Usbeken, Bjelorussen, Kasachen, Tataren, Aserbeidschaner, Armenier, Georgier und viele andere Minderheiten (rund 100), die teilweise in autonomen Republiken wohnen. Die Religionen spielen heute kaum mehr eine Rolle, doch bekannten sich die Russen vor der Oktoberrevolution überwiegend zur russisch-orthodoxen Kirche, deren Oberhaupt der Zar war. Im asiatischen Teil der UdSSR wohnen etwa 40 Millionen Moslem. Das 2-Kammern-Parlament besteht aus dem Unionsrat und dem Nationalitätenrat. Die Union ist in 15 Unionsrepubliken unterteilt: Russische Soz. Föderative Sowjetrepublik (RSFSR), Armenische SSR, Aserbeidschanische SSR, Estnische SSR, Grusinische SSR, Kasachische SSR, Kirgisische SSR, Lettische SSR, Litauische SSR, Moldauische SSR, Tadschikische SSR, Turkmenische SSR, Ukrainische SSR, Usbekische SSR und Weißrussische SSR. Die beiden größten Unionsrepubliken sind die RSFSR mit 17 075 400 km^2 und die Kasachische SSR mit 2 715 100 km^2. Die kleinsten Republiken sind die Armenische SSR mit 29 800 km^2 sowie die Moldauische SSR mit 33 700 km^2. Erdöl und Erdölprodukte, sowie Erdgas und andere Bergbauprodukte,

Maschinen und Industrieausrüstungen sowie Waffen sind die Hauptausfuhrgüter der UdSSR. Das Eisenbahnnetz hat seine größte Dichte im europäischen Raum und bedient heute ein Netz von 150 000 km Länge, von denen etwa 43 000 km elektrifiziert sind. Zum fernen Osten der UdSSR ist die Transsibirische Eisenbahn noch heute die einzige Schienenverbindung. Das Straßennetz umfaßt 1 400 000 km, von denen etwa 750 000 km mit einer festen Decke teilweise autobahnmäßig ausgebaut sind. Große Bedeutung hat der Flugverkehr, denn die riesigen Entfernungen können kaum auf andere Weise überwunden werden. Das Inlandnetz umfaßt 550 000 km. Seit einigen Jahren baut die UdSSR eine kürzere Schienenverbindung in den Fernen Osten. Die Binnenschiffahrt auf den Strömen des Landes, insbesondere auf der Wolga, ist nur im Sommer von Bedeutung, da die langen Winter die Flüsse mit Eis bedecken. Die Gesamtlänge der schiffbaren Wasserstraßen beträgt immerhin 146 000 km. Die Gesamtlänge der Erdgasleitungen beträgt heute 160 000 km. Neben Wladiwostok sind nur noch die Schwarzmeerhäfen und Kaliningrad (Königsberg) ganzjährig eisfrei.

Landschaft

Das Gebiet der UdSSR erstreckt sich in West-Ost-Richtung über rund 10 000 km und über 5000 km beträgt die Entfernung vom Eismeer bis zu den Gebirgen Zentralasiens. Bei grober Systematisierung kann man von einem Raum sprechen, der von der Ostsee bis zum Jenessei reicht und in welchem die Tiefländer vorherrschen, sowie von einem weiter östlich liegenden Teilgebiet und der südlichen Peripherie mit dominierenden Gebirgen. Die wichtigsten Tieflandregionen sind: die osteuropäische Ebene, das westsibirische Tiefland und die kaspisch-turanische Niederung. Durch den 2000 km langen Mittelgebirgszug des Urals und die kasachische Schwelle werden die Tiefländer voneinander und der Kontinent Europa von Asien getrennt. Im Norden der Union herrscht die Tundra vor, die eine Fläche von rund 3 000 000 km^2 bedeckt. Südlich davon schließt sich mit einer Ausdehnung von 11 000 000 km^2 das größte Nadelwaldgebiet der Erde an: die Taiga. Weiter südlich folgt ein Laub- und Mischwaldgürtel, der dann in reinen Laub- und Auewald übergeht und schließlich in einen Steppengürtel ausläuft, der von Laubwaldinseln und Galeriewäldern unterbrochen

wird. Die Steppe wird heute etwa zu 50 % landwirtschaftlich genutzt. Ackerbau und Viehwirtschaft herrschen hier vor. Die Halbwüsten der UdSSR, die sich vom Nordwestrand des Kaspischen Meeres bis zum Nordrand des Tienschan hinziehen, besitzen über weite Flächen nur eine schüttere Vegetation. Im asiatischen Teil der Union findet man Wüsten mit einer Ausdehnung von 1 750 000 km², die teils aus bescheiden bewachsenen Halbwüsten oder aus vegetationslosen Dünenfeldern bestehen.

Klima

Der Sommer im europäischen Teil der UdSSR ist warm und dauert von Juni bis einschließlich August. Besonders schön ist der September, doch kann zu dieser Jahreszeit mitunter bereits Schnee fallen. Im Frühjahr und Herbst herrscht kühles Wetter, von November bis März liegt Schnee, und es ist frostig mit Temperaturen bis weit unter −20 °C. Die Kälte ist wegen ihrer Trockenheit für Europäer gut verträglich. Im südlichen Teil der Sowjetunion fällt das Thermometer selbst im Januar selten unter die Null-Grad-Grenze. An der Schwarzmeerküste kann man von Mai bis weit in den

Kontraste in einem Riesenreich. Oben eine Landschaftsimpression aus Usbekistan, unten der Abschluß einer erfolgreichen Jagd auf einen kapitalen Kaukasischen Edelhirsch

Oktober hinein baden. Im nördlichen Teil der europäischen UdSSR sind die Sommer kurz, meist mittelwarm bis kühl, und die Winter sehr lang und sehr kalt. In Sibirien kann die Kälte bis −60 °C absinken. Dort wurden die kältesten Temperaturen der Erde gemessen.

Jagd

Jagd für Ausländer erlaubt. Staatliche Jagdorganisation. Jagdführung durch einheimische Berufsjäger. Jagdausübung per Fußpirsch, Ansitz, Pferd und Geländewagen. Hervorragende Wildbestände, insbesondere Rothirsch, Schwarzwild, Braunbär, Auerhahn. Einziges Jagdland auf Tur.

Visum

Deutsche, Österreicher und Schweizer benötigen für die Einreise ein Visum, das bei der Botschaft der UdSSR, Konsularabteilung, Waldstr. 42, 5300 Bonn 2 (Bad Godesberg), zu beantragen ist.

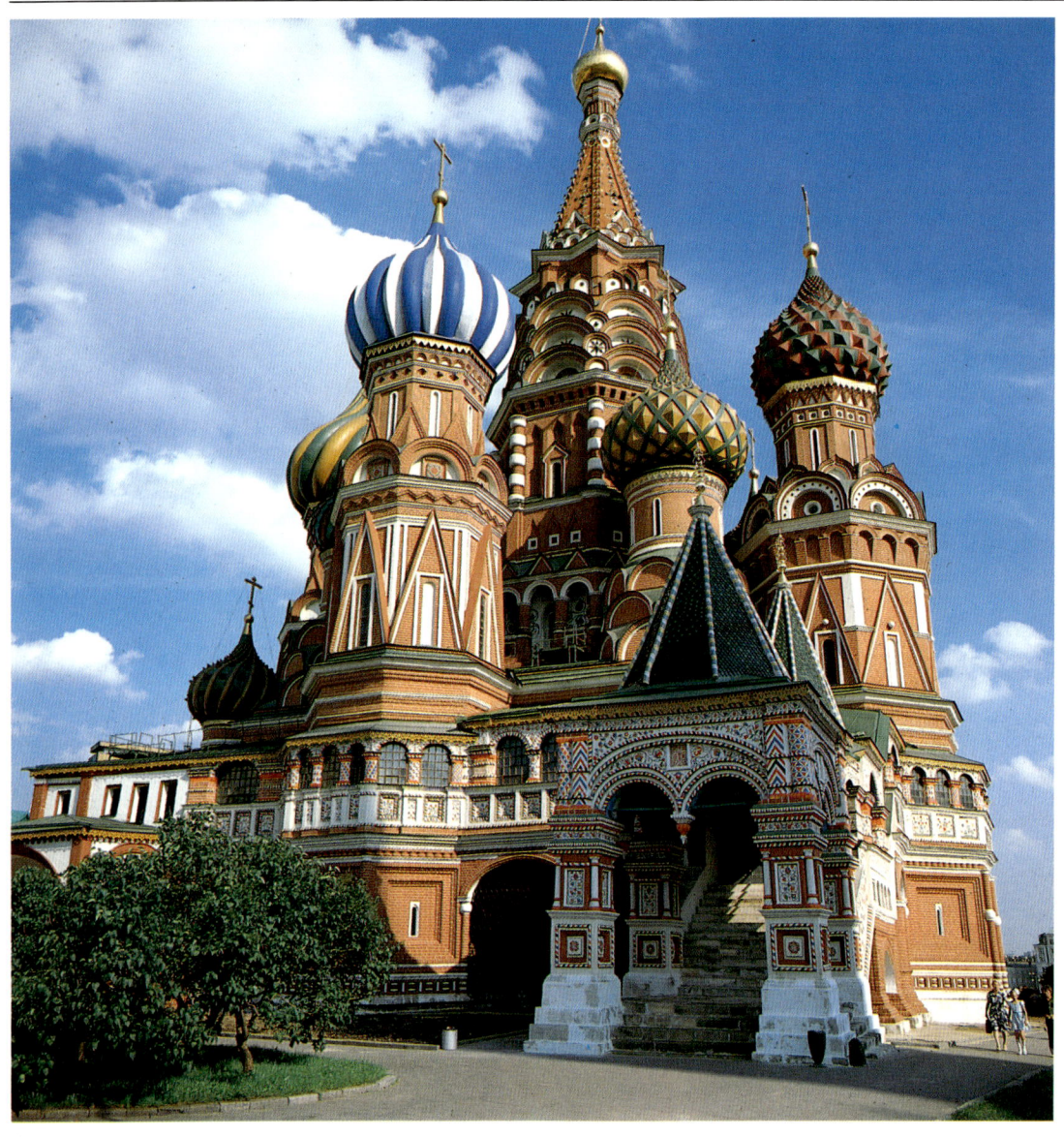

Impfungen
Es werden keine Impfungen vorgeschrieben.

Waffeneinfuhr
Nur Touristen, die über Intourist eine Jagdreise gebucht haben, ist es gestattet, gezogene Jagdgewehre bei der Einreise mitzuführen (Antrag mit Visum stellen). Die Waffen werden vom Grenzzoll registriert und müssen wieder ausgeführt werden.

Devisenbestimmungen
Noten und Münzen in der Landeswährung dürfen bei der Ein- und Ausreise nicht mitgeführt werden. Reiseschecks der Staatsbank der UdSSR in Rubelwährung können unbeschränkt ein- und ausgeführt werden, Deklaration ist jedoch erforderlich. Fremdwährungen und andere Reisezahlungsmittel (Reiseschecks, Kreditbriefe, Akkreditive usw.) können unbeschränkt eingeführt werden; schriftliche Deklaration in der an der Grenze erhältlichen Zollerklärung erforderlich. Ausfuhr in Höhe der deklarierten Einfuhr abzüglich der umgetauschten Beträge erlaubt.

Sehenswürdigkeiten und Nationalparks
Landschaftliche Höhepunkte sind die Schwarzmeerküste auf der Halbinsel Krim und der ferne Baikalsee, das „Sibirische Meer" in der Taiga. Neben den Metropolen und Weltstädten Moskau, Leningrad und Kiew mit ihren zahllosen Sehenswürdigkeiten sind vom islamischen Kulturkreis geprägte Oasenstädte Aschchabad, Buchara und Samarkand gern besuchte Reiseziele. Die günstigste Reisezeit für das gesamte Land ist der Sommer.

Botschaft der Bundesrepublik Deutschland
Bolschaja Grusinskaja Uliza 17, Moskau.

Alle Wege zur Jagd führen in der Sowjetunion über Moskau (oben).
Russischer Zobeljäger (links).
Rückkehr mit drei Balzhahnen aus der Bergtaiga Ostsibiriens. Ein solches Jagdglück gibt es auch hier nicht alle Tage

Spanien

Königreich Spanien

Hauptstadt	Madrid (3 355 720 Einw.)
Bevölkerung	37 650 000
Fläche	504 782 km²
Landessprachen	Spanisch (Staatssprache), Katalanisch, Baskisch, Galicisch (Nationalsprachen)
Währung	Peseta (Pta) = 100 Céntimos

Wildtiere

Bär, Damwild, Gams, Großtrappe, Iberischer Steinbock, Mähnenspringer, Muffelwild, Niederwild, Rehwild, Rothuhn, Rotwild, Schwarzwild und Wolf.

Allgemeines

Spanien nimmt den größten Teil der Pyrenäenhalbinsel ein und ist mit 74,6 Einw./km² ein für europäische Verhältnisse sehr dünn besiedeltes Land. Die Kastilier stellen mit 73 % der Bevölkerung den größten ethnologischen Anteil, und zwar einschließlich der etwa 7 % Galicier. Es folgen die Katalanen mit 24 % und die Basken mit 2,5 %. Eine kleine Minderheit bilden die etwa 300 000 Zigeuner. Die Spanier sind fast ausschließlich römisch-katholischen Bekenntnisses. Sie leben seit der Durchsetzung der neuen Verfassung vom 7. Dezember 1978 in einer Monarchie auf parlamentarisch-demokratischer Grundlage.

Das in 50 Provinzen eingeteilte Land wird von der Hauptstadt Madrid aus regiert. Gesetzgebende Körperschaft ist die Cortez, Spaniens Zweikammer-parlament. Staatsoberhaupt ist König Juan Carlos I. de Borbón y Borbón. Maschinen, Fahrzeuge, Fischkonserven, Südfrüchte, Chemikalien, Bergbau- und Landwirtschaftsprodukte werden hauptsächlich ausgeführt. Die Staatsbahnen befahren ein rund 14 000 km langes, gut ausgebautes Streckennetz. Behinderungen ergeben sich jedoch aus der Abweichung von der europäischen Normalspurweite. Dem Kraftfahrzeugverkehr stehen 272 500 Straßenkilometer zur Verfügung. Der nationale und internationale Luftverkehr

wird über die Flughäfen Madrid, Barcelona, Palma de Mallorca und Las Palmas abgewickelt.

Landschaft

Der Kernraum Spaniens ist die von Gebirgen an drei Seiten umschlossene Hochfläche der Meseta, die nach Westen allmählich abfällt. Sie wird durch das bis zu 2592 m hohe Kastilische Scheidegebirge in die Nordmeseta (Altkastilien) und die Südmeseta (Neukastilien) geteilt. Zu den Küsten hin sind den Randgebirgen schmale Tiefebenen vorgelagert. Das Kantabrische Gebirge bildet im Norden die Umrandung der Meseta und geht im Nordwesten in das Bergland von Nordgalicien über. Im Osten schließt sich das Iberische Randgebirge an. Im Süden folgen die Sierra Morena, die Bethischen Kordilleren und die Sierra Nevada mit der höchsten Erhebung des Landes von

3478 m (Mulhacén). Das breit angelegte, sich zum Atlantik trichterförmig öffnende Guadalquivirbecken liegt zwischen den Bergen. Im Nordosten des Landes erstreckt sich zwischen dem Iberischen Randgebirge und den Pyrenäen das Ebrobecken. Das Katalanische Bergland schließt Spanien gegen das Mittelmeer ab. Der Hauptkamm der Pyrenäen ist gleichzeitig die Grenze gegen Frankreich.

In den nur noch Restbestände umfassenden spanischen Wäldern herrschen sommergrüne Eichen und Buchen sowie submediterrane Gewächse (Edelkastanie) vor. Im sommertrokkenen Spanien dominieren weitständige Steineichenwälder, zu denen in den etwas humideren Gebieten (Estremadura) Korkeichen hinzutreten. An die Steineichenwaldzone zwischen 800 und 1200 m Höhe schließt sich eine weniger trockenresistente Eichenzone an, die in Buchen-, Schwarzkiefern- und Kiefernwäl-

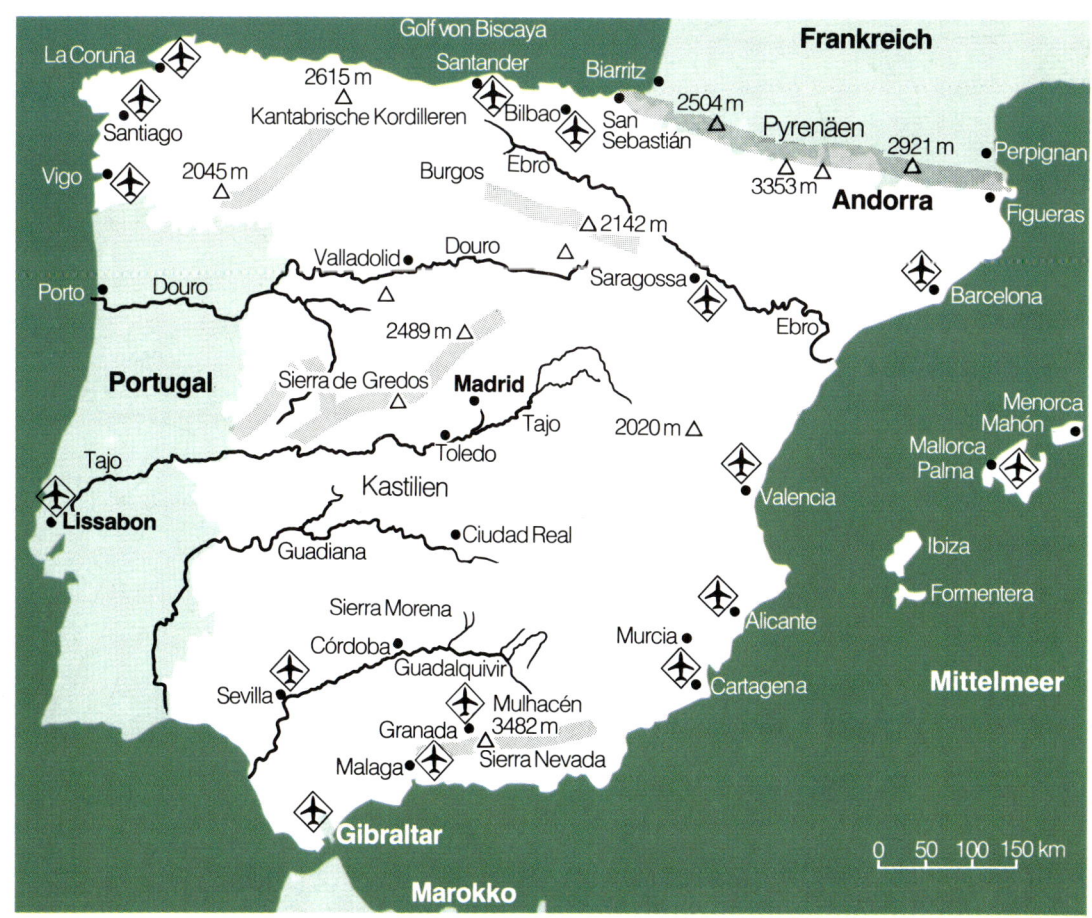

der übergeht. Die Esparto- und Alfagrassteppen im Inneren des Ebrobeckens und der Mancha sowie im fast immer trockenen Südosten des Landes sind bereits Vorposten der Nordafrikanischen Steppe. Als Nachfolgevegetation der vernichteten Wälder treten im atlantischen Bereich Stachelginster- und Erikaflora auf, im mediterranen Klimabereich Macchie mit Kermeseichen und Lavendel. In den Sekundärwäldern haben sich die lichtliebenden und trockenheitsresistenten Kiefernarten durchgesetzt.

Klima

Im Norden und Nordwesten des Landes herrscht gemäßigtes atlantisches, d. h. ganzjährig feuchtes Klima. Der gesamte Rest des Landes, einschließlich der katalanischen Küstenregion, besitzt mediterranes Klima mit heißen trockenen Sommern und milden, feuchten Wintern. Die Meseta tritt dabei als Extremgebiet hervor, denn die Beckenlage im Landesinnern führt im Sommer zu besonders einschneidender Trockenheit, und die Meeresferne verursacht im Winter niedere Temperaturen.

Jagd

Spanien ist ein großes, traditionsreiches Jagdland mit hervorragend gepflegten Wildbeständen, meist im Großgrundbesitz. Jagd für Ausländer erlaubt. Staatliche und private Jagdorganisation auf Privat- und Regierungsland. Jagdführung durch Berufsjäger/Wildhüter. Jagdausübung per Fußpirsch, Pferd und Geländewagen. Hervorragende Trophäen von Iberischem Steinbock und Mähnenspringer, traditionsreiche Monterias und weltbekannte Rothuhnjagden.

Visum

Deutsche, Österreicher und Schweizer sind vom Visumzwang befreit. Es genügen Reisepaß oder Personalausweis.

Impfungen

In Spanien sind keine Impfungen vorgeschrieben.

Waffeneinfuhr

Sofern eine vom spanischen Konsulat beglaubigte Jagdlizenz des Heimatlandes vorliegt, erteilen die spanischen Zollstellen für die Einfuhr von Flinten und Büchsen die Erlaubnis sowie die erforderliche Jagdlizenz, die jedoch auf zwei Monate befristet sind. Genaue Auskünfte erteilt das Spanische Generalkonsulat, Gutleutstr. 45, 6000 Frankfurt/Main 1.

Devisenbestimmungen

Noten und Münzen in der Landeswährung dürfen bei der Einreise in unbeschränkter

Wer als Jäger ein Auge für schöne Landschaften besitzt und nebenher auch einmal kulturbeflissen sein möchte, ist in Spanien gut aufgehoben. Was darunter zu verstehen ist, verdeutlichen die beiden Fotos aus der Sierra del Pinar (oben) und aus Andalusien

Höhe, bei der Ausreise bis zu 100 000 Pesetas mitgeführt werden. Die Mitnahme von Fremdwährungen ist unbeschränkt. Bei größeren Beträgen empfiehlt sich eine Deklaration.

Sehenswürdigkeiten und Nationalparks

Spanien ist ein Land mit alter geschichtlicher Vergangenheit, deren Zeugnisse noch heute von der einstigen Macht der ehemaligen Entdecker- und Seefahrernation künden. Sie zu beschreiben würde den Rahmen dieses Buches sprengen.
Für Naturfreunde sei jedoch auf die reiche Flora und Fauna der Sumpfgebiete des Guadalquivir hingewiesen, eine Landschaft, die man als Jagdgast in Spanien nach Möglichkeit unbedingt besuchen sollte.

Botschaft der Bundesrepublik Deutschland

Calle de Fortuny 8, 28004 Madrid 4.

Kontraste wie im Bilderbuch: die rauhe Gebirgslandschaft der Sierra Nevada (oben), die liebliche Flußlandschaft im Vorland der Sierra Nevada (rechts) und die weltberühmte Alhambra de Granada vor der Kulisse von Spaniens höchstem Gebirge (unten)

Tschechoslowakei

Tschechoslowakische Soz. Republik

Hauptstadt	Prag (1 192 000 Einw.)
Bevölkerung	15 310 000
Fläche	127 869 km²
Landessprachen	Tschechisch, Slowakisch
Währung	Tschechoslowakische Krone (Kčs) = 100 Halérů

Wildtiere

Auer- und Birkwild, Braunbär, Dachs, Damwild, Fuchs, Luchs, Muffelwild, Niederwild, Reh, Rotwild, Schwarzwild, Wildkatze, Wisent, Wolf.

Allgemeines

Die Tschechoslowakische Sozialistische Republik ist ein föderatives Staatswesen mit einem aus je 75 tschechischen und slowakischen Abgeordneten bestehenden Nationalrat und einer Volkskammer, deren Abgeordnete im Gesamtstaat direkt gewählt werden. Die Bevölkerung ist zu 83 % römisch-katholisch. Neben den 64 % Tschechen leben in der Republik noch 30,5 % Slowaken sowie kleine Splittergruppen von Deutschen, Polen, Russen und Ukrainern. Mit 120 Einw./km² ist das Land für europäische Verhältnisse relativ mäßig besiedelt.

Maschinen, Fahrzeuge, Eisen, Stahl, Textilien, chemische Produkte, Glas, Porzellan, landwirtschaftliche Produkte und Kohle sind die Hauptausfuhrgüter der CSSR. Verkehrsmäßig ist die Tschechoslowakei sehr gut erschlossen. Die Binnenwasserstraßen haben mit 480 km Länge eine erhebliche Bedeutung für den Massengutverkehr im Land.

Landschaft

Zwei Großlandschaften charakterisieren das Land: Im Westen bildet der Böhmerwald die Fortsetzung der deutschen und österreichischen Mittelgebirge. Das Innere Böhmens ist in Hügelländer und flachwellige Hochplateaus gegliedert, unterbrochen von Beckenlandschaften. Das Gesamtgebiet mit dem Böhmischen Plateau im Norden, dem Pilsener Hügelland im Süden, den Mittelböhmischen

Höhen und den Böhmisch-Mährischen Höhen ist dem Flußgebiet der Elbe zugeordnet. Lediglich die Flüsse im Südosten entwässern zur Donau hin. Die Elbe, die im Riesengebirge entspringt, entwässert den Nordostteil Böhmens. Das südliche Erzgebirge entwässert zur Eger hin.

Die von zahlreichen Becken zergliederten Westkarpaten in der Slowakei beginnen bei Preßburg an der Donau. Ihr Bogen endet im Raum von Košice. Wichtigste Gebirgsabschnitte sind die Kleinen Karpaten, die Hohe Tatra (Gerlsdorfer Spitze mit 2655 m höchste Erhebung der CSSR), die Niedere Tatra sowie die West- und Ostbeskiden (Waldkarpaten) und das Slowakische Erzgebirge. Im südlichen Karpatenvorland hat die CSSR noch Anteil am Kleinen Ungarischen Tiefland.

Die natürliche Vegetation in der CSSR ist durch den Menschen sehr stark beeinflußt und fast gänzlich zurückgedrängt worden. Von Wald bedeckt sind 35 % des Staatsgebietes, meist in Höhen über 300 m. An den heutigen Waldbeständen läßt sich trotz forstwirtschaftlicher Eingriffe die natürliche Folge noch gut erkennen. Die unterste Stufe bilden bis zu einer Höhe von 500 m Hainbuchen und

Eichen, darüber herrschen Buchen vor. Danach folgen Fichte und Tanne, die zwischen 1300 und 1400 m die Waldgrenze bilden. In größeren Höhen folgen die Latschenzone und die alpinen Matten.

Klima

Die CSSR liegt im Bereich des mitteleuropäischen Übergangsklimas zwischen ozeanischem und kontinentalem Einflußbereich. In Böhmen und Mähren dominieren die ozeanischen, in der Slowakei die kontinentalen Einflüsse. Typisch für den ozeanischen Klimabereich sind warme Sommer und milde Winter sowie ganzjährige Niederschläge, während weiter östlich sehr warmen Sommern kalte und niederschlagsärmere Winter folgen.

Jagd

Jagd für Ausländer erlaubt. Staatliche Jagdorganisationen. Jagdführung durch Berufsjäger. Jagdausübung per Fußpirsch, Ansitz- und Drückjagd. Hervorragende Mufflon-, Niederwild- und Bärenbestände; ebenso Schwarz- und Rotwild. Sämtliche Jagdgebiete des Landes sind schnell und einfach erreichbar, auch mit dem eigenen Pkw.

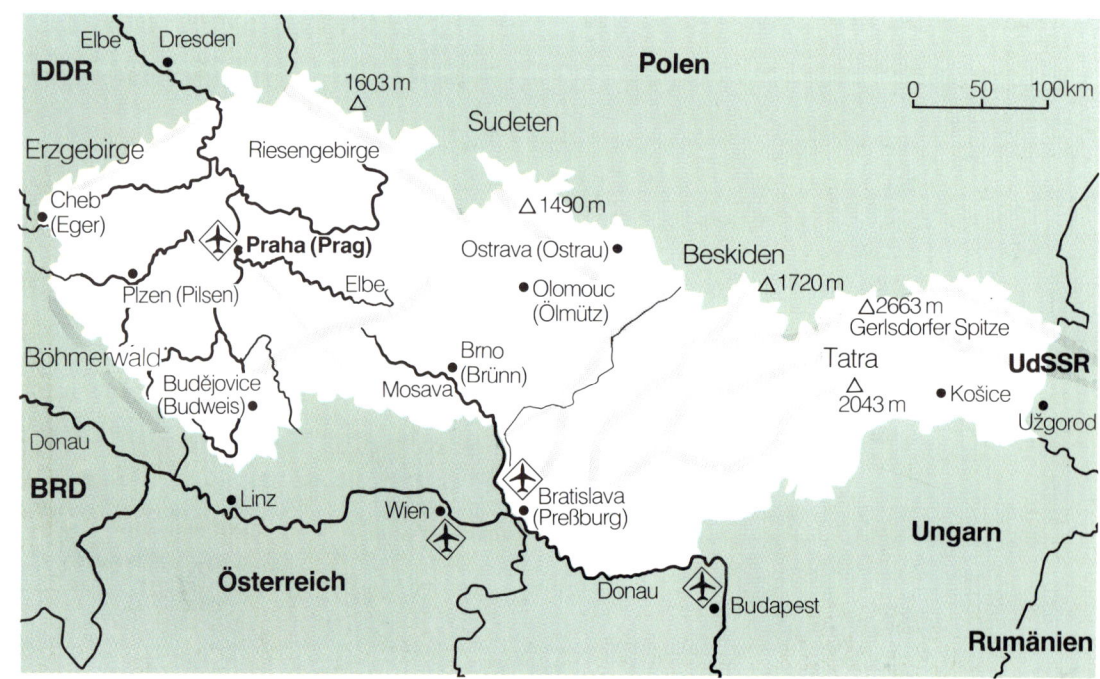

Visum

Für alle Reisenden besteht Visumzwang.
Anträge sind zu richten an die Botschaft der
Tschechoslowakischen Sozialistischen Republik, Konsular- und Visaabteilung, Germani-
cusstraße 6, 5000 Köln 51 (Marienburg).

Impfungen

Keine Impfungen vorgeschrieben.

Waffeneinfuhr

Für Jagdwaffen und Munition (100 Schrotpa-
tronen und 50 Kugelpatronen) ist eine bei der
Botschaft der CSSR in Köln erhältliche Einfuhr-
bewilligung erforderlich.

Devisenbestimmungen

Noten und Münzen in der Landeswährung
dürfen bei der Ein- und Ausreise nicht
mitgeführt werden. Frei konvertierbare ausländische Zahlungsmittel können in beliebiger
Höhe ein- und ausgeführt werden. Deklaration
ist allerdings erforderlich.

Sehenswürdigkeiten und Nationalparks

Für Jäger ist der Nationalpark in der CSSR
besichtigenswert, der sich an den Bayerischen
Wald anschließt. Im übrigen bietet dieses Land
eine Fülle von Sehenswürdigkeiten, von denen
die Stadt Prag allein schon eine Reise wert ist.

Botschaft der Bundesrepublik Deutschland

Vlasská 19 (Lobkovicky Palac), 12560 Praha 1,
Malá Strana.

*Die Tschechoslowakei wird gerne von deut-
schen Jägern besucht. Von der Prager Karls-
brücke (unten) ist es nicht weit zur Hohen Tatra
(oben), und außerdem erinnert vieles ans
heimische Revier. Die Wildbestände sind
bestens gepflegt!*

Ungarn

Ungarische Volksrepublik

Hauptstadt	Budapest (2 060 000 Einw.)
Bevölkerung	10 710 000
Fläche	93 032 km^2
Landessprache	Madjarisch (Ungarisch)
Währung	Forint (ft)
	= 100 Filler

Wildtiere

Birkwild, Damwild, Muffelwild, Niederwild, Reh, Rotwild und Schwarzwild.

Allgemeines

Mit 115 Einw./km^2 gehört die Ungarische Volksrepublik zu den mittelmäßig besiedelten Ländern Europas. Die Madjaren stellen 98 % der Gesamtbevölkerung. Kleine Minderheiten werden von Volksdeutschen, Slowaken, Kroaten, Serben, Rumänen und Zigeunern gestellt. Die Hälfte der Ungarn ist römisch-katholisch getauft. Die zweitstärkste religiöse Gruppe bilden die Kalvinisten. Ihr Anteil an der Gesamtbevölkerung beträgt rund 20 %. Hinzu kommen außerdem noch je 500 000 griechisch-katholische und lutherische Christen sowie 40 000 Orthodoxe und etwa 100 000 Juden.

Verwaltungstechnisch ist das Land in die sehenswerte und im internationalen Tourismus sehr beliebte Hauptstadt Budapest sowie in fünf weitere Stadtgebiete und 19 Komitate gegliedert. Regierungsform der sozialistischen Volksrepublik ist ein Einkammerparlament, die sogenannte Nationalversammlung, die den Präsidialrat als kollektives Staatsoberhaupt wählt.

Exportiert werden vor allem Bergbau- und Landwirtschaftsprodukte sowie Industrieausrüstungen und -güter. Das Schienen- und Straßennetz sind gut ausgebaut. Zwischen den Städten bestehen fahrplanmäßige Busverbindungen.

Wöchentlich einmal fährt der Europabus als Schnellverbindung von München nach Budapest, und zwar von Mitte Juni bis Anfang September. Ein Tragflügelboot verkehrt in den Monaten Mai bis September werktags zwischen Wien und Budapest.

Landschaft

Ungarn liegt im zentralen Teil des Pannonischen Beckens, das von alpinen, karpatischen und dinarischen Gebirgsausläufern eingeschlossen ist. Die ungarischen Mittelgebirge mit dem Bakonywald trennen das Pannonische Becken in zwei Teile: das Kleine Ungarische Tiefland (Kisalföld) und das Große Ungarische Tiefland (Alföld). Die Ungarischen Mittelgebirge sind bei der Absinkbewegung des Pannonischen Beckens in zahlreiche Hochschollen zerbrochen, zwischen denen eingesunkene Gräben liegen. Einen solchen Graben füllt zum Beispiel der Plattensee. Charakteristisch für das Bruchschollengebiet sind zahlreiche heiße Quellen, die an den Bruchstellen aus dem Erdinnern hervorsprudeln. Die wohl größten Thermalquellen speisen den Thermalsee von Hévíz nahe Keszthely am Plattensee.

Ungarns natürliche Vegetation ist weitgehend durch die intensive Bewirtschaftung des Landes vernichtet worden. Sie kommt nur noch in kleinsten Restbeständen vor. In den höheren Lagen der Gebirge wachsen Ahorn, Birken und Buche, weiter unterhalb Eichen und Eschen. Eichen bilden auch die wenigen Steppenwälder in den Ebenen.

Klima

Die geringe Höhenlage und die relativ große Meeresferne Ungarns bestimmen das Klima des Landes ebenso wie seine Nähe zum mediterranen Teil Jugoslawiens. Es kommen deshalb sowohl ozeanische als auch kontinentale und mittelmeerische Klimaeinflüsse zusammen. Vom „Grundtenor" her überwiegt jedoch der kontinentale Einfluß, denn er verursacht die heißen, trockenen Sommer und die ebenfalls trockenen, aber kalten Winter.

Jagd

Jagd für Ausländer erlaubt. Staatliche und genossenschaftliche Jagdorganisationen. Jagdführung durch Berufsjäger. Jagdausübung per Fußpirsch, Pferdewagen, Ansitz, Treib- und Drückjagd. Klassisches Jagdland auf Rot- und Niederwild.

Visum

Österreichische Staatsbürger sind vom Visumzwang befreit, nicht jedoch Deutsche und

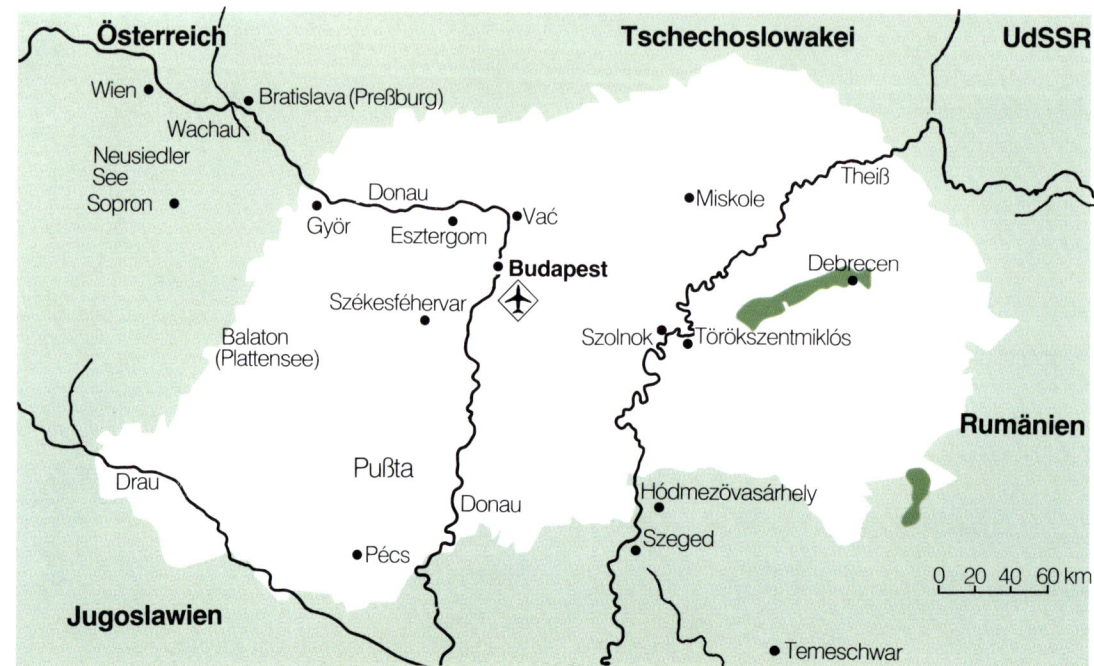

Schweizer. Visa sind zu beantragen bei der Botschaft der Ungarischen Volksrepublik, Konsular- und Visaabteilung, Sachsenring 38, 5000 Köln 1.

Impfungen
Impfungen sind nicht vorgeschrieben.

Waffeneinfuhr
Jagdwaffen und die dazugehörige Munition dürfen nur eingeführt werden, wenn eine Genehmigung der Ungarischen Botschaft vorliegt. Diese Genehmigung wird nur erteilt, wenn ein Einladungsschreiben eines ungarischen Jagdveranstalters oder ein Jagdvertrag mit der MAVAD vorliegt.

Devisenbestimmungen
Münzen, jedoch keine Banknoten, in der Landeswährung dürfen bei der Ein- und Ausreise pro Person in Höhe von 100 Forint mitgeführt werden. Für Fremdwährungen bestehen keine Beschränkungen, sie müssen jedoch deklariert werden.

Sehenswürdigkeiten und Nationalparks
Ungarn ist reich an Sehenswürdigkeiten. Allein die Hauptstadt verlangt einen eigenen Reiseführer. Erwähnt seien nur die Fischerbastei und die Matthiaskirche. Ausflüge ins Landesinnere sollten vor allem folgenden Zielen gelten: der alten Römersiedlung Aquincum nahe Budapest, dem besichtigenswerten Visegrád, Esztergom, dem Balaton (Plattensee)

sowie den Städten Pécs (Fünfkirchen), Sopron (Ödenburg) und Debrecen. Für Jäger ist das Naturschutzgebiet von Hortobágy nahe Debrecen von besonderem Interesse. Hier ist auch noch etwas von der alten Pußtaromantik erhalten geblieben, wenn auch mit touristischem Hintergrund: halbwilde Rinder- und Pferdeherden, Hirten in ihrer Tracht, strohgedeckte Hütten und alte Ziehbrunnen, heute eine Rarität im Lande.

Botschaft der Bundesrepublik Deutschland
Izso utca 5, Budapest XIV, Postfach 40.

Alt oder jung? Großer oder kleiner Sporn? Der Jäger prüft den erlegten Hahn

Ungarn ist immer eine Jagdreise wert! Zum einen natürlich wegen der vielversprechenden Jagderlebnisse, zum anderen aber auch wegen der interessanten Eindrücke, die man etwa aus der Pußta mit nach Hause nehmen kann

Jagdländer in Nordamerika

Alaska

US-Bundesstaat

Hauptstadt	Juneau (19 528 Einw.)
Bevölkerung	400 481
Fläche	1 518 800 km²
Landessprache	Englisch
Währung	US-Dollar (US-$) = 100 Cents

Wildtiere

Bison, Braunbär, Dallschaf, Eisbär, Elch, Fuchs, Grizzly, Karibu, Luchs, Moschusochse, Schneeziege, Schwarzbär, Vielfraß, Walroß, Wolf.

Allgemeines

Mit nur 0,26 Einw./km² ist Alaska der am dünnsten besiedelte Bundesstaat der USA, der 1867 für 7,2 Millionen Dollar dem zaristischen Rußland abgekauft wurde. Die große Halbinsel im nordwestlichsten Zipfel des nordamerikanischen Kontinents wurde erst 1958 US-Bundesstaat. Von den 400 481 Einwohnern sind nur noch 18 % Ureinwohner – Eskimo, Indianer und einige Aléuten. Die größte Bevölkerungsgruppe sind die Weißen mit 78 %. Eine kleine Minderheit stellen die Neger (4 %). Die größte Stadt Alaskas ist Anchorage mit 173 000 Einwohnern. Hier leben also 43 % der Gesamtbevölkerung. Eine bekanntere Stadt ist außerdem noch Fairbanks mit 22 645 Einwohnern.
Edelmetalle, Erdöl, Erdgas, Mineralien, Holz und Felle sowie Fische und Fischkonserven sind die Hauptausfuhrgüter Alaskas. Juneau und Anchorage verfügen über internationale Flughäfen. Alaska wurde überhaupt überwiegend per Flugzeug erschlossen, was die Zahl von über 10 000 zugelassenen Privatflugzeugen eindrucksvoll unterstreicht. Es stehen über 1100 Flugplätze (Airstrips) zur Verfügung. Die wichtigste Straße ist der Alaska-Highway, den ab 1942 die Armee erbaute. Der Highway ist trassiert ab Dawson Creek in British Columbia bis Fairbanks. Nur eine Eisenbahnlinie durchquert das Land: von Seward über Anchorage nach Fairbanks. Alaska ist von

Deutschland aus mit dem Flugzeug in 8–10 Stunden zu erreichen. Die Zeitverschiebung beträgt 10–11 Stunden.

Landschaft

Das Gebirgsland Alaska wird von drei Landschaftsgroßformen geprägt: vom Pazifischen Gebirge (Alaskakette) im Süden, von den inneren Plateaus des Yukonbeckens und von der Brookskette im Norden, der die arktische Küstenebene vorgelagert ist. Die stark vergletscherten Hochgebirge steigen bis 6000 m an. Der höchste Berg Alaskas und ganz Nordamerikas ist der Mount McKinley mit 6193 m. Zu Alaska zählen die Aléuten, die Pribilowinseln, die St.-Lorenz-Inseln und St.-Matthew-Inseln. Landschaftlich besonders markant ist die stark gegliederte Pazifikküste. Bemerkenswert ist die Tatsache, daß Alaska über 100 000 Seen besitzt. Die nördliche Tundra ist mit Weiden

bewachsen, die über Buschformen nicht hinauskommen. Die anschließende höhere Trokkentundra läßt Zwergbirken zu, während an der südlichen Küste Sitkafichten und Rotzedern gedeihen. Im Binnenland findet man nur Weißfichten. Der 68. Breitengrad bildet in etwa die nördliche Baumgrenze. Tundra und Fels bedecken 60 % der Fläche Alaskas.

Klima

Trotz seiner nördlichen Lage gehört nur etwa ein Fünftel der Halbinsel Alaska zur Polarzone. Verantwortlich für diese Anomalie sind die die Halbinsel umschließenden Meere, deren Was-

Der farbenprächtige Indian summer in der Tundra weckt die Reiselust mindestens ebenso wie die Aussicht auf die in Alaska keineswegs ungewöhnliche Begegnung an einem der vielen tausend klaren Seen

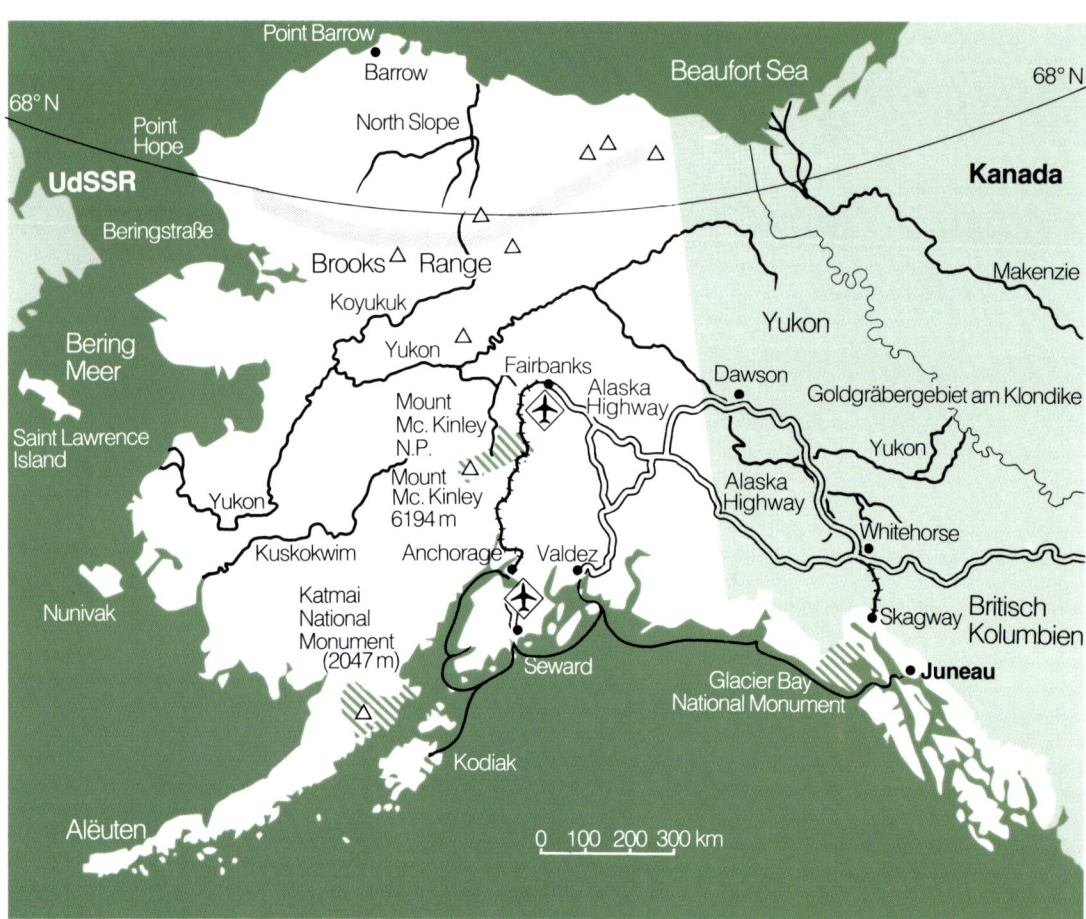

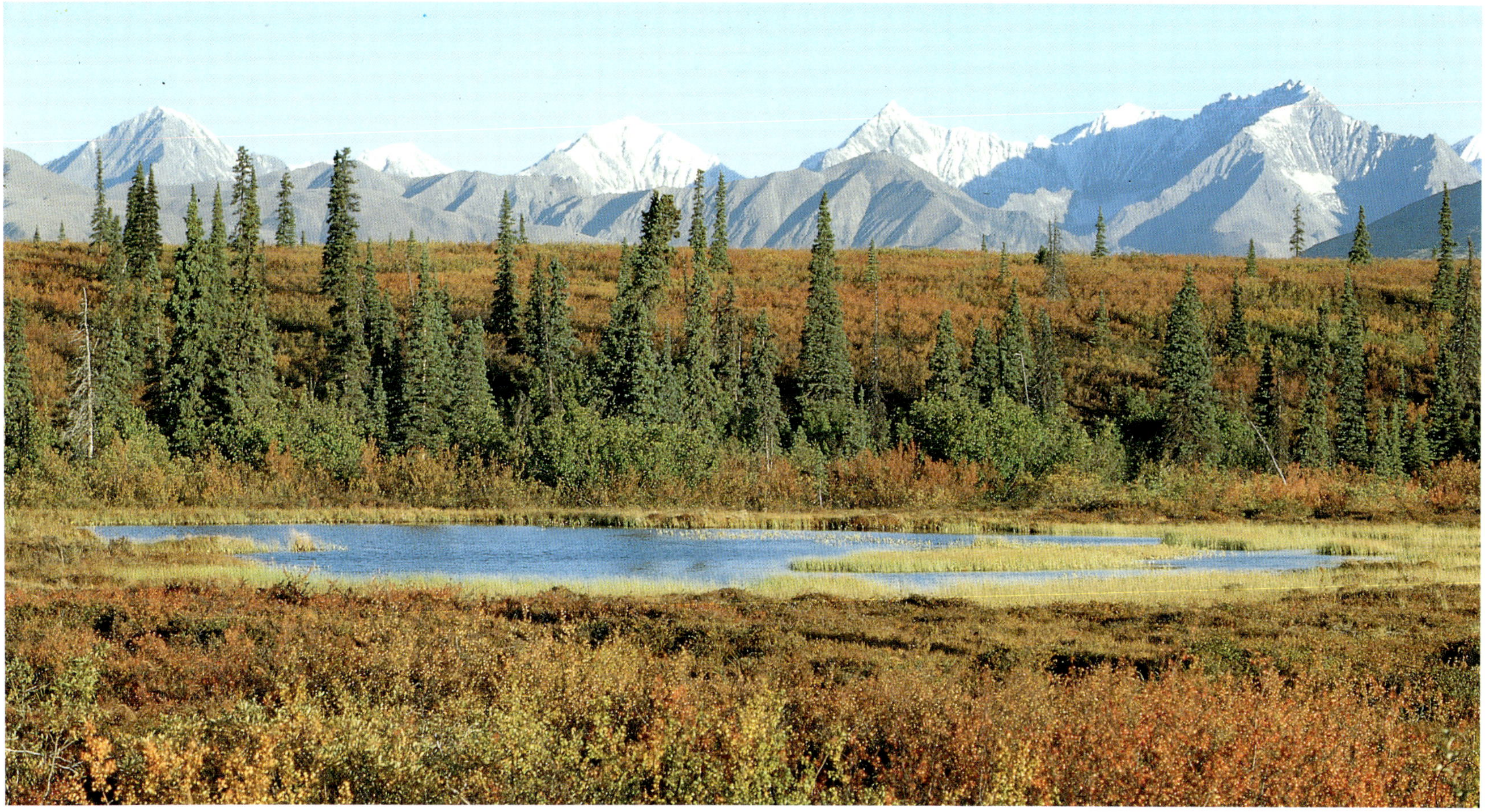

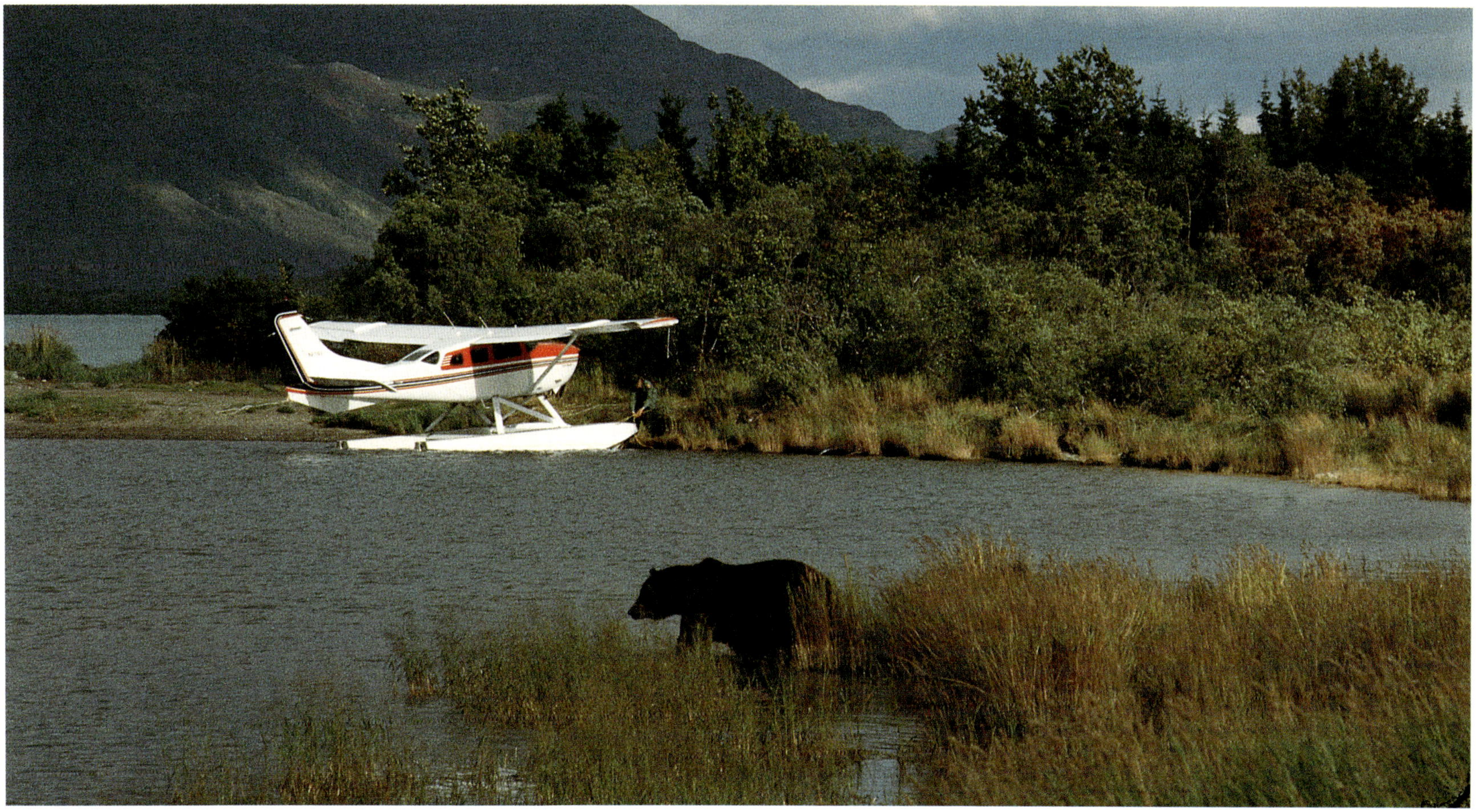

serkörper im Winter eine ausgleichende Wirkung auf das Klima haben. Wasser speichert die im Sommer aufgenommene Sonnenwärme nämlich länger als eine Landmasse, und im Winter wird die Energie an das kältere Land abgegeben. Die Südküste Alaskas wird zudem noch von einer warmen pazifischen Meeresströmung bestrichen, so daß hier die Häfen ganzjährig eisfrei sind.

Jagdbestimmungen

Alaska ist jagdlich in 26 Bezirke unterteilt. Zeitlich verschoben ist die Jagd auf Hochwild, und zwar die Frühjahrsjagd von Mitte bis Ende Mai auf Bären und die allgemeine Herbstjagd ab Anfang August. Seit 1983 ist die Jagd für Ausländer in Alaska nur noch unter Führung eines registrierten Guides gestattet. Die Jagd wird von festen Jagdcamps aus betrieben und je nach Landschaft mit dem Boot, zu Pferd, zu Fuß, mit dem Geländewagen oder mit Motor- und Hundeschlitten ausgeübt. Vom Flugzeug aus angesprochenes Wild darf erst am Tage danach ab 15 Uhr angegangen werden. Wildpret ist zu bergen.

Sehenswürdigkeiten und Nationalparks

Der größte Nationalpark (4000 km^2) ist der bisher Mount-McKinley-Nationalpark genannte Denali-Park. „Denali" ist die indianische Bezeichnung des Berges und heißt „groß". Ein weiterer besonders bemerkenswerter Park liegt in der Glacierbucht am Pazifik, wo man neben Walhochzeiten Robben und sehr viele Vogelarten beobachten kann. Glacier Bay ist per Luftbrücke von Juneau aus zu erreichen. Eine weitere Besonderheit Alaskas ist die umstrittene 1450 km lange Ölpipeline. Hier hat sich aber entgegen den Befürchtungen, eine Wildfalle geschaffen zu haben, viel Wild eingestellt. Nur mit Pfeil und Bogen darf an der Pipeline wieder gejagt werden.

Im hohen Norden Alaskas ist das Leben von vielen Entbehrungen begleitet. Davon weiß dieses Eskimopaar sicherlich zu berichten. Im Hintergrund der eisgepanzerte Mount McKinley mit fast 6200 m Höhe

Grönland

Teil Dänemarks

Hauptstadt	Godthåb/Nuuk (9077 Einw.)
Bevölkerung	50 000
Fläche	2 175 600 km²
Landessprachen	Dänisch und Eskimoisch
Währung	Dänische Krone (dkr) = 100 Øre

Wildtiere

Eisbär, Eisfuchs, Ren, Robben, Schneehasen.

Allgemeines

Nur 341 700 km², d. h. knapp 16 % dieser größten Insel der Erde, sind eisfrei. Etwa noch 3000 Köpfe stark ist die Gruppe der Eskimo. Daneben leben in Grönland rund 8000 Europäer. Der Rest sind Grönländer (aus der Verbindung zwischen Eskimo und Europäern). Grönland entsendet zwei Abgeordnete in den dänischen Reichstag. Seit 1979 ist die Insel weitgehend autonom und hat erst in letzter Zeit ihren Austritt aus der Europäischen Gemeinschaft erklärt. Eingeteilt ist die Insel verwaltungstechnisch in Westgrönland, Ostgrönland und Nordgrönland.

Hauptausfuhrgüter sind neben Bergbauprodukten (Kryolith, Graphit, Blei und Zink) frischer und tiefgefrorener Fisch sowie Fischkonserven. Straßen gibt es nur innerhalb der Ortschaften. Insgesamt sind es nur etwas mehr als 100 km. Der Verkehr über Land erfolgt mit Motor- und Hundeschlitten. Neben der Hauptstadt Godthåb (Nuuk) gibt es noch die Häfen Færingehavn, Frederikshåb und Sukkertoppen. Der Luftverkehr mit Hubschraubern und Flugzeugen nimmt immer mehr zu.

Landschaft

Die Insel Grönland liegt vollkommen innerhalb der Polarzone. Sie wird von der zweitgrößten Eismasse der Erde bedeckt. Die höchsten Erhebungen reichen bis 3700 m, und zahlreiche Gletscherströme streben zum Polarmeer, wo sie mächtige Eisberge bilden. Die größte

Dicke des Inlandeises beträgt etwa 3400 m. Die hauptsächlich auf den Küstenbereich beschränkte Tundrenvegetation aus Zwergsträuchern, Gräsern, Kräutern, Moosen und Flechten wird nach Norden zu immer spärlicher. Nur im Südwesten findet man Zwergbestockung aus Erlen, Ebereschen, Weiden und Birken.

Klima

Polare Kaltluftmassen mit stabilem Hoch im Winter und mildere atlantische Luftmassen mit Tiefdrucklagen im Sommer bestimmen Wetter und Klima. Allgemein herrscht Eis- und Polarklima. Die Temperatur auf dem Inlandeis zeigt im Winter Werte bis −65 °C. Im Süden kann es im Sommer jedoch bis +10 °C warm werden. An der Südwestküste sind Nebel häufig. Die beste Reisezeit ist der Hochsommer von Juni bis Ende Juli.

Karte: zu Kanada — Ellesmere, Kap Morris Jesup, Nord, Thule/Qânâq, Dundas, Daneborg, Davisstraße, Uppernavik, Scoresby Sound, Umanak, größte Eisdicke 3350 m, Disko-Island, Christianshåb, Watkins Bjerge 4000 m, Holstein-borg, Søndre Strømfjord Airbase, Angmagssalik, Godthåb, Vesterbygd, Austmannadalen, Sukkertoppen, Frederikshåb, Ivigtut, Narssarsuaq, Kap Farvel. 0 100 200 300 km

Jagd

Jagd für Ausländer erlaubt. Private Jagdorganisation. Teilweise ohne spezielle Jagdführung. Nur Fußpirsch auf Ren, Schneehasen, Schneehühner und Eisfuchs.

Visum

Reisende aus Deutschland, Österreich und der Schweiz benötigen kein Visum, sofern sie gültige Reisepässe oder Personalausweise haben.

Impfungen

Im internationalen Reiseverkehr werden von Grönland keine Impfungen gefordert.

Waffeneinfuhr

Jagdgewehre und Munition mit entsprechendem Waffenschein der Heimatbehörde dürfen zollfrei mitgeführt werden. Für Jagdreisen ist ein dänischer Jagdschein erforderlich, der zu beantragen ist bei Jagdttegnskontoret, Vildtbiologisk Station, Kalø, DK-8410 Rønde.

Devisenbestimmungen

Die Ein- und Ausfuhr von Landes- und Fremdwährung ist unbeschränkt erlaubt. Werden jedoch bei der Ausreise mehr als 50 000 dkr mitgeführt, muß nachgewiesen werden, daß dieser Betrag denjenigen nicht übersteigt, der eingeführt wurde.

Sehenswürdigkeiten und Nationalparks

Die sehenswerte Eskimosiedlung Thule und das Fischerdorf Umanak am Fuße des gleichnamigen Berges sollte man unbedingt besuchen.

Botschaft der Bundesrepublik Deutschland

Stockholmsgade 57, DK-2100 Kopenhagen-O.

Kanada

Hauptstadt	Ottawa (693 000 Einw.)
Bevölkerung	24 603 000
Fläche	9 976 139 km^2
Landessprachen	Englisch; Französisch
Währung	Kanadischer Dollar (kan. $) = 100 Cents

Wildtiere

Bison, Braunbär, Dallschaf, Eisbär, Elch, Fuchs, Grizzly, Karibu, Luchs, Moschusochse, Puma, Schneeziege, Schwarzbär, Steinschaf, Vielfraß, Walroß und Wolf.

Allgemeines

Mit 2,4 Einw./km^2 ist Kanada eines der am dünnsten besiedelten Länder der Welt, gleichzeitig aber an Fläche das nach der UdSSR zweitgrößte Land der Erde. Die Binnengewässer Kanadas bedecken allein eine Fläche von 755 165 km^2 (zum Vergleich: Fläche der BRD = 248 678 km^2). Die Kanadier sind bis auf 290 000 Indianer, 160 000 Asiaten, 35 000 Neger und etwa 18 000 Eskimo fast ausschließlich europäischer Abstammung. Die Indianer und Eskimo verteilen sich besonders auf die Nordwest-Territorien. Katholiken sind in der Mehrzahl (41 %), gefolgt von Angehörigen der United Church (16 %), Anglikanern (10 %) sowie Presbyterianern, Lutheranern, Baptisten, Griechisch Orthodoxen, Juden und Mennoniten. Kanada ist Mitglied des British Commonwealth. Staatsoberhaupt ist somit die englische Königin. Im übrigen ist das Land von Großbritannien jedoch vollkommen unabhängig und wird als parlamentarische Monarchie mit einem Zweikammersystem regiert, bestehend aus Unterhaus und Senat. Verwaltungstechnisch ist Kanada in zehn Provinzen aufgeteilt: Alberta (Hauptstadt Edmonton), British Columbia (Victoria), Manitoba (Winnipeg), Neu-Braunschweig (Fredericton), Neu-

Schlittenhunde und ihre Gespanne sind oft ein unverzichtbarer Teil Grönlands, dessen Schnee- und Eiswüsten kaum modernere Verkehrsmittel zulassen

fundland (Saint John's), Neu-Schottland (Halifax), Ontario (Toronto), Prinz-Eduard-Inseln (Charlottetown), Quebec (Quebec), Saskatchewan (Regina). Hierzu kommen noch zwei schmale Territorien, das Nordwest-Territorium (Yellowknife) und Yukon (Whitehorse). Neben Holz und Getreide werden Bergbauprodukte wie Gold, Uran, Nickel, Erdöl und Kohle sowie vor allem Maschinen und Fahrzeuge ausgeführt. Bedeutend ist auch die Fischerei. Das Land verfügt über ein gut ausgebautes Eisenbahnnetz, das von einer privaten und einer staatlichen Gesellschaft bedient wird. Das Straßennetz hat eine Länge von fast 900 000 km, von denen 712 000 km befestigt sind. Die wichtigsten Verkehrsmittel sind die großen Überlandbusse, die „Greyhounds". Die wichtigste Ost-West-Verbindung ist der 7820 km lange Trans-Canada Highway, der von St. John's in Neufundland bis nach Vancouver in British Columbia führt. Am Alaska Highway hat Kanada einen Anteil von 1950 km. Weitere wichtige Verkehrsadern sind der Mackenzie Highway und der Dempster Highway. Das Flugnetz erfaßt alle größeren Städte des Landes. Dem Flugzeug kommt speziell im Norden große Bedeutung zu, wo die kleinen

Siedlungen und Forschungsstationen allein auf die Versorgung aus der Luft angewiesen sind.

Landschaft

Ein großer Teil Kanadas wird vom sogenannten Kanadischen Schild eingenommen, einer zur zentral gelegenen Hudsonbai geneigten, sanft gewellten Ebene, in welche große Binnenseen eingebettet sind. Die höchsten Erhebungen dieses Landgebietes reichen nur bis 250 m. Die Randgebiete sind jedoch Gebirge, wie die Torngat Mountains und die Penny Highlands. Der Westen des Landes wird von den nordamerikanischen Kordilleren beherrscht, deren östliche Kette, die Rocky Mountains, sich mit dem Mount Robson bis 3954 m erhebt. Das höchste Gebirge des Landes, die Saint Elias Mountains, gipfeln am Mount Logan bei 6050 m. Die Inseln des kanadisch-arktischen Archipels sind im Süden und Osten als Teil des kanadischen Schildes ebene bis flachwellige Tiefländer und Plateaus, im Norden werden die Inseln von Gebirgen beherrscht. Der äußerste Osten Kanadas besteht aus einem Hochland, durchzogen von einigen Mittelgebirgsketten. Mit Vancouver, der großen Hafenstadt im Südwesten, besitzt Kanada eine

Jagdhütte im Seengebiet von Ontario. Für einige Tage ist die Küche versorgt

der schönstgelegenen Städte der Welt. Im atlantisch geprägten Osten wächst artenreicher Laubwald, teilweise Nadelwald. Daran schließen sich westwärts die natürlichen Prärien an, weiter nach Norden zu die boreale Nadelwaldzone, die wiederum weiter nordwärts in offene Tundra übergeht. Große Gebiete sind hier dauernd unter Eis. Die Gebirgszüge im Westen sind weitgehend mit Nadelholz bestockt, die küstennahen Zonen mit Zedern, Hemlocktannen, Douglasien, Sitkafichten und anderen Arten. Die niederschlagsärmeren südlichen Plateaus tragen meist nur Grasbewuchs oder Buschbestand.

Klima
Kanada liegt überwiegend im Bereich des kontinentalen Borealklimas mit kurzen, aber warmen Sommern und sehr langen, teilweise extrem kalten Wintern. 60 % des Landes besitzen eine Jahresdurchschnittstemperatur von weniger als 0 °C! Arktische Kaltluftmassen können ungehindert durch westöstlich verlaufende Gebirge bis weit nach Süden vorstoßen. Gemäßigtes ozeanisches Klima besitzt lediglich das pazifische Küstengebiet.

Jagd
Jagd für Ausländer erlaubt. Private Jagdorganisationen, teils noch Lizenzjagd ohne Jagdführer möglich. Jagdausübung per Fußpirsch, Pferd, Boot, Geländewagen und Flugzeug. Gut organisierte Jagdmöglichkeiten auf alle vorkommenden Wildarten des Nordens.

Visum
Für Reisende aus der Bundesrepublik Deutschland, aus Österreich und der Schweiz ist der Aufenthalt in Kanada visumfrei.

Impfungen
Es werden keine Impfungen vorgeschrieben.

Waffeneinfuhr
Flinten und Büchsen des Standard- oder Selbstladetyps (aber keine automatischen Waffen mit Lauflängen über 66 cm) können in angemessener Zahl zur Verwendung für die

Jagd vorübergehend abgabenfrei eingeführt werden. Die Einfuhr anderer Feuerwaffen ist verboten. Die Waffen müssen in einer Liste mit Beschreibung und Seriennummer enthalten sein, damit sie bei der Wiederausfuhr identifiziert werden können. Nähere Einzelheiten erfährt man bei der Kanadischen Botschaft, Villichgasse 17, 5300 Bonn 2 (Bad Godesberg). Weitere Vertretungen sind in Berlin, Düsseldorf, Hamburg und München.

Devisenbestimmungen
Bei Ein- und Ausfuhr von Landes- oder Fremdwährungen keine Einschränkungen.

Sehenswürdigkeiten und Nationalparks
Schon 1885 wurde der Banff-Nationalpark mit 6640 km² Fläche gegründet. Für Büffel, Elche und Hirsche bietet der Elk-Island-Nationalpark mit 200 km² ein Schutzgebiet. Der Glacier-

Nationalpark in den Rocky Mountains zeigt hochalpine Landschaften und erstreckt sich mit 1350 km² auf kanadischem und 3975 km² auf US-Gebiet. Der 11 500 km² große Jasper-Nationalpark liegt im westlichen Alberta am Osthang der Rocky Mountains. Angler und Jäger finden hier noch ein Stück Paradies. Der größte Nationalpark Kanadas ist der Wood-Buffalo-Nationalpark, der mit 45 000 km² die größten Bisonherden auf dem amerikanischen Kontinent beherbergt. Elche, Hirsche und der Baribal ergänzen den Wildreichtum dieses Parks. In British Columbia finden wir noch den Yoho-Nationalpark mit 1270 km²; besuchen sollte man auch Kanadas große Seen, z. B. den Ontariosee, der mit 19 477 km² Wasserfläche der kleinste der Großen Seen ist. Interessante Einblicke in die Geschichte des riesigen Landes geben die großen Städte Ottawa, Montreal und Toronto mit ihren Kirchen und

Wo könnte jagen schöner sein als in einer solchen Umgebung? Ein Steinschafrudel zieht in den Hang hoch

Museen sowie die anderen Sehenswürdigkeiten des Landes. Entscheidend für jeden Besucher ist Kanadas eindrucksvolle Natur, die Prärien, die Gebirge, die großen Flüsse und Ströme. Im ganzen sind heute etwa 129 000 km^2 in Kanada unter Naturschutz gestellt, die sich auf 28 Nationalparks verteilen. Wer einen Eindruck von der Großartigkeit dieses Landes mit nach Hause nehmen möchte, der sollte den Alaska Highway befahren.

Botschaft der Bundesrepublik Deutschland
1 Waverly Street, Ottawa, Ontario K2P OT8;
P.O. Box 379, Postal Station „A", Ottawa, Ontario K1N 8V4.

Mexiko

Vereinigte Mexikanische Staaten

Hauptstadt   Mexiko-Stadt
(8 988 230 Einw.)

Bevölkerung   72 000 000

Fläche   1 972 547 km²

Landessprache   Spanisch

Währung   Mexikanischer Peso (mex$)
= 100 Centavos

Wildtiere

Ameisenbär, Fuchs, Hase, Hirsche, Jaguar, Luchs, Pronghorn, Puma, Wildschaf.

Allgemeines

Mexiko ist größtenteils ein sehr dünn besiedeltes Land, denn die Bevölkerungsdichte beträgt nur rund 37 Einw./km². Die Mestizen machen 75 % der Bevölkerung aus, 10–15 % sind Weiße altspanischer Abstammung und 9 % Indianer. Etwa 60 000 Mexikaner sind deutschstämmig. Die spanische Umgangssprache ist von vielen aztekischen Lehnwörtern geprägt. Die Mexikaner sind zu fast 90 % römisch-katholischen Glaubens, und nur sehr wenige sind protestantisch. Die 31 Bundesstaaten sowie der Bundesdistrikt der Hauptstadt (allein 15 Mill. Einw.) werden von einem präsidial-republikanischen Regierungssystem verwaltet. Die Gesetzgebung liegt bei einem Zweikammerparlament.

Rohöl, Kaffee, NE-Metalle, Obst- und Gemüse, Textilien, Baumwolle, Fischprodukte und Vieh sowie Maschinen sind die Hauptausfuhrgüter Mexikos. Die wesentlichen Straßen des Landes, etwa ein Fünftel des Gesamtnetzes, sind asphaltiert und in gutem Zustand. Die Nebenstraßen können jedoch meist nur außerhalb der Regenzeiten befahren werden und auch dann nur mit dem Jeep. Der Panamerican Highway durchzieht das Land von Nuevo Laredo im Nordosten bis zur Grenze von Guatemala. Die Eisenbahnen sind in aller Regel völlig veraltet und wegen ihrer geringen Reisegeschwindigkeit wenig attraktiv. Lediglich die Schlafwagenzüge werden den sonst für Überlandreisen üblichen Omnibussen

vorgezogen. Der Luftverkehr spielt eine dominierende Rolle.

Landschaft

Mexiko bildet das Südende des nordamerikanischen Teils der Neuen Welt, der an seiner engsten Stelle, dem Isthmus von Tehuantepec, nur 200 km breit ist. Der südöstliche Landesteil jenseits des Isthmus gehört der gebirgigen Landgruppe Mittelamerikas an, ebenso wie die Halbinsel Yucatán. Der Hochlandblock des Nordens ist im Westen und Osten von Randgebirgen umsäumt, die 3000–4000 m hoch aufragen, zu den Meeren hin steil abfallen und zum Binnenland meist sanft in das Hochland übergehen. Den südlichen Abschluß der östlichen und westlichen Sierra Madre bildet ein vulkanreiches Gebirge mit über 5000 m hohen Gipfeln. Das Hochland selbst ist durch viele isolierte, in Längsrichtung

verlaufende Gebirgsrücken in meist abflußlose Becken gegliedert. Der nördliche Teil ist wegen der Trockenheit nur sehr dünn besiedelt. Der Süden hingegen ist feuchter und bildet den Hauptsiedlungsraum Mexikos. Dank der Gebirgsstruktur des Landes, der großen Nord-Süd-Erstreckung und der Brückenlage zwischen Nordamerika und Südamerika hat sich eine überaus mannigfaltige Fauna und Flora entwickelt. Die borealen Arten überwiegen in der Vegetation der Hochregionen, und in den tieferen heißen Zonen überwiegen neotropische Elemente.

Klima

Der Norden Mexikos (etwa bis zum Wendekreis) gehört zur subtropischen, der Süden zur randtropischen Klimazone. Charakteristisch für beide Zonen sind sommerliche Niederschlagsmaxima, die aus den passatischen Luftströ-

mungen aus nordöstlichen Richtungen resultieren. Damit erklären sich auch die von Osten nach Westen abnehmenden Regenmengen. Die Unterschiede zwischen beiden Klimazonen werden am ehesten am Verlauf der jährlichen Temperaturkurve deutlich. Der tropische Winter ist kaum kälter als der Sommer, während der subtropische Winter deutlich kühler als der Sommer ausfällt (Jahresschwankung im Mittel um 20 °C). Das für die Europäer angenehmste Klima herrscht in Höhen über 2000 m, wo sich die sommerlichen (in den Tropen auch die winterlichen) Durchschnittstemperaturen um 12–20 °C bewegen. Es treten nachts mitunter sogar leichte Fröste auf.

Jagd

Jagd für Ausländer mit Einschränkungen erlaubt. Private Jagdorganisationen, großteils auf Privatland. Begehrteste Trophäen: Jaguar, Puma, Pronghornantilope.

Visum

Staatsangehörige der Bundesrepublik Deutschland, Österreichs und der Schweiz benötigen kein Visum, wenn sie im Besitz einer Touristenkarte der FMT sind, die von den

Im zentralen Mexiko ist das Landschaftsbild sehr kontrastreich: karge Bergketten umrahmen wüstenähnliche Niederungen,in denen bei künstlicher Bewässerung Feldbau betrieben werden kann. Zu den Berühmtheiten des Landes zählt der Popocatépetl (5452 m)

Mexiko anfliegenden Fluggesellschaften oder einem der mexikanischen Konsulate ausgestellt werden. Erforderlich ist in jedem Fall ein mindestens noch sechs Monate gültiger Reisepaß.

Impfungen

Schutzimpfung gegen Gelbfieber wird verlangt, wenn der Reisende aus einem Infektionsgebiet einreist oder durch ein solches gereist ist. Malariaschutz wird dringend empfohlen, insbesondere für Gebiete unter 1800 m ü. NN.

Waffeneinfuhr

Die Einfuhr von Jagdwaffen ist nur möglich mit Erlaubnis des Secretaría de la Defensa, Estado Mayor 6 a, Sección, Lomas de Sotelo, Mexico D. F.

Devisenbestimmungen

Noten und Münzen in der Landeswährung dürfen bei der Ein- und Ausreise unbegrenzt mitgeführt werden. Die Einfuhr von Fremdwährung ist unbeschränkt erlaubt (Deklaration erforderlich).

Sehenswürdigkeiten und Nationalparks

Die meisten Sehenswürdigkeiten des Landes sind von Mexiko-Stadt leider weit entfernt. Man sollte vor allem Teotihuacán, die bedeutendste Ruinenstadt des Landes, besuchen. Sehenswert sind außerdem die „schwimmenden Gärten" von Xochimilco in der Nähe der Hauptstadt sowie der Mayapalast in Sayil, einer Ruinenstätte auf der Halbinsel Yucatán. Gleiches gilt für die alten indianischen Kulturdenkmäler in El Tajín, Monte Albán, Patenque, Villahermosa oder Chichén Itzá. Sehenswert in Mexiko-Stadt ist neben mehreren Bauwerken aus der Kolonialzeit und einigen Beispielen moderner Architektur vor allem das interessante Antropologische Nationalmuseum (Museo Nacional de Antropología).

Botschaft der Bundesrepublik Deutschland

Calle Lord Byron 737, Col. Polanco Chapultepec, 11 560 Mexico, D. F.

USA

Vereinigte Staaten von Amerika

Hauptstadt	Washington D.C. (3 045 000 Einw.)
Bevölkerung	230 510 000
Fläche	9 363 123 km^2
Landessprache	Englisch (Amerikanisch)
Währung	US-Dollar (US-$) = 100 Cents

Wildtiere

Bighorn, Bison, Braunbär, Dallschaf, Eisbär, Elch, Fuchs, Grizzly, Karibu, Kojote, Luchs, Maultierhirsch, Niederwild, Pronghorn, Puma, Schwarzbär, Vielfraß, Wapiti, Weißwedelhirsch, Wolf.

Allgemeines

Der viertgrößte Staat der Welt ist mit 25 Einw./km^2 ein sehr dünn besiedeltes Land, wobei die Besiedlungsdichte von Osten nach Westen abnimmt. Die größten Bevölkerungsgruppen stellen die weißen Amerikaner mit 83 %, gefolgt von Negern und Mulatten (12 %). Indianer, Japaner und Chinesen stellen rund 5 % der Gesamtbevölkerung. Deutschstämmig sind etwa 12,5 % aller Amerikaner, und 29 % haben zumindest in einem Elternteil deutsche Vorfahren. 14,5 % sind britischer Abstammung. Um Deutsch zur Staats- und Amtssprache werden zu lassen, fehlte im Kongreß nur eine Stimme.

Der römisch-katholischen Kirche gehören 50 Millionen Amerikaner an; 73 Millionen sind protestantisch. Sie gehören jedoch 250 verschiedenen Kirchen und Sekten an. Neben 3,8 Millionen Angehörigen von Ostkirchen gibt es noch knapp 6 Millionen Juden, 1 Million Altkatholiken und 60 000 Buddhisten. Eine präsidiale föderative Republik mit einem Zweikammersystem bildet die Staatsform. Verwaltungstechnisch gehören zu den USA 50 Bundesstaaten mit teilweise bedeutenden Sonderrechten sowie der Bundesdistrikt der Hauptstadt.

Maschinen, Fahrzeuge, Eisen- und Stahlwaren, pharmazeutische Artikel, Erdölprodukte und landwirtschaftliche Erzeugnisse bilden die Hauptausfuhrgüter der USA. Am weltweiten Waffenexport sind die Amerikaner mit 33 % beteiligt. Neben zahlreichen nationalen Fluggesellschaften, die ein sehr engmaschiges Liniennetz unterhalten, verkehren große komfortable Überlandbusse (Greyhounds) und Eisenbahnen in fast alle Winkel des riesigen Landes. Der Osten verfügt über das dichteste Verkehrsnetz. Doch ist inzwischen auch der ehemalige „Wilde Westen" verkehrsmäßig sehr gut erschlossen.

Landschaft

Die USA grenzen im Norden an Kanada, im Süden an Mexiko, im Osten an den Atlantik und im Westen an den Pazifik. US-Bundesstaaten außerhalb des zusammenhängenden Staatsgebiets sind Alaska (siehe auch dort) und Hawaii. Hinzu kommen noch zahlreiche US-Außenbesitzungen, unter anderem der autonome Staat Puerto Rico, Guam, die Jungferninseln, die Panama-Kanalzone, Guantanamo Bay (Kuba) sowie kleinere Inselgruppen im Pazifischen Ozean.

Man teilt das geschlossene Staatsgebiet der USA in fünf Großlandschaften ein: das Rumpf-

flächenland des kanadischen Schildes im Norden, das Gebirgssystem der Appalachen im Osten, die weitflächigen Plateaus und Ebenen im Inneren, die Bruchfaltengebirge der Kordilleren im Westen und die Küstenebenen am Atlantik und am Golf von Mexiko. Besonders markante Geländeformen besitzen die Kordilleren, die das gesamte westliche Drittel der USA einnehmen. Dieser unmittelbar an den Pazifik grenzende Großraum untergliedert sich in die Rocky Mountains im Osten, in die küstenparallelen Ketten des Pazifischen Gebirges im Westen und in die von den Gebirgen eingeschlossenen Becken- und Plateaulandschaften. Die Rocky Mountains beginnen im Norden Alaskas mit der Brooks Range und klingen in New Mexico in einer Reihe niedriger Gebirgsketten aus. Das Pazifische Gebirge besteht aus einer Doppelkette, die ein Längstal umschließt. Zahlreiche, zum Teil noch heute tätige Vulkane weisen auf die tektonische Labilität dieses erst in der jüngeren geologischen Vergangenheit gehobenen Landesteils hin.

Vor der Eroberung durch europäische Siedler war der gesamte Osten bis über den Mississippi hinaus geschlossen bewaldet. Heute ist er

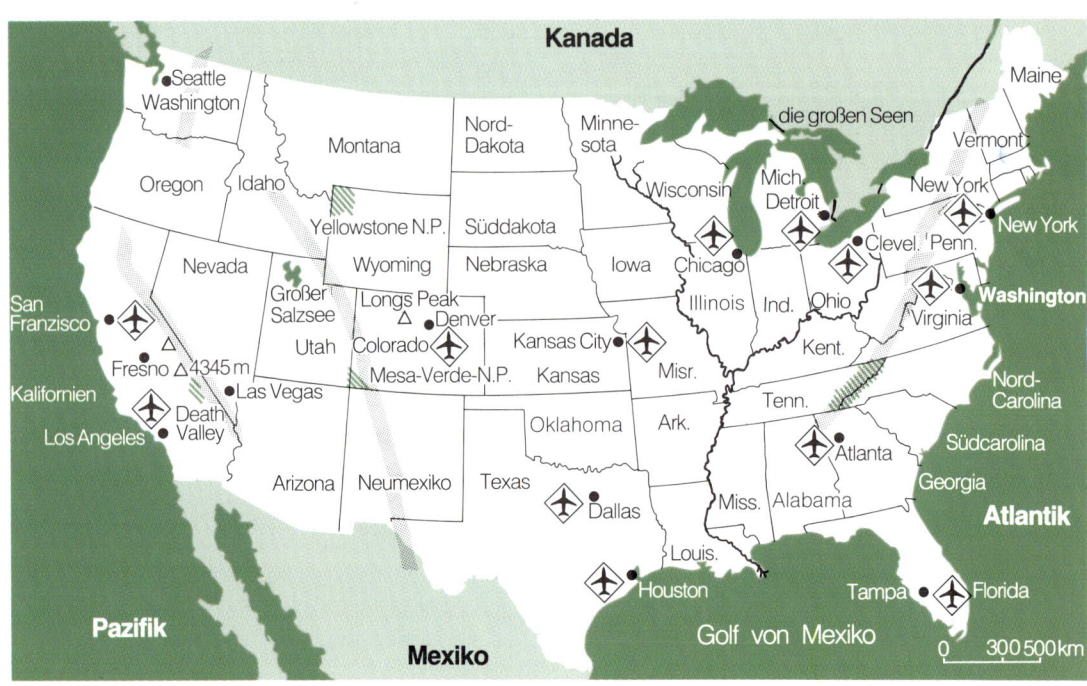

Ein Land der „unbegrenzten" Möglichkeiten sind die USA auch für den Jäger. Dies gilt vor allem für den gebirgigen Westen des Landes, wo selbstverständlich auch das beim Waidmann so heiß begehrte Bergwild seine Fährten zieht

weitgehend gerodet. Weiter westwärts ging die Bewaldung langsam in ein offenes Grasland, die Prärie, über, die dann zum größten Teil unter den Pflug genommen wurde. Der Baumbestand beschränkt sich hier zumeist auf die Flußauen. Mit dem Nachlassen der jährlichen Niederschlagsmengen von Osten nach Westen geht die Hochgrassteppe in die Kurzgrassteppe und schließlich in die Trockensteppe über, und in Südwesttexas findet man sogar eine wüstenhafte Steppe (Llano Estacado). Die Vegetation des gebirgigen Westens wird zusätzlich durch die Höhenlage differenziert. Charakteristisch für die gut beregneten Gebirgsketten am Pazifik sind Wälder aus Sitka- und Douglasienholz, aus Ponderosakiefern und Mammutbäumen. Für Kalifornien sind immergrüne Hartlaubwälder, der sogenannte Chaparral, charakteristisch. Der Süden Floridas und Teile der Küste Louisianas besitzen randtropisches Klima und weisen an Farnen, Lianen und ähnlichen Gewächsen reiche Waldinseln, Kiefernwälder, Mangroven und Sumpfzypressen auf.

Klima

Die Gebiete am Atlantischen Ozean, ohne Florida und die Golfküste, zeichnen sich durch kalte Winter und sehr warme Sommer aus. Die Niederschläge sind über das ganze Jahr verteilt, doch besitzen die Sommermonate ein Regenmaximum. Entlang der Atlantikküste herrscht im Sommer eine außerordentlich hohe und belastende Luftfeuchtigkeit, die klimatische Bedingungen wie in einem Treibhaus erzeugt. Das Golfgebiet zeichnet sich aus durch heiße Sommer, milde Winter und hohe jährliche Niederschlagsmengen. Auch hier herrscht im Sommer eine sehr hohe Luftfeuchtigkeit. Das Gebiet der großen Prärien westlich vom 100. Längengrad liegt hoch, ist trocken und besitzt aufgrund seiner großen Meeresentfernung starke Temperaturschwankungen zwischen Sommer und Winter. Die Plateau- und Gebirgsregion der Kordilleren ist abseits des Pazifiks ebenfalls trocken, doch wechseln hier Temperaturen und Niederschlagsmenge mit der Höhenlage. Hier liegt im Süden der

heißeste und trockenste Teil der USA, das Death Valley. Der pazifische Küstensaum besitzt im Süden mediterranes Klima mit trockenen heißen Sommern und feuchten milden Wintern. Im Norden herrscht dagegen ozeanisches Klima, wie wir es in Westeuropa kennen. Beste Reisezeit ist der Herbst, der in den USA Indianersommer genannt wird, denn von September bis November herrschen von Küste zu Küste angenehme, erträgliche Temperaturen. Für Florida bietet sich der Winter als beste Reisezeit an.

Jagd

Jagd für Ausländer erlaubt. Lizenzjagd und private Jagdorganisationen. Jagdführung durch einheimische Berufsjäger/Farmer, Jagdausübung per Fußpirsch, Pferd, Geländewagen. Gute Erfolgsaussichten auf Pronghornantilope, Bighorn, Puma, Bären, Wapiti. 30 Millionen einheimische Jäger sind registriert.

Visum

Zur Einreise in die USA benötigen alle Reisenden ein Visum. Man beantragt es bei einem der Amerikanischen Generalkonsulate in Bonn, Frankfurt, Hamburg, München und Stuttgart oder bei der Botschaft der Vereinigten Staaten von Amerika, Deichmanns Aue, 5300 Bonn 2 (Bad Godesberg).

Impfungen

Die USA fordern keine Schutzimpfungen.

Waffeneinfuhr

Die Einfuhr von Waffen ist grundsätzlich verboten. Für Jagdzwecke wird eine Genehmigung erteilt vom Bureau of Alcohol, Tobacco, and Firearms, Department of Treasury, Washington D.C., 20226 USA.
Neben der Einfuhrgenehmigung des vorstehend genannten Büros ist in manchen Bundesstaaten der USA noch eine gesonderte Registrierung erforderlich.

Devisenbestimmungen

Bei Ein- und Ausfuhr von Landeswährung und Fremdwährungen keine Beschränkungen.

Sehenswürdigkeiten und Nationalparks

Was für Jäger von besonderem Interesse ist: Es gibt eine ganze Reihe von Nationalparks in den USA, die zu einer Zeit entstanden sind, als man in Europa das Wort Naturschutz noch nicht einmal kannte, und die heute für jeden europäischen Besucher zu den größten Attraktionen zählen. Der Glacier-Nationalpark gehört mit seinen 3975 km^2 auf USA-Gebiet liegender Fläche nicht zu den größten. 1350 km^2 liegen auf kanadischem Hoheitsgebiet. Hier sieht man hauptsächlich die alpine Gletscherlandschaft der Rocky Mountains im Staate Montana. Sehenswert ist der Great Salt Lake (4531 km^2) im Staat Utah, der je nach Witterungsverhältnissen bis 15 m tief sein kann und einen Salzgehalt von 18 bis 27 % aufweist. Beiderseits der Grenze zwischen Tennessee und North Carolina befindet sich der Great-Smoky-Nationalpark mit fisch- und wasserreichen Flüssen und einer vielfältigen Tierwelt. Es handelt sich um ein Reservat der Cherokeeindianer. 550 km^2 groß ist der Isle-Royal-Nationalpark, der im Oberen See liegt, und die Insel Royal sowie rund 200 kleinere Inseln und Schären umfaßt. Canyons mit Höhlenbauten der Puebloindianer enthält der Mesa-Verde-Nationalpark im Südwesten des Staates Colorado. Ebenfalls in Colorado liegt der Rocky-Mountains-Nationalpark mit Longs Peak (4345 m) und vielen Dreitausendern, Gletschern, Seen und Wäldern. Den riesigen Mammutbäumen hat man den Sequoia-Nationalpark südöstlich von Fresno gewidmet. Hier erhebt sich der 4418 m hohe Mount Whitney. Seit 1872 besteht bereits der Yellowstone-Nationalpark (8670 km^2), der wegen seiner zahlreichen Geysire und Schlammvulkane sowie der seltenen Tiere bekannt geworden ist. Wilde Canyons und viele Naturschönheiten enthalten noch die Nationalparks Yosemite (bereits 1864 gegründet) im Westen der Sierra Nevada und der Zion-Nationalpark im Süden der Wasatch Range.

Botschaft der Bundesrepublik Deutschland

4645, Reservoir Road N.W., Washington D.C., 20007 USA.

Fast ausgestorben war der Bison, bis es gelang, unter strengsten Schutzmaßnahmen wieder neue, starke Herden heranzuhegen. Schnaubend messen zwei Bullen ihre Kräfte (links). Sehr beliebt ist in Amerika neuerdings die Jagd mit Pfeil und Bogen (unten)

Jagdländer
in
Südamerika

Argentinien

Argentinische Republik

Hauptstadt	Buenos Aires (10 900 000 Einw.)
Bevölkerung	28 430 000
Fläche	2 766 889 km²
Landessprache	Spanisch
Währung	Neuer Argentinischer Peso (neuer argent. $) = 100 Centavos (ab 1. 6. 83: 1 neuer argent. $ = 10 000 alte argent. $)

Wildtiere

Affen, Jaguar, Mähnenwolf, Nandu, Nasenbär, Pampashirsch, Rebhuhn, Sumpfhirsch, Tapir, Wasserschwein, Wildschwein.

Allgemeines

Das von den Spaniern 1516 entdeckte und 1526 von Pedro de Mendoza, dem Gründer von Buenos Aires, in spanischen Besitz genommene „Silberland" (= Argentinien) wurde von 1976 bis 1983 von einer Militärjunta diktatorisch regiert, die schließlich aufgrund großer innen- und außenpolitischer Probleme die Rückkehr zur Demokratie zulassen mußte. Die Bevölkerung besteht größtenteils aus spanischen und italienischen Einwanderern, die insgesamt 90 % stellen, und aus 2 Millionen Mestizen. Die Indianer stellen nur noch einen geringfügigen Rest von 20 000 bis 30 000 Menschen, die vorwiegend im Gran Chaco beheimatet sind. Mit fast 90 % Anteil ist die römisch-katholische Kirche von allen Konfessionen am stärksten vertreten. Hauptausfuhrgüter sind Getreide, Vieh, Fleisch, Wolle, Häute und Textilien. Das argentinische Eisenbahnnetz umfaßt etwa 40 000 km und bedient alle wichtigen Gebiete des Landes. Außerdem besitzt Argentinien ein ausgedehntes und teilweise gut ausgebautes Straßensystem. Die wichtigsten Städte des Landes sind durch Landstraßen erster Ordnung miteinander verbunden. Der Hauptflughafen befindet sich in Buenos Aires, und die nationalen Fluggesellschaften Aerolineas Argentinas, Austral und Lineas Aereas de Estado

bedienen weitere internationale und nationale Flughäfen.

Landschaft

Das zweitgrößte Land Südamerikas läßt sich in drei geographische Zonen gliedern: das Tiefland im Norden (Gran Chaco) und Osten (Pampa), das Tafel- und Schichtstufenland im Süden (Ostpatagonien) und das Gebirgsland der Anden sowie die diesen östlich vorgelagerten Sierras de Córdoba. Höchste Erhebung der argentinischen Anden und der gesamten Neuen Welt ist mit 6958 m der Aconcagua. Die argentinische Vegetation durchläuft von Norden nach Süden alle Formen von subtropischem Regenwald über Gras- und Parklandschaften bis zu Trockenwald und Savannen sowie weiten und kargen Steppen. Im Süden des Landes tritt wieder Bewaldung auf. Die Baumgrenze liegt hier bei 600 m. Im Norden

sind die Anden bis zu 2600 m Höhe mit Hartlaub- und Nadelgehölzen sowie Erlen bestockt.

Klima

Aus der großen Nord-Süd- und Ost-West-Erstreckung des Landes ergibt sich eine vielfältige klimatische Zonierung Argentiniens. Im Norden subtropisch, zeigt sich das Klima in den Pampas gemäßigt und in Patagonien kühl. In einigen Teilen des Landes gibt es häufige und sehr ergiebige Niederschläge, in anderen hingegen herrscht Trockenheit. Die Jahreszeiten stehen im umgekehrten Verhältnis zu denen Europas: Januar/Februar sind die heißesten, Juli/August die kältesten Monate des Jahres. Buenos Aires besucht man am besten im März/April und Oktober/November. Januar/Februar sind Badeurlaubszeit, und von Juni bis August kann man in den patagonischen Anden den besten Skiurlaub „absolvieren".

Jagd

Jagd nur auf Privatgelände unter Führung der Besitzer bzw. deren Berufsjäger. Meistens zu Fuß, per Pferd oder Geländewagen; Kapitaltrophäen von Rothirschen während der Brunft im April.

Visum

Deutsche, österreichische und schweizerische Staatsbürger mit einem gültigen Reisepaß sind als Touristen vom Visumzwang befreit.

Impfungen

Malariaschutz ist erforderlich in den Monaten Oktober–Mai in ländlichen Gebieten unter 1200 m.

Waffeneinfuhr

Für die Einfuhr von Jagdwaffen und Munition nach Argentinien ist eine Genehmigung erforderlich. Nähere Auskünfte erteilen die argenti-

Ein grandioses Naturschauspiel sind die Iguaçufälle. An der patagonischen Küste trifft man häufig auf starke Seelöwenkolonien, geführt von kapitalen Bullen

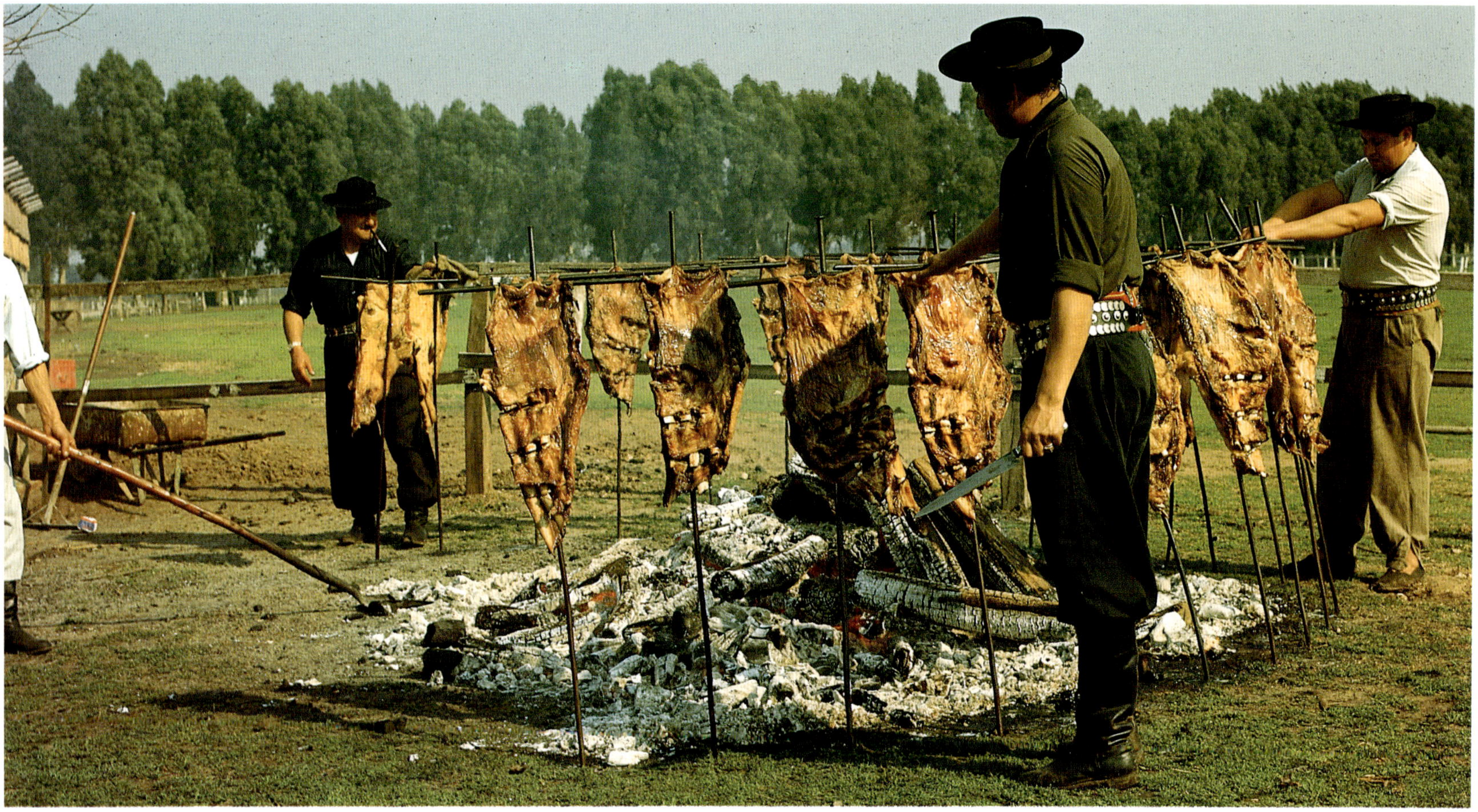

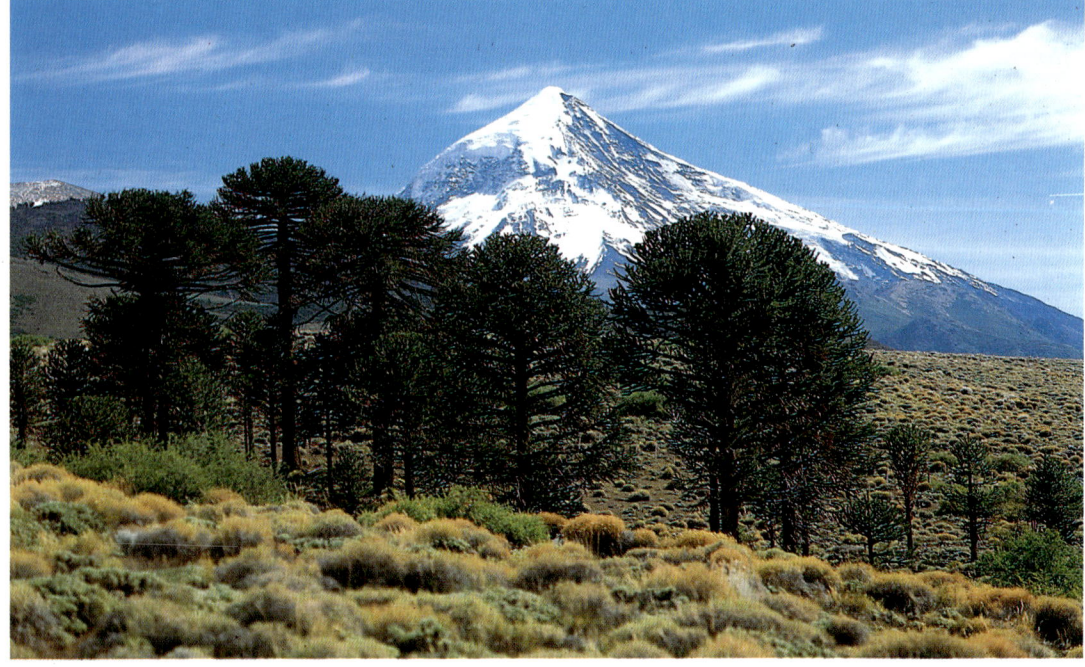

Typische Fleischzubereitung im Rinderland der Pampa (oben).
Landschaft am Fuß des Lanin-Vulkans (links)

nischen Konsulate in Berlin, Düsseldorf, Frankfurt/Main, Hamburg und München.

Devisenbestimmungen
Die Ein- und Ausfuhr der landeseigenen Währung ist unbeschränkt möglich, jedoch muß die Summe deklariert werden. Gleiches gilt für Fremdwährungen. Bei Aufenthalten außerhalb der großen Städte empfiehlt es sich, möglichst US-Dollar oder US-Dollar-Reiseschecks einzuführen, da der Umtausch von Deutschen Mark in Landeswährung in kleineren Städten und auf dem Lande u. U. Schwierigkeiten bereitet.

Sehenswürdigkeiten und Nationalparks
Der Nationalpark Nahuel Huapi bei San Carlos de Beriloche in den Anden dürfte für den Jäger interessant sein, zumal dieser Nationalpark mit demjenigen von Lanin bei San Martín de los Andes durch eine Autostraße verbunden ist, die durch eine reizvolle Landschaft führt. Zum Park Nahuel Huapi braucht man ab Buenos Aires 4 ½ Flugstunden.
Ausflüge lohnen sich ebenfalls nach Tigre, einem Badeort, nach dem Wallfahrtsort Luja, nach La Plata, wo die bedeutende paläontologische Sammlung im Naturhistorischen Museum besucht werden sollte. Wer spielen will, kann nach Mar del Plata fahren, einem führenden Badeort mit Spielkasino.

Botschaft der Bundesrepublik Deutschland
Villanueva 1055, 1426 Buenos Aires; Post: Casilla de Correo 2979, 1000 Buenos Aires.

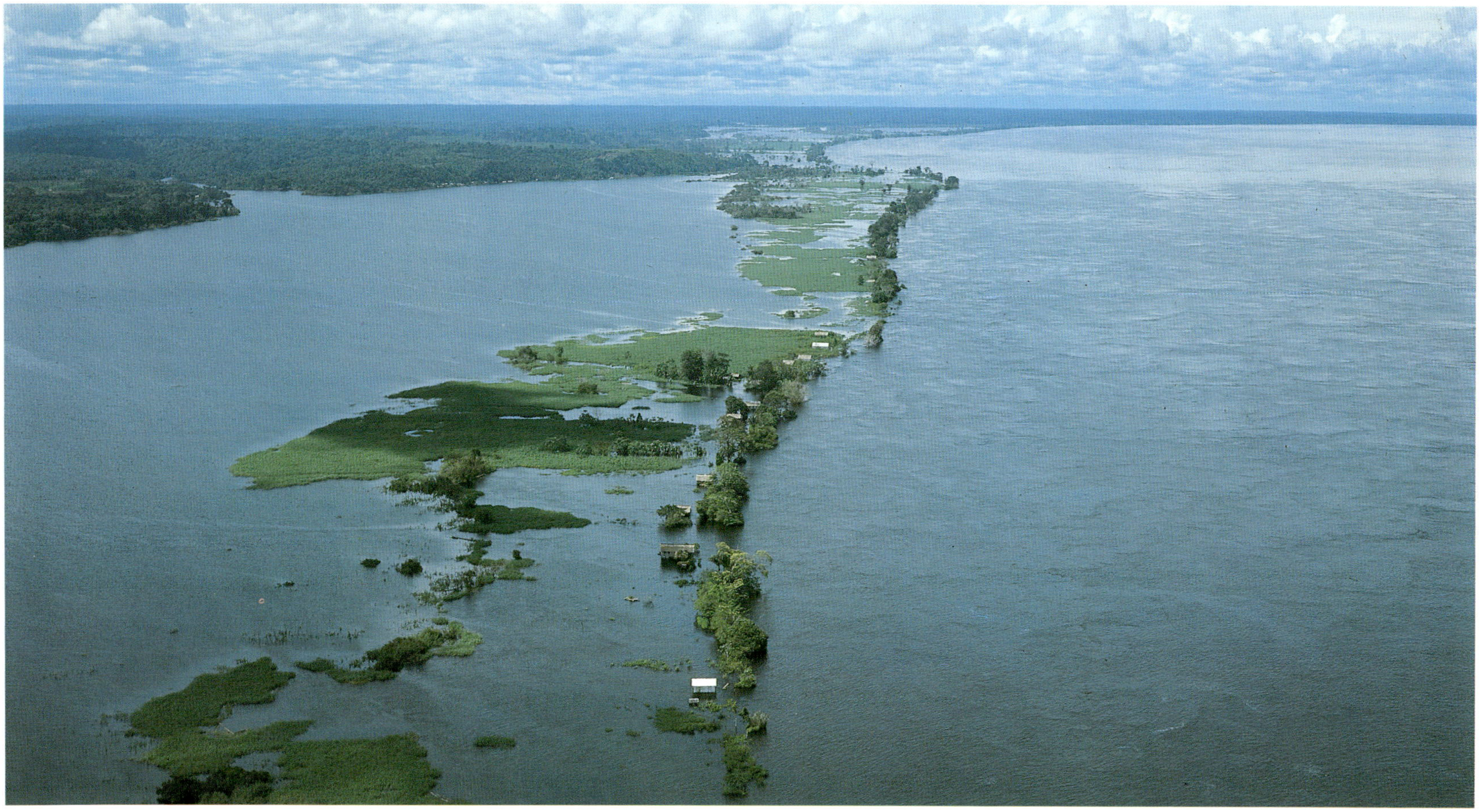

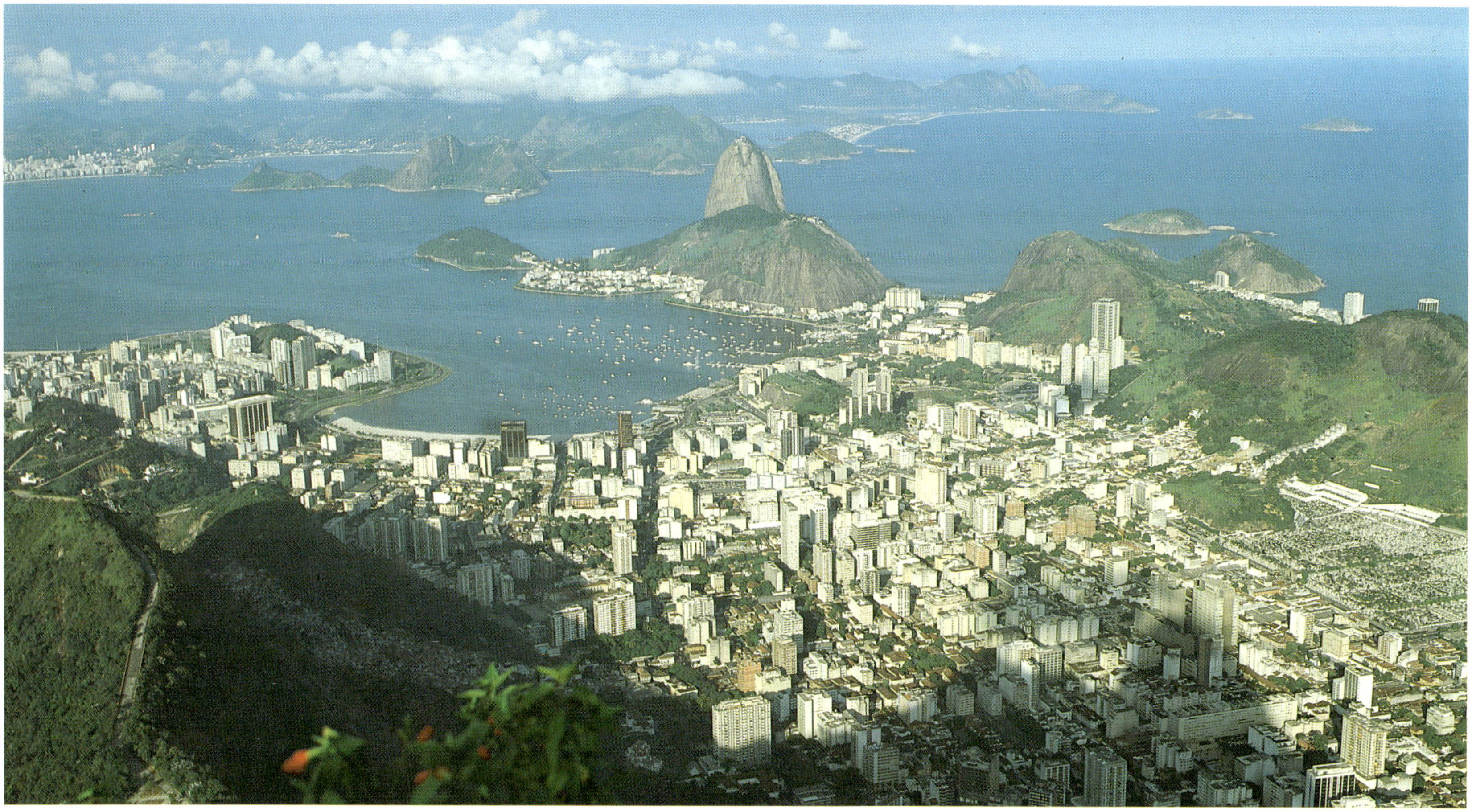

Chile

Republik Chile

Hauptstadt	Santiago de Chile (3 700 000 Einw.)
Bevölkerung	11 490 000
Fläche	756 945 km^2
Landessprache	Spanisch
Währung	Chilenischer Peso (chil. \$) = 100 Centavos

Wildtiere

Fuchs, Geierfalke, Gelbkopfgeier, Guanaco, Kondor, Lama, Nandu, Pudu, Puma, Südandenhirsch und Vikunja.

Allgemeines

Über 4300 km erstreckt sich das Andenland Chile in Nord-Süd-Richtung. Projiziert man die Länge auf die Alte Welt, so ergäbe sich eine Strecke vom Nordkap bis zur nördlichen Sahara. Die Breite des Landes, d. h. die Ost-West-Erstreckung, beträgt dagegen maximal nur 450 km. Auf diesem schmalen Stück Land wohnen 14,9 Einw./km^2. Die Bevölkerung besteht zu 40–50 % aus Weißen spanischer Abstammung und zu etwa 50 % aus Mestizen. Der Anteil der Ureinwohner (Indianer, Araukaner) ist mit 1,8–2 % äußerst gering. Die Chilenen bekennen sich zu 90 % zum römisch-katholischen Glauben. Seit 1973 regiert in Chile eine Militärjunta mit diktatorischen Vollmachten. Die 13 Regionen bzw. 25 Provinzen des Landes werden von der Hauptstadt aus zentral regiert. Die nächstgrößere Stadt, Valparaíso, ist mit knapp 620 000 Einwohnern bedeutend kleiner als die Hauptstadt. Kupfer, Eisenerz und Kohle werden neben chemischen Produkten, Wolle, Fellen, Holz, Obst und Wein vorwiegend ausgeführt. Wichtigstes Verkehrsmittel Chiles ist das Flugzeug. Von Bedeutung für den Verkehr im Lande ist ebenfalls die 3300 km lange Eisenbahnlinie von Pisagua nach Puerto Montt, an welche zahlreiche Nebenlinien angeschlossen sind, mit denen die Küstenstädte erreicht werden können. Das Straßennetz ist noch dürftig, ausgenommen die panamerikanische Fern-

straße, die das Land von der peruanischen Grenze bis vor die Tore der Hauptstadt durchzieht, bevor sie die Anden in Richtung Argentinien quert. Dem Personenverkehr dient ebenfalls ein gut ausgebautes Autobusliniennetz. Neben der staatlichen Fluggesellschaft Aerea Nacional de Chile bedienen zahlreiche private Fluggesellschaften den nationalen Verkehr, der über sechs internationale Flughäfen abgewickelt wird.

Landschaft

Chile ist auf seiner gesamten Länge von 4300 km vom Hochgebirge der Anden mit seinen Hochflächen und Vorgebirgen sowie von der pazifischen Küstenregion geprägt. Im Süden verläuft parallel zur Hauptkordillere die sogenannte Küstenkordillere (bis 2000 m hoch). Zwischen beiden Gebirgszügen erstreckt sich das Chilenische Längstal (Valle longitudinal). Der höchste Berg ist der Ojos del Salado (6880 m) im Norden des Landes. Entsprechend der landesüblichen Bezeichnungen unterteilt man Chile geographisch in den Großen Norden (Atacama), Mittelchile und den Großen Süden, der bei der Insel Chiloé beginnt. Die natürliche Vegetation wird vom Klima bestimmt. Im wüstenhaften Norden fehlt fast jeglicher Bewuchs. Dort, wo Hochnebel den Gebirgsrand berührt, kommen Dornsträucher und Hartgrasbüschel vor. Weiter südwärts gedeihen – bei zunehmenden Niederschlägen – Hartlaubgewächse, die in Mittelchile Eichen, Pappeln, Eukalyptus und Weißdorn Platz machen. Im gut beregneten Süden schließlich wachsen Pinien, Lorbeerbäume, Zypressen und Araukarien sowie Südbuchen und Kiefern. In Patagonien kommen nur noch Moose, Farne und Zwergsträucher vor.

Klima

Die Längenausdehnung Chiles bedingt unterschiedliche Klimazonen, von den Randtropen bis in die kühlgemäßigten Breiten. Der kalte Humboldtstrom hält in den Küstenregionen die Temperaturen relativ kühl. Im Zentralgebiet herrschen während des ganzen Jahres milde Temperaturen. Hingegen zeichnet sich der

Der Süden Chiles liegt in der kühlgemäßigten Klimazone. Hier finden die genügsamen Lamas noch genügend Weideland. Nicht jedoch in Patagonien, wo die Landschaft von Gletschern geprägt wird, die häufig ins Meer kalben

Süden durch lange Winter aus. An der Küste gibt es im Süden hohe Niederschläge. Die mittlere Küstenzone ist warm und im Sommer trocken; im Norden des Landes, in der Atacama, regnet es dagegen nur etwa alle 20 Jahre. Die wärmsten Monate des Jahres sind Januar und Februar, doch wird es kaum unerträglich heiß.

Jagd
Jagdausübung für Ausländer mit Beschränkungen erlaubt. Nur auf Privatbesitz; Jagdführung durch Eigentümer.

Visum
Deutsche, Schweizer und Österreicher, die einen gültigen Reisepaß besitzen und den Nachweis über Rück- oder Weiterreise erbringen, sind vom Visumzwang befreit.

Impfungen
Von Chile werden im internationalen Reiseverkehr zur Zeit keine Impfungen verlangt.

Waffeneinfuhr
Einfuhr von Jagdwaffen ist nur mit Erlaubnis des Ministerio de Defenso Nacional in Santiago de Chile möglich.

Devisenbestimmungen
Ein- und Ausfuhr von Landeswährung und fremden Währungen ist unbegrenzt erlaubt.

Sehenswürdigkeiten und Nationalparks
In Santiago de Chile sind der Hügel Santa Lucla, Serro San Chrlstóbal, die Kathedrale O'Higgins Avenue (im Volksmund ,,Almeda'') zu besichtigen. Viña del Mar ist ein berühmter Badeort, etwa 140 km von der Hauptstadt entfernt. Daran grenzt Valparaíso, der wichtigste Hafen an der Westküste Südamerikas. Das bedeutendste Wintersportgebiet des Landes liegt in Portillo. Es ist berühmt für kilometerlange Abfahrtsstrecken und von Santiago de Chile aus mit Sonderbussen in etwa fünf Stunden zu erreichen. Für Naturfreunde besonders zu empfehlen ist der Seendistrikt um Osorno Puerto Montt, ,,Chilenische Schweiz'' genannt. Hier haben sich besonders viele deutsche Einwanderer angesiedelt.

Botschaft der Bundesrepublik Deutschland
Calle Agustinas 785, Casilla 9949, Santiago de Chile.

3
Jagdpraxis im Ausland

Erläuterungen

„Der Waidmann: Gottesfürchtig, eines guten Gesichts, eines guten Gehörs, schneller Füße, nicht gebrechlich, dauerhaft, wachsam, unverdrossen, unversoffen, treu, von reifem Judicio, aufmerksam, gesunder und gerader Zähne, geschwind in seinem Vernehmen, unverzagt und nicht furchtsam; er soll Liebe zu Hunden haben, die Reinlichkeit, zumal an seinem Gewehr, lieben, verschwiegen und nicht neidisch sein."

(v. Göchhausen, 1710)

Auslandsjäger sind in der Regel mit dem heimischen Waidwerk bestens vertraut. In fernen Revieren, auf der Pirsch nach fremdem, auch wehrhaftem Wild, eingebunden in andersartige Lebensformen und Jagdtraditionen, ergeben sich jedoch oftmals Problemstellungen, die ohne Vorabinformation nicht ohne weiteres mit eigener Erfahrung oder Routine gemeistert werden können. „Wissen ist Macht", heißt dann die Devise.

Die nachfolgenden Ausführungen und Ratschläge aus der Jagdpraxis erfolgreicher Auslandsjäger sollen Anregung und Entscheidungshilfe bei Planung und Vorbereitung einer Jagdreise sein, Informationsdefizite abbauen und helfen, bei der Jagd überraschend auftretende Schwierigkeiten zu überwinden.

Neben der für die jeweilige Jagdreise vorauszusetzenden guten körperlichen Kondition und ausreichend bemessener Urlaubszeit – „Wenn Du keine Zeit hast, dann jage keinen Büffel", sagen die Eingeborenen – sind Survivaltips zum Überleben in der Wildnis ebenso wichtig wie Anleitungen zur Ersten Hilfe im Falle von Krankheit, Unfall oder Schlangenbiß. Das Wissen um die zweckmäßige Verpflegung, Kleidung und Ausrüstung erspart, da häufig schon im eigenen Jagd- und Kleiderschrank vorhanden, nicht nur unnötige Anschaffungskosten vor einer Safari, sondern ist mit der Wahl der richtigen Waffe und Munition wesentlich für den jagdlichen Erfolg, unter Umständen sogar für den Schutz von Gesundheit und Leben.

Seesack oder Koffer? Fotografieren in der Arktis? Universalkaliber? Leihwaffe ja oder nein? Trinkwasser in den Tropen? Freihändig schießen? Diese und viele andere Fragen, von ausreichendem Versicherungsschutz über die richtige Trophäenbehandlung, über Artenschutz bis zu den wesentlichen Zoll- und Devisenbestimmungen, werden praxisnah und allgemein verständlich beantwortet, Waffen- und Kaliberfragen selbstverständlich ausführlich behandelt.

Beispielsweise sind der Hinweis auf das richtige Kaliber bei jeder Wildtierbeschreibung (Kal. Gr. 1 – Kal. Gr. 7), die Wirkung von Voll- und Teilmantelgeschossen, die Wahl der richtigen Büchse bei der Bergjagd oder der tödliche Schuß auf Großwild anhand von anschaulichen, ausschließlich für dieses Buch gestalteten Schußbildern zur Vorbereitung der Jagdreise und deren Erfolg absolut wichtig.

Die Abschnitte dieses Kapitels

Es empfiehlt sich die Lektüre gerade dieser Kapitel des Buches vor und auch während der Jagdreise. Ausführliche Speziallliteratur wird im Literaturverzeichnis „Jagdpraxis im Ausland" (Anhang) ausgewiesen.

Waffen
und Munition

„Schon bei der Auswahl der Waffe beginnt die Jägermoral." (Harald Lange)

Eines meiner ersten „richtigen" Bücher beschreibt das Abenteuer einer archäologischen Expedition am Fluß Sandawaku, tief in der nordchinesischen Taiga. Wochenlang werden die Expeditionsteilnehmer aus dem Hinterhalt beschossen. Immer fällt nur ein Schuß, immer ist ein Mann tot: Kopfschuß. Der heimtückische Schütze hat es auf die modernen Gewehre der Reisenden abgesehen. So ist die Vermutung; denn anhand der Verwundungen ist festzustellen, daß die hinterhältigen Morde mit einer uralten Waffe ausgeübt wurden. Schließlich wird der Waldbandit doch erwischt. Er kann die aufgeworfene Frage, warum er sich als Besitzer eines derart genau schießenden Gewehres um moderne Waffen bemüht habe, nicht mehr beantworten.

Später, als Jäger und um ein paar eigene Erfahrungen reicher, verstand ich erst so richtig den Sinn der damals offen gebliebenen Frage: Die Waffe, mit der ich hundertprozentig einen Volltreffer erziele, das ist die modernste, die richtige Waffe! Eine solche Büchse oder Flinte ist ein Teil meiner selbst geworden, ist mir vertraut, auf mich zugeschnitten, mir angepaßt. Sie schlägt mich nicht, sie stößt nicht, gleich einem bösen Gaul, und ich weiß exakt und voller Gewißheit, wo wir miteinander hinschießen.

Kontrolle ist besser

Mit einem Freund gehe ich nur auf die Jagd, wenn es zwischen uns beiden rundherum stimmt. Sonst ist die beste Freundschaft oft schnell dahin. Ebenso verhält es sich mit der Waffe. Ich gehe grundsätzlich vor Antritt einer Jagdreise auf den Schießstand oder an einen geeigneten Platz im Revier. Einige Probeschüsse, am besten sitzend mit stabiler Auflage, bestätigen mir entweder die alte Vertrautheit oder aber zeigen, was mit uns nicht stimmt. Die Waffe tut ihren Dienst gewöhnlich optimal. Schlimmstenfalls ist eine leichte Korrektur am Zielfernrohr notwendig. Bei mir hingegen sieht es gelegentlich schlechter aus. Was nutzt es dem Jäger, wenn er zwar seine „liebste Braut" bestens instand hält, er sich selber aber nicht. Nur Vertrautheit

bringt Selbstvertrauen und Sicherheit! Nahezu grob fahrlässig wäre es, wenn ich meine Büchse erst kurz vor der Abreise nach Kanada oder sonstwohin aus dem Gewehrschrank und bei der Ankunft aus dem Waffenkoffer nähme und mich ohne weitere

Beschäftigung mit ihr auf die Jagd begäbe. „Letztes Mal hat sie ja gar nicht so übel hingehalten", sage ich mir zwar, bin aber dennoch voller Mißtrauen, voll schlechten Gewissens mir gegenüber: „Hätte ich doch zu Hause den Schießstand aufgesucht!" Wie anders ist die Stimmung, wenn dies vorher geschah, wenn ich in vertrauter Umgebung die Waffe einschoß, korrigierte. Da genügt im Jagdlager nur noch ein Schuß, sozusagen als Bestätigung für die gute Laune. Ich habe Gewißheit, dem Wild ein waidgerechter Jäger zu sein.

Sitzt der Probeschuß im Revier wider Erwarten nicht, dann hilft kein Fluchen auf den Büchsenmacher zu Hause und auf die Fluggesellschaft

Das „Vertrauensverhältnis" zwischen dem Jäger und seiner „Braut" entscheidet oft über Erfolg oder Mißerfolg der Jagd

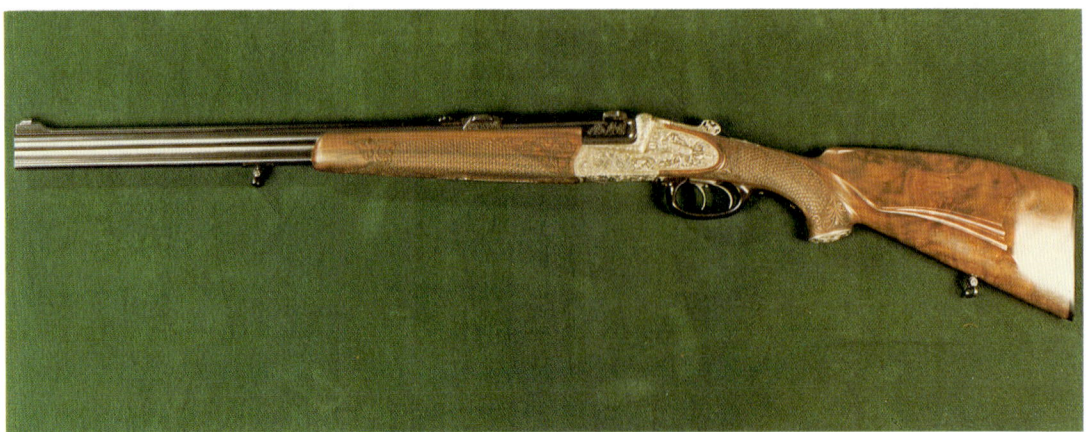

mit ihren rüden Transportmethoden. Ruhe und Besonnenheit, eine Überprüfung des festen Sitzes des Zielfernrohres oder der Schießunterlage und – wenn der zweite Schuß wieder nicht sitzt! – das genaue Studium des Korrekturmechanismus am Zielfernrohr führen schneller zum Ziel. Ist aber gar die Scheibe bei 100 m Entfernung auch beim zweiten oder dritten Schuß nicht getroffen – den vielleicht besser ein Freund macht! – dann heißt es Munition sparen und die Scheibe auf 50 m oder näher heranrücken, am besten auf einem großen Hintergrund (Holztafel, leeres Faß u. a.) montiert. Nur mit dieser Methode war es mir (bei nur 30 mitgenommenen Patronen für 2 Wochen) nach munitionsraubendem und ergebnislosem Versuch mit acht Schuß auf 100 m Entfernung möglich, eine Ein-Meter-Tiefschußabweichung, ausgelöst durch unerklärbare Zielfernrohrverstellung, festzustellen und die notwendige Korrektur durchzuführen. Im übrigen sollte man sich beim notwendigen Einschießen im fernen Revier in der Regel nicht auf Spezialentfernungen (150/220 m Fleckschußempfehlungen auf der Patronenschachtel) einlassen. Eine knappe Handbreit Hochschuß über dem Schwarzen bei 100 m Entfernung reicht für weitere Entfernungen, denn auf Eichhörnchen wird ja nicht gejagt.

Die Seele schießt mit

Uralt sind die Scheingründe, die nach dem Schuß das Fehlen erklären sollen. Es gibt nur einen einzigen, der – von höherer Gewalt und nicht zu beeinflussender Fremdeinwirkung abgesehen – die wahre Ursache beschreibt. Ursächlich für den Zustand der Waffe, für den Zustand des Jägers und für die Abgabe des Schusses ist meist der Jäger selbst. „Obgleich die Wahl der Büchse bei der Jagd ein wichtiges und nicht zu unterschätzendes Moment bildet, so ist weit wichtiger noch die Beschaffenheit des Mannes, der dahinter steht". Dies schreibt Paul Niedieck in seinem Buch „Mit der Büchse in fünf Erdteilen" schon 1909.
Es gibt angeblich keinen Menschen auf der Welt, der nicht geräuschempfindlich ist. Wir alle kennen den Spruch. „Den Blitz fürcht' ich

nicht, wohl aber den Donner!" Tatsächlich läßt ein unvermuteter Knall jedermanns Herz unbeeinflußbar höher schlagen, die unvermeidbare Reaktion auf einen Schreck. Obwohl der Jäger selbst Ursache für den nicht überraschenden, sondern eigentlich erwarteten Knall ist, wird er mehr oder minder unangenehm berührt. Manche Schützen sind für Augenblicke geradezu bestürzt. Ich behaupte: Nicht so sehr das Schlagen und Stoßen einer Waffe wird gefürchtet. Dieses wird nur als logisch erscheinende Begründung angegeben. Gefürchtet wird vielmehr der Knall, der ja tatsächlich weit über die Schmerzgrenze hinausgeht.
Diese begründete Furcht vor Schmerz – „Feuerfurcht" – läßt den Jäger „mucken", schlecht anbacken, zögern, verreißen.
Furcht vor Schmerz hat seelische Ursachen. Sie fußt in der Regel auf früheren negativen

Können, Konzentration und Selbstvertrauen: wichtigste Voraussetzungen für den ersten entscheidenden Schuß

Erfahrungen. Wer zum Beispiel einmal vom heftigen Knall einer Hochrasantigen geschockt worden ist, der wird auch mit dem KK mucken, zaudern. Nur in höchster jagdlicher Aufregung merkt er nichts davon und fragt sich mitunter, ob er überhaupt geschossen habe.
Die Seele schießt also mit. Sie ist mit im Bunde. Erst mit ihr wird die Dreieinheit Mensch, Waffe, Wild komplett. Deshalb: Hirnbeißender Knall macht kein Prestige, er macht leider nur allzuoft den Jagderfolg fraglich. Der Jäger wird selber wissen, was ihm noch zumutbar ist. Ein Wattestöpsel im Ohr hat oft schon Wunder gewirkt.

Repetierer, Büchse, Automat

Karamoja Bell, der berühmte afrikanische Berufs- und Elfenbeinjäger, hat um die Jahrhundertwende viele Elefanten mit der 7 x 57 erbeutet. Er wußte ganz einfach, wo er hinzuschießen hatte. Gegen die Wucht dieser relativ energieschwachen Patrone half selbst die Haut- und Knochenpanzerung eines Dickhäuters nicht. Einen Jäger, der voll Ängstlichkeit und fehlender Erfahrung irgendwo auf den großen Körper hinschießt, wird womöglich der Büffel selbst bei Verwendung einer .460 auf die Hörner nehmen.

Welche Waffe der Jäger ins Ausland mitnehmen sollte, mit welchem Kaliber er optimalen Erfolg haben kann, ist nicht leicht, schon gar nicht mit Absolutheit zu beantworten. Die Waffen- und Kaliberfrage wird durch Jagdwild, Jagdart, Jagdgelände, durch landesspezifische Vorschriften und durch die Verfügbarkeit vorhandener eigener Waffen entschieden. Da es leider – besser Gott sei Dank – noch keine Universalwaffe gibt, die allen Bedürfnissen gerecht wird, muß jeder Jäger die Frage, ob Büchse, Repetierer oder Automat, mit sich selbst ausmachen. Er sollte auf jeden Fall diejenige mitnehmen, mit der er gründlich verschwistert ist, aus der jeder Schuß sitzt. Erfahrene Berufsjäger raten dem Jäger beim Neuerwerb einer Waffe nicht nur häufiges Schießen, sondern – diesem gleichwertig – häufiges Trockentraining: Anbacken, in Anschlag gehen, bis die Waffe ein Teil des rechten oder linken Armes geworden ist. Bleibt noch das Problem des schnellen „zweiten" Schusses. Hier entscheiden persönliche Disziplin, gute Nerven, Erfahrung, Qualität und Pflege der Waffe. Wer ein Zentimetermaß nimmt und die Länge des Repetiervorganges mißt, stellt fest, daß bei einer 7 x 57- oder bei einer 8 x 68-Patrone maximal 10 cm auf einem Weg herauskommen. Knapp 20 cm Weg müssen also zurückgelegt werden; Schloß, Schlitten und Munition müssen „wie geölt" funktionieren. Wenn es um Sekundenbruchteile geht – etwa beim zweiten Schuß auf einen angreifenden Bären oder Büffel –, dann zählen selbst Sekunden-

millimeter. Und in einem solchen Fall ist es unerheblich, ob E_{200} mit 1982 oder mit 3021 Auftreffwucht/Geschoßenergie abgegeben werden. Hier wird auf jeden Fall die alte Wildererweisheit gelten: Der g'schwinder, der g'sünder!

Die Doppelbüchse

Aus der meist leichteren und handlicheren Doppelbüchse ist der zweite Schuß ohne Verzögerung durch die Waffe abzufeuern. Wie aber ist es mit dem dritten . . .? Ist dieser „dritte" beim Repetierer schneller zu lösen, wobei dieser zugestandenermaßen beim zweiten Schuß deutlich hinterherhinkt?
Diese Aufgaben jagdlicher Waffenkammermathematik sind nur vom Schützen selbst zu lösen, vor allem durch Übung und Sorgfalt in bezug auf Kammer, Verschluß, Patronen und Magazin. Wer gefahrenbewußte Berufsjäger beim Polieren der gleitenden Waffenteile beobachtet hat, beim Sortieren der Patronen ins Magazin, beim übenden Einwerfen der dritten und vierten Patrone in die Doppelbüchse, der ergänzt seine blinde Bewunderung durch eigene ähnliche Übungen. Ich habe einen Jäger gekannt, der mit einer einläufigen .570 Nitroexpreß mehrmals schneller schoß, als ein anderer mit einem rasantkalibrigen Repetierer. Das sah meisterlich aus und war es auch! Genauso wichtig ist: Wo sind die Ersatzpatronen? Im Gürtel, in Schlaufen am Hemd, lose in der Tasche? Das muß der Jäger vorher, am besten zu Hause, festlegen, das Nachladen „automatisieren".
Auf weitere Ausführungen zum Repetierer wird verzichtet. Diese Waffe ist dem Jäger durch vielfältige persönliche Erfahrungen im jagdlichen Alltag hinreichend bekannt.

Revolver, Pistole

Jagd wird oft aufregend, wenn es um die Nachsuche wehrhaften oder gar um die Abwehr von angreifendem angeschweißtem Wild geht. Ganz abgesehen davon, daß das Kurzwaffentragen in nahezu keinem Land erlaubt ist, ist darauf hinzuweisen, daß der Revolverschütze hierbei wenig Energie verfeu-

ern kann. Kommt noch die Treffunsicherheit hinzu – und das dürfte wohl die Regel sein –, so kann festgehalten werden, daß Pistolen und Revolver zwar recht beeindruckend aussehen, aber schon für die Nachsuche auf Friedwild nur bedingt verwendbar sind. Schon da benötigt man häufig eine Langwaffe, die den Fangschuß auch auf weitere Entfernung ermöglicht.

Schnell und sicher schießen

Die nachfolgenden Anregungen und Ratschläge zur Handhabung der Waffe im Gelände stammen von erfahrenen Auslandsjägern und befreundeten Jagdführern: zunächst scheinbare Nebensächlichkeiten, im entscheidenden Augenblick jedoch schon der halbe Erfolg!
● Die Frage etwa, ob dem Stecher oder dem Flintenabzug der Vorzug zu geben ist, beantworten Berufsjäger im Ausland nahezu ausnahmslos zugunsten des Flintenabzugs. Sie begründen dies mit eindeutigen Vorteilen bei der Jagd auf wehrhaftes oder im Busch häufig nahestehendes Wild, welches dem Jäger meist einen schnell hingeworfenen Schuß abverlangt. Für die Entscheidung „Stecher ja oder nein?" bleibt in diesen Fällen in der Regel keine Zeit. Allein der Gedanke daran kostet bereits wichtige Sekundenbruchteile. Außerdem werden die Gefahren, bei notwendigem Entstechen versehentlich einen Schuß zu lösen und das Wild zu vergrämen oder in der Aufregung mit einer gestochenen Waffe weiterzupirschen und damit die Sicherheit der Begleiter zu bedrohen, als weitere Nachteile bezeichnet. Hinzu kommt, daß die Flintenabzugmechanik robuster ist als die kompliziertere Stecherkonstruktion.
● Um das Verschmutzen des Laufes, das Eindringen von Grobteilen während einer Pirsch in schwierigem, unwegsamem Gelände zu verhindern, ist es zweckmäßig, über der Mündung der Waffe einen Klebestreifen (Tesakrepp) anzubringen. Bei einem schnellen Schuß hat man dann die Garantie des blanken Laufes und schießt einfach durch diesen widerstandslosen Verschluß. Das erspart dem Schützen die zeitraubende Abnahme eines der üblichen ledernen Mündungsschoner, die,

oftmals noch mit einem geräuschvoll aufspringenden Druckknopf versehen, meist auch noch zu streng auf dem Lauf sitzen. Etwa 20 cm Reserveklebestreifen um den Lauf gewickelt ermöglichen problemlos die Erneuerung des Klebeverschlusses nach dem Schuß.

● Schaftmagazine für Reservemunition, leicht abnehmbare, rutschfeste Gewehrriemen mit Schnellverschluß, sind bei längeren Fußpirschen, insbesondere bei Buschpirschen und Nachsuchen im Dickicht, ebenso bedenkenswert und zweckmäßig, wie eine aufstülpbare Zielfernrohr-Gummiblende (Manschette), die vor Seitenlicht und – besonders bei Großwildbüchsen – vor eventuellen Rückstoßverletzungen schützt.

● Nun noch ein Wort zum Freihändigschießen mit der Kugel, das bei den europäischen Jägern aus vielen Gründen vernachlässigt wird, vor allem aus Sicherheitsüberlegungen, aber auch aus ethischen Gründen. Bei der Auslandsjagd ist freihändiges Kugelschießen oft unvermeidbar, sei es sitzend, kniend, meist stehend. Durch Übung sollte man versuchen, freihändig, auf etwa 100 m, allmählich seine Schüsse zumindest in einen Zwanzigzentimeterkreis zu bringen. Einatmen, zielen, halb ausatmen und entschlossen feuern, ehe der Atem zu Ende ist, lautet die alte Regel.

Da man beim Schießen bekanntlich um so mehr zu ,,flattern" beginnt, je länger man zielt, wirkt sich jedes Zögern und Zaudern negativ aus. Ist das Wild richtig angesprochen und die Entscheidung gefallen, steht es dann ,,richtig", dann zügig von oben auf der Rückenlinie angesetzt, über die Schulter auf das Blatt ,,eintauchen" und gleichmäßig, ohne ,,Verreißen", den Abzug durchziehen.

Wer gewohnt ist, mit Bergstock oder Stockgabel zu schießen, sollte dies auch im Ausland tun. Ist andererseits ein Auflegen oder Anstreichen möglich, stets zwischen der festen Zielhilfe und der Waffe eine ,,Polsterung" einbringen, sei es die Mütze oder ein Kleidungsstück oder auch nur die Hand.

Fehlt eine Auflage und ist man sich eines freihändig abzugebenden Schusses nicht sicher, oder ist ein absolut tödlicher Schuß auf

Die Abbildungen zeigen die Größe des Jagdwildes (breit- und spitzstehend) zwischen den Querbalken des Absehen 1) bei 100 m, 150 m und 200 m Entfernung. Die Wahl des richtigen Absehens ist eine vom Jäger selbst zu treffende Entscheidung.

Das Absehen 1) wird neben dem Absehen 4) heute am häufigsten verwendet. Der Abstand zwischen den beiden Querbalken erfaßt bei einer Entfernung von 100 m eine Breite von etwa 70 cm der Zielfläche. So können Entfernungen geschätzt werden.

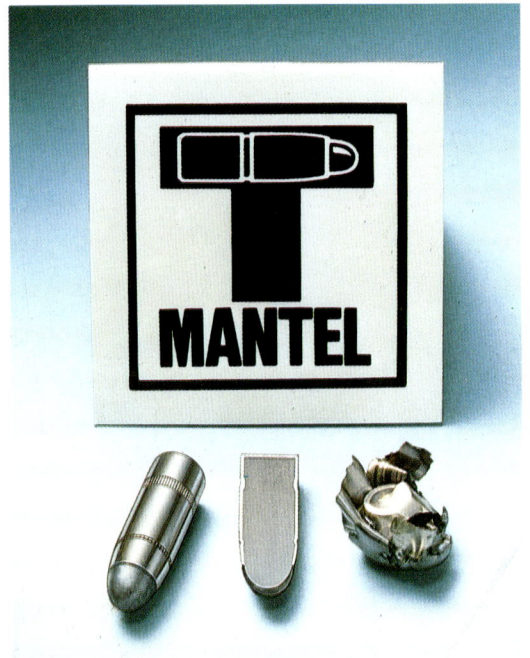

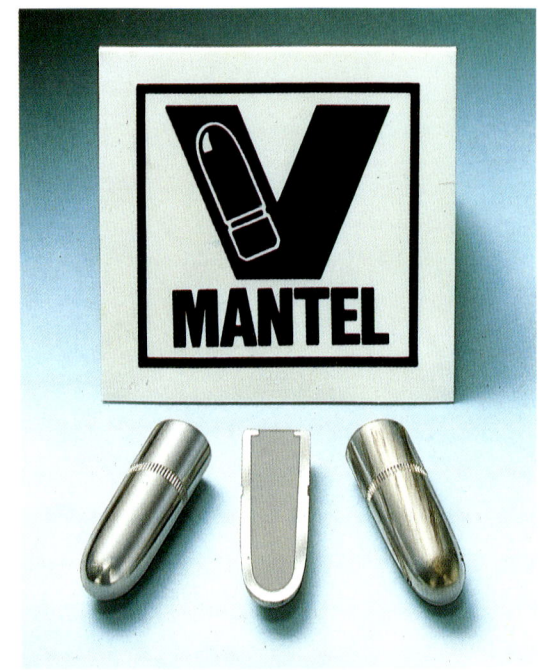

ein relativ kleines Ziel (z. B. Gehirnschuß auf ein im Wasser liegendes Krokodil) notwendig, bedient man sich – sofern ihn das Vorhaben nicht von vornherein ängstigt – der Schulter des Begleiters, der sich in jedem Fall die Ohren zuhalten sollte. Besonders in diesem Fall muß das Ziel ebenfalls schnell erfaßt, der Schuß zügig abgegeben werden, sonst überträgt sich die zunehmende Anspannung und Erregung des Begleiters auf den Zielvorgang, der Schuß wird unpräzise oder gar unmöglich.

● Zum Abschluß dieser Anregungen der Ratschlag eines südafrikanischen Jagdfreundes für das Freihändigschießen, der übrigens bei einiger Übung zu guten Ergebnissen führt. Das geschieht folgendermaßen: Der Rechtshänder (beim Linkshänder läuft es entgegengesetzt) geht mit seiner Waffe wie üblich in Anschlag und zieht sie in die Schulter. Dann drückt er sie mit der linken Hand waagrecht nach rechts und mit der rechten Hand im Gegendruck nach links. Die Druckkräfte der beiden Hände und Arme halten bei dieser Technik die Waffe für kurze Zeit in relativer Ruhe und ermöglichen sicheres freihändiges Zielen und Schießen, vorausgesetzt, daß auch hier alles zügig und schnell abläuft.

Mit dem Hinweis, daß gerade im Bereich von Waffen und Munition „viele Wege nach Rom führen", sei dieses Kurzkapitel mit einigen Tips aus der Praxis und dem etwas süffisanten Seitenhieb des Eugen Ledebur auf alle überzogenen Waffen- und Munitions-„Spezialisten" beendet: „Die meisten Jagdkonversationen drehn um Gewehr sich und Patronen und wirken anregend und schön, besonders vor dem Schlafengehn."

Teil- oder Vollmantelgeschoß

Wie aus den Tabellen der Munitionshersteller leicht zu ersehen ist, ergeben sich je nach Ladung und Kaliber unterschiedliche Rasanz, Flugbahn und Auftreffenergie. Letztlich ausschlaggebend ist der Auftreffschock, den die Kugel oder die Schrotgarbe beim Wild hervorruft. Ein Wild, auf kurze Entfernung mit einem Superexpreß- oder Magnum-Geschoß tiefblatt oder waidwund durchschossen, kann durch-

Teilmantelgeschosse pilzen sich auf, verursachen starke Gewebezerstörungen und einen hohen Auftreffschock

aus noch Hunderte von Metern flüchtig werden (überhaupt das harte afrikanische Wild), während es mit einem weniger rasanten, eher schwerfälligen Geschoß tödlich geschockt zu Boden gehen wird. Der beste Ratgeber ist hier wieder die eigene Erfahrung.

Professionelle Großwildjäger laden mehrläufige Büchsen oder Repetierer bei der Jagd auf Elefant oder Büffel mit jeweils einer der beiden Geschoßarten, d. h. mit einem Teil- und einem Vollmantelgeschoß im Wechsel, wobei unterschiedliche Auffassungen darüber bestehen, welches Geschoß zuerst eingelegt wird. Während Vollmantelgeschosse auf Großwild nur dann Wirkung zeigen, wenn sie auf Knochen treffen, Schulterblätter und Gelenke zerstören, führen Teilmantelgeschosse durch ihre Gewebezerstörung zu höherer Schockwirkung und stärkeren inneren Verletzungen. Jeder Jagdführer hat seine eigene, in persönlicher Praxis gewonnene Philosophie, wobei zweierlei unstreitig ist: Dem annehmenden Büffel oder Elefanten wird – so nahe wie möglich und solange wie die Nerven halten – die Vollmantel unter den Helm bzw. zwischen die Seher gesetzt, während Großkatzen und Bären im Angriff mit einer Teilmantel auf den Trägeransatz und die Schulterpartie gestoppt werden. Eine Vollmantel, die waidwund sitzt und keine Knochen faßt, kann schnell fatale Folgen

Vollmantelgeschosse zeigen nur Wirkung, wenn sie auf Knochen treffen. Sonst gehen sie „glatt" durch

haben, und dann werden alle Berichte wahr, die erfahrene Berufsjäger über die Härte und Aggressivität angeschweißten Großwildes erzählen. Der Anfänger und wenig erfahrene Großwildjäger wird in jedem Fall versuchen, nach seinem ersten Schuß – auch wenn das Wild im Knall von den Läufen gerissen wird –, einen gut überlegten zweiten Schuß anzubringen, in jedem Fall aber sofort nachzuladen. „Ein Büffel ist erst tot, wenn er gegessen ist", sagt ein afrikanisches Sprichwort, und für Eskimo ist der Eisbär ebenfalls erst getötet, wenn er aus der Decke geschlagen und das Wildpret verzehrt ist.

Angeschweißtes Großwild ist mit äußerster Vorsicht zu verfolgen, die Nachsuche bleibt in der Regel dem erfahrenen Jagdführer alleine vorbehalten. Falscher Mut und blinder Eifer, Routine und Selbstüberschätzung sind dabei die größte Gefahr. Deshalb: Der erste Schuß muß ins Leben! Auch stärkste Kaliber haben auf abgehendes Großwild zunächst kaum noch Wirkung.

Ein Universalkaliber

Ein Universalkaliber für die Großwildjagd in Afrika, auf Braunbär und Elch in Nordamerika, auf Großwild in Asien oder Wasserbüffel in Australien, ist das Kaliber .375. Vergleichbar mit dem in Europa seit Jahrzehnten bewährten

Jagdpraxis im Ausland

Kaliber 9.3 x 64, ist das .375 mit dem schnelleren 17,5-g-Geschoß auf Großantilopen und Großkatzen geeignet, mit dem 19,4-g-(300 Grains) Teil- oder Vollmantelgeschoß hervorragend auf Kaffernbüffel, Braun- und Polarbär, auf Bison und Elch einsetzbar. .375er Waffen sind wegen des im Vergleich zur .458er geringeren Gasdrucks auch noch leicht mit Optik ausrüstbar. .458er Büchsen verlangen Spezialzielfernrohrmontagen. Da in weiten Teilen Afrikas für den Büffel – die am meisten begehrte Großwildtrophäe des europäischen Jägers – ein Mindestkaliber von .375 vorgeschrieben ist, scheiden die für diese Jagd eigentlich ausreichenden Kaliber 9.3 x 64, 8 x 68S und 9.3 x 74 mit ihren variablen Geschoßgewichten von 14 bis 19 g auf dieses Wildrind aus.

Auf Elefant und Nashorn ist als unterste Grenze gesetzlich ebenfalls Kaliber .375 festgelegt; meist allerdings mit der Maßgabe, daß der Jagdführer eine Waffe mit einem stärkeren Kaliber führt. Zwei .458er Büchsen bedeuten jedenfalls mehr Sicherheit und Erfolg.

Der häufige Hinweis, daß neuere Kaliber, wie etwa die auf Großwild ausgezeichneten .378, die .460 Weatherby oder die .416 Rigby, mit ihren 19,4- bzw. 32,4-g-Geschossen nicht empfehlenswert sind, weil diese Munition nicht überall im Ausland erhältlich ist, hat für den Auslandsjäger keine Bedeutung, da er immer mehr Munition mit sich führt, als er überhaupt benötigt.

Jagd im Gebirge

Die Jagd im Gebirge stellt an den Jäger und seine Waffe ganz besondere Anforderungen. Schüsse über Entfernungen von 250 bis 300 m, manchmal auch mehr, sind oft unvermeidbar und die einzige Möglichkeit, Bergwild in großer Höhe, meist über der Vegetationsgrenze, zur Strecke zu bringen. Neben guter Kondition, durchdachter Ausrüstung – eine Turjagd im Kaukasus verlangt anderes Schuhwerk und andere Bekleidung als eine Ibexjagd im Sudan – entscheiden die Rasanz der Patrone, ihre Treffpunktlage oder -abwei-

Schüsse über Entfernungen von 300 m und mehr sind im Gebirge häufig unvermeidlich. Näher kommt der Jäger an das scheue Bergwild manchmal nicht heran

chung, ihre Querschnittsbelastung und Tiefenwirkung über Erfolg oder Mißerfolg. Wichtig ist die Beachtung der Abtriftwirkung des Windes. Dazu H. N. Richter in „Das Gamswild": „Besonders dann verursacht die Windeinwirkung eine erhebliche Abtrift des Geschosses, trifft der Wind in einem Winkel von 45° zur Schußrichtung auf. Davon sind Geschosse mit leichtem Gewicht besonders betroffen. Um die Windabtrift auszugleichen, muß man den Haltepunkt verlegen, z. B. ist bei starkem Wind von links auf eine Schußentfernung von 200 m der Haltepunkt um ca. 10 bis 15 cm nach links zu verlegen."

Im letzten Jahrzehnt wurden hervorragende

Einige der begehrtesten Trophäenträger im Hochgebirge, deren Bejagung dem Waidmann alles abverlangt. Das gilt sowohl für den Alpensteinbock (o.r.) als auch für die „Nordamerikaner": Schneeziege (o.l.), Steinschaf (u.l.) und Dallschaf

Spezialpatronen in Geschossen extrem flacher Flugbahn für weite Entfernungen im Gebirge entwickelt. Da Wildschafe und Wildziegen, insbesondere kapitale Widder und Steinböcke mit Wildpretgewichten von oft mehr als 100 kg ausgesprochen „hartes" Wild sind und einen präzisen Schuß verlangen – Nachsuchen sind äußerst schwierig und allzuoft erfolglos –, ist neben den zielballistischen Eigenschaften der Patrone vor allem die Schußleistung der Waffe ausschlaggebend. Das Geschoß muß (nicht nur wegen des deutschen Jagdgesetzes) über 8 g wiegen, bei 200 m eine Geschoßenergie von mindestens 1965 Joule bringen und auf 300 m noch eine Geschwindigkeit von etwa 800 m pro Sekunde erreichen. Die Tabelle zeigt die heute gebräuchlichen und erprobten Spezialpatronen für die Gebirgsjagd.

Ist die Büchse auf 200 m Fleck eingeschossen, so fallen diese Geschosse bei 300 m in der Regel um 15–20 cm, so daß man in Höhe der Rückenlinie des Wildes abkommen muß. Der erfahrene Jäger wird jedenfalls bereits zu Hause Übungsschüsse auf weitere Entfernungen abgeben, sei es liegend, sitzend oder am Bergstock angestrichen, und sich außerdem mit Verhalten, Vorkommen und Lebensraum des zu bejagenden Bergwildes genau befassen. Nichts ist enttäuschender nach einer mit meist größter körperlicher Anstrengung verbundenen Jagd im Gebirge als eine vertane Chance wegen Fehlschüssen auf ungewohnt große Entfernungen.

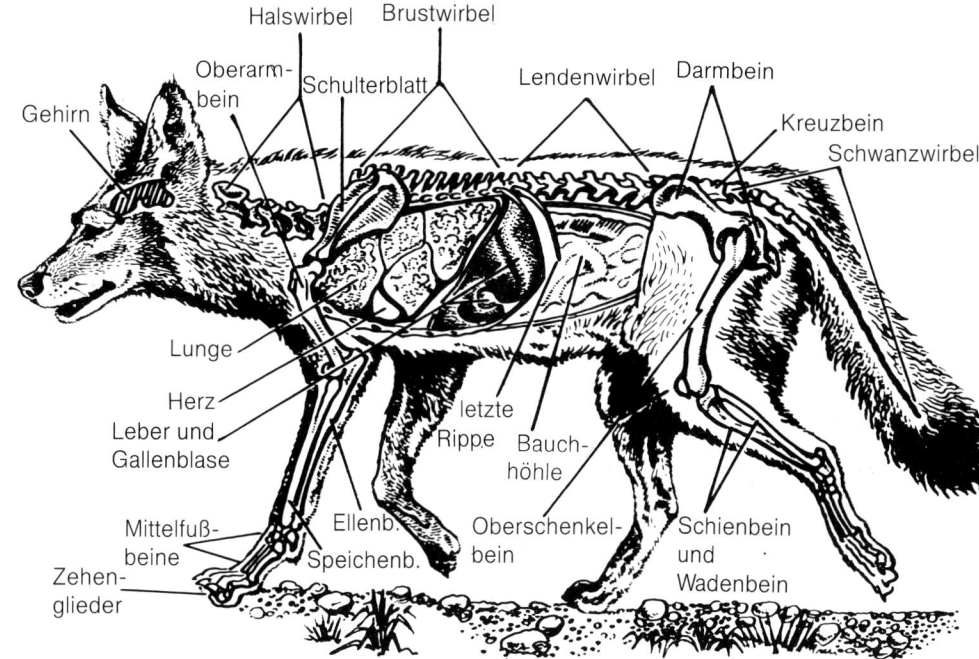

Der tödliche Schuß

Ich erinnere mich gut meines Unmutes, als mir mein Freund Ken vor Beginn einer Elefanten-

jagd Bleistift und Papier sowie ein Buch über Großwildjagd in die Hand drückte und mich nach einigen Erklärungen über die Anatomie des Dickhäuters aufforderte, die Lage des Gehirns, den Sitz von Herz, Lunge und Schultergelenk eines breitstehenden oder von vorne mit eingerolltem oder erhobenem Rüssel angreifenden Elefanten zu zeichnen. Die Unterweisung kostete einige Zeit, war jedoch ausgesprochen heilsam und gab mir Sicherheit während der folgenden Tage.

Von ihm stammt übrigens auch die zumindest bedenkenswerte Meinung, ein erfahrener Jäger müsse unter gewissen Umständen auch Mut zu scheinbarer Feigheit aufbringen.

Die Jagd auf Großwild verlangt jedenfalls eine

umfassende Vorbereitung. Die Waffe und ihr Kaliber, das Wild und seine Anatomie stehen dabei im Mittelpunkt der Überlegungen. Vertrautheit mit der Waffe, theoretisches Wissen um spezifisches Distanz- und Fluchtverhalten und um die Aggressivität von Großwild vor, während und nach dem Schuß sowie die richtige Kaliberwahl können im Augenblick eines unerwarteten Angriffs über Leben und Tod entscheiden. Erst die Beachtung dieser Faktoren führt vor allem zu Übersicht und Ruhe des Jägers: Er wird von unvorhersehbaren Ereignissen nicht überrumpelt.

Die Kenntnis der Lage des „Blattes", von Herz und Lunge des harten Kudu oder eines hochläufigen Elchs, ist ebenso wichtig, wie das Wissen um den Sitz des Gehirns hinter dem wuchtigen Hornhelm eines frontal stehenden Büffels, eines in Wut mit pendelndem Schädel anstürmenden Elefanten oder eines urplötzlich aus dichtem Buschwerk mit ausholenden Sätzen angreifenden Grizzlies. Man muß einfach wissen, daß das Herz eines Elefanten auf Höhe des Kniegelenkes, das Rückgrat des Büffels sehr tief im Träger und der wirksame Schuß auf den sich aufrichtenden Bären in der Mitte des Brustkerns liegt. Im übrigen sollten,

Rasante Kaliber für die Bergjagd   (Auszug aus Hersteller-Tabellen)

Patrone	Geschoß	V_0	V_{300}	E_{300}	Treffpunktabweichung zur Visierlinie (Zielfernrohr)		
					100 m	200 m	300 m
6,5×68	8,2 g KS	960	720	2590	+4,0	+	−21 cm
7 mm Rem	9,4 g TMS	1005	755	2541	+3,5	+	−19 cm
7 mm v. Hofe	9,1 g Nosler	1052	804	2943	+2,5	+	−16 cm
300 Weath.	11,7 Nosler	989	720	3005	+3,5	+	−18 cm
8×68 S	12,1 g HMK	970	685	2835	+4,0	+	−19 cm
243 Win	6,5 g TMS	935	695	1560	+4,5	+	−20 cm
7×64	11,5 g TIG	865	680	2659	+5,0	+	−23 cm
30,06	9,7 g TMS	910	625	1893	+5,5	+	−23 cm

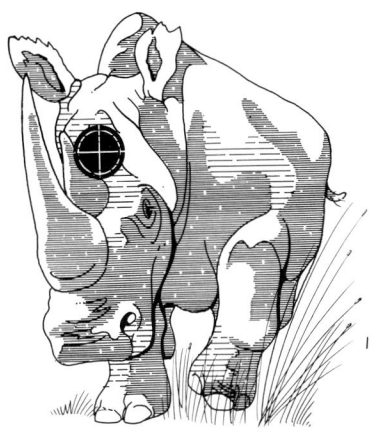
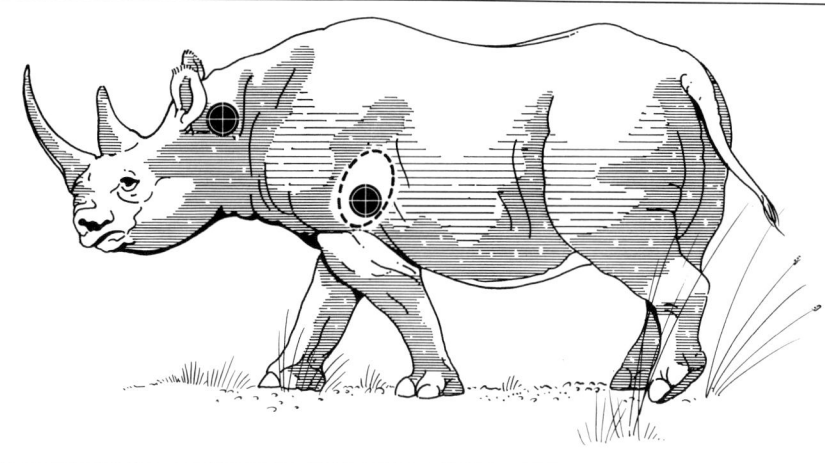

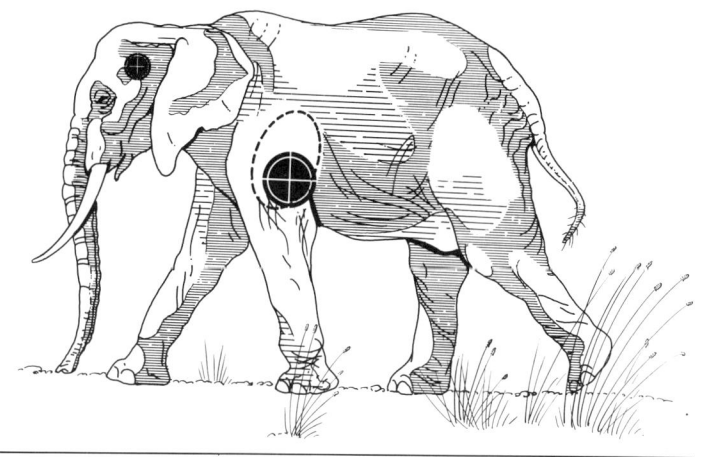

Schußbilder

Erfolg oder Mißerfolg einer Jagd, mitunter sogar das Leben des Waidmannes, hängen davon ab, ob der erste, entscheidende Schuß tödlich ist. Dies setzt vor allem eine genaue Kenntnis der Anatomie des wehrhaften Wildes voraus

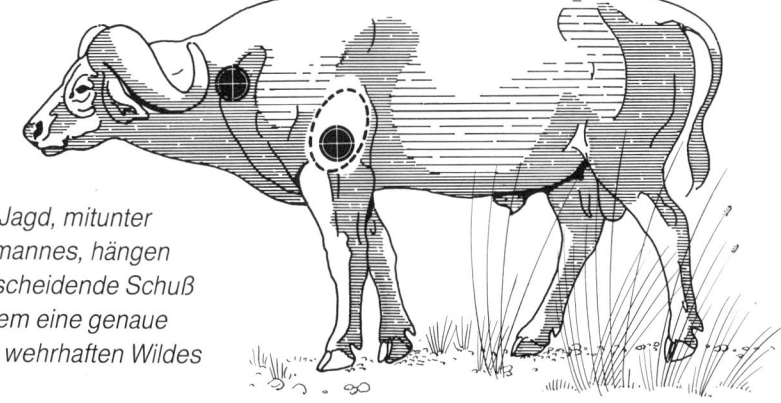

wenn irgend möglich, Träger- und Kopfschüsse, besonders wenn Zeit zur Verfügung steht, vermieden werden. Fehl- und Durchschüsse führen oft zu schwierigen, gefährlichen und auch erfolglosen Nachsuchen.

„Bei allem was du tust, bedenke das Ende!" Präventivdenken heißt die Parole, vor allem vor Abgabe des ersten Schusses. Überdimensionierte Kaliber sind in gewissen Situationen ebenso unangemessen wie falsch eingesetzte Teilmantel- oder Vollmantelgeschosse. Ohne das für viele Jäger unverzichtbare Zielfernrohr ist zum Beispiel auf Löwe, Braunbär oder Walroß das Großkaliber .458 mit seinem 33-g-Geschoß trotz seiner hohen Geschoßenergie und Durchschlagskraft wegen fehlender Rasanz ungeeignet. Auf Elefant, Kaffernbüffel oder Nashorn hingegen ist es geradezu ausgezeichnet. Eine kurze Geschichte des welterfahrenen Großwildjägers Paul Niedieck aus dem Jahr 1909 mag dies verdeutlichen:
„Ein Fall ist mir bekannt, wo der Jäger durch den Gebrauch eines zu kleinen Kalibers sein Leben lassen mußte. Es war ein junger englischer Offizier, den ich in Indien traf, und der seinen jährlichen Urlaub damit zubrachte, Tiger zu Fuß zu jagen, und zwar auf der Pirsche, begleitet von einem Indier, und er bediente sich ausschließlich des englischen Infanteriegewehres, das dem deutschen ungefähr entspricht. Er hatte schon viele Tiger mit der Büchse zur Strecke gebracht und wollte auf den Rat erfahrener Jäger, sich eines größeren Kalibers zu bedienen, nicht hören. So kam der Tag, da er aus nächster Nähe auf einen Tiger schoß, das Tier ihn annahm und ihm verschiedene Bisse beibrachte. Als der Tiger sich dann entfernte, ergriff der Jäger von neuem seine Büchse und traf das Tier zum zweiten Male. Der Tiger kehrte um, zerriß seinen Gegner und sank dann selbst tot über seinem Opfer zusammen. Auf der Decke des Tieres fand ich die beiden Kugeln, beide in unmittelbarer Nähe des Herzens. Nie würde das Tier die Kraft gehabt haben, den kühnen Jäger zum zweiten Male anzugreifen, wären die Schüsse aus einem größeren (richtigen!) Kaliber abgegeben worden."

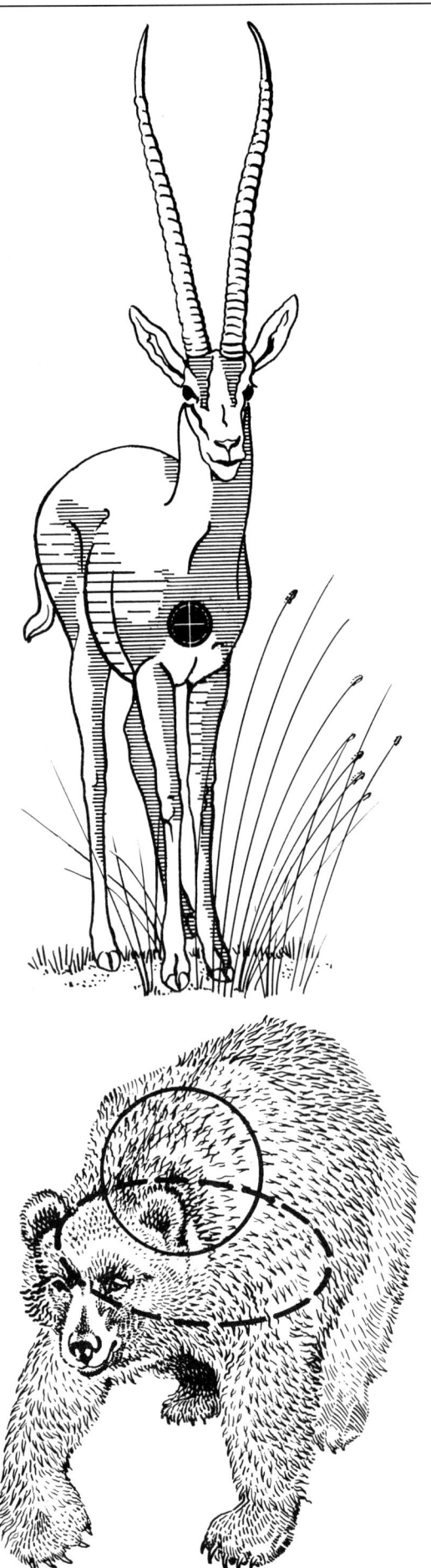

Welches Kaliber auf welches Wild?

Mit nachfolgender Zusammenstellung wird versucht, dem Auslandsjäger aufzuzeigen, welches Kaliber er bei der geplanten Jagdreise führen kann, welches er gerade noch und welches er nicht mehr einsetzen soll.
Die Tabelle weist die unterste bis maximal noch vertretbare oberste Leistungsgrenze sowie die Einsatzmöglichkeiten fast aller bekannten und von Jägern heute verwendeten Kaliber (K) aus. Ein entsprechender Kalibervorschlag (von K 1 bis K 7) findet sich bei jedem der in diesem Buch beschriebenen Wildtiere als Empfehlung und Orientierungshilfe. Sind zwei Kaliberbereiche bei einem Wildtier angegeben, z. B. K 2 und K 3, dann handelt es sich um einen Grenzfall, und es werden ihnen die letzten Kaliberempfehlungen der Gruppe K 2 und die ersten der Gruppe K 3 für das entsprechende Wildtier empfohlen. Als Faustregel gilt: im Zweifelsfalle immer das stärkere Kaliber, das schwerere Geschoß, die größere Auftreffwucht und die bessere Rasanz.

Angreifendes Bärwild muß oftmals auf kurze Entfernung durch einen präzisen Schuß gestoppt werden

Kalibervorschläge		Kalibergruppe		Wildarten
	K1	.222 Remington .222 Remington Magnum .223 Remington .220 Swift .224 Weatherby Magnum .22–250 5,6 x 50 Magnum 5,6 x 50 R Magnum	5,6 x 52 R Savage 5,6 x 57 5,6 x 57 R 5,6 x 61 S. E. v. Hofe 5,6 x 61 R. S. E. v. Hofe .240 Weatherby Magnum .243 Winchester 6,5 x 57 6,5 x 57 R	Rehwild Gamswild (Ländergesetze beachten) Auer- und Birkhahn (Vollmantel) Fuchs, Dachs Marderhund, Waschbär Wildkatze Luchs Großtrappe Kleinantilopen wie Oribi, Ducker Schakal, Zibetkatze, Karakal
	K2	6,5 x 68 6,5 x 68 R 7 x 57 7 x 57 R 7 x 64 7 x 65 R .270 Winchester .270 Weatherby Magnum	7 mm Remington Mag. 7 mm Weatherby Mag. .308 Winchester .30–06 Springfield 8 x 57 IS 8 x 57 IRS	Gamswild Steinböcke Rot- und Dam-, Muffel- und Sikawild Schwarzwild Schwarzbär, europ. Braunbär europ. Elch, Wolf mittelschwere Antilopen wie: Springbock, Impala, Topi, Kudu, Oryx
	K3	.300 H+H Magnum .300 Winchester Magnum .300 Weatherby Magnum .308 Noma Magnum .338 Winchester Magnum	.340 Weatherby Magnum .358 Norma Magnum 7 x 66 S. E. v. Hofe 7 x 66 R. S.E. v. Hofe 8 x 68 S	Berg- und Steinwild Rot-, Schwarzwild Elch, Karibu, Bären, Wisent Großantilopen wie: Eland, Roan, Säbelgnu Moschusochse (Muskox) Puma
	K4	9,3 x 74 R 9,3 x 62	9,3 x 64 .375 H+H Magnum	Rotwild, Schwarzwild, Elch, Karibu Wisent, Bären, Eland, Bison, Wasserbüffel, Banteng, Moschusochse (Muskox), Leopard
	K5	.375 H+H Magnum .378 Weatherby Magnum .416 Rigby .458 Winchester Magnum .460 Weatherby Magnum	.470 Nitro Express .404 Rimless 10,75 x 68	Nach dem Gesetz in Afrika auf „Big Five": Elefant, Nashorn, Büffel, Löwe, Leopard
	K6	7 mm Remington Mag. 7 x 66 S. E. v. Hofe 7 mm Weatherby Mag.	.300 Weatherby Magnum 6,5 x 68 8 x 68 S	Speziell für Berg- u. Steinwild: Gams, Steinböcke Dall-, Dickhorn-, Steinschaf Schneeziege, Pronghorn Argali Addaxantilope u. a.
	K7	Schrot von 2,5 mm bis 4 mm Posten (Roller) 5,2 6,2 7,5 7,9 8,6 mm Brennecke		Hase, Fasan, Hühner, Enten, Gänse, Fuchs, Marder usw. Schwarzwild (Ländergesetze!) Raubwild (Ländergesetze!) Großkatzen, Bären Schwarzwild, Nachsuchen

Kleidung, Ausrüstung, Gesundheit

„Geben wir zu, wir sind auf jede Überraschung vorbereitet, nur die alltäglichen Dinge brechen über uns herein wie Katastrophen."

(Stanislaw Jerzy Lec)

Eine zweckmäßige Ausrüstung ist bereits der halbe Erfolg. Diese Lebenserfahrung gilt insbesondere auch für den Auslandsjäger, der unter extremen Bedingungen, meist allein auf sich und seinen Begleiter gestellt, oft viele Tage und Nächte in der Wildnis verbringt. Jagdergebnis, Erlebnis und persönliches Wohlergehen hängen maßgeblich davon ab. Deshalb ist eine gründliche Vorplanung zu Hause von größter Bedeutung.

Das Jagdhorn ist in fremder Jagdtradition sicherlich überflüssig, richtig gewählte Socken in den Tropen oder für die Arktisjagd sind dagegen ausschlaggebend. Schlafsack ist nicht gleich Schlafsack, der Pirschschuh für die Afrikasafari ist bei der Bergjagd im Hohen Altai absolut ungeeignet. Falsche Ausrüstung vermindert schlagartig die Einsatz- und Jagdmöglichkeiten, und dann ist das spanische Sprichwort plötzlich wörtlich zu nehmen, welches

besagt: „Zuweilen glauben wir, Jäger zu sein, und kehren erlegt aus dem Walde zurück."

Die hier kurz zusammengestellten Ausrüstungsvorschläge sollen jagdspezifische Erfordernisse abdecken, langfristige Planung erleichtern und überflüssige Anschaffungskosten vermeiden helfen. Es sind Maximalvorschläge aus jahrzehntelanger persönlicher Erfahrung, frei von modischen Gags und ohne ängstliche Überversorgung. Sie sind Richtschnur für die individuelle Reiseplanung des Jägers, der immer selbst den Umfang und Inhalt seiner Ausrüstung festlegt, kritisch abwägt und entscheidet. Im übrigen lohnt es sich, vor der Anschaffung neuer Jagdkleidung und Ausrüstung die vorhandenen Bestände durchzustöbern. Meist ist nämlich schon fast alles vorhanden. Eingelaufenes bequemes Schuhwerk ist jedenfalls besser als der modernste, vom Profi ausgiebig getestete,

teure Bergschuh, der später drückt und Blasen verursacht.

Sie finden nachfolgend Vorschläge für die Jagd in heißen Zonen, für Berg- und Hochgebirgsjagden und für die Jagd in arktischen Regionen aufgeführt. Diese Hinweise sind als Grundlage für die Erstellung der eigenen Ausrüstungs-Checkliste gedacht, die nach den individuellen Bedürfnissen der geplanten Jagdreise gestaltet werden muß. Viele zusätzliche Tips und Einzelheiten finden Sie auch in den Abschnitten „Überleben in der Wildnis" (S. 342) und „Gute Erinnerungsfotos" (S. 336).

Die richtige Ausrüstung ist unter extremen Bedingungen der Schlüssel zum Erfolg

Jagd in den Tropen

Kleidung und Ausrüstung

Bevor Sie zu Hause den Koffer packen, bedenken Sie bitte, daß ein Rucksack oder ein Seesack unterwegs wesentlich praktischer ist. Was aber nimmt man nun an Kleidung und Ausrüstungsgegenständen alles mit? Nötig sind vor allem leichte hohe Pirschstiefel mit gleitsicherer Profilsohle. Halbschuhe geben nämlich keinen Halt und schützen wenig gegen Schlangenbisse und Stiche von Skorpionen. Sandalen oder Tennisschuhe für den Aufenthalt im Camp, im Zelt oder in der Hütte mitnehmen. Wichtig sind auch ein leichter (Leinen-)Hut mit breiter Krempe, eine gut anliegende Sonnenbrille (bei Fahrten im offenen Geländewagen) mit hoher Filterwirkung, mehrere Paar leichte Woll- oder Baumwollsokken (keine Synthetics!), ein leichter bis mittelschwerer Pullover für die kühlen Morgen- und Abendstunden, zwei leichte aber reißfeste Hosen aus Khakistoff oder Leinen (möglichst mit langen Beinteilen), mehrere Baumwollhemden, Hemdblusen oder Blousons (keine Synthetics), wobei sich die Stückzahl natürlich nach der Länge des Aufenthalts und nach den Waschmöglichkeiten richtet. Da man täglich mindestens einmal die Unterwäsche wechseln muß, ist es sehr wichtig, genügend Slips, T-Shirts sowie einen leichten Baumwoll-Schlafanzug mit kurzen Ärmeln und kurzer Hose mitzunehmen. Wer leicht und schnell schwitzt, nimmt ein kleines gutsaugendes Toilettenhandtuch mit auf die Pirsch. Ein leichter Schlafsack für Außencamps, ein Trainingsanzug und ein Moskitonetz (das man meist geliehen bekommt) sind ebenfalls sehr wichtig. Für morgendliche Fahrten im Geländewagen und für kühle Abendstunden empfiehlt sich ein leichter Anorak oder eine nicht gefütterte Lederjoppe. Leichte Regenhaut, Stift oder Spray (Autan) gegen Insektenstiche, Sonnenschutzcreme mit hohem Lichtfaktor sowie eine Taschenlampe mit Ersatzbatterien und -birnchen sollte man nicht vergessen. Brillenträgern ist anzuraten, eine Ersatzbrille mitzuführen. Wer auf Tabletten eingestellt ist, rüstet sich mit der für den Aufenthalt notwendigen Stückzahl aus.

Dringend empfohlen ist die Mitnahme eines Wasserentkeimungsmittels, da in tropischen Regionen kein Trinkwasser ohne Entkeimung oder vorheriges Abkochen verwendet werden darf. Wasser wird gut entkeimt mit $KMnO_4$-Kaliumpermanganat, mit Jod oder Micropur-Entkeimungstabletten (M 1 = eine Tablette pro 1 l Wasser; M 5 = eine Tablette pro 5 l Wasser). Weiteres finden Sie im Abschnitt „Überleben in der Wildnis" (Trinkwasser). Wer die 700 g Gewicht nicht scheut, kann eine Rucksack-Filteranlage mitnehmen oder sich erkundigen, welche wirksamen Systeme es gibt. Auskünfte erteilt die Firma Katadyn, Scheufelleinstr. 21, 8000 München 21. Weitere Hinweise finden Sie bei den „Zehn Geboten des Trinkens". Eine kleine Survival-Box, eine isolierte Trink-/Thermosflasche, ein Jagdmesser, eine Reiseapotheke, Toilettensachen, Geschenke. „Jagd international" nicht vergessen. Hausarzt wegen Impfungen konsultieren.

Verhaltensgrundregeln in den Tropen

● In heißen Zonen sollte man stets eine Kopfbedeckung tragen, um zu starke Sonnenbestrahlung zu vermeiden.

● Man geht nie ins Freie ohne Sonnenbrille, auch wenn der Himmel bedeckt ist, denn auch diffuses Sonnenlicht ist in den Tropen sehr intensiv.

● Die Kleidung soll aus luftdurchlässigem und schweißaufsaugendem Material sein, am besten haben sich Seide, Baumwolle und leichte Wollstoffe bewährt. Man sollte auf keinen Fall Synthetics oder Mischgewebe verwenden, da sie das Schwitzen fördern. Man trage eine möglichst lange Hose aus leichten Stoffen wie Leinen oder Baumwolle.

● Niemals in den tropischen Gegenden barfuß gehen, nicht einmal im Camp die kurzen Wege vom Schlafzelt zum Toiletten- oder Gemeinschaftszelt.

● Steht die Sonne im Zenit, ist Faulenzen im Schatten die beste Lebensweise; der Oberkörper bleibt stets bedeckt. Braunwerden um jeden Preis sollte man unterlassen, da meist schwere Sonnenbrände die Folge sind.

● Viel Obst, Gesalzenes, Gepfeffertes und stark Gewürztes essen und immer wieder trinken, trinken, trinken – mehr, als man Durst hat. Alkohol oder alkoholhaltige Getränke einschränken.

Zehn Gebote des Trinkens

● Je mehr man trinkt, um so mehr muß man schwitzen, und das ist besonders in den Tropen sehr gesund.

● Großen Durst auf einmal stillen ist besser als in Schlückchen. Sonst Flüssigkeit nach und nach dem Körper zuführen. Ideal ist ¼ l pro Stunde.

● Auch in großen Höhen und bei außerordentlichen Anstrengungen trinken, und zwar mehr, als man Durst hat.

● Heiße Getränke löschen den Durst viel eher als kalte. Im heißen Orient trinken die Einheimischen nur heißen Tee! Gekühlte Getränke reizen die Magenschleimhaut, man bekommt Magenkrämpfe. Stets körperwarme Flüssigkeiten zu sich nehmen; schluckweise, nicht auf einen Zug trinken.

● Am besten das trinken, was schmeckt: Tees aller Art, leicht gezuckert, mit einem Schuß Zitronensaft, oder Kaffee, ebenfalls leicht gezuckert. Schale Wässer und klebrig-süße Limonaden erzeugen mehr Durst, als sie löschen. Man sollte sie möglichst nicht trinken. Mineralwasser mit einem Schuß Essig, am besten Obstessig, ist einer der besten und gesündesten Durstlöscher.

● Salzhunger muß man ersetzen durch Suppen, Trinkbrühen und Salztabletten (sogenannte Schwedentabletten). Eine 0,3 %ige Kochsalzlösung hat sich bewährt. Bei extremem Mineralverlust muß man den Verlust durch Mineraldrinks ersetzen.

● Ständige Kontrolle des Urins ist wichtig – er muß „plätschern". Stärkere Gelbfärbung deutet auf Flüssigkeitsmangel. Man sollte sofort etwas trinken.

● Leitungs- und Freilandwasser auch nicht zum Zähneputzen, Mundspülen oder zum Obst- und Gemüsewaschen benutzen. Zuerst sorgfältig entkeimen.

● Abgefüllte Limonaden sind oft mit Leitungs-

In tropischen Regionen darf auf gar keinen Fall Trinkwasser ohne vorheriges Abkochen verwendet werden. Bestens bewährt haben sich auch Rucksack-Filteranlagen und Entkeimungstabletten, deren Anwendung besonders „bequem" ist

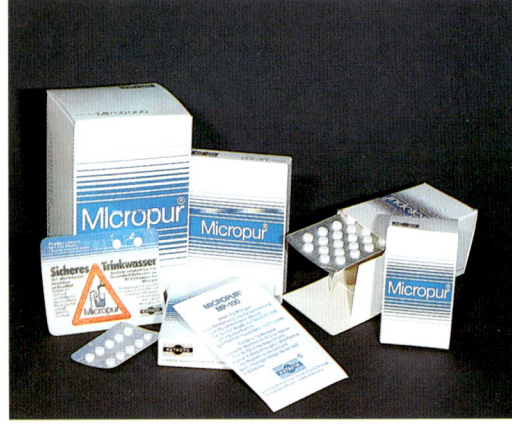

wasser gestreckt, daher Vorsicht beim Trinken solcher „Limonaden". In vielen tropischen Ländern werden Wassermelonen mit Wasser auf „frisch" getrimmt, Vorsicht beim Kauf.
● Keine Eiswürfel in Getränke und Speisen; man verzehre kein Speiseeis und meide Milchgetränke.
● Naturwasser muß aufbereitet und entkeimt, am besten abgekocht werden.

Vorsicht Schlangen!
Nur etwa 10 % der 3000 Schlangenarten der Welt sind giftig. Davon sind die Giftwirkungen

mancher Schlangen für den Menschen bedeutungslos; nur bei 25 % aller von Schlangen gebissenen Menschen kommt es zu ernsthaften Giftwirkungen. Völlig giftschlangenfrei sind Neuseeland, Island, Hawaii, Kuba, Chile, die Kanarischen Inseln, Madagaskar, die Kapverdischen Inseln, Irland, Amerika nördlich des 55. Breitengrades und Asien nördlich des 60. Breitengrades. Außerdem ist der Atlantik frei von giftigen Seeschlangen.

Wie vermeidet man Schlangenbisse?
● Schlangen sind meist Nachttiere und verstecken sich tagsüber. Außerdem sind sie wärmeliebende Tiere und bevorzugen wärmedurchsetzte Liegeplätze. Sie sind sehr lärmempfindlich und weichen vor Geräuschen zurück. Schlangen greifen nie von sich aus an, sondern nur dann, wenn sie sich bedroht fühlen. Deshalb: Mit einem Stock vor sich auf

Nur etwa jede zehnte Schlange ist giftig, wie zum Beispiel die hier abgebildete Hornvieper. Schlangen greifen jedoch nur dann an, wenn sie sich bedroht fühlen. Deshalb sollte man sich im Gelände immer vorsichtig verhalten

den Boden klopfen und ruhenden Reptilien aus dem Wege gehen. Niemals auf sie einschlagen oder sie verscheuchen wollen.
● Da 90 % aller Schlangen auf dem Boden leben, trägt man in schlangengefährdeten Gebieten lange Hosen und hohe Schnürstiefel. Sie behindern den Biß und mindern die Giftzufuhr.
● Nachts nie ohne Taschenlampe ins Freie gehen.
● Achtung Zeltbewohner! Vor dem Schlafengehen alle Kleidungsstücke, Schuhe usw. in einem dicht verschließbaren Seesack verstau-

en und diesen fest zumachen. Schlafsäcke vor dem Gebrauch vorsichtig ausschütteln. Für die Aufbewahrung haben sich Plastiktüten mit Reißverschluß bestens bewährt.

● Dichtes Buschwerk und hohes Gras meiden. Steine nicht aufheben. Nicht ungeprüft an Termitenhügel oder alte Bäume anlehnen, da hier gerne Schlangen ruhen.

● Schlangen zu töten, die gebissen haben, nützt und ändert zwar nichts, hilft jedoch bei der Identifizierung der Schlangenart. Man bringt den Gebissenen so schnell wie möglich zum Arzt.

● Es kommt auf die Giftgruppe an, der das Gift der beißenden Schlange zugeordnet werden muß, nicht auf die Schlange.

● Es gibt vier Gruppen von Schlangengiften. Die sogenannten polyvalenten Seren sind den einzelnen Giftgruppen zugeordnet.

● Man beachte die „Bißmarke" des Schlangenbisses. Gleichgroße kompakte Zahnabdrücke ohne Furche und viele kleine Einstichstellen im Oval deuten überwiegend auf ungiftige Schlangen hin. Ovale Rundungen, an einer Stelle eingefurcht und mit ovalem Innenkreis, stammen fast immer von giftigen Schlangen. Diese Unterscheidungsmerkmale (siehe S. 349) sind allerdings nur schwer festzustellen, da jede Bißstelle anschwillt.

Erste Hilfe bei Schlangenbissen

Oberster Grundsatz ist kühlen Kopf behalten, ruhig und bestimmt handeln.

● Der Verletzte muß sich hinlegen, die gebissenen Gliedmaßen tieflegen und ruhigstellen.

● Bißstelle inspizieren und Bißmarken feststellen, dann mit einem sauberen Tuch von der Bißstelle weg in Richtung gesunder Haut abwischen, dabei weder drücken noch reiben.

● Bei Biß in Fuß, Bein, Hand oder Arme etwa zwei Handbreit oberhalb der Bißstelle mit Gürtel, Hosenträger, Gewehrriemen oder ähnlichem eine Blutstauung herstellen, abbinden. Die Stauung darf höchstens blau anlaufen. Nach 30 Minuten die Stauung lockern und dann alle 20 Minuten für ein bis zwei Minuten aufheben.

● Auf keinen Fall die Wunde aussaugen. Die Wunde sollte auch nicht aufgeschnitten oder gar ausgebrannt werden. Man benützt vielmehr die im Handel befindlichen Schlangenbestecke und „pumpt" die Wunde damit aus.

● Das betroffene Glied mit kalten Umschlägen behandeln und dem Patienten reichlich zu trinken geben. Auf keinen Fall Alkohol oder Schmerz- und Betaubungsmittel verabreichen.

● Wenn möglich, schnellstens Transport ins nächste Krankenhaus veranlassen. Inzwischen ständig Mund-zu-Nase-Beatmung. Weitere Informationen über Schlangengefahr finden Sie im Abschnitt „Überleben in der Wildnis" (S. 342).

Wenn man von einer Schlange gebissen wird, ist nur in 25% aller Fälle mit ernsthaften Giftwirkungen zu rechnen. Trotzdem: Größte Vorsicht und Umsicht im Gelände sind der beste Schutz vor lebensgefährlichen oder gar tödlichen Überraschungen

Jagd im Hochgebirge

Kleidung und Ausrüstung

Für die Jagd im Hochgebirge sind besonders wichtig: ein Spektiv und/oder ein lichtstarkes Jagdglas, ein Bergstock zur besseren Fortbewegung und als Gewehrauflage beim Schuß sowie Bergschuhe, die gut eingelaufen sind. Nehmen Sie niemals neue und nicht eingelaufene Schuhe mit, sonst ist Ihre Jagdreise bald beendet. Rucksack oder Seesack sind für Aufbewahrung und Transport besser als Koffer. Wind- und wetterfesten Daunenschlafsack mitnehmen, so daß Übernachtungen unter freiem Himmel möglich sind. Für die täglichen Pirschgänge benützt man einen leichten Jagdrucksack, Jagdhosen aus Leder, Loden oder Cord (entweder lange Hose oder Bundhose), noch besser die bewährte elastische Kletterhose, eine Windjacke oder einen Parka mit ausknöpfbarem Futter, eine Lodenkotze oder einen Anorak. Schwere Lodenmäntel sind im Gebirge meist hinderlich. Unterwäsche zum mehrmaligen täglichen Wechseln, lange Unterhosen und wenigstens halbärmelige Hemden einplanen. Des weiteren sind ein leichter ärmelloser und ein schwerer Pullover mit Ärmeln, eine Woll- oder Schirmmütze (Vorder-, Hinter- und Seitenteile herunterklappbar zum Schutz von Ohren, Nacken und Stirn), eventuell ein Stirnband, Handschuhe aus Leder zum Klettern (mit Schnur um den Hals gehängt), ein Wollschal, Taschentücher, eine isolierte Trinkflasche/Thermosflasche, ein kleines Survival-Kit, ein gutes Jagdmesser, Steigeisen für vereistes Gelände und eine Reiseapotheke mitzunehmen. Wer stark schwitzt, nimmt statt eines Taschentuchs besser ein gut saugendes Toilettenhandtuch mit. Für die Hütte braucht man einen Trainingsanzug, Tennis-, Haus- oder Hüttenschuhe, leichte und dicke Wollsocken, Wasch- und Toilettenzeug. Wichtig sind außerdem eine Sonnen- oder Schneebrille, für Brillenträger eine Ersatzbrille, eine Taschenlampe mit Ersatzbatterie und -birnchen, ein Pflegemittel für Bergschuhe, Traubenzucker, Eukalyptusbonbons, Penatencreme und Puder. Nicht vergessen sollte man auch Geschenke für den Jagdführer und das Nachschlagewerk „Jagd international".

Gefahren der Bergjagd

Im Gebirge droht dem Nichtgebirgler vor allem die Höhenkrankheit, die bereits ab Höhen von 1700 m einsetzen kann. Anzeichen sind neben Schwindelgefühl Kopfschmerzen, Schwäche, Übelkeit und Erbrechen, schneller Puls, Ohrensausen und Druckgefühl in den Ohren. Später folgt Bewußtlosigkeit. In diesem Zustand besteht besondere Gefahr. Eine Vorbeugung ist ein guter körperlicher Zustand. Man muß versuchen eine Anpassung zu erreichen. Beim Aufstieg bis über 3000 m legt man unter Umständen alle 1000 m einen Tag Ruhe ein. Die kritische Phase und die Symptome der Höhenkrankheit treten meist erst 4–6 Stunden nach Erreichen der kritischen Höhenlage ein. Vor dem Aufstieg gilt absolutes Rauch- und Alkoholverbot. Auf den Speisezettel gehören viel mageres Fleisch, Reis, Haferflocken, Milch, Rosinen und getrocknete Aprikosen. Das hilft die Höhenkrankheit bannen. Pro 1000 m überwundene Höhe sollte man zusätzlich 1–1,5 l Flüssigkeit zu sich nehmen. Im Notfall Sauerstoff zuführen, am besten mittels eines tragbaren Sauerstoffbehandlungsgerätes. Der Patient muß 24–48 Stunden liegen. Klingen die Symptome nicht ab, soll er

Beste Kondition des Waidmannes ist bei der Gebirgsjagd eine unabdingbare Voraussetzung, denn das Bergwild zieht sich bei Gefahr in die höchsten Regionen zurück. Meistens kommt man nur auf Schußweite heran, wenn man die Tiere „übersteigt" und sich ihnen von oben nähert

unverzüglich in tiefere Regionen gebracht werden. Hustensäfte oder Schmerzmittel dürfen nicht verabreicht werden. Reizhusten in Höhen ab 3000 m kann ein Zeichen für beginnendes Lungenödem sein, vor allem, wenn sich rasselnder Atem und blutiger Auswurf zeigt. Blasse, leicht bläulich verfärbte Fingernägel und Lippen bestätigen den Verdacht. Es besteht Lebensgefahr. Sofortige Bettruhe bei aufgerichtetem Oberkörper und Sauerstoff zuführen sind unerläßlich. Patienten in tiefere Lagen abtransportieren und sofort ärztlicher Versorgung zuführen. Gegen Dehydration und Bluteindickung ständig Flüssigkeit zuführen. Schneeblindheit, Unterkühlung u. a. m. werden im nachfolgenden Abschnitt „Jagd in arktischen Zonen" behandelt.

Jagd in arktischen Zonen

Kleidung und Ausrüstung

Pirschstiefel mit Profilsohle und Innenpelz oder Stiefel mit Innenfilz (für extreme Kälte), wasserdichte Stiefel mit Profilsohle, leichte Hüttenschuhe, vier Paar Wollsocken und Filzeinlagen sollten Sie auf jeden Fall mitnehmen. Ein Paar normale Socken, mehrere Wollunterhemden und lange Wollunterhosen, Flanelloberhemden, zwei Pullover (davon einer mit Rollkragen und langen Ärmeln), eine Lammfellweste mit Nierenschutz, ein warmer, langer Parka mit regen- und schneeschützender Kapuze (der sog. Bundeswehrparka ist zu kurz!), alles wasserdicht bzw. wasserabweisend (kein Thermoparka), eine Wollmütze mit Ohrenschützer, ein Regenumhang, Lodenkotze oder Klepperumhang, wegen Zerreißgefahr nicht zu leicht, gehören ebenfalls zur Standardausrüstung. Ebenso wichtig sind ein warmer Flanellschlaf- oder Trainingsanzug und ein warmer, temperaturgenormter, gefütterter Schlafsack (Daunen), ein Paar Handschuhe (Fäustlinge) mit Woll- oder Pelzfutter (mit Schnur zum Umhängen gegen Verlust) sowie Strickhandschuhe mit Schießfingern. Notwendige Toilettengegenstände, eine kleine Handapotheke, eine Ersatzbrille, eine Schnee- und/

An Großartigkeit kaum zu überbieten: die Hochgebirge Alaskas

oder Gletscherbrille, ein Sonnenschutzmittel mit hohem Lichtfaktor, ein kleines Survival-Kit, eine Thermosflasche, ein gutes Jagdmesser, eine Taschenlampe mit Ersatzbatterie und -birnchen, ein Taschenöfchen, Steigeisen für bergige Gebiete und Schuh-Kettengleitschutz für Eisflächen, Geschenke und Eukalyptusbonbons sollten auch auf keinen Fall fehlen. Diese Gegenstände packt man in einen Rucksack für das Außencamp, der möglichst

mit einem Traggestell (backpack) versehen ist. Für die Frühjahrs-, Sommer- und Herbstzeit empfiehlt sich ein Insektenspray (Autan). Für gebirgige Gegenden Bergstock und Spektiv mit sich führen. Die Kamera muß kältesicher verpackt sein. Näheres dazu finden Sie im Abschnitt „Gute Erinnerungsfotos" (S. 336). Vergessen Sie auch nicht, „Jagd international" zum Nachschlagen mitzunehmen.

Verhaltensgrundregeln in der Arktis

● So oft wie möglich den Körper waschen, denn ein verschmutzter Körper ist ein kalter Körper.
● Immer etwas knabbern, Kalorien halten warm.
● Unmittelbar vor dem Schlafengehen etwas essen; man schläft dann „wärmer".
● Fallweise nasse Schuhe, insbesondere im Freien, nicht wechseln, denn die Reibungshitze bietet absoluten Schutz gegen Erfrierungen.
●Unterziehsocken aus reiner Seide helfen gegen kalte Füße.

Schlittenhundgespanne sind in der Arktis oft das einzige Verkehrsmittel

● Hinterkopf und Nackenansatz durch Wollmütze oder Wollschal schützen.
● Zwei dünne Pullis sind besser als ein superdicker.
● Über einer nicht wetterfesten Daunenjacke Windschutzkleidung tragen.
● Auch in großer Kälte trinken und immer wieder trinken, aber auf keinen Fall Alkohol.
● Nasenlöcher und Lippen mit Vaseline einreiben, sie werden dann nicht spröde.
● Wer in eiskaltes Wasser fällt, darf sich auf keinen Fall die Kleider vom Leib reißen. Im 0 °C kalten Wasser hält es der Mensch nur vier Minuten aus, dann stirbt er.
● Wer ins kalte Wasser fällt, soll sich zuallererst am Ufer im Schnee wälzen. Der wie Löschpapier wirkende Schnee macht die Kleider etwas trocken! Dann sofort Kleider wechseln.
● Bei Temperaturen unter minus 10 °C möglichst wenig durch den Mund atmen, man riskiert sonst Unterkühlung der Atmungsorgane. Langsam atmen und eine Gesichtsmaske tragen.

Wie äußern sich Erfrierungen?

Erfrierungen treten je nach Intensität in vier Graden auf. Beim ersten Grad werden die befallenen Hautstellen weiß. Bei Erwärmung tritt eine bläulichrote Verfärbung auf, und die Folgen der Erfrierung ähneln denen eines leichten Sonnenbrands. Die Haut erhält nach einiger Zeit ihre normale Färbung zurück. Es bleiben keine Dauerschäden zurück.
Relativ ungefährlich ist auch der zweite Grad. Die obere Hautschicht hebt sich ab, es kommt zu Schwellungen und Blasenbildungen wie bei einer Verbrennung. Chancen der Rückbildung bestehen, so daß in der Regel keine Dauerschäden zurückbleiben.
Bei Erfrierungen im dritten Grad tritt Blutzerfall ein, und das Blut dringt in die Gewebe ein. Das Gewebe verfärbt sich dunkelrot bis schwarz und wird bei späterer Wiedererwärmung brandig. Verluste von Hautteilen und Unterhautgewebe treten ein. Die abgestorbenen Gewebeteile müssen entfernt werden. Es bleiben Dauerschäden zurück.
Verheerende Folgen haben Erfrierungen im

Die Jagd in Schnee, Eis, im Gebirge und in extreme Kälte ist eine echte Herausforderung. Sie erfordert gute Vorbereitung und Kondition

vierten Grad. Haut, Gewebe und sogar Knochen gefrieren tiefgehend. Das Gewebe kann sich nicht mehr regenerieren. Körperteile, die im vierten Grad erfroren sind, müssen amputiert werden. Es besteht die Gefahr des Brandes durch Infektion, und bleibende Durchblutungsstörungen müssen befürchtet werden.

Erste Hilfe bei Erfrierungen

● Froststellen oder abgestorbene Glieder niemals mit Schnee einreiben. Man riskiert sonst nur Verschlimmerung.
● Froststellen oder abgestorbene Glieder niemals massieren.
● Auf keinen Fall Alkohol verabreichen.
● Die einzige richtige erste Hilfe ist Wärmezufuhr ohne Massage.
● Die erfrorenen Stellen (Hände, Füße usw.) zwischen die Oberschenkel oder in die Achselhöhle einer zweiten Person legen.
● Auf die erfrorene Stelle urinieren (alte Eskimomethode!), abtrocknen.
● Steine ins Feuer legen und die erwärmten Steine dann auf die erfrorenen Stelle legen. Sie sind die besten „Wärmflaschen"!
● Hat man zuwenig Decken, um alle Extremitäten und den Körper des Betroffenen zu erwärmen, gehe man in folgender Reihenfolge vor: Magengegend – Rücken – Nacken – Handgelenke – Knöchel.

● Beim Aufenthalt in Schnee, Eis und Kälte immer seine Mitjäger und Begleiter beobachten, denn der Betroffene merkt Erfrierungen lange nicht selbst. Bei ihm werden die betroffenen Stellen lediglich weiß und reagieren auf Druck nicht mehr.
● Erfrierungen treten zuerst an den vom Herzen am weitesten entfernten Körperteilen auf, d. h. an Händen, Füßen, Nase und Ohren.

Schneeblindheit

Die Augen werden empfindlich gegen Licht, sie beginnen zu tränen, und der Betroffene bekommt Kopfschmerzen. Beim Bewegen der Augenlider tritt ein Gefühl auf, als habe man Sand in den Augen. Dazu treten bunte Kreise vor den Augen als Sehsensationen auf, und schließlich folgt völlige Blindheit. Zur Vorbeugung trägt man eine Sonnenbrille, auch bei bedecktem Himmel. Geeignet sind cadmiumbeschichtete Gläser.
Bei Schneeblindheit die Augen lichtdicht verbinden, und gegen die Kopfschmerzen Kompressen und Aspirin verabreichen. Nach 18–24 Stunden kehrt die Sehkraft meist zurück. Wer einmal von Schneeblindheit befallen wurde, soll dagegen in Zukunft anfälliger sein.

Unterkühlung

Vorwarnung: Frieren und Kältegefühl sowie nachfolgend stärker werdende Taubheit in Zehen und Fingern sind die ersten Anzeichen für eine beginnende Unterkühlung. Sinkt die Körpertemperatur auf 35 °C ab, so bewegt sich der Kranke nur noch sehr ungelenk. Auf einen Schüttelfrost folgen Müdigkeit sowie Gefühllosigkeit in Zehen und Fingern. Schließlich verhält sich der Betroffene wie ein Betrunkener. Geistige Verwirrung und Gedächtnisstörungen leiten dann das Stadium 33 °C Körpertemperatur ein, mit dem Unvermögen, klar zu denken. Der Unterkühlte beginnt wirres Zeug zu reden. Er ist nicht mehr ansprechbar. Die Müdigkeit nimmt zu, man schläft im Stehen ein. Aufhörender Schüttelfrost kann zum Trugschluß einer Besserung des Befindens führen. Halluzinationen und Benommenheit leiten zum Stadium 30 °C Körpertemperatur

Vorbeugung und Behandlung

Zweckmäßige Kleidung, wie vorab beschrieben und empfohlen, entsprechende Ernährung (viel Kohlenhydrate und wenig Protein) sowie heiße, stark gesüßte Getränke schützen gegen Unterkühlung. Wer Übermüdung vermeidet (übrigens ist das Schlafen im Schnee selbst bei starkem Frost ungefährlich, es sei denn, man befindet sich bereits im Anfangsstadium der Unterkühlung) entgeht der Hypothermie, deren kritischer Punkt bei 33 °C Körpertemperatur liegt. Dem Betroffenen kann dann nur noch bei sofortiger klinischer Behandlung geholfen werden.

Machen sich die oben aufgeführten Anzeichen bemerkbar, so sollte man folgende Punkte unbedingt beachten:

● Sofort anhalten, einen windgeschützten Ort aufsuchen und Feuer machen.

● Der Unterkühlte muß vor Wind, Nässe und Kälte geschützt werden. Wald, ein gestürzter Baum oder eine Schneehütte sind geeignete Plätze.

● Nach dem Feuermachen nasse Kleidung ausziehen und in den Schlafsack kriechen, wenn keine trockene Kleidung vorhanden ist.

● Hat der Unterkühlte bereits das zweite Stadium erreicht, muß man ihm zusätzlich zur Wärmezufuhr ohne Massage heiße und stark gesüßte Getränke sowie besonders süße Nahrungsmittel wie Rosinen, Traubenzucker, Süßigkeiten oder Zucker einflößen. Keinen Käse, Fleisch oder andere proteinreiche Nahrungsmittel essen, deren Verdauung dem Körper zuviel Energie entzieht.

● Kann man kein Feuer machen oder reicht dieses nicht aus, kommt nur noch der „Haut-zu-Haut-Kontakt" im gemeinsamen Schlafsack in Frage, wobei man darauf achten muß, daß der Unterkühlte auf keinen Fall einschlafen darf.

Hypothermie ist die größte Gefahr für den Arktisjäger. Man darf diese Gefahr nicht unterschätzen, sollte sie allerdings auch nicht überbewerten. Man muß aber auf jeden Fall wissen, wie man ihr begegnet. Weitere Informationen finden Sie im Abschnitt „Überleben in der Wildnis" (S. 342).

Die Turboprop hat die Jäger in der Eiswüste abgesetzt und fliegt zu ihrem Stützpunkt zurück. Nun sind die Männer auf sich allein gestellt. Jetzt zählen nur noch das Wissen um die Gefahren der Arktis sowie Qualität und Zweckmäßigkeit der Ausrüstung

über. Puls und Atmung werden langsamer, es tritt Bewußtlosigkeit ein. Der Betroffene gleitet in das Endstadium über und leidet bei Stadium 27 °C Körpertemperatur an Herzrhythmusstörungen, die zum Herzstillstand und damit zum Tode führen.

Gute Erinnerungsfotos

,,Nach der Reise sehen Sie auf den Fotos, was Sie alles verpaßt haben.'' (Beate Rink)

Erfolgreiche, meist anstrengende Auslandsjagd und gute Fotografie schließen sich in der Regel gegenseitig aus. Die nachfolgenden Anregungen für aussagekräftige Erinnerungsfotos entspringen persönlichen Erfahrungen aus vielen Jahren Auslandsjagd und versuchen den möglichen Kompromiß zwischen Jagd und Fotografie. Sie wollen dem fotografischen Laien unter den Jägern zu gelungenen Bildern verhelfen. Der ,,Spezialist'' hat diese Informationen, besonders im technischen Bereich, ebensowenig nötig wie der Filmer, auf dessen Probleme hier bewußt verzichtet wird. Erwarten Sie deshalb keine ausführlichen Erläuterungen über Verschlußzeiten und Brennweiten, über Makro-, Weitwinkel- und Teleobjektive, sondern vorwiegend praktische Tips unter dem Gesichtspunkt, daß Fotografieren Spaß machen und als wichtiges Nebenprodukt der Jagdreise zu guten Aufnahmen für zu Hause führen muß.

Zunächst gelten des Jägers Aufmerksamkeit, sein körperlicher Einsatz und seine persönliche Disziplin dem Lebensraum des Wildes, der täglichen Pirsch und der Erlegung seiner Beute. Der Jäger ist so gesehen kein Tourist im üblichen Sinne. Er schleppt ja bereits eine Menge Jagdausrüstung mit sich herum und hat für Fototaschen mit gewichtigem Zubehör in meist schwierigem Gelände und bei langen Fußmärschen keine Schulter mehr frei.

Immer schußbereit

Trotzdem ist eigenständiges fotografisches Sehen des Jägers mit dem Auge der Kamera immer noch möglich und nötig. Gestaltendes Fotografieren, das Einfangen guter Motive von Landschaften, Menschen und wildlebenden Tieren in ihrer eigenen Umgebung, in ihrem Verhalten und ihren spezifischen Handlungen,

eingebunden in das Wechselspiel von Licht und Schatten, verlangen gerade bei der zwangsläufig stark reduzierten Technik der mitnehmbaren Fotoausrüstung ständig einen schnellen und überlegten Kameraeinsatz. Immer hinter dem Schnappschuß her, immer schußbereit auch mit der Kamera, doppelt hinschauen, von oben nach unten Einvisieren wie mit dem Zielfernrohr und gleich entscheiden heißt die Devise!

Deshalb sollte man Aufnahmen nie auf später verschieben. Camp- und Revieraufnahmen schießt man am besten gleich zu Beginn der Jagd. Dabei nie mit dem Film geizen, der ,,Auswahl aus der Auswahl'' wegen.

Die problemlose Kamera

Daraus ergibt sich für den ,,Jägerfotografen'' die Notwendigkeit, die richtige Kamera mitzu-

Bei Nahaufnahmen von gestrecktem Wild – im Bild ein stattlicher Silvertip – immer Größenvergleich herstellen (Kralle zu Messer). Herrliche Naturlandschaften wie dieses Tal in Alaskas Kordilleren fotografiert der Jäger wenn nötig vom Rücken seines Pferdes. Vordergrund beachten!

nehmen: keine zu schwere, technisch zu komplizierte Ausrüstung, weder eine Mini- noch eine Großformatkamera, sondern eine der vielen preiswerten, technisch perfekt entwickelten Vollautomatikkameras.

Der Verfasser käme ins Schwärmen, wenn er von seinen persönlichen Erfolgen mit diesen „Fotografierrobotern" erzählen müßte, sei es bei −40 °C in der Arktis oder in der Gluthitze Afrikas. Diese Kameracomputer deutscher und japanischer Hersteller meistern mit ihrer Belichtungsautomatik, automatischen Scharfeinstellung, Transportautomatik, dem Selbstauslöser für eine gute Jäger-Beute-Aufnahme, mit ihrer integrierten, immer wieder wichtigen Blitzautomatik und einem motorischen Filmtransport absolut zuverlässig und perfekt die technische Seite des Fotografierens. Dem Jäger bleibt damit genügend Zeit für schnelle, individuell gestaltete Aufnahmen, bei denen bewußtes, von der Kameraeinstellung unbeschwertes Sehen und Empfinden von Stimmungen, Motiven und Erlebnissen im Mittelpunkt stehen.

Der richtige Film

Die Entscheidung für Positiv- oder Negativfilm, selbstredend in Farbe, ist abhängig vom Verwendungszweck der Aufnahmen. Wer Bilder für die Brieftasche, Vergrößerungen für das Album oder die Wand will, wählt den Negativfilm, während man sich für die Vorführung strahlender Dias oder für Veröffentlichungen des Positivfilms bedient. Dieser Film bringt wegen seiner „steileren Graduation" brillantere Kontraste und Farben für die Projektionsvergrößerung, der Negativfilm ist dank seiner „Farbmaskierung" exakter und insgesamt reiner. Da man aus guten Diaaufnahmen erstaunlich wirkungsvolle Bilder und aus gelungenen Negativfotos prächtige Dias umkopieren kann, ist diese Frage für den Durchschnittsfotografen eigentlich zweitrangig.

Ein solcher Schnappschuß wird dem Hobbyfotografen nur selten gelingen, aber es lohnt den Versuch. Ähnliches gilt für die nächste Doppelseite

Gleiches gilt für die Lichtempfindlichkeit von Filmen. Die heute zur Verfügung stehenden 21 DIN/ASA 100 Filme sind wegen ihrer fast universellen Empfindlichkeit überall ausreichend, in gleißender Schneelandschaft ebenso wie bei gewitterschwerer Bewölkung. Außerdem sind sie weltweit zu beschaffen und zu entwickeln. Fotografen mit höheren Ansprüchen verwenden allerdings fallweise die höchstempfindlichen 27 DIN/ASA 400 Filme und noch sensiblere Filmqualitäten. Sie sind ebenfalls umfassend einsetzbar, haben noch mehr „Lichtreserve", besonders bei ungünstigeren Lichtverhältnissen, bergen jedoch die Gefahr der Überbelichtung bei sehr gutem Licht in sich.

Wichtig erscheint, sich vor Antritt der Reise in diesen Fragen zu entscheiden und gleich zu Beginn die Empfindlichkeitsskala auf dem Objektivring der Kamera unter Beachtung der auf der Filmpackung angegebenen Toleranzen einzustellen.

Gute Jagdaufnahmen

● Überlegen Sie sich *vor* Beginn Ihrer Jagd ein fotografisches „Drehbuch", einen „roten Faden" für die Gestaltung Ihres Albums oder Ihrer Diaschau zu Hause. Ein chronologisches Vorgehen von der Ankunft im Hauptcamp bis zur Behandlung Ihrer Trophäen, verbunden mit kleinen Notizen, erleichtert diese Arbeit und führt zu gezielter und rationeller Fotografie.

● Versorgen Sie sich vor Antritt der Reise – wenn nötig, mit eingehender Beratung durch einen Fachmann – mit ausreichendem Filmmaterial, mit besten Alkali-Monozellen 1,5 V für Ihren Filmtransport und das Blitzlicht (für je 2 Filme 2 Batterien!) sowie mit einer handlich stabilen, wetterfesten Kameratasche (in Kältezonen wattiert mit Kälteschutz für Film und Batterien) und einem guten UV-Filter, der immer aufgesetzt bleibt. Er schützt das Objektiv der Kamera vor Schmutz, Staub und Nässe, ist farbneutral, filtert die in der reinen Luft der Wildnis meist starke UV-Strahlung und verhin-

Das zweite, das fröhlich-heitere Gesicht Afrikas. Welch eine Erinnerung

dert die bei Blitzlichtaufnahmen häufig auftretende Blautönung. Nehmen Sie außerdem für die Aufbewahrung der bei der Jagd belichteten Filme und deren Heimtransport Stanniol oder einen Bleibeutel mit. Er bewahrt das Material vor Hitze und Feuchtigkeit.

Beachten Sie folgende Tips
(Sie entfallen z. T. bei einer Automatikkamera)
● Film richtig einlegen, Kassette aufbewahren.
● Entfernung einstellen.
● Blende regulieren, je nach Erfordernis der Schärfentiefe oder der Belichtungszeit.
● Belichtungszeit überprüfen; im Zweifelsfall immer eine längere Belichtungszeit einstellen.
● Immer auf den Schatten hin belichten; bei Gegenlichtaufnahmen (Sonne direkt oder schräg, d. h. Schatten des zu fotografierenden Gegenstandes vor Ihnen liegend) Belichtungszeit von 1/50 Sekunde bei Blende 8 auf 1/25 Sekunde verlängern.
● Verschluß spannen.
● Motiv im Sucher anpeilen, Vorder- und Hintergrund beachten.
● Ruhig, wie bei Abgabe eines Kugelschusses, ohne zu atmen, auslösen.
● Film sofort weiterdrehen.
● Sichern Sie Ihre Kamera mit einem Anschriftenetikett und farbigen Signalpunkten auf der Vorder- und Rückseite der Tasche gegen Verlust, insbesondere im Gelände.
● Halten Sie bei der Jagd, im Geländewagen oder auf dem Pferd Ihre Kamera immer griffbereit, und nehmen Sie immer einen Reservefilm sowie Ersatzbatterien mit. Vorsichtige haben übrigens eine Reservekamera in der Jagdtasche.
● Bitten Sie bei Gruppenjagden die übrigen Teilnehmer, sofern diese wenig oder gar nicht fotografieren, um Verständnis für öftere Foto-Stopps, sonst wird Ihre Aktivität leicht lästig! Nehmen Sie trotzdem jedes Ihnen wichtig erscheinende Motiv mit!
● Achten Sie bei jeder Aufnahme auf den Vorder- und Hintergrund. Fotografieren Sie gute Motive von verschiedenen Blickwinkeln, Landschaften vielleicht sogar zu verschiedenen Tageszeiten. Knipsen Sie wichtige Erinne-

So überzeugen die Waffen des kapitalen Keilers beim Jägerstammtisch

rungsaufnahmen Ihres Jagdführers, der ausländischen Jagdfreunde (Vergrößerungen sind später die schönsten Geschenke), Aufnahmen vom Revier und der Trophäe mindestens zweimal und von verschiedenen Standorten.
● Wichtig: Gehen Sie so nah wie möglich, keinesfalls jedoch näher als 90 cm an das Objekt heran, insbesondere an Gruppen, an Wild und an Trophäen. Hier liegt die Hauptursache für viele enttäuschende Aufnahmen!
● Nutzen Sie Ihren Blitz, wenn nötig auch bei hellichtem Tag im Halbschatten. Hellen Sie, wenn das gestreckte Wild im Dickicht liegt, Kontraste zu groß oder Schatten zu dunkel sind, die Szenerie mit Blitzlicht auf.
● Vermeiden Sie langweilige Symmetrien. Stellen Sie einen Baum, einen Jagdfreund oder die Trophäe in die Mitte des Bildes. Dritteln Sie das Format horizontal oder vertikal, z. B. 1/3 Himmel und 2/3 Waldlandschaft, 1/3 Jagdgesellschaft und 2/3 Busch oder umgekehrt. So setzen Sie Ihre persönlichen Akzente!
● Suchen Sie diagonale Linien, und schaffen Sie „visuelle Spannungsbilder" mit plastischen Vergleichen. Stellen Sie zum Größenvergleich Ihr Waidblatt an die Warzenkeilerwaffen, Ihr Feuerzeug an die Bärenkralle oder den Repetierer an den verendeten Elch, um die Dimensionen seiner Schulterhöhe oder Schaufelauslage zu veranschaulichen. Das

verdeutlicht die gewünschte Botschaft Ihrer Bilder und belebt die „Diaerzählung" bei Ihren Jagdfreunden.
● Bauen Sie Ihr gestrecktes Wild, das Sie so viel Mühe und Schweiß gekostet hat, für Ihre Trophäenfotos mit Überlegung auf. Erhöhen Sie das Haupt des gestreckten Bären mit einem Felsbrocken oder einem knorrigen Ast, fassen Sie den Auerhahn waidgerecht an den Füßen und nicht am Stingel, fotografieren Sie den kapitalen Keiler für Ihre Diaschau nicht mit den Läufen nach oben. Vorsicht bei Nachtaufnahmen einer Strecke.
● Bemühen Sie sich um ästhetische Aufnahmen am gestreckten Wild. Die „rote Arbeit" ist für den Jäger so wichtig wie die „grüne Seite" der Jagd, schreckt jedoch den Nichtjäger. Der Beute gebührt die letzte ehrenvolle Behandlung. Der stolze Erleger steht hinter dem gestreckten Wild. Er sitzt oder steht nicht auf ihm, wie oftmals viele schlimme Beispiele zeigen. Deshalb sowenig Schweiß wie möglich, kein Foto vom Aufbrechplatz, besonders bei Schnee, keine Nahaufnahmen von Schußverletzungen, um die Wirkung des Geschosses zu demonstrieren, vor allem nicht für Außenstehende. Das Ethos der Jagd, die Würde des Jägers und der erlegten Kreatur verlangen Ruhe und Zurückhaltung.
● Fotografieren Sie Menschen fremder Länder und Traditionen mit Takt und Zurückhaltung. Ernst A. Zwilling schreibt dazu: „Recht problematisch und auch nicht immer ungefährlich ist das Fotografieren mancher Eingeborenenvölker, wobei dies durchaus nicht auf die entlegenste Wildnis beschränkt ist."
Im Mittelpunkt der Reportage über eine Jagdreise steht vor allem das persönliche Erlebnis. Es ist wesentlichster Teil des „Erinnerungsreports" über eine Jagd, die bei einiger Beachtung der gegebenen Anregungen und Tips noch nach einem Jahrzehnt in guten Jagdfotos lebendig bleibt. Vielleicht ergänzt durch gute Prospekte und Postkarten, Broschüren und kleine Erinnerungsstücke über ein fernes Jagdland, seine Menschen und die Wildtiere, welche Sie faszinierten und begeisterten.

Überleben in der Wildnis – Tips von A bis Z

„Wer die Freiheit der Wildnis sucht, freut sich, in unberührter Natur zu sein, aber wem sie unversehens aufgezwungen wird, der fürchtet um sein Leben." (Hans Otto Meissner)

Die Jagd in der noch verbliebenen, weitgehend unberührten Wildnis ferner Erdteile unterscheidet sich in vielfältiger Weise von der Pirsch in den uns vertrauten, häufig überbesiedelten und übererschlossenen Zivilisationslandschaften Mitteleuropas.

Während hier lebensbedrohende, unvorhersehbare Situationen – ausgenommen bei der Hochgebirgsjagd – nahezu undenkbar geworden sind, gerät der Jäger im endlosen Busch und Urwald, in fremden Steppen, Wüsten und Dschungeln, im Packeis oder Blizzard Nordamerikas, bei Steppenbränden, Überschwemmungen oder Wassermangel in Afrika, Asien oder Australien manchmal eher als ihm lieb ist in lebensbedrohende Gefahr. Routine und Fahrlässigkeit, plötzlich auftretende, klimatisch bedingte Witterungsumstürze, Flugzeug- und Bootsunfälle, der Verlust von technischen Kommunikationsmitteln, aber auch ganz einfach oft sprachlich bedingte Mißverständnisse, bringen den in der Regel ortsunkundigen Jäger allzuleicht in echte Gefahr. Eine Notlandung im menschenleeren Timber Alaskas, der Verlust eines Bootes und seiner Ausrüstung in Zentralafrika oder in den Swamps Australiens, ein Bruch der Treibstoffleitung am Geländewagen, weit entfernt vom Camp, der Ausfall des fest bestellten Wasserflugzeugs aufgrund mehrtägig schlechten Wetters oder wegen eines Unfalls, fehlender Proviant und physische Erschöpfung – meist eine tragische Verkettung mehrerer Faktoren und widriger Zufälle – stellen den Jäger urplötzlich vor schier unüberwindbare Existenzprobleme. „Survival", das Überleben in der Wildnis, wird schlagartig zur Schicksalsfrage.

Trotz unserer Überzivilisation darf auch der Auslandsjäger derartige Umstände und Herausforderungen keinesfalls als „Indianerspiele" belächeln und von sich schieben. Er ist gut beraten, sich schon vor einer Wildnisreise mit den für alle nur denkbaren Fälle entwickelten Überlebenstechniken zu beschäftigen.

In einer gottverlassenen Gebirgs- oder Waldlandschaft auf sich alleine gestellt, verhindern die nachfolgend vorgestellten international erprobten Hinweise Panik und Fehlverhalten und werden somit zur wichtigsten psychologisch-geistigen Voraussetzung für die Bewältigung einer derart mißlichen Lage. Hoffnungslosigkeit, Furcht und Verzweiflung sind der Feind jeder realistischen, energiesparenden, schwerpunktsetzenden Überlebensstrategie. Der Unwissende wird zuerst zum Opfer. Der Wille zum Überleben stählt sich erst an der Güte der Situationsanalyse, sinnlose Aufgeregtheit schwächt ihn. Überleben in kritischen Situationen in der Wildnis, das wissen wir aus vielen Beispielen von Soldaten, Seeleuten und Verschollenen, verlangt vor allem einen wohl-durchdachten Tätigkeitskatalog (was tue ich zuerst?), einen aufgabenbezogenen Zeitplan (was geschieht wann?) und eine durchdachte Überlebensausrüstung in Form eines gut bierdosengroßen Survival-Kits.

Die nachfolgenden, alphabetisch geordneten Ratschläge von A bis Z sind hierzu eine Anleitung.

Alpines Notsignal

In Überlebenssituationen im Gebirge im Abstand von jeweils 10 Sekunden, d. h. mit sechs Signalen pro Minute durch Trillerpfeife, Pfeifen, Rufen, Signalblinken oder Schießen (kein Schnellfeuer, Munition sparen!), Rettungsmannschaft herbeirufen. Nach einer Minute Pause die sechs Signale wiederholen.

Aluminiumfolie

Sie dient als Kopfbedeckung, Isolierschutz in Stiefeln und Handschuhen, zum Trockenhalten wichtiger Ausrüstungsgegenstände (Dokumente, Munition, Medikamente), unter Umständen als Signalspiegel und als Kochgerät, insbesondere zum Braten und zum Schmelzen von Eis und Schnee.

Angeln

Wenn Angelzeug oder Draht fehlen, Dornen, Knochen- oder Holzspan, eventuell auch ein Taschenmesser verwenden. Angelleine aus langen Gräsern oder vorher gewässerten Rindenfasern flechten. Ein Speer, an der Spitze mit einem Dorn als Widerhaken versehen, genügt für seichte Gewässer. Fischen mit der Hand immer gegen den Flußlauf.

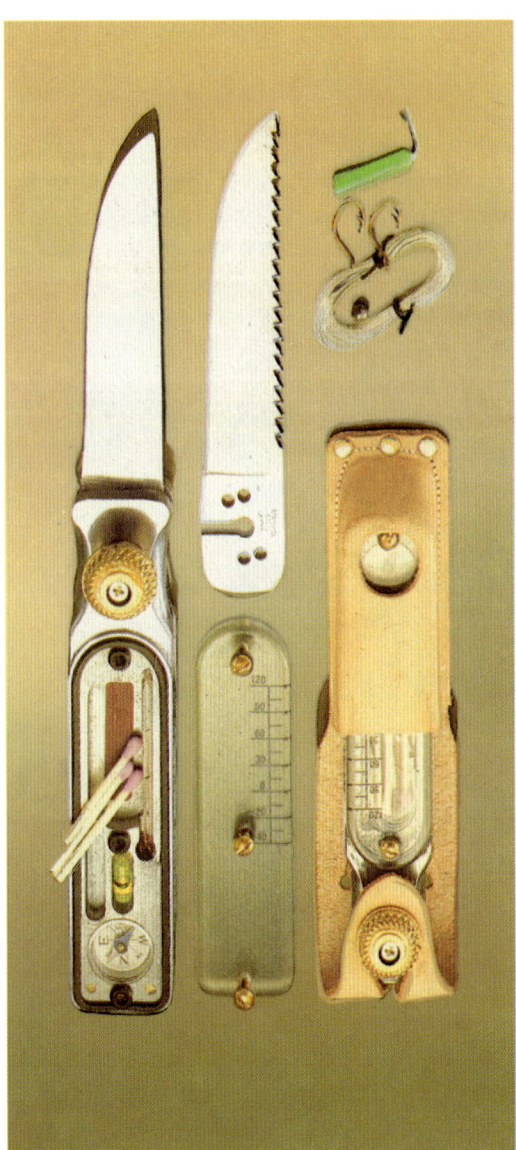

Ein solches Messer sollte sich jeder Jäger zulegen, der in der Wildnis jagt. In Notfällen kann man es sehr gut gebrauchen (l.). Ein gut ausgewählter Lagerplatz ist in der Wildnis die beste Gewähr dafür, mit heiler Haut wieder zurückzukehren

Bäume

In extremer Situation kann man Holz, welches für Geräte, zum Feuermachen, zum Bau eines Unterschlupfs, für Signalfeuer (feucht!) verwendet wird, auch essen. In Streifen geschnitten und weich gekocht, schmeckt z. B. die Kambium genannte feuchte Innenrinde der Birke wie Teigwaren.

Beeren

Sie sind bei Proviantmangel eine wichtige Versorgungsmöglichkeit. Unbekannte Früchte aber nur im extremen Notfall in Kleinstmenge probieren, einen Tag warten und Aufnahme langsam steigern.

Bewußtlosigkeit

siehe ,,Erste Hilfe''

Bisse

siehe ,,Erste Hilfe''

Blitzschlag

Bei Gewitter mit Blitzschlag gebückt in Vertiefungen (Senken, Talmulden) aufhalten. Nicht in der Nähe alleinstehender oder herausragender Gebäude, Bäume und Metallobjekte (Stromleitungen, Verkehrsschilder, Antennen, Drahtzäune) bleiben. Gewehr abseits legen. Stehende oder fließende Gewässer meiden. Nicht flach auf den Boden legen; kniend, nach vorne gebeugt, im Zentrum eines Waldes, unter kleinen Bäumen, die Hände verschränkt, der Gefahr begegnen. Scheinbar vom Blitz getötete Person sofort von Mund zu Mund beatmen.

Blockhütte

Für längeren Aufenthalt (Außencamp, totales Abgeschnittensein) einfache Blockhütte bauen. Möglichst Pfähle mit Astgabeln verwenden, in die dann Querhölzer gelegt werden. Holzverbindungen mit nassen Zweigen zusammenbinden, Dach und Seitenwände mit Zweigen, Schilf, Reisig oder Rinden (von unten nach oben) eindecken.

Deklination

Die Abweichung zwischen dem geographischen und dem magnetischen Nordpol nennt man Deklination, die mit zunehmender Annäherung nach Norden wächst. In Alaska und Kanada gibt es Abweichungen bis zu 20°.

Durst

Durstgefühl beruhigen. Um die Mundspeicheldrüse anzuregen, kaut man ein Stück Holz oder lutscht einen Stein oder saure Pflanzen (Sauerampfer). Trotz Durst kein ungenießbares Wasser trinken, ohne es vorher abzukochen (Durchfall, Parasiten). Eventuell mit Stoffgewebe abseihen. Geruch durch Mitkochen von Holzkohle beseitigen; vor Verwendung eine halbe Stunde stehenlassen. Der Flüssigkeitsbedarf des Menschen ist abhängig von der Außentemperatur. Nachfolgend wird verdeutlicht (,,Adolphsche Tabelle''), welcher Zusammenhang zwischen Lebenserwartung, Außentemperatur und Wasserzufuhr besteht.

Im übrigen wird im Fall großen Durstes empfohlen, den Wasservorrat auf einmal zu trinken, denn andernfalls entnimmt der Körper dem Blut Wasserreserven, welches dann eindickt.

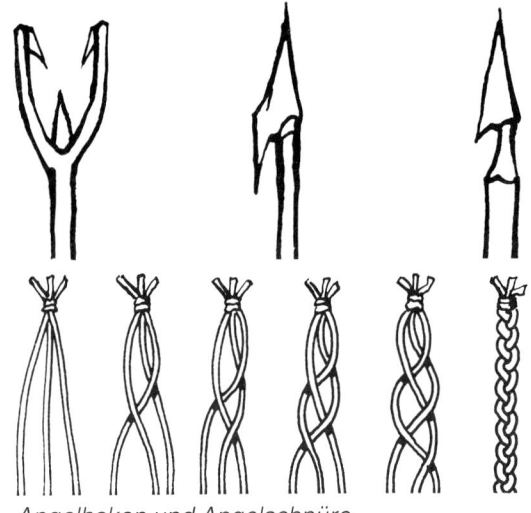

Angelhaken und Angelschnüre

Maximale Temperatur (°C)	Lebenserwartung in Tagen					
	ohne Wasser	mit 1 Liter	mit 2 Litern	mit 4 Litern	mit 10 Litern	mit 20 Litern
49	2	2	2	2½	3	4½
43,3	3	3	3½	4	5	7
37,7	5	5½	6	7	9½	13½
32,2	7	8	9	10½	15	23
26,5	9	10	11	13	19	29
21	10	11	12	14	20½	32
15	10	11	12	14	21	32
10	10	11	12	14½	21	32

Eingeborene

Wenn möglich, Kontakt durch sie herstellen lassen; nur mit dem Anführer verhandeln. Sich anpassen, Lebensweise und Eigenheiten respektieren. Wertgegenstände, besonders Optik und Waffen, ständig bei sich führen. Nahrung möglichst nicht zurückweisen (siehe auch Verständigung).

Einnorden

Bei der Standortbestimmung mit einer Karte die umliegende Landschaft anhand identifizierbarer markanter Gegebenheiten (Gebirgskette, Flußschleife, Sumpfgebiet, Straßenkreuzungen) einbeziehen und die Karte, auf der Norden immer oben ist, danach ausrichten.

Eintopf

Man erhält eine an Nährwert und Bekömmlichkeit hervorragende Überlebensmahlzeit, wenn man alles, was in der Wildnis an Beeren, Vogeleiern, Innenrinde von Bäumen (Kambium), eßbaren Gräsern und Pflanzen, Schnecken und Fröschen (Haut abziehen) gefunden werden kann, zu einer Eintopfmahlzeit verkocht. Heiß essen, auf gar keinen Fall aufwärmen!

Entfernungen

Fehlt eine Karte, mit der Entfernungen anhand des Maßstabes gemessen werden können, muß man Entfernungsschätzungen vornehmen: Baumgruppen und Gebäude können bis auf etwa 8 km, Baumarten bis zu 4 km, Menschen bis rund 1 km Entfernung bestimmt und erkannt werden.

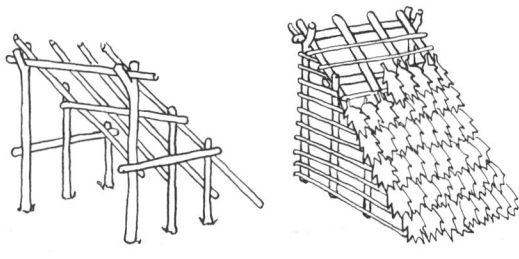

Blockhütte bauen

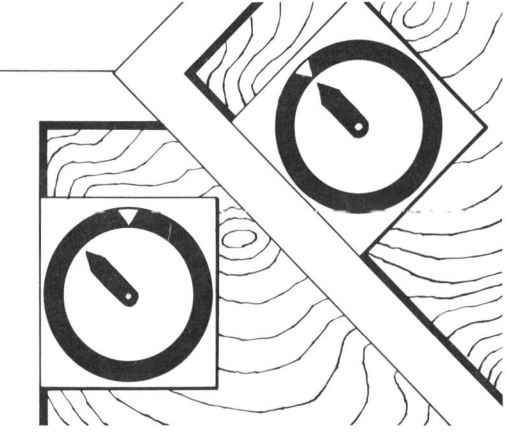

Einnorden der Karte mit und ohne Kompaß

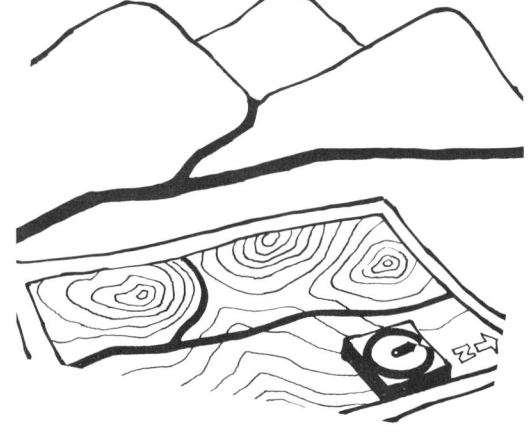

Erste Hilfe

Fehlt ein Arzt, zunächst den Patienten beruhigen und ihm die Angst nehmen!

● Bei Bewußtlosigkeit Mund von Fremdkörpern reinigen, Kleidung öffnen, Patienten in stabile Seitenlage bringen (Liegearm hinter Rücken ziehen), warme Unterlagen, frische Luft und bei Atmungsstillstand Mund-zu-Nase-Beatmung.

● Bei Bissen drohen häufig Herz- und Kreislaufversagen. Wo möglich, durch Abbinden Blutstauung erzeugen, aber so, daß der Pulsschlag noch fühlbar ist (siehe auch Abschnitt „Jagd in den Tropen", Seite 329).

● Bei Brüchen Arme und Beine ruhig stellen und Notverband/Schienung anbringen.

● Bei Blutungen sofort Druckverband (Mullbinde, Unterhemd, Taschentuch) auf die Wunde legen und fest umwickeln (Schnur, Schuhsenkel, Gürtel, Gewehrriemen).

● Bei Erkältungen sofort Medikamente verwenden, Kälte und Zugluft meiden. Wenn möglich, sofort „aufsteigendes Fußbad" nehmen: mit Füßen bis zu den Knien in Behälter (Faß, starker Plastiksack, im Notfall große Gummistiefel u. a.) stehen und 20 Min. lang heißes Wasser aufgießen – je heißer desto besser. Anschließend 2 Stunden lang warm zugedeckt (Schlafsack) ruhen. – Ein einfaches, hervorragendes Mittel gegen Verkühlungen, Grippeerkrankung, Gliederreißen usw.

● Bei Erfrierungen Froststellen am eigenen Körper, z. B. Hände an der Brust, zwischen den Schenkeln, unter den Achseln, erwärmen. Nicht massieren! Keinesfalls Eis und Schnee auflegen; erfrorene Körperteile nur anwärmen, nicht am Feuer aufheizen (siehe auch Abschnitt „Jagd in arktischen Zonen", Seite 333).

● Bei Insektenstichen, insbesondere im Mund- und Rachenraum (Lebensgefahr), Atemweg freihalten. Kalte Getränke und Eisauflage mindern die Schwellung oder die Entzündungsgefahr.

● Bei Nasenbluten Kopf nach vorne beugen und die Nasenlöcher unterhalb des Nasenbeines zuhalten.

● Bei Fremdgegenständen im Auge versuchen, durch Herabziehen des Augenlides über

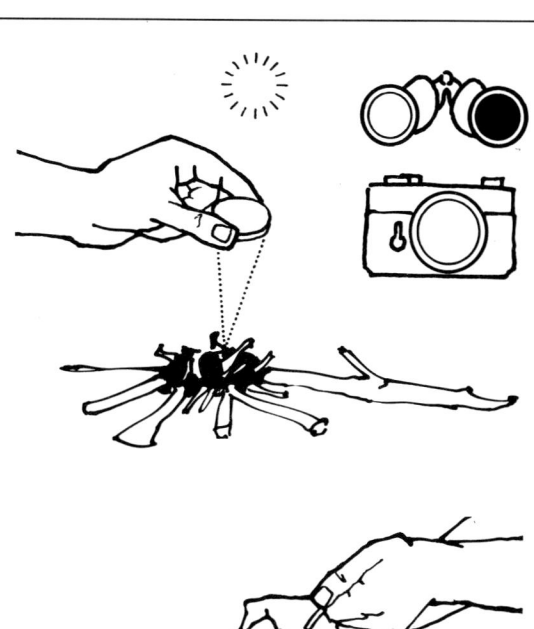

das Auge und anschließend langsamem, mehrfach wiederholtem Hochziehen Fremdgegenstand nach oben zu bewegen. Nicht reiben!

Dornen und Splitter in der Haut mit Messer oder Nadel (Sicherheitsnadel immer griffbereit an der Hose mitführen), welche vorher über einer Flamme erhitzt und desinfiziert wurden, sofort herausnehmen. Auf offene Wunde Pflaster geben.

● Wenn möglich, Fremdkörper in Wunde lassen.

● Bei Schußverletzungen Druckverband auf Ein- und Ausschuß.

● Bei Verbrennungen sofort, ehe die verbrannten Körperstellen anschwellen, beengende Kleidung entfernen und Brandstellen sowie Wunden umgehend mit kaltem Wasser längere Zeit kühlen und spülen. Brandblasen erst nach einigen Tagen vom Rand her vorsichtig aufstechen.

Erste-Hilfe-Ausrüstung

Zum Erste-Hilfe-Kasten kommen Augenspülung und -verband, Rasierklinge, Pinzette, Fußpulver und Penatencreme, ein gutes Schmerzmittel, Schlangenbißausrüstung, ein Mittel (Kohle) gegen Übelkeit, Erbrechen, Durchfall und Verdauungsstörungen, Tabletten gegen Sodbrennen, gegen Insektenstiche eine Sonnenschutzlotion und Lippenbalsam sowie Salztabletten für tropische Gebiete. Zusammensetzung der Reiseapotheke mit Hausarzt besprechen, der auch eine gründliche Voruntersuchung vor Antritt einer extremen Jagdreise durchführt. Die entsprechenden Schutzimpfungen rechtzeitig vornehmen und im Impfpaß festhalten (Tetanus, Cholera, Gelbfieber); auf jeden Fall sollte man auch seine Blutgruppe eintragen lassen.

Ein Inhaltsverzeichnis und entsprechende Anwendungshinweise (Beschreibungen in der Medikamentenpackung) für die mitgeführten Medikamente müssen ebenfalls in die Reiseapotheke. Ein Erste-Hilfe-Kurs gehört zum geistigen Rüstzeug, damit man im Ernstfall auch wirklich helfen kann.

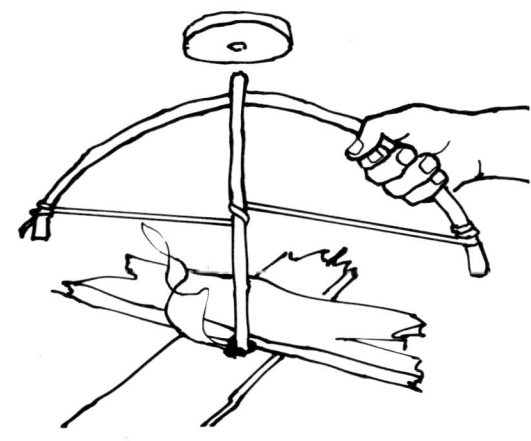

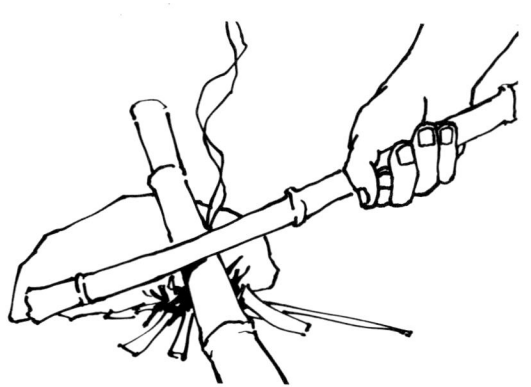

Feuermachen mit Linse, Faden, Bogen und Bohrer, Feuersäge

Fallen

Schlingen und Fallen, wenn möglich und nötig, sofort aufbauen; Zwangswechsel anlegen. Tiere in Höhlen und hohlen Bäumen ausräuchern oder mit Astgabel herausholen. Fallenstandort gut sichtbar mit Zweigen markieren. Vorsicht vor Bienen bei Entnahme von Honigwaben aus hohlen Bäumen (ausräuchern!).

Feuer

Es ist eine Grundvoraussetzung, um eine Überlebenssituation gut zu überstehen. Streichhölzer wasserdicht aufbewahren (Filmdose, versiegelte Schrotpatrone). Gasfeuerzeuge sind wegen geringerer Störanfälligkeit besser als Benzinfeuerzeuge. Die Feuerstelle auf trockener Unterlage aus Holz oder Steinen mit Windschutz anlegen. Mehrere kleine Feuer wärmen besser, sind auch leichter zu unterhalten. Waldbrandgefahr! Als Brennmaterial altes Holz (eventuell aus dem Inneren eines Baumes), tote Äste, trockenes Gras, Dung von Haus- und Wildtieren, Tierfett oder Speck (ausgebrannt eßbar!) verwenden und als „Schnellzünder" Zunder, d. h. ein Gemisch aus Kerosin-Treibstoff, Holzkohle, und/oder Fichtennadeln, Flechten, Fäden, Stoffresten, Vogelnestern u. ä., herstellen. Fehlen Zündhölzer, dann eine Linse, das Glas der Taschenlampe, das Objektiv des Fotoapparates oder Fernglases, als Brennglas verwenden. Ansonsten in der Nähe des vorbereiteten, leicht brennbaren Zunders oder am Pulver aus einer Patrone Feuer aus Steinen schlagen.

Kleines, leicht entflammbares Brennmaterial ist in der Mitte, größeres nach außen hin anzuordnen.

Fische

Vorsicht bei unbekannten Fischen, insbesondere, wenn sie keine Schuppen haben. Innereien eignen sich nicht zum Verzehr; als Köder verwenden.

Flugzeugunfall

Nach Notlandung oder Absturz aus sicherer Entfernung abwarten, bis Explosionsgefahr vorüber ist und auslaufender Treibstoff sich verflüchtigt hat. Zunächst Verletzte versorgen, dann Situation analysieren. Unterschlupf (sofern dies nicht das Flugzeug ist) und Feuerstelle einrichten. Sofort Rauchfeuer entfachen (feuchtes Holz!) und Signalmöglichkeiten für Luftrettung planen. Verpflegungssituation klären und Aufgaben gegebenenfalls auf alle Anwesenden verteilen. Bei Verletzten oder bei Verbleib am Unfallort möglichst in der Nähe des Flugzeuges aufhalten, denn es wird am ehesten entdeckt. Batterien, Treibstoff und Vorräte sparsam verwenden. Bei Auftauchen von Hilfe alle Mittel (siehe auch Signale) wie Spiegelreflexe, Rauchfeuer, Farbstoffe bei Schneelage für die Sichtbarkeit einsetzen. Unnötiges Schreien und Herumspringen ebenso vermeiden, wie Schnellfeuer aus vorhandener Waffe. Die Chance einer Rettung steigt mit der Intensität der eigenen Initiativen hierzu!

Führer oder Jagdbegleiter

Sich immer gegenseitig während der Jagd über den Tages- und Zeitplan, das Jagdprogramm und den Standort informieren. Hierzu gehören gemeinsames Kartenstudium, die Festlegung notwendiger Schritte und eines Zeitplans in einer Überlebenssituation.

Gewässerüberquerung

Vorsicht vor Unterkühlung. Durchwaten oder -schwimmen nur dort, wo der Fluß am breitesten/seichtesten ist (Sandbänke, Flußarme, Felsen). Strümpfe aus- und Schuhe anziehen (Verletzungsgefahr!). Immer stromaufwärts und auf den Landepunkt auf der gegenüberliegenden Gewässerseite schauen, Strömungsgeschwindigkeit einkalkulieren; eventuell Ausrüstung (Verpflegung, Gewehr, Werkzeug) auf kleinem Floß an einer Leine im Winkel von 45° mit der Strömung über den Fluß ziehen. Wasserfällen, Gefällstufen, Verengungen, Schwemmsand, dicht bewaldeten Ufern und Stromschnellen ausweichen, Untiefen mit Stock ausmachen; Gletscherflüsse frühmorgens überqueren, Schmelzwasser steigt während des Tages oft einen halben Meter an. In Survival-Situationen möglichst auf

Der internationale Signalcode

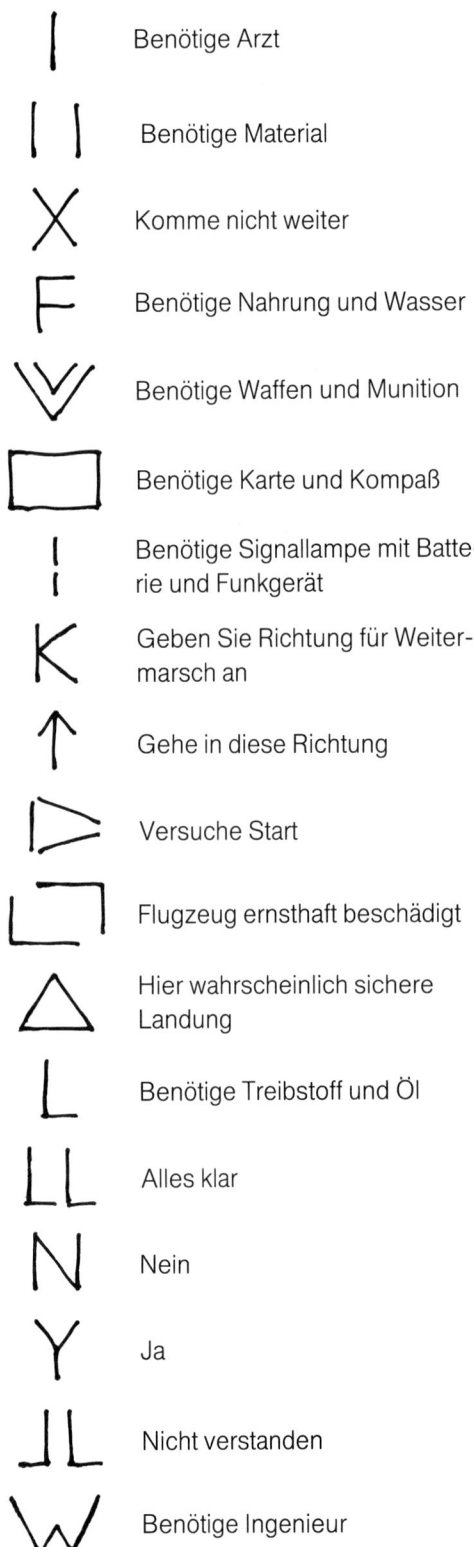

Benötige Arzt

Benötige Material

Komme nicht weiter

Benötige Nahrung und Wasser

Benötige Waffen und Munition

Benötige Karte und Kompaß

Benötige Signallampe mit Batterie und Funkgerät

Geben Sie Richtung für Weitermarsch an

Gehe in diese Richtung

Versuche Start

Flugzeug ernsthaft beschädigt

Hier wahrscheinlich sichere Landung

Benötige Treibstoff und Öl

Alles klar

Nein

Ja

Nicht verstanden

Benötige Ingenieur

energie- und zeitraubende Floßbauten verzichten. Tragkraft prüfen!

Impfungen

Vor Reiseantritt über vorgeschriebene Impfungen informieren und diese bei den staatlichen Gesundheitsämtern oder Landesimpfanstalten vornehmen lassen. Rechtzeitig zur Impfung gehen (evtl. auch gegen Zecken und Tollwut), da manche Impfungen nicht gemeinsam durchgeführt werden können. Eintrag im Impfpaß.

Jagdwaffe

Sie ist neben dem Feuer die wichtigste Überlebensvoraussetzung. Deshalb funktionsfähig erhalten, vor Feuchtigkeit schützen (Klebstreifen über die Mündung), sparsamste Verwendung von Munition, sich nie von der Waffe trennen. Das gleiche gilt für das Jagdmesser. Es dient zur Holz- und Nahrungsbeschaffung; mit Schnur, am Gürtel festbinden. Nie mit einem anderen Gegenstand (Beil, Stein) das Messer als Meißel oder Keil verwenden.

Jet-lag

Vorübergehende Konditionsschwäche, die durch Zeitzonenverschiebung bei Langstreckenflügen entsteht. Milderung durch leichte Kleidung während des Fluges, Schuhe ausziehen. Möglichst Alkoholkonsum und Rauchen unterlassen, viel schlafen.

Kälteschutz

Der Mensch kann dreißig Tage ohne Nahrung, drei Tage ohne Flüssigkeit, aber nur drei Stunden ohne Schutz vor großer Kälte überleben. Deshalb Bekleidung gegen Kälte sorgfältiger als gegen Hitze planen.
Mehrere dünne, locker übereinanderliegende Kleidungsstücke sind besser als ein dickes, eng anliegendes. Atmungsaktive Baumwollunterwäsche ist besser, als Kunstfaser-Thermounterwäsche. Wollmütze mit herunterziehbarem Gesichts-, Ohr- und Nackenschutz, kein zu enges Schuhwerk. Handschuhe mit Öffnung für Schießfinger, durch Schnur um

Hals gegen Verlust miteinander verbinden. Erfrorene Körperteile nie mit Schnee oder Eis massieren, sondern langsam erwärmen. Alkohol stark verdünnen, er belastet und beschleunigt den Kreislauf und führt so zu Verlust an Körpertemperatur. Da die vom Herzen am weitesten entfernten Körperteile zuerst erfrieren, insbesondere Ohren, Nase, Hände und Füße vor großer Kälte schützen; wenn sie weiß werden, langsam an warmen Körperteilen erwärmen. Bei großer Kälte trotz Erschöpfung und Müdigkeit sich immer wieder bewegen, Verschlüsse der Ausrüstung vor Vereisung schützen. Druckknöpfe sind besser als Reißverschlüsse (siehe S. 334).

Kochen

Speisen in Gefäß/Dose an einer grünen Astgabel über das Feuer hängen, Fleisch auf Bratspieß (grünes geschältes Weichholz) in kleinen Portionen von Hand über dem Feuer drehen oder in Folie bzw. feuchtes Papier wickeln, mit Glut überdecken, damit kein Sauerstoff an das Papier kommt. Windrichtung und Windschutz beachten, Brennmaterial sternförmig von außen nach innen anordnen und Holz nachschieben. Wasser läßt sich auch durch heiße Steine erhitzen. Feuchte Steine um Lagerfeuer trocknen; sie können explodieren, haben aber bei verlöschendem Feuer die Wirkung eines Kachelofens. Kochen wird mit zunehmender Höhe schwieriger, ab 3500 m ist es nicht mehr möglich.

Kompaß/Orientierung

Die Survival-Situation beginnt für den Jäger in der Regel damit, daß das Transportmittel Pferd, Boot, Flugzeug, Geländewagen oder Schneemobil plötzlich ausfällt und/oder daß man die Orientierung verloren hat. Wer dann weiß, wo er sich in etwa befindet und wohin er marschieren muß, hat bei Benutzung eines Kompasses zur groben Richtungsbestimmung kein Problem. Ansonsten bei Sichtbehinderung (Schneesturm, dichter Wald, Schlucht) zunächst versuchen, zwei Fixpunkte in der näheren oder weiteren Umgebung zu finden (Berg, Fluß u. a.) und sich damit anhand einer

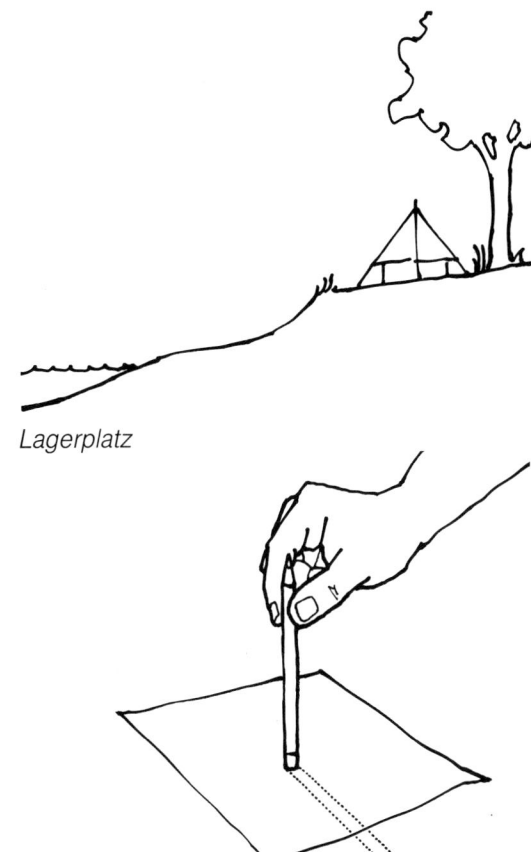

Lagerplatz

Sonnenstand bei bedecktem Himmel

Orientierung nach der Sonne

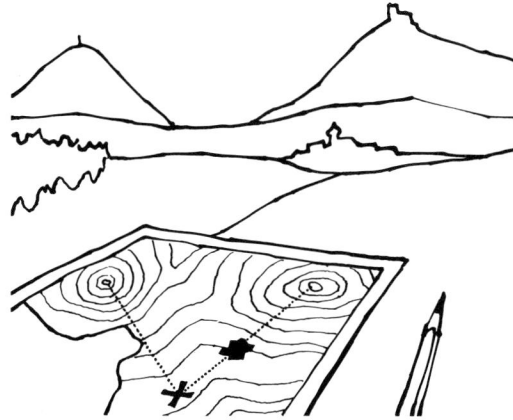

Bestimmen des Standpunkts

Landkarte in Bezug setzen. Nach Richtungsfestlegung Ergebnis auf Karte (siehe auch Landkarte) eintragen, öfter kontrollieren. Bei kurzer Entfernung vom Lager immer die Richtung feststellen und gegebenenfalls die Schritte zählen bzw. die Marschrichtung markieren. Auf diese Weise verhindert man, in Panik zu geraten und 50 m vor der Hütte irrtümlich umzukehren und sich dann im Busch zu verirren. Hindernisse (Steilwand, Stromschnellen, Sümpfe) werden bei genauer Beachtung der Kompaßnadel in drei Strecken, jeweils mit drei rechten Winkeln, so weit umgangen, daß man jenseits des Hindernisses dann die Marschroute in derselben Richtung wie vor Umgehung des Hindernisses fortsetzen kann.

Ein Hinweis: Keinen Billigkompaß kaufen. Nadel zittert wie eine Wetterfahne! Ein Marschkompaß mit Visiereinrichtung und Spiegel (als Armband-Kompaß) ermöglicht die ruhige Beobachtung der Magnetnadel und gestattet gleichzeitig über das Visier zu blicken. Günstiger Erwerb aus Armeebeständen.

Vorsicht in eisenerzreichen Gebieten oder in der Arktis, wo die Magnetnadel verrückt spielt und Abweichungen bis zu 20° haben kann.

Lagerplatz

Lager dort errichten, wo möglichst Holz und Wasser zur Verfügung stehen. Untergrund muß trocken und eben sein, bei Lehmboden Regenrinne um das Lager ziehen. Feuchte Plätze in hohem Gras, dichtem Buschwerk oder unter hohen Bäumen vermeiden, die das Sonnenlicht abhalten und jede Trocknung erschweren. Am besten Lager auf Anhöhe oder in Hanglage (Regenrinne in Hangrichtung gegen Sturzwasser) am Rande einer Lichtung auswählen oder am höchsten Punkt einer Uferböschung errichten, gut sichtbar für Rettungstrupps. Die überlegte Auswahl des Lagerplatzes ist eine wichtige Voraussetzung für Rettung und Überleben.

Landkarte

Eine gute Karte über das Jagdgebiet gehört unbedingt ins Gepäck. Zur richtigen Nutzung

347

gehört zunächst die Bestimmung der eigenen Position auf der Karte (siehe auch „Einnorden"). Der Maßstab ermöglicht die Messung von Entfernungen. Bei einem Maßstab von z. B. 1 : 100 000 entspricht 1 cm auf der Karte 100 000 cm (= 1000 m) in der Natur. Die Breiten- und Längengrade dienen ebenfalls zur Groborientierung. Der Abstand zwischen zwei Breitengraden beträgt jeweils etwa 111 Kilometer, die Längengrade sind am Äquator ebenfalls 111 Kilometer voneinander entfernt und konvergieren nach Norden und Süden allmählich bis auf 0 km an den Polen.

Lawinen

Wer Erfahrung bei der Gebirgsjagd besitzt, weiß, daß Temperaturschwankungen durch starke Sonneneinstrahlung, Winddruck oder mechanische Einflüsse (überwechselndes Wild) Lawinen auslösen können. Deshalb immer auf der Schattenseite mit einem langen Bergstock marschieren. In einer abgehenden Lawine mit Schwimmbewegungen an der Oberfläche zu bleiben versuchen, Lawinenbereich sofort verlassen.

Leuchtstab

Ein durchsichtiger Plastikstab mit zwei eingelassenen Flüssigkeitsröhrchen gibt mehrere Stunden grünliches Licht ab (auch unter Wasser), wenn man den Stab biegt und damit die Glasröhrchen bricht. Für extreme Jagdsafaris möglichst zwei Stäbe besorgen.

Markierung

Sie haben die Aufgabe, ähnlich wie die Jägerbruchzeichen im heimatlichen Revier, für Sie und für Suchmannschaften Richtungen und zurückgelegte Wegstrecken festzuhalten, Vermißten zu folgen und Rückwege zu sichern. Richtungen durch Pfeilmarkierung (Äste, Steine, kleine Sandwälle) an auffälliger Stelle möglichst mehrmals anbringen. Wegstrecke mit an Ästen aufgehängten Plastikstreifchen (von bunter Plastiktüte geschnitten) – besonders an Kreuzungen, Wildwechseln – kennzeichnen, Äste auffällig knicken, in Geröllfeldern auf größeren Unterstein kleinere Steine

Boden-Luft-Signale

Bitte um Aufnahme   *Nicht landen*   *Alles klar*

Bestätigt   *Nicht bestätigt*   *Benötige Hilfe*

Funkgerät OK   *Nachricht abwerfen*   *Kann weitermarschieren*

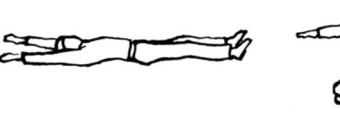

Benötige med. Hilfe   *Hier landen*

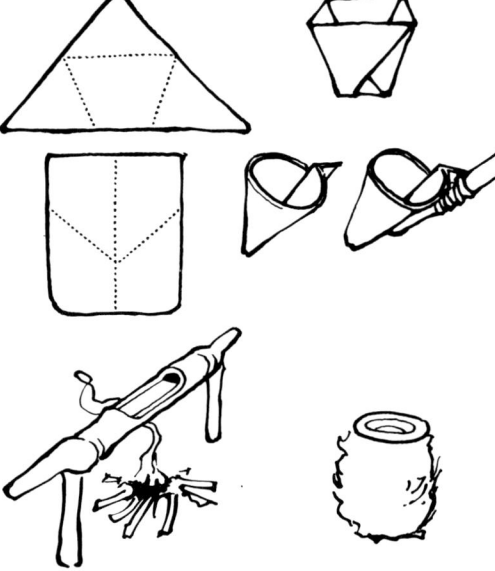

Gefäße aus Baumrinde

als Pyramide in Marschrichtung bauen. Bei Schnee Kaliumpermanganat verstreuen.

Marschieren

Wenn die Richtung für den Rückmarsch klar ist und man sich hierfür entschieden hat (gilt auch bei kurzfristigem Verlassen des Lagers), besser den sichersten als den bequemsten Weg suchen. Laufend nach Verpflegung Ausschau halten, Energie sparen, mit gleichem Tempo und gleicher Schrittlänge vorangehen, keine zu langen Pausen wegen Abkühlung des Körpers einlegen, abends genügend Zeit für Unterschlupfbau vorsehen. Marschweg nach Bezugspunkten in der Landschaft festlegen, immer wieder kontrollieren und markieren (siehe auch „Kompaß", „Landkarte", „Gewässerüberquerung", „Markierung"). Wildwechsel führen meist zu Lichtungen, zu Aussichtspunkten, und in der Regel zu Wasser. Immer wieder, insbesondere bei fehlender Sicht, Horch- und Verschnaufpausen einlegen, Telefon-, Eisenbahn- und Straßentrassen sowie Schneisen nicht mehr verlassen!

Morsen

Die international bekannten Morsezeichen kann man akustisch und optisch durch Pfeiftöne und Spiegelsignale versenden. Der Erfolg ist jedoch meist fragwürdig.

Die Morsezeichen

A ·—	H ····	O ———	V ···—
B —···	I ··	P ·——·	W ·——
C —·—·	J ·———	Q ——·—	X —··—
D —··	K —·—	R ·—·	Y —·——
E ·	L ·—··	S ···	Z ——··
F ··—·	M ——	T —	
G ——·	N —·	U ··—	

1 ·————	5 ·····	9 ————·
2 ··———	6 —····	0 —————
3 ···——	7 ——···	
4 ····—	8 ———··	

Moskitoschutz

Moskitos finden sich in allen Landstrichen der Erde – auch im kühlen Arktissommer!

Bei Jagdreisen in tropische, feuchte oder heiße Gegenden Moskitonetz mitnehmen, insbesondere als „Vorhang" über Mütze/Hut vor das Gesicht (Ansitzjagd!). Maschengröße des Netzes maximal 1 mm. Der Rauch aus auf Feuer gelegten grünen Blättern hält ebenfalls Moskitos ab. Hemd mit langen Ärmeln und lange Hose und Socken anziehen, unter Umständen Unterhemd über den Kopf ziehen. Mit Autan-Öl Haut einreiben! Das Mittel schützt 5–6 Stunden und ist eine Vorbeugung gegen Malaria! Im schlimmsten Fall gefährdete Stellen mit Schlamm bestreichen, der eine Schutzschicht bildet.

Notsignale

Mit allen Möglichkeiten auf eigenen Standort aufmerksam machen. Da Rauchsignale und Feuer oft mißverstanden werden, drei Feuer unterhalten, am besten auf einer Anhöhe. Farbige Gegenstände auf dem Boden ausbreiten, kreis- oder kreuzförmig auslegen. Notsignale aussenden, wenn sinnvoll auch mit Trillerpfeife oder Taschenlampe. Mit Rauchsäule signalisieren, die durch kurzes Abdecken mit dichten Zweigen oder einer Decke „unterbrochen" werden kann: 3 mal kurz, 3 mal lang, 3 mal kurz. Das bedeutet SOS.

Notunterstand

Plastikfolie, so groß wie ein Schulheft gefaltet, als „Haus im Rucksack" mitführen. Andernfalls unter den Ästen tiefverschneiter Nadelbäume oder in Spalten ausgewaschener Gesteinsblöcke Schutz suchen. Boden mit trockenem Gras, Moos oder Zweigen bedecken. Dichte Äste, an einen Felsen oder Erdwall gelehnt, bilden ebenfalls ein Schutzdach (siehe auch „Unterschlupf").

Notverpflegung

Trockenobst, getrocknetes und gesalzenes Fleisch (Biltong der Südafrikaner oder Pemmikan, die Mischung und Dauernahrung der Trapper und Indianer aus Rindfleisch, magerem Speck, Zucker und Rosinen) oder Nüsse mitführen und/oder sammeln.
Wildwachsende Pflanzen (von den rund

Rauchsignale geben

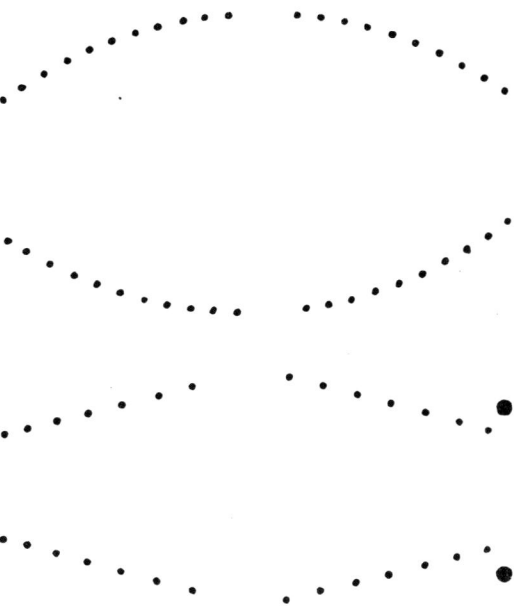

Schlangenbißmarken ungiftig (o.), giftig (u.)

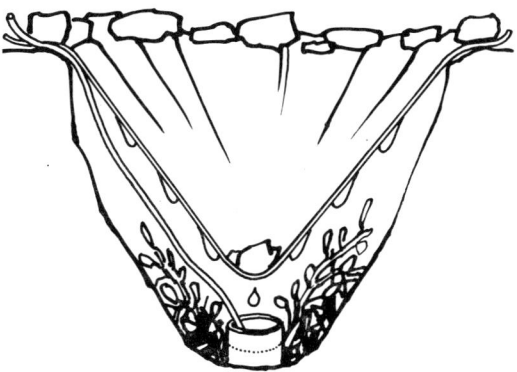

Trinkwassergewinnung (siehe S. 352)

300 000 Pflanzen auf der Erde sind mehr als die Hälfte eßbar) auf Genießbarkeit testen. Wenn sich milchiger Saft aus der Pflanze pressen läßt, wenn sie auf der Haut ätzende oder stechende Wirkung hinterläßt, wenn sie starken Geruch hat, bei kurzem Schmecken im Mund beißenden Geschmack hinterläßt, nicht essen. Nur kleine Mengen zu sich nehmen und die Wirkung im Körper abwarten.
Der Bedarf an fester und flüssiger Nahrung hängt von vielen Faktoren ab, vor allem vom persönlichen Energieverbrauch, von Hitze und Kälte. Der Nahrungsbedarf steigt bei niedrigen Temperaturen, der Flüssigkeitsbedarf mit zunehmender Temperatur. Deshalb möglichst nicht während der Tageshitze marschieren.

Pilotensignale

Der Pilot eines Suchflugzeuges wackelt mit den Tragflächen oder blinkt Grünlicht, wenn er die Notsituation verstanden hat, er fliegt im Zickzack oder blinkt Rotlicht, wenn er nicht verstanden hat.

Pilzgefahren

Nur absolut bekannte Pilze essen. Gesammelte Pilze umgehend verzehren, nie luftdicht aufbewahren. Kein Aufwärmen von Pilzgerichten.

Rauchsignale

siehe „Notsignale", „Pilotensignale", „Flugzeugunfall".

Salzversorgung

Bei großen Anstrengungen in Wasser gelöstes Salz zu sich nehmen, insbesondere bei starkem Schwitzen, weil dann dem Körper viel Salz und Mineralien entzogen werden. Aus Salzwasser Salz durch Verdunsten des Wassers in kleinen Mengen (kleiner Becher, Gesteinsmulde u. a.) gewinnen.

Schlafsack

Hier hat die Outdoor- und Survival-Forschung hervorragende Produkte geschaffen. Angeboten werden Schlafsäcke für jeden Zweck und jede Temperatur, teilweise mit hochklappbarem Unterteil als Ansitzsack und -mantel und mit Ärmeln als Marschbekleidung (Bundeswehr-Schlafsack). Dem leichten Daunenschlafsack ist immer der Vorzug zu geben. Auf Bewegungsfreiheit, innseitige Reißverschlußführung, Hals- und Kapuzenverschnürung, Innenwulst entlang der Reißverschlußlinie (Kältebrücke!) und zweiten Reißverschluß in der Fußzone ist zu achten. Wasserundurchlässigen Außensack mitbesorgen. Schlafsack zu Hause aus Transportsack nehmen, kühl und trocken lagern. Im Schlafsack mit Trainingsanzug oder in Unterwäsche schlafen; eiskalte Wäsche und Socken in der Frühe, vor dem Anziehen, kurz im Schlafsack aufwärmen. Hier gilt, daß ohne die richtige Ausrüstung manche Survival-Situation tragisch endet. Ein guter Schlafsack wiegt weniger als 1 kg, und zusammen mit einer durchdachten Survival-Gesamtausrüstung (Kit) ergeben sich nur rund 2 kg Gepäck.

Schlangengefahr

Nur 10 % der etwa 3000 Schlangenarten der Welt sind giftig. Das Fleisch ungiftiger Schlangen ist genießbar. Die Schlangengefahr wächst mit zunehmender Außentemperatur (Asien, Afrika, Amerika), besonders in Feucht- und Dschungelgebieten, Steppen-, Wüsten- und Felsregionen. Vorsicht bei Termitenhügeln! Da es kein Merkmal für giftige Schlangen gibt, jeden möglichen Angriff sofort durch Rückzug oder Töten des Tieres abwehren. Vor einer Jagdreise Informationen über giftige Schlangen des Jagdlandes, über ihr Vorkommen, ihre Lebensweise (Nacht-, Tag-, Sommer- und Winteraktivitäten) einholen. Keine Angst vor der Schnelligkeit. Schlangen können einen laufenden Menschen nie einholen, ihre Schlagdistanz beträgt höchstens ⅓ ihrer Körpergröße. Gegebenenfalls Multi-Schlangenserum mitnehmen. Bißstelle sofort abbinden (Gürtel, Schuhlitze), um Wanderung des Giftes zu verhindern. Bißstelle nicht aufschneiden und ausbluten, keinesfalls aussaugen! Wenig Bewegung. Sofort Rettung organisieren (siehe auch Abschnitt „Jagd in den Tropen", Seite 329, und „Schlangenbisse").

Schutzkleidung

Kleidung locker tragen; mehrere dünne Kleidungsstücke übereinander sind eine bessere Isolierung gegen Hitze und Kälte. Sogenannte Thermounterwäsche nicht bei größeren Fußmärschen tragen (saugt nicht!). Hosenbeine und Ärmel gegen Ungeziefer zubinden, z. B. auch beim Durchwaten von Gewässern. Gegen Sonnenbestrahlung, Blendung, Kälte, Nässe, Staub, Ungeziefer (Zecken von Bäumen) Kopfschutz tragen, eventuell aus Kleidungsresten oder Blättern gefertigt. Kleidung immer sofort trocknen, Schuhe mit Papier oder trockenem Gras füllen. Hose, Strümpfe, Schuhe, Rucksack, Eßgeschirr und Nahrungsmittel immer auf Ungeziefer untersuchen.

Seifenherstellung

Hartholzasche in Wasser zerstampfen, aufkochen, mit Fett langsam zu Brei kochen.

Signale

Wenn irgend möglich, Funkverbindung vorsehen/schaffen. Kein Schnellfeuer; Munition sparen. Neben Rauchsignalen mit feuchtem

Wasserfilter (siehe S. 351)

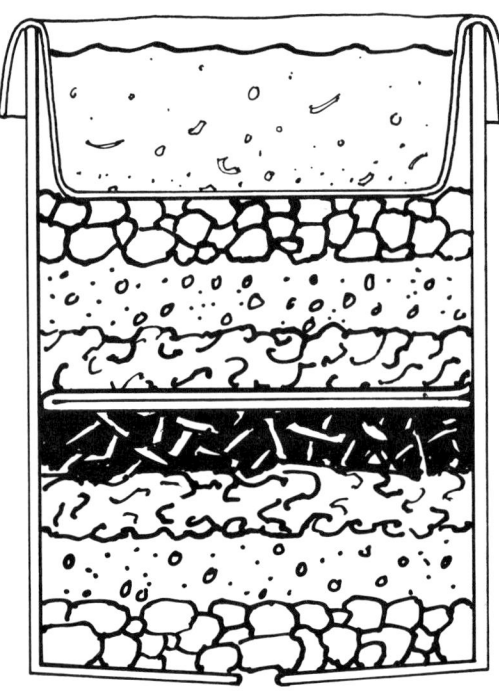

Holz – bei Nacht mit Fackel aus Zweigen – Licht- und Spiegelsignale geben, Buchstaben-Zeichen mit Ästen, Steinen oder Papier legen, in den Schnee treten oder mit Kaliumpermanganat einfärben. Für Luftrettung folgende international üblichen Signalcodes verwenden.

Arme ausbreiten = Brauche Hilfe!
Arme ausbreiten,
in die Hocke gehen = Hier landen!
siehe auch Boden-Luft-Signale, Seite 348

Signalzeichen

| | Bitte um Arzt
F   Brauche Verpflegung
☐   Brauche Karte u. Kompaß
K   Wie soll ich weitergehen?
△   Hier landen
LL Verstanden
N   Nein
Y   Ja
⌐L Nicht verstanden
siehe auch Signalcode, Seite 346

Sofortmaßnahmen

In Überlebenssituation Ruhe bewahren, Lage analysieren, sofort provisorischen Unterschlupf erstellen, Feuerstelle mit ausreichend Brennholz einrichten, Signal- und Rettungsmöglichkeiten überprüfen, Position und Himmelsrichtungen bestimmen, Erste Hilfe leisten, Nahrungs- und Wasserbedarf regeln. Kein sinnloses Verschießen der Munition!

Survival-Ausrüstung/Survival-Kit

Es gibt spezielle Survival-Jacken und -Gürtel. Survival-Ausrüstung ständig in der Nähe, am besten am Körper haben, ebenso wie Waffen und Munition. Zum Survival-Kit gehört ein Mini-Stahlbeil, Sägedraht, Jagdmesser, Streichhölzer mit Wachsüberzug, Gasfeuerzeug, Marschkompaß, Angelhaken und -schnur, Sicherheitsnadel, Nähnadel und Faden, Schmerz- und Kohletabletten, Alufolie (für Braten, Schmelzen, Spiegelsignale), Kerze, auch 1–2 m² dünnste rechteckige Plastikfolie, Entkeimungstabletten, Fackel, Taschenlampe/Leuchtstab, Trillerpfeife,

Flugzeugabsturz des Autors in Zaire. So schnell tritt eine Überlebenssituation ein

Rasierklingen, konzentrierte Nahrung, Salz, kleiner Bleistift, Papier, Medikamente nach persönlichem Gesundheitsstatus, Insektenschutz. Gesamtgewicht etwa 1–2 kg, im einschlägigen Fachhandel zu beziehen.

Tollwut

Eine in Ost- und Mitteleuropa sowie in Nordamerika verbreitete Seuche, die durch Füchse, Eichhörnchen, Hunde, Katzen, Rehe und Hasen übertragen wird. Vorsicht vor Wild, das vor Menschen nicht flieht oder sich nähert. Bei Biß sofort Arzt verständigen!
Wer in die Türkei reist, ins nördliche und mittlere Afrika, nach Mittel- und Südamerika sowie in asiatische Länder muß stets mit dem Kontakt mit tollwütigen Hunden rechnen. Ohne Tollwut sind lediglich Australien, Japan, ozeanische Inseln sowie in Europa England, Skandinavien und Portugal.

Taschenlampe

Zusatzbatterien und Reservebirne mitnehmen; günstig sind auch ein Handdynamo, eine Handschlaufe und Trageöse (schützen vor Verlust).

Trinkwasser

Verschmutztes Wasser mindestens 20 Minuten abkochen. Mit Kaliumpermanganat oder Jod desinfizieren (eine halbe Stunde stehen lassen, Desinfektion auch mit Zitronensaft oder Wein – ein Teil Wein, zwei Teile Wasser), nur im äußersten Notfall dieses Trinkwasser verwenden!
Gegebenenfalls Wasser mit einem Tuch und einer Lage Sand filtern (siehe S. 350). Am besten sind Entkeimungstabletten, 1 Tablette für 5–10 l Wasser; nach zwei Stunden genießbar, unbegrenzt haltbar; Gebrauchsanweisung beachten (siehe auch Abschnitt „Jagd in den Tropen", Seite 329)!

Überlebensausrüstung

siehe „Survival-Ausrüstung"

Ungeziefer

siehe „Schutzkleidung"

Unterschlupf

Laub- oder Zweighütte (Schrägdach, angelehnt an Baum oder Felsen) bauen, Baumwipfel- oder Baumstammunterschlupf, Felsenhöhle oder -vorsprung suchen. Unterlage als Schlafmöglichkeit aus Zweigen, Laub, Gras fertigen. Windgeschützte Feuerstelle mit Tagesvorrat an Brennmaterial anlegen, kleinen Entwässerungsgraben um die Lagerstelle ziehen (siehe auch „Notunterstand").

Uhrentechnik

Um Norden und Süden festzulegen, wird in der nördlichen Hemisphäre (Sonne kommt vor Mittag von Osten, wandert nach Mittag nach Westen) der Stundenzeiger auf die Sonne gerichtet. Die gedachte Linie in der Mitte zwischen Stundenzeiger und 12 Uhr zeigt Süden. Bei Sommerzeit liegt Süden zwischen Stundenzeiger und 1 Uhr. Auf der südlichen Halbkugel wird 12 Uhr auf die Sonne gerichtet, die gedachte Linie zwischen 12 Uhr und dem Stundenzeiger zeigt nach Norden. Bei Sommerzeit liegt Norden zwischen dem Stundenzeiger und 1 Uhr.

Verirrt

Bei völliger Orientierungslosigkeit, körperlicher Erschöpfung oder Transportunfähigkeit eines Begleiters keine Panik. Am Standort bleiben, auf Rettung warten, Signaltechniken überlegen und darauf achten, daß man sich nicht noch weiter verirrt, d. h. sich von Rettungsmaßnahmen und Rückmarschmöglichkeiten nicht weiter abschneidet.

Verständigung

Vor Antritt der Reise eine kleine Liste der wichtigsten Wörter des Jagdlandes erstellen: Wochentage, Zahlen, Wildtiere, Nahrungsmittel, Gruß- und Hinweiswörter (siehe auch Kapitel „Jagd-Reisewörterbuch", S. 422).

Vollmond

Der Vollmond steht auf der nördlichen Halbkugel um Mitternacht genau im Süden, auf der südlichen Hemisphäre genau im Norden.

Waldbrand

Schon manche Waldbrandbekämpfer sind im eigenen „Gegenfeuer" der Brandschneise umgekommen, da die Windrichtung durch die aufsteigenden Hitzewinde und die Hitzestürme dauernd wechseln. Man sucht am besten die Nähe von Gewässern. Bei Rauch Richtung des Brandes und nächstliegendes Gewässer feststellen. Man wartet in der Mitte des Gewässers und sorgt, daß Kleidung und Körper ständig naß bleiben. Gegen starke Raucheinwirkung nasses Tuch vor Mund und Nase. Sauerstoffmangel zwingt zu langsamen Bewegungen. In Afrika Vorsicht vor Wild in Wasser und dem Ufer!

Wasserbehälter

Benutzte Flaschen, Konservendosen, Gummistiefel, Plastikfolie u. ä. verwenden.

Wasserversorgung

Regen auffangen oder Schnee schmelzen. Schlingpflanzen (Lianen, Efeu) knapp über dem Boden und möglichst weit oben abschneiden und das Wasser in den Mund/Behälter tropfen lassen, eventuell Stücke nachschneiden. Bäume in Feuchtbiotopen, z. B. Birke, an der Rinde tief senkrecht nach unten einschneiden, Auffanggefäß anbringen, eventuell auch Tuch an tropfenden Baum binden. Tau abstreifen, in Gefäß oder Mund auswringen. Man sammelt so in einer Stunde etwa ½ l Wasser, Umgebung in jedem Fall nach verborgenem Grund- oder Sickerwasser absuchen. Wildtiere, Vegetation und Landschaft beobachten, Wildwechseln folgen. In ausgetrockneten Flußbetten, feuchten Sandflächen, wo Schilf, Holunder oder Erlen wachsen, kann Wasser sein. Ein natürliches Destillieren von Wasser erreicht man wie folgt: ein Loch in die Erde graben, in die Mitte ein Gefäß stellen, darüber eine Plastikplane spannen, die am Rand befestigt und in der Mitte mit einem Stein beschwert wird. Die aus dem von der Sonne erwärmten Boden aufsteigende Feuchtigkeit sammelt sich nachts an der Unterseite der Plane, Wassertropfen fallen in das Gefäß. Das kondensierte Wasser läuft jedoch nur tropfenweise entlang der Folie in den Behälter; ein langsames 24-Stunden-Verfahren also. Vorsicht, daß sich nicht Tiere bedienen (Skorpione, Schlangen). Siehe S. 349 unten!

In arktischen Gebieten ist der Kern einer Eisscholle meist gefrorenes Süßwasser. Meereseis ist einigermaßen salzfrei. Altes Eis verliert nach einem Jahr seinen Salzgehalt, deshalb zum Schmelzen geeignet. Bei Frost Salzwasser in Gefäßen gefrieren, Salz sammelt sich in der Mitte und ist zu entfernen.

Werkzeug

Kombimesser, kleine Axt, Drahtsäge, Draht, einige Nägel als Grundausrüstung. Gebrochene Stiele aus Werkzeugen herausbrennen, indem die freien Eisenteile soweit wie möglich mit Erde bedeckt werden, um das Ausglühen des Werkzeuges zu verhindern. Schußwaffe ist nie ein Werkzeug; nur im äußersten Notfall mit Stein auf Jagdmesser schlagen (siehe auch „Survival-Ausrüstung").

Wildbretversorgung

Bereits 20 Minuten nach dem Tod des Wildes bricht die Magen-Darm-Barriere zusammen. Die im Magen-Darm-Trakt vorhandenen Erreger diffundieren durch die Darmwand und siedeln sich im Wildbret an.

Bei Temperaturen um 20°C verdoppeln sich zahlreiche Krankheitserreger (Staphylokokken, Salmonellen, Kokzidien) alle 2 Minuten. Ein nicht ausgeweideter Hase ist bis zu zwei Stunden nach dem Erlegen noch warm, in der Sonne dauert das Abkühlen noch länger. Nach Untersuchungen fand man im Balg eines Hasen pro Gramm Wolle bis zu einer Million Mikroorganismen, zwischen 10000 bis 10 Millionen konnten pro Gramm Muskelfleisch nachgewiesen werden, dort, wo von Wolle „ummantelte Schrote" eingedrungen waren. Das bleibt nicht ohne Einwirkung auf die Qualität des Fleisches, sodaß eine sofortige Wildbretversorgung immer wieder unterstrichen werden muß. Gilt auch für Flug-, Wasserwild und Fische. Innenkörper durchlüften, evtl. mit Essigwasser reinigen.

Zunder

Geeignet als Zunder zum Feuermachen sind alle trockenen Grashalme, Wollfäden, Haare, Vogelnester, Federn, Losung von Pflanzenfressern, Birkenrinde, Harz, zerriebene Binsen und Rinde, Pulver aus Patronen und ein Gemisch aus Kerosin und Holzkohle.

Zündhölzer

Wichtiger Inhalt der Survival-Ausrüstung. Mit Wachs oder Nagellack gegen Feuchtigkeit schützen und mit Reibflächen in wasserdichtem Plastikbeutel, in Fotodose oder leerer, versiegelter Schrotpatrone mitführen.

Dies sind nur stichwortartige Ratschläge zum Überleben in der freien Natur, zur Orientierung im Gelände und zur überlegten Planung einer Rettung. Sie sind einfach, meist gar nicht sensationell. Gerade deshalb werden sie im entscheidenden Augenblick häufig vergessen und übersehen.

Der erfahrene Jäger O. Skal schreibt in seinem Alaskabuch: „Trotz mitgeführter Notausrüstungen gingen nach Not- und Bruchlandungen Dutzende von Menschen verloren, von denen man nie mehr etwas erfuhr." Verirrt, verhungert oder verdurstet? Die Wildnis schweigt!

Diese Traumtrophäe, ein nordamerikanischer Schwarzbär, ist im wahrsten Sinne des Wortes meisterhaft präpariert

Der Jäger und seine Trophäe

„Ein von vielen Enden herrlich erwachsenes Gehörn wird auf einem hölzernen Hirschkopf zum Andenken aufgemacht, unter dessen Halß auf einem Brettlein oder Pergament-Zedul geschrieben, in welchem Jahr und Tag vermerkt, und wer auf ihn gepirscht, wo er gefällt, wie der Ort heiße, wieviele Zentner er gewogen und was sich merkwürdiges dabei zugetragen habe.“

(H. F. von Flemming, 1719)

Kleine Trophäenkunde

Der Jäger kennt als Andenken an erfolgreiche Jagdtage folgende Erinnerungsstücke:
Den Hauptschmuck, Gehörne und Geweihe von Reh, Hirsch oder Elch, Kruken, Schnecken und Hornsäbel der Gams, der Wildschafe und Bergziegen.

Haderer und Gewehre (die unteren und oberen Eckzähne der Wildschweine), Grandeln vom Rothirsch, vom Reh und von anderen Cerviden, die Fangzähne des Fuchses, den Reißzahn des Bären und anderen Großraubwilds und deren Krallen. Diese Trophäen werden insbesondere für die Herstellung von Schmuck verwendet und künstlerisch gefaßt.

Das Rückenhaar der Winterdecken von Gams, Sau, Hirsch und Steinbock wird als sogenannter „Bart“ (in Bayern „Wachler“) als Hutschmuck gefaßt, ebenso Adlerfeder und Adlerflaum, die Malerfedern der Schnepfe, die Stoßfedern (die „Krummen“) vom Birk- und Auerwild und die „Hakel“ der Wildente. Hierzu gehört auch der sogenannte „Hasenbart“.

Decken und Schwarten des Haarwilds (Sau, Hirsch, Antilopen, Raubwild) werden gegerbt, mit Haupt auch als Boden- oder Wandschmuck verwendet (rug-mount), zum Teil mit Haupt und Träger (head-mount) oder ganz in Lebensgröße (full-mount) präpariert.

Weitere Trophäen sind Steine aus dem Mageninhalt, wie das Weidkorn des Auerhahns oder die Bezoarsteine, der Penisknochen des Walrosses und des Bärwilds, der Elefantenwedel, Stoßzähne, Kieferäste, Schalen, Krallen und Ständer von Greifvögeln, besonders auch abnorme Horn- und Geweihbildungen („Launen der Natur“) und Abwurfstangen.

Behandlung der Trophäen

Für den modernen Jäger ist die Behandlung seiner jagdlichen Erinnerungsstücke von größter Wichtigkeit, da sie meistens Seltenheits- und sogar Einmaligkeitscharakter haben. Der Hauptschmuck der Cerviden, von Antilopen, des Berg- und Steinwilds, die Waffen des Schwarz- und Raubwilds, der Federschmuck des Flug- und Wasserwilds, Decken und Schwarten verlangen eine sorgfältige Behandlung bereits „vor Ort“, bevor sie endgültig haltbar präpariert, gegerbt, weiterverarbeitet und montiert werden.

● Bei den europäischen Cerviden schlägt man den Schädel mit den Trophäen ab, entfernt Decke, Gehirn, Lichter und alle Weichteile und stellt den Schädel bis an die Rosen ein bis zwei Tage in kaltes Wasser. Das Wasser wird so oft gewechselt bis es klar bleibt. Danach wird der Schädel so lange gekocht, bis sich alle Weichteile lösen lassen. In beiden Fällen darf kein Wasser an die Rosen gelangen, da diese sonst bleichen. Nach dem Kochen muß man sofort mit kaltem Wasser abschrecken, sonst dringt das Fett wieder in die Poren ein. Nach gründlicher weiterer Reinigung darf auch nicht das kleinste Teilchen Wildpret irgendwo an der Trophäe übrigbleiben. Jetzt schleift man die Unterseite des abgeschlagenen Schädelteils glatt und plan und befestigt die Trophäe auf dem Brettchen.

● Gamskruken setzt man auf ein sich nach unten verdickendes Brett oder fügt zwischen Trophäenbrett und Schädel eine keilförmige Konsole ein, andernfalls würden die Kruken waagrecht in den Raum hinein oder sogar zum Boden hin weisen.

● Widderschnecken laden zu weit nach hinten aus. Man verbindet daher oft zwei Trophäenbrettchen durch ein gebogenes Mittelteil und setzt auf den vorderen Teil dieser Konsole die Schnecken auf.

● Keilerwaffen werden unmittelbar vor den großen Warzen senkrecht durch Ober- und Unterkiefer hindurch abgesägt. Dann trennt man den Unter- vom Oberkiefer. Der Querschnitt wird soweit wie möglich zum Kopf hin angesetzt. Dann wird ausgekocht, wie bei den Cervidentrophäen beschrieben. Das Gewaff läßt sich dann leicht aus dem Kiefer ziehen. Nerv und Inneres der Zähne schleudert man heraus. Nach dem Spülen und Abkühlen werden sie gesäubert und gut getrocknet, der Schmutz mit einer Zahnbürste entfernt. Innen füllt man sie mit Tischlerleim und kleinen Wattebäuschchen aus, manchmal mit Wachs, Stearin oder Gips. Danach werden sie auf ein Brett gesetzt, indem die unteren und oberen Zähne jeweils paarweise miteinander verbunden werden durch ein Schmuckblech.

● Stoß- und Großzähne vom Elefanten, Flußpferd und Walroß werden sorgfältig, meist an Ort und Stelle oder im Lager, aus dem abgeschärften Haupt von einheimischen Jagdbegleitern ausgebaut. Vorsicht, daß die dabei im Kiefer verankerten, vom Zahnnerv ausgefüllten hohlen Zahnteile nicht durch übermäßige Kraftanwendung beschädigt werden.

● Alles Wild wird vorsichtig durch einen Schnitt entlang der Innenseite der Läufe und der Unterseite des Trägers (bei Trägermontage Oberseite!), Raubwild mit Krallen und Branten, aus der Decke geschlagen. Kleinraubwild und Federwild von hinten nach vorne, auf den Kopf zu, abgebalgt. Decken und Bälge legt man mit der Haarseite nach unten, beseitigt letzte Fleisch- und Fettreste und bestreut sie dick mit Kochsalz (kein Viehsalz!).

Dann werden sie so eingerollt, daß eventuell vorhandene Flüssigkeit heraustropfen kann. Dabei ist darauf zu achten, daß – insbesondere für längeren Transport vom Ausland – die rohen Deckeninnenseiten zusammengerollt sich nicht mehr berühren, was durch Einlage von Zeitungs- und Packpapier (eventuell auch saugfähige Handtücher u. a.) verhindert wird. Wenn möglich, Decken vor dem Zusammenrollen für einige Zeit an einem schattigen Platz im Freien mit der gesalzenen Seite nach oben/außen ablegen, damit das Salz die Feuchtigkeit aus dem Gewebe ziehen und zu nasses Salz erneuert werden kann.

Ehe die Decke hart wird, faltet man sie, wie oben beschrieben, zu einem Paket zusammen und verschnürt sie in einem luftdurchlässigen Sack für die Abreise bzw. zum Versand. Plomben an den Trophäen müssen für eventuelle Kontrollen bei der Aus- und Einreise gut erreichbar sein. Schädel und Häute für den Grenzübergang trocknen bzw. salzen.

● Alle Trophäen bedürfen einer Vor- und einer Fertigbehandlung, vor allem die des afrikanischen Wildes, der Wildschafe, Wildrinder und Wildziegen. Die Hornmasse sitzt wie ein Schlauch über einem Zapfen. Dazwischen befindet sich eine Schicht aus Haut, Fett,

Äderchen und kleinen Gefäßen, die für das Leben der Hornmasse und deren Wachstum notwendig sind. Diese Trophäen werden daher im Feld grob entfleischt und kurz ausgekocht. Eine zweite Form der Vorbehandlung besteht aus grobem Entfleischen, Salzen und Trocknen, besonders in Afrika. Die Schädel sind später aber schwerer zu bleichen. Man läßt sie, sofern Zeit bleibt, abfaulen, maserieren. Das geht um so schneller, je wärmer es ist und je wärmer auch das Wasser ist.

● Für Haupt- und Trägermontagen trennt man entweder im Revier, besser im Camp, das Haupt mittels eines T-Schnitts ab. Man schärft die Decke hinter dem Blatt rund um den Körper auf und läßt die Vorderläufe an der Decke. Man nennt das „Cape". Der nächste Schnitt wird in der Mitte zwischen den Hörnern angesetzt und mitten auf dem Nacken (bei Mähnenträgern mit ausreichend Abstand neben der Mähne, ohne diese und deren Basis zu beschädigen) bis zum ersten Schnitt geführt. Das Cape wird grundsätzlich auf der Oberseite geteilt! Der dritte Schnitt führt von Hornansatz zu Hornansatz und bildet den T-Balken zum zweiten Schnitt. Jetzt wird das „Cape" vorsichtig herabgezogen, so daß kein Wildpret daran hängen bleibt. Den Knorpel der Lauscheransätze trennt man unmittelbar am Schädelknochen durch, schält die Augenlider heraus und trennt die Lippenpartie vorsichtig vom Schädel durch einen Schnitt oberhalb des Zahnfleisches entlang der Zähne. Nun fährt man mit einem stumpfen Griff (Schraubenzieher) zwischen Haut und Knorpel und trennt die Knorpelmasse der Lauscher von der Haut. Jetzt kann man das Ohr umstülpen. Zuletzt müssen die Lippen und die Nasenknorpel gespalten werden. Man reibt das Cape mit reichlich Feinsalz auf der Innenseite ein, ebenfalls Lider, Lippen und Knorpel, rollt es ein und läßt es einen Tag liegen. Danach wird es geöffnet und im Schatten zum Trocknen aufgehängt.

Das Maserieren des freien Schädels

● Der von Deckenstücken freie Schädel wird grob entfleischt und zwei bis drei Tage unter

Die Behandlung jagdlicher Erinnerungsstücke ist von größter Wichtigkeit: Feldpräparation vom Abschärfen eines Hauptes bis zur Salztrocknung einer Bärendecke

öfterem Wechseln des kalten Wassers gewässert. So werden alle enthaltenen Reste ausgelaugt und sind leicht zu entfernen.

● Ist der Schädel abgeschärft, wird zunächst die Zunge herausgelöst. Danach kratzt man mit einem geeigneten Werkzeug das Hirn aus der Öffnung des Hinterhauptes und spült mittels fließendem Wasser unter dem Wasserhahn alle Reste heraus. Sehr geeignet ist ein großer sogenannter „Zimmermannsnagel", dessen Spitze man vorne mit einem Hammer auf festem Untergrund zu einem löffelartigen Kratzer plättet.

Nun legt man den Schädel in lauwarmes Wasser, bis sich alle Fleischteilchen infolge der Fäulnis lösen und die Schläuche über den Knochenzapfen sich lockern.

Das Maserieren dauert in der warmen Jahreszeit nicht sehr lange. In der kälteren Jahreszeit gehen oft einige Wochen darüber hin. Hält man das Wasser auf 60 °C erhitzt, läuft das Verfahren schneller ab. Nehmen Sie kein

verzinktes Gerät, sondern am besten emaillierte Gefäße. Die Hornzapfen reinigt man peinlich genau von allen Resten. Während sich bei Oryx, Springbock und Kudu die Hörner leicht abziehen lassen, muß man bei anderen Arten wie Hartebeest und Gnu, oft auch bei Steinböcken, mit einem spitzen Messer die Teilchen an der Basis unter dem Gehörn herauslösen. Dann werden die Schädel noch mal einige Stunden in kaltem Wasser belassen und danach in die Sonne zum Bleichen gestellt. Oft wird man beim Bleichen auch mit Wasserstoffperoxyd nachhelfen.

Der fachlich geschulte Präparator

Sollen gestreckte Exemplare in Gänze präpariert werden, bringt man sie nach sorgfältiger Vorbehandlung zum Auskühlen und dann so schnell wie möglich, am besten in einem Kühlbehälter, zum Fachpräparator.

Internationale Trophäen-bewertung

Für den Fall, daß Vögel ganz präpariert werden, müssen sie ausgehakelt werden. Sie werden sehr sorgfältig verpackt (Lappen ins Waidloch), damit Balg und Gefieder keinen Schaden leiden. Präparierte Vögel setzt man später niemals dem Sonnenlicht aus, wertvolle Präparate stellt man am besten unter Glas. Eine spätere Reinigung der Haar- und Federwildpräparate von Staub und Schmutzteilchen geschieht durch leichtes Besprühen mit Balistol und Nachreiben mit einem weichen Tuch. Grundsätzlich wirkt die Stirnwaffe von Großantilopen, seltenem Bergwild, kapitalem und vor allem exotischem Wild, wie Kaffern- und Wasserbüffel, Bison, Wisent und Moschusochse, besonders wuchtig, wenn man den ganzen Kopf bis zum Schulteransatz präparieren läßt und nicht nur die Stirnwaffen alleine mit dem Schädel. Hierfür schärft man die Decke möglichst weit hinten, besser am Rumpf in Höhe der Vorderläufe, ab, behandelt vor, wie bereits beschrieben, und bringt die Trophäe dann zum fachlich geschulten Präparator. Wer nicht besonderes Geschick und große Erfahrung mit der abschließenden Behandlung und Präparation seiner jagdlichen Erinnerungsstücke besitzt, sollte auf keinen Fall – insbesondere bei Kopf-, Träger- und Ganzmontagen – versuchen (auch wenn verschiedene Handbüchlein und Beschreibungen dies noch so leicht darstellen!), diese Präparationsarbeiten selbst durchzuführen. Es gibt für einen erfolgreichen Jäger wohl keine größere Enttäuschung als eine schlecht ausgeführte, die Erscheinung des Wildes entstellende und seinem Wesen nicht gerecht werdende Präparation. Mühe, Entbehrung, finanzieller und körperlicher Einsatz einer erlebnisreichen Jagd sind bald Vergangenheit, eine fachgerechte Behandlung der Trophäe beste Voraussetzung für die Erinnerung an ein bleibendes jagdliches Erlebnis. Das alles hat nichts mit dem gerne bemühten ,,Trophäenkult'' zu tun, wohl eher mit Sammlerfreude und Ehrfurcht vor dem waidmännisch gestreckten Wild.
Wer sich in diesen Sachfragen allerdings weiterbilden will, der ist auf die Liste der anhängenden Fachliteratur verwiesen.

Mit beginnendem Trophäenjagd-Zeitalter nahm auch die Trophäenbewertung ihren Anfang. Alles mußte geordnet, gemessen und bewertet werden – das ist nun mal menschliche Eigenart. Dagegen wäre nichts zu sagen – hätte die Bewertungssucht oft nicht auch dazu geführt, dem Streben nach Spitzenwerten und Spitzentrophäen gewaltigen Auftrieb zu geben. Die Jagdbeute wurde dann nur noch nach ihrer Trophäe bewertet, während biologische und ökologische Zusammenhänge und das jagdliche Erlebnis in den Hintergrund rückten. Ein Hirsch war nur dann erwähnenswert, wenn er als ,,kapital'' vermessen und gewogen war. Heute gilt: ,,Für den waidgerechten Jäger und Heger steht das jagdliche Erlebnis in Berg, Wald, Feld, Heide und Moor hoch über der mechanischen Punktzahl der besten Formel'' (Harald Lange). Da die Ergebnisse dieser subjektiven Bewertung oftmals unbefriedigend waren, entwickelte man objektive Bewertungsmaßstäbe und versuchte, ein System meßbarer Werte zur Beurteilung der verschiedenen Wildtiertrophäen zugrunde zu legen. Dieser Versuch wurde zum erstenmal auf der steiermärkischen Jagdausstellung in Graz 1894 gemacht. Man verwandte eine von Graf Meran entwickelte Formel, um zunächst die Rothirschgeweihe zu vermessen und zu bewerten.
In Budapest erfolgte eine Weiterentwicklung der ,,Meranformel'' durch Herbert Nadler. Diese Bewertungsformel wird noch heute verwendet. Über Bieger, von Kobylinsky, Lotze, Nüßlein, Sartorius, Scherping, Torbecke und Wild kam man später auf mehreren Konferenzen zu international einheitlichen Richtlinien für die Bewertung europäischer und außereuropäischer Trophäen. Besonders markante Orte waren hier Prag (1937) und Madrid (1952).
Heute gelten allgemein die auf diese ziemlich schwierige Weise ermittelten ,,internationalen Formeln'', nach denen Keilerwaffen, Gehörne, Geweihe, Decken und Schädel vermessen und eingeordnet werden. Mehrere weltbekannte Standardwerke beinhalten heute für fast jedes Wild eine ausführliche Rangliste.

Feste Bewertungsmaßstäbe

Im Jahr 1937 fand eine internationale Jagdausstellung in Berlin statt, auf der ein neues Punktzahlsystem entwickelt wurde, das in den folgenden Jahren mehrfach verbessert und ergänzt wurde. So war es lange Zeit nicht möglich, die in Berlin ausgestellten Trophäen mit später erbeuteten Stücken zu vergleichen. Erst im Erinnerungswerk der Internationalen Jagdausstellung in Düsseldorf (1954) wurden alle Bewertungsgrundlagen aufgeführt und einander gegenübergestellt. Damit konnte man bei späteren Veränderungen der Bewertungsgrundlagen immerhin alle Trophäen auf eine rechnerisch ermittelbare Punktbewertung bringen und sie miteinander vergleichen, was im Interesse der Einheitlichkeit der Bewertung war.
Nicht nur Maße und Masse sind miteinander zu vergleichen, sondern auch jene Einzelheiten, die aus biologischen Gründen bemerkenswert sind. Heute kann man Vergleiche z. B. für bestimmte Lebensräume, Biotope und ökologische Lebensbedingungen anstellen. Wilddichte und Hegemaßnahmen anhand der Bewertung der Trophäen lassen sichere wildbiologische Rückschlüsse zu. Die formelmäßige Bewertung der Jagdtrophäe ist somit nicht mehr nur Selbstzweck und Orientierung für den einzelnen Erleger, sondern besitzt eine wichtige übergeordnete Bedeutung durch ihre landesspezifische sowie internationale Vergleichbarkeit. Sie führt zu exakten Erkenntnissen über Wildbestand, Hege und Bejagung.

Der „Wert" einer Trophäe

Die internationale Gleichbehandlung der Trophäen in ihrer punktzahlmäßigen Bewertung hat darüber hinaus für das Jagdland und den Auslandsjäger wirtschaftliche Bedeutung. In fast allen Jagdländern werden die Abschußgebühren oft nach dem Wert, der Qualität und der Sonderheit der Trophäe des gestreckten Wildes berechnet. Der Jagdgast wird sich deshalb schon bei Buchung einer Jagdreise mit diesem Problem beschäftigen und sich eingehend beraten lassen, damit er nicht später eine böse und kostspielige Überraschung erlebt.

Der Erleger der Trophäe sollte in jedem Falle persönlich bei deren Bewertung/Vermessung anwesend sein, sich sofort von der Richtigkeit festgestellter Maße und Gewichte überzeugen und eventuell auf Korrektur bestehen. Ist das Abnahmeprotokoll erst einmal unterschrieben, sind spätere Reklamationen zwecklos.

Vor allem der ideelle Wert einer Jagdtrophäe läßt sich nicht in Mark und Pfennig oder nach Punkten und Maßen erfassen. Der Wettlauf auf die „Kapitalen", im Einzelfall durchaus verständlich, ist heute wieder etwas rückläufig. Der persönliche ideelle Wert einer Trophäe liegt längst nicht mehr nur in Masse und Maß, sondern weit mehr in den mit dem Jagdgeschehen zusammenhängenden Erlebnissen, und sie sind letztlich unabhängig von der Stärke der Trophäe. Was nicht heißt, daß eine Spitzentrophäe – meist erst nach der Jagd festgestellt – ein Jägerherz nicht doppelt schneller schlagen läßt! Die Erfahrung zeigt, daß extremes Rekordstreben eher das individuelle Jagderlebnis trübt, als umgekehrt. Nicht ein Zehntelpunkt entscheidet über die Einmaligkeit einer Dallwidderjagd in Alaska, sondern der tatsächlich erkämpfte Erfolg in einer großartigen Landschaft, auf ein einzigartiges Wild, in echter Jagdkameradschaft. Der gute Jäger hält es eben mit Hans Sachs, der schon um 1550 wußte: „Es ist alle Tage Jagdtag, aber nicht alle Tage Fangtag." Im übrigen ist dem waidgerechten Jäger das Lebensalter einer Trophäe mindestens soviel wert wie deren international bewertete Punktezahl.

Vermessen und Bewerten in der Praxis

Anhand der knappen Darstellung der Bewertungsformeln des Rothirsches, des Muffelwidders, der Gams, der Keilerwaffen, des Rehbocks, des Bären und von Antilopen sollen kurz die Grunddaten und Vermessungsverfahren festgehalten werden, die auf weiteres ähnliches in- und ausländisches Wild in entsprechender Abwandlung ebenfalls Anwendung finden.

Rothirsch

Hierzu zählen fast alle Cerviden der Welt. Es wird nach der Madrider und der Nadlerformel bewertet. Erstere wird international auch für die außereuropäischen Cerviden angewendet. Gemessen bzw. gewogen und bewertet werden:

● die Länge beider Stangen vom unteren Rosenrand bis zur Spitze des längsten Kronenendes. Das Meßband muß an der Außenseite der Stange anliegen, es wird aber nicht in den Winkel zwischen Rose und Stange gepreßt (St. L.);

● die Länge der beiden Aug- und Mittelsprossen. Das Meßband wird für die Augsprosse am oberen Rosenrand angesetzt, bei der Mittel-

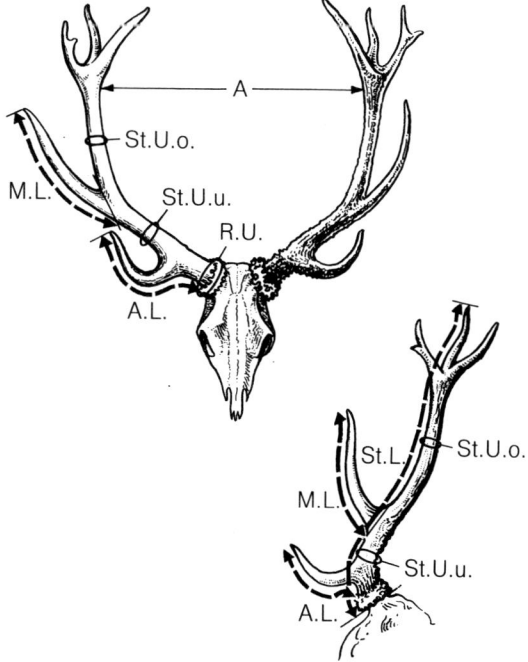

sprosse am Ende derselben, wo sie sich von der Stange abhebt (A. L.–U. L.);

● der Umfang beider Rosen (R. U.);

● der Umfang beider Stangen, und zwar einmal an der dünnsten Stelle zwischen Aug- und Mittelsprosse und dann zwischen Mittelsprosse und Krone (St. U. u.–St. U o.);

● die Auslage von Innenrand rechter bis Innenrand linker Stange an der Stelle, wo die weiteste Entfernung zwischen beiden Stangen liegt (A);

● das Gewicht des trockenen Geweihs;

● die Zahl der Enden.

Die Messungen erfolgen auf einen Millimeter und auf 0,01 kg genau. Die Enden werden nach der tatsächlich vorhandenen Zahl gezählt. Bei einem ungeraden Vierzehnender sind das beispielsweise rechts sieben und links sechs Enden = 13 Enden. Nur vollständig abgebrochene Enden werden nicht mitgezählt, beschädigte Enden zählt man. Das Geweihgewicht wird ermittelt mit kurz gekapptem Schädel und Nasenbein. Bei mehr Schädelanteil werden Abzüge vorgenommen. Für den gesamten Schädel – ohne Unterkiefer – werden 0,7 kg abgezogen.

Die Punkte werden ermittelt nach der internationalen Formel:

● Durchschnittslänge beider Stangen in Zentimetern × 0,5;

● Durchschnittslänge beider Augsprossen in Zentimetern × 25;

● Durchschnittslänge beider Mittelsprossen in Zentimetern × 25;

● durchschnittlicher Umfang beider Rosen in Zentimetern × 0;

● Summe der vier Stangenumfangsmessungen in Zentimetern × 0;

● Gewicht des trockenen Geweihs in Kilogramm × 2;

● Zahl der Enden (je Ende ein Punkt);

● Auslage weniger als 60–70% der durchschnittlichen Stangenlänge = 0, bei 60–70% = 1, bei 70–80% = 2, über 80% = 3 Punkte.

● Kronenbewertung: 5–7 schwache und kurze Enden = 1 Punkt; 5–7 stärkere und längere Enden = 2–3 Punkte; 6–7 lange und starke Enden oder Doppel- bzw. verzweigte Krone mit zusammen 8–9 kürzeren und schwächeren Enden = 4–5 Punkte.

● Trophäenbewertung: bei Doppelkronen bzw. verzweigten Kronen mit zusammen 8–9 längeren und stärkeren Enden = 8–9 Punkte, bei starken Kronen mit mindestens 10 mächtigen und langen Enden = 8–10 Punkte. Schönheitspunkte für Farbe 0–2, für Perlung 0–2, für Spitzen der Enden 0–2, für Eissprossen 0–2 Punkte, Abzüge für Geweihfehler 0–3 Minuspunkte.

Bei den Minuspunkten, bei der Kronenbewertung und bei den Schönheitspunkten können bei Rotwild und allen anderen Schalenwildarten halbe Punkte angesetzt werden. Alle anderen Werte sind auf eine Stelle hinter dem Komma genau auszurechnen. Die Gesamtpunktezahl ergibt die Bewertung der Trophäe.

Muffelwidder

Beim Vermessen der Schnecken von Wildschafen jeder Art und Gattung mißt man die Schneckenlänge (S. L.) entlang der äußeren Krümmung, von der Basis bis zur Spitze. Der Schneckenumfang (S. U.) wird an der Basis (S. U. 1) und an der jeweils stärksten Stelle (S. U. 2) des zweiten und dritten Drittels (S. U. 3) gemessen. Die Auslage (A.) wird als größter Abstand zwischen den Schnecken-/Hornaußenflächen gemessen. Das können bei bestimmten Krümmungstypen die Schneckenspitzen sein, wenn sich diese nach außen krümmen. Der Umfang wird auf 0,1 cm, Auslage sowie Länge der Schnecken werden

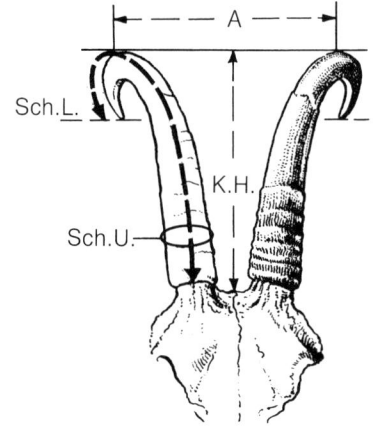

auf 0,5 cm genau ermittelt. Bewertet werden:
● durchschnittliche Länge beider Schnecken in Zentimetern;
● durchschnittlicher Basisumfang beider Schnecken in Zentimetern;
● durchschnittlicher Umfang beider Schnecken im zweiten Drittel in Zentimetern;
● durchschnittlicher Umfang beider Schnecken im dritten Drittel in Zentimetern;
● Auslage in Zentimetern;
● Farbzuschläge: hell = 1, braun = 2, schwarz = 3 Punkte;
● Zuschläge: spärliche Rillung = 1, mittlere Rillung = 2 und dichte Rillung = 3 Punkte;
● 0–5 Punkte Zuschlag für Schneckendrehung nach freier Schätzung;
● Abzüge für Einwachser und Scheuerer bis zu 5 Punkten.

Gamskruken

Ein Unterschied wird zwischen Bock- und Geißkruken nicht gemacht. Bewertet wird:
● durchschnittliche Länge beider Schläuche (Sch. L.) in Zentimetern × 1,5;
● Höhe der Kruke (K. H.) in Zentimetern;
● Umfang des stärksten Schlauches (Sch. U.) an seiner stärksten Stelle in Zentimetern × 4;
● Auslage (A.) der Kruke in Zentimetern. Bei abnorm starker Auslage darf diese jedoch nicht höher bewertet werden als die Krukenhöhe;
● Zuschläge bei einem Alter von 6–10 Jahren = 1, von 11–12 Jahren = 2, von mehr als 12 Jahren = 3 Punkte;

Keilerwaffen

● bei einem Pechbelag werden bis zu 5 Punkte in Abzug gebracht, um den durch Pechbelag zu hoch bewerteten Schlauchumfang zu korrigieren.

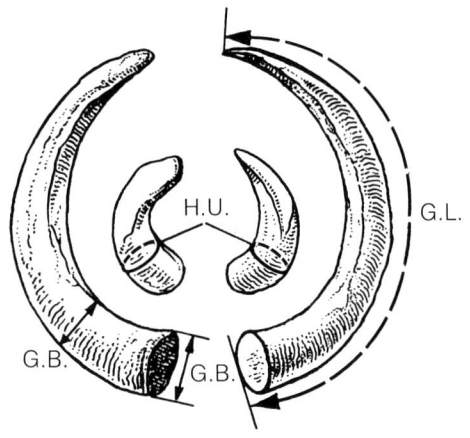

Die Länge der Gewehre (G. L.) wird entlang der äußeren Krümmung in Zentimetern auf 0,1 cm genau ermittelt. Bei abgebrochenen Gewehren wird selbstverständlich nur die tatsächliche Länge gemessen.

Die Breite der Gewehre (G. B.) wird an der breitesten Stelle in Millimetern gemessen, man läßt besonders starke Auswüchse aber aus. Der Umfang der Haderer (H. U.) wird an der stärksten Stelle in Zentimetern ermittelt (auf 0,1 cm genau), aber auch hier werden abnorme Auswüchse nicht mitgemessen. Die Bewertung erfolgt nach Punkten:
● durchschnittliche Länge beider Gewehre in Zentimetern × 0;
● durchschnittliche Breite beider Gewehre in Millimetern × 3;
● Summe des Umfangs beider Haderer in Zentimetern × 0;
● 0–5 Punkte Zuschlag für hervorragende Ausbildung von Haderern und Gewehren – bei den Haderern wird auch die Krümmung berücksichtigt;
● 0–10 Minuspunkte für Fehler und Unregelmäßigkeiten, wobei allerdings zu beachten ist, daß beschädigte Gewehre nicht als Unregelmäßigkeit gelten.

Rehgehörne

Rehgehörne zu bewerten ist etwas schwieriger und umfangreicher:

● die Stangenlänge (St. L.) wird an der Außenseite vom unteren Rosenrand bis zur Spitze der längsten Sprosse (entweder Mittel- oder Hintersproß) gemessen, an den Rosen genau wie beim Rotwild;

● als Auslage (A.) gilt der größte Abstand beider Stangeninnenseiten;

● das Gehörngewicht wird angegeben für den kurz gekappten Schädel mit Nasenbein, beim Fehlen der Nase werden 10 g, bei ganz kurz gekapptem Schädel 20 g hinzugerechnet, bei ganzem Schädel ohne Unterkiefer 90 g abgezogen;

● das Gehörnvolumen wird durch Wasserverdrängung ermittelt; wenn vorhanden auf einer hydrostatischen Waage, sonst auf einfacher Haushaltswaage. Man stellt auf die eine

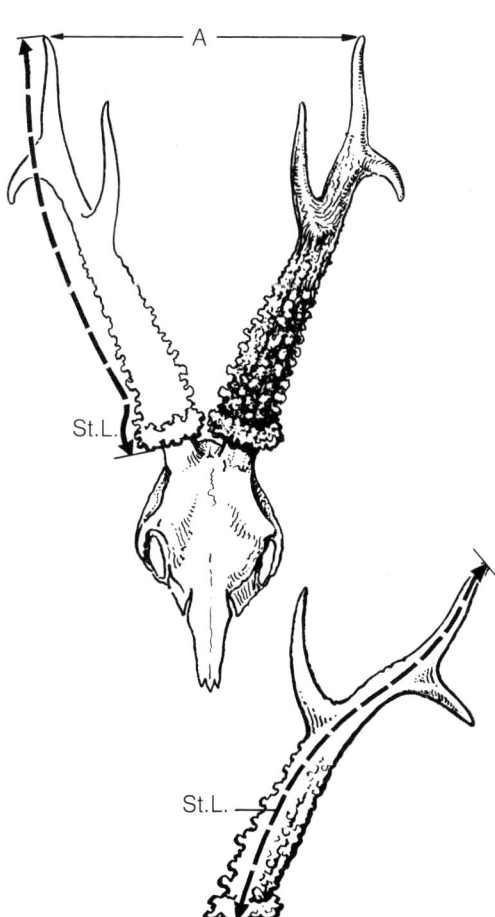

Waagschale ein Gefäß mit Wasser und tariert die freie Schale aus. Nun werden beide Gehörnstangen bis zu den Rosen einschließlich ins Wasser getaucht und auf der anderen Seite der Waage so viel Gewicht zugesetzt, bis das Gleichgewicht wiederhergestellt ist. Jedes Gramm der zugelegten Gewichte entspricht 1 cm³ Gehörnvolumen. Das Gehörn darf weder den Boden noch die Wand des Gefäßes berühren und die Wasserverdrängung des Rosenstocks nicht mitgemessen werden. Bei Rehgehörnen unter 130 Punkten können nach einem Beschluß des CIC (Conseil International de la Chasse) Gewicht und Volumen zusammen dadurch festgestellt werden, daß lediglich das Gewicht ermittelt und mit 0,25 multipliziert wird;

● die Längenmaße werden auf 0,1 cm, das Gewicht auf 1 g, das Volumen auf 1 cm³ genau festgelegt.

Die Bewertung wird wie folgt vorgenommen:

● Durchschnittslänge beider Stangen in Zentimetern × 0,5;

● Gewicht trockenes Gehörn in Gramm × 0,1;

● Gehörnvolumen in Kubikzentimetern × 0,3;

● Auslage unter 30% und über 75% der durchschnittlichen Stangenlänge = 0, von 30–35% = 1, von 35–40% = 2, von 40–45% = 3, von 45–75% = 4 Punkte;

● Rosen schmal und niedrig = 0, schnurförmig, wenig Perlung = 1, kreuzförmig und ziemlich hoch = 2, breit und hoch = 3, sehr stark = 4 Punkte;

● Endenspitzen wenig und stumpf ausgeprägt = 0, stumpf und mittelmäßig entwickelt = 1, spitze und weiß polierte Enden = 2 Punkte;

● hell und künstlich gefärbt = 0, gelb oder hellbraun = 1, mittelbraun = 2, dunkelbraun ohne Glanz = 3, dunkel fast schwarz = 4 Punkte;

● Perlung fast fehlend = 0, schwach = 1, kleine, aber zahlreiche Perlung = 2 Punkte, kleine Perlung auf allen Stangenseiten = 3, reiche Perlung auf allen Stangenseiten = 4 Punkte;

● 0 bis 5 Punkte Zuschlag für Regelmäßigkeit und Güte;

● 0 bis 5 Punkte Abzüge für unregelmäßige

Stangen oder Sprossen und für poröse Gehörne.

Bär, Wolf, Luchs, Wildkatze

Seit 1952 wird gemäß Beschluß des CIC nur noch der Schädel für die Bewertung herangezogen, da sich nur an diesem exakte Maße ermitteln lassen. Die Bewertung der Decke wurde fallengelassen, da die ermittelten Werte, je nach den Umständen, unter denen diese ermittelt wurden, große Schwankungen aufwiesen. Gemessen werden:

● die Schädellänge (A.) auf 0,1 cm genau waagrecht, ohne Berücksichtigung von Auswüchsen und Unterkiefer in Zentimetern × 1;

● Schädelbreite (B.) auf 0,1 cm genau waagrecht und ohne Berücksichtigung von Auswüchsen und Unterkiefer in Zentimetern × 1. Die Addition von Schädellänge und -breite ergibt die Punktbewertung der Trophäe.

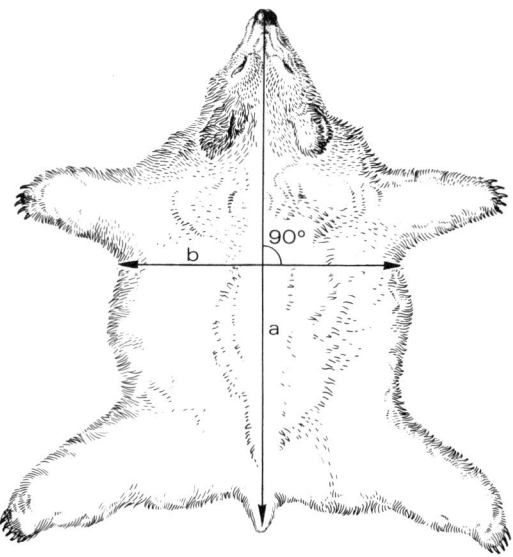

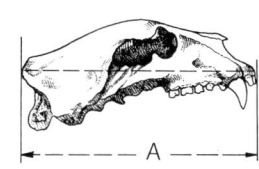

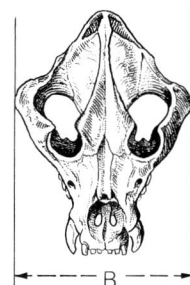

Bei der Bärendecke:
- Länge (a) × Breite (b) in Zentimetern: 100 + Zuschläge für Schönheitspunkte = Punktezahl.
- Zuschläge = 30 % der Punktezahl; davon für Haarlänge bis 10 %, für Regelmäßigkeit der Behaarung bis 10 %, für Glanz der Behaarung und Haardichte bis 10 %.

Antilopen

Hier unterscheidet man zwischen Trophäenhörnern ohne Spiralbildung (Wasserbock, Impala, Oryx u. a.) und Trophäenhörnern mit Spiralbildung (Eland, Kudu, Bongo u. a.).
Trophäenhörner ohne Spiralbildung:

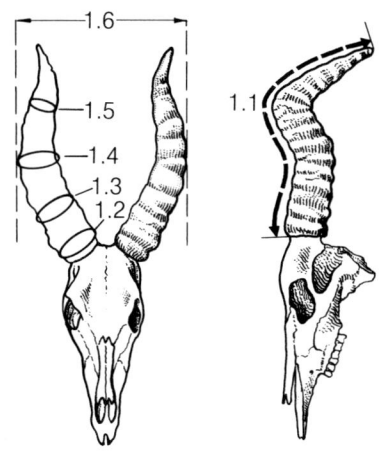

- Länge des linken Hornes entlang der Vorderseite von der Basis bis zur Spitze, Länge des rechten Horns wie vor; beide addieren, davon den Durchschnitt × 1,0;
- Umfang an der Basis links, Umfang an der Basis rechts; beide addieren, davon den Durchschnitt × 1,0;
- Umfang nach dem ersten Viertel der Gesamtlänge links, ebenso rechts; beide addieren, davon den Durchschnitt × 1,0;
- Umfang nach der Hälfte der Gesamtlänge links, ebenso rechts, beide addieren, davon den Durchschnitt × 1,0;
- Umfang nach dem dritten Viertel der Gesamtlänge links, ebenso rechts; beide addieren, davon den Durchschnitt × 1,0;
- weiteste Auslage, entweder an der Hornstelle oder einer anderen Stelle, an der sich eine größere Auslage ergibt × 0,5;

Die Addition der Wertungen ergibt die Gesamtpunktebewertung.

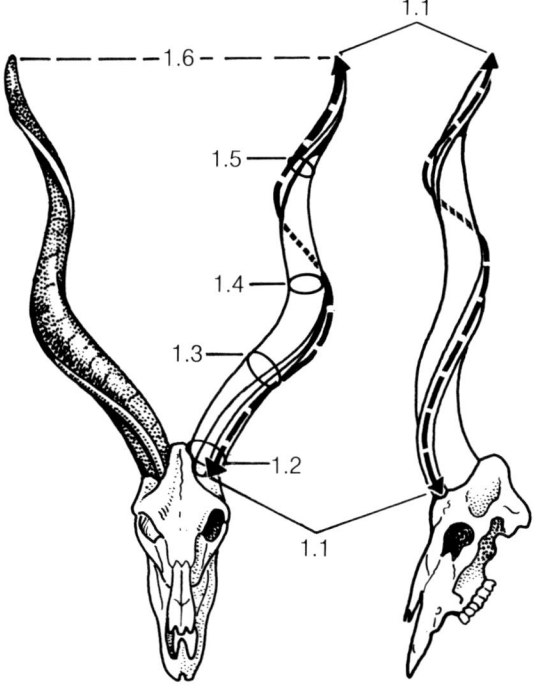

Trophäenhörner mit Spiralbildung:
- Länge des linken Hornes entlang der Spirale von der Basis bis zur Spitze, Länge des rechten Hornes wie vor, beide addieren, davon den Durchschnitt × 1,0.
- Übrige Positionen werden wie bei Hörnern ohne Spiralbildung gemessen und bewertet.

Andere Trophäenmeßsysteme

Die internationalen Formeln des CIC haben sich bisher nur in Europa und dort auch nur auf dem Festland eingebürgert.
Trophäen aus Übersee werden bisher praktisch nur bei den internationalen Jagdausstellungen, und dann auch nur in geringen Stückzahlen, nach diesen Formeln vermessen. In anderen Teilen der Welt haben sich andere Systeme fest eingebürgert.
An erster Stelle zu nennen ist das „Rowland Ward's Records of Big Game". Dieses Rekordbuch erscheint seit 1892 in London. Seit dem letzten Weltkrieg erscheint das „Rowland Ward Record Book" nur noch mit afrikanischen Trophäen.
Vor einiger Zeit ist „Rowland Ward Publica-

Trophäen wie aus dem Bilderbuch. Welcher Waidmann wird da nicht schwach?

tions" von der amerikanischen Organisation „Game Conservation International" aufgekauft worden, die 19. Auflage ist zur Zeit in Vorbereitung.
Das Rowland Ward Trophäenmeßsystem ist sehr einfach. In den meisten Fällen werden die Trophäen nur der Länge nach aufgeführt, zusätzlich werden noch Umfang an der Basis und Auslage gemessen, so daß man sich schnell ein ungefähres Bild der Stärke einer Trophäe machen kann. Das Rowland Ward System bietet den Vorteil, daß man Trophäen, die vor fast 100 Jahren erlegt worden sind, mit heute erlegten vergleichen kann.
In Nordamerika hat sich seit 1932 das Buch „Records of North American Big Game" des Boone and Crockett Clubs einen Stammplatz in den Bücherregalen der Jäger erworben. Seit 1950 sind die offiziellen Formeln zum Vermessen der Trophäen Nordamerikas nicht mehr geändert worden.
Seit 1978 gibt es das „Record Book of Trophy Animals" des Safari Club International. In dieses Buch können nur Clubmitglieder ihre stärksten Trophäen aus aller Welt eintragen. Zur Zeit erscheint die vierte Auflage. Veröffentlichungen über die internationale Trophäenbewertung befinden sich in der Literaturliste.
Die Weltrekordtrophäen sind – soweit vorhanden und feststellbar – jeweils am Ende jeder Wildtierbeschreibung (siehe Kapitel 1) angegeben; die Zeichenerklärung findet sich in den Erläuterungen zu diesem Buchkapitel.

Trophäenschauen

Trophäenschauen dienen der Beurteilung der durchgeführten Abschußpläne und lassen Rückschlüsse auf die Hegeabschüsse und -maßnahmen in den einzelnen Revieren oder Ländern zu. Im übrigen bieten internationale Trophäenschauen und Jagdausstellungen oft Gelegenheit, seine Jagdtrophäen einer interessierten Fachwelt zugänglich zu machen oder sich an internationalen Spitzentrophäen persönlich zu erfreuen.

Zoll-Einmaleins für Jäger

,,Zoll: eine gestaffelte Einfuhrsteuer, die dazu bestimmt ist, den heimischen Erzeuger vor der Gier seiner Käufer zu schützen."

(Ambrose Bierce)

Visabeschaffung, devisenrechtliche Bestimmungen, Abfertigung von Fahrzeugen an den Grenzen, Jagd-, Lizenz- und Jagdscheinbestimmungen des Auslands müssen bei dieser Betrachtung ausgeklammert bleiben. Diese Rechtsgebiete sind von Land zu Land unterschiedlich und ändern sich meist häufig. Jedem Jäger, der Waidmannsheil im Ausland sucht, kann nur dringend empfohlen werden, sich bereits Wochen vor Reiseantritt, spätestens bei der Buchung, bei seiner Jagdreiseagentur oder bei den zuständigen Behörden (Konsulat, Zollamt) zu erkundigen und die entsprechenden Dokumente rechtzeitig zu beschaffen.

Zollauskünfte über das in der Bundesrepublik geltende Recht gibt das dem Wohnsitz des Jägers nächstgelegene Hauptzollamt oder Binnen- bzw. Grenzzollamt. Auskünfte über das Tierseuchenrecht (z. B. bei Einfuhr von Trophäen, Impfung von Hunden) sollten beim Amtstierarzt eingeholt werden. Wer rechtzeitig diese Auskünfte einholt und sich die erforderlichen Dokumente beschafft, wird bei der Aus- und Wiedereinreise kaum Schwierigkeiten haben.

Allgemeines Zollrecht, Zollantrag und Zollanmeldung

Zollgut, das weder zum Handel noch zur gewerblichen Verwendung bestimmt ist, braucht im Reiseverkehr nur auf Verlangen angemeldet zu werden, z. B. auf die Aufforderung: ,,Bitte, melden Sie die mitgebrachten Waren an." In diesem Fall ist jedoch streng darauf zu achten, daß man auch wirklich nichts vergißt!

Schußwaffen und Munition sind dagegen grundsätzlich ohne Aufforderung anzumelden. Nach § 15 Abs. 1 Zollgesetz weist die Zollstelle jeden mündlichen oder schriftlichen Zollantrag eines Zollbeteiligten zurück, wenn Verbote und Beschränkungen (VuB) für den Warenverkehr über die Grenze entgegenstehen, sie sachlich nicht zuständig ist oder die Voraussetzungen für die beantragte Zollbehandlung nicht vorliegen. Die Zollstelle hat hier keinen Ermessensspielraum.

Wert- und Mengenbegrenzungen bei abgabenbefreiten Waren

Gesetzliche Grundlagen sind die Verordnung über die Eingangsabgabenfreiheit von Waren im persönlichen Gepäck der Reisenden und die Einreise-Freimengen-Verordnung (EF-VO).

● Tabakwaren, alkoholische Getränke, Kaffee, Tee, Parfüm, Toilettenwasser unterliegen im Rahmen der EF-VO einer Mengenbegrenzung und sind nur dann eingangsabgabenfrei, wenn diese Mengen nicht überschritten werden.

● Andere Waren (ausgenommen Gold, Goldlegierungen und -plattierungen der Tarifnummer 71.07 und 71.08 des Zolltarifs) sind bei der Einfuhr aus Mitgliedstaaten der Europäischen Gemeinschaften wertmäßig auf 500 DM und bei der Einfuhr aus Drittländern auf 115 DM begrenzt. Werden diese Wertgrenzen überschritten und handelt es sich um eine unteilbare Ware (z. B. Pelzjacke), wird der gesamte Wert der Abgabenberechnung zugrunde gelegt. Handelt es sich um eine teilbare Ware, so kann der Reisende selbst bestimmen, welcher Teil abgabenfrei oder abgabenpflichtig sein soll.

● Eine Abgabenfreiheit ist ausgeschlossen für Waren, die durch ihre Beschaffenheit oder auch Menge zu der Besorgnis Anlaß geben, daß die Einfuhr aus geschäftlichen Gründen erfolgt; ebenso

● für Tabakwaren und alkoholische Getränke, die von Personen eingeführt werden, die nicht mindestens 17 Jahre alt sind, sowie für Kaffee, der von Personen eingeführt wird, die nicht mindestens 15 Jahre alt sind.

Die im einzelnen geltenden Wert- und Mengenhöchstgrenzen hängen im übrigen davon ab, ob die Einreise aus einem EG-Mitgliedsstaat oder Drittland erfolgt und für Tabakwaren zusätzlich, ob der Reisende seinen Wohnsitz in Europa oder außerhalb Europas hat.

Für Bewohner einer grenznahen Gemeinde gelten besondere mengen- und wertmäßige Begrenzungen. Maßgebend ist dabei, ob die Gemeinde in einem Zollgrenzbezirk liegt oder nicht. Einzelheiten können bei jeder Zollstelle erfragt werden.

Der Reisende muß zahlen

Die Eingangsabgaben für Waren, die nicht abgabenfrei belassen werden können, weder zum Handel noch zur gewerblichen Verwendung bestimmt und insgesamt nicht mehr als 290 DM wert sind, werden nach pauschalierten Abgabensätzen erhoben. Die pauschalierten Abgabensätze sind entweder in DM für eine bestimmte Menge (Kilogramm, Stück oder Liter) Kaffee, Kaffeeauszüge, Tee, Teeauszüge, Schaumwein, Likörwein, Wermutwein, aromatisierten Wein, Alkohol, Zigaretten, Treibstoffe und Schmieröl oder in einem Prozentsatz des Wertes bzw. Kleinverkaufspreises für andere Waren (einschließlich Zigaretten, Zigarillos, Feinschnitt- und Pfeifentabak) festgesetzt.

Die Pauschalabgabensätze sind bei den Zollstellen zu erfragen. Die Pauschalierung bezieht sich nicht auf die Mengen, die im Rahmen der EF-VO eingangsabgabenfrei für den persönlichen Bedarf (Gebrauch und Verbrauch), für den eigenen Haushalt oder als Geschenk im persönlichen Gepäck eingeführt werden.

Überschreiten der 290-DM-Wertgrenze

Beträgt der Wert der über die Freimengen nach der EF-VO hinaus eingeführten Waren mehr als 290 DM, sind die Eingangsabgaben nicht mehr nach dem Pauschalierungstarif, sondern nach den Vorschriften des Zolltarifs zu erheben. Hierbei werden die Beschaffenheit und Menge, der Zollwert und die zum Zeitpunkt der Stellung des Zollantrags geltenden Zollvorschriften (z. B. die Zollsätze) zugrunde gelegt. Es ist in jedem Fall zweckmäßig, sich beim Einkauf im Ausland Rechnungen ausstellen zu lassen. Der Wert der Waren, für die keine Rechnungen vorhanden sind, kann gegebenenfalls auch anhand vergleichbarer Einfuhren ermittelt bzw. geschätzt werden.

Schmuggeln lohnt sich nicht

Schmuggeln gilt häufig als sogenanntes Kavaliersdelikt und als ,,Mutprobe", doch es lohnt sich nicht. Vielmehr ist es bei einer Entdeckung mit erheblichen Unannehmlichkeiten verbunden.

Vorsicht bei solchen Souvenirs! Hier macht der Zoll mit Sicherheit Schwierigkeiten

Zollstraftaten und Zollordnungswidrigkeiten (§§ 369, 377 Abgabenordnung und § 79 a Zollgesetz), die im Reiseverkehr und im Zusammenhang mit der Zollbehandlung begangen werden, werden nur dann nicht verfolgt, wenn sich die Tat auf Waren bezieht, die weder zum Handel noch zur gewerblichen Verwendung bestimmt und nicht mehr als 240 DM wert sind. Dieser Wert ist bei den heutigen Preisen sehr niedrig und schnell überschritten. Hat der Gestellungspflichtige die eingeführten Waren durch besonders angebrachte Vorrichtungen verheimlicht oder an schwer zugänglichen Stellen versteckt oder erfüllt er durch sein Handeln den Tatbestand einer Zollstraftat innerhalb von sechs Monaten zum wiederholten Mal, scheidet der Schutz vor einer Verfolgung aus.

Wird anzumeldendes Zollgut im Reiseverkehr der zollamtlichen Überwachung vorenthalten oder entzogen, kann die Zollstelle einen Zollzuschlag bis zur Höhe der Eingangsabgaben, mindestens jedoch 3 DM und höchstens 100 DM erheben.

Ein- und Ausfuhr von Jagdwaffen

Allgemein wird bei der Ausreise eines inländischen Jägers geprüft, ob die mitgeführte Schußwaffe mit den Angaben in der Waffenbesitzkarte übereinstimmt und ob besondere Eintragungen in der Waffenbesitzkarte von den Ordnungsbehörden vorgenommen wurden.

Bei Mitnahme einer Leihwaffe ist die entsprechende Waffenbesitzkarte und eine Vollmacht des Eigentümers nötig. Es sollte sichergestellt sein, daß der Vollmachtgeber oder dessen Vertreter für den Fall eines Kontrollanrufs der Zollbehörden zum Zeitpunkt der Abreise telefonisch über die Rechtmäßigkeit der Vollmacht befragbar ist.

Bei der Wiedereinfuhr wird in gleicher Weise verfahren. Die in § 7 Allgemeine Zollordnung bezeichneten Zollstellen und die Grenzkontrollstellen wirken bei der Überwachung der Einfuhr und des sonstigen Verbringens von Waffen und Munition in den Geltungsbereich des Waffengesetzes mit und sind deshalb Überwachungsbehörde im Sinne § 27 Abs. 6 Waffengesetz.

Bei Flugreisen müssen Waffen und Munition in zwei getrennten Behältnissen des Frachtgepäcks (Gewehre im Waffenkoffer, Munition im Seesack oder Koffer) untergebracht sein und für Kontrollen oben lagern. Dies gilt auch für Messer und Stichwaffen. In keinem Fall dürfen Waffen oder Munition im Handgepäck mitgeführt und an Bord gebracht werden.

Außenwirtschaftsrechtliche Behandlung bei Ausreise

Jagdwaffen sowie die dazugehörige Munition dürfen von gebietsansässigen Reisenden gemäß § 19 Abs. 1 Ziffer 31 a Außenwirtschaftsverordnung zum eigenen Gebrauch ohne außenwirtschaftsrechtliche Genehmigung mit-

geführt werden, wenn der Ausführer eine nach § 28 des Waffengesetzes ausgestellte Waffenbesitzkarte mit sich führt und erklärt, daß die Waffen innerhalb von drei Monaten wieder eingeführt werden sollen. Dies gilt auch für andere Waren bis zu einem Wert von 2000 DM, die gebietsansässige Reisende als Geschenke mitführen.

Ob diese Geschenke im Gastland abgabenfrei eingeführt werden können, bleibt jedoch den in diesem Land geltenden Zollbestimmungen vorbehalten.

Außenwirtschaftliche Behandlung bei Einreise

Reisegerät und Reisemitbringsel können von Gebietsansässigen und Gebietsfremden ohne Einfuhrgenehmigung oder Einfuhrerklärung eingeführt werden, wenn für diese Waren eine außertarifliche Zollfreiheit gewährt wird (§ 32 Abs. 1 Ziffer 27 Außenwirtschaftsverordnung). Reisende können ohne Einfuhrgenehmigung oder Einfuhrerklärung nicht zum Handel bestimmte Waren bis zu einem Wert von 1000 DM einführen.

Die zu beachtenden zoll- und waffenrechtlichen Bestimmungen bleiben hiervon unberührt.

Einfuhr von Jagdtrophäen (Klauentier-Einfuhrverordnung)

Die Einfuhr von Hörnern, Gamskrucken, Muffelschnecken und Klauen bedarf grundsätzlich der Genehmigung. Die Einfuhr dieser Trophäen ohne Genehmigung ist jedoch möglich bei vollständig trockenen Hörnern, Hörnern als Jagdtrophäen aus europäischen Ländern (ausgenommen UdSSR und Türkei) sowie aus Kanada und den USA, bei vollständig trockenen Klauen (ausgenommen Afrika, Portugal und Spanien).

Einer veterinärpolizeilichen Einfuhrgenehmigung bedarf es ferner nicht bei der Einfuhr von gegerbten Häuten und Fellen, Häuten und Fellen (ausgenommen Schweinehäute aus Afrika, Portugal und Spanien), soweit die Ware vollkommen gesalzen oder vollkommen trocken ist, gekalktem Leimleder sowie gekalkten und von Haaren und Fleischteilen befreiten Häuten und Fellen.

Einzelheiten über die Einfuhr weiterer Jagdtrophäen können bei deutschen Zollstellen erfragt werden.

Einfuhr von Wildpret

Gesetzliche Grundlagen bilden das Fleischbeschaugesetz, die Mindestanforderungs-Verordnung und die Einfuhruntersuchungs-Verordnung.

Frisches Fleisch von erlegtem Haarwild darf von Reisenden im persönlichen Gepäck ohne fleischbeschaurechtliche Beschränkungen mitgeführt werden, wenn es sich um einen einzelnen Tierkörper von erlegtem Haarwild von höchstens 40 kg handelt und es den Umständen nach ausgeschlossen erscheint, daß es zum Handel oder zur gewerblichen Verwendung bestimmt ist. Eine Einfuhruntersuchung bleibt vorbehalten. Fleisch von Haarwild, das Trichinenträger sein könnte, unterliegt der Trichinenschau.

Trifft die Ausnahme nach vorstehendem Absatz 1 nicht zu, darf frisches Fleisch von erlegtem Haarwild nur unter bestimmten Voraussetzungen in die Bundesrepublik Deutschland eingeführt werden. Diese Voraussetzungen können bei jeder deutschen Zollstelle erfragt werden.

Einfuhr von Fleisch von Wildwiederkäuern und Wildschweinen

Die Einfuhr von Fleisch dieser Tiere einschließlich Rentiere bedarf grundsätzlich der Genehmigung (Klauentier-Einfuhrverordnung). Die Einfuhr von Fleisch dieser Tiere sowie den ganzen Tierkörpern (mit und ohne Decke) ohne Genehmigung aus Mitgliedstaaten der Europäischen Gemeinschaften und bestimmten anderen Drittländern ist nur möglich, wenn der Zollstelle durch Vorlage einer amtstierärztlichen Gesundheitsbescheinigung nachgewiesen wird, daß die Tiere in einem dieser Länder und an einem Ort erlegt worden sind, an dem und in dessen Umgebung bis zu einer Entfernung von 20 km am Tage der Erlegung und während der letzten 40 Tage bei

Wildwiederkäuern (einschließlich Rentiere) kein Fall von Maul- und Klauenseuche und bei Wildschweinen kein Fall von Maul- und Klauenseuche, Schweinepest, vesikulärer Schweinekrankheit oder ansteckender Schweinelähmung zur amtlichen Kenntnis gelangt ist. Einer Einfuhrgenehmigung bedarf es ferner nicht bei der Einfuhr von Fleisch (ausgenommen aus Afrika, Asien, Portugal, der UdSSR, Spanien und der Türkei) im Personenverkehr, soweit das Fleisch zum eigenen Verbrauch des Verbringenden bestimmt ist.

Die Voraussetzungen im einzelnen können bei jeder deutschen Zollstelle erfragt werden.

Einfuhr von Hasen und Kaninchen

Die Einfuhr toter Hasen und Kaninchen bedarf nach der Hasen-Einfuhr-Verordnung der Genehmigung. Einer veterinärpolizeilichen Einfuhrgenehmigung bedarf es nicht bei der Einfuhr erlegter Hasen und Wildkaninchen aus europäischen Ländern, soweit eine aus einem einzigen Blatt bestehende Gesundheitsbescheinigung in deutscher Sprache oder mit einer amtlich beglaubigten deutschen Übersetzung vorgelegt wird. Diese Gesundheitsbescheinigung muß dem Formblatt der Anlage 2 der Hasen-Einfuhr-Verordnung entsprechen. Ferner bedarf es keiner Einfuhrgenehmigung bei Einfuhren im Personenverkehr, sofern das Fleisch zum eigenen Verbrauch des Verbringenden bestimmt ist.

Einfuhr von Wildgeflügel

Die Einfuhr von totem Geflügel, auch in Teilen oder als Fleischerzeugnis bedarf der Genehmigung (Geflügel-Einfuhrverordnung). Der Genehmigung bedarf es nicht bei der Einfuhr von erlegtem Wildgeflügel aus europäischen Ländern, wenn es von einer Gesundheitsbescheinigung begleitet ist, die dem Muster nach der Anlage 3 zur Geflügel-Einfuhrverordnung entspricht. Ferner braucht eine Genehmigung nicht vorgelegt zu werden bei Einfuhren im Personenverkehr, sofern das Geflügelfleisch zum eigenen Verbrauch des Verbringenden bestimmt ist.

Weitere Einzelheiten über die Einfuhr von Wildgeflügel können bei jeder deutschen Zollstelle erfragt werden. Eine Genehmigung braucht außerdem nicht vorgelegt zu werden, wenn zum menschlichen Genuß bestimmtes Geflügelfleisch, das mit trockener oder feuchter Hitze so behandelt worden ist, daß in allen Teilen des Fleisches eine Temperatur von mindestens 65 °C erreicht wurde. Die Hitzebehandlung von Fleisch von Wildgeflügel, Tauben und Pfauen ist der Zollstelle durch Vorlage einer amtlichen Bescheinigung nachzuweisen.

Mit dem Jagdhund über die Grenze

Die Einfuhr von Hunden bedarf nach der Hunde-Einfuhrverordnung grundsätzlich der Genehmigung. Einer Genehmigung zur Einfuhr bedarf es für die im Reiseverkehr mitgeführten Tiere (bis zu drei) nicht, soweit diese Tiere nicht zur Abgabe an andere bestimmt sind und eine Tollwutschutzimpfung mindestens 30 Tage und längstens 12 Monate vor dem Grenzübertritt oder als Wiederholungsimpfung längstens 12 Monate nach vorausgegangener Tollwutschutzimpfung und längstens 12 Monate vor dem Grenzübertritt durchgeführt wurde. Der Nachweis hierfür wird durch einen gültigen Internationalen Impfpaß mit den in der Hunde-Einfuhrverordnung geforderten Angaben oder durch eine tierärztliche Impfbescheinigung entsprechend dem hierfür geltenden Formblatt erbracht.

Während Spanien und Portugal z. B. eine Übersetzung des Gesundheitszeugnisses für mitgeführte Hunde verlangen, sind in der Republik Irland, in Norwegen, Dänemark, Finnland, Schweden und Großbritannien eine teilweise bis sechs Monate dauernde Quarantäne vorgeschrieben. Hier entfällt sicherlich die Mitnahme eines Jagdhundes für die Pirsch.

Bei der Rückkehr ist der deutschen Zollstelle nachzuweisen, daß der zurückgeführte Jagdhund mit demjenigen identisch ist, den der Zollbeteiligte ausgeführt hat. In der Regel wird dann auf die Vorlage eines amtstierärztlichen Zeugnisses des für den ausländischen Aufenthaltsort zuständigen Amtstierarztes verzichtet. Das gilt ebenso für den Transit von Jagdhunden durch die Bundesrepublik Deutschland. Die Identität des Hundes wird nachgewiesen durch

● die Vorlage einer amtlichen Bescheinigung, die vor der Ausreise aus der Bundesrepublik ausgestellt wurde und Angaben über Name und Wohnort des Tierhalters, Rasse und Geschlecht des Tieres sowie die Farbe und Zeichnung seines Felles enthält;

● eine amtstierärztliche Bescheinigung über die Gesundheit des Tieres;

● eine tierärztliche Bescheinigung über die erfolgte Schutzimpfung des Tieres gegen Tollwut, die von den Staaten ausgestellt ist, die eine solche Bescheinigung (Impfpaß) für die Einfuhr vorschreiben.

Diese Bescheinigungen sind für die Wiedereinfuhr in die Bundesrepublik Deutschland vom Tag der Ausstellung an 12 Monate gültig.

Das gute Frachtbüro

Wenn auslandserworbene Trophäen (Geweihe, Gehörne, Muffelschnecken, Decken, Klauen, Zähne u. a.), insbesondere durch das Washingtoner Artenschutzübereinkommen teilweise geschützte Exemplare, nach der Jagd in die Bundesrepublik Deutschland eingeführt

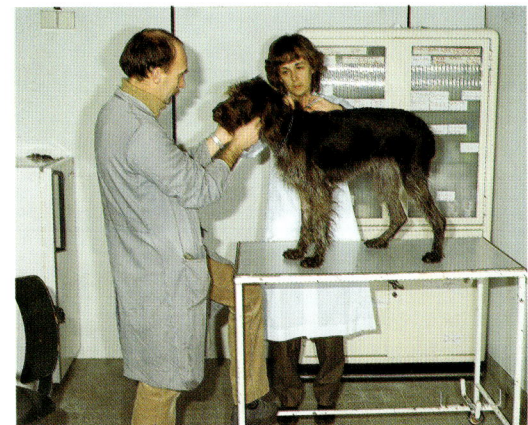

Vor einer Auslandsreise mit Hund muß ihr Jagdbegleiter geimpft werden! Überprüfen sie seinen Impfpaß

werden sollen, kann man ein spezialisiertes Frachtbüro, mit dem jeder qualifizierte Jagdvermittler zusammenarbeitet, mit dem Transport der Trophäen und mit der Abwicklung der Einfuhr beauftragen. Diese Unternehmen kennen die genauen zollrechtlichen und sonstigen Bestimmungen für die Ausfuhr aus dem Herkunftsland und die Einfuhr in die Bundesrepublik sowie die Transitbestimmungen durch andere Länder.

Einige Beispiele aus der Praxis

Kann z. B. ein Hirschgeweih aus Ungarn in die Bundesrepublik Deutschland eingangsabgabenfrei eingeführt werden? Nein! Der Wert eines Reisemitbringsels aus einem Drittland wird überschritten. Es kann jedoch ohne veterinärpolizeiliche Einfuhrgenehmigung eingeführt werden, sofern es vollkommen trocken ist.

Kann z. B. ohne die erforderlichen Genehmigungen das Fell eines Geparden aus Afrika eingeführt werden? Nein! Der Gepard ist ein nach dem Washingtoner Artenschutzübereinkommen Anhang I artengeschütztes Exemplar. Es bedarf hierzu sowohl einer Genehmigung der zuständigen Naturschutzbehörde des Ausfuhrlandes nach dem vorgeschriebenen Formblatt und einer Einfuhrgenehmigung des Bundesamtes für gewerbliche Wirtschaft, Eschborn/Taunus. Werden diese Genehmigungen bei der Einfuhr in die Bundesrepublik Deutschland nicht vorgelegt, muß die deutsche Zollstelle das Exemplar beschlagnahmen und nach spätestens sechs Monaten einziehen.

Über Anschriften der ausländischen Behörden, die Ausfuhrgenehmigungen nach dem Washingtoner Artenschutzübereinkommen ausstellen können, gibt jede Zollstelle Auskunft. Was ist zu beachten, wenn ein Jagdhund in die CSSR mitgenommen wird?

Man muß einen Identitätsnachweis bei der Rückführung des Hundes vorlegen!

Es wird außerdem dringend empfohlen, sich rechtzeitig zu erkundigen, welche veterinärpolizeilichen Vorschriften bei der Einfuhr in die CSSR zu beachten sind!

Vor der Reise – an der Grenze

Über die im jeweiligen Gastland geltenden Zoll-, Jagd- und Devisenbestimmungen muß sich jeder Jäger *vor* Buchung und Abreise bei den zuständigen Zollbehörden, bei ausländischen diplomatischen oder konsularischen Vertretungen, vor allem bei einem qualifizierten Jagdreisebüro erkundigen. Überlassen Sie nichts dem Zufall, vertrauen Sie nicht auf Ihr Glück.

Bedenken Sie: Zollbestimmungen, auch die in

Einreisebestimmungen europäischer Jagdländer für Hunde (nach ADAC 1983)

Land	Tollwut-Impfzeugnis vom		Impfung höchstens/ mindestens ...Monate alt	Amtstierärztliches Zeugnis höchstens ...Tage alt
	Tierarzt	Amtstierarzt		
Bulgarien	x	–	12/1	14
CSSR	x	–	12	2
Dänemark	x	–	12/1	–
Finnland	–	–	–	Quarantäne!
Großbritannien	–	–	–	Quarantäne!
Jugoslawien	x	–	12/1	14
Norwegen	–	–	–	Quarantäne!
Österreich	x	–	12/1	–
Rumänien	x	–	12/1	10
Schweden	–	–	–	Quarantäne!
Schweiz	x	–	12/1	–
Spanien	–	x	12/1	14, Übersetzung!
Ungarn	x	–	12/1	10

Richtig versichert

"Besser ist furchtsame Vorsichtigkeit als dummkühne Vermessenheit."

(R. Rollenhagen)

Gastländern, ändern sich sehr häufig. Was heute erlaubt ist, kann morgen schon aufgehoben, vielleicht sogar verboten und unter Strafe gestellt sein.

Noch ein wichtiger Rat: Bedenken Sie, nicht nur deutsche Zöllner sind unbestechlich! Schon mancher Reisende, der mit einem Schein dem ausländischen Zöllner winkte, sah sich unversehens hinter Gittern wieder. Gefängnisse, vor allem in Afrika und Asien, sind keine Erholungsheime. Überheblichkeit und Arroganz gegenüber Zöllnern in allen Ländern sind im übrigen die denkbar schlechtesten Mittel, um Zoll-, Ein- und Ausfuhrprobleme zu meistern.

Zum Schluß

Im Rahmen dieses Buches kann selbstverständlich nicht auf alle für Jagdreisen wichtigen zollrechtlichen, veterinärpolizeilichen und anderen Bestimmungen und Vorschriften, Gesetze und Verordnungen eingegangen werden. Das würde den Rahmen dieses Handbuches sprengen. Darüber hinaus kann es die ständigen Änderungen und Ergänzungen der Vorschriften in diesem Rahmen nicht berücksichtigen. Alle Angaben dieses Abschnitts beziehen sich deshalb nur auf den 1983 geltenden Rechtsstand der Vorschriften. Sie sind ohne Gewähr.

Die Versicherung möglicher Risiken einer Auslandsjagdreise wird meist auf die lange Bank geschoben oder überhaupt ignoriert, da man meint, die bereits vorhandenen persönlichen Versicherungen bieten ausreichende Deckung für alle Schadensfälle. Genau hier liegt unter Umständen ein gefährlicher, vielleicht kostspieliger Irrtum; denn nur die richtige, frühzeitige, genau auf die Jagdreise und das Jagdland abgestimmte Versicherung bewahrt vor schmerzlichen Überraschungen. Nachfolgend einige für den Auslandsjäger wichtige versicherungsrechtliche Fragestellungen:

● Besitzt die persönliche Jagdhaftpflichtversicherung des Jägers auch im Ausland Gültigkeit? Sind ausländische Jagdbegleiter und Mitjäger automatisch oder nur freiwillig oder gar nicht haftpflichtversichert?

● Gibt es eine Versicherung für den Fall, daß eine fest gebuchte Auslandssafari wegen eines in der Person des Jägers liegenden unvorhergesehenen Ereignisses nicht angetreten werden kann und die Jagdkosten dennoch fällig sind? Mit dem Hinweis, daß dies der Fall ist, wenn rechtzeitig eine Reiserücktrittskosten-Versicherung abgeschlossen wurde, wird diese Frage gleich an dieser Stelle beantwortet.

● Sind Gepäck, insbesondere Waffen, bei einer Auslandsjagd (während der Flugreise, später während der Safari) automatisch gegen Verlust oder Diebstahl versichert?

● Deckt die eigene Unfall-, Kranken- und allgemeine Haftpflichtversicherung bei Inanspruchnahme auch Schäden im Ausland automatisch?

● Wie steht es mit der privaten/betrieblichen Rechtsschutzversicherung im Ausland? Im Zweifelsfall Deckungszusage vor der Abreise schriftlich einholen!

● Gibt es eine Möglichkeit des schnellen Rücktransportes in die Heimat im Fall schwerer Unfallverletzungen oder akuter Lebensgefahr? Reiseunfallversicherung dahingehend abschließen oder – im Fall häufiger Auslandsreisen – Mitgliedschaft in einer international tätigen Luftrettung (z. B. Deutsche Rettungs-

flugwacht e. V., Rotes Kreuz) abschließen.

● Zum Schluß die häufige Frage: Wie schütze ich meine Zahlungsmittel? Wieviel benötige ich überhaupt? Welche Zahlungsmittel sind zu empfehlen?

Die nachfolgenden Hinweise und Erläuterungen sind nur als Problembeschreibung zu verstehen und können keinesfalls als rechtsverbindlich angesehen werden. Sie entbinden den Auslandsjäger nicht, die nachfolgenden Versicherungsrisiken persönlich zu überprüfen und sie gegebenenfalls neu oder zusätzlich vor Antritt der Reise zu versichern.

Jagdhaftpflicht-Versicherung

Die Jagdhaftpflicht-Versicherung ist in Deutschland Pflicht und Voraussetzung zur Erteilung des Jahresjagdscheins. Sie deckt in der Regel die vom Jäger im Ausland verursachten Schäden nicht. Deshalb ist eine vorherige schriftliche Deckungszusage bei der eigenen Versicherungsgesellschaft für das jeweilige Jagdland einzuholen, gegebenenfalls durch Aufzahlung einer kleinen Zusatzprämie. Allerdings ist in verschiedenen Jagdländern mit der Erteilung eines Gastjagdscheines durch den Staat oder den konzessionierten Jagdveranstalter der Abschluß einer gesetzlichen Jagdhaftpflicht für den Jagdgast wie für den einheimischen Jagdführer häufig bereits verbunden. Dieser Versicherungsschutz entfällt jedoch (z. B. in Bulgarien, Dänemark, Finnland, Frankreich, Jugoslawien, Österreich, Polen, Schweden, Schweiz, Spanien, Ungarn), wenn man illegal, ohne Jagderlaubnis oder privat, unter Umgehung des offiziellen Jagdveranstalters waidwerkt.

Da die Bestimmungen zur Jagdhaftpflicht-Versicherung weltweit äußerst unterschiedlich behandelt werden und man nie die Gewähr hat, ob der ausländische Jagdbegleiter auch selbst haftpflichtversichert ist – wie etwa in Bulgarien, Jugoslawien, Polen und Schweden – wo man (bis auf Polen) den Jagdgast automatisch gegen Unfallschäden versichert, gibt es in den meisten Ländern letztlich weder für den Jagdgast noch für den Jagdführer eine gesetzlich vorgeschriebene Jagdhaftpflichtver-

4
Jagderlebnisse
in
aller Welt

Erläuterungen

,,Viel zu spät begreifen viele die versäumten Lebensziele. Drum Mensch sei beizeiten weise, höchste Zeit ist's: reise, reise!"
(Johann Wolfgang v. Goethe)

Das Buch für Auslandsjäger wäre sicherlich unvollständig, fehlten in ihm aktuelle Jagdgeschichten aus aller Welt.

Stimmungsvoll, spannungsgeladen, aus dem Jagdalltag entstanden und als Information und Anregung für jeden Grünrock gedacht, wollen sie unterhalten und insbesondere dann die Zeit vertreiben, wenn schlimmes Wetter den Jäger in seine Stube, an Hütte oder Zelt bindet. Vielleicht ist der eine oder andere mit Farbfotos von der Jagd bebilderte Bericht auch Anreiz, selbst einmal oder wieder einmal mit der Büchse auf Fahrt zu gehen.

Dies jedenfalls waren die Überlegungen des Autors, der wie die meisten Jäger dieser Erde bei seinen Jagdreisen in alle Welt aus eigenen Fehlern und Erfolgen sowie der Erfahrung anderer nur lernen konnte. Der sich selbst für einen ganz ,,normalen", durchaus engagierten, wenn nötig auch verbissenen und trotz mancher Mißerfolge für Jagd, Wild und Natur immer wieder begeisterten Jäger hält.

Die Jagdschilderungen erzählen das Beutemachen in unseren Tagen, eingebunden in das weite Geflecht der vielfältigen Beziehungen von Jagd, Mensch, Tradition, Kultur, Geschichte und Zivilisation. Treffend erfaßt vom großen Jäger Ernest Hemingway: ,,Ich sehe, wir haben allerhand gemeinsam. Was tun Sie hier? Jagen. Warum tun Sie das? – Weil es mir Vergnügen macht. Natürlich weil es Ihnen Vergnügen macht. Sagen Sie mal, was halten Sie eigentlich von Rilke?"

Heiteres und Besinnliches, Jägersprüche und Aphorismen aus früherer und heutiger Zeit, HIstorIsches und Aktuelles finden sich überall verstreut im Buch. Nach dem Motto William Somerset Maughams: ,,Kein Lesen ist der Mühe wert, wenn es nicht unterhält."

Ein alter Schlaumeier

Meinem steirischen Jagdbegleiter Friedl klapperten vor Aufregung die Zähne, und ich denke wie unter einem Zwang, nur jetzt nicht husten, keinen Augenaufschlag – sonst hat er uns. Denn völlig unberührt von den im eiskalten Morgen vor Spannung und Kälte schlotternden „Hohjagern" ist auf knappe Steinwurfweite plötzlich der seit Jahren bestätigte alte Auerhahn auf den aperen Holzweg getreten und stolziert mit erhobenem Stingel, watschelnd wie ein alter Erpel, schnurstracks auf unseren Ansitz zu. Ein kurzer Hupfer mit beiden Füßen aus dem Stand, und er steht – lautlos, aufmerksam und mißtrauisch um sich sichernd – knapp 5 m neben uns auf einem der zur Holzdrift gestapelten Stämme. Die scharfen Umrisse des Vogels heben sich wie ein Scherenschnitt gegen das erste Morgengrauen am Horizont ab.

Ein ständig drehender Sturmwind knallt in unregelmäßigen Abständen kirchturmhohe Fichten und Lärchen gegeneinander. Das gestern abend vermeldete Tief aus Vorarlberg kam also doch schneller voran als vorhergesagt!

Den „Lackl-Hahn", wie ihn Friedl seit Jahren tituliert, kümmert das in keiner Weise. Er dreht und reckt sich, hebt seinen wuchtigen Stingel, daß sein struppiger Kehlbart sich abspreizt wie ein verklebter Malerpinsel, und läßt seinen Pecker mit verhaltenem Melden und Knappen in kurzen Abständen wie ein leises Uhrwerk arbeiten.

Wir sitzen da wie in einer Falle. Der Drilling lehnt zwar griffbereit neben mir an einer Fichte, welche die bergseitige Verblendung unseres Sitzplatzes bildet, er ist in diesem Augenblick jedoch unerreichbar und auch nicht nötig. Friedl schluckt fortwährend, mir schlägt das Herz bis zur Gurgel. Hoffentlich hört's der Hahn nicht, der nun wieder bewegungslos, zum Greifen nahe, neben uns protzt. Herrgott, hat der einen kräftigen, nach unten gehakelten Oberschnabel und einen fast schon kantigen Grind! Ein wahrhaft alter Schlaumeier! Fragt sich nur, was ihn heute an diesem Holzschlagplatz, am Rande seines Balzreviers und bei noch fast völliger Dunkelheit, so interessiert?

Hat ihn vielleicht der Vollmond so durcheinandergebracht, daß er sich schon bei Nacht auf die Bodenbalz begibt? In unserer deckungslosen, ungemütlichen Nachbarschaft kriegt er bestimmt kein g'scheites G'spusi.

Dennoch: Kurz, fast widerwillig, schüttelt er sich zunächst in Pose, um sich dann „gaach" in eine urige Balzarie zu werfen. Wesentlich leiser als der rudelnde Birkhahn, aber zielstrebig und routiniert, spielt er sich für seine G'satzl ein, die eigentlich exakte Abfolge seiner Strophen etwas schlampig herunterleiernd. Und wiederum ärgere ich mich, daß ich das Mitzählen vom Knappen zum Klippen, Schnalzen, Schnappen, Trillern, bis zum Hauptschlag und abschließenden Schleifen (wie uns dies unsere Altvorderen beibrachten) nicht schaffe – vielleicht bin ich zu unmusikalisch!

Indes, der Freier neben uns fächert stolz seine

beachtliche Schaufel, verführerisch leuchtet sein weißer Spiegel auf dem Flügelgelenk. Dabei dreht er sich wie ein Pfau um die eigene Achse, während er Stingel, Kopf und Schnabel herausfordernd nach oben streckt, um dann urplötzlich, bei leicht nach unten geöffneten Schwingen mit einem Ruck zur gegenüberliegenden Lärchenschonung – kaum 2 m quer vor unseren Nasen – in den Altbestand auf der anderen Talseite abzureiten. Nur noch bruchstückhaft trägt von dort der Wind sein sofort wieder aufgenommenes aufgeregtes Gewerkel zu uns herüber. Währenddessen steigt allmählich orangefarben das Morgenlicht über den grauen Dunst und die Wolkenfetzen, welche noch in den Tälern brauen, und steht eine Zeitlang genau zwischen dem verwitter-

Auf Freiersfüßen!
Der prächtige Urhahn bei der Bodenbalz

ten Hochsitz und den knorrigen Randfichten auf der anderen Seite des Einstandes. Hoffentlich hält das Wetter.

Später, als wir schon aus dem Balzrevier heraus sind, meint der Friedl in einer Mischung von Begeisterung und Ärger: „A so a g'scherter Kerl, hätt' sein Theater leicht 20 m weiter weg, wo so schöne Lärchen für d' Baumbalz stehn, aufführen können."

Ich selbst bin für den Anfang vollauf zufrieden. Der Hahn ist da – und was für einer!

„Freunderl", denke ich, als wir bereits ziemlich weit unten sind, „obacht! Ich habe noch vier Tage Zeit, und wenn dir nicht wie in den beiden letzten Jahren schlechtes Balzwetter die Lust zum Locken nimmt, hole ich dich diesmal von deinem luftigen Sitz herunter."

Kurz nach halb vier neumodischer Sommerzeit hocken wir bereits wieder am Rande der Balzarena. Gestern abend – im Vergleich zum Vorjahr haben wir schon wieder, dank fortschrittlichen Wirtschaftswegebaus, eine weitere Wegestrecke näher an den Einstand hinfahren können, während der alte Jagersteig leider verkommt! – verriet uns schwerfälliger Flügelschlag den Einfall von zwei Hahnen auf ihren Balzbäumen.

Der Vollmond ist inzwischen hinter die Bergketten im Westen gerutscht, und wir hoffen, daß die Hahnen in ihrem Liebeseifer nicht zu lange das Mondlicht für ihre werbenden G'sangl mißbraucht haben, um dann, wie in den letzten Tagen, auf die „anständige" Baumbalz in der Frühe zu verzichten – vermutlich weil's am Boden herunten bequemer ist! Bis jetzt hört man allerdings noch keinen Laut, nur ein kühles Frühlüfterl zieht frisch und beißend vom Talgrund herauf und kriecht in unsere Mäntel.

Mir fällt gerade die Strophe des wohl besten Hahnenliedes vom unvergessenen Kiem-Pauli ein, wo es mal heißt „. . . fang doch bald wieder an, mei liaber Hahn!", als uns polterndes Patschen und starkes Geprassel hellwach macht. Der Hahn („A so a Faulenzer", knurrt der Friedl) ist, ohne ein Liedl Frühbalz am Baum – mir nichts, dir nichts – zur Bodenpromenade eingefallen. Daß dies übrigens oft so

Gelassen wartet die Auerhenne auf die Balzarie des lockenden Hahns

passiert, verbürgt der Dorfwirt Alois, ein ausgefuchster und sensibler Grünrock, mit gutem Jagdverstand und weit und breit anerkannter Lebenserfahrung von gut 200 geführten Balzjagden auf den Urhahn. Seine Mahnung: „Am Boden hörst den Hahn viel schlechter, er ist mißtrauischer und hat dich bei der kleinsten Bewegung weg", überzeugt uns sofort.

„Jetzt ist aber der Watschnbaum umg'falln", grinst der Friedl, als bald darauf vom Talgrund die harten Schwingenschläge rivalisierender Liebhaber zu uns dringen. Die Schläge klingen, als wenn man mit der flachen Hand auf stehendes Wasser drischt. Da erscheinen die beiden Streithansl auch schon höchstpersönlich auf der vom Altschnee bedeckten Bühne. Zwei gleich starke Hahnen, nur scheint mir der eine „a Kraxn voll" mehr Schneid zu haben als der andere. Er meint es wohl auch ernster und springt mit weit aufgespreiztem Fächer und zornig gesträubtem Balzkragen förmlich auf seinen Nebenbuhler zu, wobei wir wegen der Entfernung von gut 100 m leider immer nur den Hauptschlag der beiden vernehmen können – mehr nicht.

Die Hiebe des Draufgängers zeigen Wirkung: Sein Gegenspieler zieht ziemlich bald, wenngleich immer noch heftig ausfallend, mit einer am Boden nachschleifenden, vom Streit vermutlich lahmen Schwinge, in immer schnelle-

ren Tritten den Rückzug ins Jungholz an. Der Streit ist entschieden! Der Sieger dreht sich mit nach wie vor breit geöffnetem Fächer herausfordernd balzend im Kreise: schneidig, stolz, vielleicht sogar etwas hochmütig. Ein Urvogel, der zu Recht dem Hohen Wilde zugeordnet ist.

Allerdings, und das sei ihm heute – inzwischen keine 50 m von mir entfernt und aus vollem Hals bei bestem Büchsenlicht am Boden balzend – ins Stammbuch geschrieben: Hochmut kommt nicht selten vor dem Fall!

„Dein Glück, alter Spezi, daß ich mir vorgenommen habe, dich nur aus luftiger Höhe herunterzuholen. Sei vorsichtig! Wenn ich dich nächstens oben auf dem Ahornast erwische, dann kracht's", denke ich noch, als vom Tal ein Traktor mit Holzknechten und schwerem Werkzeug herauftuckert. In gut 20 Minuten wird nun auch in diesem bisher unberührten Einstand technischer Fortschritt den vielzitierten ökonomischen Zwängen, in diesem Falle in stattlichen Festmetern nachmeßbar, zum Triumph verhelfen.

Unwillkürlich, während ich meinen Mantel auf den Rucksack schnüre, fällt mir dabei die Debatte des Vortages bei der Sitzung des Bezirksjägerausschusses im Dorfgasthaus ein, wo aus ökologischen (oder ökonomischen?) Überlegungen heraus die Rotwildabschüsse 1982 um 20 % gesenkt werden mußten, weil die Abschüsse im Vorjahr nur noch mit 73 % erfüllt wurden. Überall die gleichen Probleme!

Über uns schwingt, verschreckt goggend, eine vermutlich von dieser frühen Traktormusik aus ihrer Idylle vertriebene rebhuhnfarbene Auerhenne eilig und mit kräftigem Flügelschlag in den vom letzten Schnee noch abgesicherten, höher gelegenen Bergschatten. Heute noch eine gute Rückzugsmöglichkeit. Wie lange noch?

Trotz der einzigartigen Erlebnisse dieses Morgens bemächtigt sich unser beim Heimweg eine zumindest nachdenkliche Stimmung.

„Ob unsere Kinder den schöna Vogel a no so erleb'n, wia mia heut?", sinniert der Friedl. Ich antworte ihm lieber nicht!

Er hört sogar die Herzen schlagen

Seit Tagen hängt sich Ken, der drahtige und verbissene Jagdführer, förmlich aus dem Geländewagen, um jede kleinste mit Sand oder Staub überzogene Stelle, jeden Wildwechsel, jeden Eingeborenenpfad und jedes ausgetrocknete Flußbett nach frischen Fährten abzusuchen.

Lautlos rollt das robuste Safari-Allrad auf dem staubigen Buschpfad aus. Um uns steht die dichte, undurchdringliche Strauch- und Baumvegetation des „Bushveld" im nördlichen Transvaal. Seit einer halben Woche suchen wir nach der auffälligen „Handschrift" eines starken Leoparden. Bisher allerdings ohne Erfolg, trotz einiger zuverlässiger Informationen befreundeter Farmer.

Hier entdecken wir nun als kurzen Querpaß über die Sandbank einige 10 cm große Abdrücke einer kräftigen Raubkatze. Vielleicht haben wir diesmal Glück. Die Gegend würde zu den Schilderungen und Vermutungen über ihren Aufenthalt passen. Während ich Ken und seinen beiden Trackern, den mit detektivischer Umsicht fährtensuchenden Afrikanern Damas und Philamon, auf einem 1–2 m breiten, mit fein gemahlenem Staubsand bedeckten, längst ausgetrockneten Bachbett folge, erinnere ich mich der ersten Begegnung mit einem Leoparden im Gebiet des Akagera in Ruanda, die mir bis heute unvergeßlich ist.

Ich stand damals in der offenen Dachluke eines VW-Busses, hatte schon einige gute Fotos im Kasten und genoß den Rundumblick im Schrittempo durch die Savanne. Da entdeckte ich in gut 100 m Entfernung einen auffällig dunklen Fleck – eher den Schatten eines Umrisses – im leicht wogenden, sandfarben leuchtenden Savannengras: kein Zweifel, ein sich hinduckender Leopard! Es ist mir heute noch ein Rätsel, was ihn um den frühen Nachmittag in diese brütend heiße, baum- und strauchlose Ebene verschlagen hatte. Langsam näherten wir uns dem vor uns kauernden Tier, das plötzlich seinen rundlichen Kopf hob und uns wie gebannt anstarrte, ohne, wie etwa ein Löwe, einen Laut von sich zu geben. Frei im Wagen in der Schiebedachluke stehend, den Sucher der Kamera fest am Auge und das

Wild im Fokus, erwartete ich aus dieser sicheren Kanzelposition Sprung und Flucht dieses Wildtiers. Das gibt eine Aufnahme! Doch es kam ganz anders! Knappe 10 m von der Katze entfernt, erfolgte deren blitzartiger Angriff auf unser sich langsam näherndes Gefährt. Mit langgezogenem, heiser gurgelndem Fauchen und mit vor Wut gefletschtem Fang stürmte uns ein starker Leopard, drei- bis viermal laut und zornig brüllend, entgegen. Während ich mich voll Entsetzen einfach ins schützende Innere des Wagens fallen ließ, ohne auch nur noch eine Sekunde an ein Foto zu denken, schnellte das von uns gereizte Tier mit gewaltigem Sprung etwa 1–2 m vor der Windschutzscheibe hoch, drehte aber dann im letzten Augenblick, kurz vor dem Zusammenprall, blitzschnell ab und tauchte mit langen Fluchten im dichten Steppengras unter. Ein Spuk! Wir waren wie gelähmt. Nicht auszudenken, wenn die Katze in ihrem Angriff auf das Wagendach gesprungen und durch die offene Luke ins Innere gerutscht wäre!

Die vollendetste aller Großkatzen

Diese erste, fast „hautnahe" Begegnung hatte mir alle vorher bekanntgewordenen Berichte und Jagdschilderungen bestätigt. Welch eine Sprungkraft, welch ein Mut! Kein Zweifel: Dieses Raubwild ist die vollendetste aller Großkatzen. Mit seiner geschmeidigen, langgestreckten und – wegen des kurzen Halses – eigentlich gedrungenen, kraftvollen Gestalt, mit seinen relativ kurzen Läufen und dem langen Schwanz erscheint der Leopard als Inbegriff von Geschmeidigkeit, Eleganz und Schnelligkeit im Angriff. Sein gelblich-lohfar-

Vorsichtig pirscht sich der Leopard an: ein Inbegriff von Geschmeidigkeit und Eleganz

benes Kleid, markiert mit einer Reihe von Rosetten, Flecken von drei bis fünf in einer Gruppe, ist nach Färbung und Zeichnung wohl die perfekteste Tarnung zu jeder Tages- und Jahreszeit in jeder von Lichtspiel und Reflexion erfüllten afrikanischen Landschaft.

Plötzlich verhoffen Ken und seine beiden afrikanischen Begleiter. Deutlich sehen wir die markante, voll ausgeprägte Fährte eines gemächlich im Sand ziehenden Leoparden. Sie ist keinen halben Tag alt und verläuft nach Osten. Vorsichtig, Schritt für Schritt und völlig lautlos, dringen wir im Gänsemarsch weiter vor ins „Bushveld". Dabei suchen wir immer wieder mit dem Glas die Blätterkronen der am Rand des Bachlaufs stehenden Bäume nach einer vielleicht dort in der Sicherheit einer Astgabel getarnt vor sich hindösenden Raubkatze ab, deren herabhängender Schwanz uns ihre Anwesenheit verraten könnte. An einen solchen Glücksfall wagen wir aber ernsthaft kaum zu denken! Wer kennt sie nicht, die herrlichen Bilder dieser fast possierlich anmutenden, entspannt schlummernden Kletterer, die in 5–10 m Höhe ihren Raub der Nacht vor Schakalen und Hyänen in Sicherheit bringen und die so lieblich anzusehen sind, daß man sie am liebsten als Hauskätzchen halten möchte? Man vergißt dabei meist, daß gerade der Leopard ein Wildtier mit zwei Gesichtern ist, die Verkörperung von Dr. Jekyll und Mr. Hyde im Tierreich Afrikas. Nachts ein listiger gefürchteter Jäger, der sich mit einzigartiger Unerschrockenheit während der Dämmerung bis in die tiefste Dunkelheit hinein holt, was er will, wenn nötig auch Hunde und Katzen aus Gehöften und Wohnungen. Tagsüber der fast liebenswürdige „Dr. Jekyll", der unnahbare Individualist, ein zufriedener, unauffälliger Einzelgänger, der, außer in der Paarungszeit, nie Umgang mit seinesgleichen pflegt. Diesem Einzelgängertum, seiner Vorsicht und Gerissenheit ist es wohl zu danken, daß er die früher gegen ihn aus Rachsucht oder Profitgier fast als Vernichtungskrieg geführte Verfolgung überlebte und heute noch südlich der Sahara überall, insbesondere in Zentral-, Ost- und

Südafrika in gutem Vorkommen seine Bahn zieht. Weltweit geschützt und „aus der Pelzmode" gekommen, wird heute nicht mehr von Gefährdung gesprochen. Wo die Pardelkatze allerdings überhand nimmt und der Schaden für die Viehzucht unzumutbar wird, werden dann mit Sonderlizenzen Spezialisten unter diesen Räubern selbst zu Gejagten. Eine zusätzliche Herausforderung für den Jäger und der Anlaß auch für meine Reise.

Eine perfekte Jagdstrategie

Nach einigen hundert Schritt entscheidet der White Hunter, daß dem eindeutig bestätigten Leoparden an diesem ausgetrockneten, teilweise mit Wildfährten aller Art buchstäblich übersäten Bachlauf nachgestellt werden soll. Die Sandbank zeigt sich hier wesentlich breiter und bildet gegen Süden eine nur mit spärlichem Strauchwerk bestandene Lichtung. Die Tracker gehen sofort zum Geländewagen zurück und schleppen das seit gestern schon etwas anrüchig gewordene, als Köder bestimmte Warzenschwein, an zwei Drähten am Boden ziehend, zur „Jagdarena". Wir sind sicher, daß dieser Witterung kein auch noch so mißtrauischer Leopard widersteht, wenn er beim nächtlichen Streifzug diese rund 500 m lange Schleifspur kreuzt. Ken bestimmt einen schräg vom Ufer über das Bachbett ragenden Baum, dessen Fuß in deckungsreichem Buschwerk steht, zum „Köderbaum". Er kümmert sich persönlich um alles, klettert auf allen vieren wie auf einer schrägen Rampe den Stamm hoch und hievt an einem starken Ast den „Bait" (Köder) zu sich herauf. Ich stehe auf der gegenüberliegenden Böschung etwa 40 Schritt entfernt und verfolge gespannt Kens Strategie. Er hängt den Wildkörper zwischen zwei übereinanderstehende Äste, befestigt ihn mit starkem Draht an den Hinter- und Vorderläufen und schafft so ein sich von meinem Standort im Gegenlicht klar abzeichnendes Ziel. Unmöglich für den Nachträuber, sich hier unbemerkt anzuschleichen! Ken scheint zufrieden zu sein.

Nun kommt das Gegenstück, der „Schlüssel zum Schloß". Gegenüber, etwa 40 Schritt

entfernt, schräg nach oben vor uns, hebt sich der Köder gegen den Himmel jetzt klar wie ein Schwarzweiß-Negativ ab. Der Plan scheint absolut schlüssig. Sofort wird an dieser Stelle ein nach allen vier Seiten verblendeter ebenerdiger Schirm gebaut, der über einen verhängten Einstieg gerade zwei Personen Platz bietet. Mittels zweier Querstangen bleibt ein Schießschlitz von 15 cm Höhe offen, dessen Unterkante, eine stabile Holzstange, für mich maßgeschneidert in der richtigen Höhe angebracht, als Auflage dient. Eine breite Kerbe im Auflagenriegel erleichtert auch bei tiefer Dämmerung ein sicheres und schnelles Einrichten. Man sitzt wie in einem Paddelboot, die Füße vor sich, ein Querholz als Rückenlehne, gedeckt durch das kräftig duftende Gezweig der Verblendung.

Zwei Stunden später, es beginnt gerade leicht zu dämmern, sind wir zurück beim Fahrzeug. Während wir langsam, tunlichst unter Vermeidung von unnötigem Lärm, ins Camp zurückfahren, hockt sich Philamon, der Wildhüter in Uniform, neben mich. Er hebt warnend den Zeigefinger vor meinem Gesicht, schaut mir tief in die Augen und flüstert beschwörend: „Bass, sage niemandem, daß du einen Leoparden jagen willst. Der Leopard ist viel Medizin für die Menschen. Wenn die Dorfbewohner wissen, daß ein Leopard getötet wird, freuen sie sich auf die Medizin. Dann schlagen ihre Herzen sehr laut. Und das hört der Leopard, und dann kommt er nicht!" Afrika, trotz Technik und Aufklärung noch immer der dunkle, unergründbare, von Mystik und Aberglauben durchwobene Kontinent.

Der erste Schuß entscheidet

Die Kontrolle am nächsten Tag ergab, daß bereits in der ersten Nacht Besuch am Köder war. Gut ein Drittel des Wildprets wurde in Fetzen aus dem Körper gerissen. Ein Riesenerfolg für Ken und ein sicherer Hinweis, daß die Falle zuschnappen konnte. Ich hatte noch vier Tage Zeit, und obwohl der Professional

Ein Bild trügerischer Harmlosigkeit und Beschaulichkeit!

den Verdacht hatte, unser Gast könnte für einen Besuch heute Nacht noch zu satt sein, beschlossen wir den Abendansitz. „Zieh dich warm an, und bringe für fünf Stunden genügend Sitzfleisch, Geduld und gute Nerven mit", grinste Ken, als wir uns nach Mittag mit einer kleinen Siesta für unser Vorhaben rüsteten. Ich brachte kein Auge zu. Immer wieder spielte ich alle nur denkbaren Szenarien und Abläufe durch und schärfte mir ein dutzendmal ein: keine Bewegung beim Ansitz. Ein Leopard beobachtet aus völliger Deckung heraus einen Riß und seine Umgebung oft länger als eine Stunde! Keine Unachtsamkeit, es bleiben nur Sekunden für einen sicheren Schuß! Erst schießen, wenn der Leopard am Köder ist und sein Haupt abwendet! Und immer wieder klingt mir die Mahnung Kens im Ohr: „Der erste Schuß muß sitzen! Eine Nachsuche, die ich durchführen muß und an der du dich nicht beteiligen darfst, ist kein Spaziergang. Schließlich ist ein beschossener Leopard schneller und gefährlicher als jedes andere angeschweißte Wild." Ich wußte, in diesen Fällen galt nur die harte Losung: entweder sein Tod oder deiner!

Ich erinnerte mich nur zu gut des Berichts von Ken über eine Nachsuche. Es ging um einen Leoparden, der eine im letzten Büchsenlicht zu hastig hingeworfene Kugel eines Jagdgastes ohne irgendein Schußzeichen mit einem kühnen Satz vom Baum in den Busch quittierte und dort lautlos untertauchte. Trotz der Prognose „gefehlt" ging der Berufsjäger zum Anschuß und fand frischen Schweiß: „waidwund!" Inzwischen war es Nacht geworden und Ken wußte, wenn die Katze tödlich getroffen im Busch verendet, findet man am nächsten Morgen vermutlich nur noch einen von Hyänen und Schakalen verwüsteten Torso. Die herrliche Decke jedenfalls wäre zerstört und verloren. Es gab keine andere Wahl, als eine sofortige Nachsuche, trotz Dunkelheit und trotz aller Risiken mit einem Gegner, von dem man weiß, daß er, insbesondere angeschweißt, an oberster Stelle auf der Skala des gefährlichen Wildes steht: Er schleicht lautlos an, bringt sich in besten Wind

und stürzt sich pfeilschnell auf seinen Widersacher. Nachts, noch unerschrockener als während des Tages, ist der Leopard schier unbezwingbar. Wie ein Torpedo, mit einem durchschnittlichen Gewicht von 60–80 kg und einer Körperlänge von über 2 m, schleudert

Im Jagdgebiet. Jetzt geht es zu Fuß ins „Bushveld"

dieses Bündel an Kraft und Aggressivität sein Opfer zu Boden und verbeißt sich in Kopf und Hals. Wer dies alles weiß, überlegt sich deshalb den ersten, alles entscheidenden Schuß doppelt genau. Ken hatte damals bei der Nachsuche im übrigen Glück. Er fuhr mit aufgeblendeten Scheinwerfern des Geländewagens, der mit seinem Rammgitter den Busch in 2 m Breite niederwalzte. Mit zusätzlichem Handscheinwerfer und einer mit schweren Posten durchgeladenen Schrotflinte auf den Knien bewegte er sich in Richtung Fluchtweg des verwundeten Raubwildes; langsam und in jeder Sekunde einer Attacke gewärtig. Bereits nach knapp 25 m fand er die inzwischen verendete Katze – sicher eine der begehrtesten Trophäen des Großwildjägers. Über die Reaktion des letztlich noch erfolgreichen Erlegers hatte er mir übrigens nichts mehr erzählt.

Eine uralte Faszination

Um drei Uhr nachmittags sind wir zur Abfahrt fertig. In der Tasche stecken einige Eukalyptus

gegen unvorhersehbaren Hustenreiz, ein Mückenstift und eine Taschenlampe für den Heimweg. Die 9.3 x 74R ist durchgecheckt, zehn Stück 19-g-Teilmantelgeschosse stecken in den Gürtelschlaufen. Mit von der Partie ist mein Parka mit ausknöpfbarem Futter, da es mit Sicherheit bei fünf Stunden Ansitz auf der nackten Erde auch in Afrika gegen zehn Uhr nachts empfindlich kalt ist und die Beine in dieser Sitzstellung schnell steif werden. Schweigsam fahren wir ins Gelände, nicht einmal die beiden farbigen Begleiter haben Lust zu einem Palaver. Sie bleiben beim Fahrzeug zurück, hüllen sich in Decken und halten uns die Daumen. „Hoffentlich haben sie den Leuten nichts wegen der Leopardenmedizin erzählt…", denke ich in bester Stimmung, als wir uns zum Ansitzschirm begeben. Es ist noch stickig heiß im Busch, kein Lüftchen bewegt sich, kein Vogel ist zu hören. Der Wind paßt. Hoffentlich dreht er nicht und warnt den listigen Räuber.

Während der nächsten zwei Stunden – wir sitzen wie Piloten nebeneinander im Cockpit, meine Büchse voll eingerichtet auf den sich klar gegen den Himmel abzeichnenden „Bait", Ken mit seiner kurzläufigen Schrotflinte auf den Knien – kreisen die Gedanken um den „Pardel", ein Geschöpf, das den Menschen schon immer faszinierte.

Verglich nicht schon vor 3000 Jahren Homer in der Ilias den Leoparden mit Agenor, der sich anschickte, Achilles anzugreifen? Ziert seine Gestalt nicht frühägyptische Denkmäler ebenso wie viele Gebrauchsgegenstände der alten Sumerer und Assyrer? Nachdem die Zuordnung dieser Raubkatze seit Aristoteles bis Plinius unentschieden war, gebrauchte übrigens der römische Geschichtsschreiber Julius Capitolinus am Ende des 3. Jahrhunderts erstmals den Namen Leopard und bezeichnete dieses Wildtier als Bastard aus der Vereinigung von Löwe und Panther. Eine böse Begeisterung entwickelten seine Landsleute für diese Raubkatze einige Jahrhunderte später. Es ist überliefert, daß etwa im Jahre 670 nach der Erbauung Roms von Pompejus 410 und dann von Augustus 420 Leoparden für die zirzensischen Spiele nach Rom gebracht wurden, um dort in spektakulären Kampfspielen ein nach heutigen Maßstäben trauriges Ende zu finden. Und welcher Jäger kennt nicht die spannenden Leopardenberichte eines Jules Gérard, eines Maltzahn, die später wissenschaftlich fundierten Schilderungen von C. G. Schillings, Fritsch, v. Wißmann bis hin zu Hunter, Murray-Smith und Ernst Zwilling?

Da hilft nur tiefes Durchatmen

Ein leises Knacken reißt uns aus den Gedanken. Ein Trupp Impalas zieht keine 20 m von

Der nächtliche Besucher hat sichtbare Spuren hinterlassen. Seine auch im Bild ganz deutlich auszumachende „Handschrift" am Stamm und die Reste des Warzenschweins bestätigen eindeutig den starken Leoparden. Ob er wiederkommt?

uns entfernt über die gut einsehbare Fläche, völlig vertraut, vermutlich auf der abendlichen Wanderung zur Tränke. Ob sich bei diesem relativ guten Wildbestand ein Leopard jeden Tag zu einer kostenlosen Mahlzeit einladen läßt? Allmählich werden Paviane munter, die ersten langen Schatten bringen Leben in den Busch. Wie hypnotisiert hängt mein Blick am Köder, und zwischen Skepsis und Hoffnung erinnere ich mich, gelesen zu haben, daß Leoparden auch schon mal bereits bei Tageslicht auf Beute gehen. Das hält wach und stählt die Sensibilität. Während es allmählich dämmrig wird, Käfer an uns vorbeibrummen und ein irritierendes Knistern und Knacksen, mal leiser, mal laut an unser Ohr dringt, wächst die Spannung, die Konzentration steigt; wir fühlen eigentlich gar nicht, daß eine empfindliche Kühle uns in Jacke und Hose kriecht. Dieses Warten geht an die Nerven. Einmal wegen der Ungewißheit über die Wirksamkeit unserer Taktik, dann wegen der ständigen Gefahr, durch eine kleine Unachtsamkeit das Wild zu vergrämen und – vor allem wegen des allmählich schwindenden Büchsenlichts – der steten Sorge, ja nicht schlecht abzukommen ... da hilft nur tiefes Durchatmen!

Ken ist die Ruhe selbst. Er hält jetzt sogar ein kurzes Nickerchen. Für ihn ist diese Jagd Alltag, Überraschungen einkalkuliert. Er kennt den Leoparden und die Geschichten um und über ihn. Folgende erzählte er noch gestern vor dem Schlafengehen. Da trafen sich also die „Big Five" (die großen Fünf) und diskutierten die Frage, was sie im Fall eines Angriffs einem Jäger kurz vor dessen Vernichtung noch entgegnen würden. Das Rhino meinte, es würde dem Jäger zurufen: „Ich werde dich überrollen und mit meinem Horn töten!" Darauf der Büffel: „Ich werde dich mit meinem Horn niederstoßen und zu Tode trampeln!" Der Elefant: „Ich werde dich mit dem Rüssel hochschleudern und mit meinen Säulen zermahlen!" Der Löwe wollte brüllen: „Ich werde dich jetzt fressen!" Der Leopard schloß den Diskurs mit dem selbstbewußten Hinweis, daß er seinem Gegner nur noch nachrufen würde: „Jäger, ich habe dich gefressen!"

Der Leopard umkreist uns

Ein leichter Stoß meines Begleiters und sein angespanntes Horchen in die hereinbrechende Nacht reißen mich aus dieser phantastischen Geschichte und der darin verborgenen Symbolik. Wir sitzen in unserem Käfig aus Zweigen und Astwerk und verfügen zur Orientierung nur über den Blick durch die schmale „Schießscharte" zum Köderbaum – durch das zehnfache Zielfernrohr habe ich jetzt immer noch ausreichend Licht für einen sicheren Schuß! –, ansonsten sind wir auf unser Gehör und unser jagdliches Kombinationsvermögen angewiesen. Die Nacht senkt sich jetzt – wie immer in Afrika – ziemlich schnell über uns und wird zum Helfershelfer der Lautlosen, der Lichtscheuen, auch der Räuber und Würger. Die große Stille kehrt in den Busch zurück. Die nächsten zehn Minuten entscheiden alles. Zur Ungewißheit gesellt sich die Phantasie, die Narretei des „physiognomischen Schauens". Ist dort am Fuß des schrägliegenden Baumes nicht in Umrissen die Raubkatze erkennbar, war dieser dunkle Fleck im Blätterwerk der Baumkrone schon vorher da? Bewegte sich hier nicht etwas? Nur keine Bewegung, denke ich und ärgere mich über mein ständiges Schlucken. Wieviel schlauer als wir sind doch die Buschmänner, die die ihnen feindliche Dunkelheit bei dieser Jagd mit „stillen Helfern" überlisten. Sie erbeuten das Wild auch bei völliger Nacht, indem sie, breitflächig verteilt, unterhalb des Köderastes Speere in die Erde einbauen. Verrät sich der bisher unsichtbare Räuber durch sein Schmatzen, veranlaßt ihn der lauernde Jäger zur Flucht, dabei springt die Raubkatze in ihren sicheren Tod.
In unregelmäßigen Abständen höre ich kaum vernehmbares Knistern und leises Knacken aus allen Richtungen, einmal etwas näher, dann wieder entfernter. Ich habe plötzlich das beklemmende Gefühl, fast die Gewißheit: Der Leopard ist in unserer unmittelbaren Nähe! Und dann kommen die bohrenden Fragen: Was geschieht, welche Möglichkeiten haben wir – wie eingeklemmt im Schirm am Boden sitzend –, wenn der Leopard sich auf unserer

„Der Leopard weiß, daß wir hier sind! Riechst du ihn?", flüstert Ken

Fährte bei für ihn bestem Wind unserem Versteck nähert? Wenn es sich um einen – bisher nicht gemeldeten – angeschweißten oder durch sonstige Auseinandersetzungen mit einem Stärkeren um einen verärgerten, dadurch jetzt aggressiven Einzelgänger handelt? Seltenes ist zwar selten, sagt die Survival-Theorie, auszuschließen ist jedoch nichts, und Präventivdenken schadet nie: Keine Chance dem Zufall!
Es ist jetzt stockdunkel, von Mondlicht keine Spur. Der Köder ist auch durch das Zielfernrohr nur noch als verschwommener Umriß bestimmbar. Da fühle ich Kens Mund an meinem Ohr, und er flüstert kaum vernehmbar: „Der Leopard weiß, daß wir hier sind, er umkreist uns. Riechst du ihn?" Lautlos, schlau und geduldig, ausgestattet mit einer Muskel- und Sprungkraft, die es ihm als einzigem Wildtier ermöglicht, eine Beute, schwerer als sein Eigengewicht, spielend 5–10 m hoch auf einen Baum zu schleppen, ist diese Raubkatze in unserer Situation kein zu unterschätzender Gegner. Wir warten und horchen in die Nacht

hinaus. Und einmal meine ich tatsächlich, den jedem Fleisch- und Aasfresser eigenen scharfen Geruch wahrzunehmen – ich glaube auch heute noch, daß mich meine Sinne seinerzeit nicht trogen – dann ist urplötzlich der Spuk vorbei. Was hat ihn gewarnt, was hat ihn vergrämt? Welch ein Fehler ist uns unterlaufen? Wir waren schlau, aber nicht schlau genug!
Als wir uns bald darauf im Gänsemarsch – überzeugt, daß weiteres Warten keinen Sinn mehr ergibt – nach knapp fünf Stunden Ansitz im spärlichen Schein einer Taschenlampe zum Wagen zurückpirschen, habe ich als Schlußlicht die Büchse im Halbanschlag, wohl wissend, daß bei einer Attacke gegen den Schleicher keine Chance bestünde, auch nicht mit einer „Balle Decisme", einer „Explosivkugel", die sich der berühmte Löwen- und Leopardenjäger Gérard vor gut 100 Jahren in Paris extra für die Katzenjagd anfertigen ließ.
Die „Tatortüberprüfung" am nächsten Tag bestätigte uns, daß sich ein starker Leopard parallel zum Bachbett, teilweise auf unserer Spur, auf knapp 10 m an unseren Schirm herangepirscht und diesen mindestens einmal umkreist hatte, ehe er sich – was ich zwar nicht vernommen, was aber Ken mehrmals fest behauptete – mit einem kurzen knurrenden Laut der Verärgerung zurückzog. Später, nachdem er unseres Abzuges sicher sein konnte, kam er dann zurück und nahm, wie die tiefen Eingriffe am Kletterbaum und der fast völlig aufgefressene und teils losgerissene Köder bewiesen, ungestört und ausgiebig sein Nachtmahl ein: Langsam wie ein spürender Jagdhund, sichernd, sprungbereit, mit weit vorgestrecktem Kopf, eine samtene Pranke vorsichtig im Zeitlupentempo vor die andere setzend, so näherte sich dieser listige Kletterer wohl seiner Beute, die ihm diesmal bequem einen vollen Wanst und nicht, wie von uns geplant, den tiefen Sturz in die ewigen Jagdgründe brachte.
Haben die Herzen der Menschen, insbesondere mein eigenes, vielleicht doch zu laut geschlagen? Man wird es nie erfahren!

Einsame Schauflerfährte

Die feuerrote „Supercub", ein ideales Beobachtungsflugzeug für den Busch, erlaubt nahezu jede Kurve und ermöglicht uns die perfekte Wildbeobachtung. Stolz wie ein erfolgreicher Gestütsbesitzer zeigt mir Doug während eines zweistündigen Beobachtungsfluges über sein 4000 km² großes Revier gut zwei Dutzend jagdbare Elchschaufler. Für den deutschen Jäger nach wie vor wohl die begehrteste Trophäe überhaupt. Im Gegensatz übrigens zu den Amerikanern, die dieses Wild vor allem wegen des wohlschmeckenden, wenn auch etwas groben Wildprets strecken. Deren Traum ist bekanntlich die schwierige Bergjagd, vor allem auf Dall-, Bighorn- und Steinschaf.

Wir überfliegen eine gewaltige Urlandschaft. Sie ist durchzogen von unzähligen „Creeks" (Bergbächen) aus den Schluchten und Quertälern der alles überragenden, meist von ewigem Eis bedeckten Gebirgskette der Wrangell Mountains, die sich um unser Jagdgebiet – es liegt drei Stunden Flug östlich von Anchorage – wie ein gigantischer Kragen zieht. Jetzt, Ende August, nach den ersten rauhen Frösten, haben sich der Laubwald und die Buschvegetation in eine unvorstellbar bunte Farbenpracht verwandelt. „Indian summer", das sind einige Tage Scheinpracht, ein kurzes letztes Aufleuchten der Natur, ehe sie sich Eis und Frost beugt. Das dominierende Grün hat sich aufgelöst in Goldgelb, Orange, in Ebenholzfarben und Rot. In allen Nuancen und Schattierungen erstrahlt eine Traumlandschaft unter uns. Sie erstreckt sich von der sumpfigen Ebene über den kilometerbreiten Baumbestand bis hin zu den Vorbergen und verliert sich allmählich in den ansteigenden vegetationslosen Felsregionen. Dazwischen leuchten, eingerahmt von hellgrün umsäumten Hochmooren, silbrig bis schwarz schimmernd – wie Spiegeleier in einer Riesenpfanne – rundliche Seen. Hunderte, vielleicht Tausende – Alaska, das Land der Millionen Seen!

Und überall, weit verstreut zwar, steht Elchwild. Mehr als einmal lassen mächtige, im Sonnenlicht reflektierende, weiß aufscheinende Geweihschaufeln unsere Herzen höher schlagen. Doug verliert kaum Zeit, um mir auch noch „seine" Schafe, Mountain goats, Grizzlys und Karibus zu zeigen. Immer wieder deutet er mit größter Gelassenheit nach unten: „Bull moose!" (Elchbulle). Er kommt nur aus der Ruhe, als wir zweimal, kurz hintereinander, Wolfsrudel, bei Überpopulation die Todfeinde jedes Elchbestandes sichten: Eine Meute mit acht, später eine zweite aus fünf Tieren

Anflug auf unser Camp inmitten der urwüchsigen Natur Alaskas

bestehend; sie übrigens schwarz gefärbt wie Teufel. Getragen von der geharschten Schneedecke, entkommt ihnen ein dort laufend einbrechendes und nur schwer vorankommendes Elchkalb nur selten.

Als die kleine Einmotorige im ausgetrockneten Flußbett hart aufsetzt, bin ich voll Bewunderung: Welch eine Landschaft, welch ein Wildbestand, was für eine Wildnis? Menschenleer, noch unzerstört, gigantisch in ihren Ausmaßen.

Das ist noch Wilder Westen

Fast mühselig quält sich dann zwei Tage später, nach fußhohem, überraschendem Neuschnee, unser Packzug über das meilenbreite, von Hunderten gurgelnder Rinnsale durchzogene Stromtal des White River. Bob, der „weiße Indianer" irischer Abstammung, mein mit allen Wassern der Wildnisjagd gewaschener Guide, bildet die Spitze des „Pack string". Er drückt aufs Tempo und reißt die drei Packpferde, die mit seinem Reitpferd zu einer Schweif-Leitseil-Schweif-Kette verknotet sind, förmlich mit. Ich folge den drei gleichmäßig mit Proviant und Ausrüstung für einige Tage Außencamp beladenen Packpferden (bei dieser Aufteilung sind eineinhalb Pferde als Lastenträger für Wildpret und Trophäe einkalkuliert) auf der zwanzigjährigen, absolut trittsicheren, erfahrenen Pferdedame „Juwel" als Schlußlicht. Das ist der wahre Wilde Westen, eines der letzten großen Abenteuer unserer Zeit!

Es geht Richtung Timber line (Baumgrenze). Dort habe ich während des vorgestrigen Beobachtungsfluges – an dem sich der Guide nicht beteiligen und an den sich am Flugtag laut Gesetz keine Jagdpirsch anschließen darf – auf viele Quadratkilometer verteilt eine Handvoll kapitaler Schaufler gesehen. Es stand überall Wild, allerdings in einer unendlich geringeren Dichte, als wir das etwa aus unserer heimischen Flur oder gar aus Afrika gewöhnt sind.

Und einem dieser Recken gilt unser etwa sechsstündiger Ritt. Wir kennen grob die Richtung, in der sich die Einstände befinden,

die „Nadel im Heustock" müssen wir aber erst einmal finden. Als die Timber line, die Randzone der mit mannshohem Busch- und Strauchwerk durchsetzten Kiefern- und Tannenbestände, erreicht ist, vertreten wir uns erst mal die Füße. Dabei entwickelt Bob seine Strategie für den nächsten Tag. Er will noch einige Stunden durch den Baumbestand Richtung Vorberge reiten, dann das Basiscamp aufschlagen und von dort oben die weiten, tieferliegenden Hochmoore, Lichtungen und offenen Windbruchflächen abglasen, vielleicht sogar noch die ersten Fährten ausarbeiten. Gerade diese Arbeit erleichtert uns der gestrige Neuschnee.

Aber es kommt ganz anders

Und dann kommt es, wie so oft bei der Jagd, eben wieder ganz anders. Wir reiten gegen Mittag gerade über einen steil zum Stromtal abfallenden Bergrücken – es ist nahezu phantastisch zu nennen, mit welcher Sicherheit sich die Pferde über Geröll, über ein Wirrwarr durcheinandergewürfelter Bäume, Wurzelstöcke und Geäst tasten, geführt von ihrem Instinkt und ihrer Erfahrung, eigentlich unabhängig von der Führung ihres Reiters –

„The Bell" nennen die Amerikaner den zottigen Kehlbart des Schauflers. Mit diesem Feist kommt er gut durch den Winter!

als wir überraschend die Fährte eines starken Elches kreuzen. Sie ist so ausgeprägt wie der Abdruck eines erwachsenen Rindes, allerdings länger, schmaler und zwischen den Schalen gespreizt. Kein Zweifel, hier zog vor nicht allzu langer Zeit, keine drei Reitstunden vom Hauptcamp entfernt und in dieser Gegend völlig überraschend, ein starker Einzelgänger seine Bahn.

Mir geht alles fast zu schnell, zu geschmiert, irgendwie bin ich skeptisch. Bob nimmt den Packpferden die Lasten ab, hobbelt sie an, so daß sie im begrenzten Umfang weiden können, und schwingt sich sofort wieder aufs Pferd. Meine 9.3 x 74R steckt geladen und griffbereit im Sattelhalfter. Die Halteschnur, mit der das Gewehr zusätzlich festgezurrt ist, damit nicht – was schon oftmals passierte – beim Reiten die Waffe unbemerkt an einem Ast hängenbleibt oder gar bei der Durchquerung eines Flusses aus dem Futteral rutscht, ist jetzt gelöst. Wer weiß, vielleicht muß die Büchse blitzschnell an die Backe!

Das Laub verfärbt sich – ,,Indian summer''. Unser Camp ist verlassen. Stunden- und tageweit entfernt pirschen Guide und Jagdgast auf Elch und Bär

Eine vorsintflutliche Erscheinung

Wir folgen der einsamen Fährte des Urhirsches. Über uns, nahe den Wolken, strahlen die baumlosen Bergrücken der Gletscherregion noch im hellen Sonnenlicht. Unter uns und bereits überdeckt von den Schatten des nahen Nachmittags liegt der offene Timber, durchsetzt von Windbrüchen, Moorseen und Sumpfgelände. Irgendwo dort steht ein gewaltiger Geweihträger, mit einer Schulterhöhe von sicherlich 2 m und einem Gewicht von 600–700 kg; mindestens so groß wie ein Pferd, mit langen hohen Läufen und einem starken, zottigen, höckerartigen Widerrist. Eine fast vorsintflutliche Erscheinung, mit gedrungenem Träger, langem Haupt und einer breit ausgeprägten, stark überhängenden Muffel, der typischen Rammsnase des Elchwildes. Bob reitet mir zu unvorsichtig, er scheint sich aber seiner Sache sicher zu sein. Flüchtig zeigt er auf frischen Verbiß an Weidengebüsch, eher einem Abstreifen von Blättern vergleichbar,

und treibt sein Pferd voran, für meinen Geschmack einfach zu ungestüm. Hoffentlich überreizt er nicht.

Dieser ,,seltsame Herrscher in den kalten Wald- und Sumpfregionen'', wie Theodore Roosevelt, der große Jäger und Wildforscher, den Elch einmal bezeichnete, windet bekanntlich ganz außergewöhnlich gut, er hat ein fein entwickeltes Gehör, und wenn auch sein Gesichtssinn schlecht entwickelt ist, unterschätzen dürfen wir die Kombination seiner Instinkte und seiner Sinne bei Gott nicht!

Die Schauflerfährte steht jetzt direkt auf das vor uns liegende dichteste Gewirr von Bäumen, Buschwerk und Windbruch zu. Dort findet der Riesenhirsch beste Deckung und ausreichend Äsung: Flechten, Farne, Sumpfpflanzen, Birken-, Weiden- und Ahornzweige. Ein Heranpirschen auf Schußnähe, das ist uns beiden trotz der Entfernung von noch gut eineinhalb Meilen völlig klar, erfordert viel Umsicht und eine gute Portion Glück. Die Aussicht allerdings, schon vielleicht hier und heute Erfolg zu haben und unabhängig vom launisch gewordenen Wetter zu werden, lohnt jeden Einsatz und mobilisiert unsere Energie.

Einmal kreuzen wir Karibufährten. Die kleineren, aber im Verhältnis zum Elch breiteren Eindrücke zeigen uns, daß hier ein Rudel von mindestens sieben Stück durchwechselte. Mehrmals flüchten Schneehasen vor uns in die nächste Dickung, und immer wieder hören wir hoch über uns das unheimliche aufreizende Krächzen der Kolkraben. Sie wollen im Falle des Falles wie immer die ersten sein.

Bei einer kurzen Rast an einem mehrere hundert Meter langen und fast so breiten Moorsee erzählt mir Bob, daß sich hier vor einigen Jahren eines seiner Packpferde, beladen mit Wildpret und einer Elchtrophäe, plötzlich aus dem Packzug selbständig löste und, vermutlich um den Weg abzukürzen, den See durchschwamm und kurz vor dem anderen Ufer ohne einen Laut unterging und ertrank. Versunken in Schlick und Morast des Sees, der nie wieder etwas von seiner Beute freigab. Und heute leuchtet sein Wasser ruhig, smaragdfarben, sanftmütig, ähnlich dem grünen Auge einer behäbig in der Sonne sich rekelnden Giftschlange. Das vertraute Element des Elchs, des Königs der Seen und Moore im hohen Norden.

Später steigen wir erneut unschlüssig vom Pferd. Der Rammsnasige scheint beunruhigt, seine Fährte wird ausholender. Man sieht, wie er in jetzt zügigem Troll die quer zu seiner Flucht stehenden Hindernisse, dürres totes Holz und Äste, in großer Eile und mit unglaublicher Leichtigkeit überfällt und eilig der dichteren Busch- und Waldlandschaft auf der gegenüberliegenden Timberseite zustrebt. Dort sind die ,,Mud meadows'', die Sumpfwiesen, die längst nicht unter einer so geschlossenen Neuschneedecke liegen wie die Landschaft hier, etwa 150 m höher. Das bedeutet auch eine bessere Deckung für den Verfolgten. Unser Vorteil ist jedoch vor allem der uns ins Gesicht stehende Wind.

,,Okay, noch eine Stunde!''

Die Pferde bleiben zurück, es geht zu Fuß weiter. Erst jetzt wird bewußt, wie dicht dieser Verhau ist, ohne Machete eine arge Schinderei. Lautlos, soweit das hier eben geht, arbeiten wir uns auf der Elchfährte voran. Wir sehen, daß der Schaufler immer wieder Blätter von Weichgehölzen aufnahm, aber in seinem Troll kaum verhoffte. Ist er vielleicht jetzt, vor der beginnenden Brunft, seinem Wandertrieb gehorchend, einem holden Weib auf den Fersen oder auf der Flucht vor einem stärkeren Rivalen?

Wir kämpfen uns zügig vorwärts, vielleicht etwas zu schnell. Bob bleibt stehen, deutet verärgert auf ganz frische Losung und meint: „Vor einer Stunde hat der ‚Bull moose' hier geruht. Vermutlich hat er uns mitbekommen und ist jetzt über alle Berge. Wir kehren besser um!" Mir blieb in dieser Situation keine Zeit, meinem Jagdfreund die sonderliche Geschichte des Julius Cäsar über den Elch zu erzählen. Er machte dieses Wild wegen seiner scheinbar steifen Kniegelenke bekanntlich zu einem Schläfer im Stehen und war allen Ernstes der Meinung, daß die wilden Germanen Elche dadurch erbeuten, daß sie deren Schlafbäume einkerben und dadurch die dort Ruhesuchenden zu Fall bringen. Hierfür war Bob im Augenblick nicht in Stimmung. Er blickte ständig auf die Uhr, und ich wußte, daß er jetzt, bei dieser Jahreszeit, jede Entscheidung von der Tageszeit, der Wetterlage, unserer Entfernung zu den Pack- und zu den Reitpferden abhängig machte, wohl wissend, daß trotz mitgeführten Kompasses, feuchtigkeitsgeschützter Zündhölzer, Trillerpfeife und kleiner Survival-Ausrüstung ein plötzlich über uns hereinbrechender Schneesturm, insbesondere bei Dunkelheit, unangenehme Folgen hätte. Dennoch konnte ich ihm wegen der zum Greifen nahen Beute eine weitere Stunde Pirsch abhandeln. Mit einem etwas unwilligen „Okay" folgten wir erneut der Fährte.

Bereits nach knapp zehn Minuten – und dieses unglaubliche Glück ist mir heute immer noch eine schwere Hubertuskerze wert! – stand Bob starr wie ein Klotz. Angespannt deutete er schräg vor mir ins undurchdringliche Dickicht: „Dort! Ein Elch!" Mit Hilfe des Zielfernrohrs vermeinte ich den Ausschnitt einer grauschwarzen Elchdecke im Astgewirr zu erken-

Wenn das kein Abschluß einer erfolgreichen Jagd ist!

nen. War da nicht auch der schwarzbehaarte Hautsack, „the Bell", wie die Amerikaner den kurzen, breiten Bart direkt unter dem Kinn des „Bull moose" nennen? Und dann die übliche Spannung. Wie steht der Elch? Wo ist eigentlich sein Schaufelgeweih? Ist das vor uns überhaupt ein kapitaler, ein jagdbarer Elch? Kommt er an jenen Recken heran, dessen gewaltiges, in Vor- und Hauptschaufel gespaltenes Geweih ich vor zwei Tagen deutlich aus der Vogelperspektive – die Vorschaufeln hatten jeweils vier bis fünf ausgeprägte Enden – vielleicht 10 km von hier entfernt wie zwei riesige Spiegel, im Sonnenlicht sich reflektierend, beobachtete?

Dann umfasse ich Stangen

Ich prüfe erneut den Wind, und dann verdrükken wir uns in Zeitlupe, teilweise völlig ungedeckt, seitlich auf einen Hang, in der Hoffnung, von oben einen Blick auf den Burschen freizubekommen. Minutenlange Suche, nichts! Hat sich der Elch, wie für dieses Großwild typisch, wenngleich bei so einem Koloß kaum glaubhaft, in diesen paar Minuten mit seinem eigenartig schaukelnden Gang lautlos, von uns unbemerkt, etwa davongestohlen?

Da! Keine 100 m von mir entfernt, am Rande einer kleinen baumlosen Freifläche, wird eine Geweihschaufel sichtbar, dann die zweite!

Völlig vertraut zieht ein gewaltiger Alaskaelch – nicht umsonst heißt man sie hier und am Yukon Riesenelche, im Gegensatz zu den etwas schwächeren fünf bis sechs andern amerikanischen Arten – mit griesgrämig altem, mir zugewandtem Gesicht, halbspitz, auf uns zu. Der wuchtige Wildkörper wird langsam ganz frei. Seine eigentlich dunkle Decke glänzt wegen der grauen Grannenenden des dichten Winterhaares im Nachmittagslicht leicht silbrig. Ich knie längst im Schnee. Das Absehen des Sechsfach-Variablen zittert unruhig, geschüttelt von meinem Jagdfieber, auf dem Leben des Riesen. „Shoot", flüstert Bob bereits zum zweitenmal, „wir verlieren ihn!" So schnell verliert man dieses gewaltige Wild doch nicht, denke ich noch und fasse, jetzt völlig ruhig und konzentriert, die dunkelbraune Decke unter dem herabhängenden Kehlsack, spitz von vorne, hole tief Luft – und das 19-g-Teilmantelgeschoß leistet ganze Arbeit. Im Feuer reißt der Urweltriese Äste und Büsche mit sich. Schräg nach oben ragt eine mächtige Schaufel aus dem Gezweig wie der Bug einer gestrandeten Galeere.

Schweißgebadet stehen wir im nächsten Augenblick vor dem gestreckten König. Ein verebbendes Beben zeigt, daß er bereits am Ziel seiner letzten irdischen Flucht, hinweg über reißende Wolfsmeuten und durch die entfesselten Naturgewalten seiner rauhen Heimat hindurch, in den ewig grünen Jagdgründen angelangt ist. Während mir Bob begeistert eine Zigarette in den Mund drückt und immer wieder grinsend und kopfschüttelnd sagt: „Are we lucky!" (Hatten wir ein Glück!), überkommt mich jenes vielschichtige Gefühl des Glücks, des Staunens und des zwiespältigen Dilemmas jeder erfolgreichen Jagd: „Warum?"

Und dann umfassen meine Hände Stangen, Enden und Rosen, gleiten durch die breitausladenden Schaufeln, greifen in die Decke, befühlen Läufe und Schalen und erkennen Ausmaße, wie sie es vorher nie erfahren hatten.

Alle Schinderei, alles Grübeln war vergessen. Es galt der alte Jägerspruch: „Je größer das Glück, desto größer das Glück!"

Bei Awschatis stolzen Söhnen

Knapp 1500 km Flug von Moskau, wo Paß- und Zollkontrolle schnell und problemlos abgewickelt wurden, und die schwere, bis auf den letzten Platz besetzte Tupolew rollte auf dem Flugfeld der südrussischen Stadt Minvody langsam aus. Kurz vor Mitternacht waren mein Freund Heinz und ich sowie der für die Jagd zuständige Manager Raffael Kapharov, der sich für uns eine Woche als Begleiter freimachen konnte, nach weiteren 220 km Autofahrt im Jagdgebiet des Karmadon und schliefen bald im komfortablen Jagdhaus Saniba dem ersten von sechs ereignisreichen Jagdtagen auf den begehrten, auch Tur genannten Dagestanischen Steinbock entgegen.

Nach dem überraschenden Schnee- und Kälteeinbruch in Moskau, jetzt Mitte Oktober, brachte uns ein strahlender Herbstmorgen und das im Süden leuchtende gewaltige Bergmassiv des Zentralkaukasus mit zum Teil von Gletschern überzogenen Gipfeln bald in Stimmung. Im Anschluß an ein üppiges Frühstück war Lagebesprechung mit dem für die Jagd in der Republik Nordossetien zuständigen Direktor Alexander Kupejew. Begleitet wurde er vom erfahrenen Oberjäger Sergej Kaitmasow, der richtig darauf brannte, uns, die letzten Turjäger dieses Jahres, auf seine Steinböcke zu führen.

Hänge mit 60° Steigung

„Gospodin" Kupejew verwies mit einem Blick durchs Fenster auf das im Süden vor uns gleißende Gletschermassiv des 4400 m hohen Mailichoch und erklärte dann präzise die Jagd der nächsten Woche.

Zunächst, so sagt er, gehe es im Geländewagen etwa 20 km bis zu den Vorbergen, dann gut drei Stunden mit dem Pferd entlang dem Geröllbett des Gletscherflusses. Nach einem Aufstieg von einer Stunde werde die Hütte des Basislagers erreicht, welches sich in knapp 2000 m Höhe befindet. „Unsere Berge sind ernst und streng, sie mögen keine eiligen Menschen", meint Sergej, während der Direktor bestimmt: „Kein Alkohol während dieser harten Jagd!" Dabei schmunzelt er uns vielsagend an. Vermutlich weiß er um meinen

aus Moskau mitgebrachten Wodka, den wir übrigens dann tatsächlich erst nach der Jagd auf den Weg alles Irdischen brachten.

Wir werden darauf hingewiesen, daß die Jagd bei Schneefall oder Eisregen sofort abzubrechen, der Abstieg umgehend anzutreten sei. Kupejew spricht mit Nachdruck von den Gefahren des Kaukasus, mit seinen bis zu 60° steilen Basalt- und Lavageröllhängen. Leichtsinn, Übermüdung oder die Folgen der Höhenkrankheit in Höhen über 3200 m könnten leicht verhängnisvoll werden.

Das alles war uns allerdings durch entsprechende Vorbereitung auf diese Bergjagd – sicherlich eine der schönsten der Welt – schon geläufig. Wir hatten vor diesen Hochgebirgen des Zentralkaukasus, mit einer Längenausdehnung von 1100 km und einer durchschnittlichen Breite von 110 bis 160 km zwischen Schwarzem und Kaspischem Meer gelegen, schon längst den nötigen Respekt. Der jetzt vor uns liegende höchste Berg des ossetischen, in mehrere Massive und Seitenkämme gegliederten Kaukasus, der mit ewigem Eis bedeckte und noch in der Eiszeit gemeinsam mit dem anderen Hauptgipfel des Kaukasus, dem Elbrus, vulkanisch tätige Fünf-

tausender Kaspek, war uns kein Unbekannter mehr. Und dennoch, die letzten Zweifel an der Qualität dieser jägerischen Herausforderung beseitigte die uns routinemäßig zur Unterschrift vorgelegte Erklärung, in der wir ausdrücklich bestätigen mußten, im Falle eines Unfalles jedweder Art und jedweder Folgen alleine und persönlich die Verantwortung zu tragen und niemanden für irgendwelche Versäumnisse haftbar zu machen.

Eine Stunde später geht es mit einem „Viel Glück und guten Erfolg!" ab. Richtung Süden. Bald ist die Feldstraße für den Geländewagen zu Ende. Vor uns verengt sich die Schlucht des Karmadon abrupt. Die Vorberge beeilen sich förmlich, möglichst schnell und steil ihren großen Brüdern im Süden nahe zu kommen. Unter den verwilderten Obstbäumen im Garten des vom Mailigletscher bei einer Naturkatastrophe 1964 zerstörten Sanatoriums, die viele Patienten im Schlaf überraschte, stoßen wir auf unsere ossetischen Jagdbegleiter.

Die prächtigen „Iron"

Baumstarke, asketische Burschen, mit Pelzmützen aus Wolfs- oder Steinbockfell, in Gummistiefeln und handfesten, mehrfach übereinander angezogenen, teilweise schaffellgefütterten Jankern. Unsere sechs Jagdbegleiter, jeweils eine Dreiergruppe für jeden von uns beiden, sind ein Spiegelbild des bunten Völkergemischs der Bergvölker dieses althistorischen Durchgangslands. Sind es Russen – sie stellen nur etwa ein Drittel der Bevölkerung – oder Osseten, Tscherkessen, Bergtataren, Kalmücken, Taten, Abschasen, türkische Aserbeidschanis, sind es Atheisten, Orthodoxe oder Mohammedaner? Wer weiß das so genau bei diesen 32 Völkerschaften des Kaukasus mit ihren unterschiedlichen Traditionen, Sprachen und Dialekten!

Unsere Begleiter, die sich selbst übrigens Iron (Iran!) und ihr Land „Iriston" nennen und die auch unsere Dolmetscherin Tamara, die uns

Noch im 19. Jahrhundert bestatteten die Kaukasier ihre Verstorbenen in diesen Totenstädten

bis ins Basislager begleitet, oft zur stummen Zuhörerin degradierten, da sie ossetisch, eine nordiranische Sprache sprechen, drängen bald zum Aufbruch.

Auf kleinen, kräftigen Pferden geht es entlang der Schlucht. Einige Pferde, mit schwerer Ausrüstung bepackt, werden geführt, auf anderen sitzen wir und die übrigen Osseten in ihrer unnachahmlichen Art: aufrecht, den Bergstock durch die abgewinkelten Arme quer hinter den Rücken geschoben. Das sind die Blutsbrüder jener weltberühmten Kunstreitertruppe des russischen Staatszirkus, die – wie man mir voll Stolz erzählte – alle aus Nordossetien, einer der 16 autonomen Republiken der russischen Föderation mit der Hauptstadt Ordshonikidse kommen.

Längst sind wir von den Pferden gestiegen, die können sich im Geröllfeld des Gletscherflusses nur mühsam selbst fortbewegen. Der Aufstieg zum Basislager beginnt. Es scheint anfangs fast senkrecht nach oben zu gehen. Die Pferde werden geführt, ihr Kopf streckenweise mit dem Zügel nach unten gezogen, so steil sind die ersten Minuten. Die Lungen pfeifen, und voll Ärger denke ich an all die bei meinem ersten Besuch vor knapp zwei Jahren gefaßten Vorsätze: sechs Wochen vorher keine Pfeife mehr, einige Kilo abspecken, täglich Gymnastik und Radfahren, Schwimmen und regelmäßig Sauna. Zu spät!

Nach einer Stunde erreichten wir, weit über der Baumgrenze, den Bergsattel. In der Mitte stand unsere primitive Hütte, ein Bretterverschlag von 3 x 4 m, durch eine Holzwand in zwei Abteile getrennt.

Früh am Nachmittag legt sich bereits eine tiefe Dämmerung über uns; vom Gletscher bläst ein eisiger Wind. Die verdorrten Gräser und Farne sind mit Eisreif überzogen, die Temperatur liegt jetzt bei −5°C. Wir verzichten auf warmen Tee, da uns ein offenes Feuer oder sein Rauch den Steinböcken verraten könnte. Weit oben, im letzten Abendlicht, entdecken wir ein ruhig äsendes Rudel von über 20 Turen; Ziegen mit ihrem kurzen, 25 cm langen säbelartig nach hinten gebogenen Horn und Kitze – wenn das kein gutes Vorzeichen ist!

Zwei große Turpopulationen

Es drängt sich in dieser Umgebung zwangsläufig die Frage auf, ob nicht auch im weitläufigen Hochland des Kaukasus eine Wiege der für das Leben im rauhen Gebirge und für große Höhen adaptierten „Ziegenartigen", der „Caprinae", stand?

Die Ture unterscheidet man in den Westkaukasischen Steinbock/Kuban-Tur (Capra ibex servetzovi) und den Ostkaukasischen Steinbock/Dagestanischen Tur (Capra ibex cylindricornis). Bereits im Jahr 1783 bezeichnete der Zoologe Güldenstädt das Turwild als Capra caucasica. Ich entsann mich der bei Raffael Kapharov erfragten Zahlen über die Gesamtpopulation an Turwild. Die letzten Zählungen vom Helikopter aus bestätigten übrigens den beiden Turgebieten im Kaukasus ausgezeichnete Bestände. In Nordossetien wurde ein Gesamtbestand von 1200 Stück festgestellt, davon 200 über sieben Jahre alte, d. h. jagdbare Steinböcke, die Hälfte davon Medaillentrophäen, von denen jährlich etwa 30 bis 35 zu Strecke kommen.

In Aserbeidschan, der anderen Turheimat, wurde ein Gesamtbestand von 3000 Stück Wild gezählt, davon 500 über sieben Jahre alte Steinböcke, davon wiederum die Hälfte Medaillentrophäen, von denen jährlich 60 bis 75 Böcke erlegt werden. Im übrigen liegt die Erfolgsquote auf Ture hier bei gut 75 %, wobei jeder zweite Jäger, meist Nordamerikaner, zunehmend aber auch Franzosen, Deutsche und Österreicher, nicht nur eine Trophäe erbeutet.

Damit sind die Bestände langfristig gesichert. Natürliche Feinde sind heute Wolf, Luchs, Steinadler, Lämmergeier, Bär und Fuchs, vor allem aber Steinschlag und Lawinen.

Vor der Jahrhundertwende durchstreiften noch der Panther, der Tiger (ein Tigerschädel im Tifliser Museum ist um 2 cm länger als der größte von 300 bengalischen Tigerschädeln im Britischen Museum) und die gestreifte Hyäne die rauhe Bergwelt des Kaukasus.

Diese beachtlichen Turbestände sind das Ergebnis einer konsequenten Jagd- und Wildbewirtschaftung, wie sie überall und auf jede

Wildart der UdSSR in den letzten 20 Jahren von den Verantwortlichen betrieben und durchgehalten wurde.

1911 hat die Deutsche Jägerzeitung bereits von „. . . wunderbarem Wildreichtum" und von einer Jagd berichtet, die der Großfürst Sergius Michailowitsch mit einigen ausländischen Gästen in seinem kaukasischen Revier veranstaltete. Danach wurden im ersten Treiben erlegt: außer vielen Hirschen und Rehen 14 Steinböcke, 32 Gemsen, ein Bär und ein Luchs. Berichtet wird auch vom begehrten Kaukasischen Edelhirsch (Cervus elaphus maral), für den seit 1981 jährlich wieder vier Lizenzen zur Verfügung stehen! Mein Freund konnte übrigens einige Tage später, tiefer unten in den bewaldeten Vorbergen, einen kapitalen 14Ender mit 11 kg Geweihgewicht zur Strecke bringen. Eine Traumtrophäe!

Vor der Jahrhundertwende gab es auch noch den Kaukasischen Wisent, von dem der bekannte Erforscher des Kaukasus, Gustav Radde, im Sommer 1895 noch 17 Stück in drei Rudeln beobachtete. Dieses Wildrind ist vor etwa 65 Jahren ausgestorben.

Mit dem Gedanken, daß damit auch für uns eine ordentliche Trophäe übrig sein müßte, ziehen wir uns bald in die wie immer etwas zu engen, aber wohligen Schlafsäcke zurück, vor uns eine viel zu lange und unruhige Nacht.

Die ossetischen Freunde legten sich, bedeckt von der malerischen Burka, auf das Graslager im Nebenraum. Unter ihnen übrigens der bärenstarke und in Ossetien angesehenste Jäger Dimitrij Kudrijew, der schon über 50 Wölfe und gut 300 Steinböcke aus den Bergen holte. Inzwischen sinkt die Außentemperatur auf unter −10 °C.

Die Ausrüstung zählt

Was uns beim ersten Morgengrauen als Neuschnee mit der Konsequenz „Abbruch der Jagd" großen Schrecken einjagt, ist Gott sei Dank nur ein fingerdicker Rauhreif. Die Karmadonschlucht, weit unter uns, ist von dichtem Nebel erfüllt, aber auf den Bergspitzen zeigt sich bereits das erste zaghafte Sonnenlicht. Das bedeutet Aufbruch. Um sechs Uhr früh

Zwischen Felsblöcken finden die Elbrusschafe noch die letzten saftigen Gräser

geht es ohne Frühstück – der leere Magen erweist sich bei der anschließenden Rackerei in den Berghängen als äußerst vorteilhaft –, nur mit dem Allernötigsten in den Taschen (zehn Schuß Munition, ungeschwefeltes Trockenobst, Kamera, Grödeleisen für plötzlich auftretenden Eisregen, einige Eukalyptus), gleich vom Basislager ziemlich steil weg, jedoch langsam und mit immer wieder kurzen Verschnaufpausen. Einige Stunden Aufstieg durch zerklüftete Felspartien, zerbröckelnden Basalt, über ausgetrocknete Graspolster und abrutschende Geröllhalden stehen auf unserem Programm.

Die halbschweren, überknöchelhohen Bergschuhe geben Halt und Sicherheit, der hangseitig eingesetzte Bergstock entlastet die Beine. Es geht besser voran, als ich zunächst dachte. Oft weichen wir den zu spiegelglatten Eisflächen erstarrten Berg- und Gletscherrinnsalen aus; wer darauf ausrutscht, findet bei diesem Gefälle keinen Halt mehr.

Die kameradschaftlichen Osseten lassen uns nicht aus den Augen. Jeder Handgriff im lockeren Gestein wird von ihnen beobachtet, bei etwas gewagteren Durchquerungen nehmen sie uns auch mal die „Puschka" ab. Sie erinnern mich an den berühmten und von ihnen immer noch verehrten ossetischen „Riesen" den 2,10 m großen, 215 kg schweren Bola Kanukow, dem seine Landsleute um die Jahrhundertwende den Namen des Gletschers Kaspek gaben und den die besten Ringer des In- und Auslands nicht auf die Matte legen konnten.

Es ist uns eine Genugtuung, daß auch die Einheimischen schwitzen und allmählich Kleidungsballast abwerfen. Hier erweist sich der Parka mit Kapuze und dem jederzeit ein- und ausknöpfbaren Futter als ideal. Die elastische Kletterhose mit Gummiträgern, ohne beengenden Gürtel, mit Klettverschlüssen an allen Taschen und der im Rücken nach oben angesetzten, vor Unterkühlung schützenden Verlängerung bewährt sich erneut. Wollhaube und die dünnen Handschuhe wandern bald in den Mantel.

Trotz der Steigung geht es zügig voran. Sergej, von mir später mit dem Ehrentitel „Alter Fuchs" bedacht, motiviert uns bei jeder größeren Rast. Er zeigt, wo – neben den vielen erfolgreichen Jägern – vor Jahresfrist zwei Italiener das Handtuch warfen, wo ein Amerikaner, vor Jahren ein Deutscher, hängen blieben, wo zuletzt ein Österreicher umkehrte, während sein Freund 100 m weiter oben eine phantastische Trophäe erbeutete. Das ölt die Knochen und hält die Sinne wach! Wir haben die Dreitausendermarke längst hinter uns, kein Anzeichen der Höhenkrankheit! Immer wieder der vorsichtige Blick durch das kleine 10 x 40-Glas nach oben. Immer die Hoffnung, „ . . . bei diesem günstigen Wind könnte doch . . .!", aber so recht glaubt von uns keiner an so einen Dusel.

Hornkreise, schwer wie ein Rehbock
Nach gut vier Stunden sind wir auf etwa 3500 m Höhe. Der Aufstieg ist geschafft. Die beiden Gruppen trennen sich, unsere Begleiter bleiben zurück. Sergej und ich sitzen am Rande eines gewaltigen vegetationslosen Bergkessels, gedeckt durch den in der Mitte eines Geröllfeldes aufragenden flachen Felsgrat. Der Alte hofft, daß das Steinwild um die Mittagszeit aus den Schattenhängen im Norden tiefer in die Sonnenseiten einwechselt und bedeutet mir, daß hier seit Jahren ein Rudel sehr alter Böcke zieht, vorsichtig und schlau, aber nicht unbezwingbar.

Die von ihm in der Luft beschriebenen Hornkreise und Basisstärken ließen mich zweifeln, wenn ich nicht wüßte, daß der Tur tatsächlich die dicksten, im Querschnitt fast runden Hörner hat, die ähnlich den Hörnern der Wildschafe gedreht sein können und bis zu 16 kg wiegen, d. h. das Gewicht eines recht ordentlichen Rehbocks erreichen. Bei einer Widerristhöhe von über 1 m und dem Gewicht von 120 kg und mehr sind die „Kaukasier" die mit Abstand stärksten der vier Wildziegen-Hauptarten. Weder der Iberische Steinbock noch die Bezoarziege, weder die Schraubenhornziege (Markhor) noch der Alpensteinbock, zu dessen Unterart die Wissenschaft die Ture zählt, erreichen diese an Gewicht, Hornmaß und Größe. Und all diese Ziegenartigen schmückt, den Alpensteinbock nur ausnahmsweise, ein stattlicher Bart.

Dies alles bekümmert den „alten Fuchs" nicht. Er kaut Lawasch, seinen ossetischen Weißbrotfladen, und reicht mir dann und wann einen süßen Keks, immer mit der ehrfürchtigen Bemerkung: „Kommt aus Moskau!"
Über uns kreist, schier im Äther verloren, ein halbes Dutzend Adler, und nach gut zwei Stunden Ansitz ziehen in breit ausgefächerter Formation weit über uns, durch ihr monotones Geschnatter schon von ferne vernehmbar, Gänse auf dem Flug in die südlichen Gefilde Transkaukasiens.
Nach hartem Abstieg erreichen wir das Lager. Aus Schaschlik – darin sind die Bergbewohner Kaukasiens ja Meister – wird heute nichts. Es fehlen uns die Filets. Vielleicht morgen! Heute nehmen wir mit Kommißbrot, kaltem Rindfleisch, Eiern und Schafskäse vorlieb. Das klare Gletscherwasser hält notgedrungen unsere Sinne klar und nüchtern – der Wodka ist tatsächlich im Jagdhaus geblieben. Sergej verteilt später noch an seine ossetischen Freunde einige Stücke groben Würfelzucker als Nachtisch, vermutlich Vorschuß auf den nächsten Tag.

Prometheus und Stalin – ein Mythos

Früh am Morgen des zweiten Tages sind wir wieder am Berg. Da kein Schuß fiel, keine Beunruhigung war, versuchen wir es erneut im Gebiet des Vortages. Nach zwei Stunden umgehen wir wieder die senkrecht aufragende riesige Felsenwand, die auf uns herabzustürzen scheint, wann immer ich an ihr hinaufblikke. Ob der Titane Prometheus nicht an diesen Felsen im Kaukasus geschmiedet war, wie uns die griechische Mythologie erzählt? Bestraft von Zeus, den er bei der Verteilung des Speiseopfers zwischen Menschen und Göttern übervorteilte, dem er das Feuer raubte, um es den Menschen auf die Erde zu bringen. Sind dies in hohen Lüften nicht die Adler des Zeus, die dem Titanen täglich die immer wieder nachwachsende Leber fraßen, bis ihn schließlich Herakles befreite?
Gehört dieses stolze Aufbegehren nicht zum Charakter aller Bergvölker, die sich trotz aller Bedrohungen ihre innere und äußere Freiheit

bewahrten? Im übrigen verehren die Osseten noch immer mit tiefer Zuneigung und Bewunderung jenen Josef Dschugaschwili, genannt Stalin, geboren in Gori bei Tiflis, dessen Vater Ossete und dessen Mutter Georgierin war und an den überall Denkmäler und Tafeln erinnern. Unsere Jagdbegleiter sind stolz auf ihre wilde Heimat, ihr Vaterland und ihr edles Wild. „Unsere Steinböcke sind des ossetischen Jagdgotts Awschati stolze Söhne, wir lieben sie", wird Sergej am nächsten Tag, nach erfolgreicher Jagd, am offenen Feuer sagen und dabei ohne Pathos das kleine, mit Sprit gefüllte Bockshörnlein in die sternenklare Nacht hinaushalten und uns zutrinken. Mystik, Mythos, Symbolik – Reflexionen in einigen tausend Meter Höhe, mit einer modernen Mauser 66 auf dem Rücken, ausgeliefert der Gunst Awschatis und der Erfahrung des alten Sergej.

„Popal! Bravo!"

Immer wieder finden wir fingerhutgroßen, hellblau leuchtenden Enzian sowie frische Losung des Turwildes und der haselhuhnähnlichen Steinhühner, die einige Male vor uns – auch noch in über 3000 m Höhe – mit aufgeregtem, von mir gar nicht geschätztem „Brrr, Brrr, Brrr" abschwirren. Immer wieder hören wir in der Ferne das dumpfe Grollen und Donnern von in der Mittagssonne abgehenden Gletscherlawinen. Sonst kein Laut! Kurz vor Mittag beziehen wir wieder Position hinter dem flachen Felsenkamm, inmitten eines bizarr von

Weit oben, wo die Wolken hängen, zieht das Turwild seine Fährte

Felswänden begrenzten Amphitheaters. Raffael Kapharov meinte vor Tagen, daß das Turwild im Vergleich zur Gams zwar wesentlich besser klettern und sich in noch unwirtlichere Gegenden zurückziehen könne, im übrigen aber schwerfälliger und lässiger gegenüber Gefahr sei, sein Reaktions- und Fluchtverhalten auch weniger schnell und entschlossen seien. Warten wir es ab!
Etwa eine Stunde später vernehme ich in der sonnigen Südseite des Nordkammes ein unüberhörbares Rieseln und dann polterndem Steinschlag. Nur jetzt nichts mehr vergrämen! Vorsichtig spähe ich über unsere Deckung. Das Herz schlägt bis zum Hals: In etwa 250 m Entfernung zieht langsam von oben, hintereinander, fast im Stechschritt, ein Rudel von sechs unglaublich starken Steinböcken in die vor uns liegende Wand.
Schnell erfaßt das zehnfache Zielfernrohr den vierten, den stärksten Hornträger, der mir in seinem braungelben Tarnkleid für kurze Augenblicke immer wieder aus der Optik kommt. Halbspitz von vorne, leistet das 9,1-g-Nosler-Geschoß meiner 7 mm S.E. ganze Arbeit. Es reißt den alten Steinbock glatt aus der Wand. Ich sehe noch, wie er auf die Geröllhalde fällt und dann in rasender Fahrt, sich mehrmals überschlagend, nach unten wegrutscht. Sergej aber, der nun die Führung wieder voll übernimmt, deutet auf das quer von uns

wegpreschende Rudel und haspelt in größter Aufregung: „Groß, groß Tur!" Das Zehnfache zeigt mir den stärksten Recken am Ende des Trupps. Das wuchtige, kreisförmige Horn liegt auf der Mitte seines Rückens, als er in kraftvoller Flucht nach oben strebt, um den rettenden Grat zu erreichen. Laut prasseln Steinlawinen in die Tiefe.

Während das Echo des ersten Schusses in immer entfernteren Seitentälern verebbt, ist die zweite Kugel längst repetiert. Das Fadenkreuz heftet sich auf den nach oben wegdrängenden alten Kämpen. Er wird mir nicht entkommen! Auf meine Büchse, auf diese Patrone ist auch in 3600 m Höhe Verlaß. Das Teilmantelgeschoß faßt den Steinbock, quasi in letzter Sekunde vor dem ihn rettenden Bergkamm halbspitz von hinten und nimmt ihm das Leben. Es zwingt ihn in den kalten, steinigen Abgrund, auf dem bereits die grauen Schatten des nahen Abends liegen. Er geht auf die große Fahrt über den breiten Fluß, wie alle Osseten, deren Totenkult in den ossetischen Totenstädten hiervon noch heute Zeugnis gibt. „Popal, bravo! Getroffen, bravo!", schreit Sergej und findet kein Ende, unserer gemeinsamen Freude über so viel Waidmannsheil auf seine Art Ausdruck zu verleihen.

Hart errungene Beute

Während wir mit den inzwischen nachgerückten beiden Begleitern mühevoll das etwa 200 m breite, fließende Geröllfeld überqueren, ohne daß ein weiterer Schuß fällt, denke ich mit Bedauern an meinen Freund, dem dieses in Trab gebrachte Rudel eigentlich hätte zustehen müssen.

Dann halte ich das trutzige Haupt mit dem wuchtigen Horn des zuletzt erlegten Steinbocks in Händen: geschundene Hornkreise, jeder knapp 1 m lang, die Basis nur mit zwei Händen zu umfassen, mit Rissen und Schrunden, urzeitlich wie Fossilien. Wie viele Stürze und Steinschläge, harte Kämpfe gegen reißendes Raubwild und Rivalen während der Brunft – von Mitte November bis Mitte Januar – haben diese schwarzgrauen Hornbögen, von gewaltigen Muskelpaketen, starken Sprunggelenken

und klotzigen Schalen getragen, wohl schon bestanden?

Das sind wahrhaftig die stolzen Söhne des Kaukasus!

Ich erinnere mich einer Schilderung im vergilbten Sammelband der Deutschen Jägerzeitung von 1914 über den „Kaukasischen Pallas – oder Rundhorn-Steinbock", worin begeistert berichtet wird: „ . . . der Kaukasus ist zweifellos eines der reichsten Jagdgebiete der Welt . . . die interessanteste, aber auch beschwerlichste Jagd ist die auf den Steinbock . . . seine prachtvollen Hörner sind als beliebteste Zierde hier fast in jedem Hause zu finden. Viel Geduld und Zähigkeit ist zu der Jagd erforderlich."

Während die ossetischen Jagdfreunde die beiden Steinböcke am Fuß der Geröllhalde zusammenziehen, fühle ich mich, wie immer in den ersten Minuten, wenn das letzte Leben des gestreckten Wildes verrinnt, innerlich leer und ausgebrannt. Erst allmählich weichen die leise Trauer und der verhaltene Vorwurf von Anmaßung und Maßlosigkeit einer unbändigen

Jagd vorbei! Lange Schatten liegen bereits auf den Schutthängen

Freude über diesen jagdlichen Erfolg. Ich hatte mich dieser Herausforderung gestellt, sie mit zusammengebissenen Zähnen angenommen und durchgestanden. Awschati und den auch hier gnädigen St. Hubertus zumindest scheint das überzeugt zu haben.

Ein besonderer Rekord

Der Abtransport ist lang und schwierig. Die beiden Steinböcke – Sergej zählt beim stärkeren 16, beim zuerst erlegten Widder 19 Jahresringe – wiegen aufgebrochen noch gut 100 kg. Sie werden, nachdem die Bauchöffnung mit dünnem Darm wieder vernäht ist, gezogen und gestoßen, sie stürzen oft bis zu 20 m, sich teilweise überschlagend, in die Tiefe. Sie überstehen diese nicht anders durchführbare, von mir mit Sorge betrachtete schlimme Bringung dank ihres über 3 cm dichten Winterhaares ohne die geringste Beschädigung.

Im Verlauf des mehrstündigen Rückmarsches zum Ausgangspunkt, an dem der Geländewagen des Forstamtes zu unserer Sicherheit täglich von früh bis abends wartete, ging ich hinter den auf den Pferden verzurrten Steinböcken und genoß mit jedem Blick auf die schaukelnden Trophäen mein Waidmannsheil. Das Glück war voll, als sich Direktor Kupejew im Anschluß an eine ausgesprochen großzügige Bewertung der Trophäen mit feierlicher Miene aus der Bewertungskommission, der immer auch der Erleger angehört, erhob. Er schloß seinen Glückwunsch zu den beiden Tur-Goldmedaillen – Prämierungen sind einem während der Jagd zunächst gleichgültig, freuen einen später dann aber doch! – mit dem Hinweis, daß in diesem Gebiet ein Gastjäger zum erstenmal zwei Goldmedaillen auf den Tur erbeutete! Dies wurde dann auch mit trockenem georgischem Wein, saftigem Ziegenbraten, flockigem Schafskäse und jeder Menge Wodka gebührend gefeiert.

„Spassibo und do swidanija, kawkaskije drusja!"

Vielen Dank und auf Wiedersehen, kaukasische Jäger! Vor allem dir, Sergej, „alter Fuchs"!

Der „Silvertip" vom Sheep Creek

Bereits zum zweitenmal sahen die „Wrangler", jene verwegenen Pferdeburschen, welche täglich in aller Herrgottsfrühe die über Nacht frei in der Buschlandschaft weidenden Pferde ins Hauptcamp zurücktreiben, nahe dem Sheep Creek die Fährten eines „riesigen" Grizzlys.

Ich blieb den Meldungen gegenüber skeptisch. Die aufgeregte Beschreibung dieser „Bärenhandschrift" erinnerte mich zu sehr an meine Jagdgenossen zu Hause, die dann und wann einen ganz kapitalen Rehbock vermelden, der sich in der Folge aber meist als gar nicht so kapital erweist.

Warum sollte es in Alaska anders sein? Gilt nicht gerade in der Wildnis die alte Jägerweisheit, daß starkes Wild alt und heimlich und selten ist, wie überall auf diesem Erdball? Hinzu kommt, daß Doug, Master Guide mit nahezu 30 Alaska-Jagdjahren und ein ausgefuchster Kenner dieser Gegend, der Erzählung ebenso mißtraute und deshalb auf einen zweistündigen Ritt zur Überprüfung dieser „Story" verzichtete – leider, wie sich später herausstellen sollte. Nach seiner Meinung finden jetzt, Anfang September, zu Beginn der dreiwöchigen Schußzeit, die Pelzträger noch viel zu viele Beeren in den Bergen. Was sollte sie da in die Täler locken?

Doug gibt der Grizzlyjagd an meinem vor einigen Tagen gestreckten Elch erheblich mehr Erfolgschancen. Er konnte wegen der einbrechenden Dunkelheit nicht mehr geborgen werden, und sein abgeschärftes Haupt wurde zum Schutz vor Bären und Wölfen nach einer argen Schinderei 3 m hoch in einer Kiefer vertaut in Sicherheit gebracht.

Nach dem Abendessen, während undurchdringlicher Nebel über die neuschneebedeckte Landschaft fällt, sitzen wir wie immer in der geräumigen, von einem bulligen Yukon-Ofen gemütlich erwärmten Blockhütte. In Erwartung der bei Morgengrauen angesetzten Grizzlyjagd, bei gleichzeitiger Bergung des etwa 500 kg schweren Elchs, wozu zwei Packpferde mitgenommen werden müssen, dreht sich das Gespräch ausschließlich um den „Grauen". Edsel, ein Sojabohnenfarmer aus Oklahoma,

der seit über zehn Jahren zur Jagd in die Wrangell Mountains kommt, ist ein Profi. Er erzählt mit unverhohlener Hochachtung von seinen Begegnungen und Erfahrungen mit diesem Wild. Da bleibt einiges hängen. „Paß auf, daß du in freier Wildbahn nie zwischen eine Bärin und ihre Jungen gerätst", warnt er und schildert dann anschaulich sein Erlebnis, wie ein starker Grizzly auf einer Kurzstrecke von 100 m in 2 – 3 m langen Sätzen mit einem Karibu mithielt und dieses mit einem Prankenschlag in voller Flucht streckte. Die Berichte über nächtliche Besuche dieser unheimlichen Burschen im Camp, angelockt durch das „Meathouse" mit seinen zur Trocknung aufgehängten Elch-, Dallschaf- und Karibuvierteln, machen meinen kurzen Weg gegen Mitternacht von der „Trophy hall" zur kleinen Blockhütte am äußersten Rande des Hauptcamps bei völliger Dunkelheit zu einem Naturerlebnis besonderer Art.

Grizzlys sind unberechenbar

Im Gegensatz zum Küstenbraunbär und seinem großen Bruder, dem Kodiakbären, ist der Inlandgrizzly zwar wegen des geringen Nahrungsangebotes (es fehlen ihm die fetten

Fische der meeresnahen Gebiete und die Lachsströme!) etwas kleiner, flößt jedoch dem Alasker – und nicht nur diesem, wie ich vorherschicken möchte – heiligen Respekt ein. Bis knapp 3 m aufrecht stehend und fünf bis sechs Zentner schwer, ist dieser ungesellige Einzelgänger, mit zunehmendem Alter von Kampfnarben mit Artgenossen gezeichnet und doppelt gewitzt, das anerkannt stärkste Tier dieser Wildnis. Frei von jeder instinktiven Angst und ausgestattet mit beachtlicher Intelligenz, bleibt der Grizzly eine echte Herausforderung für den Jäger.

„Das einzig Berechenbare an ihm ist seine Unberechenbarkeit", meint mein Guide Bob, sicherlich kein Zauberer, während des dreistündigen Ritts zum „Elchkill".

Wir kreuzen häufig Fährten von Elchwild, Schneehasen und Timberwölfen. Die Stille wird nur durchbrochen vom düsteren Schrei kreisender Kolkraben. Als sich die unheimlichen Rufe dieser schwarzen, auch in Alaska ganzjährig geschonten Vögel verstärken, steigen wir vom Pferd. Wir sind in der Nähe des gestreckten Elchs und pirschen uns bei gutem Wind mit entsicherten Waffen und größter Vorsicht voran. Die Gefahr, daß sich zwischenzeitlich ein Bär in nächster Nähe eingeschoben hat, um seine Beute gegen anderes Raubwild, insbesondere Wölfe, zu verteidigen, ist groß. Unachtsamkeit könnte verhängnisvolle Folgen haben.

Und dann bestätigt sich Bobs Vermutung. Knapp 100 m von uns entfernt beschäftigt sich ein rotbrauner Grizzly mit einer Anhäufung von Laub und Zweigen: sichtbare Tarnung und Inbesitznahme des gefallenen Wildes, dessen Hautgoût für Bären eine echte Delikatesse darstellt!

Mit sechs Fuß noch zu klein

Während ich fasziniert dieses Schauspiel betrachte, flüstert Bob: „Rückzug, vorsichtig

Hier haben Streß und alle Zivilisation auch heutzutage noch ein Ende. Ein solches Traumrevier in Alaska macht diesem Brocken so schnell wohl niemand streitig

Ende August. Überraschender Neuschnee erschwert die Pirsch im Timber

und leise!'' Der Bär ist ihm zu jung und mit nur knapp sechs Fuß, das sind 180 cm, zu klein – was ich in diesem Augenblick, so nahe und in bester Schußposition, am liebsten nicht wahrhaben möchte. Nach einem Warnschuß aus sicherer Entfernung zieht sich der Grizzly schließlich widerwillig ins dichtere Unterholz zurück.

Zwei Stunden später ist der Elch zerwirkt. Mit seinem Wildpret und dem aus luftiger Höhe geborgenen kapitalen Elchhaupt auf den drei Packpferden geht es zurück ins Hauptcamp. Am Spätnachmittag angekommen, erwartet uns Doug bereits mit der Nachricht, daß er sich trotz der Skepsis des Vortages am frühen Morgen die inzwischen einige Tage alten Trittsiegel des ,,Pferdeburschenbären'' angesehen habe. Er meint, dieser sei sicherlich über sieben Fuß groß, und zwinkert mir dabei vielsagend zu.

Nun kam also meine Stunde!

Bei Morgengrauen geht es zunächst mit kleinerem Packzug, mit nur einem zusätzlichen Packpferd, zum zwei Reitstunden entfernten Sheep Creek. Dort, wo das kilometerbreite Geröllbett des Flusses langsam aus der Ebene durch dichten Baumbestand in die bereits stark verschneite Bergregion ansteigt, an der ,,Timber line'' (Baumgrenze), müßte sich der Bär herumtreiben. Bob vermutet den ,,Greulichen'' einige Meilen weiter entfernt im meterhohen,

dichten Buschwerk der Vorberge, wo ihm trotz Neuschnees mit Sicherheit noch reichlich Beerennahrung zur Verfügung steht. Sie macht sein Wildpret übrigens recht begehrt, sofern er nicht, was häufig vorkommt, von Trichinen befallen ist.

Drei Stunden sind inzwischen verstrichen. Wir haben eben bei leichtem Schneefall erneut das inzwischen enger gewordene Geröllfeld des Sheep Creek überquert, als ich wie vom Blitz

Dieser Koloß aus Muskeln und Pelz ist frei von instinktiver Angst

getroffen aus meinem Trott gerissen werde. Vor uns steht urplötzlich, durch uns überrascht und kaum 30 m entfernt, drohend hoch aufgerichtet, seine mächtigen Vorderarme nach unten abgewinkelt, ein fast schwarzer Grizzly. Er überragt das Buschwerk gut 1 ½ m, äugt in unsere Richtung und versucht, mit unbestimmtem Knurren, mit Zähneklappern, bei halbgeöffnetem Fang, Wind zu nehmen. Ursus horribilis!

Obwohl ich weiß, daß der Gesichtssinn des Grizzlys äußerst schlecht entwickelt ist, bin ich – immer noch wie angewurzelt auf dem Pferd – der festen Überzeugung, daß er uns, vor allem weil er unverwandt in unsere Richtung blickt, eräugt und Bedrohung wittert. Wir befinden uns innerhalb seiner Fluchtgrenze, ein Zusammenprall scheint unvermeidlich.

Alles weitere geht in Sekundenschnelle

Ich rutsche vom Pferd, ziehe hastig die bereits geladene Büchse aus dem Holster, drehe das Zielfernrohr auf das 1,5fache zurück und versuche, mein unruhig werdendes Pferd an einem Ast festzubinden. Bob, die Waffe im Anschlag, läßt das schwarze Ungetüm vor uns nicht aus den Augen. Mir wird erstmals verständlich, weshalb bei der Jagd auf Grizzlys aus Sicherheitsgründen zwei Gewehre Vorschrift sind. Mit größter Konzentration beobachten wir jeden Strauch, wohl wissend um das feine Gehör des Bären und bewußt der alten Erfahrung, daß derjenige alle Trümpfe in der Hand hält, der den anderen zuerst sieht.

Lautlos, wie sich unser unheimliches Gegenüber aus dem Buschwerk aufrichtete, ist es plötzlich wieder im dichten Strauchwerk untergetaucht. Schritt für Schritt pirschen und drücken wir uns, Schulter an Schulter, durch die unangenehm dichte und verfilzte Buschvegetation. Ich spüre dieses schwere Wild förmlich in meiner Nähe.

Der schnelle Atem Bobs verrät mir seine ebenfalls starke Anspannung. Wo steckt der Bursche? Ich erwarte jede Sekunde, daß sich der Grizzly wiederum in nächster Nähe vor uns aufrichtet. Die 9,3 × 74 Teilmantel gibt mir Selbstvertrauen. Ich weiß, ein abgezirkelter Schuß in die Mitte der fiktiven Linie zwischen beiden Brustwarzen stoppt jeden Angriff. Er sitzt im Leben und vereitelt gleichzeitig den Einsatz der gefährlichsten Waffe des Bären, die Sprunggewalt der mächtigen Muskelpakete seiner Vorderpranken. Deshalb auch, so Bob mehrmals, kein Schuß aufs Haupt, keine Kugel aufs Blatt, wenn der Bär breit steht! Nur ein gezielter Schuß auf die Schulterblätter streckt dieses Großwild und verhindert den unter Umständen noch über 20 m und mehr vorgetragenen Angriff eines bereits todkranken Sohlengängers.

All das jagt durch meinen Kopf, als sich der Bär erneut, diesmal noch näher als vorher, kurz aufrichtet, in der Luft mit drohendem Knurren nach uns schlägt und unglaublich behende wieder im Buschwerk eintaucht. Sekunden später schiebt sich, jetzt rechts von uns, keinesfalls flüchtig, sondern in der Absicht, uns zu umgehen und in guten Wind zu kommen, sein über dem Rücken und den muskelbepackten Schultern mächtig gewölbter Widerrist vorsichtig aus der kleinen Mulde heraus auf uns zu. Mit lautem Mündungsknall bohrt sich das 19,5-g-Geschoß neben sein rechtes Schulterblatt. Schwer getroffen dreht sich der Brocken Pelz und Muskeln halb um seine eigene Achse und stürzt, uns zugewandt, zurück in die kleine Mulde.

Beim Versuch, sich zu erheben, befördert ihn die zweite Kugel, knapp hinter dem mächtigen Schädel zwischen die Schultern angetragen, in den ewigen Bärenhimmel. Als wir uns langsam nähern, geht nur noch ein leises Zittern durch den mächtigen Körper.

Nach Minuten wortlosen Staunens und allmählich nachlassender Anspannung stehe ich vor dem im dichten Busch verendeten Wild. Bob gratuliert mir zufrieden mit einem kräftigen Schlag auf die Schulter. Er schätzt den Bären auf mindestens 250 kg. Das Bandmaß zeigt 225 cm; drohend aufgerichtet waren das gut 2½ m. Lächelnd sagt er: „That was a close shave" (Das war eine nahe Rasur!), nachdem wir nach kurzer Zigarettenpause knappe 15 Schritt Schußentfernung abgeschritten haben, und: „Womit hast du das verdient? Ein „Silvertip-Grizzly!'"

Erst jetzt wird mir das ganze Jagdglück bewußt. Das wohl 7 cm lange, geschmeidige Fell ist nahezu schwarz und zeigt weißliche Spitzen an den Grannenhaaren, vergleichbar einem alten Keiler. Bob grinst begeistert. Er sagt mir, daß die Grizzlydecke in der Regel von blond über rostrot bis kakaobraun gefärbt ist und ein „Silvertip" die begehrteste Farbgebung sei, die dem Grizzly, dem „Grauen", im

Sind das Pranken! Messerscharf, die bernsteinfarbenen Krallen

übrigen den Namen gegeben habe. Gedankenverloren betrachte ich das bis heute für mich fremde Wild, während Bob mit größter Sorgfalt – und da läßt er sich nicht helfen – fast vier Stunden lang den Siebeneinhalb-Fuß-Bären aus der Decke schlägt; mit seinem makellosen Gebiß, den mächtigen, dick gepolsterten Tatzen und seinen herrlichen, fast 10 cm langen bernsteinfarbenen Krallen.

Roosevelts Teddybär

Während wir bei starkem Schneetreiben das Wildpret und den fachkundig abgeschärften Pelz mit dem klobigen Haupt auf dem Packpferd „Luc" verstauen, meint Bob: „Mit diesem zehnjährigen ‚Teddy' kannst du zufrieden sein." Er erzählt mir dann, wie es eigentlich zu diesem Namen kam: Die Story geht, so Bob, auf US-Präsident Theodore („Teddy") Roosevelt zurück, der während eines Jagdausflugs um die Jahrhundertwende bei einem geringen Grizzly den Finger gerade ließ. Zum Leidwesen seines einheimischen Jägers, der das am Abend im Hauptcamp allen anwesenden Freunden und Journalisten mit der etwas abschätzigen Bemerkung zum Besten gab: „Den lassen wir auch in Zukunft laufen, der bleibt Teddys Bär."

Für einen geschäftstüchtigen Fabrikanten war es dann nur noch eine Kleinigkeit, Teddys Bären als „Teddybär", als putziges Kuscheltier mit Wuschelohren und in Plüsch verpackt, unter die Leute zu bringen.

Amerikanische Sentimentalität, Wahrheit, Jägerlatein oder geschickte Publicity? Jedenfalls eine sympathische Anekdote, die zu den Gefühlen und Gedanken paßt, als ich mit zufriedenem Blick auf meine Trophäe hinter dem Packpferd zurück ins Hauptcamp reite. Ich denke dabei, besonders wegen Bobs Bedauern über die zunehmenden Schutz- und Bejagungsverbote in Alaska, mit etwas Wehmut an die zu schnell verflossenen Tage und an den Rückflug nach Europa am übernächsten Tag, mit einem echten „Teddy" an Bord, den die Alasker einen unberechenbaren Einzelgänger nennen und mit großem Respekt bejagen.

Rastgele, Bezoar!

Es begann in aller Frühe recht aufregend und spannend. Die Fahrt im Minibus vom exklusiven Talya Hotel in Antalya, dem südlichen Fremdenverkehrszentrum der Türkei, dauerte eine knappe Stunde, dann waren wir bei völliger Dunkelheit im Verwaltungsgebäude des Termessos-Nationalparks. Zu unserer Überraschung erwartete uns, die erste Gruppe von Jägern seit 15 Jahren, in aller Herrgottsfrühe bereits das türkische Fernsehen. Nach einem freundlichen „Merhaba" (Guten Morgen!) waren wir schnell von unserem deutschsprechenden türkischen Begleiter den uniformierten Wildhütern und dem verantwortlichen Chef für Wild und Jagd in den 82 türkischen Wildschutzgebieten vorgestellt. Er war eigens aus Ankara angereist und hatte seit fast einer Woche die bevorstehende Jagd mit seinen Mitarbeitern durchgesprochen und für uns organisiert.

Einst gefährdet – jetzt bejagbar

Nicht ohne Stolz erläuterte der Wildlife-Direktor Größe, Beschaffenheit und Wildbestand des vor 15 Jahren geschaffenen 14 000 ha großen Nationalparks. Nachdem durch konsequente Hege und ständige Ausweitung der Schutzflächen die Bezoarpopulation von 200 auf heute 6000 Stück angewachsen ist, beschloß das Ministerium die Freigabe von 600 Kopf Bezoarsteinwild, davon 60–80 Böcke ab fünf Jahre. Kartenausschnitte und Grafiken an der Wand, Bezoargehörne und Decken jeglicher Größe und Färbung sowie Großaufnahmen dienten unserer Unterrichtung. Fachkundig und in perfektem Deutsch erläuterte der „oberste Jagdherr" sein Bejagungskonzept. Die Jagd sollte jeweils mit einem Wildhüter und zwei Trägern täglich in einem anderen der drei ausgewählten Revierteile stattfinden, wodurch ein Mindestmaß von Beunruhigung, vor allem durch Schüsse, gewährleistet ist. Nach einem kameradschaftlichen „Rastgele" (Waidmannsheil) begann die drei bis vier Tage dauernde Jagd auf die begehrte Trophäe des Bezoarsteinbocks. Mühsam hatte der Kleinbus die letzten erschlossenen Ausläufer des westlichen Taurus

erklommen. Unmittelbar vor uns liegen jetzt im ersten Licht dieses strahlenden Oktobermorgens die mächtigen Bergmassive des Taurus. Im Gänsemarsch arbeitet sich die kleine Jägergruppe über Stein- und Geröllhalden, durch teilweise dichtes Buschwerk an die dort vermuteten Einstände der Bezoarziegen heran. Leichtfüßig nehmen unsere Begleiter, Bauern aus den umliegenden Bergdörfern, Busch- und Steinhindernisse, umgestürzte Baumriesen und ausgetrocknete Bergbäche, zeigen grinsend auf die von plündernden Bären gebrochenen Äste eines Wildapfels und befühlen mit wahrer Begeisterung frische Bezoarlosung.

Hinter mir liegen ein zweistündiger Flug von München nach Izmir, äußerst großzügige und problemlose Einreiseformalitäten, ereignisreiche drei Tage Saujagd in Kuşadası und eine 500 km weite Autofahrt von dort, durch Steppen und ausgedörrtes Land, mit Kurzbesuchen historischer Stätten wie Ephesus und Pamukkale.

Die lichten Pinienhochwälder liegen hinter uns. Schritt für Schritt geht es dann bei zunehmender Sonneneinstrahlung durch das verfilzte Strauchwerk der Stacheleiche. Plötzlich hält Osman, der uniformierte Wildhüter, das Glas ans Auge und deutet aufgeregt in die knapp 1 km vor uns liegende steil aufragende Wand. Erst nach einigen Versuchen entdeckte ich sie auch: Drei langsam, aber zügig ziehende Steinböcke bewegen sich scheinbar mühelos senkrecht nach oben. Deutlich erkenne ich das säbelartig nach hinten gekrümmte, in Unter- und Mittelteil sanft, im Endteil schärfer und nach innen gebogene, an der Oberkante mit kantig markierten Höckern versehene Gehörn. Silbrig rehbraun mit schwarzem Aalstrich und einer schwarzen Querbinde über die Schultern, ist diese Wildziege ein gutes Stück stärker und kräftiger als unser Gamswild oder das Muffelwild.

Dieses elegante Steinwild, welches von der Türkei über den Kaukasus, über Persien bis Pakistan und Turkmenistan Verbreitung findet, läßt mich jede Strapaze der anstrengenden Jagd vergessen.

Dublette auf Bezoargeiß und Keiler

Osman deutet indes auf die Windrichtung und gibt zu verstehen, daß hier nichts zu holen ist. So streben wir weiter, einem kleinen, dem Bergmassiv vorgelagerten Felsplateau zu, welches wir nach einer guten Stunde erreichen. Weit unter uns entdecken wir im dichten, von Buschwerk bedeckten Geröllfeld immer wieder Scharwild, Geißen und Kitze, welches vor der inzwischen hoch am Himmel stehenden Sonne Schutz sucht. „Wassertemperatur 25 Grad, Lufttemperatur 35 Grad", stand gestern auf einer Tafel neben der Freiterrasse des Hotels. Nun suchen auch wir Deckung. Aus dem Schatten einer sturmzerzausten Zeder glasen wir angestrengt über und unter uns nach dem begehrten Bergwild. Die türkischen Begleiter liegen entspannt zwischen Geröll und Fels und kauen, indem sie sich mitgeführtes Quellwasser aus Plastikflaschen schmecken lassen, pfannkuchendünnes Fladenbrot mit getrocknetem Schafskäse.

Weit entfernt plötzlich das Echo eines Kugelschusses. Trotz Mittagsruhe Waidmannsheil für einen Freund unserer Gruppe!

Die Stunden verstreichen. Ständig drehender Wind verhindert, obwohl wir entfernt aus unserer Cockpitposition immer wieder ruhendes und ziehendes Bezoarwild ausmachen, daß jagdbares Wild in Schußnähe einwechselt. Während die Begleiter im Schatten der Zeder ruhen – „Kismet!" –, ist Osman, der Wildhüter, ausgesprochen unzufrieden. Kein Zweifel, dieses Wild ist äußerst sensibel gegen unsere Witterung.

In der Ferne die scharfen Silhouetten der steil zum Meer abfallenden Ausläufer des Taurusgebirges vor Augen, gibt es am Abend auf der Hotelterrasse dann allerdings einiges zu erzählen und zu begießen. Mit einer Dublette legte unser Jagdfreund aus Graz zuerst eine ca. 25 kg schwere, siebenjährige Bezoargeiß mit über 30 cm Gehörnlänge und mit einem zweiten Schuß einen im Knall hochwerdenden Keiler mit 19 cm Waffenlänge auf die Decke. Wenn das kein guter Anfang ist!

Die nächsten Tage verlaufen ähnlich. Ich sehe mehrmals Scharwild, und die Böcke sind

Im ersten Morgenlicht geht es in die wildzerklüftete Felsregion. Die türkischen Jagdfreunde sind voll Erwartung. – Kurze Rast mit der schweren Beute auf dem felsigen Schotter. Man muß schon gut bei Kräften sein für einen solchen Transport

dem Teufel zugehen…! Schon früh am Morgen stehen wir am Berg, auf dessen Grat ich am Vorabend, bewegungslos in der Dämmerung, drei kapitale Böcke sah, die uns auf große Entfernung gelassen beobachten. Als die Sonne das Felsmassiv ausleuchtet und der Wind plötzlich vom Tal über uns vorbei nach oben streicht, entschließe ich mich zu einer letzten Pirsch durch die Wand, in der Hoffnung, daß unsere Witterung die Böcke des Vortages, sofern sie noch in luftiger Höhe stehen, in Bewegung bringt.
Schweißgebadet, die Zunge klebt trocken am Gaumen, erreiche ich mit Ömer, dem wieselflinken Wildhüter von 59 Jahren, einen kleinen Felsvorsprung auf der gegenüberliegenden Seite des Kessels. Ungedeckt im karstigen Fels und noch völlig außer Atem, suche ich das Gewirr von Schroffen, Bergfalten und Steinblöcken ab. Da rieselt über uns Gestein: Bezoar! Ich reiße Ömer die Dienstmütze als Unterlage für meine Büchse vom Kopf und habe im nächsten Augenblick halb rechts, über eine kirchturmhohe Schlucht hinweg, knapp 200 m im Gegenhang, zwei vorsichtig hintereinander talwärts ziehende Bezoarböcke im Zielfernrohr, die uns sofort erspähen.
Scharf heben sich die schwarzen Hornsäbel gegen den hellgrauen Hintergrund des karstigen Felsens ab. Unschlüssig und unruhig verhofft das spitz gegen uns stehende Wild. Das Fadenkreuz des zehnfachen Zielfernrohrs steht bereits auf der Brust des ersten, des stärkeren Bocks. Im Augenblick, als mein Begleiter „Vur!" (Schießen!) hervorstößt, faßt die 7 mm S.E. v. Hofe den Träger des Schwarzmaskierten, der sich im Schuß um seine eigene Achse dreht und im Fall, mit dem Haupt voraus, halb über die Wand rutscht. Leicht zittert der spannenlange, nach vorne gebogene Bart im Wind. Nach 15 Jahren der erste kapitale Recke. „Rastgele", Waidmannsheil, der Bann ist gebrochen!

immer „Çok uzak", zu weit! Der Reiz dieser Urlandschaft und der uns stets umgebenden gewaltigen Kulisse des Taurusgebirges entschädigen jedoch für viel Schweiß und Mühe. Mythologie und Geschichte dieser Landschaft, die einsamen und legendenumwobenen Ruinen der vergessenen Bergfestung Termessos gehören zum Hintergrund dieses einzigartigen Gebietes ebenso wie die Geschichte des feuerspeienden Ungeheuers Chimera, welches in diesem Gebirgsmassiv noch hausen soll. Auch das gehört zu unserer Jagd, fernab von jedem Tourismus.

Seit 15 Jahren – der erste Bock
Unsere türkischen Begleiter beklagen die Hitze. Es fehlt ihnen der überfällige Regen. Das Bezoarwild steht ihnen zu hoch in den kühlen Winden oder zu tief in der Deckung der schattenspendenden Strauchvegetation. Die Wildhüter vertrösten uns schon auf starke Böcke während der Brunft Ende November. Das hindert mich nicht, am Ende des dritten Jagdtages – jeder unserer Gruppe kam zu Schuß, fast alle hatten Erfolg – noch einen halben Tag anzuhängen. Ein letzter Versuch. Es müßte bei diesem Wildbestand doch mit

Auf Elefanten-patrouille

„Wenn ihr den Satan seht, erlegt ihn", poltert der Game Warden mit dem exotischen Leopardenfellstreifen am verwitterten Schlapphut, als wir uns im offenen Geländewagen auf der Westpiste am Rande des Krüger-Nationalparks begegnen. Nach einigen Fragen sind wir im Bild. Der Wildhüter meint jenen unbekannten Elefanten, dessen gewaltige Trittsiegel uns bereits mehrmals in den letzten acht Tagen in Aufregung versetzten. Wahrscheinlich handelt es sich um den seit Jahren bekannten, bis heute nicht identifizierten Grenzgänger, der seine teilweise mehrwöchigen Ausflüge aus dem Reservat benutzt, um zunächst den Hauptzaun im Tangoschritt, einmal links, einmal rechts, umzudrücken und dann in unserem Safarigebiet unterzutauchen, wobei er gelegentlich Eingeborene in Angst und Schrecken versetzt. „Gestern früh hätte er beinahe zwei meiner Parkzaunmonteure auf dem Fahrrad erwischt", berichtet der Wildhüter, „und dies ist nicht der erste Fall. Jetzt reicht's!"

Der Parkbeamte bestätigt damit meinem weißen Jagdbegleiter Ken und den beiden Fährtensuchern James und Philamon – letzterer ist uns von der Verwaltung des Letaba-Safari-Reservats, das auf einer Länge von 110 km an den Krüger-Park angrenzt, als Ranger zugeteilt –, daß es sich bei dem von uns schon verschiedentlich gefährteten Koloß um einen alten Gauner handelt: „Eher 50 als 40 Jahre alt, wie seine Fährten, die riesigen Dunghaufen und sein Verhalten zeigen!"

Ein alter, etwas geheimnisvoller Elefantenbulle. Das versprach Jägerei nach meinem Geschmack. Durchaus verheißungsvoll, nach fast 25 Stunden Anreise ins nördliche Transvaal, dem einzigen Gebiet Südafrikas mit Elefantenlizenzen, in ein 150 000 ha großes Jagdgebiet, welches erst vor sechs Jahren zum „Game Reserve" (konzessioniertes Jagdgebiet) erklärt wurde.

„Gute Elefantenmedizin!"

Mißtrauisch mustert uns ein alter Afrikaner bei unserer nächtlichen Ankunft von Phalaborwa im Camp, erhebt sich umständlich von einem flackernden Holzfeuer und läßt uns erst ins fest umzäunte Hauptcamp, als er den weißen „Bass" erkannt hat.

Seesack und Gewehrkoffer sind schnell in einem der schmucken strohgedeckten „Rondalias" verstaut. Nach Ausstattung und Komfort – es gibt immerhin WC, warmes und kaltes Wasser und Feldtelefon – ist dies eher eine Bleibe für 120 statt für nur 12 Jagdtage, denke ich auf dem Weg zum Abendessen und zur ersten Lagebesprechung. Während der farbige Koch frische Avocados, Büffelsteaks, Gemüse und Fruchtsalat serviert, entwickelt Ken Ball, der in Swaziland geborene Professional Hunter, seine Pläne. Dabei wird er immer wieder vom wohligen Grunzen, Rülpsen und Blasen einer kaum 30 m von uns im ruhig vorbeifließenden Letaba River und seiner Uferwaldung äsenden Flußpferdherde unterbrochen.

Ken verwendete viel Mühe, mir anhand von Skizzen, persönlichen Erlebnissen und Schaubildern aus dem Handbuch für Großwildjäger jede nur denkbare Schußsituation auf den grauen Riesen genau zu erläutern. Wo liegt sein fußballgroßes Gehirn? Wo von der Seite oder von vorne? Wo bei einem Angriff des Elefanten mit eingerolltem oder bei hocherhobenem, trompetendem Rüssel? Es überrascht mich, wie tief und gedeckt, auf Höhe des Kniegelenkes, das Herz liegt, welche Ausmaße Lunge und Leber haben und wie hoch das Schultergelenk eines ausgewachsenen Buschelefanten (Loxodonta africana, des größten der drei afrikanischen Arten) mit 3,2 bis 3,4 m Schulterhöhe sitzt. Immer wieder Kens ernster Hinweis: Keine Routine, kein Risiko! Vor allem keine hastige, unpräzise Kugel! Brain shot (Gehirnschuß), wenn irgend möglich, und 10 m Distanz bei Abgabe des Schusses sind besser als 20 m! „Als erste Patrone Hard nose (Vollmantel), zweite Patrone Soft nose (Teilmantel)", heißt die Parole. Der Profi hält wenig von der etwas ungenauen Linie zwischen Auge und Ohr. „Suche den Ohrschlitz, und denke immer an den möglicherweise pendelnden oder nickenden Schädel eines angreifenden Dickhäuters", mahnt er mehrmals. Er spricht aus Erfahrung und nimmt dies alles verdammt genau. Ein gereizter oder angeschweißter Stoßzahnträger kann nach seiner Meinung „damned" ungemütlich werden: „Du glaubst nicht, wie schnell er auf der Hinterhand wendet. Stelle dich in diesem Falle nie hinter einen Baum, im Buschfeld geht er darüber mühelos hinweg." Das wußte übrigens schon der alte Brehm.

Der Guide vervollständigt seine Einführung in die Anatomie des größten Landsäugers am nächsten Nachmittag am Skinner-Haus, wo der in der Sonne verblichene Schädel eines vor drei Monaten erlegten Bullen liegt. Ein ideales Anschauungsmodell für den wenig erfahrenen Europäer!

Als wir am nächsten Morgen gegen vier Uhr früh bei +4 °C „winterlicher Frische" (während des Tages hatten wir in der Regel bis zu +30 °C) zur ersten Abfahrt am Rover stehen, nimmt Ken zu meiner Überraschung den Mannlicher Repetierer, Kaliber 458, den ich mir im Camp geliehen habe. Er läßt jede der drei Patronen durch seine Finger gleiten und entfernt eine .458, deren Geschoß nach mehrmaligem Probieren wackelt, mit der Bemerkung: „Durch das häufige Repetieren dieser nur selten abgefeuerten Patronen entstehen an den Hülsen meist kleinste Rillen und Stauchungen, die dann beim schnellen Durchladen im entscheidenden Moment klemmen." Respektvoll beendet er den „Waffenappell", indem er die Patrone mit dem wuchtigen 33-g-Geschoß in den Händen wiegt: „Gute Elefantenmedizin!"

Schwierige Luft- und Bodenspur

Die erste handfeste Bestätigung eines kapitalen Einzelgängers, den unsere schwarzen Begleiter übrigens gleich begeistert „Satan" nennen, läßt alle Mühen und Enttäuschungen vergessen. Ob St. Hubertus auch in Afrika hilft? Immerhin hatten wir in den letzten Tagen bereits zweimal, nach stundenlangem Nachhängen, im dichten Laub- und Strauchwerk des „Buschvelds" Tuchfühlung mit Elefanten. Zweimal haben wir inzwischen Elefantenspuren ausgearbeitet. Es ist unglaublich, wie schwer diesen 5–6 t schweren Brocken zu folgen ist. Für den Jäger der nördlichen

Safari-Begegnungen:
Zwei Dickhäuter begrüßen sich.
Die beiden Eingeborenen wissen, wo die
Elefanten stehen. Aufschlußreich sind aller-
dings erst die suppentellergroßen Eindrücke
vom frühen Morgen

Halbkugel eröffnet sich hierbei eine völlig neue und faszinierende Dimension der Jagd! Stundenlang folgten wir der Boden- und Luftspur der vor allem nachts ruhelos auf Nahrungssuche wandernden Rüsselträger. Nur ganz selten bekamen wir, meist nur auf besonders weichem sandigem Untergrund, das waschschüsselgroße, kreisrunde Trittsiegel eines Vorderfußes oder den elliptischen Eindruck des Hinterfußes zu sehen. Häufig standen die Abdrücke im scheinbar wahllos ablaufenden, schleifenbildenden Äsungsbummel des Elefanten ineinander vermischt. Immer wieder brach die Spur unvermittelt ab. Die Tracker (Fährtensucher) schwärmten dann gegenläufig im großen Kreisbogen nach links und rechts aus, um weitere Pirschzeichen zu finden. In der Regel kehrten sie bald triumphierend zurück und brachten uns dann geradewegs an einen eben entdeckten frischen Dunghaufen oder zu Laubbruch. Die Größe der Einzelbollen und der Grad der Feuchtigkeit der Losung oder der geschälten Zweige sind sichere Hinweise auf die Stärke des Wildes und den Zeitpunkt seines Aufenthaltes. Kilometer um Kilometer verfolgten wir durch den dichten Busch der Sekundärvegetation bei zunehmender Sonnenbestrahlung die Dickhäuter. Da Sonne und Wind die Elefantenspuren und die richtungweisenden Farbunterschiede am Boden, an Gräsern und Sträuchern meist schnell verändern und auflösen, wurden wir laufend vor Rätsel gestellt. Mit zunehmendem Tag kamen wir immer langsamer voran. Hier verriet ein geknickter Grashalm, dort der vom pendelnden Vorderfuß aufgewirbelte Staub am taufrischen Gras, ein abgeschälter Zweig oder ein glatt umgedrückter und achtlos liegengelassener telefonmaststarker Baum die nächtliche Route. Teilweise sind Äste 5–6 m hoch aus luftiger Höhe gebrochen; da stand der Bursche wohl auf seiner Hinterhand! Überall die unübersehbaren Zeichen eines ausgesprochen zerstörerischen Spaziergangs! Nun, die tägliche Ration von 250 kg Rinde, Blättern und Gras will erst einmal beschafft sein.

Kein Wunder, daß für diese größten aller Landtiere der Lebensraum auf unserem Erdball immer enger wird. Eine wohlüberlegte bestands- und quotenbezogene Bejagung durch Freizeitjäger, geführt von erfahrenen Berufsjägern, ist bei dieser Situation unumgänglich und die einzige Chance, die überall vorhandene Wilddieberei mit teils katastrophalen Ausmaßen einzudämmen.

Es leben nach Schätzungen von Fachleuten weit über 350 000 Elefanten auf dem Schwarzen Kontinent, laut der in einer Jagdzeitschrift 1982 veröffentlichten Studie gibt es noch über 1,1 Millionen Elefanten auf der Erde. Allerdings verschlechtern sich Altersstruktur und damit Trophäengewichte wegen Überbejagung und gnadenloser Wilddieberei in Verbindung mit organisiertem Elfenbeinschmuggel leider ständig, besonders dort, wo die konzessionierte Jagd durch weiße Berufsjäger abgeschafft wurde. Hier liegt weltweit ein psychologisch-administratives Problem, das die vielgepriesenen, oft vordergründigen Strategien und Ideologien um gefährdete Wildarten in einem teilweise anderen Licht erscheinen läßt. Bedauerlicherweise beschränken sich Überlegungen für eine langfristige, auch volkswirtschaftlich sinnvolle Nutzung von Wildvorkommen und Artenerhalt noch zu sehr und oft ausschließlich auf Wild- und Naturschutzparks. Gott sei Dank vollzieht sich in vielen Staaten dieser Welt allmählich ein Wandel in der Beurteilung lizenzierter Jagd und deren Bedeutung für den Erhalt gesunder, vielfältiger

und in Qualität und Quantität abgestimmter Wildbestände. Viele schlimme Beispiele zeigen – etwa in Kenia oder Zaïre, wo inzwischen wieder Lizenzjagd geplant bzw. möglich ist –, daß absoluter Schutz ebenso wie uneingeschränkte Freiheit häufig zu Chaos und Vernichtung des eigentlich schutzwürdigen Wildes führen.

Eine gute Lektion

Es klingt wie „go away!" (verschwinde!), als uns das kreischende Gezeter des erdfarbenen, taubengroßen Loerie (von den Südafrikanern deshalb gerne „Go-away-bird" genannt) stoppt. Ken meint, daß wir ziemlich nahe an zwei Elefantenbullen sind. Der zuletzt gefundene Dung ist noch warm und ohne Fliegenbefall, die große Urinlache – bei durchschnittlich 170 l Wasseraufnahme pro Tag bedarf es keiner weiteren Beschreibung – noch nicht vertrocknet. Unsere Nerven sind aufs äußerste gespannt; jetzt hilft vor allem das Gehör weiter. Stehen die beiden Dickhäuter vor uns im nahen Gebüsch? Erwarten sie uns, verübeln sie uns die Verfolgung? Wir sind sicher, daß sie unser Nachrücken längst registriert haben. Nicht umsonst ziehen sie mit Widergängen im Zickzack, immer raumgreifender und mit Nackenluft weiter. Während wir, ohne auf die Richtung des Windes Rücksicht nehmen zu können, an der Fährte kleben, fühlen sich die beiden mit Sicherheit seit Stunden belästigt. Schritt für Schritt geht es mit äußerster Vorsicht in Richtung Fluß vorwärts. Plötzlich verhofft Philamon und deutet aufgeregt nach vorne: „Olifant!" Knapp 50 m vor uns steht ein steingrauer Block zwischen haushohem Buschwerk. Ich kann meine Aufregung kaum unterdrücken. Gebückt pirschen wir – die beiden Afrikaner bleiben zurück – bis auf knapp 25 Schritt an den vorzeitlichen Riesen heran, die .458 Mannlicher fest im Griff. Welche Gefühle hatten wohl noch bis in die jüngste Zeit die kleinen Buschmänner, die sich auf atemberaubend kurze Entfernung mit Giftpfeil und Langmesser heranschlichen, um ihre lähmenden Wurfgeschosse in die Nerven- und Blutbahn dieser wandelnden Gebirge zu

lenken oder diese Giganten im günstigsten Augenblick mit einem Schlag durch die Achillessehne zu Fall zu bringen?

Der mächtige Rüssel des vor uns in der Mittagshitze dösenden Bullen windet nervös nach allen Seiten, sein Magenkullern ist deutlich zu vernehmen. Wir sind auf alle Reaktionen des lehmgrauen Gegenübers gefaßt. „Sieh dich vor! Wenn der Bulle die Gehöre wie Segel aufrichtet oder den Rüssel einrollt, dann hat er dich unweigerlich im Wind", warnte Ken schon bei der Einführung am ersten Abend, „er sieht zwar höchstens 50 m, die eigentliche Gefahr liegt aber in seinem Witterungsvermögen. Es erfaßt dich wie ein Radar und läßt dich nicht mehr los." Im nächsten Augenblick bricht der Elefant unter lautem Prasseln seitlich aus, äugt kurz in unsere Richtung und sucht in zögerndem Trab das Weite. Zeit genug, um seine weißblitzenden, nur armlangen Stoßzähne zu registrieren. Der zweite, etwas abseits stehende, fast gleich starke Bulle wird in einer Bestandslücke ebenfalls kurz sichtbar und folgt seinem Gefährten postwendend.

Obwohl ich nicht den berühmten „Mohammed" mit seinem 3 m langen rechten Stoßzahn und einem Gewicht von 70,5 kg erwartete (der linke Stoßzahn dieses „Stars" war übrigens 45 cm abgebrochen, er wog aber immer noch 114 englische Pfund!), war mir klar, daß dies zwei etwa 20jährige Halbstarke waren, die sich erst vor einiger Zeit, d. h. im Alter von etwa 15 Jahren, von ihrer Mutter lossagten und sich nun erst mal ihrer Jugend erfreuen sollen. Ken grinst: „Ich wollte dich heute nur mal an Elefanten heranbringen." Eine erste Manöverübung für den Ernstfall! „Go away", höhnt der Loerie, als wir den mehrstündigen Fußmarsch zum Geländewagen zurücklegen, wobei mir klar ist: Diese Lektion war gut für die Moral. Zudem hat sich auch für mich die Faustregel des berühmten ostafrikanischen Elefantenjägers J. A. Hunter bestätigt, der in einem seiner Bücher sinngemäß schreibt: „Wenn der Stoßzahn die Größe des Ohrs hat, dann hast du einen 40- bis 50jährigen reifen Bullen mit mindestens 25 kg

Zahngewicht vor dir – dann zaudere besser nicht länger!"

Unwillkürlich denke ich an die größten, weltberühmten, über 3 m langen „Tusks" (Elefantenstoßzähne) im Britischen Museum in London, die bei einem Umfang von 60 cm 266 bzw. 214 englische Pfund auf die Waage bringen. Was für ein Bild, wenn dieser Urwelttriese – dessen Trophäen nebenbei bemerkt eine nahezu legendäre Geschichte haben – durch den afrikanischen Busch zog oder wenn er um die Mittagszeit, ganz der Verdauung hingegeben, unter einem mächtigen Baum, den Rüssel am Boden und den schweren Kopf auf die gewaltigen Stoßzähne stützend, vor sich hindöste! Welch ein Erlebnis, wenn so ein Gigant mit dem haßerfüllten Wutschrei eines annehmenden Elefanten aus der Dickung bricht! Wer diesem nervtötenden Trompeten standhält, hat mit Sicherheit bereits alle instinktive Angst überwunden. Wie sagte mir der Chef des Letaba-Game-Reserve, der alterfahrene Steve Krüger, bei einem abendlichen Drink: „Nur zwei Dinge halten einen ernsthaft angreifenden Elefanten auf – sein Tod oder deiner!"

Wo steckt der Grenzgänger?

Während sich im nächtlichen Busch der hämische Schrei der Hyäne mit dem dumpfen Grollen eines Löwen abwechselt, dreht sich unser Gespräch wiederum nur um den bleigrauen Einzelgänger. Ken Ball ist der Meinung, daß die von uns bereits zweimal entdeckten

großen Eindrücke dem seit Jahren gesuchten, inzwischen etwas unleidigen „Satan" gehören. Allerdings irritiert ihn, daß dieser alte Paßgänger ohne „Askaris", d. h. ohne jene Jungbullen lebt, welche alte Elefanten meist als Helfer und Begleiter mit sich führen. Sie parieren übrigens oft und ohne äußeren Anlaß vermeintliche Gefahr gegen den Senior mit massiven Ausfällen, meist Scheinangriffen zum Bluff, und überlassen den alten Herren nicht nur das erste Bad, sondern stehen ihnen auch im Todeskampf bei, stützen sie und versuchen, ihnen weiterzuhelfen.

Ein bleigrauer Koloß zieht während der heißen Mittagszeit in den kühlen Schatten der Schirmakazien.
Trotz anstrengender Morgenpirsch herrscht gute Laune. Eine Zigarettenpause wirkt Wunder

Ken vermutet den starken Einzelgänger, dessen Spur das erstemal nach Stunden mühevoller Fährtensuche am Nationalpark endete und beim zweitenmal gegen Nachmittag, wie von Geisterhand verwischt, nicht mehr aufnehmbar war, im breiten Riedgürtel des Letaba River: „Im undurchdringlichen Dickicht des haushohen Papyrus hat er alle Vorteile auf seiner Seite."

Ich habe nur noch fünf Jagdtage. „Elephant Patrol" nennt Ken die frühmorgendlichen Checks auf Sandwegen und alten Eingeborenenpfaden. Täglich finden wir neue, leider meist nicht warme Elefantenfährten. Die beiden Spurenleser unterscheiden inzwischen fünf oder sechs unterschiedliche Trittsiegel. Sie identifizieren anhand dieser verschieden geriffelten „Fingerabdrücke" wie eine spezialisierte Kripo jeden der fünf bis sechs Bullen mit großer Sicherheit. Dadurch erübrigt sich für uns in der Regel eine lange unnötige Verfolgung.

Entscheidung im Ried

Am neunten Tag – das erste Morgenlicht überzieht eben in seiner unvergleichlichen

Leuchtkraft das Buschfeld mit einem orange-farbenen Schleier – herrscht helle Aufregung. Kein Zweifel, wir haben erneut den klaren Fußabdruck des großen Unbekannten vor uns. „Satan was here", stößt James voll Jagdeifer hervor und drängt sofort auf warmer Fährte Richtung Fluß. Die Tracker schwitzen, bringen uns jedoch zielstrebig voran. Vorsichtig und konzentriert („Keine Routine, kein Fehler!") folgen wir den Schleifen und Bogen der Fährte mehrere Stunden lang. Dabei mache ich Bekanntschaft mit den Krallen des „Wait-a-bit-"(Bleib-)Dorns, der mich erst nach Preisgabe eines halben Hemdes freiläßt. Weiter!

Hier ein gebrochener Ast, dort frische Losung und umgedrückte Bäume, aber nur ganz selten das Trittsiegel. Die Richtung heißt Westen. Hoffentlich endet der räumende Schritt des Elefanten nicht im Schilfgürtel des Letaba, denke ich noch, als der Profi Hunter unschlüssig nach vorne zeigt: Vor uns liegt, aufgelockert durch kleine Buschinseln, Sand- und Felsenbänke, die teilweise 50–200 m breite haushohe Schilfvegetation des Flusses. Wir stehen vor einer fast undurchdringlichen grünen Wand und müssen uns entscheiden. Kein Laut! Keine Kreatur regt sich in der Mittagshitze. Nach einem kurzen und selbstverständlichen „Okay" stehen wir nach ein paar Schritten auf dem ausgewalzten Trampelpfad, über den der Koloß vor einigen Stunden im Binsendickicht verschwand.

Wie eine Katze erklettert James den Wipfel eines hohen Baobab. Aufgeregt signalisiert er: „Zwei Elefanten in knapp 80 m Entfernung!" Nun gilt's! Der Ranger springt einmal nervös gegen uns zurück, als eine aufgeschreckte Blauralle mit Kreischen vor ihm abschwirrt. Der Puls schlägt bis zum Hals, der Gaumen ist ausgetrocknet. Jede paar Schritt wird verhört. Nichts! Das Röhricht, welches jetzt kein Verlassen des Elefantenpasses mehr erlaubt, schließt sich teilweise über uns. Ein Labyrinth von ausgetretenen Straßen, Kreuzungen und Tunnels. Hier also haust der Bursche! Gerade, als wir auf allen vieren unter geknicktem Ried durchkriechen, hören wir das unver-

kennbare Brechen von Zweigen. Der Gesuchte ist unmittelbar vor uns! Die von ihm tolerierte Fluchtdistanz ist längst unterschritten, unsere Lage ist ausgesprochen ungemütlich. Wir sehen keine 5 m weit, kein Lüftchen rührt sich. Wie in dieser Situation schießen? „Der erste Schuß muß sitzen", sagte Ken vor Tagen, „nicht zuviel Korn bei kurzer Schußdistanz, achte auf den Schußwinkel!" Da bedeutet Philamon: „20 m!" Er läßt uns freundlich den Vortritt und zieht sich diskret zu seinem Kumpel zurück, der das Schauspiel noch immer aus sicherer Höhe beobachtet. Das vereinzelte Brechen wird lauter. Plötzlich das laute Kullern des Elefantenmagens wie Mühlsteine und das dumpfe Plumpsen von Losung. Ich schwitze wie in einem Dampfbad, die Büchse im Halbanschlag. Zwei Elefanten? Welcher ist der größere? Welcher steht uns am nächsten? Wie reagiert der zweite auf den Knall eines Schusses? Geht doch ein Wind . . .? Zu Antworten kommt es nicht mehr. Ken winkt. Wir setzen uns auf den modrigen Boden und sehen plötzlich knapp 20 m vor uns in einem eingesprengten Buschwerk einen dunklen, von Zweigen und Laub fast völlig verdeckten breitstehenden Körper. Wir müssen näher ran! Der urzeitliche Riese steht im Geäst wie in einer Garage. Unscharf erkenne ich seine Umrisse. Er scheint völlig ruhig vor sich hinzudösen.

Sein Rüssel bewegt sich nur gelegentlich, da und dort pendelt eine seiner wuchtigen Fußsäulen zur Entlastung über der Erde. Auf dem Hosenboden, den Repetierer voll im Anschlag, hopsen wir langsam in Richtung Schädel. Noch gut 10 m bis zum Wild. Es fehlt auch die kleinste Deckung. Guter Wind ist jetzt unerläßlich für unsere Sicherheit. Wo steht eigentlich der zweite Dickhäuter? Endlich hören wir sein Brechen etwas seitlich von uns. Deutlich erkenne ich die golfballgroßen Seher des Riesen, der Ohrspalt läßt sich in dem Gewirr von Zweigen nur vermuten. Brain shot, hoffentlich stimmt der Winkel! Angestrengt suchen wir die Stoßzähne. Sie alleine entscheiden über das Alter des Elefanten und damit über den Schuß! Wir sitzen wenige

Meter vor dem Ungetüm, als sich der Riesenschädel endlich in unsere Richtung dreht. Der paßt! Es ist der Gesuchte! Es scheint eine Ewigkeit, bis sich Kimme und Korn durch die Wirrnis von Astwerk auf dem Ohrspalt, schräg nach oben, etwas tief angesetzt, treffen. Wie ein gesprengter Fels stürzt der Gigant im Knall in sich zusammen – 8 m entfernt, wie wir später nachmessen –, fällt in unsere Richtung und begräbt mit Krachen das Baum- und Buschwerk seiner Dickung unter sich. In der nächsten Sekunde steht die Mündung meiner repetierten .458 auf dem Halsansatz des gefällten Riesen, während Ken ohne Zögern mit der Büchse im Anschlag über den Rüssel hechtet und seinen Daumen zur Sicherheit in die fast im Schuß erloschenen Seher des Gefällten drückt. Ein Zittern geht durch den gewaltigen Körper, der Riese ist gestreckt. Schäumend tritt Schweiß aus dem anderen, obenliegenden Ohr. Die .458 Vollmantel mit ihren gut 6000 Joule hat volle Wirkung gezeigt.

Fassungslos und innerlich ausgebrannt, nehme ich den Handschlag meiner Gefährten entgegen. Die völlig überraschende Entdeckung, daß der „Einzelgänger vom Ried" nur einen Stoßzahn besitzt, hat für mich in diesem Augenblick überhaupt keine Bedeutung. Nach dieser Herausforderung zählen nur das Jagdglück und die Einmaligkeit der Beute, Horn und Bein sind erst in zweiter Linie Teil des Erfolges. Viel wichtiger ist, als Ken, nachdem mir die schwarzen Freunde lachend und innerlich befreit den Wedel des Elefanten mit seinem dichten Besatz an drahtigem schwarzem Haar, das Symbol der Inbesitznahme, überreichen, mit Freude feststellt: „Der Recke ist gut 50 Jahre alt, sein Tusk wiegt leicht ein Pfund pro Lebensjahr!"

Über zwei Stunden verbrachten wir in gemeinsamer Freude am gestreckten Wild, und immer noch war mir mein Waidmannsheil unfaßlich. Vermutlich erblickte der „Ein-Tusker" vor mir das Licht der Welt; geboren, als man bei uns gerade das „Tausendjährige Reich" verkündete. Zeitläufe, Schicksale, Geschichte und Geschichten! Da liegt ein urzeitliches Wildtier vor mir, dessen Vorfahren bereits im grauen Altertum von den Karthagern in den Krieg geführt wurden und unter Hannibal die Rhône durchschwammen.

4500 kg Protein – ein Volksfest!

Der späte Nachmittag wurde zum Freudenfest für die schwarze Bevölkerung der umliegenden Dörfer. Karawanen von Frauen, in malerischen Gewändern, die Kleinkinder auf den Rücken gebunden, ausgerüstet mit Plastiktonnen, Jutesäcken und Taschen, Männer mit scharfen Messern und Wetzstein, zu Fuß, per Rad oder Traktor, kamen ins Ried: ,,Karneval in Rio'' auf afrikanisch! Die Begeisterung nahm kein Ende. 4500 kg Fleisch verschwanden nach einem Gemetzel auf, am und im Körper des gestreckten Elefanten nach etwa vier bis fünf Stunden im Busch.

Da hat sich in den letzten 100 Jahren nichts geändert. Livingstone schrieb schon seinerzeit in sein Tagebuch: ,,. . .das Zerwirken eines

Fleisch für viele hundert Menschen. Volksfeststimmung bei jung und alt.
Nach sechs Stunden ist alles Genießbare im Busch verschwunden.

Elefanten (durch Eingeborene) ist ein Schauspiel, einmalig in seiner Art.''

Das war sicherlich schon so, als die altsteinzeitlichen Jägerhorden vor 400 000 Jahren in der Wald-Steppen-Landschaft Mitteleuropas gewaltige, bis 5 m hohe Waldelefanten erbeuteten, von denen übrigens der sensationelle Fund eines Stoßzahnes von 3 ½ m Länge und 40 cm Basisumfang Zeugnis gibt – vor knapp zehn Jahren in Bilzingsleben/Thüringen ausgegraben.

Als wir nachts mit der schweren Last des Elefantenschädels durch die Eingeborenen-

dörfer nach Hause fuhren, brannte vor fast jeder Hütte ein lustiges Feuer. Schwatzende Menschen saßen daran, und ein verführerischer Duft brutzelnden ,,Ndlumpfu''-Fleisches lag über dem Busch.

Proteinversorgung durch Jagdwirtschaft, sicherlich auch eine realistische Alternative zukünftiger Versorgungspolitik für hungernde Menschen, zumindest auf der südlichen Hälfte des schwarzen Afrika. Dieser Teil der Geschichte gibt dem Gastjäger übrigens das Gefühl, den vom Schicksal nicht gerade verwöhnten Eingeborenen bei der Jagd zumindest materiell nichts genommen zu haben.

Bleibt noch zu vermelden: Der ,,Ein-Tusker'' hatte gut 50 Jahre auf dem hohen Wrist, sein Stoßzahn war 152 cm lang und wog 52 vom Zoll bestätigte Pfund. Es wird den vielleicht etwas kritischen Leser versöhnen, wenn er erfährt, daß es sich dabei – zugegeben ungewollt – auch noch um einen Hegeabschuß handelte. Beim Versuch, den im Schädel steckenden Stumpf des gebrochenen Zahnes herauszuholen, waren nur noch Bruchstücke desselben vorhanden. Die ganze Hülse war vermutlich seit vielen Jahren mit dickbrockigem stinkendem Eiter gefüllt. Verständlich, daß der wahrscheinlich von einem Nebenbuhler oder aber von einer Wildererkugel verletzte Dickhäuter wegen ständiger Schmerzen etwas unleidig wurde und sich zu guter Letzt für Radfahrer interessierte!

Der Riedelefant verlor übrigens bereits in seiner Jugend, wahrscheinlich durch ein reißendes Krokodil, über 20 cm seines Rüssels. Sicherlich eine weitere Erklärung für sein etwas ungewöhnliches, einzelgängerisches Verhalten und seinen Rückzug in den Dämmer des Uferschilfs.

Wieviel Geheimnis, welche Dramen und Erlebnisse diesen Giganten wohl umgeben? Ein weites Feld für die Phantasie des Gastjägers in diesem Land, wo er immer noch ,,. . . absolut gleichgültig gegen alle irdischen Dinge, Bedrängnisse und Probleme wird'', wie Sir Henry Morton Stanley, der große Afrikaforscher, schon vor gut einem Jahrhundert feststellte.

Der Büffel
steckt sich

Vergessen das miese Novemberwetter zu Hause und der 10 000 km lange Nachtflug von Brüssel nach Kigali, der Hauptstadt Ruandas und Ausgangspunkt der einwöchigen Jagdsafari. Die Einreiseformalitäten am Airport sind schnell erledigt. Zügig geht es im komfortablen VW-Kombi auf die 150 km Asphalt-und-Schotter-,,Rallye'', Richtung Mutara Ground. Kigali, eine Mischung aus deutscher und belgischer Kolonialvergangenheit, bunt gewürfelte Stadt aus Lehmhütten, Wellblech- und supermodernen Hotel- und Verwaltungsgebäuden, liegt weit ausgebreitet in einer sanften Hügellandschaft. Es ist Regierungs- und Wirtschaftszentrum der kleinen Republik – etwa halb so groß wie Bayern und mit fast sechs Millionen Einwohnern das dichtbesiedelste Land Afrikas. Immer noch Entwicklungsland, scheint Ruanda von den im übrigen Afrika häufig politisch bedingten Erschütterungen unbehelligt.

Damas, heute und während der nächsten sechs Tage mein Chauffeur, ist stolz auf sein Fahrzeug und dessen Gaspedal. Zunächst bleibt allerdings wenig Zeit für Land und Leute. Wir erreichen schnell das offene Land. Die Straßen und die vielen kleinen Orte an den paar Verkehrsknotenpunkten sind von Gruppen fröhlich schwatzender Hutas gesäumt, einem Bantuvolk, das Ackerbau und Viehzucht betreibt, geführt von der aristokratischen Oberschicht der etwa 10 % Tussi.

Verwöhnt von einem fast südeuropäischen Sommerklima mit zwei Regenzeiten, wird das ,,Land der tausend Berge'' südlich des Äquators, südwestlich des gigantischen Victoriasees, mit einer durchschnittlichen Temperatur von 20 bis 28 °C zu Recht als die ,,Schweiz Afrikas'' bezeichnet.

Hier also, am Rand des bereits 1934 (!) von den Belgiern geschaffenen 2500 km² großen Kagera-Nationalparks, im flach ausgeformten nördlichen Savannengebiet, sollte die Safari stattfinden.

Nach Jahren totaler Schonung steht im Mutara Ground, westlich des Kagera – vom Österreicher Oskar Baumann 1892 als Quellfluß des Nil erkannt – ein hervorragend geschonter und

überlegt bewirtschafteter Wildbestand. Freigegeben sind in der Zeit von November bis Ende März die Jagd auf Topi, Wasserbock, Oribi, Riedbock, Impala, Warzenschwein, Flußpferd, Eland und kapitale Büffel, je Lizenz ein Büffel und drei weitere Stück Wild.

Büffel sind beachtliche Gegner

Gegen Mittag erreichen wir das fast luxuriöse Camp, sofern man mit diesem nach Zelt und Feuerstelle riechenden Begriff das elegante, 1974 erbaute ,,Gabiro Guest House'' am Eingang zum Kagera-Nationalpark, mit bester französischer Küche und komfortablen Bungalow-Appartements, überhaupt so bezeichnen kann. Welch ein Unterschied zu den Safaris mit schwerfälligen Trägerkarawanen noch vor 50 Jahren!

Oberjäger François, ein hochgewachsener Afrikaner und der angesehene Jagdführer des Präsidenten der Republik, empfängt mich mit fast würdevollem, aber keineswegs unfreundlichem ,,Bonjour monsieur''. Keine Spur von Unterwürfigkeit oder Arroganz, zunächst übliche Kontaktatmosphäre: ,,Mal sehen, wer dieser Jäger ist!''

Schnell sind wir in die für uns durchaus wünschenswerten Bejagungsrichtlinien eingewiesen. Ausgangspunkt ist die für die Versorgung des Landes von Mombasa/Kenia nach Kigali führende Sand- und Lehmpiste: Es gibt keine Pirsch mit dem Fahrzeug, kein Schießen vom Auto aus, keine Jagd nach 18 Uhr. Angeschossenes und nicht geborgenes Wild gilt als erlegt, der Abstand von 1 km zum Nationalpark ist einzuhalten, das Mindestkaliber auf Büffel ist Kaliber .375 (die 9.3 × 74 wird gerade noch toleriert). Für die Büffeljagd sind grundsätzlich zwei Gewehre vorgeschrieben. Die Belehrungen noch im Ohr, sind wir nach zehn Minuten mitten im Revier. Unvorstellbar dieser Wildreichtum. Riesige Herden Topis, Impalas und Zebras, Oribis und – teils im hohen Savannengras und durch Buschwerk gedeckt – Riedböcke, wuchtige Elands und Wasserböcke stehen links und rechts der Straße. Ich bin von diesem ersten Anblick überwältigt.

Und schon gibt mir François, nach aufgeregter Unterhaltung mit seinem zweiten Guide und den beiden ,,pisteurs'' in der Landessprache Kinarwanda, einen von seinem Harem umgebenen beachtlichen Impalabullen im dünnstämmigen Galeriewald frei. Eine kurze Pirsch, und der Bann ist gebrochen: Mit einem Schuß auf den Stich liegt die erste, etwa 50 kg schwere Beute im Feuer.

Aufgeschreckt umschwirren uns Purpurglanzstare, Blaurallen und Bienenfresser, als wir, innerlich stark aufgekratzt, bei Anbruch der Dämmerung durch üppige Vegetation zum Fahrzeug zurückmarschieren.

Vollbepackt mit Wissen über den ,,syncerus caffer'', den Kaffernbüffel, geht es im Morgengrauen, gerade als die Sonne durch den leichten Morgennebel kommt, auf den ersten Büffel. Was hatte ich nicht schon alles über das ,,gefährlichste Wild Afrikas'' gelesen, von Hemingway bis Ruark, von Zwilling bis Hunter. Vom Anpirschen im deckungsarmen Savannengebiet, über Erfolgschancen auf äsende Büffel frühmorgens und abends, über die Gerissenheit des Einzelgängers, über seinen Gesichtssinn und sein Witterungsvermögen! Ich wußte über die Härte dieses Wildes theoretisch durchaus Bescheid, über seine Wehrhaftigkeit, insbesondere, wenn sich, einmal beschossen, diese bis zu einer Tonne schweren Brocken stellen oder mit aller Wucht urplötzlich angreifen. Wie sagte doch mein schwarzer Führer: ,,Ein Büffel ist erst tot, wenn er verzehrt ist.''

Mir war bekannt, daß die über 5000 Büffel Ruandas nach Hornmaß und Gewicht zu den stärksten Afrikas zählen, und wir hatten zur Kenntnis genommen, daß der Jäger gut beraten ist, sich ständig vor Augen zu führen: Büffel sind beachtliche Gegner! Insbesondere bei der oft unvermeidlichen Verfolgung und Nachsuche krankgeschossenen Wildes können Routine wie Unwissenheit verhängnisvoll werden. ,,Schau, daß du mit deiner Teilmantel beim ersten Schuß auf der Schulter, auf dem ,Maschinenraum' abkommst und den Büffel bei einem Frontalangriff 5 cm unter dem Helm mit der Vollmantel stoppst!'', mahnte noch zu

Herden mit einigen hundert Büffeln sind auch heute in Afrika keine Seltenheit (oben).
Ein idealer Lebensraum für dieses mächtige Wildrind (links). Der alte Einzelgänger ist gestreckt; das bedeutet viele Wochen Fleisch für die Einheimischen.

Hause ein Freund. „Denke daran, daß kranke Büffel den Jäger oft überraschend und mit voller Wucht aus dem Hinterhalt angreifen." Nun, grau ist alle Theorie!
Unbeschreiblich das orangefarbene Licht eines afrikanischen Morgens. Der lang dahin-

sterbende Seufzer eines hungrigen Löwen in der Nähe des Camps bringt uns schnell auf die Beine. Unzählbares Wild, Vögel jeder Größe und Farbe, wohin ich auch blicke. Es bleibt wenig Zeit für feinsinnige Naturbeobachtung. Der VW-Bus hält ruckartig an. François steigt mit unbewegtem Gesicht aus dem Fahrzeug und sucht mit dem Glas den Horizont ab. Eine gute Meile entfernt äst an einem sanften Südhang, teilweise gedeckt durch Akazien und hohes Savannengras, eine Herde von etwa zehn Büffeln. Ob wir die bereits angehen? Wir kommen kaum dazu, dieses gewaltige Wild zu studieren oder gar den alleinstehenden „Einzelgänger", d. h. den alten und damit starken Bullen dieser Herde auszumachen. Die mächtig geschwungenen Hörner der Wildrinder mit ihrem wohl 30 cm breiten geriffelten Helm glänzen wie lackiert in der Morgensonne. François steht lange Zeit unbeweglich auf einem Termitenhügel, nickt dann kurz und setzt sich mit einem „Bogo, oui!" (Büffel, ja!) in Bewegung.

Der lehmgraue Koloß

Der Wind steht gut. Nach einer knappen halben Stunde haben wir die Herde vor uns. Wir versuchen, unter Ausnützung der kleinsten Deckung gebückt im Gänsemarsch, mit auf dem Rücken verschränkten Armen, teilweise auf allen vieren, über ausgebrannter feuchter Erde robbend, möglichst nahe an diese wuchtigen Burschen heranzukommen: „Besser sind 30 als 50 m."

Die Herde äst völlig vertraut. Einige Male sichert eine Kuh mißtrauisch in unsere Richtung. Neugierig beobachtet uns aus einigen hundert Meter Entfernung eine Zebraherde, während Impalas in hoher Flucht auf Distanz gehen.

Gedeckt durch zahlreiche Termitenhügel und freistehende Akazien, sind wir schnell auf der Höhe des Hanges, über dem äsenden Wild. Die Begleiter bleiben zurück. Während François mit größter Gelassenheit auf einen etwa 40 m von uns abseits stehenden alten Recken aufmerksam macht, werde ich bereits von beträchtlichem Jagdfieber gebeutelt. Der

lehmgraue Koloß mit wuchtigem Träger und runzeliger Stirn steht breit. Unvermittelt sichert er zu uns herüber. Mehrmals wirft der schwarze Riese seinen Schädel auf und dreht ihn schüttelnd im Kreise. Besorgt beobachte ich unter seinem weit ausladenden geschwungenen spitzen Gehörn – die außerhalb der Gehöre angesetzten Kurven bestätigen den kapitalen Bullen – die nervöse Bewegung der gefransten, nach unten abstehenden Lauscher.

Dies ist der Moment. Der Stachel des Zielfernrohres tanzt auf dem Blatt. „Linker Lauf, Teilmantel!", jagt es durch den Kopf. In der nächsten Sekunde bohrt sich die 9,3 × 74 ins Leben. „Touché! Getroffen!" stößt François hervor.

Die Wucht des 19-g-Geschosses zeigt Wirkung. Wie ein Schiff in der Strömung schaukelt der Bulle, geht hinten nieder, kommt hoch, bricht vorne ein! Ich warte voll Staunen, vielleicht eine Sekunde zu lange, darauf, daß das schwankende, jetzt wieder stehende Wild fällt, ehe die zweite Kugel, meine Vollmantel, auf dem Träger sitzt.

Der Büffel wird darauf jedoch – eine breite Schweißspur auf seiner linken Seite – ohne weiter zu zeichnen, mit kochendem Atem in Richtung Talsenke flüchtig. Mit ihm, in panischer Flucht, die übrige Herde. Die nächsten beiden Schnappschüsse halb spitz hinten und sicherlich zu hastig abgegeben, sitzen zwar auf der Kammer, reißen ihn aber nicht mehr von den Läufen.

Was habe ich nicht alles über die Härte dieses Wildes gelesen, welche guten Vorsätze gefaßt? Zu spät! Der Büffel sondert sich seitlich ab. Nach etwa 200 m steckt er sich in prasselnder Flucht in einem fast undurchdringlichen Dornenverhau und ist verschwunden. Genau das wollte ich vermeiden. Es kann verdammt ungemütlich werden, wenn der kranke Büffel, uns von dort unerwartet, annimmt. Eine Tonne braucht stoppen!

Bei bestem Wind pirschen wir uns vorsichtig heran. Wie hinter einem durchsichtigen Vorhang erkenne ich die unscharfen Umrisse des Todkranken. Er zieht im Inneren des Dickichts

langsam mit, als wir – um bessere Einsicht zu bekommen – den Verhau, bei größter Konzentration, die Büchse im Halbanschlag, vorsichtig umkreisen. Die Entfernung zwischen uns und diesem gefährlichen Gegenüber beträgt höchstens 30 Schritt. Als François einen Lehmbrocken in den Dornenfilz wirft, tauchen urplötzlich Haupt und Träger für den Bruchteil einer Sekunde in einer fast lichten Öffnung der Dornenburg auf. Dem Knall des Schusses folgt ein polterndes Aufschlagen. Endlich wirft die 9.3 R das 1000-Kilo-Muskelpaket auf die Erde. Als der langgezogene, nervtötende Todesschrei des Büffels, eher ein klagendes Röhren, verstummt, wissen wir: Der alte Kämpe ist gestreckt. Aufgeschreckt prescht gleichzeitig eine von uns bisher unbemerkte Rotte Warzenschweine mit hoch erhobener „Antenne" in Richtung Talgrund ab.

Das Geschoß ist gestaucht

Ein Tracker zerteilt mit scharfer Machete das Gestrüpp. Wir decken ihn hautnah. Vorsicht ist das halbe Leben! Im Halbdunkel des kreisförmig zertrampelten Einstandes liegt der mächtige lehmgraue Körper – verendet. Wir zählen vier Einschüsse, keinen Ausschuß. Bald ist das Geländefahrzeug zur Stelle. Acht Mann schieben, rollen und zerren die schwere Beute ins Freie. Welch eine Masse! Kein Wunder, daß um diese wehrhaften Gesellen sogar hungrige Löwinnen einen Bogen machen.

Als wir abends im Camp auf der Veranda sitzen, brodelt bereits seit Stunden der mächtige Büffelschädel im großen Kessel. Während wir mit dem deutschsprechenden „Monsieur le Directeur" einige gute Flaschen Bordeaux leeren, erscheint unser kleiner Helfer „Häkeldeckchen" – wir nennen ihn so wegen seiner Kopfbedeckung – und übergibt mir die gegen einen Finderlohn von fünf Dollar aus dem Träger gelöste Vollmantel. Sie ist gestaucht, als sei sie auf eine Stahlplatte geprallt!

Die afrikanische Nacht mit ihren geheimnisvollen Stimmen ist längst um uns, als wir endlich die Freiterrasse des Guest House räumen. Ich bin voll innerer Spannung. Es liegen noch einige Jagdtage vor uns.

„Billy", das Pferdegesicht

„Wenn du besseres Wetter willst, warte eine Viertelstunde", sagen die Westkanadier. Mir war das zu unverbindlich, ich blieb skeptisch. Noch gestern, während der mehrstündigen Fahrt im Geländewagen in die Monashee Mountains, ein beachtliches Gebirge mit Zwei- bis Dreitausendern, auf der Pazifikseite der kanadischen Rocky Mountains gelegen, umgab uns spätsommerliches Wetter, blauer Himmel, ein angenehmes Oktoberlüfterl und strahlende Sonne. Das ist – in einer Landschaft, scheinbar noch ohne menschliches Dasein – Wildnisromantik wie aus dem Bilderbuch. Doch plötzlich kommt schlechtes Wetter auf. Trotzdem ist die Stimmung am gemütlich blubbernden Yukon-Ofen im geräumigen Hauszelt, welches verloren unter den mächtigen Balsamtannen an der Grenze des Timber zur Felsregion steht, bestens.

Volker, ein erfahrener Guide, seit kurzem auch Outfitter mit einem eigenen 5500 km² großen Timber- und Hochgebirgsrevier im Süden von Britisch-Kolumbien, hatte bereits Tage vorher alles vorbereitet. Die äußeren Voraussetzungen für eine gute Woche harter Plackerei auf die nicht ganz leicht zu bejagende Schneeziege, die „Gemse Nordamerikas", die in den hohen Gebirgsregionen Alaskas und Kanadas bis hinunter nach Montana und Wyoming vorkommt – man schätzt ihr Vorkommen heute auf über 150 000 Wildtiere –, sind hier ausgezeichnet.

Als die Sonne hinter der bizarren Silhouette der im letzten Abendlicht kalt aufleuchtenden Gletscher verschwindet, liegen die jenseits der Baumgrenze steil nach oben ragenden Monashees noch einmal kurz im fahlen Orangeschimmer einer unvermittelt hereinbrechenden Bergnacht. Was werden die nächsten Tage bringen? Wo sie jetzt wohl stehen, diese eher mit den Antilopen Asiens und Afrikas als mit den Ziegen verwandten, schneeweißen Gesellen mit dem Pferdekopf, mit ihrem eigenartigen, fast büffelartigen Höcker über den Schultern, diese sprichwörtlichen Stoiker mit der Gelassenheit eines Maultiers? Vor allem: Gibt es ihn tatsächlich, den alten einzelgängerischen Recken, den schon legen-

Irgendwo in dieser Bergwelt steht seit Jahren ein alter Einzelgänger

dären „Billy" der Monashee-Berge? Oder ist er wegen der allmählich beginnenden Brunft im November bereits auf ruheloser Wanderung zu den „Nannies", wie die Amerikaner die Geißen kumpelhaft nennen.

Schließlich waren die Böcke ja fast ein Jahr lang von den unleidigen „Weibsen" abgeschlagen, die mit dieser nicht gerade freundschaftlichen, aber artsichernden Haltung die wenigen kargen Weide- und Äsungsmöglichkeiten für sich und den Nachwuchs sichern. Während sich mein Pfeifenrauch in den nördlich von uns steil aufragenden Felswänden verliert, habe ich immer wieder den aus Farbfotos und Schilderungen bekannten Umriß dieser bärtigen Patriarchen vor mir: Einsam, in senkrechten Felswänden, wesentlich höher als die Schafe, auf steilsten Zinnen, scheinbar nicht der Schwerkraft unterworfen, mit weißleuchtend seidigem Behang, der wie Pluderhosen die Läufe bis über die Kniegelenke bekleidet. Ein Monument an Kraft und Gelassenheit, mit schwarzen, knuffig leicht nach außen und hinten gebogenen Hornschläuchen, fast archaisch entrückt, ein stolzer Herrscher im Felsenreich, schwer erreichbar und gerade deshalb vom Bergjäger heiß begehrt.

Die Festung eines Gauners

Gestern noch, bei einer kurzen Rast in der einsamen Blockhütte eines Goldwäschers unten in den tiefer liegenden Zedernwäldern, berichtete der in dieser Abgeschiedenheit hausende Glückssucher Bob Westerberg von

einem Einzelgänger oben im „Groundhog Basin", den er seit Jahren kennt und den er sogar schon während der Brunft mit weißen Bettüchern auf einige hundert Meter herangeholt haben will. Ob das nun stimmt, sei letztlich dahingestellt, vor allem weil ich nicht glauben kann, daß Bob überhaupt weiße Bettücher hat! Fest steht jedoch, daß auch Volker mehrfach und mit verhaltenem Optimismus von einem bärtigen kapitalen Burschen erzählte, der seit Jahren und immer völlig alleine diese gewaltige Felsenwelt durchstreift. Dabei handelt es sich um einen Gebirgskessel inmitten der Rocky Mountains mit einem Durchmesser von gut 5 km, in dessen Mitte wie die Narbe eines Rades das kegelförmige zerklüftete Einzelmassiv einer Turmlandschaft steht. Eine Burg mit Rundumblick, mit Zinnen und Schluchten, die nicht leicht bezwingbare Festung eines gerissenen Schlaumeiers.

Während jetzt, Anfang Oktober, das Thermometer nachts hier in den Bergen schnell auf −5 °C fällt und wir den Reißverschluß des Schlafsackes längst geschlossen haben, kommt plötzlich Wind auf. Er rüttelt massiv an den Zeltstangen und zerrt an den Nerven: Hoffentlich bringt er keinen Schnee! Neuschnee macht das Steigen in diesem Gebirge ohne Weg und Steig, mit fließendem, schmierigem Gestein und Geröll unmöglich. Außerdem löst er den „Weißhaarigen" optisch in Nichts auf, seine Tarnung ist dann nahezu perfekt. Nach einem ausgiebigen Frühstück und – Gott sei Dank! – ohne Neuschnee geht es zügig und steil in den ersten Hang. Trotz des kalten Windes wird es uns schnell warm. Das Laub an Büschen und Bäumen hat sich seit dem Frost vor einigen Tagen herrlich bunt verfärbt. „Indian summer" in Britisch-Kolumbien, während im hohen Alaska und am Yukon bereits alles kahl und fest im Griff des Winters ist. Ein unvergleichlicher Fleckerlteppich von Tupfen und Farben – zauberhafte Renoir-Stimmung. Nach einer Stunde Steigerei pfeifen die Lungen noch immer, und ein Anflug von Selbstvorwürfen wird beim Anblick dieser imposanten Felsmassive laut: Warum eigentlich diese ewige Pfeifenraucherei, sogar noch während des Fluges, selbst gestern noch hier im Zelt? Doch die Reue kommt zu spät! Volker, der seine sichere Laufbahn als Forstbeamter im Schwarzwald schon vor zehn Jahren gegen ein freieres, bestimmt nicht einfacheres Leben in der Wildnis Kanadas vertauschte, kennt keinen Pardon und drängt mich förmlich nach oben, wo wenig später der erste faszinierende Blick in den Bergkessel frei wird. Von allen Seiten stürzen, teils schon zu Kaskaden erstarrt, kleine Rinnsale mit Gurgeln und Gischt in die Tiefe; langgezogene, dicht bewaldete Berghänge ziehen sich aus dem nicht einsehbaren Bergschatten sternförmig wie Speichen vom Talgrund ins zerklüftete Zentrum dieser gigantischen Arena. Die meist bereits verschneiten Gipfel der uns wie ein zackiger Kragen umgebenden Gebirgskette sind von tiefhängenden dunklen Pazifikwolken umhüllt, Totenstille. Es rührt sich kein Vogel, selbst Rabenvögel und Greife bleiben heute im Schutz der Bäume.

„Schau, daß du ihn packst!"
Wir glasen die gegenüberliegenden Wände ab. Langsam, Schlucht um Schlucht, Zinne um Zinne. Und dann entdecken wir – welch ein Dusel! – bereits nach der ersten Stunde Pirsch fast gleichzeitig den bärtigen Eremiten dieser einsamen Welt aus Felsen und Wildnis. Das darf doch nicht wahr sein! Alle Skepsis ist

vergessen. Der Einzelgänger lebt und zieht eben ganz langsam und mit unglaublich sicherem Tritt, keine 1000 m entfernt im Gegenhang, aus den tieferliegenden schneefreien Almen steil nach oben in seine steinige Burg. Es ist nicht zu fassen! Gestern noch, im gemütlichen Heim des Guide, erzählte Don, ebenfalls Jagdführer, von seiner einwöchigen Verfolgungspirsch mit einem amerikanischen Jäger: jeden Tag eine andere Wand, jeden Tag enttäuschte Rückkehr, so lange, bis ein 1 Fuß hoher Neuschnee das Vorwärtskommen und damit eine Fortsetzung der Jagd unmöglich machte. Don, der auch voriges Jahr hinter dem Langgesichtigen her war, ist der festen Überzeugung, daß in diesem Gebiet von vielleicht 50 km^2 – und das hat sich uns später auch bestätigt – nur dieser Einzelgänger und sonst keiner seiner Artgenossen die Bahn zieht. Sein „Try to get him – schau, daß du ihn packst", klingt noch in meinem Ohr, als das kleine 8 × 40 den kapitalen Bock eindeutig bestätigt. Der Wind steht schlecht, aber wir haben den Burschen eher entdeckt als er uns, und diesen Vorteil wird er noch zu spüren bekommen! Wir müssen höher hinauf, die ganze Bergkette von Süden in westlicher Richtung durchsteigen und von Norden über ihn hereinkommen. „Auf was habe ich mich da wieder eingelassen?" denke ich noch, als Volker schon hinter dem ersten Grat verschwindet. Es wird eine ordentliche Schinderei. Manchmal, bei besonders abschüssigen, leicht vereisten Querpirschen, wo die Wände fast senkrecht, oft über 200 m kerzengerade nach unten abbrechen, sichern wir uns gegenseitig mit dem Seil. Die griffigen Grödeleisen, die aus Bequemlichkeit im Camp geblieben sind, wären jetzt eine große Hilfe. Wie leicht überwindet doch die „Rocky Mountain Goat" mit der schwammartigen Haftkraft ihrer Schalen diese Wände! Dabei kommen allerdings mehr Tiere durch Stürze, Steinschlag und Lawinen um als durch Jagd, Krankheit und Raubwild.

Jäger oder Gejagter?
Nach zwei Stunden „Umkreisung", wobei der Wind von Schlucht zu Schlucht für uns

günstiger steht, erreichen wir ein schräges, breit zum Kessel abfallendes Schneefeld. Wir sind ungedeckt wie auf einem Präsentierteller. Hier entscheidet sich, das ist uns längst klar, wer am Ende Jäger und wer der Gejagte ist. Jetzt steht alles auf dem Spiel. Instinkt, Reaktionsvermögen und pausenlose Beobachtung machen den Fehler des einen zum Vorteil des anderen.
Wir beobachten angespannt den weißen „Raubritter" auf seiner Burg, auf deren höchster Zinne er sich völlig vertraut niedertat und verschlafen – hoffentlich! – aus dieser Kanzelposition vor sich hindösend, halb von uns abgewandt, in seine deckungslose Umgebung äugt. Er fühlt sich sicher und unerreichbar, fast – aber nur fast! – ist er es auch. Erst wenn wir die 400 m Schneehang unbemerkt überqueren und die Nordwand hinter ihm erreichen können, ist er besiegbar geworden. Und dann haben wir erneut unglaubliches Glück: Gerade als wir überlegen, wie wir das Schneefeld, von ihm unentdeckt, überqueren sollen, sinkt das Haupt dieses dem europäischen Jäger wohl unbekanntesten amerikanischen Wildtieres langsam auf die Vorderläufe nieder: Kein Zweifel, der „Billy" hält ein Nickerchen. Das ist die Gelegenheit!
Mit riesigen Schritten hetzen wir Schulter an Schulter, damit wenigstens nicht – sollte er aufwachen – zwei schwarze Punkte auf der weißen Ebene seine Neugier wecken, über das abschüssige Schneegelände. Einige kurze Kontrollen bestätigen uns: In seiner Sorglosigkeit verdöst der Alte eine große Chance! Ein letzter Blick durchs Glas, und wir sind für ihn unsichtbar im schützenden Kar eines Gletscherbaches verschwunden.
Zwei lange Stunden schinden wir uns weiter und erreichen dann den Fuß der Nordwand seiner Festung, wo wir ihn, durch sein seidenweißes, spannenlanges Winterhaar unübersehbar vom grau-schmutzigen Hintergrund seines Lagers abgehoben, zum letzten-

Scheinbar der Schwerkraft nicht unterworfen, nehmen Schneeziegen fast senkrecht jede Wand

mal beobachten. Wir brauchen kein Glas mehr, um diesen auffälligen, etwa 130 kg schweren, immerhin drei ausgewachsenen Gemsen entsprechenden Wildkörper automatisch zu finden. Nach gut fünf Stunden ist es nahezu geschafft. Vor uns liegt noch eine harte Stunde Aufstieg durch die vegetationslose Nordwand im Rücken des „Pferdegesichtigen". Sein feines Witterungsvermögen und der hochentwickelte Gesichtssinn sind bei dieser Ausgangslage beinahe überlistet und ausgeschaltet – sofern er inzwischen nicht unerwartet sein luftiges Lager verlassen hat.

Großer Manitu, hilf!

Der eisige Wind steht nun voll auf uns, Gott sei Dank ist der alte Militärparka luftdicht. Die letzte Durchsteigung kostet Kraft. Doch dann ist der alles entscheidende Gipfel, das Ziel unserer Anstrengungen, erreicht. Etwa 250 m westlich und vielleicht die gleiche Entfernung unter uns müßte der weiße Eremit liegen. Hoffentlich kommt er uns nicht unverhofft und für beide Seiten überraschend auf dieser letzten Pirschstrecke entgegen. Mein Puls ist nach einer kurzen Verschnaufpause bald ruhiger, das Jagdfieber allerdings stärker geworden. Dagegen hilft nur ganz bewußter Ingrimm! „Bursche, du hast mich nicht umsonst fast einen halben Tag bis zu dir heraufgehetzt!" sage ich mir mehrmals im Wechselbad von Hoffnung, Zweifel und offenen Fragen. Liegt der Ziegenartige noch auf derselben Stelle, oder haben ihn die vielen kleinen Steinlawinen, die bei unserer Kletterei unvermeidlich abgingen, vergrämt? Hat er sich vielleicht überstellt, und ist sein Ruheplatz von oben über den Grat hinweg überhaupt einsehbar? Verpassen wir ihn, vertreten wir ihn, wenn wir auf der falschen Stelle über ihm aus der Deckung des Felsmassives heraustreten? Wie weit ist er tatsächlich entfernt, liegt er 200 m oder gar mehr unter uns? Schießt das Gewehr noch hin, und was passiert nach dem Schuß? Es nervt die große Sorge: Wenn mir der Bock hier aus der Wand und von seiner hohen Zinne stürzt – vielleicht mit einem schlechten Schuß –, dann bleiben bei diesem Körperge-

wicht von seinen gut 20 cm langen Hornschläuchen beim Aufschlag höchstens klägliche Stümpfe zurück. Eine immer wieder schlimme und für den Jäger sehr enttäuschende Erfahrung bei dieser Jagd, wie mir auch einige Fotos drastisch belegten.

Die mächtigen Zedernwälder, weit unter uns ausgebreitet, erscheinen als sanfter dunkelgrüner Teppich, der Himmel ist grau verhangen, der stärker gewordene Wind hält nach wie vor zu uns wie ein guter Verbündeter. Langsam und konzentriert, auf jedes Steinchen und die kleinste Unebenheit achtend, nähern wir uns Schritt für Schritt, den Repetierer in Halbanschlag, der Stelle, wo wir den alten „Billy" vermuten und freizubekommen glauben. Das geht an die Nieren!

Die letzten Meter. Mein Begleiter schleicht zur Felskante und verschwindet. Mir schlägt das Herz bis zur Gurgel. Hubertus, besser wohl „Großer Manitu", hilf! „Hinauf oder nach unten, halt drauf!" sage ich mir, das Wild zum Greifen nahe, fast beschwörend vor, als mein Jagdführer wieder auftaucht und – ich bewundere seine unglaubliche Ruhe – mich heranwinkt. Noch gute zehn Schritt, und da liegt – wie seit Stunden – weiß leuchtend auf schwarzem Gestein der schlaue „Billy" der Monashee Mountains, kaum 100 m unter mir! Während ich im steil abfallenden Gestein Halt zum Stehen und zum Anstreichen am schmächtigen Ende einer kleinen, verwitterten Bergkiefer suche und das Vierer-Absehen sich ins Ziel tastet, durchfährt es mich wie ein Blitz: Diese Ziege hat keine Trophäe! Wir zweifeln an unserem Verstand! Unter meinem unsicheren Stand – ich fürchte fast abzurutschen oder den dürren Gipfel unter der Last der angehaltenen Büchse zu brechen – lösen sich ein paar Steinchen und rieseln, für uns im Gegenwind kaum vernehmbar, einige Meter talwärts. Laut genug für den Hornträger, der mit einem Ruck sofort breit und mißtrauisch, mit vorgestrecktem Träger zu uns heraufsichernd, auf seinen klotzigen Schalen steht. Die vorher mit dem schwarzen Felshintergrund verschmolzenen, unsichtbaren Schläuche sind jetzt – dem Himmel sei Dank! – deutlich gegen den

Horizont abgehoben. Der spannenlange kreisrunde Bart unter dem kantigen Quaderschädel und der seidenglänzende Behang bewegen sich leicht im Wind. Jeder Muskel des Wildes scheint gespannt, sein wuchtig gedrungener Körper verrät Unruhe, die Flucht vor einer unbekannten Bedrohung ist für die nächste Sekunde programmiert.

Scheinbar fassungslos und überrascht krümmt sich das wollige Paket aus Sehnen und Muskeln im Knall der 7-mm-S. E., verharrt für einen Augenblick bewegungslos und sinkt dann unter der unsichtbaren Wucht des Geschosses langsam in sich auf seine Läufe zusammen. Im Zeitlupentempo rutscht das verendete Wild vom haustürgroßen Dach des Felsenturms und entschwindet gleich darauf unserem Blick.

Jagd, wahrhaftig ein Privileg!

Ausgestattet mit wesentlich besseren Sinnen und weit überlegenem Instinkt, wurde ein reifer Einzelgänger – sicherlich liegt hierin ein wesentliches Motiv und die eigentliche Herausforderung für den Jäger! – durch menschliche Intelligenz, durch Erfahrung und Verbissenheit besiegt, buchstäblich von der Plattform des Lebens in die Tiefe gezwungen.

Freude kennt keine Grenzen, schon gar keine sprachlichen: „God damned, war das eine Pirsch, welch eine Trophäe!" Als wir nach halbstündigem, etwas sorgenvollem Abstieg am verendeten Wild stehen, welches den Sturz aus 40 m Höhe und über eine 200 m lange abschüssige Geröllhalde wie durch ein Wunder heil überstand, sinnierte der immer noch in der Jagdtradition seiner alten Heimat verankerte Volker: „Jagd ist wahrhaftig ein Privileg! Nach so einem Jagdtag lohnt es sich, gerade in dieser schier unermeßlichen Wildnis über dessen Erhalt nachzudenken."

Während wir die Beute versorgen, beginnt es leicht zu schneien, und ein hoch über uns kreisender Rabe verkündet mit hartem Krächzen, daß man eben für Seinesgleichen den Tisch gedeckt und der alte „Monashee-Billy" seine einsame Reise in die ewigen Jagdgründe angetreten hat.

„Nanook tukungayuk, ouwa!"

„Nanook tukungayuk, ouwa!" Mit dieser lapidaren Kurzmeldung über das mitgeführte Funkgerät („Der Eisbär ist tot, over!") ins 40 Meilen entfernte Allen Island war für meinen Jagdführer, den Eskimo Akeeshoo, die Angelegenheit erledigt, der 18. März für ihn ein erfolgreicher Jagdtag „ohne besondere Vorkommnisse".

Begonnen hatte alles mit der Nachricht, daß die kanadischen Behörden einigen Eskimo die Weitergabe von Eisbärabschüssen aus ihrer Jahresquote erlauben.

Die Begründung des verantwortlichen Tourismus-Officers für Baffin Island/N.W.T. war für Interessierte wie für die Inuit, wie sich die Eskimo selbst nennen, ebenso logisch wie ökonomisch: „Ohne Veränderung der Abschußquoten erzielen die Eskimo dadurch für ihren Lebensunterhalt ein Vielfaches dessen, was sie sonst nur durch Verkauf der Polarbärdecke erreichen könnten."

Für den Fall, daß der Jäger...

Es war Frühherbst 1980. Mitte März des nächsten Jahres sollte, wenn die Robben, die Hauptnahrung des Eisbären, in der Packeiszone ihre Jungen zur Welt bringen und ihn damit vom Treibeis in Küstennähe locken, die Jagd an der Westküste von Baffin Island, südlich des Polarkreises, stattfinden.

Es bedurfte nicht des Hinweises des kanadischen Outfitters, daß es sich hier um keine Jagd vom bequemen Lehnstuhl aus handelt, um sich ohne viel Phantasie auf eine echte jägerische Herausforderung einzustellen. Meine schriftliche Erklärung beim Wildlife Officer Lance Males in Frobisher auf Verzicht jeglicher Regreßansprüche „für den Fall, daß der Jäger vom Polarbären getötet wird, im Eis umkommt oder erfriert", war knapp und illusionslos genug. Die Aussicht allerdings, auf dieses einzigartige Wild zehn Tage lang, trotz Eis und Kälte, in traditioneller Eskimoart mit Hundeschlitten, im Zelt oder Iglu jagen zu können, zerstreute jegliche Bedenken.

Gewehr entölen

Es blieben sechs Monate Vorbereitung. Literatur wurde beschafft, bestehende Erfahrungen gesammelt und etwas für die eigene Kondition getan. Bei Temperaturen zwischen −25 bis (möglicherweise) −50 °C ergaben sich zunächst eine Fülle offener Fragen. Welche Kleidung, welche Verpflegung, welche Waffe

ist dieser Kälte angemessen? Welches Waffenöl hält diesen Temperaturen stand? Lassen sich da Filme in der Kamera überhaupt noch transportieren? Was kann bei diesen Lichtverhältnissen ein fotografischer Laie noch ausrichten?

Hilfe kam von den kanadischen Freunden: Waffe völlig entölen, Kamera am Körper tragen, Antibeschlag für die Optik, Schneebrille gegen grelles Sonnenlicht mit Seitenverkleidung bei Blizzard, Gewehrfutteral ohne Reißverschluß wegen Vereisungsgefahr und Schlafsack bis −35 °C lauteten die Ratschläge.

Die Kleidungsfrage wurde von den Eskimo gelöst. Akeeshoo erhielt noch vor Weihnachten eine alte Hose, ein weites Hemd und eine Fußsohlenskizze zugesandt, um von seinen Frauen für mich Karibukleidung, Handschuhe, Innenstiefel und bequeme Überschuhe, „Qamiks", nähen zu lassen. Das dort seit Jahrtausenden zum Schutz der Menschen

Immer wieder wird die zerborstene Eiswüste abgeglast. Hat sich dort, etwa eine Meile entfernt, nicht etwas „Zitronenfarbenes" bewegt?

gegen Kälte verwendete Karibufell ist, um in diesem rauhen Frostklima und auch im Außenlager bestehen zu können, für den nichtangepaßten Europäer eine kleine Rückversicherung.

Ende Januar war alles vorbereitet. Der siebenstündige Flug von Frankfurt a. M. nach Montreal, Übernachtung und Weiterflug am nächsten Tag ins 2200 km nördlich gelegene Frobisher, dem Verwaltungssitz von Baffin Island, verliefen programmgemäß. Mit Wildnis und Abenteuer verknüpfte Namen der Erforscher der westlichen Arktis, wie Martin Frobisher, der vor 400 Jahren bereits einen Vorstoß in diese Eiswüste unternahm, oder Alexander Mackenzie, nach dem der gewaltige 1800 km lange Strom benannt wurde, Abenteuer von und Erinnerungen an Hudson, Pond und Leroux begleiten mich auf dem Flug nach Norden.

Meine Lebensversicherung

Ein eiskalter trockener und deshalb nicht eigentlich beißender Nordwind pfeift über die Startbahn, als die B 737 vor dem ausgedienten Air-Force-Hangar in Frobisher ausrollt. Lance, der sympathische Wildlife Officer, erwartet mich im „Inuit Hotel". Er kennt die Eskimo von Allen Island persönlich seit vielen Jahren und spricht von ihnen, während er Einzelheiten über die traditionelle Eskimojagd auf Eisbär, über seine Arbeit, das Land und seine Menschen erläutert und nebenbei die Jagdpapiere und Lizenzen ausfertigt, voll Anerkennung. „Verlaß dich bei dieser Jagd ganz auf den Eskimo, es ist deine Lebensversicherung", sagt er mehrmals, ersucht aber, keinen Alkohol mitzunehmen. Er erzählt von den großen internationalen Forschungs- und Markierungsarbeiten, die jedes größere Bärenvorkommen und deren Wanderungen erfaßt haben, und spricht von einer seit zehn Jahren anwachsenden Bärenpopulation. Im übrigen schätzt er – mit einem ermunternden Augenzwinkern – die Erfolgschancen meiner zehntägigen Eisbärjagd auf allenfalls etwa 50 %. Dabei warnt er mich eindringlich vor jedweder Routine oder Fahrlässigkeit im Eis und erzählt,

daß alleine 1980 in seinem Amtsbereich 33 Eisbären bei Zwischenfällen mit Menschen erlegt werden mußten. Dabei schwärmt Lance von diesem Land, wo die Sonne um den 20. Oktober herum verschwindet und sich erst um den 1. März wieder sehen läßt. Ich merke, daß er diese Menschen ebenso liebt wie seine Aufgabe.

In unser Gespräch platzt die Nachricht, daß der Weiterflug mit einer kleinen Twin Otter nach dem 120 Meilen entfernten Allen Island wegen Schnee und Eisbewegung auf der tiefgefrorenen Piste des 49 km langen Fjords, an dessen Ende die kleine Eskimosiedlung liegt, gestrichen und der Abflug auf den nächsten Mittag verlegt ist. Für mich bedeutet dies einen Jagdtag weniger.

Am Ende der Welt

Am nächsten Tag, nach gut einer Stunde Flug über eine schneebedeckte, baum- und strauchlose, unwirtliche Mondlandschaft, setzt die mit Eskimo sowie mit Kisten, Säcken, Benzinfässern und Geräten vollgestopfte Maschine am frühen Nachmittag „am Ende der Welt" auf die Eispiste.

Die kurze, fast wortlose Begrüßung durch „Headman" Akeeshoo wird zu einer aufregenden Angelegenheit. Alles steht um mich herum und lacht. Freundlich staunende Männer, Frauen und Kinder, dazwischen immer wieder Huskies, diese legendenumwobenen Hunde der arktischen Region. Man schleppt mein Gepäck, lächelt fortwährend und ist offensichtlich froh, endlich Abwechslung in diesem verlassenen „Outpost" (Außenposten) zu haben.

Ich beziehe meine Hütte, eine pappverkleidete Kiste. Der Benzinkocher blubbert, und während ich meinen ersten Tee genieße, wird die morgige Abfahrt von den drei Hütten ins Jagdgebiet besprochen, unterstützt vom dolmetschenden Simonei.

„Husk, husk…!"

Mühselig werden am nächsten Morgen bei strahlendem Sonnenschein – das Packeis gleißt und glitzert in allen Farben – die Hunde

eingefangen und vor die langen, aus Seehundfell geschnittenen, absolut reißfesten Leinen gespannt. Der über 4 m lange „Komotik", der Eskimoschlitten, wird mühselig bepackt. Die gesamte Ladung, Zelt, Verpflegung, Brennstoff, Benzinkocher, Funkgerät, Walroßfleisch für die Hunde, mein Seesack, Karibufelle als Unterlage und die sofort geladenen Waffen im Futteral, wird rutschfest verzurrt.

Diesen schweren Lastschlitten mit unserer Ausrüstung und für den Rücktransport der zentnerschweren Beute gedacht, zieht, immer im Abstand von etlichen Meilen folgend, ein zweiter Jagdbegleiter mit seinem Schneemobil, während der Hundeschlitten, um für die eigentliche Jagd möglichst schnell zu sein, nur mit dem Nötigsten bepackt wird.

Nach drei Stunden langem und für meinen Eskimo-Guide mühseligem Schuften ist es soweit. Elf Hunde werfen sich in die Leinen, die Fahrt ins Abenteuer beginnt.

Nach sechs Stunden Fahrt mit ständig anfeuerndem „husk, husk" und gezielten Züchtigungen aufmüpfiger und trotz Fahrt miteinander kämpfender Hunde mit der 4–5 m langen Peitsche liegt am Abend die erste Etappe von etwa 25 Meilen hinter uns. Der Fjord, auf beiden Seiten von mächtigen Eis- und Gebirgsbarrieren eingesäumt, weitet sich allmählich trichterförmig in die Packeiszone am offenen Meer, welches ich etwa fünf Meilen weiter östlich vermute.

Während dieser ersten, unvorstellbar monotonen Fahrt über die wellig-holprige, verharschte Eisfläche – sie erinnert an die Oberfläche der Sandwüste – haben wir keine Fährten, kein Zeichen von Wild oder Leben entdeckt. Schnell ist in der Dämmerung das Zelt aufgerichtet. Rohes tiefgefrorenes Karibufleisch mit vereistem und zerbröckeltem Vollkornbrot schmeckt zum heißen Tee. Im Zelt, das bei −30 °C Außentemperatur an seinen Innenwänden wegen der Erwärmung durch den Kocher und unseren Atem bald vereist ist, verbringe ich die erste Nacht im Schlafsack neben den schnarchenden Eskimo – ein eher wohliges als aufregendes Erlebnis. Manchmal heult draußen ein Hund.

Der „Eskimo-Outpost" liegt längst hinter uns. Plötzlich eine verwehte Fährte: Wie alt ist sie? Wo ist der Paßgänger jetzt?

Gefangen im Blizzard

Der nächste Tag wird uns beinahe zum Verhängnis. Nach kurzer Verabschiedung von unserem Begleiter geht es am frühen Morgen bei wolkenlosem Himmel und unvorstellbar klarem Sonnenschein mit dem Hundeschlitten ab, Richtung Packeiszone. Um den Schlitten noch schneller zu machen und einen plötzlich auftauchenden Bären besser hetzen zu können, lassen wir alles, bis auf die Gewehre, auf dem uns wie am Vortag mit mehreren Meilen Abstand folgenden Skidoo-Schlitten zurück. Zwei Stunden später, während wir uns der Mündung der Bai ins offene Meer nähern und angestrengt nach Fährten Ausschau halten, verdunkelt sich innerhalb weniger Minuten schlagartig der Himmel. Wind und Schneetreiben setzen ein, die sich schnell zum Eissturm steigern. Der erste Blizzard! Der Nordsturm jagt Schneekristalle nahezu waagrecht mit der Wucht eines Sandstrahlgebläses über die Eisfläche. Das Schlittengespann mit Hunden und Besatzung wird aus der Fahrtrichtung gedrückt. Wir sind im Nu vereist, meine Schneebrille ist völlig untauglich, meist sehe ich nicht einmal mehr den Leithund. Der Schlitten verlangsamt sein Tempo erheblich, die Hunde kämpfen jetzt gegen den Sturm. Meine „Lebensversicherung" schaut mehrmals prüfend in den Himmel, um nach

etlichen zehn Minuten ohne Anteilnahme oder Erregung festzustellen: „We are lost!" „Wir haben uns verirrt!"
Da wird mit blitzartig bewußt: Wir sind im Blizzard gefangen, im Packeis-Vorfeld, ohne Ausrüstung, ohne Zelt, ohne Verpflegung und Funkgerät. Welch tödlicher Leichtsinn! Das Ergebnis blinden Vertrauens in die Jagderfahrung und die Übersicht eines einheimischen Jagdführers! Aber Schuldzuweisungen bringen jetzt überhaupt nichts mehr. Jetzt helfen nur noch Disziplin, Eigeninitiative, eine Portion Glück und Zufall – wenn überhaupt...!

Hinter aufgetürmtem Packeis machen wir Halt. Während die Huskies sich sofort erschöpft zusammenrollen und bald eingeschneit sind, mehren sich meine Zweifel: „Was jetzt? Wie geht es weiter?" Paulusi will auf das nachfolgende Snowmobil warten, welches seiner Meinung nach unseren Spuren folgt. Meine Gegenfrage – wir verständigen uns, ohne die Sprache des anderen zu sprechen –, wie das wohl möglich sei, da es durch den Sturm keine Spuren mehr gibt, beantwortet der Eskimo mit fatalistischem Achselzucken und unsicherem Grinsen. Es ist 10.30 Uhr, der Sturm, ein totaler „White out", tobt mit unverminderter Heftigkeit. Ich habe von mehrtägigen Blizzards gelesen und gebe mich hinsichtlich unserer Lage keinem Zweifel hin: Wenn das Schneemobil in einer Stunde nicht eintrifft, bedeute ich energisch meinem Begleiter, kehren wir um, Richtung Norden, zurück zur Siedlung. Paulusi spricht von 12 Stunden Rückmarsch nach Allen Island. Bei diesem Sturm.
Seine Zigaretten beruhigen. Für mich steht jedoch unzweifelhaft fest: In dieser Situation, ohne Ausrüstung und Verpflegung, müssen wir sofort den Rückmarsch wagen. Als Orientierung soll die Gebirgskette am Westufer der Bai dienen, welche da und dort schemenhaft im Blizzard erkennbar bleibt, sofern wir nicht mehr als 100 m von ihr entfernt sind.
Nach einer Stunde vergeblichen Wartens brechen wir auf. Die Hunde kommen in dem ständig tiefer werdenden Treibschnee am Rand des geborstenen, haushoch übereinander geschobenen Packeises nur mühselig voran, sie sind völlig erschöpft und kaum mehr zu leiten.
Nach langen fünf Stunden etwa – teilweise tragen, schieben und stoßen wir den Schlitten selbst über das Trümmerfeld der Eisbarrieren – haben wir höchstens acht Meilen geschafft. Das kostet Kraft.
Gegen 19 Uhr ist es fast dunkel. Zum Glück läßt der Sturm etwas nach, die Sicht wird ein wenig besser. Die Hunde und wir selbst sind jedoch bereits ziemlich geschafft, wie ausgelaugt, eine bleischwere Müdigkeit sitzt in allen Knochen. Ich verspüre, obwohl ich seit

12 Stunden nichts zwischen den Zähnen hatte, weder Durst noch Hunger. Unsere Lage ist nahezu hoffnungslos. Wie sollen wir diese eisige Nacht ohne Ausrüstung und Verpflegung durchstehen?

Nach wie vor drängen wir, buchstäblich im Schneckentempo, aus dem Packeis Richtung Norden, woher der eisige Wind bläst, wo Allen Island liegt.

Nicht einmal eine Fackel

Der Gedanke an meine Familie gibt mir immer wieder neue Kraft, mobilisiert meine Energien. Der Eisbär, eine traditionelle Eskimojagd im Schlitten, sind längst völlig uninteressant geworden. Mein ganzes Sinnen und Trachten, die letzte Hoffnung liegt bei unserem Begleitjäger und seinem Skidoo. Voll Wut fluche ich angesichts unserer Hilflosigkeit und der unverzeihlichen Fahrlässigkeit laut in Sturm und Nacht hinaus. Das befreit, gibt irgendwie neue Kraft und – manchmal fürchte ich einzuschlafen und bei unseren kurzen Rasten vom Schlitten zu fallen – stählt den inneren Widerstand gegen die alles tötende Müdigkeit. Eine gute Stunde später, Paulusi ist zum hundertstenmal vom Schlitten gestiegen, um die völlig erschöpften Huskies weitere 50 m mit der Peitsche voranzutreiben, sehen wir beide fast gleichzeitig einige Meilen entfernt hinter uns einen matten Lichtschein aufflackern: Das Snowmobil! Hätten wir wenigstens nur eine Fackel aus meinem Survival-Kit dabei, eine Taschenlampe, wenigstens eine Trillerpfeife und nicht alles auf dem verdammten Lastschlitten zurückgelassen!

Wie um Himmels willen können wir uns nur bemerkbar machen? Als ich annehme, daß der Motorschlitten, dessen Licht immer wieder für eine Ewigkeit aus unserem Blick verschwindet, anhält, jage ich in kurzem Abstand zehn Schuß 9.3 x 74 in die Luft. Trotz hellen Mündungsfeuers keine Reaktion! Was jetzt? Die letzten zwei Schuß spare ich mir für alle Fälle! Wie durch ein Wunder kommt das Licht trotzdem langsam, in dieser Situation viel zu langsam, näher. Wind und Schneetreiben sind jetzt Gott sei Dank fast völlig erstorben. Das war übrigens

die einzige Chance, entdeckt zu werden! Wie aber findet uns, „die Flocke im Schneegestöber", der Eskimo, von uns immer noch etwa zwei Meilen unerreichbar entfernt? Verzweifelt versuche ich mit dem in der Hand wieder aufgetauten Feuerzeug die Plastikplane der Sitzverschnürung zu entzünden – „inflammable", sie brennt nicht! Und immer wieder entfernt sich das Scheinwerferlicht und dreht dann erneut bei. Kein Zweifel, der Eskimo sucht uns in großen Schleifen. Bitte, suche weiter…!

Ich zerreiße mein Taschentuch, steige auf den Schlitten und schwenke die entzündete, nur wenige Augenblicke lodernde Fackel in der Luft, bis die letzten Fäden zwischen meinen Fingern verglimmt sind. Und dann der zweite, schier unglaubliche Glücksfall an diesem Tag: Das Skidoo dreht bei, der Eskimo hat uns entdeckt? Mindestens zehn ungewisse, mit vielen Fragezeichen versehene Stunden durch Eis und Nacht sind uns erspart geblieben. Den noch vor einigen Stunden getanen Schwur, die Jagd sofort abzubrechen, habe ich dann allerdings in einer Art Trotzhaltung gleich wieder gebrochen: „Jetzt erst recht!"

Später erfahre ich, daß unser Begleiter, als sein Lastschlitten auf einer Eisplatte gekippt war – er mußte ihn mühselig ent- und beladen – die Spur zu uns verlor und, nachdem er über Funk die Siedlung in Allen Island verständigt hatte, die Suche trotz Sturms alleine aufgenommen hatte. Simonei, der Übersetzer, sagte mir später lakonisch: „We were already worried", was bei ihm sicherlich nicht mehr heißen sollte, als „Wir haben uns schon Gedanken gemacht."

Während ich am Abend mit einiger Erleichterung und nach einem Abendessen aus gefrorenem Fleisch, Brot und Tee im Zelt den Reißverschluß meines Schlafsacks zuziehe, schwöre ich tausend Eide, mich – trotz selbstverständlichem Respekt vor größerer Erfahrung, trotz „…ist deine Lebensversicherung" – nie wieder so ausschließlich auf den mich begleitenden Jagdführer zu verlassen, auch nicht in einer mir absolut fremden Jagdtradition.

Tellergroße Eingriffe

Am nächsten Morgen, bei strahlendem Wetter, zählen Umsicht und Planung. Der Hundeschlitten ist diesmal mit dem Nötigsten bepackt; mit dem Skidoo und seinem schweren Lastschlitten wird jeweils zur vollen Stunde Sichtkontakt vereinbart.

Nach zwei Stunden Fahrt über die gleißende, heute doppelt so schöne Eiswüste – ich fühle mich in Geburtstagsstimmung! – sind wir bereits in der bizarr zerklüfteten, in vielen Farben, vorwiegend in Hellblau und Türkis, leuchtenden Packeiszone. Ganze Gebirge übereinandergeschobener Eisplatten versperren uns immer wieder den Weg, müssen auf der Suche nach dem weißen Bären und seiner Fährte mühselig umfahren werden.

Und dann entdecken wir gegen Mittag die erste suppentellergroße, wenn auch schon verwehte Bärenfährte. Ich bin elektrisiert! Selbst wenn sich Eisbären am Tag auf Nahrungssuche bis zu 25 km weit herumtreiben, die imponierenden Eindrücke belegen zweifelsfrei die Anwesenheit eines kapitalen Einzelgängers.

„Head Man" Akeeshoo, der mich heute an einen ordentlichen Paßgänger bringen will, ist die Ruhe selbst. Während ich noch hoffe, daß sich der Bär nicht bereits auf ein Treibeisfeld zurückgezogen hat oder sich zu nahe am offenen Meer aufhalten oder bei einer Verfolgung dorthin entkommen würde – der Gedanke, daß bei einem schlechten Schuß in der auch für den Jäger gefährlichen Eis-Wasser-Randzone der Bejagte noch ins offene Meer gelangen könnte, wo er, auch verendet, wie ein Stein untergehen würde, war meine größte Sorge geworden –, bemerken wir etwa eine Meile entfernt im Packeisgewirr eine gegen den schneeweißen Hintergrund sich im Sonnenlicht farblich deutlich abzeichnende Bewegung. Kein Zweifel, der Gesuchte!

Er stürmt uns entgegen

Gerade als ich fasziniert nach dem Fernglas greifen will, eröffnet Akeeshoo mit einem entschlossenen Peitschenhieb auf den Leithund die Jagd. Der Schlitten setzt sich mit einem Aufheulen der Huskies ruckartig in Fahrt und rast in voller Geschwindigkeit in Richtung Raubwild. Fast gleichzeitig und für mich völlig unerwartet dreht sich der Bär gegen uns und stürmt uns weitausholend entgegen. Der Schlitten springt förmlich über die verharschte Eisfläche, nimmt rutschend und schlingernd engste Kurven durch das Packeis. Ich habe Mühe, die Büchse aus dem auf dem Gefährt fest verschnürten Futteral zu ziehen. Vielleicht noch 200 m! Der Abstand verkürzt sich schnell. Der Paßgänger hetzt uns immer noch entgegen. Hält er uns für eine Wolfsmeute? Ich habe Probleme, mich auf dem rasenden Schlitten festzuhalten, meine ganze Aufmerksamkeit gilt jetzt meinem Gewehr und dem heranstürmenden Großwild. Während ich noch überlege, wann der Eskimo wohl die Leinen kappt, um den Bären durch den Angriff der Hundemeute zu stellen und mir einen sicheren Schuß zu ermöglichen, oder ob er gar beabsichtigt, bei diesem Tempo in den Bären voll hineinzufahren, was meist geschieht, wenn sich der Bär stellt, verfängt sich der bei diesem Tempo nur noch schwer lenkbare Schlitten mit einer Kufe in einem Eisblock, stürzt durch die unvermittelte Bremsung zur

Seite und wirft mich mit der Waffe in der Hand an eine Eisbarriere. Noch im Fallen sehe ich, daß der Polarbär unvermittelt verhofft und sekundenlang unschlüssig zu uns äugt. Er wendet sich irritiert, eher mißmutig verärgert ab und tritt in seinem allen Paßgängern eigenen vorwärtswälzenden Gang, halb schräg von mir weg, immer schneller werdend, den Rückzug an. Da will ich allerdings ein Wörtchen mitreden. Kniend, am scharfkantigen Grat eines Eisbruchs aufgelegt, habe ich das zitternde Fadenkreuz bereits auf seinem federnden, davonhastenden Körper stehen. Ich fühle nicht, daß meine handschuhlosen Finger im Frost erstarren und am eisigen Stahl der Büchse kleben.
Der Brocken zögert erneut, äugt zu uns zurück und zeigt mehr von seiner Breitseite. Das ist die Sekunde! Das 19-g-TUG dringt dem Wild schräg von hinten in die Kammer. Die Wucht des Geschosses wirft es auf das Eis. Ich staune und zögere wohl eine Sekunde zu lange mit dem zweiten Schuß. Denn im

Ein Prachtexemplar aus der streng lizenzierten Eskimoquote. Eine ganz besondere Freude auch für die Eskimojugend

nächsten Augenblick erhebt sich der schwerkranke Koloß wieder und richtet sich nach ein paar Gängen auf einer längsgezogenen Eisbarriere in seiner vollen Größe mit Drohgebärde und einem gurgelnden Knurren gegen uns auf. Im Knall der zweiten Kugel durch den Trägeransatz sinkt der Eisweltriese bewegungslos in sich zusammen. Langgestreckt, sein mächtiges Haupt nach unten, tritt er auf dem Packeishügel, wie auf einem Katafalk liegend, seine letzte Reise an. Mit seinen neun Fuß, aufgerichtet gut 3 m groß, und über 300 kg Gewicht, wahrhaft ein „König der Arktis"!

„Good meat!"
Meine Kopfbedeckung liegt längst im Schnee, meine schweißnassen Haare sind gefroren. Ich stehe vor diesem einzigartigen Wild, und während ich über Sinn und Symbolik des Jagens in dieser unwirtlichen und faszinierenden Eiswelt sinniere, reißt mich Akeeshoo mit einem zufriedenen Lachen aus den Gedanken. Keine Gratulation, kein Kommentar! Er bedeutet mir nur, daß bei diesem Frost der Polarbär sofort aus der Decke zu schlagen ist, wenn diese keinen Schaden nehmen soll, und er machte sich sofort an die Arbeit.
Meine dann drängenden Fragen nach seiner Meinung über die erbeutete Trophäe beantwortet der Eskimo grinsend mit zwei Worten: „Good meat!" (gutes Fleisch).
So ist das eben in dieser auf Leben und Überleben ausgerichteten Welt! „Nanook tukungayuk, ouwa!"

Ein Afrikaner in Spanien

Ich hörte nur immer wieder „Goldmedaille!", und mir wurde allmählich klar, daß der am Vortag in den Bergen der Sierra de Espuña erlegte Mähnenspringer stärker war als vermutet.

Mehr als einmal blickte ich zufrieden nach dem auf dem Rücksitz schaukelnden wuchtigen Hauptschmuck meines „Arrui", wie die Spanier dieses Wild bezeichnen.

Ein wahrhaft stolzer Nachkomme jener sagenumwobenen „Aoudad", welche einst die trockenen, wildzerklüfteten Fels- und Bergregionen Nordafrikas bis zum Südrand der Sahara bewohnten. Nahezu ausgerottet, leben heute noch kleinste Bestände in entlegenen Regionen des Atlas, im Tschad, im Süden Libyens und im Sudan.

„Arrui!" flüsterten die spanischen Begleiter aufgeregt, als wir der ersten Mähnenschafe am frühen Vormittag des Vortages in der dichten Vegetation eines „Barranco" – einer tiefen Schlucht des Jagdgebietes – für einen kurzen Augenblick gewahr wurden. Ein herrliches Bergwild!

Vertraut und zügig, fast verschluckt vom dichten Ginster- und Stacheleichen-Buschwerk, zog das Wild von uns unbehelligt nach oben. Die beiden uns von der Jagdbehörde ICONA zugeteilten Jagdbegleiter beratschlagten.

Rasch wechselte inzwischen der etwa 15 Köpfe zählende Trupp in eine Seitenschlucht des Bergmassivs und verschwand bald in der dichten Buschvegetation. Leises Poltern und das Rollen losgetretener Felsbrocken erinnerten noch einige Minuten lang an den Spuk. Ob sie uns nicht doch mitbekommen hatten? Die flüchtige Begegnung hatte mir gereicht. Am Ende des breitgefächert abgehenden Wildes war für kurze Augenblicke immer wieder der mächtige Hornkreis eines kapitalen Steinbocks aufgetaucht, ihm galt unser ganzes Interesse.

Erfolgreiche Einbürgerung

Das war also das seltene „Barbary Sheep", ein Halbschaf wie das Blauschaf Nepals oder das Markhor.

Bei einer kurzen Verschnaufpause im Schatten weitausladender Tamarinden erzählt Pedro, der Wildhüter, von der Einbürgerung dieses Wildes in Spanien.

Als der jagdbegeisterte Generalissimo Franco Anfang der siebziger Jahre die afrikanischen Provinzen Spaniens in die Unabhängigkeit entließ, schuf er für die dort vor der Ausmerzung stehenden Arrui nahe der südspanischen Stadt Almería neuen Lebensraum. Die dorthin verbrachten etwa 20 Mähnenschafe entwickelten sich hervorragend. Bereits zwei Jahre später wurden in einem wesentlich ausgedehnteren 40 000 ha großen Wildreservat in der Sierra de Espuña bei Murcia acht weitere Mähnenspringer ausgesetzt und damit innerhalb von nur zehn Jahren ein Bestand von mehr als 750 Wildtieren aufgebaut. Diese Population wird als oberste tragbare Wilddichte angesehen, so daß zwischenzeitlich – die Erlöse aus der Jagd werden für die Sicherung und Verbesserung des Lebensraumes dieses Wildes aufgewendet! – vom Zuwachs jährlich etwa 10–15 Arrui freigegeben werden. Dieses Wildschutzkonzept ist nahezu vorbildlich! Nebenbei bemerkt, gibt es zur Einbürgerung der Mähnenschafe eine Reihe anderer erfolgreicher Privatinitiativen spanischer Großgrundbesitzer.

Heute gilt der Fortbestand dieses Wildes als absolut gesichert. Bereits 1950 wurden Mähnenschafe auch in den Schluchten des Canadian River in Neumexiko und im San Luis Obispo County in Kalifornien mit bestem Erfolg eingebürgert, wie Bestände und Hornmaß beweisen.

Dem Rudel auf den Fersen

Bald drängte ich zum Aufbruch. Wir waren einem dieser bereits in Spanien geborenen 8–10jährigen „Afrikaner" auf den Fersen und mußten uns sputen. Der am Ende des Trupps beobachtete Hornträger war jeder Mühe wert, und bekanntlich versäumt der Zauderer den Zuschlag!

Ein eiskalter Wind, so gar nicht zum Sonnenlandklischee Spaniens passend, pfiff jetzt im November von den Bergen. Wollhaube, Hand-

schuhe und Schal kamen aus dem Rucksack, eine aufregende Verfolgung begann. Wir hatten einen guten halben Tag Zeit. Das müßte reichen, um den Vorsprung des Rudels auf Schußnähe zu verkürzen!

Pedro, der staatliche „Oberjäger", wie alle Wildhüter kein Jäger und selbstverständlich ohne Waffe, übernahm mit seinem Kollegen die Führung. Mir folgte Carlos. Für ihn ist Jagd kein simples Geschäft mit zahlenden Jagdgästen, sondern eine ernste Aufgabe zwischen Gleichgesinnten.

Mehrmals versuchen wir, den Mähnenspringern den Weg abzuschneiden. Umsonst! Wir sind mit drei Mann Begleitung vermutlich zu laut: „Die Jagd geht schlecht, wo Hunde sind zuviel." Feuchte Stellen losgetretener Steine zeigen immer wieder, daß das Wild unsere Querpirsch längst vorher überfallen hat. Hier hilft weder langes Planen noch umständlich zeitraubendes Übersteigen. Wir beschließen die direkte Verfolgung und damit den geraden Einstieg ins geröll- und quaderübersäte Bergmassiv. Das bedeutet, nicht ganz im Sinne der Wildhüter, die bereits gerne „mañana" (morgen) gesagt hätten, Verzicht auf die Mittagspause und ihre geheiligte „Siesta". Die Macchie, der dichte Strauchbewuchs, wird, je weiter wir nach oben kommen, dünner, die Sicht offener. Wir finden ständig walzenförmige frische Losung, das Bergwild scheint unmittelbar vor oder über uns zu sein. Am nächsten Bergkamm spähen wir vorsichtig in eine breit vor uns liegende zerklüftete Schlucht. Nichts!

Das Steigen fällt, wie immer, wenn die erste Stunde Schufterei überstanden ist, längst nicht mehr so schwer. Die Gespräche sind verstummt, alles Wichtige ist gesagt. Hoffnung und Zweifel treiben uns voran.

Hoch über der Sierra kreisen im eleganten Gleitflug, getragen von kräftigem Aufwind, die selten gewordenen Kaiseradler. Sie sind wahrlich die mächtigen Herren der Lüfte, Boten Jupiters, der auf dem schneebedeckten Olymp thront und dessen Blitze sie auf die Erde befördern. Welch ein Bild, wenn dieser Herrscher der Lüfte mit angelegten Schwingen wie eine Bombe auf sein Opfer herabstürzt, um – stellvertretend für das auch hier verschwundene Großraubwild – alles Schwache und Kranke mit messerscharfen Fängen zu greifen. Pedro bestätigt: „Die wachsamen Arrui sind für ihn dabei bestimmt keine leichte Beute." „Auch nicht für uns!" entgegne ich ihm etwas kurz.

Vor dem letzten Seitenkamm, der in eine weit ausladende Südwand der gut 2000 m hohen Sierra einmündet, machen wir erneut eine kurze Rast. Weit unter uns liegt der sanft über die Vorberge ausgebreitete Pinienwald, der sich ganz allmählich in der Buschvegetation im Vorfeld der Steilwände verliert. Diese von karstigen Felsbrocken übersäte Übergangszone ist der ideale Lebensraum für die genügsamen Mähnenschafe, wo sie das ganze Jahr ausreichend Äsung finden.

Die Luft ist kalt und trocken, der eisige Wind hat sich verstärkt – Nachmittagsstimmung. Wir durchqueren die letzte Schlucht des Kessels, immer in der Hoffnung, das Rudel doch noch zu finden. Vorsichtig schieben wir uns über den letzten Bergkamm. Haben die Halbschafe hier überriegelt, stehen sie in dieser für sie windgeschützten Südwand? Oder sind sie über sie hinweg? Dann wäre für heute die Mühe umsonst gewesen!

Da winkt uns Pedro aufgeregt heran. Gebückt, die Mauser 66 fest im Griff, suche ich das gegenüberliegende Felsmassiv ab. Die Tarnung des Wildes ist unglaublich. Während die Wildhüter schon Häupter zählen und erwartungsvoll zu mir herüberblinzeln, finde ich das weit verstreut äsende Bergwild mit seinem sandfarbig zimtbraunen Haarkleid erst allmählich. Wo sind die Böcke, wo der am Morgen erstmals beobachtete starke Herrscher dieses Trupps? Ist das vielleicht ein anderes Rudel, während das von uns verfolgte in einem Seitental steht?

Wie ein Seidenvorhang im Wind

Die Brunft, und das ist natürlich von Nachteil, ist jetzt, Ende November, vorbei. Die Herren der Schöpfung, die sich dabei übrigens oft mit ihren Widersachern mit den Hornkreisen

Die rauhe neue Heimat der Arrui, Spaniens jüngster „Bürger"

verhaken wie die Fingerhakler in einem bayerischen Wirtshaus, sind träge und faul geworden. Doch was sollen die Zweifel? Urplötzlich erscheint, bisher durch Strauchwerk gedeckt, unschlüssig verhoffend – fast mürrisch –, ein starker Recke. Seine mächtige, nahezu bis zum Boden reichende üppige Hals- und Vorderbrustmähne, die Vorderläufe und Vorderseite schürzenartig bedeckt, weht wie ein beigefarbener Seidenvorhang im Wind. Ein faszinierender Anblick! Da steht ein reifer Mähnenspringer, halb Einzelgänger, halb „Sultan", etwas abseits bei dem ihm anvertrauten Harem. Die verstreut äsenden Geißen sind kleiner und wesentlich leichter, ihr Horn ist etwas dünner und höchstens 40 cm, also halb so lang wie das des Bocks.

Kein Zweifel, das ist der Gesuchte! Mein unschlüssiges Zaudern beunruhigt bereits meine Begleiter. Immer wieder wandert die Optik, die das hervorragend der Landschaft angepaßte Wild mehrmals verliert, über den kräftigen Körper und den im Querschnitt fast dreieckigen, armdicken, halbkreisförmig nach oben und hinten einwärts geschwungenen Hornkreis. Unwillkürlich denke ich an den Dagestanischen Steinbock des Kaukasus: Dieser Hauptschmuck ähnelt dem des Tur! Erst später höre ich, daß das Mähnenschaf auch als „Afrikanischer Tur" bezeichnet wird. Der eiskalte Sturmwind peitscht jetzt förmlich ins Gesicht. Während ich noch diesen stolzen „Afrikaner" bestaune, längst entschlossen, ihm die Kugel anzutragen, zieht der Hornträger ruhig, etwa 250 Schritt entfernt, höher in die Wand. Das Vierer-Absehen erfaßt das Blatt des auf einem Felsbrocken wie ein Denkmal breitstehenden Kämpen. Dem leisen Einrasten des Stechers folgt der peitschende Knall der 7-mm-S.E., die ganze Arbeit leistet. Das 9,1-g-Geschoß zwingt den alten Hornträger von seiner Plattform. Er krümmt sich und sucht schwerkrank Deckung im nahe stehenden Ginstergebüsch. Ehe er es erreicht, reißt die Wucht des zweiten Schusses den Widder endgültig von den Läufen. Er begibt sich auf seine letzte lange Reise, zurück über das fremde Meer, heim zu seinen afrikanischen Vorfahren am Rande der Sahara.

Bald stehen wir vor der stolzen Beute. Die spanischen Freunde sind voll Freude über diesen mühsam, mit einiger Anstrengung und Schweiß erkämpften Erfolg. Ihr freundschaftliches Umarmen und Auf-die-Schulter-Klopfen vertreibt den Anflug von Nachdenklichkeit, die sich des Jägers bemächtigt, wenn der unvermeidliche Abschluß einer Pirsch vollzogen ist. Während das in alle Richtungen davonstürmende Rudel längst über alle Berge ist, umgibt uns das nach jeder erfolgreichen Bergjagd einzigartige und zugleich eigentümliche große Schweigen. Die Gedanken folgen dem vom Wind südwärts verwehten Pfeifenrauch, hin in das ferne Wüstenland, das diesem Wild längst keine Heimat mehr ist.

5

Jagd-
Reise-
wörterbuch

600 Wörter für die Jagdreise

**Ausrüstung – Jagdpraxis – Wildtiere –
Tourismus – Erste Hilfe – Waffen –
Verpflegung – Zeitbestimmung**

Deutsch	Englisch	Französisch
abbalgen	to skin	dépouiller
Abdruck	print; footprint	l'empreinte
Abendansitz	still hunt at dusk	l'affût du soir
Abendessen	dinner	le dîner
abends	in the evening	le soir
Abflug	departure	le départ
abhäuten	to skin	dépouiller
abkochen	to boil	cuire
Abreise	departure	le départ
abschießen	to shoot; to kill; to bag	tuer; abattre
abschlagen	to cut off the antlers	détacher le massacre
Abschuß	shooting; killing	l'abattage
Abschußplan	annual shooting plan	le plan de chasse
Absehen	retide	la hausse
abspringen	to flee	aller d'effroi
abstreichen	to fly off	s'envoler
abwerfen	to drop the antlers	jeter ses bois
Abwurfstange	cast antler	le bois perdu
Abzug	trigger	la détente
Altersbestimmung	age determination	la détermination de l'âge
Alttier	adult hind	la biche adulte
anäugen	to spy	regarder
Anfangsgeschwindigkeit	initial velocity	la vitesse initiale
angeln	to fish	pêcher à la ligne
angeschweißt	wounded	touché
angreifen	to attack	attaquer
anködern; ankirren	to bait; to allure	appâter
Ankunft	arrival	l'arrivée
anludern	to bait	appâter
anpirschen	to stalk	approcher
anschießen; anschweißen	to wound	blesser
ansitzen	to sit	être à l'affût
ansprechen	to identify	juger
anstreichen	to steady	appuyer
Apotheke	drugstore	la pharmacie
Artenschutz	protection of species	la protection des espèces
Arzt	doctor	le médecin
Äser	mouth	le mufle
aufbaumen	to roost	brancher
aufbrechen	cleaning	ouvrir

Deutsch	Englisch	Französisch
Aufbruch zur Jagd	departure for the hunt	le départ pour la chasse
aufhaben	to carry	porter
auflegen	to rest	appuyer
aufmüden	to rouse wounded game	relancer
Aufpilzung	mushrooming	le champignonnage
Auge	eye	l'œil
äugen	to watch	regarder
ausgewachsen	adult	adulte
Auslese	selection	la sélection
Ausrüstung	equipment	l'équipement
Ausschuß	exit hole of the bullet	le trou de sortie du projectile
außer Schußweite	out of range	hors d'atteinte
aussterben	to become extinct	périr
Bache	sow	la laie
Balg	hide	la peau
Balz	lekking	la pariade
Bank	bank	la banque
Bär	bear	l'ours
– Jungbär	– young bear	– l'ourson
– Bärin	– she-bear	– l'ourse
Bärenhöhle	bear den	la tanière de l'ours
Bart	beard	la barbe
Bast	velvet	le velours
Baujagd	den hunt	la chasse sous terre
bedroht	endangered	menacé
Begehungsrecht	privilege of hunting	le droit de chasser dans une chasse privée
Beil	hatchet	la hache
bejagen	to hunt	chasser
Berufsjäger	professional hunter	le garde-chasse commissionné et assermenté
beschlagen	to cover	saillir
Bestand	stock; population	la population; le cheptel
bestätigen; ausmachen	to locate	remettre
Bewertung	scoring	la cotation
Bier	beer	la bière

Deutsch	Englisch	Französisch
Blattschuß	shot on the shoulder-shot	le coup à l'épaule
Blei	lead	le plomb
Bleigeschoß	lead bullet	la balle de plomb
Bock	buck	le brocard
Bockbüchsflinte	over-under gun-rifle	le superposé mixte
Bockdoppelbüchse	over-under rifle	l'express superposé
Bockdoppelflinte	over-under-shotgun	le superposé
Bogenschießen	archery	le tir à l'arc
Boot	boat	le bateau
Borsten	bristles	les soies
Botschaft	embassy	l'ambassade
braten	to roast	rôtir
Brauchtum	customs; tradition	les coutumes
Briefporto	postage (of a letter)	le port de lettres
Brille	glasses	les lunettes
Brot	bread	le pain
Bruch	branch	la brisée
Brunft	rut	le rut
Brunfthirsch	stag in rut	le cerf en rut
Buch	book	le livre
Büchse	rifle	la carabine
Büchsenpatrone	cartridge	la cartouche à balle
Buchung	booking	l'inscription
Bulle	bull	le mâle
Butter	butter	le beurre
Damwild	fallow deer	les daims
Decke (Wild)	skin; hide	la robe
Decke (allg.)	blanket	la couverture
Deckung	camouflage; hide	le camouflage
Dienstag	Tuesday	mardi
Donnerstag	Thursday	jeudi
Doppelbüchse	double rifle	l'express juxtaposé
Doppelflinte	side-by-side shotgun	le fusil juxtaposé
Draht	wire	le fil
Drilling	drilling rifle-shotgun	l'arme à trois canons

Deutsch	Englisch	Französisch	Deutsch	Englisch	Französisch	Deutsch	Englisch	Französisch
Drückjagd	silent beat	la battue poussée	Ferien	holiday	les vacances	Geruch	scent; smell	l'odeur; l'odorat
Durchfall	diarrhoea	la diarrhée	Fernglas	binoculars; field-glass	les jumelles	Gescheide	entrails	les entrailles
durchschlagen	to penetrate	traverser	fett	fat	gras	Geschenk	present; gift	le présent; le cadeau
Eiche	oak	le chêne	Fichte	spruce	l'épicéa	Geschoß	bullet	la balle
Eigenjagd	private shoot	la chasse privée	Fisch	fish	le poisson	geschützt	protected	protégé
eingehen	to die	mourir	Fleckschuß	point blank shot	le tir réglé	gesichert	safe	à la sûreté
einheimisch	native	indigène	Fleisch	meat	la viande	Getränk	drink	la boisson
einkreisen	to encircle	cerner	fliegen	to fly	voler	Gewehr	gun; rifle	le fusil
einschießen	to sight in	régler le tir	Flinte	shotgun	le fusil à canon lisse	Geweih	antlers	les bois
Einschuß	impact	l'impact	Floh	flea	la puce	Gewitter	thunderstorm	l'orage
einstechen	to set the trigger	armer la double détente	flüchten	to flee	fuir	gezähmt	tamed	domestiqué
Eis	ice	la glace	Flügel	wing	l'aile	Großwild	big game	le grand gibier
Eisenbahn	railway	le chemin de fer	Fluggesellschaft	airline	la compagnie aérienne	Hammer	hammer	le marteau
Elch	moose	l'élan	Flugplatz	airport	l'aéroport	Haarwild	mammal game	le gibier à poil
Elchjagd	moose-hunting	la chasse à l'élan	Flugticket	ticket	le billet d'avion	Hals	throat	la gorge
Ende (der Jagd)	end of the hunt	la retraite	Fotojagd	photo hunting	la chasse photographique	Handschuhe	gloves	les gants
entladen	to unload	décharger	freihändig schießen	to shoot off-hand	tirer à bras francs	Hege	game management	la conservation du gibier
entsichern	to release the safety	enlever la sûreté	Freitag	Friday	vendredi	hegen	to preserve game	préserver le gibier
entspannen	to uncock	désarmer la détente	fressen	to feed	manger	heiß	hot	chaud
Erle	alder	l'aulne	frische Fährte	warm scent	la trace fraîche	heizen	to heat	chauffer
erlegen	to bag; to take	tuer	Friseur	hairdresser	le coiffeur	Hemd	shirt	la chemise
Erste Hilfe	first aid	les premiers secours	Früchte	fruit	les fruits	Herbst	autumn	l'automne
essen	to eat	manger	früh	early	de bonne heure	Herde	herd	le troupeau
Faden	thread	le fil	Frühling	spring	le printemps	hetzen	to chase	courir
Fadenkreuz	cross-hairs	les cheveux en croix	Frühstück	breakfast	le petit déjeuner	Hirsch	(red-deer) stag	le cerf (rouge)
Fährte	scent	la trace	Futter	feed	la nourriture	Hochschuß	high shot	le coup haut
fährten	to track; to spoor	relever les traces	Futteral	case	l'étui	Hochsitz	high-seat	l'affût perché
Falle	trap	le piège	Gabel	fork	la fourchette	Holz	wood	le bois
Fallenjagd	trapping	le piégeage	Garbe	sheaf	la gerbe	Honig	honey	le miel
Fallwild	deceased game	le gibier péri	Gas	gas	le gaz	Horn	horn	la corne
Fang	mouth; fang	la gueule	Gebäck	pastry; biscuits	la pâtisserie	Hose	trousers	le pantalon
fangen	to catch	capturer	Gebirgswild	mountain game	le gibier de montagne	Hülse	case	la douille
Fangschuß	finishing shot	le coup de grâce	Gebüsch	brushwood	les broussailles	Hund	dog	le chien
Federwild	feathered game	le gibier à plumes	Gegenwind	head wind	le vent de face	husten	to cough	tousser
fehlen	to miss	manquer	gehen	to go	aller	Hütte	cottage	la cabane
Feld	field; the open	la plaine	Gehör	hearing	l'ouie	Imbiß	snack	la collation
Fell	coat; skin	la robe	geladen	loaded	chargé	Impfung	vaccination	la vaccination
			Geldwechsel	exchange	le change	Infektion	infection	l'infection
			Gemüse	vegetables	les légumes	Jagd	hunt	la chasse
			Gepäck	luggage	les bagages	Jagdart	hunting method	le mode de chasse
			geperlt	pearled	perlé	Jagdausrüstung	hunting equipment	l'équipement de chasse
			gerben	to tan	tanner	jagdbar	huntable	chassable

Jagdreise-Wörterbuch

Deutsch	Englisch	Französisch
Jagdberechtigung	hunting permission	le droit de chasser
Jagdführer	guide	le guide de chasse
Jagdgast	hunting guest	l'invité à la chasse
Jagdgebiet	hunting territory	le terrain de chasse
Jagdgesetz	game law	le code de chasse
Jagdgrenze	boundary	la bordure
Jagdhaus	hunting lodge	le pavillon de chasse
Jagdhorn blasen	to blow the hunting horn	sonner le cor de chasse
Jagdhund	hound	le chien de chasse
Jagdleiter	leader of the hunt	le directeur de la chasse
Jagdmesser	hunting knife	le couteau de chasse
Jagdregeln	hunting regulations	les stipulations du code de chasse
Jagdschein	hunting licence	le permis de chasser
Jagdtasche	game bag	la gibecière
Jagdunfall	hunting accident	l'accident de chasse
Jagdwaffe	hunting arm	l'arme de chasse
Jagdzeit	hunting season	la saison de la chasse
jagen	to hunt	chasser
Jäger	hunter	le chasseur
Jägerin	huntress	la chasseresse
Jahresjagdschein	annual hunting licence	le permis de chasser annuel
jung	young	jeune
Kaffee	coffee	le café
Kalb	calf	le faon
Kaliber	caliber	le calibre
kalt	cold	froid
kalte Fährte	cold scent	la voie haute
Kanzel	closed high-seat	le mirador
Katze	cat	le chat
Keiler	tusker	le sanglier mâle
Keilerwaffen	tusks	les armes du sanglier
Kerze	candle	la bougie
Kiefer (bot.)	pine	le pin
Kiefer (anatom.)	jaw	la mâchoire
Kipplaufwaffe	break down gun	l'arme à canon basculant
Kitz	kid	le faon
klagen	to whine	crier
Kleidung	clothing	l'habillement
Kleinkaliber	small bore	le petit calibre
kochen	to cook; to boil	cuire
Köder	bait	l'appât
Koffer	suitcase	la malle
Kohle	coal	le charbon
Kolben	butt	la crosse
kombiniertes Gewehr	combination gun	l'arme mixte
Kompaß	compass	la boussole
Kopf	head	la tête
Korn	front sight	le guidon
Kosten	cost	le coût
Kralle	claw	l'ongle
Krankenhaus	hospital	l'hôpital
krankschießen	to wound	blesser
Kreislauf	circulation	la circulation
Kugel	bullet	la balle
Kugelfang	back stop	la butte de tir
kümmern	to ail	dépérir
Kurzwildbret	testicles	les daintiers
Ladehemmung	failure	l'enrayage
laden	to load	charger
Lagerstelle	resting place	les abattures
Lauf (Gewehr)	barrel	le canon
Lauf (Wild)	leg	le pied
laufen	to run	courir
Laufschuß	leg shot	le coup au pied
Lebensdauer	life span	la longévité
Lebensraum	habitat	l'habitat
Lebensweise	habits	les mœurs
Lecker	tongue	la langue
leicht (zu tun)	easy	facile
Leittier	leading animal	l'animal de tête
Lichter	eyes	les yeux
Lichtung	clearing	la clairière
locken	to call	appeler
Löffel	spoon	la cuiller
Losung	droppings	les fumées
lüften	to open (killed game)	ouvrir (la cavité)
Magazin	magazine	le magasin
Magen	stomach	l'estomac
Mähne	mane	la crinière
Mantel	coat	le manteau
Marmelade	jam	la confiture
Medizin	medicine	la médecine
Mehl	flour	la farine
Messer	knife	le couteau
Meute	pack of hounds	la meute
Milch	milk	le lait
Mineralwasser	mineral water	l'eau minérale
Mittagessen	lunch	le déjeuner
mittags	at noon	à midi
Mittwoch	Wednesday	mercredi
Montag	Monday	lundi
Morgenpirsch	morning stalk	la chasse à l'approche matinale
morgens	in the morning	le matin
mucken	to flinch	bouger
Mückenstich	gnat bite	la piqûre de moustique
Munition	ammunition	la munition
Mütze	cap	le bonnet
nachladen	to reload	recharger
nachschießen	to use the second barrel	redoubler
Nachsuche	tracking of wounded game	la recherche du gibier blessé
Nachtjagd	night shooting	la chasse de nuit
nachts	at night	la nuit
Nadel	needle	l'aiguille
Nagel	nail	le clou
Nase	nose	le nez
nässen	to urinate	uriner
Nationalpark	national park	le parc national
Naturschutz	nature conservation	la protection de la nature
Nebel	fog	le brouillard
Neujahr	New Year's Day	le Nouvel An
nicht jagdbar	not huntable	non-chassable
niedertun, sich	to bed down	se mettre à la reposée
Niederwild	small game	le petit gibier

Deutsch	Englisch	Französisch
Norden	north	le nord
Notfall	emergency	le cas de besoin
Notsignal	distress signal	le signal d'alarme
Notzeit	time of famine	la période de disette
Obst	fruit	les fruits
Ofen	stove	le poêle
Ökologie	ecology	l'écologie
Osten	east	l'est
Ostern	Easter	Pâques
Paar	couple	le couple
paaren, sich	to pair	s'apparier
Papier	paper	le papier
Paßkontrolle	passport control	le contrôle des passeports
Patrone	cartridge	la cartouche
Pelz	fur	la fourrure
pfeifen	to whistle	siffler
Pferd	horse	le cheval
Pinsel	brush	le pinceau
Pirsch	stalk	la chasse à l'approche
Pistole	pistol	le pistolet
Polizei	police	la police
Präparieren	taxidermy	la taxidermie
Preis	price	le prix
Pulver	powder	la poudre
Pürzel	tail	la vrille
Rasanz	flatness	la tension
Raubkatzen	felins	les félins
Raubtier	carnivore	le carnivore
Raubwild	predacious animals	les carnassiers
Raubzeug	vermin	les malfaisants
Regen	rain	la pluie
Regenmantel	waterproof; raincoat	l'imperméable
Reisebüro	travel agency	l'agence de voyages
Repetierer	repeating rifle	la carabine à répétition
Revier	hunting territory	la chasse
Rotte	troop	la troupe
Rotwild	red deer	le cerf rouge
Rucksack	rucksack	le havresac

Deutsch	Englisch	Französisch
Rudel	herd	la harde
Saft	juice	le jus
Säge	saw	la scie
Salbe	ointment	l'onguent
Salz	salt	le sel
Sattel	saddle	la selle
Sammelplatz	meet	le rendez-vous
Samstag	Saturday	samedi
Sau	wild-sow	la laie
Savanne	savannah	la savane
Schaf	sheep	le mouton
Schaft	stock	la crosse
Schalen	cleaves	les pinces
Scheibenschießen	target shooting	le tir à la cible
scheu	shy	farouche
Schere	scissors	les ciseaux
schießen	to shoot	tirer
Schirm	umbrella	le parapluie
schlafen	to sleep	dormir
Schlafsack	sleeping bag	le sac de couchage
Schlange	snake	le serpent
Schlitten	sledge	le traîneau
Schloß	lock	la serrure
Schmerz	pain	la douleur
Schnee	snow	la neige
Schnur	cord	le cordon
schonen	to preserve	protéger temporairement
Schonzeit	closed season	le temps prohibé
schrecken	to bark	raire
Schreibzeug	writing material	l'écritoire
Schrot	shot	le plomb
Schrotpatrone	shot shell	la cartouche à plombs
Schuh	shoe	la chaussure
Schuß	shot	le tir
schweißen	to bleed	saigner
Schweißfährte	blood trail	la trace de sang
schwach	weak	chétif
Seil	rope	la corde
sichern	to stand at gaze	être aux écoutes
Sicherung	safety	la sûreté
Sichtweite	visibility	la visibilité
Signal	signal	le signal

Deutsch	Englisch	Französisch
Sommer	summer	l'été
Sonntag	Sunday	dimanche
Spektiv	spotting glass	la lunette d'approche
spitz von hinten	back shooting	se présentant de cul
spitz von vorn	frontal shooting	se présentant de face
springen	to jump	sauter
Spur	track	la trace
Staatsjagdrevier	state hunting ground	la chasse de l'état
Stand	stand	le poste
Standort	location	le canton
Standwild	sedentary game	le gibier sédentaire
Stechmücke	gnat; mosquito	la moustique
Stiefel	boot	la botte
Sturm	storm	la tempête
Suche	quartering	la quête
Süden	south	le sud
Suppe	soup	le potage
Süßigkeiten	sweets	les douceurs
Tabak	tobacco	le tabac
Tablette	pill	le comprimé
Tagesjagdschein	daily hunting licence	le permis de chasser journalier
Tanne	fir	le sapin
Taschenlampe	torch	la lampe de poche
Taube	pigeon	le pigeon
täuschen	to trick	ruser
Tee	tea	le thé
Telefongespräch	telephone call	l'appel téléphonique
Teller	plate	l'assiette
Tier	animal	l'animal
Tierart	species	l'espèce
Tierleben	wildlife	la faune
Tollwut	rabies	la rage
Topf	pot	le pot
treffen	to hit	toucher
Treffer	hit	l'impact
Treibjagd	drive hunt	la chasse en battue
trinken	to drink	boire
Trophäe	trophy	le trophée

Deutsch	Englisch	Französisch	Deutsch	Englisch	Französisch	Deutsch	Englisch	Französisch
Trophäen- bewertung	appreciation of trophies	l'appréciation des trophées	Verpflegung	provisions; food supply	l'alimentation	Wilddichte	density of game	la densité du gibier
Trophäen- bewertungs- formel	rules for the appreciation of trophies	la formule d'appréciation des trophées	Versager	missfire	le raté	Wilderer	poacher	le braconnier
			versenden	to send; to ship	expédier	Wildfolge	game posses- sion right	le droit de suite
Überbejagung	excessive shooting	la pression de chasse ex- cessive	versorgen	to take care of	prendre soin de	Wildkörper	body of game	le corps du gibier
			Visier	sight	la hausse			
			Visum	visa	le visa	wildlebend	wild	sauvage
Übergepäck	excess luggage	l'excédent de bagages	Wäsche	underwear	le linge	Wildmarke	game tag	le marquage d'oreille
Überhege	overpreserva- tion	la protection sans discerne- ment	Wäscherei	laundry	le blanchissage	wildreich	well-stocked with game	giboyeux
			Waffe	arm; weapon	l'arme			
			Waffenbesitz- karte	firearms certificate	le permis de détention d'ar- mes à feu	Wildschwein	wild boar	le sanglier
Überleben	survival	la survie				Wildzaun	deer fence	le grillage de protection du gi- bier
überschießen	to overshoot	tirer trop haut	Waffen- reinigungsgerät	weapon-clean- ing kit	l'instrument de nettoyage			
Übungs- schießen	practice shooting	le tir d'entraîne- ment	Waffenschein	gun licence	le permis de port d'arme	Wind	wind	le vent
						Winter	winter	l'hiver
Überweisung	transfer	le virement	waidgerecht	sportsmanlike	conforme au code d'honneur de la chasse	Winterhaar	winter coat	la robe d'hiver
Umwelt	environment	l'environnement				Winterschlaf	hibernation	l'hibernation
Umweltschutz	environment protection	la protection de l'environnement	Waidmann	huntsman	le chasseur	Witterung (Wetter)	weather	le temps
Ungeziefer	vermin	la vermine	Waidmanns- dank!	thank you!	merci!	Wolfsjagd	wolf hunting	la chasse au loup
Unterlage	base	la base	Waidmannsheil!	good luck!	bonne chasse!	Wolfsrudel	wolf pack	la meute de loups
Unterlagen	papers; documents	les documents	waidwund	shot in the belly	touché dans les «grandes viandes»			
						wund	wound	blessé
Unterholz	underwood	le taillis	Wald	forest	la forêt	Wurst	sausage	la saucisse
unterschießen	to undershoot	tirer trop bas	Wanderung	peregrination	la pérégrination			
unwaidmännisch	unhuntsman like	mal fait	warm	warm	chaud	Zahnarzt	dentist	le dentiste
			warnen	to warn	alerter	Zahnschmerzen	toothache	le mal de dents
Urlaub	holiday	le congé	warten	to wait	attendre	Zange	a pair of tongs	la pince
Ursprungs- zeichen	game tag	le bracelet	Wasser	water	l'eau	Zeitung	newspaper	le journal
			Wechsel	track	le passage	Zelt	tent	la tente
Verbandszeug	first aid kit	la trousse de pansement	Wechselkurs	rate of exchange	le cours du change	zerwirken	to cut up	dépecer
						ziehen, vertraut	to move slowly	aller d'assurance
verblasen	to blow the death (of shot game)	sonner la mort	Wechselwild	migratory game	le gibier instable	zielen	to aim	viser
			Weibchen	female	la femelle	Zielfernrohr	rifle scope	la lunette de visée
verblenden	to camouflage	camoufler	Weidloch	anus	l'anus			
Verbot	prohibition	la défense	Weihnachten	Christmas	Noël	Zielscheibe	target	la cible
Verdauung	digestion	la digestion	Wein	wine	le vin	Zollbe- stimmungen	customs regulations	le règlement douanier
verenden	to perish; to die	mourir	Werkzeug	tool	l'outil	Zollkontrolle	customs examination	le contrôle douanier
Verhaltensweise	habits	les habitudes	Wespe	wasp	la guêpe			
verhoffen	to stand at gaze	s'arrêter	Westen	west	l'ouest	Zucker	sugar	le sucre
verletzen	to wound	blesser	Wiederein- bürgerung	reintroduction	la réintroduction	Zukunftsbock	promising buck	le cerf d'avenir
Vermehrung	increase	la multiplication	Wild	game	le gibier	zusammen- brechen	to break down in the fire	être foudroyé
Verpackungs- material	packing material	le matériel d'emballage	Wildbestand	game population	la population			

6
Anhang

Weiterführende Literaturempfehlungen

1 Wildtiere der Erde

Lexikalische Werke

Brink, F. H., van den: Die Säugetiere Europas. Paul Parey Verlag, Hamburg 1959.

Dorst, J.: Die Säugetiere Afrikas. Paul Parey Verlag, Hamburg 1970.

Grzimek, B.: Grzimeks Tierleben; Enzyklopädie des Tierreichs, Bd. 1–13. dtv, München 1979.

Jagd-Lexikon. BLV Verlag, München 1983. Knaurs Tierreich in Farben. Deutscher Bücherbund, Stuttgart 1970.

Kosmos-Tierwelt. Tiere Afrikas. Franckh-'sche Verlagshandlung, Stuttgart 1980.

Neues Tierlexikon. Bertelsmann Verlag, Gütersloh 1981.

Thien, H.: Geheimnisvolle Tierwelt Chinas. Leopold Stocker Verlag, Graz 1981.

Jagd- und Wildkunde

Bajohr, W. A.: Durch die Wildbahn. Safari Verlag, Berlin 1977.

Blaupot ten Cate, St. J.: Jagd- und Wildschutz im Norden Amerikas. Paul Parey Verlag, Hamburg 1977.

Blüchel, K.: Untergang der Tiere. Deutsche Verlagsanstalt, Stuttgart 1976.

Eggeling, F. K., v.: Diezels Niederjagd. Paul Parey Verlag, Hamburg 1983.

Elman, R. (Hrsg.): Jäger, Wild und Jagd. Econ Verlag, Düsseldorf – Wien 1981.

Forell, F. v.: Sie jagen seit 1000 Jahren schon. Landbuch Verlag, Hannover 1964.

Fürlinger, H. (Hrsg.): Wild und Weidwerk der Welt. Marathon Edition, Wien – München 1955.

Gasset, Ortega y: Meditationen über die Jagd. Deutsche Verlagsanstalt, Stuttgart 1966.

Hagen, H.: Die Sache mit dem Weidwerk. Herbig, München 1983.

Hobusch, E.: Von der edlen Kunst des Jagens. Pinguin Verlag, Innsbruck 1978.

Huttl, H. (Hrsg.): Weltjagd. Safari Verlag, Berlin 1966.

Kalckreuter, H.: Die Sache mit der Jagd. BLV Verlag, München 1977.

Lange, H.: Hege der Wildnis. J. Neumann-Neudamm Verlag, Melsungen 1976.

Liepmann, H.: Jagen und Hegen. J. Neumann-Neudamm Verlag, Melsungen 1979.

Niedl, W.: Das große Buch von Jagd und Wald. Kayser'sche Verlagsbuchhandlung, München 1973.

Oehsen, F.: Jäger-Einmaleins. Landbuch Verlag, Hannover, 8. Aufl. 1979.

Schwerdtfeger, F.: Ökologie der Tiere, Band 1–3 (Demökologie, Synökologie und Autökologie). Paul Parey Verlag, Hamburg 1975–1977.

Stern, H. u. Thielcke, G.: Rettet die Vögel. Herbig Verlag, Berlin 1978.

Voß, R. (Hrsg.): Wild und Waidwerk der Welt. Marathon Edition, Wien 1955.

Wildmonographien

Almendral, O. J. M.: Macho Montés, Vida y Muerte. Albatros Ediciones, Madrid 1979.

Bayern, A. Herzog v.: Über Rehe. Bauer Verlag, Hamburg 1980.

Brybycin, G.: Wildlife in the Rockies. GB Publishing, Calgary 1982.

Lindner, A.: Die Waldhühner. Paul Parey Verlag, Hamburg 1977.

Ricciuti, E. R.: Wilde Katzen. Jahr Verlag, Hamburg 1983.

Richter, H.: Das Gamswild. Landbuch Verlag, Hannover 1977.

Richter, H.: Das Muffelwild. Landbuch Verlag, Hannover 1974.

Schwerin, H. v.: Das Raubwild. Landbuch Verlag, Hannover 1971.

Snethlage, K.: Das Schwarzwild. Paul Parey Verlag, Hamburg 1982.

Thor, L.: Die Welt der Eisbären. Landbuch Verlag, Hannover 1980.

Trefethen, J. B.: The Wild Sheep in Modern Northamerica. The Boone and Crockett Club, Alexandria/USA 1981.

Siehe ebenfalls Literaturempfehlungen Teil 4, „Jagderlebnisse in aller Welt".

Zeitschriften

Deutsche Jagdzeitung. Mittelrhein Verlag, Koblenz.

Jäger. John Jahr Verlag, Hamburg.

Natur. Bund Naturschutz Deutschland.

Die Pirsch. BLV Gesellschaft, München.

Wild und Hund. Paul Parey Verlag, Hamburg.

WWF Umweltstiftung. WWF-Deutschland, Frankfurt a. M.

Zeitschrift für Jagdwissenschaft. Paul Parey Verlag, Hamburg.

2 Jagdländer der Erde

The Alaska Almanac. Alaska Magazin, Anchorage, Edition 1982.

Almeida, T. de: Großwildjagd in Brasilien. Paul Parey Verlag, Hamburg–Berlin 1979.

Auslandsreisen. Loseblattausgabe (3 Ordner). J. Fink-Kümmerly + Frey Verlag, Ostfildern-Kemnat.

Castell-Rüdenhausen, H. Graf z.: Jagen zwischen Namib und Kalahari. Paul Parey Verlag, Hamburg 1981.

Diercke Länderlexikon. Westermann Verlag, Braunschweig 1983.

Dolder, U. u. W.: Die schönsten Wildreservate der Welt. Pawlak, Herrsching 1980.

Enzyklopädie-Reiseführer. Nagel, München.

Hagen, H.: Karibuni – Afrika. Landbuch Verlag, Hannover 1976.

Hüttl, E.: Jagd unter Afrikas Sonne. Landbuch Verlag, Hannover 1980.

Schönburg, J. u. Strachwitz, M.: Hohe Jagd in Zentral- und Südeuropa. Schuler Verlagsgesellschaft, Herrsching 1983.

Sycholl, A. u. Schirmer P.: Das ist Südafrika. Landbuch Verlag, Hannover 1982.

Winne-Jones, A.: Hunting-Safari in East and Southern Africa. Macmillan Southafrica Ltd., Johannesburg 1980.

Siehe ebenfalls Literaturempfehlungen Teil 4, „Jagderlebnisse in aller Welt".

3 Jagdpraxis im Ausland

Waffen und Munition

Dürsch, W.: Waffen für die Jagd. Landbuch Verlag, Hannover 1981.

Lampel, W.: Waffenlexikon. BLV Gesellschaft, München 1981.

Richter, R.: Das Jagdwaffenbuch. BLV Gesellschaft, München 1979.

Sasia, R.: Der schnelle Schuß. BLV Gesellschaft, München 1976.

Siedel, F.: Das Patronenbuch. BLV Gesellschaft, München 1980.

Gute Erinnerungsfotos
Künkel, R.: Die Jagd mit der Kamera. Wilhelm
Knapp Verlag, Düsseldorf 1978.
Meisnitzer, F.: Tolle Bilder machen – Tips für
erfolgreiches Fotografieren mit Automatikka-
meras. Südwest Verlag, München 1984.
Merkel, S.: Fotografieren vom Pol bis zum
Äquator. Wilhelm Knapp Verlag, Düsseldorf
1980.
Spring, A.: Erfolgreiche Reisefotografie. VWI
Knülle Verlag, Herrsching 1981.
Treuenfels, C. A. v.: Photographieren und
Filmen von Wild und Vögeln. Paul Parey
Verlag, Hamburg 1979.

Überleben in der Wildnis
Cannain, M. u. Himmelseher, G.: Tips +
Tricks für Tramps und Travellers. Rowohlt
Verlag, Hamburg 1980.
Granze, W. u. Ziegler, K.: Tropenkrankheiten.
J. A. Barth, Leipzig 1976.
Meissner, H. O.: Die Überlistete Wildnis. Vom
Leben und Überleben in der freien Natur.
Bertelsmann Verlag, Gütersloh 1967.
Nehberg, R.: Die Kunst zu überleben. Ernst
Kabel Verlag, Hamburg 1982.
Nelson, D. u. S.: Desert Survival. Glenwood
1977.
Nordheim, W.: Das Jagdhüttenbuch. BLV
Gesellschaft, München 1978.
Roth, D.: Wetterkunde für alle. BLV Gesell-
schaft, München 1977.
Schäfer, M.: Handbuch für Abenteuerreisen.
Arena Verlag, Würzburg 1979.
US Government: Survival, Search and Res-
cue. Washington 1969.

Trophäenkunde – Trophäenbewertung
Bieger, W. u. Nüßlein, F.: Die Bewertung der
europäischen Jagdtrophäen. Paul Parey Ver-
lag, Hamburg 1976.
The Boone and Crockett Club: Records of
North American Big Game. 8th Edition, Alexan-
dria/Virginia 1981.
Rowland Ward Publication: Records of Big
Game. 18. Ausgabe, Newbridge Hill/Coleman
Hatch/Hartfield Sussex 1981.
Safari Club International: Record Book of
Trophy Animals. Tucson/Arizona 1981.
Trense, W.: Die Jagdtrophäen der Welt (CIC).
Paul Parey Verlag, Hamburg 1981.

4 Jagderlebnisse in aller Welt
Augustin, S.: Verschollene Jagdgeschichten
aus der Weltliteratur. W. Ludwig Verlag,
Pfaffenhofen 1982.
Bongs, R.: Halali. Die schönsten Jagdge-
schichten der Welt. Müller Verlag, München
1914.
Bruemmer, F.: Seasons of the Eskimo. The
Canadian Publishers, Toronto 1978.
Görtz, H.: Elefanten, Löwen, grüne Mambas.
BLV Verlag, München 1975.
Hanning, W.: 216 Tage arktische Jagd. BLV
Verlag, München 1973.
Henkels, W.: Jagd ist Jagd + Schnaps ist
Schnaps. Econ Verlag, Düsseldorf 1971.
Herbert, W.: Polar Deserts. Collins Publishers,
London/Glasgow 1978.
Hunter, J. A.: Die Löwen waren nicht die
Schlimmsten. P. List Verlag, Innsbruck 1955.
Kapherr, E.: In sibirischen Urwäldern. Dunk-
ker Verlag, Weimar 1912.
Kurowski, F.: Die wilden Tiere Afrikas.
Engelbert Verlag, Balve 1978.
Kurowski, F.: Abenteuer Großwildjagd. Arena
Verlag, Würzburg 1979.
Kwaterowsky, P.: Fährten unterm Nordlicht.
Paul Parey Verlag, Hamburg 1981.
Menzel, K.: Glück muß der Jäger haben. Paul
Parey Verlag, Hamburg 1983.
Messner, H. O.: Jagen und Reisen im Norden
Kanadas. Bertelsmann Verlag, Gütersloh 1962.
Murray-Smith, Th.: 40 Jahre unter afrikani-
schem Wild. Paul Parey, Hamburg 1964.
Niedieck, P.: Kreuzfahrten im Beringmeer.
Paul Parey Verlag, Berlin 1907.
Niedieck, P.: Mit der Büchse in fünf Weltteilen.
Paul Parey Verlag, Berlin 1909.
Pálfey v. Erdód, Graf, P.: Ewig lockende
Wildbahn. BLV Verlag, München 1967.
Perfaal, J.: Schönste Jagdgeschichten aller
Völker. Verlag Berglandbuch, Salzburg 1959.

Ronin, M.: Jagden in fünf Weltteilen. Gundert
Verlag, Stuttgart 1898.
Roosevelt, Th.: Afrikanische Wanderungen.
Paul Parey Verlag, Berlin 1910.
Roosevelt, Th.: Jagen in amerikanischer
Wildnis. Paul Parey Verlag, Berlin 1905.
Scanzoni, A.: Jagd und Jäger. Mayer Verlag,
München 1936.
Schillings, C. G.: Mit Blitzlicht und Büchse.
Voigtländer Verlag, Leipzig 1920.
Schomburgk, H.: Wild und Wilde im Herzen
Afrikas. Deutsche Buchgemeinschaft, Berlin
1925.
Schönburg, Graf, J. v. (Hrsg.): Jagd um
1900. BLV Verlag, München 1979.
Schwerin, Graf W. v.: In den Jagdgründen
der Mongolei. Verlag J. Neumann-Neudamm,
Melsungen 1937.
Skal, J. O.: Jagdparadies Alaska. Stocker
Verlag, Graz 1982.
Weigelt, E. und Vischering, D. v.: Jagd in
Kanada und Alaska. Landbuch Verlag, Hanno-
ver 1982.
Zwilling, A. E.: Seltene Trophäean. Paul Parey
Verlag, Hamburg 1958.

5 Jagdreise-Wörterbuch
Antonoff, C.: Die Sprache des Waidmanns.
BLV Verlag, München 1977.
Frevert, W.: Wörterbuch der Jägerei. Paul
Parey Verlag, Hamburg 1975.
Grzimek, B. (Hrsg. u. Verf.): Grzimeks
Tierleben, Enzyklopädie des Tierreichs, Bd. 1
bis 13, mit Tierwörterbuch (I. Deutsch-Eng-
lisch-Französisch-Russisch/II. Englisch-
Deutsch-Französisch-Russisch/III. Franzö-
sisch-Deutsch-Englisch-Russisch/IV. Rus-
sisch-Deutsch-Englisch-Französisch). dtv,
München 1979.
Kettridge, J. O.: Travellers' Foreign Phrase
Book (Engl./Franz./Deutsch/Ital./Span./Hol-
ländisch). Verlag Rontledge and Kegan, Lon-
don 1981.
Kirchhoff, A.: Wörterbuch der Jagd (Deutsch/
Engl./Franz.). BLV Gesellschaft, München
1976.

Maße, Gewichte, Temperaturen

Angelsächsische und metrische Längenmaße

1 inch (in.) = 25, 399 mm	1 mm = 0,03937 inches
1 foot (ft) = 12 inches = 30,48 cm	1 cm = 0,3937 inches
1 yard (yd) = 3 feet = 91,44 cm	1 m = 3,28084 feet
1 statute mile = 1,609341 km	100 m = 109,36132 yards
1 geogr. Meile = 7,42044 km	1 km = 0,62137 miles

Angelsächsische und metrische Flächenmaße

1 square inch (sq. in.) = 6,452 cm^2	1 cm^2 = 0,1549 sq. in.
1 square foot (sq. ft) = 0,0929 m^2	1 m^2 = 1,1961 sq. yd
1 square yard (sq. yd) = 0,836 m^2	1 ar = 119,61 sq. yd
1 acre = 0,40468 ha = 40,468 ar	1 ha = 2,471 acres
1 square mile (sq. mi) = 2,5899 km^2	1 km^2 = 0,3861 sq. mi

Angelsächsische und metrische Raummaße

1 cubic inch (cu. in.) = 16,387 cm^3	1 cm^3 = 0,061 cu. in.
1 cubic foot (cu. ft) = 28,32 dm^3	1 dm^3 = 0,035 cu. ft = 61 cu. in.
1 cubic yard (cu. yd) = 0,7646 m^3	1 m^3 = 35,315 cu. ft = 1,3078 cu. yd

Britische und metrische Flüssigkeitsmaße

1 imp. gill = 0,142 l	100 ml = 0,704 imp. gill
1 imp. pint (pt) = 0,568 l	0,5 l = 0,88 pt
1 imp. quart (qt) = 1,136 l	1 l = 1,76 pt = 0,88 qt
1 imp. gallon (gal) = 4,546 l	1 hl = 21,997 gal

US-amerikanische und metrische Flüssigkeitsmaße

1 US-gill = 0,118 l	100 ml = 0,847 US-gill
1 US-pint (liq pt) = 0,473 l	0,5 l = 1,057 liq pt
1 US-quart (liq qt) = 0,946 l	1 l = 2,114 lq pt = 1,057 liq qt
1 US-gallon (liq gal) = 3,785 l	1 hl = 26,417 liq gal

Ounces und Milliliter im Vergleich

1 ounce (oz) = 29,57 ml	10 ml = 0,3381 oz
4 oz = 118,3 ml	50 ml = 1,691 oz
8 oz = 236,6 ml	100 ml = 3,381 oz
16 oz = 473,2 ml	500 ml = 16,91 oz
32 oz = 946,4 ml	1000 ml = 33,81 oz

Angelsächsische und metrische Gewichte

1 dram (dr) = 1,772 g	1 g = 0,564 dr
1 ounce (oz) = 28,350 g	100 g = 3,527 oz
1 pound (lb) = 453,59 g	500 g = 1,102 lb
1 stone (st) = 6,35 kg	10 kg = 1,574 st
1 long ton = 1016,05 kg	1000 kg = 0,98 t long tons
1 short ton = 907,185 kg	1000 kg = 1,102 short tons

Temperaturumrechnungsformeln

Umrechnung von °Celsius in °Fahrenheit: $\frac{9}{5} \cdot °C + 32 = °F$

Umrechnung von °Fahrenheit in °Celsius: $(°F - 32) \cdot \frac{5}{9} = °C$

°C	−40	−30	−20	−10	0	+10	+20	+30	+40	+100
°F	−40	−22	−4	+14	+32	+50	+68	+86	+104	+212

Klima und Zeitzonen

Temperaturtabelle		Jan.	Feb.	März	April	Mai	Juni	Juli	Aug.	Sept.	Okt.	Nov.	Dez.
Alaska	Tag	−7	−3	1	7	13	17	19	18	14	6	−2	−7
	Nacht	−15	−12	−9	−3	2	7	9	8	4	−2	−9	−14
Australien	Tag	29	29	28	26	23	21	20	22	24	27	28	29
	Nacht	21	20	19	16	13	11	9	10	13	16	18	19
Botsuana/Simbabwe	Tag	26	26	26	26	23	21	21	23	26	28	27	26
	Nacht	16	16	14	13	9	7	7	8	11	15	15	16
Bulgarien	Tag	4	6	10	15	21	26	29	29	24	20	13	7
	Nacht	−2	−2	2	7	12	16	18	17	14	10	6	0
Großbritannien	Tag	5	6	9	12	16	18	19	19	16	12	8	6
	Nacht	0	0	2	4	6	9	11	11	9	6	3	1
Kanada	Tag	−8	−6	1	11	18	21	24	22	17	11	0	−7
	Nacht	−18	−17	−10	−2	4	8	10	9	4	−1	−9	−16
Namibia	Tag	30	29	27	25	22	20	20	23	25	29	29	30
	Nacht	17	16	15	13	9	7	6	9	11	15	15	17
Nepal/Katmandu	Tag	18	20	25	24	30	29	29	29	28	27	23	19
	Nacht	2	4	7	11	16	19	20	20	19	14	8	3
Österreich	Tag	1	4	9	15	19	23	25	24	20	4	7	2
	Nacht	−5	−4	0	5	9	13	14	14	11	6	1	−2
Polen	Tag	−1	0	5	13	19	23	24	23	19	13	6	2
	Nacht	−6	−6	−2	3	9	12	14	13	10	5	1	−3
Sambia	Tag	26	26	26	27	25	23	23	26	29	31	29	27
	Nacht	17	17	16	15	12	10	10	12	15	18	18	17
Senegal	Tag	25	25	25	25	27	29	30	30	30	30	29	27
	Nacht	18	17	17	18	20	23	24	25	24	24	23	20
Sowjetunion	Tag	−7	−6	0	9	17	22	24	22	16	8	0	−5
	Nacht	−14	−13	−8	0	6	11	13	12	7	1	−4	−10
Spanien	Tag	13	14	16	18	22	25	27	28	26	22	17	14
	Nacht	6	7	8	11	14	17	21	21	18	14	10	7
Südafrika	Tag	26	25	24	22	19	17	17	20	23	25	25	26
	Nacht	15	14	13	10	6	4	4	6	9	12	13	14
Sudan	Tag	32	34	38	41	42	41	38	37	39	40	36	33
	Nacht	15	16	19	22	25	26	25	25	25	24	20	17
Zentralafrikanische Republik (RCA)	Tag	33	34	34	33	32	31	30	30	30	31	31	31
	Nacht	20	20	21	21	21	20	20	20	20	20	20	20

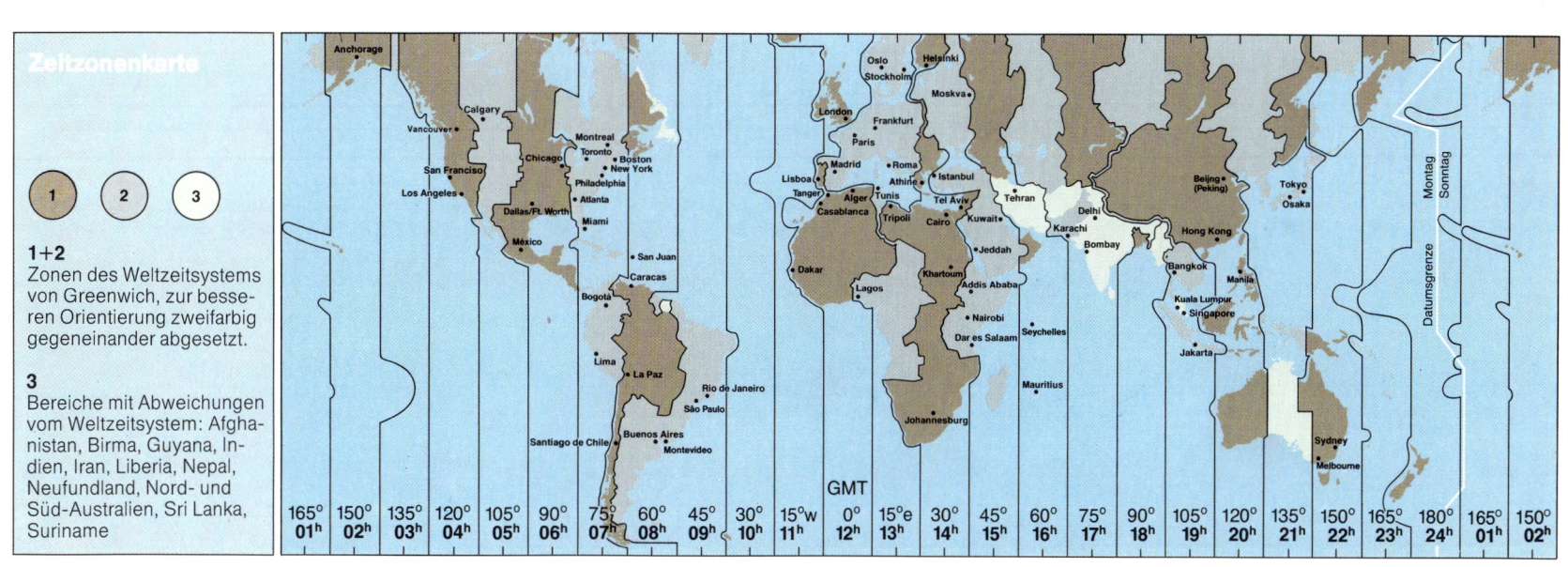

Zeitzonenkarte

① ② ③

1+2
Zonen des Weltzeitsystems von Greenwich, zur besseren Orientierung zweifarbig gegeneinander abgesetzt.

3
Bereiche mit Abweichungen vom Weltzeitsystem: Afghanistan, Birma, Guyana, Indien, Iran, Liberia, Nepal, Neufundland, Nord- und Süd-Australien, Sri Lanka, Suriname

Stichwortregister

169 Zefa/Starfoto
170 Okapia/Höfels
171 Photo-Center/Layer
172 Silvestris/Meyers
173 Aberham/Prenzel
174 Prenzel
176 Bavaria/Schmied
181 Zefa/Sycholt (o.); Okapia (m., u.)
183 Schapowalow/Brooke (o.); laenderpress (l.); Lechner (r.)
185 Xeniel/Gartung (3×)
187 Xeniel/Rösing (o., r.); Schapowalow/Nebbia (u.)
189 roebild/Müller (o. l.); Prenzel (o. r.); Photo-Center/Schmidt (u.)
191 Aberham/Prenzel (o. l.); Xeniel/Gartung (o.l.); Schapowalow/Nebbia (u.)
192 Silvestris/Schadeberg (o.); Silvestris/Bertrand (u.)
194 Zefa/Wentzel (o.); Rölle/Prenzel (u.)
196 Bavaria/Bohnacker (o.); Bavaria/Leidmann (u. l.); roebild/Müller (u. r.)
198 Xeniel/Gartung (3×)
200 Lechner (o.); Aberham/Prenzel (u.)
202 Aberham/Prenzel (o. l.); Okapia/Pellegrini (o. r.); WPS/Prenzel (u.)
204 WPS/Prenzel (o.); Merten/Köberich (u.) 2×
206 WPS/Prenzel
207 Schapowalow (o.); Xeniel/Gartung (u.)
209 Silvestris/Layer (o.); Interfoto/Volbert (u.)
211 Xeniel/Gartung (l.); roebild/Müller (m.); Aberham/Prenzel (r.)
213 Okapia/Root
214 Schapowalow/Nebbia(o.) 2×; Schwan (u.)
215 Xeniel/Schlindwein (o. l.); Prenzel (o.r.); Schwan
216 Xeniel/Gartung
217 Zefa/Bitsch (o. l.); Okapia/Lyon (o. r.); Xeniel/Gartung (u.)
219 Xeniel/Gartung (o. und u. l.); Schapowalow/Ligges (u. r.)
221 Schapowalow (o.); Xeniel/Rösing (m.); Xeniel/Plöttner (u.)
223 Aberham/Prenzel (l.); Hoffmann/Prenzel (r.)
225 Okapia/Englebert (o.); Zefa/Boutin (l.); Mauritius/Wolf (r.)

229 Silvestris/Gramm (o.); Aberham/Prenzel (m.); Xeniel/Schlesinger (u.)
231 Interfoto (o.); Thiele/Prenzel (u.)
233 Aberham/Prenzel (o.) 2×; Xeniel/Eger (u. l.); Aberham/Prenzel (u. r.)
235 Schapowalow/Ryll (o.); Schapowalow/Scholz (u. l.); Aberham/Prenzel (u. r.)
237 Schapowalow/Thiele (3×)
239 Schmidt/Prenzel (o.); Aberham/Prenzel (u.)
241 Gyarmathy/Prenzel (o. l.); Merten/Axel (o. r.); Bürgel/Prenzel (m.); Lechner (u.)
244 Schapowalow/Halin
245 laenderpress/de Waal
246 Gottschalk/Prenzel (2×)
247 Schapowalow/Nebbia
249 Prenzel (o.); Photo-Center/Walter (u.)
251 Silvestris/Rhodes (o.); Silvestris/Prenzel (l.); Interfoto (r.)
255 Zefa/Dobrev (o. l.); Okapia/Gerstle (o. r.); Zefa/Serban (u. l.); Stadelmann/Prenzel (u. r.)
257 Thiel/Prenzel (3×)
258 Silvestris/Maier
259 Photo-Center/Meier (o., l. und u.); Silvestris/Eckhardt (o. r.)
261 Xeniel/Nittinger (u. und o.); Schwan (m.)
263 Stadelmann/Prenzel (o. l.); Xeniel/Nittinger; Schapowalow (o. r.)
265 Prenzel (o.); Schapowalow/Nacivet (m.); Photo-Center/Meier (u.)
267 Interfoto/Geiersperger (l. o.); Bavaria/Bahnmüller (r. o.); Silvestris/Lehmann (u.)
269 Silvestris/Markmann (o.); Schapowalow/Willhöft (u.); Photo-Center/Meier (r.)
271 Lederer/Prenzel (l. o.); Schapowalow/Rosenfeld (r. o.); Silvestris/Meyers (u.)
273 Okapia (o.); Interfoto/Masser (m.); Thie/Prenzel (l. u.); Xeniel/Nittinger (r. u.)
275 Merten/Hiebeler (l.); Silvestris/Brejnik (r.); Photo-Center/Layer (u.)
277 Everts/Prenzel (o.); Lechner (u.)

278 Schapowalow/Blansjaar (o.); Jürgens (l.); Lechner (r.)
280 Huber (o.); Zefa/Luetticke (u.)
281 Zefa/Eichhorn-Zingel (l.); Zefa/Witte (r.); Schapowalow (u.)
283 Photo-Center (l.); Silvestris/Meyers (r.); Schapowalow/Perenyi (u.)
285 Xeniel/Nittinger (l.); Kronmüller/Prenzel (r.); Interfoto/Lederer (u.)
289 Silvestris/Meyers (o.); Silvestris/Arndt (u.)
290 Photo-Center/Walter (o.); Interfoto/Hannig (u.)
292 Huber/Prenzel (o.); Schapowalow/Alexander (u.)
294 roebild/Röhrig-Engel (o.); Bavaria/Schmied (u.)
295 Photo-Center/Kroener (o.); H. Huber (u.)
297 Schapowalow/Nebbia (o.); roebild/Poggemeyer (u.)
299 Schapowalow (l. u.); laenderpress (o.); Photo-Center/Kroener
301 Okapia/McHugh (o. und l. u.); Bavaria/Rue (r. u.)
305 Silvestris/Recos (o.); Gottschalk/Prenzel (u.)
306 Photo-Center/Rekos (o.); Gottschalk/Prenzel (u.)
308 Silvestris/Daily Telegraph (o.); Silvestris/Ungarphoto (u.)
309 World Photo Service/Prenzel (o.); laenderpress/Bergmann (u.)
311 Gottschalk/Prenzel (o.); Okapia (u.)
314 Bavaria/Myers
316 Lechner (3×)
317 Lechner/Betz
319 Meyers (l.); Silvestris/Meyers (r.)
320 Dynamit Nobel AG (2×)
321 Bavaria/Lewis (u.)
322 Photo-Center/Kroener (o. l.); Silvestris/Meyers (r.); Okapia/Rue (u. l.); Silvestris/Meyers (u. r.)
324 Silvestris
328 Lechner
330 Xeniel/Nittinger (l.); roebild/Müller (r.); Xeniel/Nittinger (u.)
331 Xeniel/Schlindwein
332 Silvestris/Meyers
333 Silvestris/Meyers (o.); Interfoto/Hannig (u.)

334 Lechner
335 Lechner (o. und Mitte); Schapowalow/Alexander (u.)
336 Lechner (2×)
337 roebild/Müller
338 Schapowalow
340 Xeniel/Gartung
341 Lechner
342 Kettner
343 Photo-Center/Kroener
351 Lechner
353 Lechner
355 Xeniel/Gartung (o. l.); Lechner (o. r. und u.)
356 Xeniel/Plöttner
361 Lechner (3×)
363 Okapia
365 Xeniel/Nittinger
368 Okapia
369 Silvestris/Bertrand
370 Nießner/Prenzel
371 Bavaria/Paysan
372 Lechner
374 Kronmüller/Prenzel
376 Bavaria/Gruber
377 Okapia/Wisniewski
378 Okapia/Arndt
379 Silvestris/Eicker
381 Silvestris/Jacana-Fievet
382 Lechner
383 Lechner (u.); Silvestris/Wothe (o.)
384 Silvestris/Jacana
385 Lechner
386 Xeniel/Zier
387 Lechner
388 Lechner
389 Lechner
391 Okapia/Sandved
392 Zefa/Gärtner
393 Lechner
394 Lechner
395 Silvestris/Meyers
396 Silvestris/Krasemann
397 Lechner
399 Lechner
401 Silvestris/Gerlach (o.); Lechner (2× u.)
403 Schwan (o.); Lechner (u.)
405 Lechner (2×)
407 Schapowalow (o.); Aberham/Prenzel (l. u.); Lechner (r. u.)
409 Schapowalow
411 Okapia/Leeson
413 Lechner
415 Schapowalow/Alexander (o.); Lechner (u.)
417 Lechner (2×)
419 Lechner (o.); Zefa-Grande (u.)
420 Okapia/Rösch
427 Schapowalow/Alexander

428 Silvestris/Jacana-Hervy
433 Zeitzonenkarte: Lufthansa
440 Rölle/Prenzel